普通高等教育“十一五”国家级规划
普通高等教育电子通信类特色专业系列教材

微波技术基础(修订版)

徐锐敏　唐　璞　等　编著
薛正辉　雷振亚

科学出版社
北　京

内 容 简 介

本书系“普通高等教育‘十一五’国家级规划教材”。本书采用从场出发、场路结合的方法，围绕规则导行波系统和微波传输线全面地讲述了微波技术的基本概念、理论、技术和分析方法。全书分为9章：绪论、导波的一般特性、典型导波系统的场分析、微波集成传输线、介质波导和光波导、传输线的电路理论、微波谐振器、微波网络基础、常用微波元件。各章均附有习题，书后附有习题答案。本书配有电子课件，可供任课教师参考。

本书可作为高等院校电子信息工程、通信工程、无线电物理、电子科学与技术以及相近专业的本科教材或教学参考书，亦可供从事微波和天线工作的科研人员和工程技术人员参考。

图书在版编目(CIP)数据

微波技术基础/徐锐敏等编著.—北京：科学出版社，2009.9

(普通高等教育“十一五”国家级规划教材·普通高等教育电子通信类特色专业系列教材)

ISBN 978-7-03-025470-2

Ⅰ.微… Ⅱ.徐… Ⅲ.微波技术-高等学校-教材 Ⅳ.TN015

中国版本图书馆CIP数据核字(2009)第155701号

责任编辑：匡 敏 潘斯斯/责任校对：陈玉凤

责任印制：张 伟/封面设计：耕者设计工作室

科学出版社出版

北京东黄城根北街16号

邮政编码：100717

http://www.sciencep.com

北京虎彩文化传播有限公司印刷

科学出版社发行 各地新华书店经销

*

2009年9月第 一 版 开本：787×1092 1/16

2023年7月第十一次印刷 印张：19 1/4

字数：511 000

定价：79.00元

(如有印装质量问题，我社负责调换)

前　言

本书是在原有教材的基础上，结合编者的教学实践和科研工作经验，参考目前国内外同类教材，紧跟当代电子科学技术的发展趋势，反映本学科最新发展编写而成。本书在内容组织上注重基础性、系统性和实用性，精炼传统内容，注重基本概念及对工程问题处理方法的讲述。本书将“场”和“路”的概念有机地结合起来，使教材在连贯性、系统性和实用性方面更加突出。

本书在文字表达上力求简洁、清晰、流畅、易读，同时每章配有大量工程应用方面的例题和习题。附录是本书的必要补充。本书配有电子课件，可供任课教师参考。

本书参考学时为56～80学时。全书共9章。绪论、第1章、第2章介绍微波的波段划分及微波的特点与应用、导波和常用导波系统中电磁场的求解方法以及导波的特性；第3、4章介绍微波集成传输线（包括带状线、微带线、悬置微带线和倒置微带线、共面传输线、槽线和鳍线）、介质波导和光波导（包括圆柱介质波导、矩形介质波导和光波导）；第5章传输线理论，讲述分布参数电路基础、传输线方程、各种无耗传输线工作状态、工作参量及特性参量、有耗传输线的特性与计算、阻抗圆图的使用及阻抗匹配方法；第6～8章分别讲述了各种微波谐振器、微波网络基础、各种微波无源器件以及铁氧体材料的特性。第1、2章为场的基础，第5章为路的基础，其余章节的扩展构成了本书的体系结构。

本书由电子科技大学徐锐敏教授主编，同时组织多位长期在电磁场与微波技术领域工作、具有丰富教学和工程经验的同志共同编写完成。其中，绪论、第1、2、7章由徐锐敏教授编写；第3章由陈波讲师编写；第4章由王占平副教授编写；第5章、附录由唐璞教授编写；第6章由西安电子科技大学雷振亚教授编写；第8章由北京理工大学薛正辉副教授编写。本书的许多插图和文字录入工作由詹铭周博士和徐跃杭博士完成，在此表示衷心的感谢。

由于编者水平有限，书中错误和不当之处在所难免，殷切希望广大读者批评指正。

编　者

2009年6月

目　　录

绪　论

0.1　微波的波长(或频率)范围

微波一般是指波长从 1m～0.1mm 的电磁波,相应的频率范围是 0.3～3000GHz。也有文献将微波波长范围定义为从 1m～1mm,相应的频率范围是 0.3～300GHz。微波在整个电磁波频谱中所处的位置如图 0.1 所示。

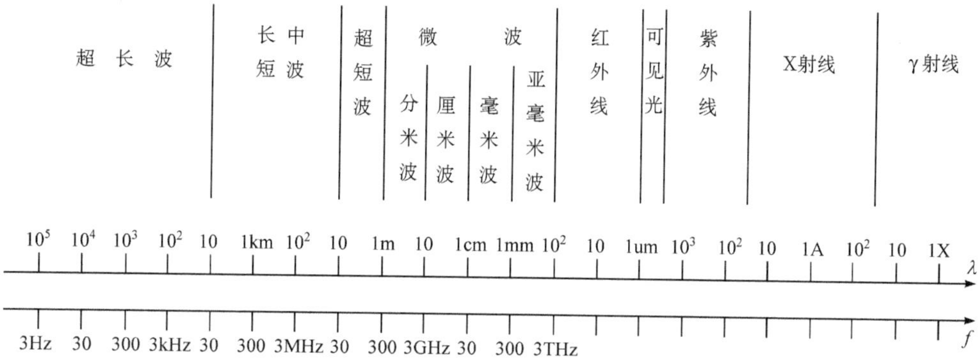

图 0.1　电磁频谱分布图

在实际应用中,为了方便,在微波波段内部又进行了细分,如表 0.1 所示。

习惯上还把微波中常用波段分别以拉丁字母作代号,如表 0.2 所示。表 0.3 和表 0.4 分别给出了家用电器频段和民用移动通信频段,可见其工作频段基本上都落入微波频率范围。

表 0.1　微波波段的细分

名　称	波长范围		频率范围	
分米波	1m	10cm	300MHz	3GHz
厘米波	10cm	1cm	3GHz	30GHz
毫米波	1cm	1mm	30GHz	300GHz
亚毫米波	1mm	0.1mm	300GHz	3THz

表 0.2　微波常用波段代号

波段名称	波长范围/cm		频率范围/GHz	
P	130	30	0.23	1
L	30	15	1	2
S	15	7.5	2	4
C	7.5	3.75	4	8
X	3.75	2.4	8	12
Ku	2.4	1.67	12	18
K	1.67	1.13	18	26.5
Ka	1.13	0.75	26.5	40
U	0.75	0.5	40	60
E	0.5	0.33	60	90
W	0.4	0.272	75	110
F	0.33	0.215	90	140
G	0.215	0.136	140	220
J	0.136	0.09	220	325

表 0.3 家用电器频段

名 称	频率范围
调幅无线电	535～1605kHz
短波无线电	3～30MHz
调频无线电	88～108MHz
商用电视	
1～3 频道	48.5～72.5MHz
4～5 频道	76～92MHz
6～12 频道	167～223MHz
13～24 频道	470～566MHz
25～68 频道	606～958MHz
微波炉	2.45GHz
蓝 牙	2.40～2.48GHz

表 0.4 民用移动通信频段

名 称	频率范围
2G 频率分配表	
GSM900	890～960MHz
GSM1800	1710～1880MHz
PHS(小灵通)	1900～1915MHz
3G 频率分配表	
主要工作频段:	
FDD 方式	1920～1980MHz/2110～2170MHz
TDD 方式	1880～1920MHz/2010～2025MHz
补充工作频段:	
FDD 方式	1755～1785MHz/1850～1880MHz
TDD 方式	2300～2400MHz
卫星移动通信系统工作频段	1980～2010MHz/2170～2200MHz

0.2 微波的主要特性

微波和普通的无线电波、可见的和不可见的光波、X 射线、γ 射线一样，本质上都是随时间和空间变化的、呈波动状态的电磁场或电磁波。尽管它们的表现各不相同，例如可见光可以被人眼所感觉而其他波段则不能；X 射线、γ 射线具有穿透导体的能力而其他波段则不具有这种能力；无线电波可以穿透又浓又厚的云雾而光波则不能等，但它们都是电磁波。之所以出现这么多不同的表现，归根结底是因为它们的频率不同，即波长不同。

从电子学和物理学的观点看，微波电磁谱具有不同于其他波段的如下重要特点：

1）似光性和似声性

与较低频率波段相比，微波的频率高即波长短，比一般物体(如飞机、舰船、汽车、坦克、火箭、导弹、建筑物等)的尺寸相对要小得多，或在同一量级，这使微波的特点与几何光学相似，即似光性。因此，用微波工作，能使电路元件尺寸减小，使系统更加紧凑，可以设计制成体积小、波束很窄、方向性很强、增益很高的天线系统，能接收来自地面或宇宙空间各种物体反射回来的微弱信号，从而确定物体的方位和距离，分析目标的特征。

由于微波的波长与物体的尺寸具有相同的量级，使得微波的特点又与声波相近，即似声性。例如微波波导类似于声学中的传声筒；喇叭天线和缝隙天线类似于声学喇叭、萧和笛；微波谐振腔类似于声学共鸣箱等。

2）穿透性

微波照射于一般物体（介质体）时能深入物质内部：微波能穿透电离层，成为人类探测外层空间的"宇宙窗口"；微波能穿透云、雨、植被、积雪和地表层，具有全天候和全天时的工作能力，成为遥感技术的重要波段；微波能穿透生物体，成为医学透热疗法的重要手段；微波还能穿透等离子体，是再入远程导弹和航天器重返大气层时实现通信和导弹末制导的重要手段。这些特性是红外与光波频段的电磁波所不具有的。

3）非电离性

小功率微波的量子能量还不够大，不足以改变物质分子的内部结构或破坏分子间的键。而由物理学知道，分子、原子和原子核在外加电磁场的周期力作用下所呈现的许多共振现象都发生在微波范围，因而微波为探索物质的内部结构和基本特性提供了有效的研究手段。另外利用这一特性和原理，可研制许多适用于微波波段的器件。

4）信息性

由于微波的频率很高，所以在不太大的相对带宽下，其可用的频带很宽，可达数百甚至上千兆赫，这是低频无线电波无法比拟的，意味着微波的信息容量大。所以现代多路通信系统，包括卫星通信和移动通信，几乎无一例外地都是工作在微波波段。另外，微波信号还可提供幅度、相位、极化和多普勒频率等信息，这在目标探测、遥感、目标特征分析等应用中是十分重要的。

5）微波的大气传播特性

微波在大气层中传播时将受到一定程度的影响，具主要原因是氧气和水蒸气对微波频率会产生选择性的吸收和散射，在毫米波频段尤为突出。图 0.2 表示微波高端频段在大气中水平传播时平均大气吸收的实验结果。可见由氧气分子谐振引起的吸收峰出现在 60GHz 和 120GHz 附近，而由水蒸气谐振引起的吸收峰在 22GHz 和 183GHz 附近。同时看到有四个传播衰减相对较小的"窗口"，其中心频率分别在 35GHz、94GHz、140GHz 和 220GHz，相应波长分别为 8.6mm、3.2mm、2.1mm 和 1.4mm。由图 0.2 还可以看到，在大气层中传播电磁波的工作频率升高，总的衰减呈上升趋势，10GHz 以下电磁波天气衰减更小，

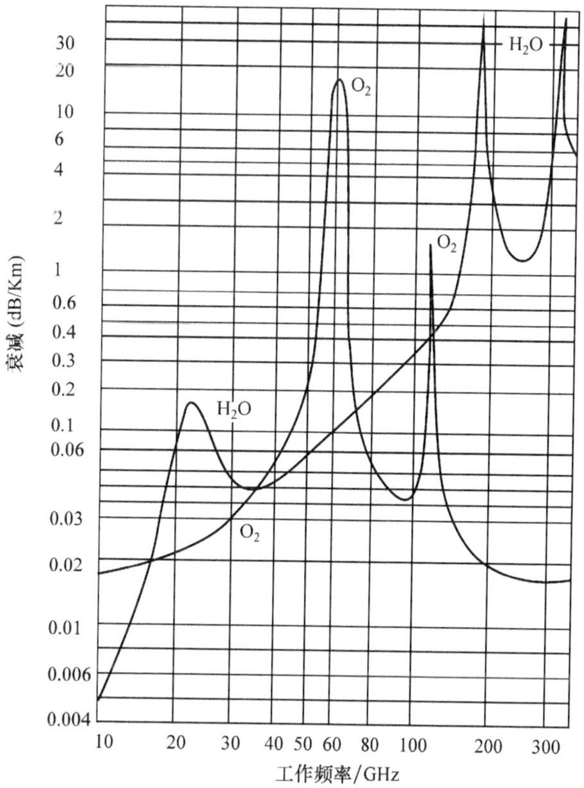

图 0.2　传播时的大气吸收特性

不作重点考虑。

0.3 微波的应用

微波具有上述重要特性，决定了它在实际应用中的广泛性。微波的应用包括作为信息载体和微波能的应用两个方面，下面就其应用的主要领域加以简单介绍。

微波的传统应用是雷达和通信，这是微波作为信息载体的主要应用。雷达是利用电磁波对目标进行探测和定位，并可进行目标特性分析。现代雷达大多数是微波雷达。利用微波工作的雷达可以使用尺寸较小的天线来获得很窄的波束宽度，以获取关于被测目标性质的更多信息。雷达不仅用于军事，也用于民用，如导航、气象探测、大地测量、遥感遥测、工业检测和交通管制等。

由于微波具有频率高、频带宽、信息量大的特点，所以被广泛应用于各种通信业务，包括微波多路通信、微波中继通信、散射通信、移动通信和卫星通信。利用微波各波段的特点可作特殊用途的通信，例如从 P 到 Ku 波段的微波适用于以地面为基地的通信；毫米波适用于空间与空间的通信；毫米波段的 60GHz 频段的电波大气衰减较大，适于作近距离保密通信；而 94GHz 频段的电波在大气中衰减却很小，是个窗口频段，适于作地空和远距离直线通信；对于很长距离的通信，则 L 波段更适合，因为在此波段容易获得较大的功率。

微波能的工农业应用。微波作为能源的应用始于 20 世纪 50 年代后期至 60 年代末，微波能应用随着微波炉作为商品进入家庭而得到大力发展。

微波能应用包括微波的强功率应用和弱功率应用两个方面。强功率应用是微波加热；弱功率应用是用于各种电量和非电量(包括长度、速度、湿度、温度等)的测量。

微波加热可以深入物体内部，热量产生于物体内部，不依靠热传导，里外同时加热，具有热效率高、节省能源、加热速度快、加热均匀等特点，便于自动化连续生产。微波加热用于食品加工时，还有消毒作用，清洁卫生，既不污染环境，也不破坏食品的营养成分。微波加热现已被广泛应用于食品、橡胶、塑料、化学、木材加工、造纸、印刷、卷烟等工业中；在农业上，微波加热可用于灭虫、育种、育蚕、干燥谷物等。

弱功率应用的电量和非电量的测量，其显著特点是不需要和被测量对象接触，因而是非接触式的无损测量，特别适宜于生产线测量或进行生产的自动控制。现在应用最多的是测量湿度，即测量物质(如煤、纸、原油等)中的含水量。

微波的生物医学应用，也属于微波能的加热应用。利用微波对生物体的热效应，选择性局部加热，是一种有效的治疗方法，临床上可用来治疗人体的各种疾病，尤其对肿瘤胞块。微波的医学应用包括微波诊断、微波治疗、微波解冻、微波解毒和微波杀菌等。用微波对生物体作局部照射，可提高局部组织的新陈代谢，并诱导产生一系列的物理化学变化，从而达到解痉镇痛、抗炎脱敏、促进生长等作用，广泛用于治疗骨折、创伤、小儿肺部疾病、胰腺、癌症疾病等。国际上规定的用于工业、科学、医学的微波加热专用频率是(915±25)MHz、(2450±50)MHz、(5800±75)MHz 和(22 125±125)MHz，目前广泛使用的是 915MHz 和 2450MHz。

需要指出的是，微波的生物医学效应不仅有对生物体的热效应，而且有非热效应，在某些情况下，后者比前者更为主要。微波的生物医学应用是利用微波有益的生物效应，但是微波的生物效应还有有害的效应，表现为超剂量的微波照射有“三致”作用：致癌、致畸和致突变，也就是说，微波的致热作用既能治病又能致病，问题在于处理好微波的功率、频率、照射时间和作用条件三者之间的关系。微波的“三致”作用按其机理可分为热效应和非热效应两种。热效应或称致热效应是指由于微波照射生物体引起其组织器官的加热作用所产生的生理影响;非热效应或称热外效应是除了对生物体组织和器官的加热作用以外的对生物体的其他特殊生理影响,这些影响是用别的加热手段不会产生的。微波对人体的伤害作用主要是热效应,大剂量或长时间的微波照射全身时,可以使人体温度升高,产生高温生理反应,使人体组织和器官受到损伤,最容易受到伤害的是眼睛和睾丸。因此,应该采取适当的防护措施,并对微波源的功率泄漏规定安全标准。中国在 1979 年制定的《微波辐射暂行卫生标准》中规定:

(1) 一天八小时连续辐射时,其剂量不应超过 38 $\mu W/cm^2$。

(2) 短时间间断辐射,总剂量不超过 300 $\mu W \cdot h/cm^2$。

(3) 由于特殊情况需要在辐射剂量大于 $1mW/cm^2$ 环境中工作时,必须使用个人防护用品,但日剂量不得超过 $300\mu W \cdot h/cm^2$,一般不允许在剂量超过 $5mW/cm^2$ 的辐射环境下工作。

另外,随着科学技术的飞速发展,学科之间的相互渗透不断加剧,在其他学科中应用微波理论和技术进一步深入研究的范例不断增多。例如,在数字集成电路中,随着运算速度的提高,其时钟频率已进入微波频段,如还采用传统的集总参数而不用分布参数方法进行研究和设计,高速数字集成电路就难以正常工作或难以保障信号完整性。

第1章　导波的一般特性

1.1　导波和导波系统

时变电场产生时变磁场，时变磁场又产生时变电场，如此进行下去，变化着的电场和磁场能传播开去就形成电磁波。

电磁波可分为自由空间波和导波。自由空间波是指在无界空间传播的电磁波。导波是在含有不同媒质边界的空间传播的电磁波，而构成这种边界的装置则称为导波系统，它的作用是束缚并引导电磁波传播。

导波系统的具体结构随着不同频段和实际需要而有所不同。

在低频，导波系统的形式很简单，两根导线就可以引导电磁波。这是因为导线之间的距离和导线的长度相对电磁波的波长来说小得可以忽略，两导线的电流反相，在空间同一点建立的场也反相并相互抵消，即低频电磁波沿导线传输几乎没有辐射损耗。同时频率低，导线的电阻损耗也可忽略。因此，低频对导波系统没有特殊要求。当频率增高致使波长与导线间的距离和导线的长度可以比拟时，情况就大不一样了，两导线的电流在空间建立的场不会反相相消而有辐射。频率高，导线电阻损耗也增大，因此任意的两根导线不能有效引导微波。

在微波波段，为减小双导线的辐射和电阻损耗，采用一种改进型双导线即平行双导体线。它是用线径较大、线间距较小的平行双导体构成。这种双导体线可用于微波低端——米波频率。随着频率的继续增加，平行双导体线辐射损耗严重。为避免辐射并进一步减少电阻损耗，出现了封闭式双导体导波系统即同轴线，它可用于分米波和厘米波。但频率增高到毫米波波段时，由于同轴线横向尺寸变小，内导体的损耗很大，功率容量也下降。为克服同轴线的这些缺点，理论和实践证明，可以去掉其内导体而作成空心单导体导波系统即柱面金属波导，它主要用于厘米波和毫米波。当频率增到毫米波、亚毫米波波段时，金属损耗已经很大，而在这些波段介质损耗还不算高，特别是低耗介质的出现，为发展新的导波系统——介质波导创造了条件。介质波导主要用于毫米波、亚毫米波乃至光波。

为适应微波集成电路的需要，又出现了各种金属和介质的平面导波系统——带状线、微带线、介质带线等。

(1) 导行系统是用以约束或引导电磁波能量定向传输的结构。其主要功能有二：①无辐射损耗地引导电磁波沿其轴向行进而将能量从一处传输至另一处，称之为馈线。②用于设计构成各种微波电路元件，如滤波器、阻抗变换器、定向耦合器等。导行系统的种类可按其上的导行波分为三类：①TEM 或准 TEM 传输线；②封闭金属波导；③表面波波导(或称开波导)，如图 1.1-1 所示。

(2) 导行波能量的全部或绝大部分受导行系统的导体或介质的边界约束，在有限横截面内沿确定方向(一般为轴向)传输的电磁波，简单说就是沿导行系统定向传输的电磁波，简称为导波。

各种传输线使电磁波能量约束或限制在导体之间空间沿其轴向传播，其导行波是 TEM 波或准 TEM 波。

封闭金属波导使电磁波能量完全限制在金属管内沿轴向传播，其导行波是横电(TE)波和横磁(TM)波。

开波导使电磁波能量约束在波导结构的周围(波导内和波导表面附近)沿轴向传播,其导行波是表面波。

(3) 导模是指导行波的模式,又称传输模、正规模,是能够沿导行系统独立存在的场型。其特点是:①在导行系统横截面上的电磁场呈驻波分布,且是完全确定的。这一分布与频率无关,并与横截面在导行系统上的位置无关。②导模是离散的,具有离散谱,当工作频率一定时,每个导模具有唯一的传播常数。③导模之间相互正交,彼此独立,互不耦合。④具有截止特性,截止条件和截止波长因导行系统和模式而异。

(4) 规则导行系统是无限长的笔直导行系统,其截面形状和尺寸、媒质分布情况、结构材料及边界条件沿轴向均不变化。

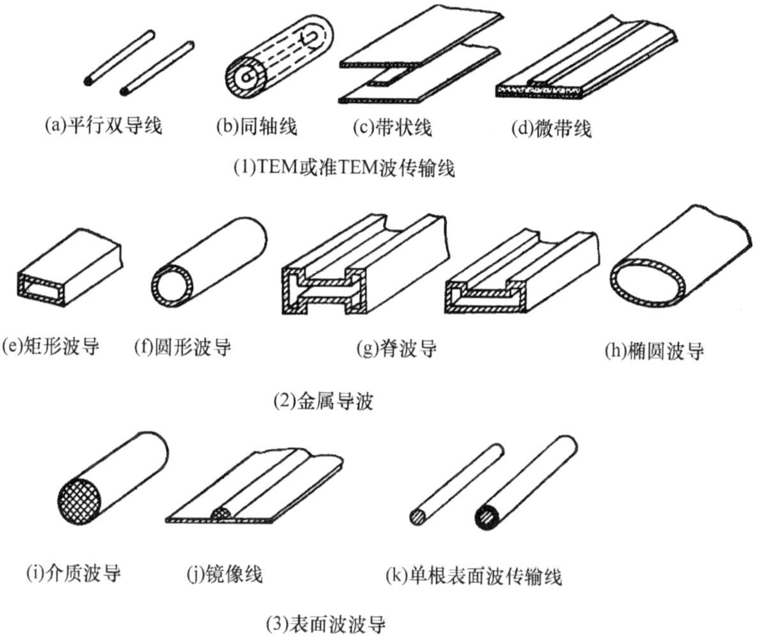

图 1.1-1　导行系统种类

1.2　导波的场分析方法

如图 1.2-1 所示规则导行系统,即均值无限长导行系统,设媒质均匀无耗且各向同性,媒质中无源;又设导行波的电场和磁场为时谐场,它们满足如下麦克斯韦方程组

$$\nabla \times \boldsymbol{H} = \mathrm{j}\omega\varepsilon\boldsymbol{E} \tag{1.2-1}$$

$$\nabla \times \boldsymbol{E} = -\mathrm{j}\omega\mu\boldsymbol{H} \tag{1.2-2}$$

$$\nabla \cdot \boldsymbol{H} = 0 \tag{1.2-3}$$

$$\nabla \cdot \boldsymbol{E} = 0 \tag{1.2-4}$$

式中,ε 和 μ 分别为媒质的介电常数和磁导率,ω 为角频率。

对于图 1.2-1 所示规则导行系统,采用广义柱坐标系 (u,v,z),设导波沿 z 向(轴向)传播,微分算符∇ 和电场 $\boldsymbol{E}$、磁场 $\boldsymbol{H}$ 可以表示成

$$\nabla \equiv \nabla_t + \boldsymbol{a}_z \partial/\partial z \tag{1.2-5}$$

$$\boldsymbol{E}(u,v,z) \equiv \boldsymbol{E}_t(u,v,z) + \boldsymbol{a}_z E_z(u,v,z) \tag{1.2-6}$$

(a)单导体传输线　(b)双导体传输线

图 1.2-1　导行波沿规则波导传播

$$\boldsymbol{H}(u,v,z) \equiv \boldsymbol{H}_t(u,v,z) + \boldsymbol{a}_z H_z(u,v,z) \tag{1.2-7}$$

下标 t 表示横向分量，$\boldsymbol{a}_z$ 为轴向 z 的单位矢量。将式(1.2-5)、式(1.2-6)和式(1.2-7)代入方程(1.2-1)和方程(1.2-2)，展开后令方程两边的横向分量和纵向分量分别相等，得到

$$\nabla_t \times \boldsymbol{H}_t = \mathrm{j}\omega\varepsilon \boldsymbol{a}_z E_z \tag{1.2-8}$$

$$\nabla_t \times \boldsymbol{a}_z H_z + \boldsymbol{a}_z \times \frac{\partial \boldsymbol{H}_t}{\partial z} = \mathrm{j}\omega\varepsilon \boldsymbol{E}_t \tag{1.2-9}$$

$$\nabla_t \times \boldsymbol{E}_t = -\mathrm{j}\omega\mu \boldsymbol{a}_z H_z \tag{1.2-10}$$

$$\nabla_t \times \boldsymbol{a}_z E_z + \boldsymbol{a}_z \times \frac{\partial \boldsymbol{E}_t}{\partial z} = -\mathrm{j}\omega\mu \boldsymbol{H}_t \tag{1.2-11}$$

将式(1.2-9)两边乘以 $\mathrm{j}\omega\mu$，式(1.2-11)两边作 $\boldsymbol{a}_z \times \partial/\partial z$ 运算，得到

$$\mathrm{j}\omega\mu \boldsymbol{a}_z \times \frac{\partial \boldsymbol{H}_t}{\partial z} = -\mathrm{j}\omega\mu \nabla_t \times \boldsymbol{a}_z H_z - \omega^2 \mu\varepsilon \boldsymbol{E}_t \tag{1.2-12}$$

$$-\mathrm{j}\omega\mu \boldsymbol{a}_z \times \frac{\partial \boldsymbol{H}_t}{\partial z} = \boldsymbol{a}_z \times \frac{\partial}{\partial z}(\nabla_t \times \boldsymbol{a}_z E_z) + \boldsymbol{a}_z \times \frac{\partial}{\partial z}\left(\boldsymbol{a}_z \times \frac{\partial \boldsymbol{E}_t}{\partial z}\right) \tag{1.2-13}$$

由此两式消去 $\boldsymbol{H}_t$，可得

$$\left(k^2 + \frac{\partial^2}{\partial z^2}\right)\boldsymbol{E}_t = \frac{\partial}{\partial z}\nabla_t E_z + \mathrm{j}\omega\mu \boldsymbol{a}_z \times \nabla_t H_z \tag{1.2-14}$$

同理可得

$$\left(k^2 + \frac{\partial^2}{\partial z^2}\right)\boldsymbol{H}_t = \frac{\partial}{\partial z}\nabla_t H_z - \mathrm{j}\omega\varepsilon \boldsymbol{a}_z \times \nabla_t E_z \tag{1.2-15}$$

式中，$k^2 = \omega^2\mu\varepsilon$。式(1.2-14)和式(1.2-15)表明：规则导行系统中，导波场的横向分量可由纵向分量完全确定。

对式(1.2-10)作 $\nabla_t \times$ 运算，得到

$$\nabla_t \times \nabla_t \times \boldsymbol{E}_t = -\mathrm{j}\omega\mu\, \nabla_t \times \boldsymbol{a}_z H_z \tag{1.2-16}$$

式(1.2-16)的左边应用式(1.2-4)，变成

$$\nabla_t \times \nabla_t \times \boldsymbol{E}_t = \nabla_t(\nabla_t \cdot \boldsymbol{E}_t) - \nabla_t^2 \boldsymbol{E}_t = -\nabla_t\left(\frac{\partial}{\partial z}E_z\right) - \nabla_t^2 \boldsymbol{E}_t \tag{1.2-17}$$

而式(1.2-16)的右边，由式(1.2-9)得到

$$-j\omega\mu \nabla_t \times \boldsymbol{a}_z H_z = -\mathrm{j}\omega\mu\left(\mathrm{j}\omega\varepsilon \boldsymbol{E}_t - \boldsymbol{a}_z \times \frac{\partial \boldsymbol{H}_t}{\partial z}\right) = k^2 \boldsymbol{E}_t + \frac{\partial^2 \boldsymbol{E}_t}{\partial z^2} - \frac{\partial}{\partial z}\nabla_t E_z \tag{1.2-18}$$

于是式(1.2-16)变成

$$\left(\nabla_t^2 + \frac{\partial^2}{\partial z^2}\right)\boldsymbol{E}_t + k^2 \boldsymbol{E}_t = 0 \tag{1.2-19}$$

即得到方程

$$\nabla^2 \boldsymbol{E}_t + k^2 \boldsymbol{E}_t = 0 \tag{1.2-20}$$

同理可得

$$\nabla^2 \boldsymbol{H}_t + k^2 \boldsymbol{H}_t = 0 \tag{1.2-21}$$

式(1.2-20)和式(1.2-21)说明，导波的横向场满足矢量亥姆霍兹(Helmholtz)方程。它只有在正交坐标系中才能分解为两个标量亥姆霍兹方程。

对式(1.2-15)中作$\nabla_t\times$运算,得到

$$\left(k^2+\frac{\partial^2}{\partial z^2}\right)\nabla_t\times\boldsymbol{H}_t=\frac{\partial}{\partial z}\nabla_t\times\nabla_t H_z-\mathrm{j}\omega\varepsilon\,\nabla_t\times\boldsymbol{a}_z\times\nabla_t E_z=-\mathrm{j}\omega\varepsilon\,\nabla_t^2\boldsymbol{a}_z E_z \quad (1.2-22)$$

应用式(1.2-8),消除$\boldsymbol{H}_t$,得到

$$\nabla_t^2\boldsymbol{a}_z E_z+\left(k^2+\frac{\partial^2}{\partial z^2}\right)\boldsymbol{a}_z E_z=0 \quad (1.2-23)$$

由于$\boldsymbol{a}_z$为单位矢量,所以可移到微分号外并加以消除,即得到方程

$$\nabla^2 E_z+k^2E_z=0 \quad (1.2-24)$$

同理可得

$$\nabla^2 H_z+k^2H_z=0 \quad (1.2-25)$$

式(1.2-24)和式(1.2-25)说明,规则导行系统中导波场的纵向分量满足标量亥姆霍兹方程。

1) 色散关系式

纵向场分量可以表示成横向坐标r和纵向坐标z的函数,这里$r=\{u,v\}$,即

$$E_z(u,v,z)=E_z(r,z) \quad (1.2-26)$$

$$H_z(u,v,z)=H_z(r,z) \quad (1.2-27)$$

代入方程(1.2-24)和式(1.2-25),得到

$$\left(\nabla_t^2+\frac{\partial^2}{\partial z^2}\right)\begin{Bmatrix}E_z(r,z)\\H_z(r,z)\end{Bmatrix}+k^2\begin{Bmatrix}E_z(r,z)\\H_z(r,z)\end{Bmatrix}=0 \quad (1.2-28)$$

以$E_z(r,z)$求解为例,应用分离变量法,令

$$E_z(r,z)=E_{0z}(r)\cdot Z(z) \quad (1.2-29)$$

$E_{0z}(r)$的下标“$0z$”表示横向分布函数与变量z无关。将式(1.2-29)代入式(1.2-28),得到

$$\frac{\nabla_t^2E_{0z}(r)}{E_{0z}(r)}+\frac{\frac{\mathrm{d}^2}{\mathrm{d}z^2}Z(z)}{Z(z)}=-k^2 \quad (1.2-30)$$

式(1.2-30)要成立,左边两项应分别等于某常数。令其分离变量常数分别为$-k_c^2$和γ^2,则得到方程

$$\frac{\mathrm{d}^2}{\mathrm{d}z^2}Z(z)-\gamma^2Z(z)=0 \quad (1.2-31)$$

$$\nabla_t^2E_{0z}(r)+k_c^2E_{0z}(r)=0 \quad (1.2-32)$$

和色散关系式

$$k_c^2-\gamma^2=k^2 \quad \text{或者} \quad k_c^2=k^2+\gamma^2$$

式(1.2-31)的解为

$$Z(z)=A_1\mathrm{e}^{-\gamma z}+A_2\mathrm{e}^{\gamma z} \quad (1.2-33)$$

式中

$$\gamma=\sqrt{k_c^2-k^2}=k\sqrt{(k_c/k)^2-1} \quad (1.2-34)$$

γ为传播常数,由衰减常数α和相位常数β构成,$\gamma=\alpha+\mathrm{j}\beta$。

2) 本征值方程

式(1.2-32)是导波场的本征值方程(若$k_c\neq0$)。k_c是此方程在特定边界条件下的本征值,称为导波的横向截止波数。它与导行系统的截面形状、尺寸及模式有关。一般来说,由两个或两个以上导体构成的导行系统(称之为传输线),其性质是非本征值问题;由单一导体(单

导线、各种形状的金属波导管等)构成的导行系统,其性质是本征值问题。H_{0z}满足同样的本征值问题。此本征值方程在广义柱坐标系中的表示式为

$$\left[\frac{1}{h_1h_2}\left(\frac{\partial}{\partial u}\frac{h_2}{h_1}\frac{\partial}{\partial u}+\frac{\partial}{\partial v}\frac{h_1}{h_2}\frac{\partial}{\partial v}\right)+k_c^2\right]\begin{Bmatrix}E_{0z}(u,v)\\H_{0z}(u,v)\end{Bmatrix}=0 \tag{1.2-35}$$

式中,h_1 和 h_2 是正交曲线坐标的拉梅(Lame)系数。

这样,规则导行系统中沿正 z 方向传播的导波纵向场分量可以表示为

$$E_z(u,v,z)=E_{0z}(u,v)\mathrm{e}^{-\gamma z} \tag{1.2-36}$$

$$H_z(u,v,z)=H_{0z}(u,v)\mathrm{e}^{-\gamma z} \tag{1.2-37}$$

3) 横-纵向场关系式

由于$\partial/\partial z=-\gamma,\partial^2/\partial z^2=\gamma^2$,代入式(1.2-14)和式(1.2-15),得到

$$\boldsymbol{E}_t=\frac{-\gamma}{k_c^2}[\boldsymbol{\nabla}_t E_z+Z_h\boldsymbol{\nabla}_t H_z\times\boldsymbol{a}_z] \tag{1.2-38}$$

$$\boldsymbol{H}_t=\frac{-\gamma}{k_c^2}[\boldsymbol{\nabla}_t H_z+Y_e\boldsymbol{a}_z\times\boldsymbol{\nabla}_t E_z] \tag{1.2-39}$$

式中

$$Z_h=\mathrm{j}\sqrt{\frac{\mu}{\varepsilon}}\frac{k}{\gamma} \tag{1.2-40}$$

$$Y_e=\mathrm{j}\sqrt{\frac{\varepsilon}{\mu}}\frac{k}{\gamma} \tag{1.2-41}$$

横-纵向场关系式(1.2-38)和式(1.2-39)在广义柱坐标系中的分量形式为

$$\begin{aligned}E_u&=-\frac{1}{k_c^2}\left(\frac{\gamma}{h_1}\frac{\partial E_z}{\partial u}+\frac{\mathrm{j}\omega\mu}{h_2}\frac{\partial H_z}{\partial v}\right)\\E_v&=-\frac{1}{k_c^2}\left(\frac{\gamma}{h_2}\frac{\partial E_z}{\partial v}-\frac{\mathrm{j}\omega\mu}{h_1}\frac{\partial H_z}{\partial u}\right)\\H_u&=-\frac{1}{k_c^2}\left(\frac{\gamma}{h_1}\frac{\partial H_z}{\partial u}-\frac{\mathrm{j}\omega\varepsilon}{h_2}\frac{\partial E_z}{\partial v}\right)\\H_v&=-\frac{1}{k_c^2}\left(\frac{\gamma}{h_2}\frac{\partial H_z}{\partial v}+\frac{\mathrm{j}\omega\varepsilon}{h_1}\frac{\partial E_z}{\partial u}\right)\end{aligned} \tag{1.2-42a}$$

写成矩阵形式为

$$\begin{bmatrix}E_u\\H_v\\H_u\\E_v\end{bmatrix}=-\frac{1}{k_c^2}\begin{bmatrix}\frac{\mathrm{j}\omega\mu}{h_2}&\frac{\gamma}{h_1}&0&0\\\frac{\gamma}{h_2}&\frac{\mathrm{j}\omega\varepsilon}{h_1}&0&0\\0&0&\frac{\gamma}{h_1}&\frac{-\mathrm{j}\omega\varepsilon}{h_2}\\0&0&\frac{-\mathrm{j}\omega\mu}{h_1}&\frac{\gamma}{h_2}\end{bmatrix}\begin{bmatrix}\frac{\partial H_z}{\partial v}\\\frac{\partial E_z}{\partial u}\\\frac{\partial H_z}{\partial u}\\\frac{\partial E_z}{\partial v}\end{bmatrix} \tag{1.2-42b}$$

1.3　导波的分类及各类导波的特性

1.3.1　导波的分类

除了导波的模式之外，导波系统的材料特性也决定了导波相速和群速的关系，根据这种关系可将导波分为前向波和后向波：电磁波的相速度方向与群速度方向一致的是前向波，相反的是后向波。从材料的相对介电常数、相对磁导率与零值的关系出发，可以将材料分为四类：右手材料、电单负材料、左手材料和磁单负材料。图1.3-1展示了这种分类。

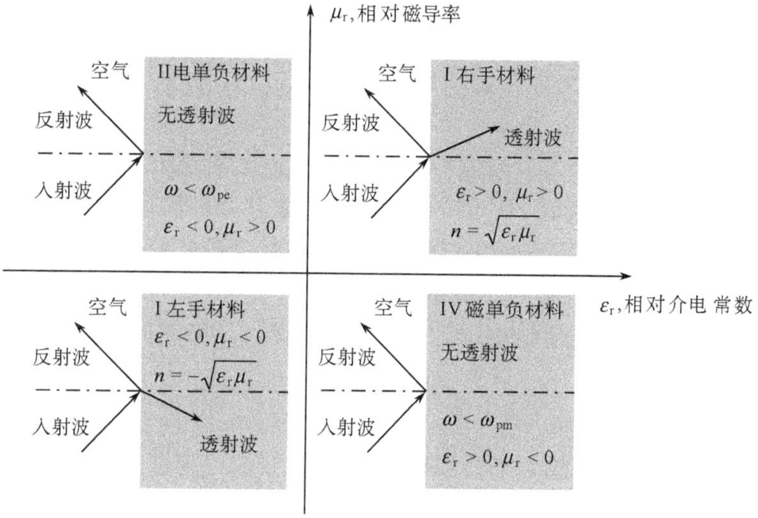

图1.3-1　材料的相对介电常数和相对磁导率关系分类图

第一象限，$\varepsilon_r>0$ 且 $\mu_r>0$ 的材料是我们所熟悉的右手材料，自然界中的物质基本都属于右手材料，右手材料的命名来源于这种介质中的电场矢量 $\boldsymbol{E}$，磁场矢量 $\boldsymbol{H}$ 和波矢量 $\boldsymbol{K}$ 三者符合右手螺旋规则。波矢量 $\boldsymbol{K}$ 与坡印亭矢量 $\boldsymbol{S}$ 的方向相同，故代表电磁波相位传输的相速度 V_p 与代表电磁能量传播的群速度 V_g 方向一致，即右手介质中支持前向波。

第二象限的物质称为电单负材料，即 $\varepsilon_r>0, u_r>0$。当入射电磁波的频率低于等离子体的谐振频率时，等离子体的等效介电常数就为负。除此之外，一些贵金属(如银、金)在红外频段和可见光频率，也能显示这种电单负特性。

第三象限中，$\varepsilon_r<0$ 且 $\mu_r<0$ 的材料称为左手材料(也可称为双负材料)。左手材料中的电场矢量 $\boldsymbol{E}$，磁场矢量 $\boldsymbol{H}$ 和波矢量 $\boldsymbol{K}$ 三者符合左手螺旋规则，波矢量 $\boldsymbol{K}$ 与坡应廷矢量 $\boldsymbol{S}$ 的方向相反，故代表电磁波相位传输的相速度 V_p 与代表电磁能量传播的群速度 V_g 方向相反，即左手介质中存在后向波。需要注意的是，左手材料可以由人工设计的、等效介电常数和等效磁导率同时小于零的电磁结构来实现，而不是传统意思上的“材料”。第八章将对左手材料作进一步的介绍。

第四象限的材料称为磁单负材料，即 $\varepsilon_r>0, u_r<0$。在一定条件下，铁氧体材料的等效磁导率可以为负，此时的铁氧体材料为磁单负材料的一种实例。

电磁波在导波系统中传播时，导波系统的边界条件决定了其中能独立存在的导波形式。规则导波系统的横截面形状、尺寸和材料沿电磁波导行方向不变，即边界条件沿该方向是均匀的，称无限长均直波导系统。在规则导波系统中通常是按导波有无纵向场分量来对导波分类，由此，导波可以分为两大类。

(1) 无纵向场分量，即 $E_z=H_z=0$ 的电磁波，这种波只有横电磁场，故称为横电磁波(TEM 波)，电磁力线位于导波系统的横截面内。横电磁波只能存在于多导体导波系统中，如双线、同轴线等。

(2) 有纵向场分量的电磁波，这又细分为以下三种类型。

① $E_z=0, H_z\neq0$ 的波称为横电波(TE 波)或磁波(H 波)。这种波的电力线全在导波系统的横截面内，磁力线为空间曲线。

② $E_z\neq0, H_z=0$ 的波称为横磁波(TM 波)或电波(E 波)。这种波的磁力线全在导波系统的横截面内，电力线为空间曲线。

③ $E_z\neq 0, H_z\neq0$ 的波称为混合波(EH 波或 HE 波)，这种波可视为 TE 波和 TM 波的线性叠加。

前两种波，TE 波和 TM 波可以独立存在于金属柱面波导、圆柱介质波导和无限宽的平板介质波导中。后一种波(EH 波或 HE 波)则存在于一般开波导和非均匀波导(如波导横截面尺寸变化、波导填充的介质不均匀等)中，这是由于单独的 TE 波或 TM 波不能满足复杂的边界条件，必须二者线性叠加方能有合适的解之故。

根据不同的情况，可将导行波分为 $k_c^2=0, k_c^2>0$ 和 $k_c^2<0$ 三类。

1) $k_c^2=0$

这时 $\beta=k, v_p=v_g=c, \lambda_g=\lambda$。

这种导行波的传播特性与均匀平面波相同；在真空或大气充填的传输系统中，其相速与群速都等于空间光速，且与频率无关；导波波长等于空间波长，与频率成反比。

由式(1.2-38)及式(1.2-39)可知，当传输系统中传播导行波时，必然有

$$E_z=0, H_z=0$$

否则 E_t、H_t 将出现无穷大，这在物理上是不可能的。因此，这种导行波中既没有纵向电场也没有纵向磁场，它是横电磁波或简写成 TEM 波。

2) $k_c^2>0$

根据数学物理方程中关于本征值问题的研究知道，方程(1.2-30)分解成的两个常微分方程在齐次边界条件下存在着无穷多个离散的实常数本征值，这正是现在的情况。由光滑的导体壁构成的柱形导波系统属于齐次边界条件，必然有 $k_c^2\geqslant0$，且 k_c^2 为常数。

由 k_c 与 k 的不同关系，这种导行波又可分为以下三种状态。

(1) $k^2>k_c^2$。

$$\beta^2=k^2-k_c^2>0 \tag{1.3-1}$$

式中，$\beta=\sqrt{k^2-k_c^2}$ 为实数，是一等幅行波，且 $\beta<k$，于是

$$v_p>\frac{c}{\sqrt{\varepsilon_r\mu_r}},\quad v_g<\frac{c}{\sqrt{\varepsilon_r\mu_r}},\quad \lambda_g>\frac{\lambda_0}{\sqrt{\varepsilon_r\mu_r}}$$

这种导行波的特点是相速大于平面波速，即大于该媒质中的光速，而群速则小于该媒质中的光速，同时导波波长大于空间波长。这是一种快波。

(2) $k^2=k_c^2$，有

$$\beta=0$$

沿 z 方向各点场的振幅相同，相位相同，即沿 z 方向没有波的传播过程，这种状态称为临

界状态，因此称为临界波数。与此相应的角频率及频率为

$$\omega_c=\frac{k_c}{\sqrt{\varepsilon\mu}},\quad f_c=\frac{k_c}{2\pi\sqrt{\varepsilon\mu}}$$

分别称为临界角频率及临界频率，相应的波长为

$$\lambda_c=\frac{2\pi}{k_c} \tag{1.3-2}$$

式中，λ_c 称为临界波长。

(3) $k^2<k_c^2$。

$$\beta^2=k^2-k_c^2<0 \tag{1.3-3}$$

$\beta=\sqrt{k^2-k_c^2}$成为虚数，$\alpha=\mathrm{j}\beta=\sqrt{k_c^2-k^2}$为实数。于是，式(1.2-33)变成

$$Z(z)=Z_1\mathrm{e}^{-\alpha z}+Z_2\mathrm{e}^{\alpha z} \tag{1.3-4}$$

这时场的振幅沿 z 方向呈指数变化而相位不变，它不再是行波而是衰减场。式中第一项代表沿 $+z$ 方向衰减的场，第二项代表沿 $-z$ 方向衰减的场。这种状态称为截止状态或过截止状态。

由式(1.2-38)或式(1.2-39)可知，当传输系统中存在 $k_c^2>0$ 的波或场时，$\boldsymbol{E}_z$ 与 $\boldsymbol{H}_z$ 不可能同时为零，否则 $\boldsymbol{E}_t$ 与 $\boldsymbol{H}_t$ 必然都为零，系统中将不存在任何场。一般情况下，只有 $\boldsymbol{E}_z$ 与 $\boldsymbol{H}_z$ 中有一个不为零即可满足边界条件。

3) $k_c^2<0$

对于无耗传输线，有 $\beta=\sqrt{k^2-k_c^2}>k$，$v_p=\dfrac{\omega}{\beta}<\dfrac{c}{\sqrt{\varepsilon_r\mu_r}}$，$\lambda_g=\dfrac{2\pi}{\beta}<\dfrac{\lambda_0}{\sqrt{\varepsilon_r\mu_r}}$

这种导行波的相速小于无界媒质中的波速，而波长小于无界媒质中的波长，这是一种慢波。能传输慢波的结构称为慢波结构或慢波系统或慢波线。当需要让电子与场相互作用时常用到慢波系统，如行波管。

由本征值问题的定理可知，具有齐次边界条件的导波系统不可能存在 $k_c^2<0$，因此，光滑导体壁构成的导波系统中不可能存在慢波。存在慢波的传输系统必然是由某些阻抗壁构成的。

还要指出，在慢波线中 β 不再是常数，不会出现慢波的群速大于光速这个结论。

对于不规则导波系统，边界条件沿电磁波导行方向是变化的，由于边界条件复杂，通常不能像规则导波系统那样用分离变量法来分析导波的场型。周期结构导波系统是最常用的不规则导波系统，也是典型的慢波结构，根据 Floquet 定理，使用周期边界条件，可以得到周期结构导波系统中的导波形式，这将在 8.5 节作详细介绍。

1.3.2 TEM 波的特性分析

1. 场分量

TEM 波无纵向场分量，将 $E_z=H_z=0$ 代入式(1.2-9)和式(1.2-11)可得

$$\boldsymbol{E}_{0t}=\frac{\gamma}{\mathrm{j}\omega\varepsilon}\boldsymbol{H}_{0t}\times\boldsymbol{a}_z \tag{1.3-5a}$$

$$\boldsymbol{H}_{0t}=\frac{\gamma}{\mathrm{j}\omega\mu}\boldsymbol{a}_z\times\boldsymbol{E}_{0t} \tag{1.3-5b}$$

下标“$0t$”表示横向分布的函数，与变量 z 无关，将式(1.3-5b)乘以 $\boldsymbol{a}_z$ 得

$$\boldsymbol{H}_{0t}\times\boldsymbol{a}_z=\frac{\gamma}{\mathrm{j}\omega\mu}\boldsymbol{a}_z\times\boldsymbol{E}_{0t}\times\boldsymbol{a}_z=\frac{\gamma}{\mathrm{j}\omega\mu}\boldsymbol{E}_{0t}$$

即

$$\boldsymbol{E}_{0t}=\frac{\mathrm{j}\omega\mu}{\gamma}\boldsymbol{H}_{0t}\times\boldsymbol{a}_z \tag{1.3-5c}$$

从式(1.3-5a)、式(1.3-5b)、式(1.3-5c)可以看出，TEM 波的场分量 $\boldsymbol{E}_{0t}$，$\boldsymbol{H}_{0t}$ 与传播方向 $\boldsymbol{a}_z$ 为三垂直矢量，并按 $\boldsymbol{E}_{0t}\rightarrow\boldsymbol{H}_{0t}\rightarrow\boldsymbol{a}_z$ 成右螺旋关系。$\boldsymbol{E}_{0t}$ 与 $\boldsymbol{H}_{0t}$ 的振幅之比因具有阻抗量纲，定义为波阻抗，其倒数定义为波导纳，由式(1.3-5a)和式(1.3-5c)可得 TEM 波的波阻抗和波导纳为

$$Z_{\mathrm{TEM}}=\frac{\gamma}{\mathrm{j}\omega\varepsilon}=\frac{\mathrm{j}\omega\mu}{\gamma} \tag{1.3-6a}$$

$$Y_{\mathrm{TEM}}=\frac{1}{Z_{\mathrm{TEM}}}=\frac{\mathrm{j}\omega\varepsilon}{\gamma}=\frac{\gamma}{\mathrm{j}\omega\mu} \tag{1.3-6b}$$

于是式(1.3-5a)、式(1.3-5b)又可写成

$$\boldsymbol{E}_{0t}=Z_{\mathrm{TEM}}\boldsymbol{H}_{0t}\times\boldsymbol{a}_z \tag{1.3-7a}$$

$$\boldsymbol{H}_{0t}=Y_{\mathrm{TEM}}\boldsymbol{a}_z\times\boldsymbol{E}_{0t} \tag{1.3-7b}$$

场的完整表达式为

$$\boldsymbol{E}=\boldsymbol{E}_{0t}\mathrm{e}^{\mathrm{j}\omega t\mp\gamma z} \tag{1.3-8a}$$

$$\boldsymbol{H}=\pm\boldsymbol{H}_{0t}\mathrm{e}^{\mathrm{j}\omega t\mp\gamma z} \tag{1.3-8b}$$

式中，上标号表示沿 $+z$ 的方向传播的波的场，下标号表示沿 $-z$ 的方向传播的波的场。

2. 传播特性

由式(1.2-38)和式(1.2-39)可见，当 $E_z=H_z=0$ 时，要使等式左端的场不为零(横场若为零，则 TEM 波不存在)，只有 k_c 等于零，即 TEM 波有

$$k_c=0 \tag{1.3-9}$$

由 $k_c=\omega_c\sqrt{\mu\varepsilon}=2\pi/\lambda_c$ 可得

$$f_c=0 \quad 或 \quad \lambda_c\rightarrow\infty \tag{1.3-10}$$

式(1.3-10)说明 TEM 波无低频截止，即双线、同轴线等传输线，理论上可以传播任意低频率的电磁波。

将 $k_c=0$ 代入式(1.2-34)可得

$$\gamma=\mathrm{j}k \tag{1.3-11}$$

考虑无耗，式(1.3-11)可表示成

$$\beta=k=\frac{2\pi}{\lambda} \tag{1.3-12}$$

此式表明导波中 TEM 波的传播常数与无界均匀媒质中电磁波的传播常数相同，事实上电磁波在无界空间传播时其电场和磁场也处于与传播方向相垂直的横截面内。

由式(1.3-6a)可得 TEM 波的波阻抗为

$$Z_{\mathrm{TEM}}=\frac{\omega\mu}{k}=\sqrt{\frac{\mu}{\varepsilon}} \tag{1.3-13}$$

由式(1.3-8a)、式(1.3-8b)容易求得 TEM 波的相速 v_p 和波长，习惯上常将导波的波长称作波导波长，用 λ_g 表示。

波的相位速度 v_p 定义为波的等相位面向前移动的速度，可由相位恒定求出。例如对TEM 波的正向波，利用式(1.3-11)和式(1.3-12)，并由式(1.3-8)可得

$$\omega t-\beta z=\text{常数}$$

对时间 t 求导得

$$v_p=\frac{dz}{dt}=\frac{\omega}{\beta}=\frac{\omega}{k}=\frac{1}{\sqrt{\mu\varepsilon}}=v \tag{1.3-14}$$

波导波长 λ_g 定义为波在一周期时间内沿导波系统传播的距离，即

$$\lambda_g=v_pT=\frac{v_p}{f}=\lambda \tag{1.3-15}$$

以上三式的结果表明，导波中的 TEM 波的波阻抗、相速和波导波长与无界均匀媒质空间电磁波的波阻抗、速度和波长相同，因为二者的传播常数相同，这样的结果是必然的。波的相速与频率无关，这种特性为无色散(波的速度随频率变化而变化的现象称为色散)，TEM 波为无色散波。

3. TEM 波场沿横向分布的特点

将 $E_z=H_z=0$ 代入式(1.2-10)和式(1.2-8)有

$$\nabla_t\times\boldsymbol{E}_{0t}=0 \tag{1.3-16a}$$

$$\nabla_t\times\boldsymbol{H}_{0t}=0 \tag{1.3-16b}$$

$\boldsymbol{E}_{0t}$ 的横向旋度为零，不仅如此，由于 TEM 波没有纵向磁通，$\boldsymbol{E}_{0t}$ 在导波系统横截面上的环量也为零；$\boldsymbol{H}_{0t}$ 的横向旋度为零(应该说在没有体电流处是这样)，但由于 TEM 波的导波系统可以存在纵向电流，因此，$\boldsymbol{H}_{0t}$ 在横截面上的环量不一定为零。这正好说明 TEM 波的场在导波系统横截面上的分布与边界条件相同的二维静场完全一致。但须注意，这里所说的一致仅指场在横截面上的分布而言，场对变量 z 和 t 的关系二者完全不同，TEM 波为 $e^{j\omega t-\gamma z}$，而静场与 t,z 无关。因此，求 TEM 波的横向分布函数，可以采用求静态场完全类似的方法。因 $\nabla_t\times\boldsymbol{E}_{0t}=0$，故 $\boldsymbol{E}_{0t}$ 可表示为某个二维标量位的梯度(任何标量函数的梯度的旋度为零)。设标位函数为 $\Phi(u,v)$，可得

$$\boldsymbol{E}_{0t}=-\nabla_t\Phi(u,v) \tag{1.3-17a}$$

由式(1.3-7b)得

$$\boldsymbol{H}_{0t}=-Y_{TEM}\boldsymbol{a}_z\times\nabla_t\Phi(u,v) \tag{1.3-17b}$$

利用麦克斯韦方程 $\nabla\cdot\boldsymbol{D}=0$ 有

$$(\nabla_t-\gamma\boldsymbol{a}_z)\cdot\varepsilon(\boldsymbol{E}_{0t}+\boldsymbol{E}_{0z})e^{-\gamma z}=(\nabla_t\cdot\boldsymbol{E}_{0t}-\gamma\boldsymbol{a}_z\cdot\boldsymbol{E}_{0z})\cdot\varepsilon e^{-\gamma z}=0 \tag{1.3-18}$$

对 TEM 波($\boldsymbol{E}_z=0$)有

$$\nabla_t\cdot\boldsymbol{E}_{0t}=0 \tag{1.3-19}$$

将式(1.3-17a)代入式(1.3-19)可得

$$\nabla_t^2\Phi(u,v)=0 \tag{1.3-20}$$

式(1.3-20)表示标量位函数是拉普拉斯方程的解，于是求解 TEM 波的场就是求满足边界条件的拉普拉斯方程的解 $\Phi(u,v)$。再由式(1.3-17a)和式(1.3-17b)得出场量。

顺便指出，由 TEM 波场在横平面的分布与静态场相同这一点，可判断具体的导波系统能否传输 TEM 波。例如空心金属柱面波导，因其横截面内无法建立起静态场(导体表面上存在异性电荷时不可能有静止状态)，所以空心波导中不存在 TEM 波，而同轴线则可建立起静态场，故可存在 TEM 波。由此推得 TEM 波只能存在于多导体构成的导波系统中。

1.3.3 TE 波、TM 波的特性分析

TE 波和 TM 波是有纵向分量的导波中简单而重要的波型，它们可独立存在于一些导波系统中，它们的线性组合可得一般波型(混合波型)，因此了解它们的特性是十分重要的。

1. 场分量

1) TE 波的场分量

将 $E_z=0, H_z\neq 0$ 代入式(1.2-39)和式(1.2-38)得到

$$\boldsymbol{H}_{0t}=-\frac{\gamma}{k_c^2}\nabla_t H_z \tag{1.3-21}$$

$$\boldsymbol{E}_{0t}=-\frac{\mathrm{j}\omega\mu}{k_c^2}\nabla_t H_z\times\boldsymbol{a}_z \tag{1.3-22}$$

由此两式可得横场关系为

$$\boldsymbol{E}_{0t}=\frac{\mathrm{j}\omega\mu}{\gamma}\boldsymbol{H}_{0t}\times\boldsymbol{a}_z \tag{1.3-23}$$

或

$$\boldsymbol{H}_{0t}=\frac{\gamma}{\mathrm{j}\omega\mu}\boldsymbol{a}_z\times\boldsymbol{E}_{0t} \tag{1.3-24}$$

与 TEM 波类似，式(1.3-24)表明，TE 波的横场分量 $\boldsymbol{E}_{0t}$、$\boldsymbol{H}_{0t}$ 和传播方向 $\boldsymbol{a}_z$ 三者相互垂直，并按 $\boldsymbol{E}_{0t}\to\boldsymbol{H}_{0t}\to\boldsymbol{a}_z$ 构成右螺旋关系，$\boldsymbol{E}_{0t}$ 与 $\boldsymbol{H}_{0t}$ 的比值称为 TE 波的波阻抗，用 Z_{TE} 表示。波阻抗的倒数等于波导纳 Y_{TE}，即

$$Z_{\mathrm{TE}}=\frac{1}{Y_{\mathrm{TE}}}=\frac{\mathrm{j}\omega\mu}{\gamma}=\frac{\omega\mu}{\beta}=\frac{k}{\beta}Z_{\mathrm{TEM}} \tag{1.3-25}$$

这样式(1.3-23)和式(1.3-24)又可写为

$$\boldsymbol{E}_{0t}=Z_{\mathrm{TE}}\boldsymbol{H}_{0t}\times\boldsymbol{a}_z \tag{1.3-26}$$

$$\boldsymbol{H}_{0t}=Y_{\mathrm{TE}}\boldsymbol{a}_z\times\boldsymbol{E}_{0t} \tag{1.3-27}$$

式(1.3-21)～式(1.3-27)是 TE 波横场与纵场，横电场与横磁场之间的关系式。如果将式(1.3-21)和式(1.3-22)与 TEM 波的式(1.3-17a)和式(1.3-17b)相比较可以发现，TE 波中的 H_z 具有类似于 TEM 波中 $\Phi(u,v)$ 的作用，即位函数的作用。

求解 TE 波的场分量，便可先由式(1.2-25)解出 $\boldsymbol{H}_z$，再代入式(1.3-21)和式(1.3-22)，求得其余场分量。这种求解方法称为纵向场法。

TE 波电磁场的完整表达式为

$$\boldsymbol{E}=\boldsymbol{E}_{0t}\mathrm{e}^{\mathrm{j}\omega t\mp\gamma z} \tag{1.3-28}$$

$$\boldsymbol{H}=(\pm\boldsymbol{H}_{0t}+\boldsymbol{H}_{0z})\mathrm{e}^{\mathrm{j}\omega t\mp\gamma z} \tag{1.3-29}$$

2) TM 波的场分量

采用与 TE 波完全类似的分析方法，可得 TM 波的场分量关系式和表达式为

$$\boldsymbol{E}_{0t}=-\frac{\gamma}{k_c^2}\nabla_t E_z \tag{1.3-30a}$$

$$\boldsymbol{H}_{0t}=-\frac{\mathrm{j}\omega\varepsilon}{k_c^2}\nabla_t E_z\times\boldsymbol{a}_z \tag{1.3-30b}$$

$$\boldsymbol{E}_{0t}=\frac{\gamma}{\mathrm{j}\omega\varepsilon}\boldsymbol{H}_{0t}\times\boldsymbol{a}_z \tag{1.3-31a}$$

$$\boldsymbol{H}_{0t}=\frac{\mathrm{j}\omega\varepsilon}{\gamma}\boldsymbol{a}_z\times\boldsymbol{E}_{0t} \tag{1.3-31b}$$

$$Z_{\mathrm{TM}}=\frac{1}{Y_{\mathrm{TM}}}=\frac{\gamma}{\mathrm{j}\omega\varepsilon}=\frac{\beta}{\omega\varepsilon}=\frac{\beta}{k}Z_{\mathrm{TEM}} \tag{1.3-32}$$

$$\boldsymbol{E}_{0t}=Z_{\mathrm{TM}}\boldsymbol{H}_{0t}\times\boldsymbol{a}_z \tag{1.3-33a}$$

$$\boldsymbol{H}_{0t}=Y_{\mathrm{TM}}\boldsymbol{a}_z\times\boldsymbol{E}_{0t} \tag{1.3-33b}$$

$$\nabla_t^2\boldsymbol{E}_{0z}+k_c^2\boldsymbol{E}_{0z}=0 \tag{1.3-34}$$

$$\boldsymbol{E}=(\boldsymbol{E}_{0t}\pm\boldsymbol{E}_{0z})\mathrm{e}^{\mathrm{j}\omega t\mp\gamma z} \tag{1.3-35}$$

$$\boldsymbol{H}=\pm\boldsymbol{H}_{0t}\mathrm{e}^{\mathrm{j}\omega t\mp\gamma z} \tag{1.3-36}$$

2. 传播特性

1）截止特性

TE 波 $H_z\neq0$，TM 波 $E_z\neq0$，由式(1.2-39)和式(1.2-38)得

$$k_c\neq0 \tag{1.3-37}$$

而 $k_c=\omega_c\sqrt{\mu\varepsilon}=2\pi/\lambda_c$，可见 TE 波、TM 波存在截止频率 f_c 或截止波长 λ_c，它们分别为

$$f_c=\frac{k_c}{2\pi\sqrt{\mu\varepsilon}} \tag{1.3-38}$$

或

$$\lambda_c=\frac{2\pi}{k_c} \tag{1.3-39}$$

截止频率 f_c 或截止波长 λ_c 取决于截止波数 k_c，而截止波数 k_c 取决于导波系统的特定边界条件。

2）速度、色散

(1) 相速。

根据相速定义，可得 TE 波和 TM 波的相速为

$$v_p=\frac{\omega}{\beta}=\frac{v}{\sqrt{1-(f_c/f)^2}}=\frac{v}{\sqrt{1-(\lambda/\lambda_c)^2}} \tag{1.3-40}$$

式中，$v=1/\sqrt{\mu\varepsilon}$。

由此可见，$v_p>v$，即导波系统中 TE 波和 TM 波的相速可能大于波在无界均匀媒质中的传播速度。如果导波系统中填充的是空气，则 $v=1/\sqrt{\mu_0\varepsilon_0}=c=3\times10^8\mathrm{m/s}$。可见，在空气填充的导波系统中 TE 波、TM 波的相速 v_p 大于光速 c。这个结论似乎违背了相对论原理(根据相对论，能量或信号的传播速度不可能超过光速)。但实际上并非如此，因为 TE 波、TM 波的相速不代表能量或信号的传播，它是波前或波的形状沿导波系统的纵向所表现的速度，而代表能量或信号的传播速度是下面讨论的波的群速度。

(2) 群速。

群速即信号传播速度，用 v_g 表示，它是指 ω 略有不同的两个或两个以上的正弦平面波，在传播中叠加所产生的拍频传播速度，即波群的传播速度。之所以这样定义它，是因为电磁波要传送信号，必须对它进行调制。信号的传播速度应当是调制波中能反映信号的成分，例如调

幅波波群(或波包)的传播速度。为了得出群速的表达式,研究最简单的情形,即由两个频率相差甚微,从而相位常数也相差甚微的等幅波叠加而成的波。设

$$E_1 = E_m e^{j[(\omega+\Delta\omega)t-(\beta+\Delta\beta)z]} \tag{1.3-41}$$

$$E_2 = E_m e^{j[(\omega-\Delta\omega)t-(\beta-\Delta\beta)z]} \tag{1.3-42}$$

式中,$\Delta\omega \ll \omega$,$\Delta\beta \ll \beta$。合成波为

$$E = E_1 + E_2 = 2E_m \cos(\Delta\omega t - \Delta\beta z) e^{j(\omega t-\beta z)} \tag{1.3-43}$$

可见合成场为一调幅波,振幅函数是一个变化缓慢的波,它叠加在高频载波上形成合成波的幅度包络线(或称为合成波的波包)。合成波的变化规律如图 1.3-2 所示。

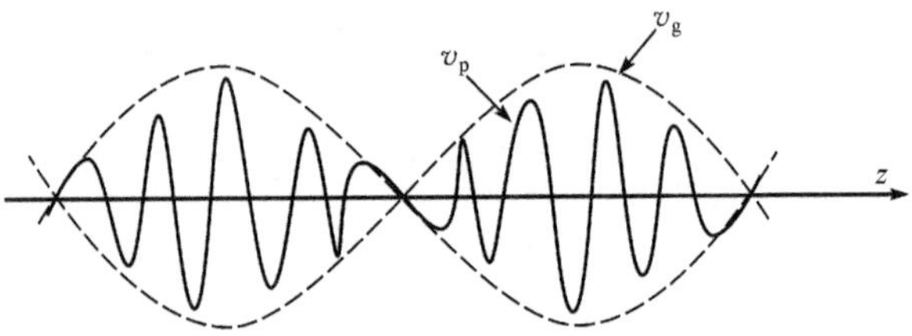

图 1.3-2　调制波的变化规律

调幅波的信号是由波包内的波群作为一个整体在传播方向上运动来传递的,因此波包的传播速度代表了信号传递的速度。波包的传播速度很容易用相位恒定条件求出,即

$$\Delta\omega t - \Delta\beta z = 常数 \tag{1.3-44}$$

对 t 求导数可得群速表示式

$$v_g = \frac{dz}{dt} = \frac{\Delta\omega}{\Delta\beta} \tag{1.3-45}$$

在 $\Delta\omega \to 0$,$\Delta\beta \to 0$ 的极限情况下,式(1.3-45)变为

$$v_g = \frac{d\omega}{d\beta} = 1/\left(\frac{d\beta}{d\omega}\right) \tag{1.3-46}$$

由式(1.3-46)可得 TE 波、TM 波的群速度为

$$v_g = 1/\left(\frac{d\beta}{d\omega}\right) = v\sqrt{1-\left(\frac{f_c}{f}\right)^2} = v\sqrt{1-\left(\frac{\lambda}{\lambda_c}\right)^2} \tag{1.3-47}$$

可以证明,群速度在数值上等于导波的能量传播速度。导波的能量传播速度可通过能量与功率求出。导波系统的功率是单位时间内通过其横截面的能量。假定导波系统每单位长度上电磁能对时间的平均值为 $W_e + W_m$,能量传播的速度为 v_{en},则$(W_e + W_m)v_{en}$就代表单位时间流过导波系统某横截面的能量,它就是功率。于是

$$P = (W_e + W_m)v_{en} \tag{1.3-48}$$

从而得

$$v_{en} = \frac{P}{W_e + W_m} \tag{1.3-49}$$

经计算可得能量传播速度与群速度相等。

从 TE 波、TM 波相速和群速的表示式可以看出以下两点:

① $v_p > v$,$v_g < v$ 且 $v_g \cdot v_p = v^2$。

② v_p、v_g 都是频率 f 的函数,波速随 f 而变化,故 TE 波、TM 波为色散波。TEM 波因 $\lambda_c \to \infty$,可以求得 $v_p = v_g = v$,波速与 f 无关,再次说明 TEM 波为非色散波。TE 波、TM 波的各种速度与频率的关系曲线如图 1.3-3 所示。色散关系还可以用 β 和 k(即 f)的关系表示,

由关系式 $k_c^2=k^2+\gamma^2=k^2-\beta^2$ 得

$$k^2=k_c^2+\beta^2 \tag{1.3-50}$$

或

$$k=\sqrt{k_c^2+\beta^2} \tag{1.3-51}$$

根据式(1.3-50)作出 k 对 β 的关系曲线如图 1.3-4 所示。从此图可以看出，当频率很高(k 很大)时，$k\approx\beta$，说明工作频率远高于截止频率时色散非常小，低于截止频率时则不能传播。从此图可以求出色散波的相速和群速，例如工作频率落在曲线上 A 点，则 AO 切线的斜率是 $k/\beta=v_p/v$，而 A 点本身的斜率为 $dk/d\beta=v_p/v$。

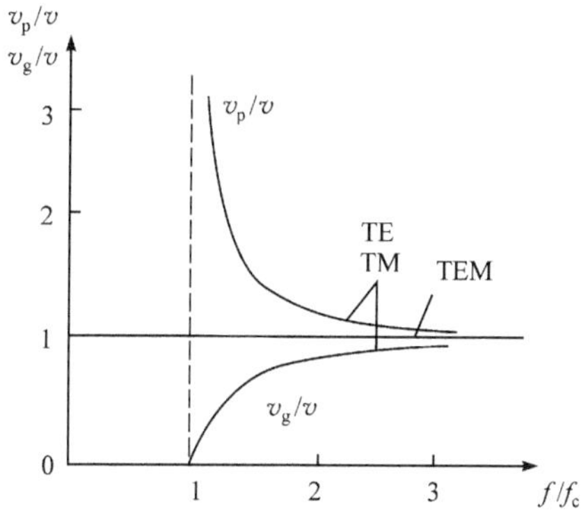

图 1.3-3 波速与频率的变化

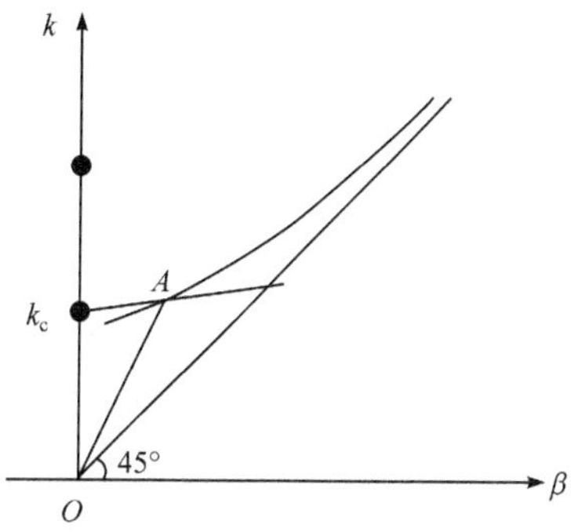

图 1.3-4 k 对 β 的关系曲线

(3) 波长。

由于 TE 波、TM 波存在截止频率和截止波长，因此，它们的波导波长由定义可得

$$\lambda_g=\frac{v_p}{f}=\frac{\lambda}{\sqrt{1-(\lambda/\lambda_c)^2}}=\frac{\lambda}{\sqrt{1-(f_c/f)^2}} \tag{1.3-52}$$

式(1.3-52)含有三个不同的波长，应注意它们的区别。其中 λ 称为工作波长，它与波速和频率的关系为

$$\lambda=\frac{v}{f} \tag{1.3-53}$$

式(1.3-53)是导波系统工作频率所对应的平面电磁波在无界均匀媒质中传播的波长，它取决于工作频率和媒质参数。

λ_c 为截止波长，它与波速和频率的关系为

$$\lambda_c=\frac{v}{f_c} \tag{1.3-54}$$

式(1.3-54)表明，截止波长是截止频率所对应的平面波在无界均匀媒质中传播的波长。截止波长取决于 k_c，k_c 是导波场横向分布矢量函数的本征值，它取决于工作模式和导波系统的结构尺寸，因此在这里，截止波长是一个和媒质无关的量。式(1.3-39)表明截止频率是一个与参数有关的量，这是根据确定的 k_c 求 λ_c 和 f_c 所得的结果。但应注意，有时为了方便，也将截止波长取为 $\lambda_c=2\pi\sqrt{\varepsilon_r}/k_c$。采用这种取法时，由式(1.3-38)，截止频率与截止波长的关系可由下式计算：

$$f_c=\frac{c}{\lambda_c} \tag{1.3-55}$$

λ_g 为波导波长，它与速度和频率的关系为

$$\lambda_g = \frac{v_p}{f} \tag{1.3-56}$$

式中，λ_g 是工作频率所对应的导波沿导波系统纵向传播的波长，它与 λ、λ_c 有关，其关系式就是式(1.3-52)，也可表示为

$$\frac{1}{\lambda_g^2} + \frac{1}{\lambda_c^2} = \frac{1}{\lambda^2} \tag{1.3-57}$$

1.4　导波的传输功率、能量及衰减

1.4.1　传输功率

导波的传输功率属于有功功率，它等于复数功率的实部。设导波系统的横截面为 S，则导波的传输功率为

$$P = \frac{1}{2}\mathrm{Re}\int_S \boldsymbol{E} \times \boldsymbol{H}^* \cdot \boldsymbol{a}_z \mathrm{d}s = \frac{1}{2}\mathrm{Re}\int_S \boldsymbol{E}_t \times \boldsymbol{H}_t^* \cdot \boldsymbol{a}_z \mathrm{d}s \tag{1.4-1}$$

上式表示，导波的传输功率取决于它的横向场。这是导波传输功率的一般表达式，对各类导波均适用。

对 TEM 波，由式(1.4-1)并考虑式(1.3-7a)、式(1.3-7b)的关系可得

$$\begin{aligned} P_{\mathrm{TEM}} &= \frac{1}{2}\mathrm{Re}\int_S (Z_{\mathrm{TEM}}\boldsymbol{H}_t \times \boldsymbol{a}_z) \times \boldsymbol{H}_t^* \cdot \boldsymbol{a}_z \mathrm{d}s \\ &= \frac{1}{2}\mathrm{Re}\int_S \boldsymbol{E}_t \times (Y_{\mathrm{TEM}}\boldsymbol{a}_z \times \boldsymbol{E}_t)^* \cdot \boldsymbol{a}_z \mathrm{d}s \end{aligned} \tag{1.4-2}$$

利用矢量代数公式

$$\boldsymbol{A} \times (\boldsymbol{B} \times \boldsymbol{C}) = (\boldsymbol{A} \cdot \boldsymbol{C})\boldsymbol{B} - (\boldsymbol{A} \cdot \boldsymbol{B})\boldsymbol{C} \tag{1.4-3}$$

同时，考虑传播的阻抗为实数，与积分无关，式(1.4-2)变为

$$\begin{aligned} P_{\mathrm{TEM}} &= \frac{1}{2}Z_{\mathrm{TEM}}\int_S |\boldsymbol{H}_t|^2 \mathrm{d}s = \frac{1}{2}Y_{\mathrm{TEM}}\int_S |\boldsymbol{E}_t|^2 \mathrm{d}s \\ &= \frac{1}{2}Z_{\mathrm{TEM}}\int_S |\boldsymbol{H}_{0t}|^2 \mathrm{d}s = \frac{1}{2}Y_{\mathrm{TEM}}\int_S |\boldsymbol{E}_{0t}|^2 \mathrm{d}s \end{aligned} \tag{1.4-4}$$

对于 TE 波、TM 波，由式(1.4-1)并分别考虑(1.3-26)、式(1.3-27)、式(1.3-33a)和式(1.3-33b)的关系，作类似上面的推导可得

$$\begin{aligned} P_{\mathrm{TE}} &= \frac{1}{2}Z_{\mathrm{TE}}\int_S |\boldsymbol{H}_t|^2 \mathrm{d}s = \frac{1}{2}Y_{\mathrm{TE}}\int_S |\boldsymbol{E}_t|^2 \mathrm{d}s \\ &= \frac{1}{2}Z_{\mathrm{TE}}\int_S |\boldsymbol{H}_{0t}|^2 \mathrm{d}s = \frac{1}{2}Y_{\mathrm{TE}}\int_S |\boldsymbol{E}_{0t}|^2 \mathrm{d}s \end{aligned} \tag{1.4-5}$$

$$\begin{aligned} P_{\mathrm{TM}} &= \frac{1}{2}Z_{\mathrm{TM}}\int_S |\boldsymbol{H}_t|^2 \mathrm{d}s = \frac{1}{2}Y_{\mathrm{TM}}\int_S |\boldsymbol{E}_t|^2 \mathrm{d}s \\ &= \frac{1}{2}Z_{\mathrm{TM}}\int_S |\boldsymbol{H}_{0t}|^2 \mathrm{d}s = \frac{1}{2}Y_{\mathrm{TM}}\int_S |\boldsymbol{E}_{0t}|^2 \mathrm{d}s \end{aligned} \tag{1.4-6}$$

存在纵向场的 TE 波和 TM 波，由于它们的横向场可由纵向场表示，因此传输功率也可由纵向场来表示。TE 波、TM 波能够独立存在的导波系统主要是空心金属波导。在空心金属

波导的边界条件下，传输功率有更简单的形式，这给计算带来很大的方便。下面以 TE 波为例来推导这种表示式。

由式(1.3-21)和式(1.3-22)有

$$\boldsymbol{H}_t=-\frac{\mathrm{j}\beta}{k_c^2}\nabla_t H_z \tag{1.4-7}$$

代入式(1.4-5)得

$$P_{\mathrm{TE}}=\frac{1}{2}Z_{\mathrm{TE}}\frac{\beta^2}{k_c^4}\int_S|\nabla_t \boldsymbol{H}_z|^2\mathrm{d}s \tag{1.4-8}$$

取二维格林第一恒等式

$$\int_S(\nabla_t U\cdot\nabla_t V+U\nabla_t^2 V)\mathrm{d}s=\oint_l U\frac{\partial V}{\partial n}\mathrm{d}l \tag{1.4-9}$$

式中，l 为 S 的边界线。

令 $U=H_z^*$，$V=H_z$ 代入式(1.4-9)得

$$\int_S(\nabla_t H_z^*\cdot\nabla_t H_z+H_z^*\nabla_t^2 H_z)\mathrm{d}s=\oint_l H_z^*\frac{\partial H_z}{\partial n}\mathrm{d}l \tag{1.4-10}$$

由于金属波导壁上有 $\left.\frac{\partial H_z}{\partial n}\right|_l=0$，$\nabla_t^2 H_z=-k_c^2 H_z$，故可得

$$\int_S(|\nabla_t H_z|^2-k_c^2|H_z|^2)\mathrm{d}s=0 \tag{1.4-11}$$

即

$$\int_S|\nabla_t H_z|^2\mathrm{d}s=k_c^2\int_S|H_z|^2\mathrm{d}s \tag{1.4-12}$$

将式(1.4-12)代入式(1.4-8)得

$$P_{\mathrm{TE}}=\frac{1}{2}Z_{\mathrm{TE}}\frac{\beta^2}{k_c^4}\int_S|\boldsymbol{H}_z|^2\mathrm{d}s=\frac{1}{2}Z_{\mathrm{TE}}\frac{\beta^2}{k_c^4}\int_S|\boldsymbol{H}_{0z}|^2\mathrm{d}s \tag{1.4-13}$$

对于 TM 波有

$$P_{\mathrm{TM}}=\frac{1}{2}Y_{\mathrm{TM}}\frac{\beta^2}{k_c^4}\int_S|\boldsymbol{E}_z|^2\mathrm{d}s=\frac{1}{2}Y_{\mathrm{TM}}\frac{\beta^2}{k_c^4}\int_S|\boldsymbol{E}_{0z}|^2\mathrm{d}s \tag{1.4-14}$$

式(1.4-14)读者可仿上自证。

因 TE 波、TM 波纵向场都只有一个分量，而混合波情况下横场有两个分量，故用式(1.4-13)和式(1.4-14)计算相当简便。

1.4.2　导波的能量

单位长导波系统中传播波的电能和磁能可由能量密度时均值积分求得，为

$$W_e=\int_S w_{e平均}\mathrm{d}s=\frac{\varepsilon}{4}\int_S\boldsymbol{E}\cdot\boldsymbol{E}^*\mathrm{d}s \tag{1.4-15}$$

$$W_m=\int_S w_{m平均}\mathrm{d}s=\frac{\mu}{4}\int_S\boldsymbol{H}\cdot\boldsymbol{H}^*\mathrm{d}s \tag{1.4-16}$$

由以上两式不难求得单位长导波系统中 TEM 波、TE 波、TM 波的电能和磁能表达式，为

$$W_{e\mathrm{TEM}}=\frac{\varepsilon}{4}\int_S|\boldsymbol{E}_{0t}|^2\mathrm{d}s \tag{1.4-17}$$

$$W_{\mathrm{mTEM}} = \frac{\mu}{4}\int_S |\boldsymbol{H}_{0t}|^2 \mathrm{d}s \tag{1.4-18}$$

$$W_{\mathrm{eTE}} = \frac{\varepsilon}{4}\int_S |\boldsymbol{E}_{0t}|^2 \mathrm{d}s \tag{1.4-19}$$

$$W_{\mathrm{mTE}} = \frac{\mu}{4}\int_S \left(|\boldsymbol{H}_{0t}|^2 + |\boldsymbol{H}_{0z}|^2\right) \mathrm{d}s \tag{1.4-20}$$

$$W_{\mathrm{eTM}} = \frac{\varepsilon}{4}\int_S \left(|\boldsymbol{E}_{0t}|^2 + |\boldsymbol{E}_{0z}|^2\right) \mathrm{d}s \tag{1.4-21}$$

$$W_{\mathrm{mTM}} = \frac{\mu}{4}\int_S |\boldsymbol{H}_{0t}|^2 \mathrm{d}s \tag{1.4-22}$$

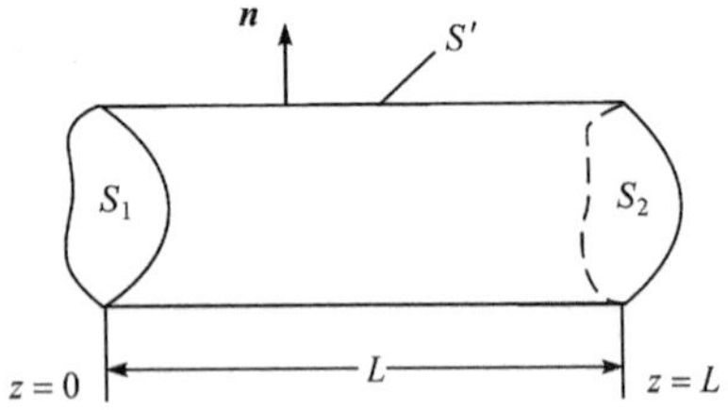

图 1.4-1　无耗规则金属柱面波导

导波的能量具有下述重要特性：在无耗导波系统中，传播波的电能时均值与磁能时均值彼此相等。这里以金属柱面波导为例来证明此特性。图 1.4-1 示出了一段长为 L 的无耗金属柱面波导，S 代表闭合面，即 $S=S_1+S_2+S'$。现将复数坡印亭矢量定理用于上述金属柱面波导。

$$\frac{1}{2}\oint_S \boldsymbol{E}\times\boldsymbol{H}^* \cdot(-\boldsymbol{n})\mathrm{d}s = \frac{1}{2}\oint_{S_1+S_2+S'} \boldsymbol{E}\times\boldsymbol{H}^* \cdot(-\boldsymbol{n})\mathrm{d}s = \mathrm{j}2\omega(W_{\mathrm{m}} - W_{\mathrm{e}}) \tag{1.4-23}$$

设 S_1 处的场为 $\boldsymbol{E}_1$、$\boldsymbol{H}_1$，则 S_2 处的场为 $\boldsymbol{E}_1\mathrm{e}^{-\mathrm{j}\beta L}$、$\boldsymbol{H}_1\mathrm{e}^{-\mathrm{j}\beta L}$。$S'$ 为理想金属壁，$\boldsymbol{n}\times\boldsymbol{E}=0$，$S'$ 上的积分为零，从而得

$$\frac{1}{2}\oint_{S_1} \boldsymbol{E}_t\times\boldsymbol{H}_t^* \cdot\boldsymbol{a}_z\mathrm{d}s + \frac{1}{2}\oint_{S_2} \boldsymbol{E}_t\times\boldsymbol{H}_t^* \cdot(-\boldsymbol{a}_z)\mathrm{d}s = \mathrm{j}2\omega(W_{\mathrm{m}} - W_{\mathrm{e}}) \tag{1.4-24}$$

不难看出，式(1.4-24)的左端两项积分相等反号，其和为零。于是在 S_1S_2 之间的体积内有

$$W_{\mathrm{m}} = W_{\mathrm{e}} \tag{1.4-25}$$

对于其他导波系统可仿此证明。

以上是一般的证明方法。实际上根据式(1.4-17)～式(1.4-22)，利用各类波中电场磁场之间的关系，便可直接导出单位长导波系统中各类波的电能时均值等于磁能时均值。

1.4.3　导波的衰减

前面的分析都是假定导波系统没有损耗，即没有导体损耗($\sigma=\infty$)，没有介质损耗(μ，ε 为实数)，也没有辐射损耗，所以导波在传播过程中幅度没有衰减，$\alpha=0$，$\gamma=\mathrm{j}\beta$，这是理想化的情况。实际上，导体的电导率不可能是无限大(σ 为有限值)，导体总存在欧姆损耗；介质对电磁波也总会有一定的损耗(μ，ε 为复数)。这样，导波的幅度便会发生衰减($\alpha\neq0$)。

计算导波衰减就在于计算导波传播常数中的衰减常数 α 值。求 α 的一种常用方法是根据导波在单位长导波系统中的损耗功率来计算。当导波系统有损耗时，正向波的振幅随 z 按 $\mathrm{e}^{-\alpha z}$ 的规律变化，传输功率则按 $\mathrm{e}^{-2\alpha z}$ 的规律变化。设在 $z=0$ 处的传输功率为 P_0，则在 z 处的传输功率为

$$P = P_0\mathrm{e}^{-2\alpha z} \tag{1.4-26}$$

将上式对 z 求导得

$$\frac{\partial P}{\partial z} = -2\alpha P \tag{1.4-27}$$

因为传输功率沿 z 的减少率(变化率的负值)就等于导波系统单位长度上的损耗功率 P_1，所以

$$P_l = -\frac{\partial P}{\partial z} = 2\alpha P \tag{1.4-28}$$

于是可得

$$\alpha = \frac{P_l}{2P} \tag{1.4-29}$$

由于衰减量(A)有两种单位:奈培(Np)和分贝(dB)。它们的定义是

$$A(\mathrm{Np}) = \frac{1}{2}\ln\frac{P_0}{P} \quad (\mathrm{Np}) \tag{1.4-30}$$

$$A(\mathrm{dB}) = 10\lg\frac{P_0}{P} \quad (\mathrm{dB}) \tag{1.4-31}$$

二者的关系是

$$1\mathrm{Np} = 8.686\mathrm{dB} \tag{1.4-32}$$

$$1\mathrm{dB} = 0.115\mathrm{Np} \tag{1.4-33}$$

因此,从式(1.4-26)不难看出,α 的单位是奈培/米(Np/m),利用上面的关系可化为分贝/米(dB/m)。下面分别对导体和介质损耗所引起的衰减进行计算。

1. 导体损耗引起的衰减(简称导体衰减)

计算导体衰减,其衰减常数以 α_c 代表,这时假定介质是无耗的,导波衰减仅由导体损耗造成。当导体有耗时,电导率为有限值,导体表面电场切向分量不再为零,磁场法向分量也不再为零,此时,导波场的一部分将进入到导体内部。若设 $\boldsymbol{n}$ 为导体表面的外法向单位矢量。$\boldsymbol{\tau}$ 代表导体表面切向单位矢量,S'代表导体表面,根据坡印亭定理,损耗功率等于导波进入导体内的复功率的实部,即

$$P_L = \frac{1}{2}\mathrm{Re}\int_{S'} \boldsymbol{E}\times\boldsymbol{H}^* \cdot (-\boldsymbol{n})\mathrm{d}s' \tag{1.4-34}$$

将场对 S'面分解为切向分量和法向分量,可得

$$\begin{aligned} P_L &= \frac{1}{2}\mathrm{Re}\int_{S'} \boldsymbol{E}_\tau\times\boldsymbol{H}_\tau^* \cdot (-\boldsymbol{n})\mathrm{d}s' \\ &= \frac{1}{2}\mathrm{Re}\int_{S'} Z_m\left(\boldsymbol{n}\times\boldsymbol{H}_\tau\right)\times\boldsymbol{H}_\tau^* \cdot (-\boldsymbol{n})\mathrm{d}s' \end{aligned} \tag{1.4-35}$$

式中,Z_m 为导体表面阻抗,$Z_m=R_m+\mathrm{j}X_m$。这里将进入导体壁内的波近似为均匀平面波,故波阻抗就等于导体表面阻抗。利用矢量代数公式

$$\boldsymbol{A}\times(\boldsymbol{B}\times\boldsymbol{C}) = (\boldsymbol{A}\cdot\boldsymbol{C})\boldsymbol{B} - (\boldsymbol{A}\cdot\boldsymbol{B})\boldsymbol{C} \tag{1.4-36}$$

可将式(1.4-35)化为

$$P_l = \frac{1}{2}R_m\int_{S'} -\boldsymbol{n}(\boldsymbol{H}_\tau\cdot\boldsymbol{H}_\tau^*)\cdot(-\boldsymbol{n})\mathrm{d}s' = \frac{1}{2}R_m\int_{S'} |\boldsymbol{H}_\tau|^2\mathrm{d}s' \tag{1.4-37}$$

由式(1.4-37)可得单位长度导体上的损耗功率为

$$P_l = \frac{1}{2}R_m\int_l |\boldsymbol{H}_\tau|^2\mathrm{d}l \tag{1.4-38}$$

式中,线积分是环绕导体周界 l 进行的。

导波系统的传输功率为

$$P = \frac{1}{2}Z_{\substack{\mathrm{TEM}\\\mathrm{TE}\\\mathrm{TM}}}\int_S |\boldsymbol{H}_\tau|^2\mathrm{d}s \tag{1.4-39}$$

式中,S 为导波系统的横截面,$\boldsymbol{H}_t$ 为横磁场。于是由式(1.4-29)可得导体衰减常数为

$$\alpha_c = \frac{P_1}{2P} = \frac{R_m \oint_l |\boldsymbol{H}_\tau|^2 \mathrm{d}l}{2Z_{\substack{\text{TEM}\\\text{TE}\\\text{TM}}} \int_S |\boldsymbol{H}_t|^2 \mathrm{d}s} \quad (\text{Np/m}) \tag{1.4-40}$$

还需指出,式(1.4-40)中的 $\boldsymbol{H}_\tau$ 和 $\boldsymbol{H}_t$ 均应是在导体有耗情况下导波的真实值,严格求解它们必须重新解有耗导体边界下的麦克斯韦方程,但这样做是十分困难和麻烦的。实际问题中,通常采用近似计算,即用理想情况下的导波场来代替上述真实场,这种方法称为微扰法。由于通常选作导波系统的金属导体均属良导体,电导率虽然不是无穷大,但也是很大的,因此这样计算 α_c 是足够准确的。

根据上述方法,将前面各类导波的场量表示式代入式(1.4-40),可得

$$\alpha_{c_{\text{TEM}}} = \frac{R_m \oint_l |\boldsymbol{H}_{0\tau}|^2 \mathrm{d}l}{2Z_{\text{TEM}} \int_S |\boldsymbol{H}_{0t}|^2 \mathrm{d}s} \quad (\text{Np/m}) \tag{1.4-41}$$

$$\alpha_{c_{\text{TE}}} = \frac{R_m \oint_l |\boldsymbol{H}_{0\tau}|^2 \mathrm{d}l}{2Z_{\text{TE}} \int_S |\boldsymbol{H}_{0t}|^2 \mathrm{d}s} = \frac{R_m \oint_l (\beta^2 |\nabla_\tau H_{0\tau}|^2 + k_c^4 |\boldsymbol{H}_{0z}|^2) \mathrm{d}l}{2Z_{\text{TE}} \beta^2 k_c^2 \int_S |\boldsymbol{H}_{0z}|^2 \mathrm{d}s} \quad (\text{Np/m}) \tag{1.4-42}$$

$$\alpha_{c_{\text{TM}}} = \frac{R_m \oint_l |\boldsymbol{H}_{0\tau}|^2 \mathrm{d}l}{2Z_{\text{TM}} \int_S |\boldsymbol{H}_{0t}|^2 \mathrm{d}s} = \frac{R_m \oint_l |\nabla_n E_{0z}|^2 \mathrm{d}l}{2Z_{\text{TM}} k_c^2 \int_S |\boldsymbol{E}_{0z}|^2 \mathrm{d}s} \quad (\text{Np/m}) \tag{1.4-43}$$

应该指出,实际导波系统的衰减还与导波场进入导体的表面光洁程度有关,当表面不平度超过趋肤深度时,将使表面面积加大,从而衰减比理论计算值高。因此,对不同波段的导波系统要求一定的表面光洁度,以保证不平度小于趋肤深度。同时,还应保持表面的光洁,表面氧化、油污等均会使衰减增大。

2. 介质损耗引起的衰减(简称介质衰减)

与计算导体衰减时假定介质无耗一样,此时假定导体是理想的,导波的衰减仅由介质损耗造成。在这种情况下,因为导体边界仍是理想的,所以介质有耗并不影响无耗场解的形式,只是将无耗解的介质常数由实数换成复数。考虑到导波系统中的介质一般是电介质,因此只有介电常数为复数,即

$$\varepsilon = \varepsilon' - \mathrm{j}\frac{\omega\varepsilon'' + \sigma}{\omega} = \varepsilon'\left(1 - \mathrm{j}\frac{\sigma'}{\omega\varepsilon'}\right) = \varepsilon'(1 - \mathrm{j}\tan\delta) \tag{1.4-44}$$

式中,ε' 与介质无耗时的 ε 相同;ε'' 代表介质原子结构中的阻尼效应;σ 是介质的电导率;$\omega\varepsilon'' + \sigma$ 为介质的等效电导率;$\tan\delta$ 为介质的损耗角正切。介质衰减(其衰减常数用 α_d 代表)可用下面两种方法求得。

(1) 根据传播常数方程

$$\gamma^2 = k_c^2 - k^2 \tag{1.4-45}$$

可得

$$(\alpha_d + \mathrm{j}\beta)^2 = k_c^2 - \omega^2\mu\varepsilon' + \mathrm{j}\omega\mu\sigma' \tag{1.4-46}$$

即

$$\alpha_d^2 - \beta^2 + \mathrm{j}2\alpha_d\beta = k_c^2 - \omega^2\mu\varepsilon' + \mathrm{j}\omega\mu\sigma' \tag{1.4-47}$$

由式(1.4-47)求 α_d 需解四次方程，考虑到实际导波系统中的介质一般损耗不大，特别是在工作频率远高于截止频率时，衰减常数远小于相位常数，因此，可以略去上式中 α_d 的平方项，由虚部实部分别相等得

$$\alpha_d = \frac{\omega\mu\sigma'}{2\beta} = \frac{\omega^2\mu\varepsilon'\tan\delta}{2\beta} \quad (\text{Np/m}) \tag{1.4-48}$$

$$\beta = \sqrt{\omega^2\mu\varepsilon' - k_c^2} \tag{1.4-49}$$

(2) 当介质损耗不大时，也可由式(1.4-29)

$$\alpha = \frac{P_1}{2P}$$

计算。这里 P_1 应是导波系统单位长度上介质损耗功率，它可表示为

$$P_1 = \frac{\sigma'}{2}\int_S \boldsymbol{E}\cdot\boldsymbol{E}^*\,\mathrm{d}s = \frac{\sigma'}{2}\int_S |\boldsymbol{E}|^2\mathrm{d}s = \frac{\sigma'}{2}\int_S |\boldsymbol{E}_0|^2\mathrm{d}s \tag{1.4-50}$$

式中，S 为导波系统横截面。

传输功率 P 为

$$P = \frac{1}{2}Y_{\substack{\text{TEM}\\ \text{TE}\\ \text{TM}}}\int_S |\boldsymbol{E}_{0t}|^2\mathrm{d}s \tag{1.4-51}$$

于是

$$\alpha_d = \frac{\sigma'\int_S |\boldsymbol{E}_0|^2\mathrm{d}s}{2Y_{\substack{\text{TEM}\\ \text{TE}\\ \text{TM}}}\int_S |\boldsymbol{E}_{0t}|^2\mathrm{d}s} \quad (\text{Np/m}) \tag{1.4-52}$$

将各类波的场量代入可得

$$\alpha_{d\,\text{TEM}} = \frac{\sigma'}{2Y_{\text{TEM}}} = \frac{\pi}{\lambda}\tan\delta \quad (\text{Np/m}) \tag{1.4-53}$$

$$\alpha_{d\,\substack{\text{TE}\\ \text{TM}}} = \frac{\sigma'}{2Y_{\text{TEM}}}\frac{k}{\beta_{\substack{\text{TE}\\ \text{TM}}}} = \frac{\pi\lambda_{g_{\substack{\text{TE}\\ \text{TM}}}}}{\lambda^2}\tan\delta \quad (\text{Np/m}) \tag{1.4-54}$$

经过简单换算便知(1)、(2)两种方法所得结果是相同的。

1.5　导波系统中截止状态下的场

前面着重讲了传播波的一般特性，这一节简要地分析一下导波系统中截止状态下的场及其性质。

当 $f<f_c$，$\lambda>\lambda_c$ 时，导波的传播常数为实数，此时没有波沿导波系统传播，场处于截止状态。求解截止场的方法仍可用纵向场法，或者用 α' 取代传播波中 TE、TM 波(TEM 波因截止频率 $f_c=0$ 而不存在截止状态)的 γ 而得到。截止场的场分量为

TE 场

$$\boldsymbol{H}_z = \boldsymbol{H}_{0z}\mathrm{e}^{\mathrm{j}\omega t \mp \alpha' z} \tag{1.5-1}$$

$$\boldsymbol{H}_t = \mp\frac{\alpha'}{k_c^2}\boldsymbol{\nabla}_t H_{0z}\mathrm{e}^{\mathrm{j}\omega t \mp \alpha' z} \tag{1.5-2}$$

$$\boldsymbol{E}_t = Z_{\text{TE}}\boldsymbol{H}_t \times \boldsymbol{a}_z \tag{1.5-3}$$

式中

$$Z_{\mathrm{TE}} = \frac{\mathrm{j}\omega\mu}{\alpha'} \tag{1.5-4}$$

TM 场

$$\boldsymbol{E}_z = \pm \boldsymbol{E}_{0z} \mathrm{e}^{\mathrm{j}\omega t \mp \alpha' z} \tag{1.5-5}$$

$$\boldsymbol{E}_t = \mp \frac{\alpha'}{k_c^2} \boldsymbol{\nabla}_t E_{0z} \mathrm{e}^{\mathrm{j}\omega t \mp \alpha' z} \tag{1.5-6}$$

$$\boldsymbol{H}_t = Y_{\mathrm{TM}} \boldsymbol{a}_z \times \boldsymbol{E}_t \tag{1.5-7}$$

式中

$$Y_{\mathrm{TM}} = \frac{1}{Z_{\mathrm{TM}}} = \frac{\mathrm{j}\omega\varepsilon}{\alpha'} \tag{1.5-8}$$

可见，场沿 z 方向为指数规律分布。截止场的阻抗为纯虚数，TE 场阻抗是感抗，TM 场阻抗是容抗。

无耗导波系统中截止场的电能时均值和磁能时均值彼此不相等，并且

$$W_{\mathrm{m_{TE}}} > W_{\mathrm{e_{TE}}} \tag{1.5-9}$$

$$W_{\mathrm{m_{TM}}} < W_{\mathrm{e_{TM}}} \tag{1.5-10}$$

为证明这一特性，现仿照传播以金属柱面波导为例，将复数坡印亭定理用于长为 L 的一段波导，借用图 1.4-1，设 S_1 处的截止场为 $\boldsymbol{E}_1$、$\boldsymbol{H}_1$，S_2 处场则为 $\boldsymbol{E}_1\mathrm{e}^{-\alpha' L}$、$\boldsymbol{H}_1\mathrm{e}^{-\alpha' L}$，在 S' 上，由于 $\boldsymbol{n}\times\boldsymbol{E}=0$，故 S' 上的积分为零，于是式(1.4-23)变为

$$\begin{aligned}
&\frac{1}{2}\int_{S_1} \boldsymbol{E}_1 \times \boldsymbol{H}_1^* \cdot \boldsymbol{a}_z \mathrm{d}s - \frac{1}{2}\int_{S_1} \boldsymbol{E}_1 \mathrm{e}^{-\alpha' L} \times \boldsymbol{H}_1^* \mathrm{e}^{-\alpha' L} \cdot \boldsymbol{a}_z \mathrm{d}s \\
&= \frac{1}{2}(1-\mathrm{e}^{-2\alpha' L})\int_{S_1} \boldsymbol{E}_1 \times \boldsymbol{H}_1^* \cdot \boldsymbol{a}_z \mathrm{d}s \\
&= \mathrm{j}2\omega(W_\mathrm{m} - W_\mathrm{e})
\end{aligned} \tag{1.5-11}$$

对于 TE 场

$$W_{\mathrm{m_{TE}}} - W_{\mathrm{e_{TE}}} = \frac{1-\mathrm{e}^{-2\alpha' L}}{\mathrm{j}4\omega} Z_{\mathrm{TE}} \int_S |\boldsymbol{H}_t|^2 \mathrm{d}s = \frac{1-\mathrm{e}^{-2\alpha' L}}{4\alpha'} \mu \int_S |\boldsymbol{H}_t|^2 \mathrm{d}s \tag{1.5-12}$$

因 $1-\mathrm{e}^{-2\alpha' L}>0$，故

$$W_{\mathrm{m_{TE}}} - W_{\mathrm{e_{TE}}} > 0 \tag{1.5-13}$$

即

$$W_{\mathrm{m_{TE}}} > W_{\mathrm{e_{TE}}} \tag{1.5-14}$$

对于 TM 场

$$W_{\mathrm{m_{TM}}} - W_{\mathrm{e_{TM}}} = \frac{1-\mathrm{e}^{-2\alpha' L}}{\mathrm{j}4\omega} Y_{\mathrm{TM}} \int_S |\boldsymbol{E}_t|^2 \mathrm{d}s = \frac{\mathrm{e}^{-2\alpha' L}-1}{4\alpha'} \varepsilon \int_S |\boldsymbol{E}_t|^2 \mathrm{d}s \tag{1.5-15}$$

因 $\mathrm{e}^{-2\alpha' L}-1<0$，故

$$W_{\mathrm{m_{TM}}} - W_{\mathrm{e_{TM}}} < 0 \tag{1.5-16}$$

即

$$W_{\mathrm{m_{TM}}} < W_{\mathrm{e_{TM}}} \tag{1.5-17}$$

习　题

1.1　若正向传输的导波场为 $\boldsymbol{E}=(\boldsymbol{E}_{0t}+\boldsymbol{E}_{0z})\mathrm{e}^{-\gamma z}$ 和 $\boldsymbol{H}=(\boldsymbol{H}_{0t}+\boldsymbol{H}_{0z})\mathrm{e}^{-\gamma z}$，证明反向传输的导波场可取为

$$\boldsymbol{E}=(\boldsymbol{E}_{0t}-\boldsymbol{E}_{0z})\mathrm{e}^{\gamma z},\qquad \boldsymbol{H}=(-\boldsymbol{H}_{0t}+\boldsymbol{H}_{0z})\mathrm{e}^{\gamma z}$$

或

$$\boldsymbol{E}=(-\boldsymbol{E}_{0t}+\boldsymbol{E}_{0z})\mathrm{e}^{\gamma z},\qquad \boldsymbol{H}=(\boldsymbol{H}_{0t}-\boldsymbol{H}_{0z})\mathrm{e}^{\gamma z}$$

1.2　证明：导波场的横向磁场与纵向电场、磁场的关系为

$$\boldsymbol{H}_{0t}=-\frac{\gamma}{k_c^2}\nabla_t H_{0z}+\frac{\mathrm{j}\omega\varepsilon}{k_c^2}\nabla_t E_{0z}\times\boldsymbol{a}_z$$

1.3　证明：色散波的能速 v_{en} 与群速 v_g 的数值相等。

1.4　利用式(1.4－15)～式(1.4－22)分别导出单位长度导波系统中 TEM 波、TE 波、TM 波的电能时均值等于其磁能时均值。

1.5　证明：

$$\alpha_{c_{TE}}=\frac{R_m\oint_l(\beta^2|\nabla_t H_{0z}|^2+k_c^4|\boldsymbol{H}_{0z}|^2)\mathrm{d}l}{2Z_{TE}\beta^2k_c^2\int_S|\boldsymbol{H}_{0z}|^2\mathrm{d}s}$$

$$\alpha_{c_{TM}}=\frac{R_m\oint_t|\nabla_n E_{0z}|^2\mathrm{d}l}{2Z_{TM}k_c^2\int_S|\boldsymbol{E}_{0z}|^2\mathrm{d}s}$$

1.6　传输 TEM 波的导波系统，若工作频率为 3GHz，填充介质为聚四氟乙烯($\varepsilon_r=2.1$，$\varepsilon''/\varepsilon=0.00015$)，试求 α_d。

1.7　列表总结 TEM、TE、TM 传播波的主要特性及 TE、TM 截止场的性质。

第2章　典型导波系统的场分析

规则金属波导是指各种截面形状为均直无限长空心金属管，即其截面形状和尺寸、管壁的结构材料及管内介质填充情况沿其管轴方向均不改变。传播方向无限长，即不考虑终端效应。规则金属波导将被引导的电磁波完全限制在金属管内沿其轴向传播，故又称为规则封闭波导，通常称为规则波导。管壁材料一般用铜、铝等良导体金属制成，有时其壁上镀金或银，提高金属表面电导率，防氧化生锈。

1897年，J. W. 瑞利建立了金属波导管内电磁波传播的理论，纠正了亥维赛关于没有内导体的空心金属管内不能传播电磁波的错误理论，并指出在金属管内存在着各种电磁波模式的可能性。但此后的40年中，在波导的理论和实践方面均未获得实质性的进展，直到1936年，S·索思沃思和W·巴罗等发表了有关波导传播模式的激励和测量方面的文章以后，金属波导的理论、实验和应用才有了重大的发展，并日趋完善。

金属波导具有导体损耗和介质(管内介质一般为空气)损耗小、功率容量大、没有辐射损耗、结构简单、易于制造等优点，广泛应用于3000MHz～300GHz的厘米波段和毫米波段的通信、雷达、遥感、导航、电子对抗和测量等系统中。

金属波导管内的电磁场可由麦克斯韦方程组结合边界条件求解，是典型的边值问题，属于本征值问题。波导管壁的电导率很高，求解时通常可假设波导壁为理想导体；管内填充的介质假设为理想介质；在管壁处的边界条件是电场的切线分量和磁场的法线分量为零。

规则金属波导仅有一个导体，不能传播TEM导波，其传播模式可分成横电(TE)导波和横磁(TM)导波两大类，且存在无限多的模式。这些导模在传播中存在严重的色散现象，并具有截止特性；每种导模都有相应的截止波长λ_c(或截止频率f_c)，只有满足条件$\lambda_c>\lambda$(工作波长)或$f_c<f$(工作频率)才能传输。

规则金属波导的横截面可以做成各种形状，如矩形、圆形、脊形、扇形、椭圆形和三角形等。本章重点讲述应用最广泛的矩形波导和圆形波导的特性及有关问题。考虑到同轴线高次模的分析亦属本征值问题，本章也有所涉及。

2.1　同　轴　线

作为多导体导波系统的典型例子是同轴线和平行双线(简称双线)，其横截面如图2.1-1所示，它们都是双导体导波系统。其他形式的多导体导波系统如带状线、微带线可分别视为同轴线和双线的演变体。

无耗导波系统又称为理想导波系统。理想的同轴线和双线，主要传播TEM波(一定尺寸的同轴线，在频率增高时除传播TEM波外还可以传播TE波和TM波，但它们均属于要避免的波型。同轴线中的TE波和TM波在2.5节中介绍)。第1章已指出TEM波的场在导波系统横截面上的分布与边界相同的静态场完全一样，因此它们的场可采用静场的方法来求得。这里以同轴线为例。

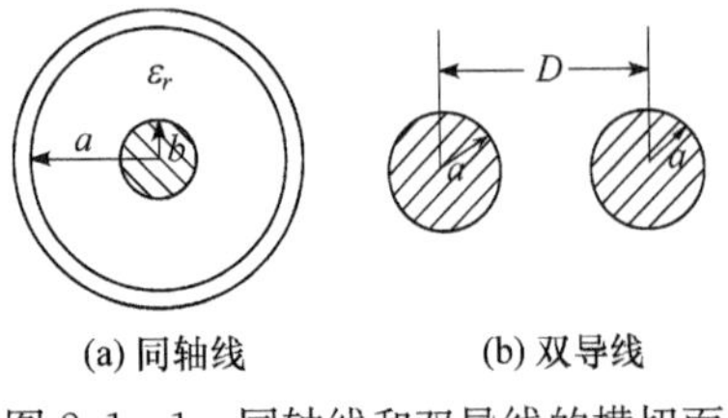

(a) 同轴线　　(b) 双导线

图2.1-1　同轴线和双导线的横切面

2.1.1　场分量

同轴线是由两根同轴的圆柱导体构成的导行系统，其间可填充介质材料，以便支撑内导体。

同轴线及坐标系如图 2.1－2 所示。设内导体外半径为 a，外导体内半径为 b，内外导体理想导电，其间填充介质参数为 ε_r 的无耗介质。

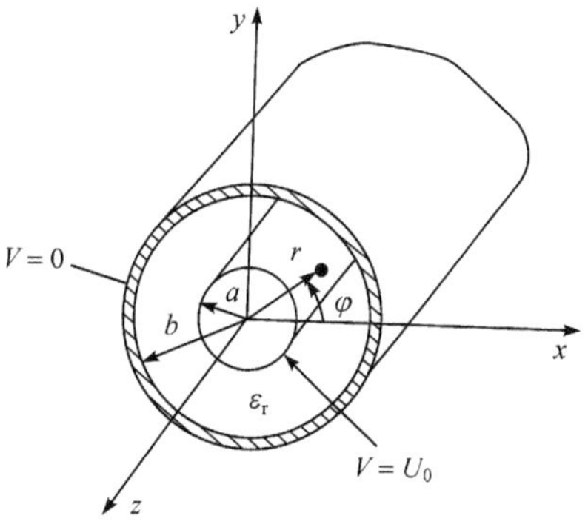

图 2.1－2　同轴线结构

按照第 1 章所阐明的求 TEM 波场的步骤，首先求标量位 Φ，即解式(1.3－20)，然后代入式(1.3－17a)、式(1.3－17b)即得电场和磁场。在圆柱坐标系下，式(1.3－20)为

$$\nabla_t^2\Phi(r,\varphi)=\frac{1}{r}\frac{\partial}{\partial r}\left(r\frac{\partial\Phi}{\partial r}\right)+\frac{1}{r^2}\frac{\partial^2\Phi}{\partial\varphi^2}=0 \quad (2.1-1)$$

同轴线因结构具有圆对称性，故位函数 Φ 不随 φ 坐标变化，即 $\frac{\partial\Phi}{\partial\varphi}=0$，上式简化为

$$\frac{1}{r}\frac{\partial}{\partial r}\left(r\frac{\partial\Phi}{\partial r}\right)=0 \quad (2.1-2)$$

同轴线的边界条件可表示为

$$\Phi\big|_{r=a}=U_0 \quad (2.1-3)$$

$$\Phi\big|_{r=b}=0 \quad (2.1-4)$$

对式(2.1－2)积分两次可得

$$\Phi=A\ln r+B \quad (2.1-5)$$

由边界条件可得

$$A=\frac{U_0}{\ln(a/b)} \quad (2.1-6)$$

$$B=-\frac{U_0}{\ln(a/b)}\ln b \quad (2.1-7)$$

从而

$$\Phi=U_0\frac{\ln(r/b)}{\ln(a/b)} \quad (2.1-8)$$

将式(2.1－8)代入式(1.3－17a)、式(1.3－17b)，可得场的横向分布矢量函数为

$$\boldsymbol{E}_{0t}=-\nabla_t\Phi(r\varphi)=-\boldsymbol{a}_r\frac{\partial\Phi}{\partial r}=\frac{U_0}{\ln(b/a)}\frac{\boldsymbol{a}_r}{r} \quad (2.1-9a)$$

$$\boldsymbol{H}_{0t}=-Y_{\mathrm{TEM}}\boldsymbol{a}_z\times\nabla_t\Phi(r\varphi)=Y_{\mathrm{TEM}}\frac{U_0}{\ln(b/a)}\frac{\boldsymbol{a}_\varphi}{r} \quad (2.1-9b)$$

沿 $\pm z$ 方向传播波的电磁场为

$$\boldsymbol{E}(r,\varphi,z,t)=\frac{U_0}{\ln(b/a)}\frac{\boldsymbol{a}_r}{r}\mathrm{e}^{\mathrm{j}(\omega t\mp\beta z)} \quad (2.1-10a)$$

$$\boldsymbol{H}(r,\varphi,z,t)=\pm Y_{\mathrm{TEM}}\frac{U_0}{\ln(b/a)}\frac{\boldsymbol{a}_\varphi}{r}\mathrm{e}^{\mathrm{j}(\omega t\mp\beta z)} \quad (2.1-10b)$$

式中

$$\beta = k$$

$$Y_{\text{TEM}} = \frac{1}{Z_{\text{TEM}}} = \frac{j\omega\varepsilon}{\gamma} = \frac{\gamma}{j\omega\mu} = \sqrt{\frac{\varepsilon}{\mu}} = \sqrt{\frac{\varepsilon_r}{\mu_r}}Y_0 = \frac{\sqrt{\varepsilon_r}}{120\pi}$$

式中，$\varepsilon_0 = 8.85\times10^{-12}$ F/m，$\mu_0 = 4\pi\times10^{-7}$ H/m。Z_0 为真空（或空气）中 TEM 波的波阻抗。$Y_0 = 1/Z_0 = \sqrt{\varepsilon_0/\mu_0}$，为真空（或空气）中 TEM 波的波导纳。

2.1.2 场结构与导体表面电流分布

为了形象表示出导波系统中电磁场的空间分布，通常用电力线表示电场，磁力线表示磁场，作出导波场的空间瞬时分布图，称为场结构图。之所以取瞬时分布是因为导波场是波动的，即不仅随空间坐标变化，同时也随时间变化。要作出空间分布图，只有固定时间，像拍照一样拍下瞬时场分布。

精确地绘制场结构图，应从力线的概念出发，即“力线在任何点处均与该点的场矢量相切”，由此可得力线微分方程

$$\boldsymbol{E}\times d\boldsymbol{l} = 0 \tag{2.1-11a}$$

$$\boldsymbol{H}\times d\boldsymbol{l} = 0 \tag{2.1-11b}$$

在所用坐标系下解这些微分方程，并给定时间 t，便得到电力线和磁力线的坐标方程。据此，描点作图，就得出场结构图。这样作图比较繁琐，且不便记忆和理解。而作为形象化了解电磁场分布，并不需要精确绘制场结构图。这里介绍一种直接根据场分量和它们沿坐标的变化规律，作出图形的方法。

为方便作图，首先根据导波电磁场的基本特性，提出几点作图要领：

(1) 实线代表 $\boldsymbol{E}$，虚线代表 $\boldsymbol{H}$。$\boldsymbol{E}\perp\boldsymbol{H}$，方向依从 $\boldsymbol{E}\rightarrow\boldsymbol{H}\rightarrow\boldsymbol{S}$（$\boldsymbol{S}$ 代表能流或坡印亭矢量）的右螺旋关系。

(2) $\boldsymbol{E}$ 垂直导体表面。$\boldsymbol{E}$ 可出于并止于导体，也可以自行闭合。$\boldsymbol{H}$ 平行于导体表面。$\boldsymbol{H}$ 不能出于和止于导体，只能自行闭合。

(3) 场分量表达式中的 $j = e^{j\pi/2}$ 为时间相差，对于行波来说，表示沿 z 相差 $\lambda_g/4$。

下面根据同轴线的场分量作出沿 $+z$ 方向传播波的场结构图。由式 2.1-10 可知电场只有 E_r，磁场只有 H_φ。场量的瞬时变化为

$$E_r \propto \frac{1}{r}\cos(\omega t - \beta z) \tag{2.1-12a}$$

$$H_\varphi \propto \frac{1}{r}\cos(\omega t - \beta z) \tag{2.1-12b}$$

取 $\omega t = 0$ 时刻作图时，有

$$E_r \propto \frac{1}{r}\cos\beta z \tag{2.1-13a}$$

$$H_\varphi \propto \frac{1}{r}\cos\beta z \tag{2.1-13b}$$

可见，在横平面上，E_r、H_φ 只与 r 有关，与 φ 无关，即场对 r 成反比变化，对 φ 无变化（均匀分布）。场的变化规律如图 2.1-3(a) 所示。在 z 方向上，E_r、H_φ 沿 z 为余弦分布，如图 2.1-3(b) 所示。

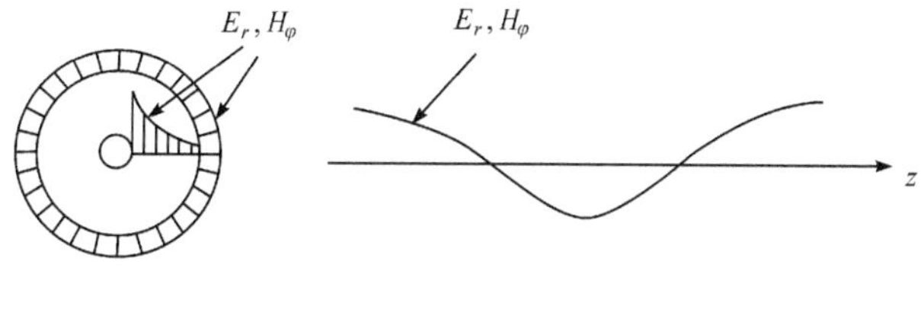

(a)　　　　(b)

图 2.1-3　同轴线的电磁场分布

由场分量并参照图 2.1-3，不难作出同轴线中 TEM 的场结构图，用横剖面和纵剖面表示在图 2.1-4 中。

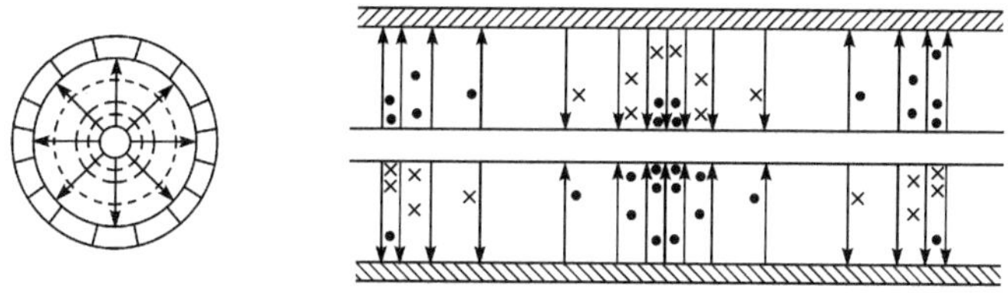

(a) 横截面场分布　　　　(b) 纵截面场分布

图 2.1-4　同轴线的电磁场分布

从图 2.1-4 中可以看出，同轴线中 TEM 波的电场呈辐射状圆对称分布，磁场为围绕内导体的同心圆族，电场、磁场沿 z 轴为余弦变化。当时间 t 改变时，整个图形沿 z 轴移动。

由于同轴线中导波电磁场的感应，内导体外表面和外导体内表面存在高频电荷与电流。它们都通过理想导体的边界条件分别与电场和磁场联系着，即

$$\boldsymbol{n}\cdot\boldsymbol{E}\,|_{r=a,b}=\frac{\rho_{\mathrm{s}}}{\varepsilon} \tag{2.1-14a}$$

$$\boldsymbol{n}\times\boldsymbol{H}\,|_{r=a,b}=\boldsymbol{J}_{\mathrm{s}} \tag{2.1-14b}$$

式中，$\boldsymbol{n}$ 为导体表面向外的单位法向矢量，ρ_{s} 为导体表面电荷密度，$\boldsymbol{J}_{\mathrm{s}}$ 为导体表面电流密度。

这里仅讨论同轴线导体表面的电流分布。式(2.1-14b)中可以看出 $\boldsymbol{J}_{\mathrm{s}}$ 的大小与 $\boldsymbol{H}_r$ 的大小相等，方向与 $\boldsymbol{H}_\varphi$ 垂直并由 $\boldsymbol{n}\rightarrow\boldsymbol{H}_\varphi\rightarrow\boldsymbol{J}_{\mathrm{s}}$ 的右螺旋关系决定。因为同轴线内外导体表面处的切向磁场只有 H_φ，故表面电流密度只有 $\boldsymbol{J}_{\mathrm{s}}$。由式(2.1-14b)得

$$\boldsymbol{J}_{\mathrm{s}}\,|_{r=a}=\boldsymbol{n}\times\boldsymbol{H}_\varphi\,|_{r=a}=\boldsymbol{a}_z Y_{\mathrm{TEM}}\frac{U_0}{\ln(b/a)}\,\frac{1}{a}\mathrm{e}^{\mathrm{j}(\omega t-\beta z)} \tag{2.1-15a}$$

$$\boldsymbol{J}_{\mathrm{s}}\,|_{r=b}=\boldsymbol{n}\times\boldsymbol{H}_\varphi\,|_{r=b}=-\boldsymbol{a}_z Y_{\mathrm{TEM}}\frac{U_0}{\ln(b/a)}\,\frac{1}{b}\mathrm{e}^{\mathrm{j}(\omega t-\beta z)} \tag{2.1-15b}$$

根据此式可以作出同轴线内外导体表面上的电流分布图。电流分布图的另一种简单画法是直接根据磁场结构作图，此法更易掌握和记忆。下面采用这种方法。

首先，画出同轴线内外导体表面处的磁场结构，如图 2.1-5(a)所示。其次根据电流线与磁力线正交，方向由 $\boldsymbol{n}\rightarrow\boldsymbol{H}_\varphi\rightarrow\boldsymbol{J}_{\mathrm{s}}$ 关系决定，画出电流分布图，如图 2.1-5(b)所示。

导体表面的传导电流通过内外导体间的位移电流 $\boldsymbol{J}_{\mathrm{d}}$ 连续起来形成全电流闭合环路。位移电流 $\boldsymbol{J}_{\mathrm{d}}=\mathrm{j}\omega\varepsilon\boldsymbol{E}_r$ 与 $\boldsymbol{E}_r$ 在 z 方向相距 $\lambda_{\mathrm{g}}/4$。

知道了同轴线的场结构和导体壁上的电流分布，不仅对进一步分析同轴线的传输特性有帮助，而且对解决许多实际问题带来很大方便。例如，工程上需要测量同轴线中场的纵向分

布，为此必须在同轴线外导体上开槽，取出能量进行测量。要开槽，必须考虑导体壁上的电流走向，因为顺着电流线方向开一窄槽缝，电流不致受破坏，场分布也不致发生变化。但如果槽缝割断了电流线，则电流分布遭到破坏，并导致场分布改变。同时被槽割断的电流也会在槽中激起电场，此电场与平行槽的磁场构成电磁波并向同轴线内外辐射能量，因此供测量用的槽缝应顺着电流线开。至于取出能量的方式和同轴线中的场分布有关。若要耦合出电场，可用探针，让探针平行于电力线；若要耦合出磁场，则可用小环，让磁力线通过环面。

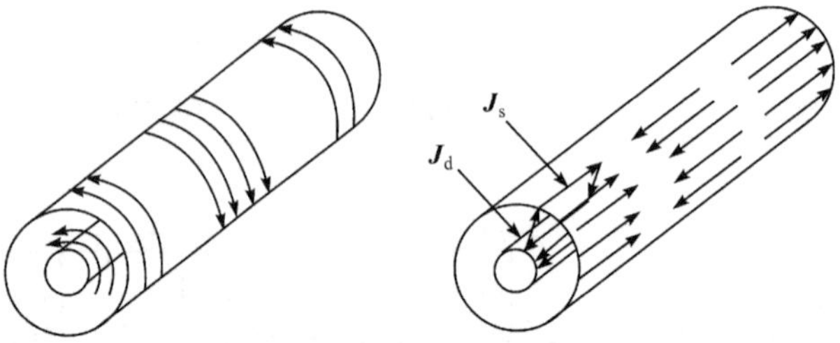

(a) 磁力线分布　　(b) 位移电流和传导电流分布

图 2.1-5　同轴线管壁的电流分布

2.1.3　同轴线的电压波、电流波及特性阻抗

对于传输 TEM 波的同轴线，在横平面上，$\boldsymbol{E}_{0t}$的横向旋度为零，因此$\boldsymbol{E}_{0t}$从一导体至另一导体的线积分是唯一的，且与积分路径无关，这就说明同轴线传输 TEM 波时具有单值电压特性(其他传输 TEM 波的双导体线均如此)。在内导体上任一点 A 与外导体上任一点 B 之间的电压为

$$\int_A^B \boldsymbol{E}_{0t}\cdot \mathrm{d}\boldsymbol{l} = \int_a^b -\boldsymbol{a}_r\frac{\mathrm{d}\boldsymbol{\Phi}}{\mathrm{d}r}\cdot \mathrm{d}\boldsymbol{r} = -\int_a^b \mathrm{d}\boldsymbol{\Phi}$$
$$= \Phi(a) - \Phi(b) = U_0 \tag{2.1-16}$$

考虑到沿$+z$方向传播的电场$\boldsymbol{E}=\boldsymbol{E}_{0t}\cdot \mathrm{e}^{-\mathrm{j}\beta z}$，则有单值电压波为

$$U = U_0\mathrm{e}^{-\mathrm{j}\beta z} \tag{2.1-17}$$

在横平面上，$\boldsymbol{H}_{0t}$横向旋度也为零，致使在导体之外的区域$\boldsymbol{H}_{0t}$的闭合线积分为零，但环绕导体的线积分则应为导体上的总电流，即有

$$\oint_{内}\boldsymbol{H}_{0t}\cdot \mathrm{d}\boldsymbol{l} = I_0 \tag{2.1-18}$$

和电压波一样，对沿$+z$方向传播的磁场$\boldsymbol{H}=\boldsymbol{H}_{0t}\cdot \mathrm{e}^{-\mathrm{j}\beta z}$，则有单值的电流波为

$$I = I_0\mathrm{e}^{-\mathrm{j}\beta z} \tag{2.1-19}$$

式中，I_0 根据式(2.1-18)可表示为

$$I_0 = \oint_{内}\boldsymbol{H}_{0t}\cdot \mathrm{d}\boldsymbol{l} = Y_{\mathrm{TEM}}\oint_{内}\boldsymbol{a}_z\times\boldsymbol{E}_{0t}\cdot\boldsymbol{\tau}\mathrm{d}l$$
$$= Y_{\mathrm{TEM}}\oint_{内}\boldsymbol{E}_{0t}\cdot\boldsymbol{n}\mathrm{d}l = Y_{\mathrm{TEM}}\oint_{内}\frac{\rho_s}{\varepsilon}\mathrm{d}l$$
$$= Y_{\mathrm{TEM}}\frac{Q}{\varepsilon} \tag{2.1-20}$$

式中

$$Q = \oint_{内}\rho_s\mathrm{d}l$$

Q 为内导体单位长度上的电荷。不难推出，外导体单位长度上的电荷与此等值反号，为 $-Q$。

同轴线上的电流波也可由内外导体的表面电流密度求得(省去 $e^{j\omega t}$)，为

$$I_{内} = \oint_{内} J_S|_{r=a} dl = \int_0^{2\pi} J_S|_{r=a} a\, d\varphi$$

$$= Y_{TEM} \frac{2\pi U_0}{\ln(b/a)} e^{-j\beta z} \tag{2.1-21a}$$

$$I_{外} = \oint J_S|_{r=b} dl = \int_0^{2\pi} J_S|_{r=b} b\, d\varphi$$

$$= -Y_{TEM} \frac{2\pi U_0}{\ln(b/a)} e^{-j\beta z} \tag{2.1-21b}$$

可见同轴线内外导体上电流大小相等，方向相反。

由于同轴线上存在单值的电压波和电流波，因此由电压和电流定义同轴线的阻抗为

$$Z_0 = \frac{U}{I} \tag{2.1-22}$$

式中，Z_0 称为特性阻抗，它等于两导体间的行波电压与一导体上的行波总电流之比值。

将式(2.1-17)、式(2.1-19)和式(2.1-20)代入式(2.1-22)，可得

$$Z_0 = \frac{1}{C_1 v} \tag{2.1-23}$$

式中，C_1 为同轴线单位长度的静电电容。

$$C_1 = \frac{Q}{U_0} = \frac{\oint_{内} \rho_s dl}{U_0} = \frac{\varepsilon \oint_{内} \boldsymbol{E}_{0t} \cdot \boldsymbol{n} dl}{U_0} = \frac{2\pi\varepsilon}{\ln(b/a)} \tag{2.1-24}$$

将式(2.1-24)代入式(2.1-23)，或者由式(2.1-17)和式(2.1-19)代入式(2.1-22)，均可得同轴线特性阻抗为

$$Z_0 = \frac{Z_{TEM}}{2\pi} \ln\frac{b}{a} = \frac{60}{\sqrt{\varepsilon_r}} \ln\frac{b}{a} \tag{2.1-25}$$

由式(2.1-25)可以看出，同轴线的特性阻抗与 TEM 波的波阻抗相差一个因子。特性阻抗不仅取决于填充的媒质参数，也取决于同轴线的结构尺寸，而波阻抗则只与填充的媒质有关。

2.1.4　同轴线的传输功率、能量与衰减

1. 传输功率

由式(1.4-4)，同轴线的传输功率为

$$P = \frac{1}{2} Y_{TEM} \int_a^b \int_0^{2\pi} \left(\frac{U_0}{\ln(b/a)}\right)^2 \frac{1}{r} dr d\varphi = Y_{TEM} \frac{\pi U_0^{\ 2}}{\ln(b/a)} \tag{2.1-26}$$

从同轴线中的电场表达式

$$\boldsymbol{E} = \boldsymbol{E}_{0t} e^{-j\beta z} = \frac{U_0}{\ln(b/a)} \frac{\boldsymbol{a}_r}{r} e^{-j\beta z} \tag{2.1-27}$$

可以看出，最大电场应在内导体表面处，即值为

$$\boldsymbol{E}_{\max}=\frac{U_0}{a\ln(b/a)}e^{-j\beta z} \tag{2.1-28}$$

当最大场强达到击穿程度即$|E_{\max}|=E_{br}$(击穿场强)时,此时的功率为同轴线的击穿功率。击穿功率是传输功率的极限,它代表导波系统的功率容量。

$$P_{br}=Y_{TEM}\pi E_{br}^2a^2\ln\frac{b}{a}=\frac{\sqrt{\varepsilon_r}}{120}a^2E_{br}^2\ln\frac{b}{a} \tag{2.1-29}$$

应该指出,同轴线的功率容量除受介质击穿场强限制外,还要受导体因欧姆损耗而升温的限制。内导体的最高允许温度常取80℃,据此温度计算的同轴线平均功率容量要比式(2.1-29)算得的击穿功率小得多。因此为了提高同轴线的平均功率容量,可将内导体制作成空心管,让流体通过管心带走内导体的欧姆热。

2. 电能和磁能

由式(1.4-17)或式(1.4-18),可得同轴线单位长度内电能和磁能的时间平均值为

$$W_e=W_m=\frac{\varepsilon}{2}\frac{U_0^2\pi}{\ln(b/a)} \tag{2.1-30}$$

3. 衰减常数

由式(1.4-41)可得导体衰减常数为

$$\alpha_c=\frac{R_mY_{TEM}}{2\ln(b/a)}\left(\frac{b+a}{ab}\right)\quad(\mathrm{Np/m}) \tag{2.1-31}$$

由式(1.4-53)得同轴线中介质衰减常数为

$$\alpha_d=\frac{\sigma}{2Y_{TEM}}=\frac{\pi}{\lambda}\tan\delta\quad(\mathrm{Np/m}) \tag{2.1-32}$$

总衰减常数为

$$\alpha=\alpha_c+\alpha_d \tag{2.1-33}$$

【例2.1-1】 有如图2.1-6所示的硬同轴线,内外导体用铜($\sigma=5.8\times10^7\Omega/\mathrm{m}$)制成,支撑内导体的垫圈用聚四氟乙烯($\varepsilon_r=2.1$)做成。同轴线的特性阻抗$Z_0=50\Omega$,外导体内半径$b=1.75\mathrm{cm}$,工作频率$f=20\mathrm{GHz}$,传输TEM波。试求:(1)内导体外半径$a$。(2)击穿功率$P_{br}$。(3)导体损耗引起的衰减常数$\alpha_c$。

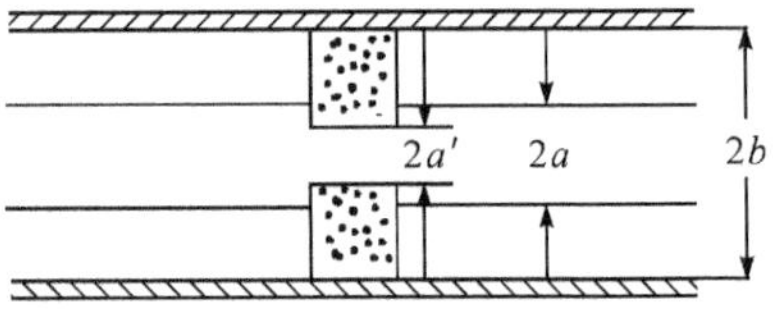

图2.1-6 介质支撑加载同轴线

解 (1) 根据式(2.1-25)

$$Z_0=\frac{60}{\sqrt{\varepsilon_r}}\ln\frac{b}{a}$$

对于空气填充区域,$50=60\ln(b/a)$,得

$$b/a=2.3$$

所以

$$a=0.76\mathrm{cm}$$

对于介质垫圈区域,$50=\frac{60}{\sqrt{\varepsilon_r}}\ln\frac{b}{a'}$,得

$$b/a'=3.35,\quad a'=0.52\mathrm{cm}$$

(2) 根据式(2.1-29)，由于空气击穿场强 $E_{br}\approx 30000\text{V/cm}$，因此击穿功率为

$$P_{br}=\frac{\sqrt{\varepsilon_r}}{120}a^2E_{br}^2\ln\frac{b}{a}\approx 3641.5\text{kW}$$

(3) 由式(2.1-31)，由于 $R_m=\sqrt{\mu\omega/2\sigma}$，$\mu=\mu_0=4\pi\times 10^{-7}\text{F/m}$，$R_m=0.012\Omega$，故

$$\alpha_c=\frac{R_mY_{TEM}}{2\ln(b/a)}\left(\frac{b+a}{ab}\right)\approx 0.0013\text{Np/m}=0.011\text{dB/m}$$

2.2 矩形波导

作为空心金属柱面波导的典型例子是矩形波导和圆波导。由第 1 章分析知道，它们不能传播 TEM 波，但可单独传播 TE 或 TM 波。它们主要用于厘米波段，也用于毫米波段。

2.2.1 矩形波导

矩形波导是横截面为矩形的金属柱面波导，设宽边为 a，窄边为 b，如图 2.2-1 所示。

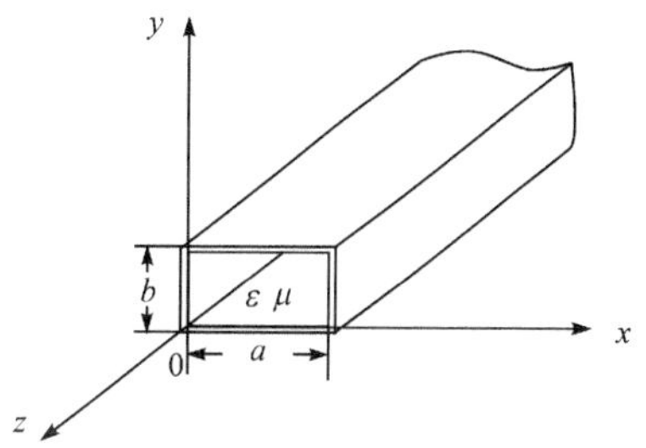

图 2.2-1　矩形波导

1. 场分量

1) TE 波场分量

由于波导横截面为矩形，故选用直角坐标系，在直角坐标系中 $u=x$，$v=y$。采用纵向场法。

$$\nabla_t^2H_{0z}(x,y)+k_c^2H_{0z}(x,y)=0 \qquad (2.2-1)$$

式中，横向拉普拉斯算子为

$$\nabla_t^2=\frac{\partial^2}{\partial x^2}+\frac{\partial^2}{\partial y^2} \qquad (2.2-2)$$

用分离变量法求解，设

$$H_{0z}(x,y)=X(x)Y(y) \qquad (2.2-3)$$

式中，X 和 Y 分别只是 x 和 y 的函数。将式(2.2-2)和式(2.2-3)代入式(2.2-1)，并将等式两端同除以 X、Y 得

$$\frac{1}{X}\frac{\mathrm{d}^2X}{\mathrm{d}x^2}+\frac{1}{Y}\frac{\mathrm{d}^2Y}{\mathrm{d}y^2}=-k_c^2 \qquad (2.2-4)$$

式(2.2-4)左端第一项只与变量 x 有关，第二项只与变量 y 有关，要使两项之和恒等于常数，只有两项分别等于常数才可能。令它们分别等于 $-k_x^2$ 和 $-k_y^2$，得

$$\frac{1}{X}\frac{\mathrm{d}^2X}{\mathrm{d}x^2}=-k_x^2 \qquad (2.2-5a)$$

$$\frac{1}{Y}\frac{\mathrm{d}^2Y}{\mathrm{d}y^2}=-k_y^2 \qquad (2.2-5b)$$

式(2.2-5a)、式(2.2-5b)为二阶常系数齐次微分方程，其解是

$$X(x)=A_1\cos k_xx+B_1\sin k_xx \qquad (2.2-6a)$$

$$\mathrm{Y(y)}=\mathrm{A}_2\cos k_yy+B_2\sin k_yy \qquad (2.2-6b)$$

故 $H_{0z}(x,y)$ 可表示为

$$H_{0z}(x,y) = X(x)Y(y) = (A_1\cos k_x x + B_1\sin k_x x)(A_2\cos k_y y + B_2\sin k_y y) \tag{2.2-7}$$

式中，A_1、B_1、A_2、B_2 为待定常数；k_x、k_y 为变量分离常数，它们取决于激励条件和边界条件。

矩形波导 TE 波的边界条件为

$$\left.\frac{\partial H_{0z}}{\partial x}\right|_{x=0,a} = 0 \tag{2.2-8a}$$

$$\left.\frac{\partial H_{0z}}{\partial y}\right|_{y=0,b} = 0 \tag{2.2-8b}$$

先由 $\left.\frac{\partial H_{0z}}{\partial x}\right|_{x=0}=0$ 确定出 $B_1=0$，再由$\left.\frac{\partial H_{0z}}{\partial y}\right|_{y=0}=0$ 确定出 $B_2=0$，$H_{0z}(x,y)$变为

$$H_{0z}(x,y) = A_1A_2\cos k_x x\cos k_y y \tag{2.2-9}$$

由$\left.\frac{\partial H_{0z}}{\partial x}\right|_{x=a}=0$，有 $\sin k_x a=0$，可得

$$k_x = \frac{m\pi}{a},\quad m = 0,1,2,\cdots \tag{2.2-10a}$$

由$\left.\frac{\partial H_{0z}}{\partial y}\right|_{y=b}=0$，有 $\sin k_y b=0$，可得

$$k_y = \frac{n\pi}{b},\quad n = 0,1,2,\cdots \tag{2.2-10b}$$

注意：m 和 n 不能同时为零。因为 m 和 n 同时为零时，H_{0z}的解为常数，其他场分量为零，此解无意义。

将式(2.2-10)代入式(2.2-9)并令 $A_1A_2=A_{mn}$，可得

$$H_{0z}(x,y) = A_{mn}\cos\frac{m\pi}{a}x\cos\frac{n\pi}{b}y \tag{2.2-11}$$

式中，A_{mn}是振幅常数，它取决于激励条件。

根据式(2.2-4)，TE_{mn}模的截止波数为

$$k_{cmn} = \left[\left(\frac{m\pi}{a}\right)^2 + \left(\frac{n\pi}{b}\right)^2\right]^{\frac{1}{2}} \tag{2.2-12}$$

式(2.2-12)表示，截止波数与 m、n 和波导横向尺寸有关。TE_{mn}模的传播常数为

$$\gamma_{mn} = j\beta_{mn} = j(k^2 - k_{cmn}^2)^{\frac{1}{2}} = j\left[\left(\frac{2\pi}{\lambda}\right)^2 - \left(\frac{m\pi}{a}\right)^2 - \left(\frac{n\pi}{b}\right)^2\right]^{\frac{1}{2}} \tag{2.2-13}$$

由式(1.3-22)和式(1.3-23)以及反向波场分量与正向波场分量的关系，不难求出 TE_{mn}模(或 H_{mn}模)的全部场分量为

$$H_{zmn}=A_{mn}\cos\frac{m\pi}{a}x\cos\frac{n\pi}{b}y\,e^{\mp j\beta_{mn}z} \tag{2.2-14a}$$

$$H_{xmn}=\pm\frac{j\beta_{mn}}{k_{cmn}^2}A_{mn}\frac{m\pi}{a}\sin\frac{m\pi}{a}x\cos\frac{n\pi}{b}y\,e^{\mp j\beta_{mn}z} \tag{2.2-14b}$$

$$H_{ymn}=\pm\frac{j\beta_{mn}}{k_{cmn}^2}A_{mn}\frac{n\pi}{b}\cos\frac{m\pi}{a}x\sin\frac{n\pi}{b}y\,e^{\mp j\beta_{mn}z} \tag{2.2-14c}$$

$$E_{xmn} = \pm Z_{\mathrm{TE}_{mn}} H_{ymn} \tag{2.2-14d}$$

$$E_{ymn} = \mp Z_{\mathrm{TE}_{mn}} H_{xmn} \tag{2.2-14e}$$

$$E_{zmn} = 0 \tag{2.2-14f}$$

式中

$$Z_{\mathrm{TE}_{mn}} = \frac{k}{\beta_{mn}} Z_{\mathrm{TEM}} \tag{2.2-15}$$

2) TM 波场分量

TM 波具有 $E_{0z} \neq 0, H_{0z} = 0$ 的性质 。由方程(1.2－24)和边界条件 $E_{0z}\Big|_{\substack{x=0,a\\y=0,b}} = 0$，采用与 TE 波完全相同的步骤可以求得

$$E_{0z} = B_{mn} \sin\frac{m\pi}{a}x \sin\frac{n\pi}{b}y \tag{2.2-16}$$

式中，$m=1,2,\cdots$；$n=1,2,\cdots$，即 TM 模的 m、n 一个也不能为零，否则 E_{0z} 无解，全部场为零。TM_{mn} 模的截止波数、传播常数与 TE_{mn} 模的表示式相同，为

$$k_{cmn} = \left[\left(\frac{m\pi}{a}\right)^2 + \left(\frac{n\pi}{b}\right)^2\right]^{\frac{1}{2}} \tag{2.2-17}$$

$$\gamma_{mn} = \mathrm{j}\beta = \mathrm{j}(k^2 - k_{cmn}^2)^{\frac{1}{2}} \tag{2.2-18}$$

将式(2.2－16)代入式(1.3－30a)、式(1.3－30b)和式(1.3－29)，并考虑反向波场与正向波场的关系，可得 TM_{mn} 模的全部场量为

$$E_{zmn} = \pm B_{mn} \sin\frac{m\pi}{a}x \sin\frac{n\pi}{b}y \mathrm{e}^{\mp \mathrm{j}\beta_{mn}z} \tag{2.2-19a}$$

$$E_{xmn} = -\frac{\mathrm{j}\beta_{mn}}{k_{cmn}^2} B_{mn} \frac{m\pi}{a} \cos\frac{m\pi}{a}x \sin\frac{n\pi}{b}y \mathrm{e}^{\mp \mathrm{j}\beta_{mn}z} \tag{2.2-19b}$$

$$E_{ymn} = -\frac{\mathrm{j}\beta_{mn}}{k_{cmn}^2} B_{mn} \frac{n\pi}{b} \sin\frac{m\pi}{a}x \cos\frac{n\pi}{b}y \mathrm{e}^{\mp \mathrm{j}\beta_{mn}z} \tag{2.2-19c}$$

$$H_{xmn} = \mp Y_{\mathrm{TM}_{mn}} E_{ymn} \tag{2.2-19d}$$

$$H_{ymn} = \pm Y_{\mathrm{TM}_{mn}} E_{xmn} \tag{2.2-19e}$$

$$H_{zmn} = 0 \tag{2.2-19f}$$

式中

$$Y_{\mathrm{TM}_{mn}} = \frac{1}{Z_{\mathrm{TM}_{mn}}} = \frac{k}{\beta_{mn}} Y_{\mathrm{TEM}} \tag{2.2-20}$$

2. 模式分布与简并

从式(2.2－12)和式(2.2－17)可看出，矩形波导中 TE_{mn} 模和 TM_{mn} 模的截止波数均为

$$k_{cmn} = \left[\left(\frac{m\pi}{a}\right)^2 + \left(\frac{n\pi}{b}\right)^2\right]^{\frac{1}{2}} \tag{2.2-21a}$$

它们的截止波长为

$$\lambda_{cmn} = \frac{2\pi}{k_{cmn}} = \frac{2}{\sqrt{(m/a)^2 + (n/b)^2}} \tag{2.2-21b}$$

此式表明，同一波导（a、b 一定）、不同模式（m、n 不同），其截止波长不同。为了便于比较，常取定 a、b，计算出各模式的 λ_{cmn} 值，在同一坐标轴上标出。这种各模式截止波长的分布称为模式分布。例如 BJ-100 矩形波导 $a\times b=2.286\text{cm}\times1.016\text{cm}$ 中前数个模的 λ_c 值如表 2.2-1 所示。在同一坐标轴上作出分布图，如图 2.2-2 所示。截止波长最长的模式称为主模，其余模式称为高次模。

表 2.2-1

模式	TE_{10}	TE_{20}	TE_{01}	TE_{11} TM_{11}	TE_{30}	TE_{21} TM_{21}	TE_{31} TM_{31}	TE_{02}	TE_{41}	TM_{41}
λ_c/cm	4.572	2.286	2.03	1.8	1.524	1.51	1.2	1.143	1.016	1.0

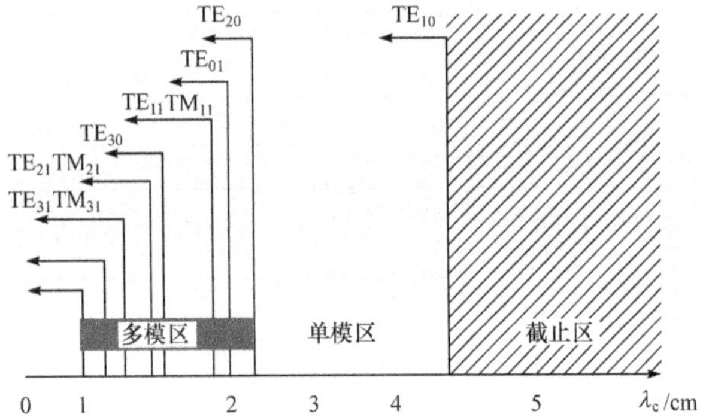

图 2.2-2　BJ-100 波导的截止波长分布图

由图 2.2-2 可以看出，在 $a>b$ 情况下，矩形波导的主模为 TE_{10} 模。根据第 1 章 1.2 节所指出的，$\lambda>\lambda_c$ 为波的截止状态，$\lambda<\lambda_c$ 为波的传播状态。上例中当 $\lambda>4.572\text{cm}$ 时，波导不能传播任何模式，这部分区域称为截止区。$2.286\text{cm}<\lambda<4.572\text{cm}$ 的区域，波导仅传播 TE_{10} 模，其他模式被截止，称为单模工作区。$\lambda<2.286\text{cm}$ 的区域，波导同时存在多个传播模，称为多模区。实际上，在多数情况下，总希望波导中只传播一个模式。通过选择工作频率或波导尺寸使 λ 处于单模工作区。

不同模式，截止波长一般不同，但也存在不同模式，截止波长相同的情况。这种不同物理状态而具有相同本征参量的现象称为简并，截止波长相同的不同模式称为简并模式。由于 TE_{mn} 模和 TM_{mn} 模截止波长表达式相同，因此除 TE_{m0} 模和 TE_{0n} 模之外，m 和 n 相同的 TE 模与 TM 模都是简并的，如 TE_{11} 模与 TM_{11} 模，TE_{12} 与 TM_{12} 模等。这种简并可称为电磁简并（即电波与磁波简并）。另外在 TE_{m0} 模和 TE_{0n} 模中，当 $a=b$ 时，出现 TE_{10} 模与 TE_{01} 模简并；$a=2b$ 时，出现 TE_{20} 模与 TE_{01} 模简并。这种简并属于磁波之间的简并。

简并模因具有相同的传播常数，彼此不直接正交。当波导中出现不均匀性或金属壁有耗时，相互之间容易产生能量交换，造成额外损失和干扰。因此一般情况下应当避免简并模，只在某些情况它可以得以利用。

【例 2.2-1】 若 BJ-32 矩形波导 $a\times b=7.214\text{cm}\times3.101\text{cm}$ 中填充空气，工作频率 $f=3\text{GHz}$。试求：(1)前三个模式的截止波长 λ_c。(2)三模式中传输模的 λ_g、v_p、v_g 值，截止模的α'值。

解　(1) 由 $\lambda_c=\dfrac{2}{\sqrt{(m/a)^2+(n/b)^2}}$可得

$$\lambda_{cTE_{10}}=2a=14.428\text{cm}$$
$$\lambda_{cTE_{20}}=a=7.244\text{cm}$$
$$\lambda_{cTE_{01}}=2b=6.808\text{cm}$$

(2) 因波导内填充的是空气，故工作频率 $f=3\text{GHz}$ 所对应的工作波长 $\lambda=10\text{cm}$，根据导波传播条件 $\lambda<\lambda_c$ 和截止条件 $\lambda>\lambda_c$，可得 TE_{10} 模为传播模，它的 λ_g、v_p 和 v_g 分别为

$$\lambda_g=\frac{\lambda}{\sqrt{1-(\lambda/\lambda_c)^2}}=13.873\text{cm}$$

$$v_p=\frac{v}{\sqrt{1-(\lambda/\lambda_c)^2}}=\frac{c}{\sqrt{1-(\lambda/\lambda_c)^2}}=4.162\times10^8\text{m/s}$$

$$v_g=v\sqrt{1-(\lambda/\lambda_c)^2}=c\sqrt{1-(\lambda/\lambda_c)^2}=2.162\times10^8\text{m/s}$$

TE_{20} 模和 TE_{01} 模为截止模式，它们的 α' 值为

$$\alpha'_{TE20}=\sqrt{k_c^2-k^2}=\sqrt{\left(\frac{2\pi}{7.214\times10^{-2}}\right)^2-\left(\frac{2\pi}{10\times10^{-2}}\right)^2}$$
$$=60.286(\text{Np/m})=523.61(\text{dB/m})$$

$$\alpha'_{TE01}=\sqrt{\left(\frac{\pi}{3.104\times10^{-2}}\right)^2-\left(\frac{2\pi}{10\times10^{-2}}\right)^2}$$
$$=67.566(\text{Np/m})=586.88(\text{dB/m})$$

3. 场结构和管壁电流分布

1) TE 波的场结构

TE 波，$E_z=0$，$H_z\neq0$。其场分布的特点是电力线全在横截面内，磁力线为空间曲线。下面以最简单的波型 TE_{10} 模为例来讨论场结构的画法。

TE_{10} 模沿 $+z$ 方向传播的量的瞬间变化为

$$H_z\propto\cos\frac{\pi}{a}x\cos(\omega t-\beta_{10}z)\tag{2.2-22a}$$

$$H_x\propto-\sin\frac{\pi}{a}x\cos\left(\omega t-\beta_{10}z-\frac{\pi}{2}\right)\tag{2.2-22b}$$

$$E_y\propto\sin\frac{\pi}{a}x\cos\left(\omega t-\beta_{10}z-\frac{\pi}{2}\right)\tag{2.2-22c}$$

$$H_y=E_x=E_z=0\tag{2.2-22d}$$

可见 TE_{10} 模只有三个场分量存在，一个电场分量和两个磁场分量。这里，将场的空间分布图形用 $z=0$ 处的 xy 剖面、$x=a/2$ 处的 yz 剖面和 $y=b/2$ 处的 xz 剖面上的分布图表示，并取 $\omega t=\pi/2$ 瞬间进行作图，首先作三个剖面上的电场分布图。

$z=0$ 处的 xy 面，因 $\boldsymbol{E}=\boldsymbol{E}_y\propto\boldsymbol{a}_y\sin(\pi x/a)$，表明场在此平面上的变化规律是沿 a 边(x 从 0 到 a)变化半个正弦波，沿 b 边(y 从 0 到 b)不变化。将这一变化规律用力线表出，力线方向为 $\boldsymbol{a}_y$，力线的密稀表示场的强弱，如图 2.2-3(a)所示。

$x=a/2$ 处的 yz 面，由 $\boldsymbol{E}=\boldsymbol{E}_y\propto\boldsymbol{a}_y\sin(\pi/2)\cos\beta_{10}z=\boldsymbol{a}_y\cos\beta_{10}z$，表示场沿 b 边不变，沿 z 为余弦分布。将这一变化用力线表示，如图 2.2-3(b)所示。

$y=b/2$ 处的 xz 面，由 $\boldsymbol{E}=\boldsymbol{E}_y\propto\boldsymbol{a}_y\sin(\pi x/a)\cos\beta_{10}z$，表明场沿 a 边变化是半个正弦波，沿 z 为余弦变化。用力线表示，如图 2.2-3(c)所示。

其次作三个剖面上的磁场分布图。

$z=0$ 处的 xy 面，由 $\boldsymbol{H}=\boldsymbol{H}_x\propto-\boldsymbol{a}_x\sin(\pi x/a)$，表示磁场沿 a 边有半个正弦波的变化，沿 b 边不变。用力线表示如图 2.2-4(a)所示。力线的方向为 $-\boldsymbol{a}_x$，力线在 $x=a/2$ 处值最大，在 $x\neq a/2$的区域变小，在 $x=0$ 和 $x=a$ 处场为零。这是因为空间磁力线为近似椭圆形。

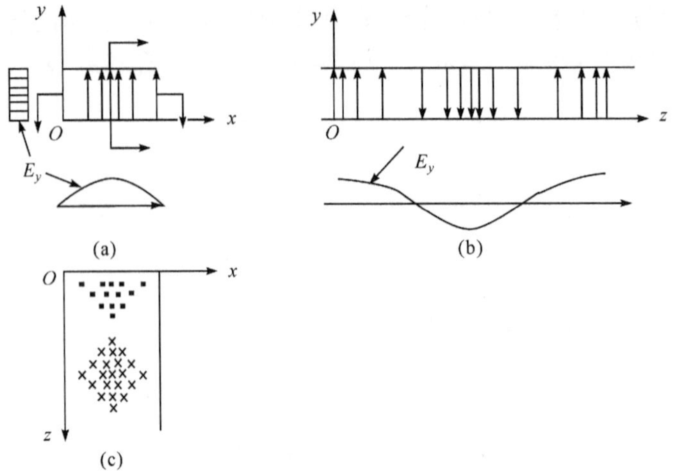

图 2.2-3　TE_{10}波电场的三维结构

$x=a/2$处的yz面，由$\boldsymbol{H}=\boldsymbol{H}_x\propto-\boldsymbol{a}_x\cos\beta_{10}z$，表明磁场沿$y$不变，沿$z$为余弦分布，用力线表示如图 2.2-4(b)所示。

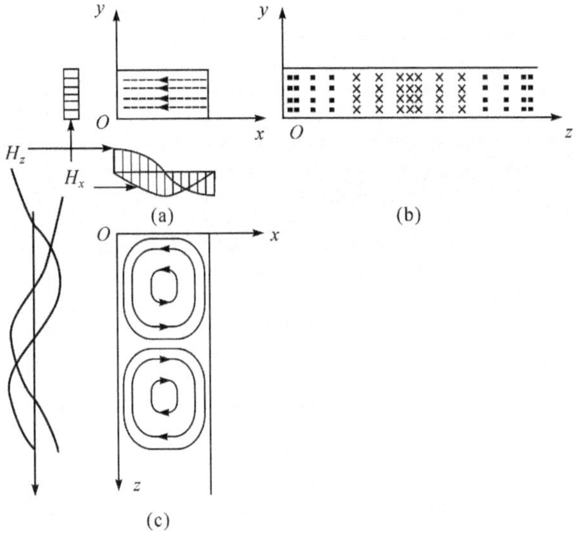

图 2.2-4　TE_{10}波磁场的三维结构

$y=b/2$处的xz面，由$\boldsymbol{H}=\boldsymbol{H}_x+\boldsymbol{H}_z\propto-\boldsymbol{a}_x\sin(\pi x/a)\cos\beta_{10}z+\boldsymbol{a}_z\cos(\pi x/a)\sin\beta_{10}z$，表明在此剖面上磁场存在两个分量。$H_x$沿$a$边有半个正弦波变化，沿$z$为余弦分布。$H_z$沿$a$边有半个余弦波变化，沿$z$为正弦分布。两个分量构成合成场的特点是：$H_x$最大值处$H_z=0$；反之，$H_z$最大值处$H_x=0$。在这些点上，磁场只有一个分量，在$H_x$偏离最大值 处，$H_z$不为零。这些区域的总磁场为两分量之和。因此根据两分量的变化规律，不难作出力线形状，为如图 2.2-4(c)所示的近似椭圆的分布。

将以上得到的三个平面上的电场图形和磁场图形重叠在一起，就是TE_{10}模场结构的剖面图，如图 2.2-4 所示。

由式(2.2-14)和TE_{10}模的场结构可以看出，TE_{mn}模中的m代表场沿波导宽边a变化的正弦或余弦半驻波数目，n代表场沿波导在窄边b变化的半驻波数。TE_{10}模因$m=1$，$n=0$，所以场沿a边变化一个半驻波，沿b边没有变化。这样，有了TE_{10}模的场结构，不难由它推出

TE_{m0}场的场结构来。它的场沿 a 边变化 m 个半驻波，沿 b 边没有变化。

或者说，TE_{m0}模的场结构是由导波 a 边上排列 m 个 TE_{10}模的场结构所构成。

因此，TE_{10}模场结构是 TE_{m0}模场结构的单元结构。但需注意，由于正余弦函数变化特性，相邻的两个单元结构的场，力线方向相反。图 2.2-5 为 TE_{20}模的横截面场结构。

由式(2.2-14)可得，TE_{01}模的场存在 E_x、H_y 和 H_z 三个分量，与 TE_{10}模的场比较，仅电场和磁场所在平面旋转 90°，因此 TE_{01}模的场结构可以由 TE_{10}模的场结构以波导轴为轴旋转 90°获得，如图 2.2-6 所示。TE_{01}模的场沿 b 边变化半个驻波，沿 a 边没有变化。这样有了 TE_{01}模的场结构，不难由它推出 TE_{0n}模的场结构来。它的场沿 a 边没有变化，沿 b 边变化 n 个半驻波，或者说，TE_{0n}模的场结构可以由在 b 边排列 n 个 TE_{01}模的场结构组成。同样，注意相邻两单元间场反相。

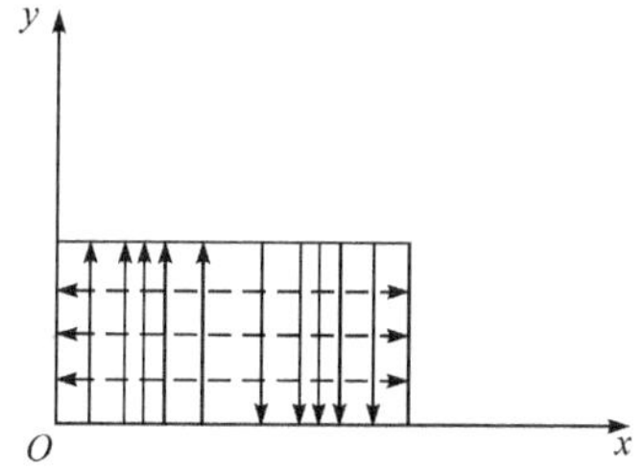

图 2.2-5　TE_{20}波电磁场横截面图

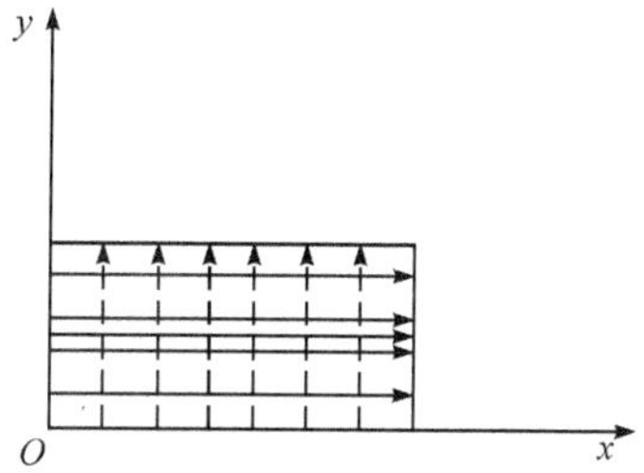

图 2.2-6　TE_{01}波电磁场横截面图

TE_{mn}($m\neq0$，$n\neq0$)模的场结构比 TE_{m0}模和 TE_{0n}模都复杂。可以想象它的单元结构应是 TE_{11}模的场结构。由式 2.2-14 可得 TE_{11}模的场，它沿 $+z$ 方向传播时其变化规律如下：

$$H_z \propto \cos\frac{\pi}{a}x\cos\frac{\pi}{b}y\cos(\omega t-\beta_{11}z) \tag{2.2-23a}$$

$$H_x \propto -\sin\frac{\pi}{a}x\cos\frac{\pi}{b}y\cos\left(\omega t-\frac{\pi}{2}-\beta_{11}z\right) \tag{2.2-23b}$$

$$H_y \propto -\cos\frac{\pi}{a}x\sin\frac{\pi}{b}y\cos\left(\omega t-\frac{\pi}{2}-\beta_{11}z\right) \tag{2.2-23c}$$

$$E_y \propto -H_x \tag{2.2-23d}$$

$$E_x \propto H_y \tag{2.2-23e}$$

因为场的五个分量都存在，场结构比较复杂，这里仅分析横截面场结构的画法。

首先看电场分布，电场全在横平面内，若取 $z=0$ 处的 xy 面，当 $\omega t=\pi/2$ 时，电场分量对坐标的变化为

$$E_y \propto \sin\frac{\pi}{a}x\cos\frac{\pi}{b}y \tag{2.2-24a}$$

$$E_x \propto -\cos\frac{\pi}{a}x\sin\frac{\pi}{b}y \tag{2.2-24b}$$

其变化曲线示于图 2.2-7(a)的波导旁，它的特点是：

(1) $x=a/2$ 处，E_y 最大，E_x 为 0。

(2) $y=b/2$ 处，E_y 为 0，E_x 最大。

(3) $x<a/2$，$y<b/2$ 区域：E_y 为正，E_x 为负。

(4) $x>a/2$，$y<b/2$ 区域：E_y 为正，E_x 为正。

(5) $x<a/2$，$y>b/2$ 区域：E_y 为负，E_x 为负。

(6) $x>a/2$，$y>b/2$ 区域：E_y 为负，E_x 为正。

根据这些特点可作出电力线分布如图 2.2-7(b)实线所示。

其次看磁场分布。磁场的三个分量都存在，磁力线为空间曲线。在 $z=0$ 的 xy 面上的分布，可以通过 $\boldsymbol{H}\perp\boldsymbol{E}$ 而作出。方向由 $\boldsymbol{E}\to\boldsymbol{H}\to\boldsymbol{a}_z$ 决定，如图 2.2-7(b)虚线所示。图中可见 H_x 的变化与 E_y 相同，H_y 的变化与 E_x 相同。它们沿 a 边和 b 边均变化半个驻波。

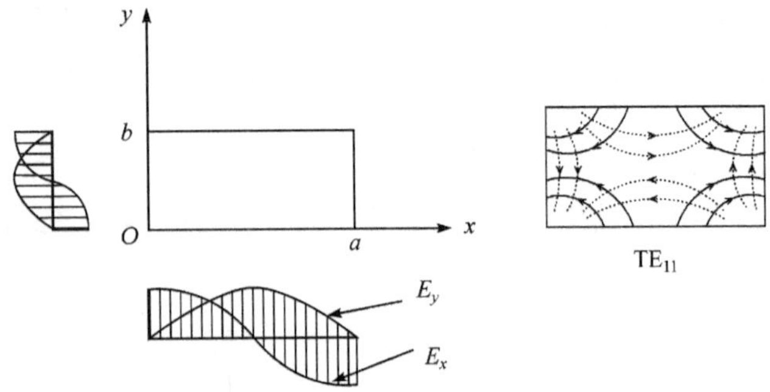

(a)　　　　(b)

图 2.2-7　TE_{11} 波电磁场横截面图

有了 TE_{11} 模场结构，不难推出 $TE_{mn}(m>1,n>1)$ 模的场结构来。它是由沿 a 边有 m 个 TE_{11} 模场结构单元，b 边有 n 个 TE_{11} 模场结构单元所组成。图 2.2-8 为 TE_{21} 模横截面场结构图。

2) TM 波的场结构

TM 波，$H_z=0$，$E_z\neq0$，其场结构分布特点为：磁力线全在横截面内，电力线为空间曲线。由于 TM_{0n} 模和 TM_{m0} 模不存在，故 TM 模式中最简单的是 TM_{11} 模。它是 TM_{1n} 模场结构的单元结构。仿照绘制 TE_{11} 模场结构的方法，绘出 TM_{11} 模横截面的场结构，如图 2.2-9 所示。

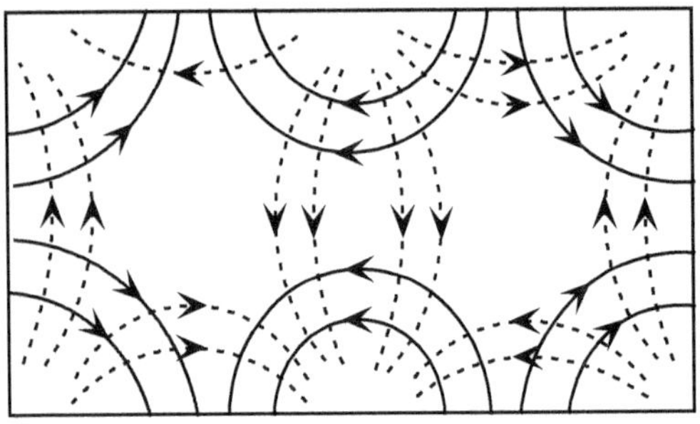

图 2.2-8　TE_{21} 波电磁场横截面图

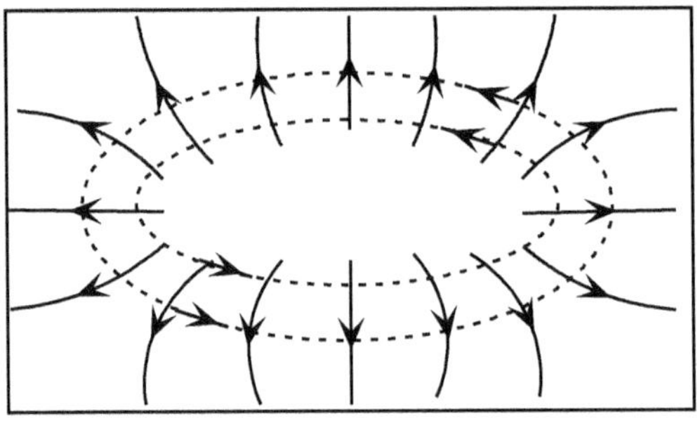

图 2.2-9　TM_{11} 波电磁场横截面图

与由 TE_{11} 模推出 TE_{mn} 模场结构的方法一样，根据 TM_{11} 模的场结构可以推出 TM_{mn} 模的场结构。它是由沿 a 边有 m 个 TM_{11} 模场结构单元，沿 b 边有 n 个 TM_{11} 模场结构单元所构成。图 2.2-10 为 TM_{21} 模横截面场结构图。

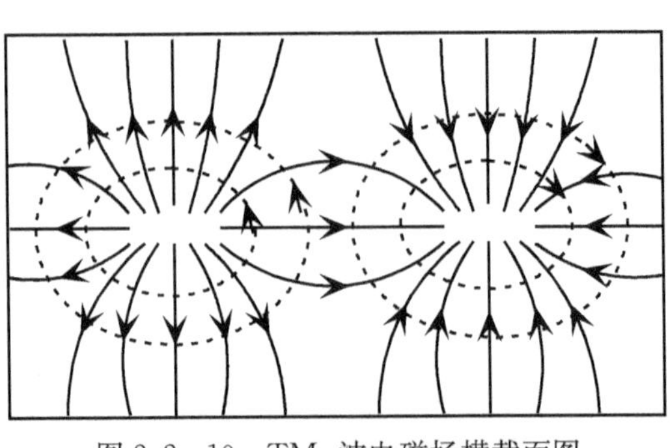

图 2.2-10　TM_{21} 波电磁场横截面图

综上所述，矩形波导各模的场结构中，只有 TE_{10}、TE_{01}、TE_{11} 和 TM_{11} 四种模的场结构是最基本的，它们是更高次模场结构的基础结构，只要掌握了这四种模的场结构，其他模的场结构便全明白了。

3）矩形波导的壁电流分布

和同轴线一样，由于波导中导波电磁场感应，波导内壁上存在高频电荷与电流。仿照同轴线的方法，将波导各内壁处切向磁场分量代入 $\boldsymbol{n}\times\boldsymbol{H}_\tau=\boldsymbol{J}_s$ 中，可求得各壁上的表面电流分量表达式。根据表面电流表达式或直接根据导体表面的磁场结构可以作出电流分布图形。下面以 TE_{10} 模为例，直接由表面磁场结构作出波导的壁电流分布图。

(1) 取图 2.2-11(b)中 TE_{10} 模的磁场结构，设想将波导沿 z 向剖开并展开成平面，内表面在上方，其各表面处的磁力线分布如图 2.2-11(a)中的虚线所示。

(2) 根据电流线与磁力线正交，方向由 $\boldsymbol{n}\to\boldsymbol{H}\to\boldsymbol{J}_s$ 的右螺旋关系确定。作出电流分布如图 2.2-11(a)中实线所示。

(3) 再将波导折回原状，则得电流 $\boldsymbol{J}_s$ 分布的立体图形。如图 2.2-11(b)所示。

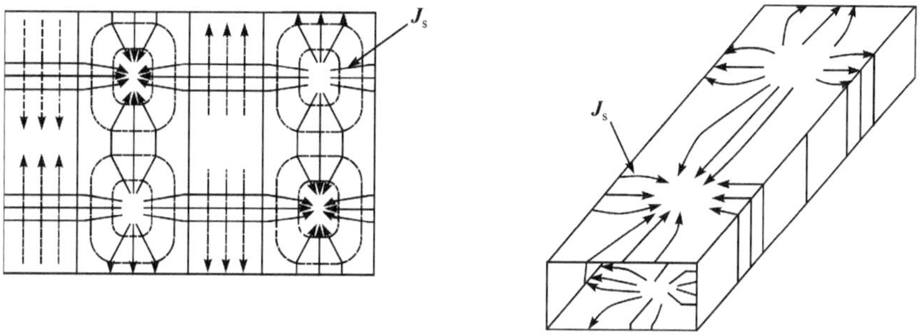

(a) 表面磁场结构　　(b) 壁电流分布

图 2.2-11　矩形波导

波导壁上的表面传导电流通过上下壁之间的位移电流 $\boldsymbol{J}_d$ 而形成全电流闭合环路，$\boldsymbol{J}_d$ 与 $\boldsymbol{E}_y$ 在 z 方向相距 $\lambda_g/4$。

由 TE_{10} 模的电流分布可见，当波导工作在 TE_{10} 模时，波导宽边中心处开一纵槽，因不破坏电流分布而对场分布不产生影响；波导窄边上开纵槽，则对场分布产生较大的影响，引起能量辐射与反射。如图 2.2-12 所示。

仿照 TE_{10} 模壁电流分布的绘法，可以绘出其他 TE 波和 TM 波各模式的电流分布图。其中 TM 波因磁力线全在横截面内，故壁上电流只有 z 分量 。

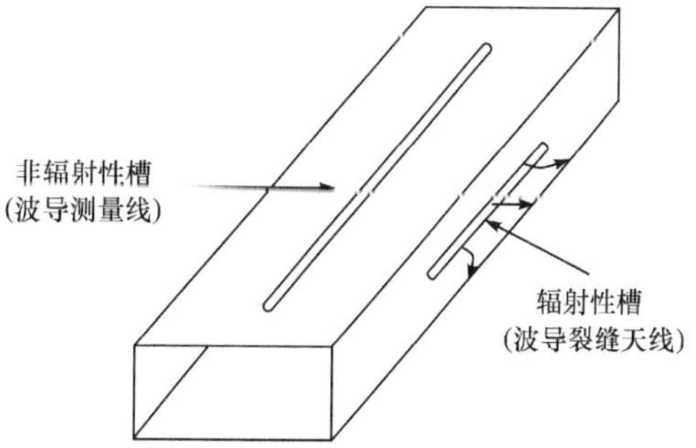

图 2.2-12　TE_{10} 模矩形波导管壁开槽情况

【例 2.2-2】 试根据 $\boldsymbol{J}_s=\boldsymbol{n}\times H$，求出 $a>b$ 矩形波导中主模正向波的壁电流表达式，并证明在波导宽壁中心处的壁电流只有 z 分量。

解　$a>b$ 矩形波导的主模为 TE_{10} 模，TE_{10} 模正向波的磁场分量有

$$\boldsymbol{H}_z=\boldsymbol{a}_z A_{10}\cos\frac{\pi}{a}x\,\mathrm{e}^{\mathrm{j}(\omega t-\beta z)}$$

$$\boldsymbol{H}_x=\boldsymbol{a}_x\frac{\mathrm{j}\beta a}{\pi}A_{10}\sin\frac{\pi}{a}x\,\mathrm{e}^{\mathrm{j}(\omega t-\beta z)}$$

根据 $\boldsymbol{J}_s=\boldsymbol{n}\times\boldsymbol{H}_\tau$，可得

$$\boldsymbol{J}_s|_{x=0}=\boldsymbol{a}_x\times\boldsymbol{H}_\tau|_{x=0}=\boldsymbol{a}_yA_{10}e^{j(\omega t-\beta z)}$$

$$\boldsymbol{J}_s|_{x=a}=-\boldsymbol{a}_x\times\boldsymbol{H}_\tau|_{x=a}=-\boldsymbol{a}_yA_{10}e^{j(\omega t-\beta z)}$$

$$\begin{aligned}\boldsymbol{J}_s|_{y=0}&=\boldsymbol{a}_y\times(\boldsymbol{H}_x+\boldsymbol{H}_z)|_{y=0}\\&=-\boldsymbol{a}_z\frac{j\beta a}{\pi}A_{10}\sin\frac{\pi}{a}x\,e^{j(\omega t-\beta z)}+\boldsymbol{a}_xA_{10}\cos\frac{\pi}{a}x\,e^{j(\omega t-\beta z)}\end{aligned}$$

$$\begin{aligned}\boldsymbol{J}_s|_{y=b}&=-\boldsymbol{a}_y\times(\boldsymbol{H}_x+\boldsymbol{H}_z)|_{y=b}\\&=\boldsymbol{a}_z\frac{j\beta a}{\pi}A_{10}\sin\frac{\pi}{a}x\,e^{j(\omega t-\beta z)}-\boldsymbol{a}_xA_{10}\cos\frac{\pi}{a}x\,e^{j(\omega t-\beta z)}\end{aligned}$$

在波导宽壁中心处，即在 $y=0,y=b,x=a/2$ 处，由上面两式可得

$$\boldsymbol{J}_s\Big|_{\substack{y=0\\y=b,x=\frac{a}{2}}}=\mp\boldsymbol{a}_z\frac{j\beta a}{\pi}A_{10}e^{j(\omega t-\beta z)}$$

此式表明其电流只有 z 分量。

4) 传输功率、能量和衰减

(1) 传播功率。

TE_{mn} 模的功率由式(1.4-5)可得

$$P_{TE_{mn}}=\frac{A_{mn}^2}{2\varepsilon_{0n}\varepsilon_{0m}}abZ_{TE_{mn}}\left(\frac{\beta_{mn}}{k_{cmn}}\right)^2 \tag{2.2-25}$$

式中

$$\varepsilon_{0n}=\begin{cases}1, n=0\\2, n>0\end{cases} \tag{2.2-26a}$$

$$\varepsilon_{0m}=\begin{cases}1, m=0\\2, m>0\end{cases} \tag{2.2-26b}$$

(2) 能量。

根据式(1.4-19)和式(1.4-22)可得单位长矩形波导中 TE_{mn} 波与 TM_{mn} 波的能量为

$$W_{eTE_{mn}}=\frac{\varepsilon}{2}Z_{TE_{mn}}P_{TE_{mn}}=\frac{\varepsilon}{4}\frac{A_{mn}^2}{\varepsilon_{0n}\varepsilon_{0m}}abZ_{TEmn}^2\left(\frac{\beta_{mn}}{k_{cmn}}\right)^2 \tag{2.2-27}$$

$$W_{mTM_{mn}}=\frac{\mu}{2}Y_{TM_{mn}}P_{TM_{mn}}=\frac{B_{mn}^2}{16}abY_{TM_{mn}}^2\left(\frac{\beta_{mn}}{k_{cmn}}\right)^2 \tag{2.2-28}$$

(3) 衰减。

由式(1.4-42)和式(1.4-43)求出矩形波导中各模的导体衰减常数为

$$\begin{aligned}&\alpha_{TE_{mn}}(m\neq0,n\neq0)\\&=\frac{2R_m}{bZ_{TEM}\sqrt{1-(k_{cmn}/k)^2}}\left\{\left[1-\left(\frac{k_{cmn}}{k}\right)^2\right]\left(\frac{b^2m^2+abn^2}{b^2m^2+a^2n^2}\right)+\left(\frac{k_{cmn}}{k}\right)^2\left(1+\frac{b}{a}\right)\right\}\end{aligned} \tag{2.2-29}$$

$$\alpha_{cTE_{m0}}=\frac{R_m}{bZ_{TEM}\sqrt{1-\left(\frac{k_{cm0}}{k}\right)^2}}\left[1+\left(\frac{k_{cm0}}{k}\right)^2\frac{2b}{a}\right] \tag{2.2-30a}$$

$$\alpha_{cTE_{0n}}=\frac{R_m}{aZ_{TEM}\sqrt{1-\left(\frac{k_{c0n}}{k}\right)^2}}\left[1+\left(\frac{k_{c0n}}{k}\right)^2\frac{2b}{a}\right] \tag{2.2-30b}$$

$$\alpha_{\mathrm{cTM}_{mn}} = \frac{2R_{\mathrm{m}}}{bZ_{\mathrm{TEM}}\sqrt{1-\left(\frac{k_{\mathrm{c}mn}}{k}\right)^2}} \frac{m^2b^3+n^2a^3}{m^2b^2+n^2a^2} \tag{2.2-30c}$$

介质衰减常数为

$$\alpha_{\mathrm{d}\,\substack{\mathrm{TE}_{mn}\\ \mathrm{TM}_{mn}}} = \frac{\sigma'}{2Y_{\mathrm{TEM}}}\frac{k}{\beta_{mn}} = \frac{\pi\lambda_{gmn}}{\lambda^2}\tan\delta \tag{2.2-31}$$

式中，$\sigma'=\omega\varepsilon''+\sigma$。

5）矩形波导的主模——TE_{10}模

前面已指出，实际的导波系统，一般希望只传输单模。这样，波导内的场结构简单，便于激励和耦合。矩形波导中通常选 TE_{10}模为工作模式。因为 TE_{10}模的截止波长最长，且与 b 无关，它是矩形波导的主模，通过选择波导尺寸就能实现单模传输。对于同一工作频率(或波长)来说，选 TE_{10}模比选其他模所需波导的尺寸都小。由图 2.2-2 可见，TE_{10}模的工作带宽也最宽。因此，读者对 TE_{10}模应当深入掌握，这里将它的传输特性归纳如下。

(1) 场分量及其有关参数。

由式(2.2-14)可得沿$+z$方向传播的 TE_{10}模场分量为

$$H_z = A\cos\frac{\pi}{a}x\,\mathrm{e}^{-\mathrm{j}\beta z} \tag{2.2-32a}$$

$$H_x = A\frac{\mathrm{j}\beta}{k_{\mathrm{c}}^2}\frac{\pi}{a}\sin\frac{\pi}{a}x\,\mathrm{e}^{-\mathrm{j}\beta z} \tag{2.2-32b}$$

$$E_y = -\mathrm{j}Z_{\mathrm{TE}_{10}}\cdot A\frac{\beta}{k_{\mathrm{c}}^2}\frac{\pi}{a}\sin\frac{\pi}{a}x\,\mathrm{e}^{-\mathrm{j}\beta z} \tag{2.2-32c}$$

$$E_x = E_z = H_y = 0 \tag{2.2-32d}$$

为方便计算，场分量也可写成如下形式：

$$E_y = E_0\sin\frac{\pi}{a}x\,\mathrm{c}^{-\mathrm{j}\beta z} \tag{2.2-33a}$$

$$H_x = -Y_{\mathrm{TE}10}E_0\sin\frac{\pi}{a}x\,\mathrm{e}^{-\mathrm{j}\beta z} \tag{2.2-33b}$$

$$H_z = \mathrm{j}\frac{k_{\mathrm{c}}}{\beta}Y_{\mathrm{TE}_{10}}E_0\cos\frac{\pi}{a}x\,\mathrm{e}^{-\mathrm{j}\beta z} \tag{2.2-33c}$$

$$E_x = E_z = H_y = 0 \tag{2.2-33d}$$

其参量为

$$k_{\mathrm{c}} = \pi/a,\quad \lambda_{\mathrm{c}} = 2a,\quad f_{\mathrm{c}} = v/2a$$

$$\beta = k\sqrt{1-(\lambda/2a)^2},\quad v_{\mathrm{p}} = \frac{v}{\sqrt{1-(\lambda/2a)^2}}$$

(2) TE_{10}模的场结构及电流分布图。

如下图 2.2-13 和前面图 2.2-11 所示。

(3) 传输功率、能量与衰减。

由式(2.2-25)得

$$P_{\mathrm{TE}_{10}} = \frac{A^2a^3bZ_{\mathrm{TEM}}}{\lambda^2}\sqrt{1-(\lambda/2a)^2} \tag{2.2-34}$$

从 TE_{10}模电场表示式(2.2-32)

$$E_y = -\mathrm{j}Z_{\mathrm{TEM}}A\frac{\beta}{k_{\mathrm{c}}^2}\frac{\pi}{a}\sin\frac{\pi x}{a}\mathrm{e}^{-\mathrm{j}\beta z} \tag{2.2-35}$$

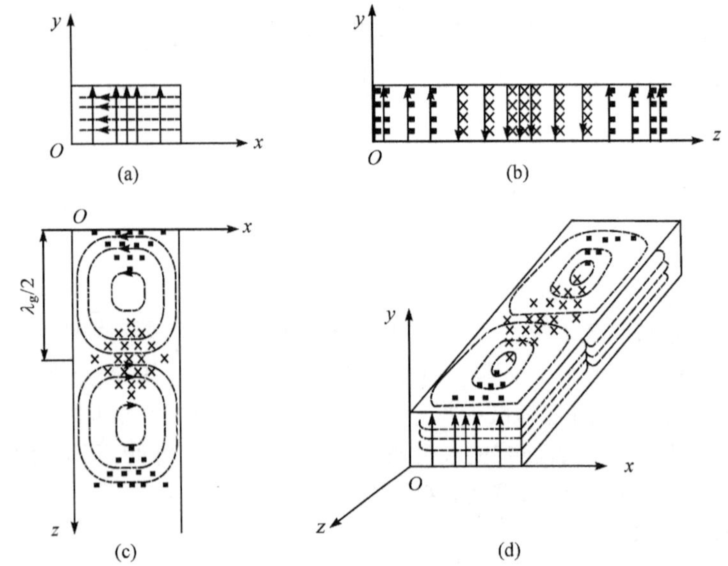

图 2.2-13　TE_{10}波电磁场的三维结构

可以看出，最大电场应在 $x=a/2$ 处，即

$$|E_{max}| = |E_y|_{x=a/2} = AZ_{TE_{10}} \frac{\beta}{k_c} \tag{2.2-36}$$

从式(2.2-36)解出 A，代入式(2.2-34)，可得用 E_{max}表示的传输功率为

$$P_{TE_{10}} = \frac{|E_{max}|^2 ab}{4Z_{TEM}} \sqrt{1-(\lambda/2a)^2} \tag{2.2-37}$$

若电场 E_y 采用式(2.2-33)，则功率表示式为

$$P_{TE_{10}} = \frac{E_0^2 ab}{4Z_{TEM}} \sqrt{1-(\lambda/2a)^2} \tag{2.2-38}$$

当上述最大场强达到击穿程度时，即 $|E_{max}|=E_0=E_{br}$，此时的功率为矩形波导主模的击穿功率为

$$P_{br} = \frac{E_{br}^2 ab}{4Z_{TEM}} \sqrt{1-(\lambda/2a)^2} \tag{2.2-39}$$

由式(2.2-39)可见，矩形波导主模的击穿功率或功率容量与波导内填充的介质及其击穿场强有关，还与波导截面尺寸及工作波长有关。通常波导中填充空气，这样有

$$Z_{TEM} = 120\pi\Omega$$

$$E_{br} \approx 30\ \text{kV/cm} = 3\times 10^6\ \text{V/m}$$

$$P_{br} \approx \frac{ab}{480\pi} \times 9 \times 10^{12} \sqrt{1-(\lambda/2a)^2} \quad (\text{W})$$

上式表明击穿功率仅与波导截面尺寸及工作波长有关。波导尺寸中 b 越大，P_{br}越大，与波长的关系由图 2.2-14 所示。图 2.2-14 表明 P_{br}随工作波长的增加而下降；当 $\lambda/(2a)>0.9$ 时，P_{br}急剧下降；$\lambda\to 2a$ 时，$P_{br}\to 0$；当 $\lambda/(2a)<0.5$ 时出现高次模。因此，考虑到既传输较大功率，又不致出现高次模，通常将矩形波导 TE_{10}模的工作区选在 $0.5<\lambda/(2a)<0.9$ 范围内。

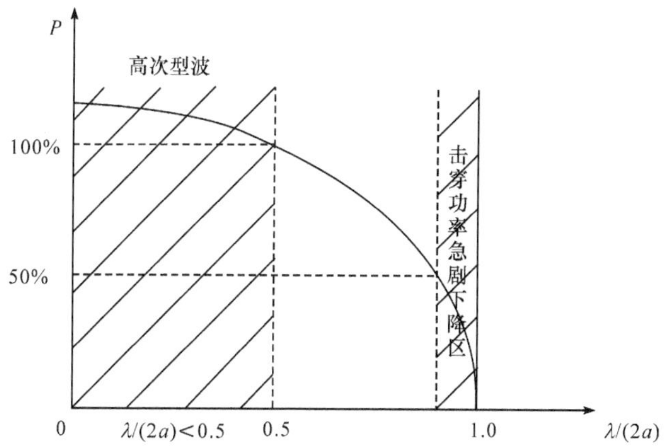

图 2.2-14　TE_{10}模击穿功率与波长的关系

由式(2.2-27)可得单位长矩形波导中 TE_{10} 模电能平均值

$$W_e = \frac{a^3 b\varepsilon}{8\pi^2} A^2 \beta^2 Z_{TE_{10}}^2 \tag{2.2-40a}$$

或

$$W_e = \frac{a^3 b\varepsilon E_0^2}{8} \tag{2.2-40b}$$

由式(2.2-30a)得导体壁损耗引起 TE_{10} 模的衰减常数为

$$\begin{aligned} \alpha_c &= \frac{R_m}{abZ_{TEM}\beta k}(ak^2 + 2bk_c^2) \\ &= \frac{R_m}{bZ_{TEM}\sqrt{1-(\lambda/2a)^2}}\left(1+\frac{\lambda^2 b}{2a^2}\right) \end{aligned} \tag{2.2-41}$$

由式(2.2-31)得 TE_{10} 模的介质衰减常数为

$$\alpha_d = \frac{\sigma'}{2Y_{TEM}} \cdot \frac{k}{\beta} = \frac{\pi\lambda_g}{\lambda^2}\tan\delta \tag{2.2-42}$$

(4) TE_{10} 模的等效特性阻抗。

矩形波导为单导体导波系统，它不像 TEM 波传输线如同轴线那样存在单值电压波和单值电流波，因而也不存在单值的特性阻抗。对于波导中的各模式，在一定条件下，可以引入等效电压波和等效电流波，为了方便解决某些工程问题(例如不同尺寸的波导相连接时波导匹配问题等)，通常人为地依照同轴线定义电压和电流的方法来得到波导的等效电压和等效电流，进而定义出等效特性阻抗。

根据 TE_{10} 模的场结构与壁电流分布，可取波导横截面上两宽边中点之间电场的线积分作为等效电压，取一个宽边上的总纵向电流作为等效电流。于是，对沿 $+z$ 方向传播的场，积分得

$$U = \int_0^b E_y\big|_{x=\frac{a}{2}} \mathrm{d}y = E_0 b \mathrm{e}^{-\mathrm{j}\beta z} \tag{2.2-43}$$

$$I = \int_0^a J_S \mathrm{d}x = \int_0^a -H_x \mathrm{d}x = \frac{2a}{\pi} Y_{TE_{10}} E_0 \mathrm{e}^{-\mathrm{j}\beta z} \tag{2.2-44}$$

正向等效电压波与电流波之比值就是 TE_{10} 模的等效特性阻抗，为

$$Z_0 = \frac{U}{I} = \frac{\pi}{2}\frac{b}{a}Z_{TE_{10}} = \frac{\pi b}{2a}\frac{Z_{TEM}}{\sqrt{1-(\lambda/2a)^2}} \tag{2.2-45}$$

除用上式定义等效特性阻抗外，还可从功率（因为 TE_{10} 模的传输功率前面已经求得）和等效电压或功率和等效电流来定义等效特性阻抗，它们为

$$Z_0=\frac{|U|^2}{2P}=\frac{2b}{a}Z_{TE_{10}}=\frac{2b}{a}\frac{Z_{TEM}}{\sqrt{1-(\lambda/2a)^2}} \tag{2.2-46a}$$

$$Z_0=\frac{2P}{|I|^2}=\frac{\pi^2}{8}\frac{b}{a}Z_{TE_{10}}=\frac{\pi^2 b}{8a}\frac{Z_{TEM}}{\sqrt{1-(\lambda/2a)^2}} \tag{2.2-46b}$$

从式(2.2-45)、式(2.2-46a)和式(2.2-46b)可见，不同定义方法得到的等效特性阻抗值不相同，其差异仅在于各式前面的数字值，这是因为波导中的电压、电流不是唯一的。上述定义为近似等效，又因电压、电流是各自独立定义的，因而它们的近似程度也不相同。尽管如此，这并不影响等效特性阻抗的应用，因为一方面，应用时尽量都会采用同一种定义；另一方面，实际计算波导的等效阻抗时，往往不是计算绝对值而是相对值。因此，为简便起见，常去掉前面的数字系数，仅取三种定义的共同部分作 TE_{10} 模的等效特性阻抗，为

$$Z_0=\frac{b}{a}\frac{Z_{TEM}}{\sqrt{1-(\lambda/2a)^2}} \tag{2.2-47}$$

【例 2.2-3】 矩形波导 $a=2b$，其中填充空气，工作在主模，$f=5\text{GHz}$，$\lambda/\lambda_c=0.8$，平均功率 $P=1\text{kW}$。试求波导内电场和横向磁场分量的最大值，并指出各值所在位置。

解 波导填充空气时，工作频率 $f=5\text{GHz}$，对应的工作波长 $\lambda=6\text{cm}$，

$$\lambda_c=\lambda/0.8=7.50\text{cm},\quad a=\lambda_c/2=3.75\text{cm},\quad b=a/2=1.88\text{cm}$$

由式(2.2-34)得

$$P_{TE_{10}}=\frac{|E_{max}|^2ab}{4Z_{TEM}}\sqrt{1-\left(\frac{\lambda}{2a}\right)^2}$$

式中，$P_{TE_{10}}=1\text{kW}$，$Z_{TEM}=120\pi=377(\Omega)$，$\sqrt{1-[\lambda/(2a)]^2}=0.6$，可得

$$|E_{max}|=\sqrt{\frac{4\times377\times1000}{3.75\times10^{-2}\times1.88\times10^{-2}\times0.6}}=5.97\times10^4(\text{V/m})$$

因为 $|E_{max}|=E_0=|E_y|_{x=a/2}|$，故电场最大值在 $x=a/2$ 处。由式(2.2-32)得

$$|H_x|_{max}=|H_x|_{x=a/2}|=E_0Y_{TE_{10}}=\frac{|E_{max}|}{Z_{TEM}}\sqrt{1-\left(\frac{\lambda}{2a}\right)^2}$$
$$=\frac{5.97\times10^4}{377}\times0.6=95.01(\text{A/m})$$

其位置在 $x=a/2$ 处。

2.3 圆形波导

圆形波导简称圆波导，是截面形状为圆形的空心金属管，如图2.3-1所示，其内壁半径为 a。与矩形波导一样，圆波导也只能传输 TE 和 TM 导波。圆波导加工方便，具有损耗小和双极化特性，常用于要求双极化模的天线馈线中。圆波导段广泛用作各种谐振腔、波长计。本节研究圆波导的导模及其传输特性，并着重讲述三个常用模式（TE_{11}、TE_{01} 和 TM_{01}）的特点及其应用。

2.3.1　圆形波导的导模

如图 2.3-1 所示，采用圆柱坐标系(r,φ,z)，其拉梅系数 $h_1=1, h_2=r$，由式(1.2-42)可得横-纵向场关系式为

$$E_r=\frac{-\mathrm{j}}{k_c^2}\left(\beta\frac{\partial E_z}{\partial r}+\frac{\omega\mu}{r}\frac{\partial H_z}{\partial\varphi}\right) \tag{2.3-1a}$$

$$E_\varphi=\frac{-\mathrm{j}}{k_c^2}\left(\frac{\beta}{r}\frac{\partial E_z}{\partial\varphi}-\omega\mu\frac{\partial H_z}{\partial r}\right) \tag{2.3-1b}$$

$$H_r=\frac{-\mathrm{j}}{k_c^2}\left(\beta\frac{\partial H_z}{\partial r}-\frac{\omega\varepsilon}{r}\frac{\partial E_z}{\partial\varphi}\right) \tag{2.3-1c}$$

$$H_\varphi=\frac{-\mathrm{j}}{k_c^2}\left(\frac{\beta}{r}\frac{\partial H_z}{\partial\varphi}+\omega\varepsilon\frac{\partial E_z}{\partial r}\right) \tag{2.3-1d}$$

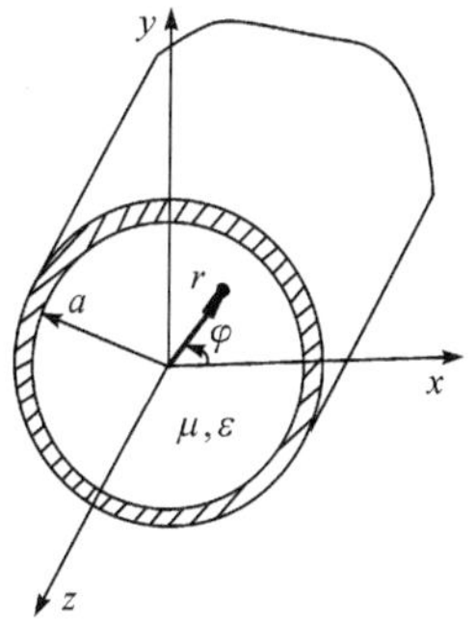

图 2.3-1　三维坐标下的圆形波导

写成矩阵形式

$$\begin{bmatrix}E_r\\H_\varphi\\H_r\\E_\varphi\end{bmatrix}=\frac{-\mathrm{j}}{k_c^2}\begin{bmatrix}\frac{\omega\mu}{r} & \beta & 0 & 0\\ \frac{\beta}{r} & \omega\varepsilon & 0 & 0\\ 0 & 0 & \beta & -\frac{\omega\varepsilon}{r}\\ 0 & 0 & -\omega\mu & \frac{\beta}{r}\end{bmatrix}\begin{bmatrix}\frac{\partial H_z}{\partial\varphi}\\ \frac{\partial E_z}{\partial r}\\ \frac{\partial H_z}{\partial r}\\ \frac{\partial E_z}{\partial\varphi}\end{bmatrix} \tag{2.3-2}$$

式中

$$k_c^2=k^2-\beta^2$$

由式(1.2-35)得到纵向场分量满足如下简化的二维亥姆霍兹方程：

$$\left(\frac{\partial^2}{\partial r^2}+\frac{1}{r}\frac{\partial}{\partial r}+\frac{1}{r^2}\frac{\partial^2}{\partial\varphi^2}+k_c^2\right)\begin{Bmatrix}E_{0z}(r,\varphi)\\H_{0z}(r,\varphi)\end{Bmatrix}=0 \tag{2.3-3}$$

边界条件为

$$E_{0\varphi}(r,\varphi)\big|_{r=a}=0,\quad \text{TE 模} \tag{2.3-4a}$$

$$E_{0z}(r,\varphi)\big|_{r=a}=0,\quad \text{TM 模} \tag{2.3-4b}$$

1) TE 模

对于 TE 模，$E_z=0, H_z(r,\varphi,z)=H_{0z}(r,\varphi)\mathrm{e}^{-\mathrm{j}\beta z}\neq 0$，令

$$H_{0z}(r,\varphi)=R(r)\Phi(\varphi)$$

代入方程(2.3-3)，得到

$$\frac{r^2}{R(r)}\frac{\mathrm{d}^2R(r)}{\mathrm{d}r^2}+\frac{r}{R(r)}\frac{\mathrm{d}R(r)}{\mathrm{d}r}+k_c^2r^2=-\frac{1}{\Phi(\varphi)}\frac{\mathrm{d}^2\Phi(\varphi)}{\mathrm{d}\varphi^2} \tag{2.3-5}$$

令分离变量常数为 k_φ^2，则得方程

$$\frac{\mathrm{d}^2\Phi(\varphi)}{\mathrm{d}\varphi^2}+k_\varphi^2\Phi(\varphi)=0 \tag{2.3-6a}$$

$$r^2\frac{\mathrm{d}^2R(r)}{\mathrm{d}r^2}+r\frac{\mathrm{d}R(r)}{\mathrm{d}r}+(k_c^2r^2-k_\varphi^2)R(r)=0 \tag{2.3-6b}$$

式(2.3-6a)的通解为

$$\Phi(\varphi)=B_1\cos k_\varphi\varphi+B_2\sin k_\varphi\varphi \tag{2.3-7}$$

由于 H_{0z} 的解在 φ 方向必须是周期性的，即

$$H_{0z}(r,\varphi)=H_{0z}(r,\varphi\pm 2m\pi) \tag{2.3-8}$$

所以 k_φ 必须为整数 m，于是 $\Phi(\varphi)$ 的解变成

$$\Phi(\varphi)=B_1\cos m\varphi+B_2\sin m\varphi=B\begin{matrix}\cos m\varphi\\ \sin m\varphi\end{matrix},\qquad m=0,1,2,\cdots \tag{2.3-9}$$

式(2.3-9)考虑到圆波导结构具有轴对称性，场的极化方向具有不确定性，使导波场在 φ 方向存在 $\cos m\varphi$ 和 $\sin m\varphi$ 两种可能的分布。它们独立存在，相互正交，截止波长相等，构成同一导模的极化简并模。

式(2.3-6b)为贝塞尔方程，其解为

$$R(r)=A_1J_m(k_cr)+A_2Y_m(k_cr) \tag{2.3-10}$$

考虑到圆波导中心轴线上场有限，而 $Y_m(k_cr)|_{r=o}=-\infty$，所以只能令 $A_2=0$，于是得到圆波导的通解为

$$H_z(r,\varphi,z)=A_1BJ_m(k_cr)\begin{matrix}\cos m\varphi\\ \sin m\varphi\end{matrix}e^{-j\beta_{mn}z} \tag{2.3-11}$$

代入边界条件式(2.3-4a)，有

$$J'_m(k_ca)=0$$

令 $J'_m(k_ca)$ 的根为 u'_{mn}（m 阶贝塞尔函数导数的第 n 个根），因此得到本征值

$$k_{cmn}=\frac{u'_{mn}}{a},\quad n=1,2,\cdots \tag{2.3-12}$$

这样，H_z 的基本解为

$$H_{zmn}(r,\varphi,z)=H_{mn}J_m\left(\frac{u'_{mn}}{a}r\right)\begin{matrix}\cos m\varphi\\ \sin m\varphi\end{matrix}e^{-j\beta_{mn}z} \tag{2.3-13}$$

将上式代入圆柱坐标系的横-纵关系式(2.3-1)，可得 TE_{mn} 的场分量为

$$H_{zmn}(r,\varphi,z)=H_{mn}J_m\left(\frac{u'_{mn}}{a}r\right)\begin{matrix}\cos m\varphi\\ \sin m\varphi\end{matrix}e^{\mp j\beta_{mn}z} \tag{2.3-14a}$$

$$H_{rmn}=\mp H_{mn}\frac{j\beta_{mn}}{k_{cmn}^2}\frac{u'_{mn}}{a}J'_m\left(\frac{u'_{mn}}{a}r\right)\begin{matrix}\cos m\varphi\\ \sin m\varphi\end{matrix}e^{\mp j\beta_{mn}z} \tag{2.3-14b}$$

$$H_{\varphi mn}=\mp H_{mn}\frac{j\beta_{mn}}{k_{cmn}^2}\frac{m}{r}J_m\left(\frac{u'_{mn}}{a}r\right)\begin{matrix}-\sin m\varphi\\ \cos m\varphi\end{matrix}e^{\mp j\beta_{mn}z} \tag{2.3-14c}$$

$$E_{rmn}=\pm Z_{TE_{mn}}H_{\varphi mn} \tag{2.3-14d}$$

$$E_{\varphi mn}=\mp Z_{TE_{mn}}H_{rmn} \tag{2.3-14e}$$

$$E_z=0 \tag{2.3-14f}$$

TE_{mn} 导模的波阻抗

$$Z_{TE_{mn}}=\frac{E_{rmn}}{H_{\varphi mn}}=-\frac{E_{\varphi mn}}{H_{rmn}}=\frac{\omega\mu}{\beta_{mn}}=\frac{k}{\beta_{mn}}Z_{TEM} \tag{2.3-15}$$

由式(2.3-12)，得到 TE_{mn} 模的传播常数为

$$\beta_{mn}=\sqrt{k^2-k_{cmn}^2}=\sqrt{k^2-\left(\frac{u'_{mn}}{a}\right)^2} \tag{2.3-16}$$

截止波长为

$$\lambda_{cmn}=\frac{2\pi a}{u'_{mn}} \tag{2.3-17}$$

截止频率为

$$f_{cmn}=\frac{k_{cmn}}{2\pi\sqrt{\mu\varepsilon}}=\frac{u'_{mn}}{2\pi a\sqrt{\mu\varepsilon}} \tag{2.3-18}$$

具有最小值 $u'_{11}=1.841$ 的 TE_{11} 模，其 $\lambda_c=3.41a$，是圆波导最常用的导模。对应于 $u'_{01}=3.832$ 的 TE_{01} 模，其 $\lambda_c=1.64a$。

2）TM 模

对于 TM 模，$H_z=0$，$E_z(r,\varphi,z)=E_{0z}(r,\varphi)e^{-j\beta z}\neq 0$，采用与 TE 模类似的分离变量法，可以求得

$$E_z(r,\varphi,z)=E_{mn}J_m(k_c r)\begin{matrix}\cos m\varphi\\ \sin m\varphi\end{matrix}e^{-j\beta_{mn}z} \tag{2.3-19}$$

由边界条件式(2.3-4b)，则要求 $J_m(k_c a)=0$。令其根为 u_{mn}（m 阶贝塞尔函数的第 n 个根），则得

$$k_{cmn}=\frac{u_{mn}}{a},\quad m=0,1,2,\cdots,\quad n=1,2,\cdots \tag{2.3-20}$$

于是 E_z 的基本解为

$$E_z(r,\varphi,z)=E_{mn}J_m\left(\frac{u_{mn}}{a}r\right)\begin{matrix}\cos m\varphi\\ \sin m\varphi\end{matrix}e^{-j\beta z} \tag{2.3-21}$$

E_z 的一般解应为

$$E_z(r,\varphi,z)=\pm\sum_m\sum_n E_{mn}J_m\left(\frac{u_{mn}}{a}r\right)\begin{matrix}\cos m\varphi\\ \sin m\varphi\end{matrix}e^{-j\beta z} \tag{2.3-22}$$

将式(2.3-22)代入式(2.3-1)，最后可得传输型 TM_{mn} 导模的场分量为

$$E_{zmn}=\pm E_{mn}J_m\left(\frac{u_{mn}}{a}r\right)\begin{matrix}\cos m\varphi\\ \sin m\varphi\end{matrix}e^{\mp j\beta_{mn}z} \tag{2.3-23a}$$

$$E_r=-E_{mn}\frac{j\beta_{mn}}{k_{cmn}^2}\frac{u_{mn}}{a}J'_m\left(\frac{u_{mn}}{a}r\right)\begin{matrix}\cos m\varphi\\ \sin m\varphi\end{matrix}e^{\mp j\beta_{mn}z} \tag{2.3-23b}$$

$$E_\varphi=-E_{mn}\frac{-j\beta_{mn}}{k_{mn}^2}\frac{m}{r}J'_m\left(\frac{u_{mn}}{a}r\right)\begin{matrix}-\sin m\varphi\\ \cos m\varphi\end{matrix}e^{\mp j\beta_{mn}z} \tag{2.3-23c}$$

$$H_r=\mp Y_{TM_{mn}}E_\varphi \tag{2.3-23d}$$

$$H_\varphi=\pm Y_{TM_{mn}}E_r \tag{2.3-23e}$$

$$H_z=0 \tag{2.3-23f}$$

TM 导模的波阻抗为

$$Z_{TM_{mn}}=\frac{E_{rmn}}{H_{\varphi mn}}=\frac{-E_{\varphi mn}}{H_{rmn}}=\frac{\beta_{mn}}{\omega\varepsilon}=\frac{\beta_{mn}\eta}{k} \tag{2.3-24}$$

由式(2.3-20)可得 TM_{mn} 模的传播常数为

$$\beta_{mn}=\sqrt{k^2-k_{cmn}^2}=\sqrt{k^2-\left(\frac{u_{mn}}{a}\right)^2} \tag{2.3-25}$$

截止波长为

$$\lambda_{cmn}=\frac{2\pi a}{u_{mn}} \tag{2.3-26}$$

截止频率为

$$f_{cmn}=\frac{k_{cmn}}{2\pi\sqrt{\mu\varepsilon}}=\frac{u_{mn}}{2\pi a\sqrt{\mu\varepsilon}} \tag{2.3-27}$$

具有最小值 $u_{01}=2.405$ 的 TM_{01} 模，$\lambda_c=2.62a$。

$J_m(x)$相似于一组衰减正、余弦曲线。随着 x 增加，$J_m(x)$有一系列零点(根)值 。设 u_{mn} 表示 $J_m(x)=0$ 的第 n 个根，$n=1,2,3,\cdots$(除去 $x=0$ 的根起算)。在表 2.3－1 中列出了 u_{mn} 的前几个值。在表 2.3－2 中列出了 u'_{mn}的前几个值 。

表 2.3－1　$J_m(x)$的 u_{mn} 值

m \ n	1	2	3	4
0	2.4048	5.5201	8.6537	11.7915
1	3.8317	7.0156	10.1735	13.3237
2	5.1356	8.4172	11.6198	14.7960
3	6.3802	9.7610	13.0152	16.2235

表 2.3－2　$J'_m(x)$的 u'_{mn} 值

m \ n	1	2	3	4
0	3.8317	7.0156	10.1735	13.3237
1	1.8412	5.3314	8.5363	11.7060
2	3.0542	6.7061	9.9695	13.1704
3	4.2012	8.0152	11.3459	14.5858

2.3.2　模式分布与简并

圆波导中，各模式的截止波长可由下面两式求得：

$$\lambda_{cTE_{mn}}=\frac{2\pi a}{u'_{mn}} \tag{2.3-28}$$

$$\lambda_{cTM_{mn}}=\frac{2\pi a}{u_{mn}} \tag{2.3-29}$$

从表 2.3－1 和表 2.3－2 中查得前几个 u'_{mn} 和 u_{mn} 值 ，算出相应模式的截止波长，如表 2.3－3所示。在同一坐标轴上作出分布如图 2.3－2 所示。

表 2.3－3　圆波导主要模式截止波长表

模式	TE_{11}	TM_{01}	TE_{21}	TE_{01}、TM_{11}	TM_{31}	TM_{21}	TE_{12}	TM_{02}
λ_c	$3.413a$	$2.613a$	$2.057a$	$1.640a$	$1.496a$	$1.223a$	$1.179a$	$1.138a$

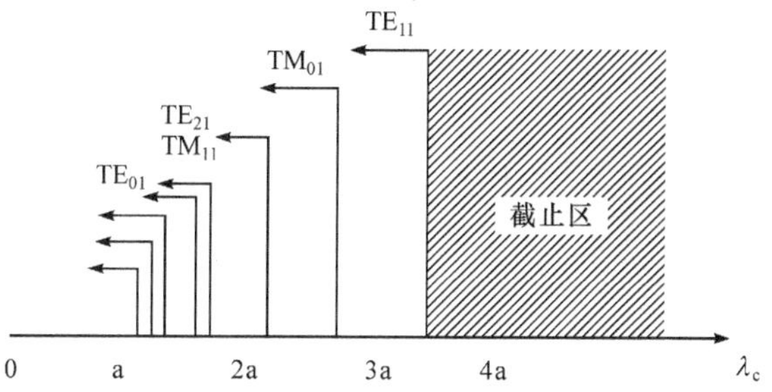

图 2.3-2　圆波导截止波长谱

由图 2.3-2 可见，TE_{11} 模的截止波长最长，是圆波导的主模，TM_{01} 模是第一个高次模。在 TE_{11} 模至 TM_{01} 模之间仅传输主模。

圆波导中的简并有两种，一种称为极化简并。由 TE 模和 TM 模的场分量表示式可看出，凡是 $m\neq 0$ 的模式本身均存在对 φ 呈 $\cos m\varphi$ 和 $\sin m\varphi$ 两种变化，这表明同一种模存在两个极化方向互相垂直的波。这种现象称为极化简并。显然，圆波导的主模存在极化简并。

圆波导中的另一种简并是 TE_{0n} 模与 TM_{1n} 模之间的简并。这是因为贝塞尔函数存在 $J_0'(x)=-J_1(x)$ 的关系，致使 $u'_{0n}=u_{1n}$，于是 TE_{0n} 模与 TM_{1n} 模的截止波长相等。

2.3.3　场结构与壁电流分布

和矩形波导的做法一样，可以画出圆波导中各模的场结构图。下面是圆波导中几个常用模式的场分量、变化曲线和场结构的剖面图。

1) TE_{01} 模

沿 $+z$ 方向传播时的场分量为

$$H_z=A_{01}J_0\left(\frac{u'_{01}}{a}r\right)e^{j(\omega t-\beta_{01}z)}\propto J_0\left(\frac{3.832}{a}r\right)\cos(\omega t-\beta_{01}z) \tag{2.3-30}$$

$$H_r=-A_{01}\frac{j\beta_{01}}{p'_{01}}J_0\left(\frac{u'_{01}}{a}r\right)e^{j(\omega t-\beta_{01}z)}\propto -J_1\left(\frac{3.832}{a}r\right)\cos\left(\omega t-\frac{\pi}{2}-\beta_{01}z\right) \tag{2.3-31}$$

$$E_\varphi=-Z_{TE}H_r\propto -J_1\left(\frac{3.832}{a}r\right)\cos\left(\omega t-\frac{\pi}{2}-\beta_{01}z\right) \tag{2.3-32}$$

$$E_r=E_z=H_\varphi=0 \tag{2.3-33}$$

取 $\omega t=\pi/2$ 时刻，在 $z=0$ 处的 $r\varphi$ 剖面和 φ 为任意值处的 rz 剖面上，电场和磁场沿坐标的变化曲线和场结构如图 2.3-3 所示。

2) TE_{11} 模

沿 $+z$ 方向传播时，场分量为

$$H_z=A_{11}J_1\left(\frac{u'_{11}}{a}r\right)\begin{matrix}\cos\varphi\\ \sin\varphi\end{matrix}e^{j(\omega t-\beta_{11}z)}\propto J_1\left(\frac{1.84}{a}r\right)\begin{matrix}\cos\varphi\\ \sin\varphi\end{matrix}\cos(\omega t-\beta_{11}z) \tag{2.3-34}$$

$$H_r=-jA_{11}\frac{\beta_{11}}{k_{c11}^2}\frac{u'_{11}}{a}J_1'\left(\frac{u'_{11}}{a}r\right)\begin{matrix}\cos\varphi\\ \sin\varphi\end{matrix}e^{j(\omega t-\beta_{11}z)}$$

$$\propto -J_1'\left(\frac{1.84}{a}r\right)\begin{matrix}\cos\varphi\\ \sin\varphi\end{matrix}\cos\left(\omega t+\frac{\pi}{2}-\beta_{11}z\right) \tag{2.3-35}$$

$$H_\varphi=-jA_{11}\frac{\beta_{11}}{rk_{c11}^2}J_1\left(\frac{u'_{11}}{a}r\right)\begin{matrix}-\sin\varphi\\ \cos\varphi\end{matrix}e^{j(\omega t-\beta_{11}z)}$$

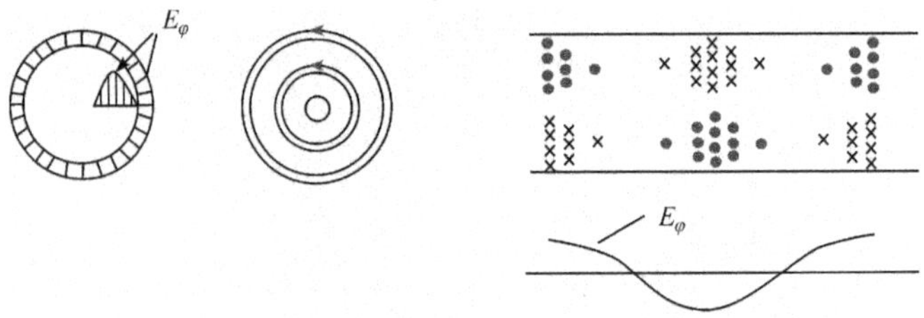

(a)

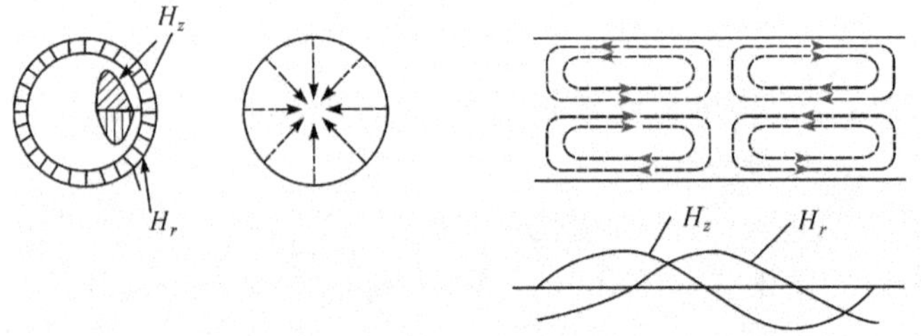

(b)

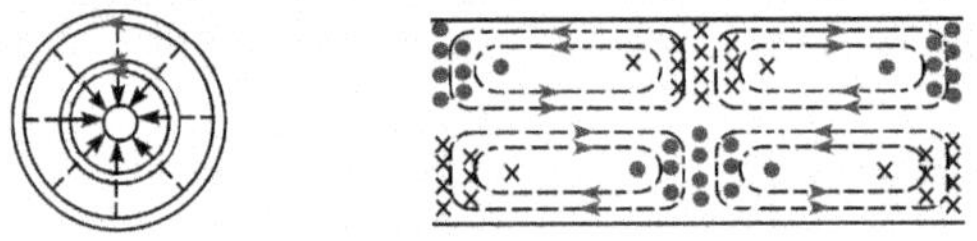

(c)

图 2.3-3　圆波导 TE_{01} 模电磁场结构图

$$\propto -J_1\left(\frac{1.84}{a}r\right)\begin{matrix}-\sin\varphi\\ \cos\varphi\end{matrix}\cos\left(\omega t+\frac{\pi}{2}-\beta_{11}z\right) \tag{2.3-36}$$

$$E_\varphi=-Z_{TE}H_r\propto J'_1\left(\frac{1.84}{a}r\right)\begin{matrix}\cos\varphi\\ \sin\varphi\end{matrix}\cos\left(\omega t+\frac{\pi}{2}-\beta_{11}z\right) \tag{2.3-37}$$

$$E_r=Z_{TE}H_\varphi\propto\frac{J_1}{r}\left(\frac{1.84}{a}r\right)\begin{matrix}-\sin\varphi\\ \cos\varphi\end{matrix}\cos\left(\omega t+\frac{\pi}{2}-\beta_{11}z\right) \tag{2.3-38}$$

根据各场分量的瞬时变化，取 $\omega t=-\pi/2$，作出 $z=0$ 处的 $r\varphi$ 剖面和 $\varphi=0$ 的 rz 剖面的场结构，如图 2.3-4 所示。图 2.3-4(a)是 H_z 对 φ 的余弦变化时，场的坐标变化曲线及场结构；图 2.3-4(b)是 H_z 对 φ 正弦变化时的场结构。

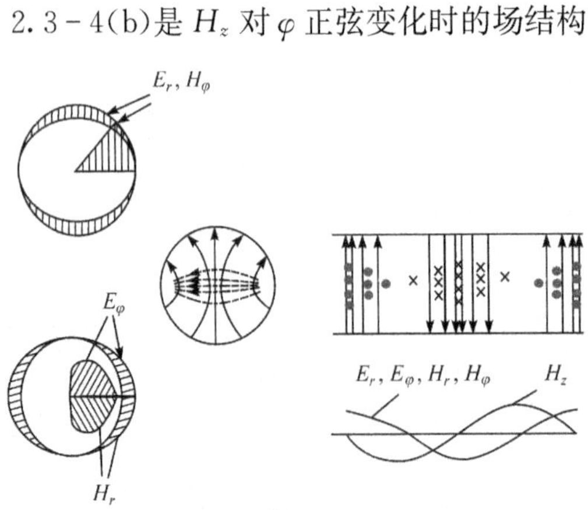

(a)

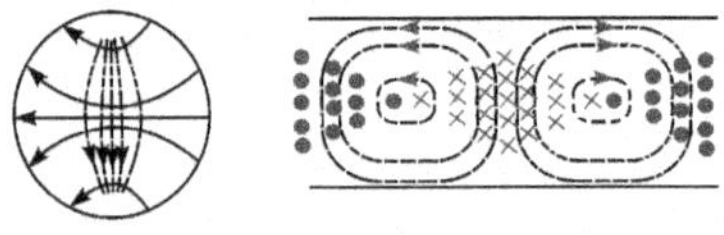

(b)

图 2.3-4　圆波导 TE_{11} 模电磁场结构图

3）TM_{01} 模

沿 $+z$ 方向传播时，场分量为

$$E_z = B_{01}J_0\left(\frac{u_{01}}{a}r\right)e^{j(\omega t-\beta_{01}z)} \propto J_0\left(\frac{2.405}{a}r\right)\cos(\omega t-\beta_{01}z) \tag{2.3-39}$$

$$E_r = -jB_{01}\frac{\beta_{01}}{k_{c01}^2}\frac{u_{01}}{a}J_0'\left(\frac{u_{01}}{a}r\right)e^{j(\omega t-\beta_{01}z)} \propto J_1\left(\frac{2.405}{a}r\right)\cos\left(\omega_t+\frac{\pi}{2}-\beta_{01}z\right) \tag{2.3-40}$$

$$H_\varphi = Y_{TM}E_r \propto J_1\left(\frac{2.405}{a}r\right)\cos\left(\omega t+\frac{\pi}{2}-\beta_{01}z\right) \tag{2.3-41}$$

$$E_\varphi = H_r = H_z = 0 \tag{2.3-42}$$

因场对 φ 无变化，在 $z=0$ 处的 $r\varphi$ 剖面和 φ 为任意处的 rz 剖面上作出 $\omega t=-\pi/2$ 时的场结构，如图 2.3-5 所示。

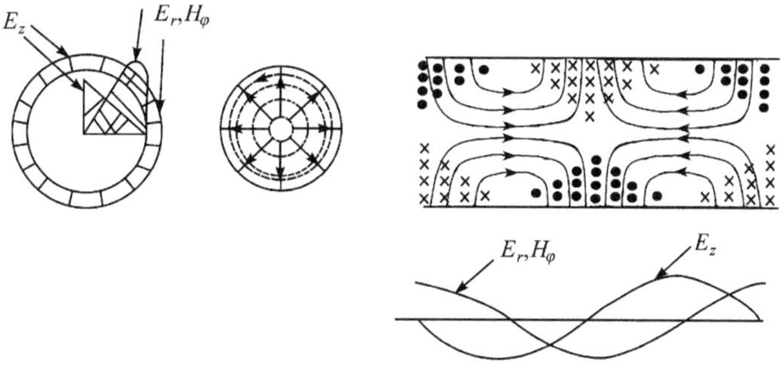

图 2.3-5　圆波导 TM_{01} 模电磁场结构图

2.3.4　传输功率、能量与衰减

由式(1.4-13)可得圆波导中 TE_{mn} 模的传输功率为

$$P_{TE_{mn}} = \left(\frac{A_{mn}}{2}\right)^2 Z_{TE_{nm}}\left(\frac{\beta_{mn}}{k_{cmn}}\right)^2\int_0^a\int_0^{2\pi} J_m^2\left(\frac{u'_{mn}}{a}r\right)\begin{matrix}\cos^2 m\varphi\\ \sin^2 m\varphi\end{matrix}\, r\,dr\,d\varphi \tag{2.3-43}$$

式中

$$\int_0^{2\pi}\begin{matrix}\cos^2 m\varphi\\ \sin^2 m\varphi\end{matrix}\,d\varphi = \frac{2\pi}{\varepsilon_{0m}},\quad \varepsilon_{0m}=\begin{cases}2, & m>0\\ 1, & m=0\end{cases}$$

$$\int_0^a J_m^2\left(\frac{u'_{mn}}{a}r\right)r\,dr = \frac{a^2}{2}\left[J_m'^2(u'_{mn})+\left(1-\frac{n^2}{u'^2_{mn}}\right)J_m^2(u'_{mn})\right]$$

由于 $J'_m(u'_{mn})=0$，$k_{cmn}=u'_{mn}/a$，所以

$$\int_0^a J_m^2\left(\frac{u'_{mn}}{a}r\right)r\,dr = \frac{1}{2k_{cmn}^2}(u'^2_{mn}-m^2)J_m^2(u'_{mn})$$

将上面积分结果代入式(2.3-43)，可得

$$P_{TE_{mn}} = \frac{A_{mn}^2\pi}{2\varepsilon_{0m}}Z_{TEM}(u'^2_{mn}-m^2)J_m^2(u'_{mn}) \tag{2.3-44}$$

由式(1.4-14)经上面类似推导，可得 TM_{mn} 模的传输功率为

$$P_{TM_{mn}} = \frac{B_{mn}^2\pi}{2\varepsilon_{0m}}Y_{TEM}\frac{k\beta_{mn}}{k_{cmn}^4}u_{mn}^2 J_m'^2(u_{mn}) \tag{2.3-45}$$

波沿 $+z$ 的方向传播时，单位长度圆波导中 TE_{mn} 模和 TM_{mn} 模的能量为

$$W_{\mathrm{eTE}_{mn}}=\frac{\varepsilon}{2}Z_{\mathrm{TE}_{mn}}P_{\mathrm{TE}_{mn}}=\frac{A_{mn}^2\pi\varepsilon}{4\varepsilon_{0m}}Z_{\mathrm{TEM}}^2\frac{k^2}{k_{cmn}^4}(u_{mn}'^2-m^2)J_m^2(u_{mn}')=W_{\mathrm{mTE}_{mn}} \tag{2.3-46a}$$

$$W_{\mathrm{mTM}_{mn}}=\frac{\mu}{2}Y_{\mathrm{TM}_{mn}}P_{\mathrm{TM}_{mn}}=\frac{B_{mn}^2\pi\mu}{4\varepsilon_{0m}}Y_{\mathrm{TEM}_{mn}}^2\frac{k^2}{k_{cmn}^4}u_{mn}^2J_m^2(u_{mn})=W_{\mathrm{eTM}_{mn}} \tag{2.3-46b}$$

由式(1.4－42)可得圆波导中 TE_{mn} 的导体衰减常数为

$$\alpha_{\mathrm{cTE}_{mn}}=\frac{R_m\left[\beta_{mn}^2\oint_l|\nabla_z H_{0z}^2|^2\mathrm{d}l+k_{cmn}^2\oint_l|H_{0z}|^2\mathrm{d}l\right]}{2Z_{\mathrm{TE}_{mn}}\beta_{mn}^2k_{cmn}^2\int_S|H_{0z}|^2\mathrm{d}S} \tag{2.3-47}$$

式中

$$\oint_l|\nabla_\tau H_{0z}|^2\mathrm{d}l=\int_0^{2\pi}\left|\frac{\partial H_{0z}}{r\partial\varphi}\right|_{r=a}^2a\,\mathrm{d}\varphi=\frac{m^2A_{mn}^2J_m^2(u_{mn}')}{a}\int_0^{2\pi}\frac{\sin^2 m\varphi}{\cos^2 m\varphi}\mathrm{d}\varphi$$

$$=\frac{2\pi m^2A_{mn}^2J_m^2(u_{mn}')}{a\varepsilon_{0m}}$$

$$\oint_t|H_{0z}|^2\mathrm{d}l=A_{mn}^2J_m^2\left(u_{mn}'\right)\frac{2\pi a}{\varepsilon_{0m}}$$

$$\oint_S|H_{0z}|^2\mathrm{d}s=\int_0^a\int_0^{2a}A_{mn}^2J_m^2\left(\frac{u_{mn}'}{a}r\right)\frac{\cos^2 m\varphi}{\sin^2 m\varphi}r\,\mathrm{d}r\mathrm{d}\varphi$$

$$=A_{mn}^2\frac{\pi}{\varepsilon_{0m}k_{cmn}^2}\left(u_{mn}'-m^2\right)J_m^2(u_{mn}')$$

代入上式得

$$\alpha_{\mathrm{cTE}_{mn}}=\frac{R_m}{aZ_{\mathrm{TEM}}\sqrt{1-(k_{cmn}/k)^2}}\left[\frac{m^2}{u_{mn}'^2-m^2}+\frac{k_{cmn}^2}{k^2}\right]$$

$$=\frac{R_m}{aZ_{\mathrm{TEM}}\sqrt{1-\left(\lambda/\lambda_{cmn}\right)^2}}\left[\frac{m^2}{u_{mn}'^2-m^2}+\left(\frac{\lambda}{\lambda_{cmn}}\right)^2\right]\quad(\mathrm{Np/m})$$

(2.3－48)

由式(1.4－43)经上述类似推导，得圆波导 TM_{mn} 的导体衰减常数为

$$\alpha_{\mathrm{cTM}_{mn}}=\frac{R_m}{aZ_{\mathrm{TEM}}\sqrt{1-\left(k_{cmn}/k\right)^2}}=\frac{R_m}{aZ_{\mathrm{TEM}}\sqrt{1-\left(\lambda/\lambda_{cmn}\right)^2}}\quad(\mathrm{Np/m}) \tag{2.3-49}$$

【例 2.3－1】 空气填充的铜制圆波导，$a=1.9\mathrm{cm}$。工作频率 $f=6\mathrm{GHz}$，传输功率 $P=5\times10^5\mathrm{W}$。试求：(1)前五个模式的截止频率 f_c，波导只传输主模时的频率范围。(2)主模在 $f=6\mathrm{GHz}$ 时的相速 v_p，波阻抗 Z_W；场分量 H_z 的振幅常数 A_{11}；波传播 10m 距离后场衰减的分贝数。

解 (1) 由式(2.3－28)和式(2.3－29)可得

$$f_{\mathrm{cTE}_{mn}}=\frac{u_{nm}'v}{2\pi a}$$

$$f_{\mathrm{cTM}_{mn}}=\frac{u_{mn}v}{2\pi a}$$

这里 $v=c=3\times10^8\mathrm{m/s}$，从而

$$f_{\mathrm{cTE}_{11}}=4.627\mathrm{GHz}$$

$$f_{cTM_{01}} = 6.043\text{GHz}$$
$$f_{cTE_{21}} = 7.675\text{GHz}$$
$$f_{cTE_{01}} = 9.629\text{GHz}$$
$$f_{cTM_{11}} = 9.629\text{GHz}$$

只传输主模 TE_{11} 模的频率范围为

$$4.627\text{GHz} < f < 6.043\text{GHz}$$

(2) 由式(1.3-40)和式(2.3-15)，可得主模的相速和波阻抗为

$$v_p = \frac{3\times10^8(\text{m/s})}{\sqrt{1-(4.627/6)^2}} = 4.712\times10^8(\text{m/s})$$

$$Z_{TE_{11}} = \frac{377}{\sqrt{1-(4.627/6)^2}} = 592.178(\Omega)$$

由式(2.3-44)得主模功率为

$$P_{TE_{11}} = \frac{A_{11}^2\pi\dfrac{2\pi f}{c}Z_{TEM}\dfrac{2\pi f}{v_p}}{4(u_{11}'/a)^4}(u_{11}'^2-1)J_1^2(u_{11}')$$

可得

$$A_{11}^2 = \frac{4\times5\times10^5\times0.8818}{3.1416\times1.256\times0.77\times0.8\times(1.841^2-1)\times0.338} = 1834$$

$$A_{11} = 42.82\text{A/m}$$

忽略空气中的损耗，场的衰减仅由导体壁损耗造成，故

$$\alpha_{TE_{11}}^0 = \alpha_{cTE_{11}}^0 = \frac{R_m}{aZ_{TEM}\sqrt{1-(f_c/f)^2}}\left[\frac{1}{u_{11}'^2-1}+\left(\frac{f_c}{f}\right)^2\right]$$

式中

$$R_m = \sqrt{\frac{\mu\omega}{2\sigma}} = \sqrt{\frac{4\pi\times10^{-7}\times2\pi\times6\times10^9}{2\times5.8\times10^7}} = 0.020(\Omega)$$

所以

$$\alpha_{cTE_{11}}^0 = \frac{0.02\left[\dfrac{1}{1.8412^2-1}+\left(\dfrac{4.627}{6}\right)^2\right]}{0.019\times377\sqrt{1-(4.627/6)^2}} = 0.0044(\text{Np/m}) = 0.0386(\text{dB/m})$$

传输 10m 距离后场的幅度衰减能量为 0.386dB。

2.3.5　圆波导中三种常用模式的特点

在圆波导中应用最多的模式是 TE_{01} 模、TE_{11} 模和 TM_{01} 模，这是由它们各自的特点决定的。

1. TE_{01} 模的特点及应用

(1) 场分量仅有 H_z、H_r、E_φ；$m=0$，场结构简单且呈圆周对称分布。无极化简并，但与 TM_{11} 模简并。

(2) 圆波导内壁处的切向磁场只有 H_z 分量，故壁电流只有 J_φ 分量，波导上的横向缝隙对波导中场的影响小。这一点使得采用 TE_{01} 模作为波长计的工作模式时，可用无接触式调谐

活塞。

(3) 由式(2.3－48),可得导体损耗引起 TE_{0n}模的衰减常数为

$$\alpha_{cTE_{0n}} = \frac{R_m}{aZ_{TEM}f}\frac{f_{cTE_{0n}}^2}{\sqrt{f^2-f_{cTE_0}^2}} \tag{2.3-50}$$

式中,$R_m \propto \sqrt{f}$。由此可见,TE_{0n}模的导体衰减常数与其他任何别的模式不同,它随频率的升高按 $f^{-3/2}$单调下降。这一特性使得工作模式为 TE_{01}模的金属波导能用于毫米波的远距离传输。

但需注意,由于 TE_{01}模是较高次模,它能在波导中传输截止波长比 TE_{01}模截止波长更长的 TE_{11}模、TM_{01}模和 TE_{21}模,以及 TE_{01}模的简并模 TM_{11}模。当波导存在不均匀性时,TE_{01}模会变换为其他模,这不仅使波导衰减增加,还会使传输信号失真。为了避免上述问题出现,必须另想办法滤除杂模(除工作模式之外的其余模式统称杂模)。措施一是利用 TE_{01}模的壁电流只有 J_φ 分量这一特点,将波导作成"叠片式"(由相互绝缘的环形薄铜片叠成波导)结构,或者用细漆包线密绕而成"螺旋波导",如图 2.3－6 所示。显然这样的结构不影响 TE_{01}模传输,而抑制了具有 J_z 电流分量的其他模的场。

除了抑制一般杂模外,特别值得一提的是 TE_{01}模的简并模 TM_{11}。因为它和工作模式的相速相同,极易互相转换。在一定条件下,TE_{01}模的能量可能全部转换成 TM_{11}模或者相反,因此需要特别重视抑制 TM_{11}模。抑制 TM_{11}模的一种结构是采用"介质膜波导",即在金属圆波导内壁涂一层介质膜(单介质膜波导)或者涂一层低耗介质后再涂一层较大损耗介质(双介质膜波导),如图 2.3－7 所示。由于在圆波导壁处的介质层对杂模的作用大,对 TM_{11}模的作用小,单层介质膜波导只起分相作用(使相速减慢)。双层介质膜波导的低耗介质层起分相作用,有耗介质层起滤波作用(使杂模损耗掉)。介质膜波导的优点是加工方便,成本低,但介质膜波导抑制杂模的能力远不如螺旋波导,因此往往采用适当比例的螺旋波导与介质膜波导组成的长距离导波系统。

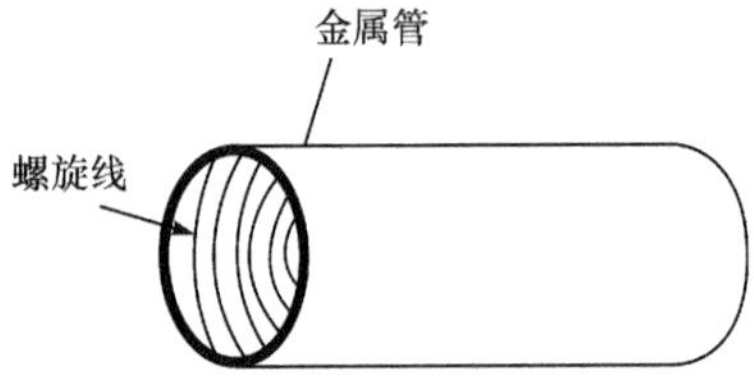

图 2.3－6　螺旋圆波导

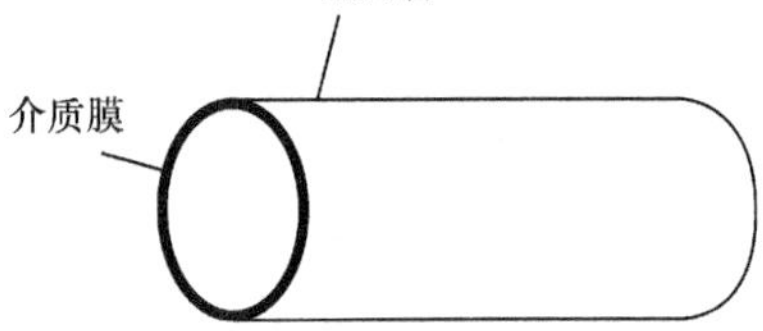

图 2.3－7　介质圆波导

2. TE_{11}模的特点及应用

TE_{11}模的截止波长最长,是圆波导中的主模。

TE_{11}模具有五个场分量,场结构较为复杂。但它与矩形波导中的 TE_{10}模场结构很相似,它们之间极易转换。矩形波导 TE_{10}模至圆波导 TE_{11}模的变换参见第 8 章。

TE_{11}模的缺点是存在极化简并,致使波导中场的极化方向不稳定。即使在最初激励圆波导时是 TE_{11}模两种极化中的一种,但波在传输过程中可能遇到波导中的不均匀性,而产生极化简并模式 。当两种不同极化的模式并存时,则表现为 TE_{11}模的极化而发生了旋转。这种情况一般是不希望得到的,因此作为传输能量的大多数实用波导不采用圆波导而采用矩形波导(虽然前者制造比后者容易)。在少数特殊情况,如传输圆极化波时才采用圆波导。该模主要用于谐振腔及微波元件中。

3. TM_{01}模的特点及应用

(1) TM_{01}模与TE_{01}模相对应，有三个场分量E_z，E_r和H_φ，场结构也呈圆周对称分布，无极化简并。这一特性常用作雷达天线与馈线之间的旋转关节元件(见第8章)的工作模式。

(2) TM_{01}模的电场E_z分量集中在波导轴线及其附近，它可以有效地和轴向运动的电子交换能量，因此TM_{01}模及其变形常用于某些微波管和直线加速器的谐振腔中。

2.4　其他形式的金属柱面波导简介

2.4.1　脊波导

脊波导是矩形波导的一种变形，是在矩形波导宽边中心处向内突。脊棱波导有两种形式，单脊波导(b)和双脊波导(a)，其横截面形状及主模场分布，如图2.4-1所示。

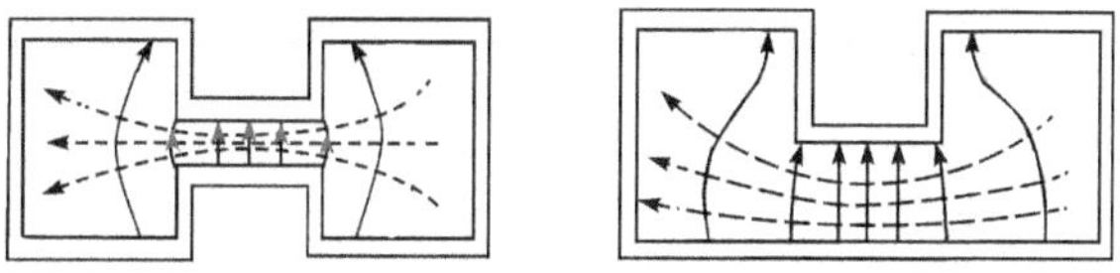

图2.4-1　脊波导横截面

脊波导的场分布一般不同于矩形波导，但就TE_{m0}模而言，其与矩形波导相应模式的场分布相似。脊波导的主模仍是TE_{10}。

脊波导与相同横截面尺寸的矩形波导相比具有以下特点：

(1) 工作频带宽，这是由于脊棱位于波导宽边中心。该处主模电场最大，脊棱对主模的作用相当于使矩形波导a边加宽，因此主模的截止波长增大了。该处TE_{20}模电场为零或甚小。脊棱对TE_{20}模的场影响小，TE_{20}模的截止波变化不大。故脊波导的单模带宽显著增加。

(2) 在同一工作频率情况下，脊波导的尺寸比矩形波导小。

(3) 等效特性阻抗比矩形波导低，由于这一特点，脊波导常用作高阻抗矩形波导与低阻抗同轴线及微带线的过渡装置。

(4) 脊波导的功率容量比矩形波导低，衰减比矩形波导大，因此它主要用作传输功率不大的宽频带元件。

2.4.2　扇形波导

扇形波导是横截面为圆的一部分的金属柱面波导，即圆扇形波导中的场沿$\varphi=0$和$\varphi=\psi$(ψ为扇形波导张角)的径向方向加入薄金属板构成，如图2.4-2所示。

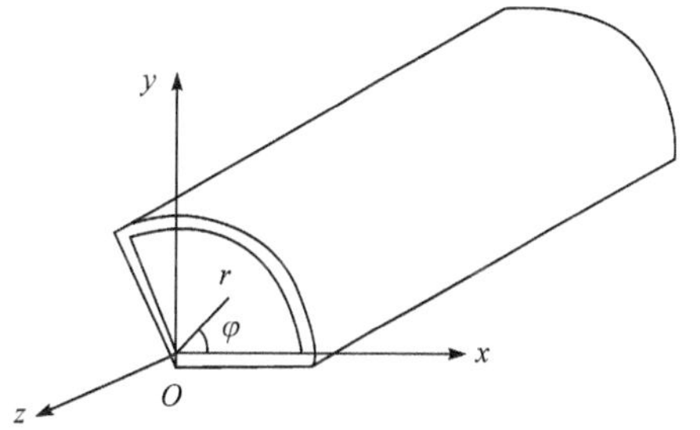

图2.4-2　扇形波导三维图

分析扇形波导的方法与分析圆波导完全类似。只是扇形波导中的场除了满足圆弧上的边界条件外，还必须满足径向金属面的边界条件。显而易见，不同张角ψ的扇形波导，将有不同的波型分布。

当$\psi=2\pi$时，扇形波导相当于在圆波导中$\varphi=0°$处加入一径向金属薄片构成。主模为$TE_{l/2}$模，电场结构

如图 2.4-3 所示。其截止波长为

$$\lambda_c = 5.41a \tag{2.4-1}$$

比圆波导主模的截止波长增加了许多。

当 $\psi=\pi$ 时,扇形波导为半圆波导。它相当于在圆波导中 $\varphi=0$ 和 $\varphi=\pi$ 处加入金属薄片构成,如图 2.4-4 所示。其主模为 TE_{11} 模,由于金属薄片与 TE_{11}^{O} 模的电场垂直,因而不破坏原来 TE_{11}^{O} 模的场结构。TE_{11} 的截止波长与 TE_{11}^{O} 模的截止波长相等。半圆波导的第一高次模为 TE_{21} 模,截止波长 $\lambda_{TE_{21}}=2.057a$ 比圆波导的第一高次模 TM_{11}^{O} 模的截止波长 $\lambda_{cTM01}=2.61a$ 更短,因此半圆波导主模的工作带宽比圆波导主模增宽了。计算表明,半圆波导主模衰减略比圆波导大,功率容量下降了一半。由于不存在 φ 方向的对称性,所以扇形波导没有极化简并。

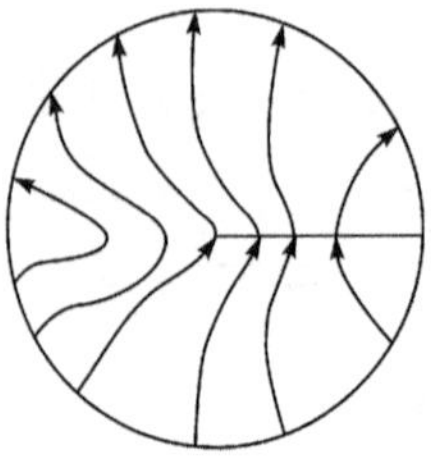

图 2.4-3　金属薄片插入圆波导主模电磁结构图

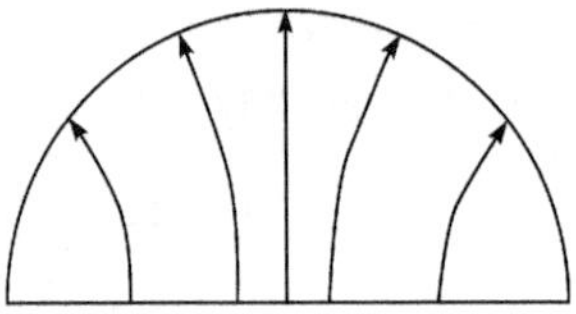

图 2.4-4　半圆波导主模电磁结构图

2.4.3　椭圆波导

椭圆波导是横截面为椭圆形的金属柱面波导。分析椭圆波导的方法与分析矩形、圆形波导完全相同,只是现在是解椭圆坐标系下的波动方程,其通解中横向分布函数为奇偶马丢函数的组合,使得导波具有四种形式,即偶 TE 波和奇 TE 波,偶 TM 波和奇 TM 波,分别表示为 TE_{emn} 模、TE_{omn} 模、TM_{emn} 模、TM_{omn} 模,其中 m 为马丢函数的阶数,偶波 $m=0,1,2,\cdots$,奇波 $m=1,2,3,\cdots$(零阶奇马丢函数不存在),n 为马丢函数或导数的参变根的序号。

椭圆波导的主模是 TE_{e11} 模,其场结构如图 2.4-5(b)所示。可见它与矩形波导主模 TE_{10} 和圆波导主模 TE_{11} 模的场结构十分相似,椭圆波导主模 TE_{e11} 处于其中间形式,于是三者之间的模式变换很容易。

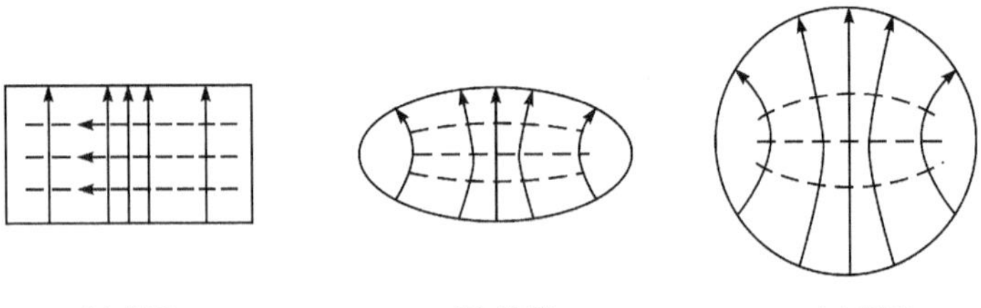

(a) 矩形　　(b) 椭圆　　(c) 圆形

图 2.4-5　矩形、椭圆和圆形波导横截面场结构

椭圆波导的第一高次模与椭圆波导的椭圆离心率 e 有关。e 的定义为

$$e=\sqrt{1-\left(\frac{b}{a}\right)^2} \tag{2.4-2}$$

式中,a、b 分别是椭圆的长半轴和短半轴。计算表明,当 $e>0.855$ 时的椭圆波导其第一高次模是 TE_{021} 模;当 $e<0.855$ 时的椭圆波导其第一高次模则是 TE_{011} 模。

设矩形波导的宽边为 $2a$,窄边为 $2b$,圆波导的半径为 a。在椭圆波导长轴、矩形波导宽边、圆波导直径相等,椭圆波导短轴、矩形波导窄边、圆波导半径相等的条件下,上述三种波导主模的单模传输带宽分别是：椭圆波导为 1.51a，矩形波导为 2.00a，圆波导为 0.80a。可见椭圆波导的单模带宽居于矩形和圆波导之间。

椭圆波导的导体衰减小于矩形波导而大于圆波导，也介于矩形与圆形波导之间。

由于刚性椭圆波导的电气性能大多介于矩形和圆形波导之间，没有突出优点，而且在机械加工方面，椭圆波导比圆形、矩形波导都难，场分布又更复杂。因此多年来未能获得实际应用。直到 20 世纪 60 年代初，人们在皱纹同轴电缆工艺的基础上研制出了波纹型软椭圆波导。它的问世使椭圆波导获得了新的发展和应用。椭圆波导在结构上具有以下的特点：

(1) 椭圆软波导可以大长度制造。矩形和圆形波导由于采用拉制工艺，一般只能拉几米长，而椭圆软波导系用铜带纵向焊接轧制而成，可达数百米，从而减少了主馈线上的边接元件以及连接元件带来的不良影响。

(2) 机动性强。椭圆软波导可以弯曲，能够缠绕在电缆盘上，便于运输和敷设。矩形波导虽然也可以作成软波导，但矩形软波导在缠绕和敷设时难以保证尺寸和结构的稳定性。圆波导由于截面的微小变形就会引起极化面旋转和模式分裂，因此没有有效的软波导。故采作椭圆软波导，增加了线路的灵活性，不必用弯波导、扭波导等元件。

(3) 成本低，总体性能好。

2.5　同轴线、矩形波导和圆波导的尺寸选择

2.5.1　同轴线中的 TE 波和 TM 波

在同轴线中除了传输 TEM 波之外，当横向尺寸与波长相比较大时，同轴线还可同时传输 TE 波和 TM 波。在实际工作中同轴线都是工作在 TEM 波，它是同轴线的主模，而 TE、TM 模因有一定截止波长，是同轴线的高次模。研究 TE、TM 模的目的在于抑制它们，以保证同轴线只传输主模。

分析同轴线 TE、TM 波的方法与分析圆波导相似。首先由圆柱坐标系中的波动方程

$$[\nabla_t^2+k_c^2]\begin{Bmatrix}H_{0z}\\E_{0z}\end{Bmatrix}=\left[\frac{1}{r}\frac{\partial}{\partial r}\left(r\frac{\partial}{\partial r}\right)+\frac{1}{r^2}\frac{\partial^2}{\partial\varphi^2}+k_c^2\right]\begin{Bmatrix}H_{0z}\\E_{0z}\end{Bmatrix}=0 \tag{2.5-1}$$

解得

$$H_{0z}=\left[AJ_m(k_c r)+A'N_m(k_c r)\right]\begin{matrix}\cos m\varphi\\\sin m\varphi\end{matrix} \tag{2.5-2a}$$

$$E_{0z}=\left[BJ_m(k_c r)+B'N_m(k_c r)\right]\begin{matrix}\cos m\varphi\\\sin m\varphi\end{matrix} \tag{2.5-2b}$$

因为电磁波是在同轴线内外导体之间传播，$r=0$ 不属于传播空间，所以上式中第二类贝塞尔函数存在。

由式(1.5-8)和式(1.5-15)，可得同轴线中 TE、TM 波的边界条件分别为

$$\frac{\partial H_{0z}}{\partial r}\Big|_{r=a,b}=0 \tag{2.5-3a}$$

$$E_{0z}\Big|_{r=a,b}=0 \tag{2.5-3b}$$

对于 TE 波，将式(2.5-2a)代入式(2.5-3a)可得

$$AJ'_m(k_c a)+A'N'_m(k_c a)=0 \tag{2.5-4a}$$

$$AJ'_m(k_c b)+A'N'_m(k_c b)=0 \tag{2.5-4b}$$

式(2.5-4)是关于 A、A' 的线性方程组，有解的条件是其系数行列式等于零，即得

$$J'_m(k_c a)N'_m(k_c b) - J'_m(k_c b)N'_m(k_c a) = 0 \tag{2.5-5}$$

式(2.5-5)为TE波的本征值方程。

对于TM波,将式(2.5-2b)代入式(2.5-3b),同样可得TM波的本征值方程为

$$J_m(k_c a)N_m(k_c b) - J_m(k_c b)N_m(k_c a) = 0 \tag{2.5-6}$$

式(2.5-5)、式(2.5-6)均属于超越方程,可用数值解求得各模的k_{cmn},从而求出相应的λ_{cmn}。

和矩形波导、圆波导的做法一样,根据场的纵向分量可以求得同轴线TE、TM模的横向场分量。同轴线中TE_{11}、TM_{01}、TE_{01}模的横截面场结构图如图2.5-1所示。

为了寻求同轴线主模TEM模单模工作区的上限,必须找出同轴线的第一高次模(即TE、TM模中截止波长最长者)。这里采用近似法。

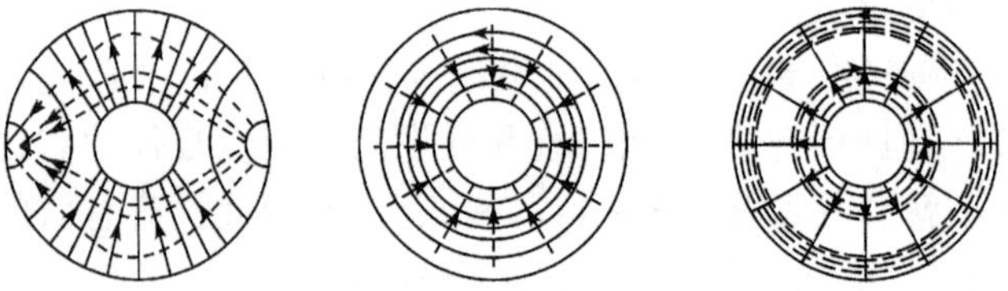

(a) (b) (c)

图2.5-1 同轴线中TE_{11}、TM_{01}、TE_{01}模的横截面场结构图

对于TE波,当$m=0$时,由式(2.5-5)得

$$J'_0(k_c a)N'_0(k_c b) - N'_0(k_c a)J'_0(k_c b) = 0 \tag{2.5-7a}$$

代入关系$J'_0=-J_1, N'_0=-N_1$可得

$$J_1(k_c a)N_1(k_c b) - N_1(k_c a)J_1(k_c b) = 0 \tag{2.5-7b}$$

假定上式中$k_c a$、$k_c b$均较大,由大宗量贝塞尔函数的渐近式可得

$$\cos\left(k_c a - \frac{3\pi}{4}\right)\sin\left(k_c b - \frac{3\pi}{4}\right) - \sin\left(k_c a - \frac{3\pi}{4}\right)\cos\left(k_c b - \frac{3\pi}{4}\right)$$

$$= \sin k_c\left(b - a\right) \approx 0$$

有

$$k_c(b-a) \approx n\pi, \quad n = 1,2,\cdots \tag{2.5-8a}$$

$$k_{c0n} \approx \frac{n\pi}{b-a} \tag{2.5-8b}$$

由式(2.5-8b)可得TE_{0n}模的截止波长为

$$\lambda_{cTE_{0n}} = \frac{2\pi}{k_{c0n}} \approx \frac{2}{n}(b-a) \tag{2.5-9a}$$

$$\lambda_{cTE_{01}} \approx 2(b-a) \tag{2.5-9b}$$

当$m\neq0$时,不便用近似公式求得。对于$m=1,n=1$的最低次TE模,即TE_{11}模,可根据其场结构与矩形波导TE_{20}模场结构类比近似求得。如图2.5-2所示,设想在同轴线$\varphi=0$或$\varphi=\pi$处加一径向金属薄板,因板垂直电场,场分布不受影响;再按同轴线内外导体平均周长将横截面场结构图展开,可得宽边为$\pi(a+b)$,窄边为$b-a$的矩形波导。同轴线TE_{11}模近似变为长形波导的TE_{20}模。由TE_{20}模的截止波长(它等于矩形波导宽边边长)求得。

$$\lambda^{X}_{cTE_{20}} \approx \lambda^{e}_{cTE_{11}} \approx \pi(a+b) \tag{2.5-10}$$

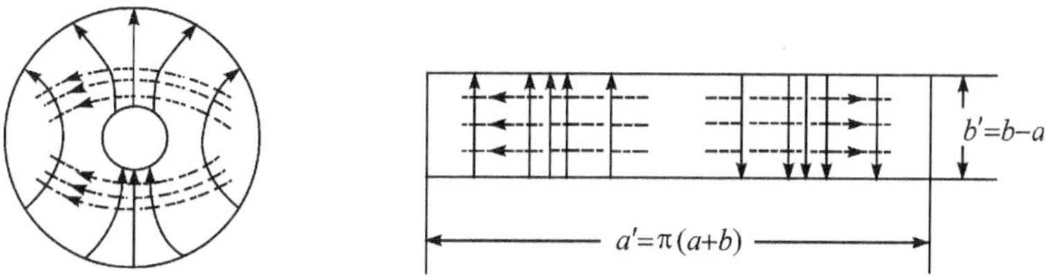

图 2.5-2　同轴线中 TE_{11} 模场结构

对于 TM 波，由式(2.5-7b)，同时假定 $k_c a$ 和 $k_c b$ 均较大，利用贝塞尔函数大宗量渐近式可得

$$\sin k_c(b-a) \approx 0 \tag{2.5-11}$$

从而

$$k_{cmn} \approx \frac{n\pi}{b-a}$$

$$\lambda_{cTM_{mn}} \approx \frac{2(b-a)}{n} \tag{2.5-12}$$

最低 TM 模是 TM_{01} 模，其截止波长近似为

$$\lambda_{cTM_{01}} \approx 2(b-a) \tag{2.5-13}$$

由式(2.5-11)可见，在近似程度内，同轴线的 TM 模其截止波长与 n 无关。根据上面分析，同轴线的第一个高次模是 TE_{11} 模。

2.5.2　同轴线、矩形波导、圆波导的截面尺寸选择

到此，已经讨论了同轴线和常用金属柱面波导——矩形波导、圆波导中可能存在的各种模式，以及主模的传输特性。现在讨论给定工作波长(或频率)范围，如何确定上述各种导波系统的横截面尺寸问题，也就是导波系统横向尺寸的设计问题。这里说的横向尺寸是指同轴线的内导体外半径 a，外导体内半径 b；矩形波导宽边 a、窄边 b；圆波导半径 a。

用于传输能量和信息的导波系统，确定其横向尺寸一般遵循以下原则：

(1) 保证单模工作，且频带尽可能宽。

(2) 击穿功率(即功率容量)尽可能大。

(3) 损耗或衰减尽量小。

下面将看到，分别从上述各原则出发所得到的尺寸不完全一致，这时只好折中取值。

1. 同轴线

根据原则(1)，在给定工作波长范围内只传输主模——TEM 模，应该满足

$$\lambda_{\min} > \lambda_{cTE_{11}} = \pi(a+b) \tag{2.5-14a}$$

为安全起见，常取

$$\lambda_{\min} = 1.05\pi(a+b) \tag{2.5-14b}$$

或

$$\lambda_{\min} = 1.1\pi(a+b) \tag{2.5-14c}$$

根据原则(2)，由式(2.1-29)以 b/a 为变量，通常保持 b 不变，a 变，求极限功率的极值，得功率容量最大的条件，即由 $\frac{dP_{br}}{da}=0$，求得

$$\frac{b}{a}=1.65 \tag{2.5-15}$$

根据原则(3)，仿照上面类似的方法求式(2.1－31)的极值，得衰减最小的条件，即$\frac{\mathrm{d}\alpha_c}{\mathrm{d}a}=0$，求得

$$\frac{b}{a}=3.59 \tag{2.5-16}$$

由此可见，功率容量最大所要求的b/a与衰减最小所要求的b/a是不相同的，因而对应的同轴线的特性阻抗也不相同，前者为$Z_0=30/\sqrt{\varepsilon_r}\,\Omega$，后者为$Z_0=77/\sqrt{\varepsilon_r}\,\Omega$。于是常折中取$b/a=2.3$，该比值对应的同轴线的特性阻抗为$Z_0=50/\sqrt{\varepsilon_r}\,\Omega$。此时功率容量最大值约小5%，衰减比最小值约大10%。目前同轴线的尺寸已标准化，同轴线的阻抗标准常采用50Ω和75Ω。

2. 矩形波导

为了保证只传输主模TE_{10}模，工作波长一方面应满足

$$\lambda<\lambda_{cTE_{10}}=2a \tag{2.5-17}$$

此为通过条件；另一方面应满足

$$\lambda>\lambda_{c第一高次模} \tag{2.5-18}$$

此为抑制条件。由a和b的相对大小，第一高次模可能是TE_{20}模，其截止波长为a；也可能是TE_{01}模，其截止波长为$2b$。为了抑制TE_{20}模，应满足$\lambda>a$；为了抑制TE_{01}模，应满足$\lambda>2b$。为使单模工作区频带尽可能宽，应取$a>2b$。综合上述考虑，由原则(1)得到a、b的范围为

$$\begin{cases}\lambda/2<a<\lambda\\ 0<b<\lambda/2\\ a>2b\end{cases} \tag{2.5-19}$$

再根据原则(2)功率容量足够大，由$0.5<\lambda/2a<0.9$(图2.2－14)可得

$$0.56\lambda<a<\lambda \tag{2.5-20}$$

从原则(3)衰减最小考虑，由式(2.2－41)和式(2.2－42)可知b应尽量大。

兼顾三方面要求，a、b一般选取

$$\begin{cases}a=0.7\lambda\\ b=(0.4\sim0.5)a\end{cases} \tag{2.5-21}$$

事实上，波导尺寸均已标准化，不用另行设计，只要选用即可。我国常用的几种标准波导尺寸见附录Ⅶ。例如，10公分波导BJ-32，$a\times b=72.14\text{mm}\times34.04\text{mm}$，5公分波导BJ-70，$a\times b=34.85\text{mm}\times15.80\text{mm}$，3公分波导BJ-100，$a\times b=22.86\text{mm}\times10.16\text{mm}$。

在特殊情况下，比如传输功率不高，可选b较小的波导；反之，若要求传输功率很高，而带宽不宽，可以让$b>a/2$。由于波导尺寸已规格化，实用中常常需要根据标准矩形波导计算其实际的频带范围，为安全起见，常取下式进行计算：

$$1.05\lambda_{cTE_{20}}\sim0.8\lambda_{cTE_{10}} \tag{2.5-22}$$

3. 圆波导

传输主模时应满足

$$\left.\begin{aligned}\lambda < \lambda_{cTE_{11}} = 3.41a \\ \lambda > \lambda_{cTM_{01}} = 2.61a\end{aligned}\right\} \tag{2.5-23}$$

可得

$$\lambda/3.41 < a < \lambda/2.61 \tag{2.5-24}$$

一般可选

$$a = \lambda/3 \tag{2.5-25}$$

【例 2.5-1】 空气填充同轴线，单模传输的最高工作频率为3GHz，同轴线特性阻抗$Z_c=75\Omega$，求内导体外径d和外导体内径D。

解　由$Z_c=60\ln b/a=75$，得

$$b/a = e^{75/60} = 3.49$$

$$b = 3.49a$$

取$\lambda_{min}=1.05\pi(a+b)$，得

$$f_{最高} = 0.95\frac{3\times10^8}{\pi(a+b)} = 3\times10^9\,\text{Hz}$$

$$4.49a = 0.95\frac{3\times10^8}{3.1416\times3\times10^9}$$

$$a = 0.0067\text{m} = 0.67\text{cm}$$

故

$$d = 2a = 1.34\text{cm}, D = 2b = 4.7\text{cm}$$

【例 2.5-2】 某雷达发射机的输出功率$P=500\text{kW}$，工作频率$f=6\text{GHz}$。发射机到天线之间需用9m长铜制长形波导作馈线，试合理选用该长形波导。

解　按工作频率$f=6\text{GHz}$，从附录Ⅶ的表Ⅶ-7中查得BJ-58和BJ-70两种标准波导均可。计算它们的性能如下表：

主要性能参数	BJ-58	BJ-70
$a\times b$/(mm×mm)	40.40×20.20	34.85×15.80
频率范围/GHz	4.64～7.05	5.38～8.17
功率容量/kW	3828	2291
9m长波导导体衰减/dB	0.268	0.383
波导出端与入端功率百分比/%	94	92

二者相比可见，BJ-58型的优点是功率容量大，损耗低，缺点是尺寸大；BJ-70型波导则相反。因此，在该雷达传输功率不太高，衰减和频带未明确提出要求的情况下，宜选取BJ-70型波导。因BJ-70既满足了电气要求，又可使馈线体积小，成本低。

2.6　波导正规模的特性

规则均匀无耗金属波导中的TE模和TM模是麦克斯韦方程的两套独立解，因此可以认为它们是规则金属波导的基本波型。这两套波型又包括无穷多个结构不同的TE_{mn}和TM_{mn}模式，彼此相互独立。它们可以单独存在，也可以同时并存，这些的模式称为正规模。

在某些波导里，例如部分填充介质的矩形波导或圆波导里，一个TE模或TM模是不能独立存在的。在这种情况下，有时可能用其他的基本波型，如纵电(LSE)模和纵磁(LSM)模。但

不论是什么波型，规则金属波导中的波型仍然可以看成是 TE 和 TM 模的叠加。

波导正规模具有一些很重要的特性，即所谓对称性、正交性和完备性。本节对此作一简单介绍。

2.6.1　对称性

波导正规模的电场和磁场对时间和距离具有对称性和反对称性。

(1) 正规模的电场和磁场波函数对时间 t 分别为对称函数和反对称函数，即有

$$\boldsymbol{E}_2(\boldsymbol{r},t) = \boldsymbol{E}_1(\boldsymbol{r},-t) \tag{2.6-1a}$$

$$\boldsymbol{H}_2(\boldsymbol{r},t) = -\boldsymbol{H}_1(\boldsymbol{r},-t) \tag{2.6-1b}$$

或者

$$\boldsymbol{E}_2(\boldsymbol{r}) = \boldsymbol{E}_1^*(r) \tag{2.6-2a}$$

$$\boldsymbol{H}_2(\boldsymbol{r}) = -\boldsymbol{H}_1^*(r) \tag{2.6-2b}$$

式中，$\boldsymbol{E}_1(\boldsymbol{r},t)$和$\boldsymbol{H}_1(\boldsymbol{r},t)$是时间为$+t$的场，$\boldsymbol{E}_2(\boldsymbol{r},t)$和$\boldsymbol{H}_2(\boldsymbol{r},t)$是时间为$-t$的场；符号 * 代表共轭复数。特性式(2.6-1a)～(2.6-2b)可根据麦斯韦方程得到证明。

(2) 正规模的电场和磁场的波函数关于纵坐标 z 的对称性；横向电场 $\boldsymbol{E}_t$ 与纵向磁场 $\boldsymbol{H}_z$ 是坐标 z 的对称函数；横向磁场 $\boldsymbol{H}_t$ 与纵向电场$\boldsymbol{E}_z$ 是坐标 z 的反对称函数，即有

$$\boldsymbol{E}_{t2}(z) = \boldsymbol{E}_{t1}(-z) \tag{2.6-3a}$$

$$\boldsymbol{E}_{z2}(z) = -\boldsymbol{E}_{z1}(-z) \tag{2.6-3b}$$

$$\boldsymbol{H}_{t2}(z) = -\boldsymbol{H}_{t1}(-z) \tag{2.6-4a}$$

$$\boldsymbol{H}_{z2}(z) = \boldsymbol{H}_{z1}(-z) \tag{2.6-4b}$$

式中，$\boldsymbol{E}_{t1}(z)$、$\boldsymbol{E}_{z1}(z)$、$\boldsymbol{H}_{t1}(z)$和$\boldsymbol{H}_{z1}(z)$是沿$+z$方向传播的场；$\boldsymbol{E}_{t2}(z)$、$\boldsymbol{E}_{z2}(z)$、$\boldsymbol{H}_{t2}(z)$和$\boldsymbol{H}_{z2}(z)$是沿$-z$方向传播的场。

特性式(2.6-4a)、(2.6-4b)也容易根据麦克斯韦方程得到证明。

如果时间 t 和传播方向(即坐标 z)同时变换符号，则电场和磁场应同时满足式(2.6-1a)、式(2.6-1b)和式(2.6-3a)～式(2.6-4b)，对称性则变成

$$\boldsymbol{E}_{t2i} = \boldsymbol{E}_{t1i}^* \tag{2.6-5a}$$

$$\boldsymbol{H}_{t2i} = \boldsymbol{H}_{t1i}^* \tag{2.6-5b}$$

$$\boldsymbol{E}_{z2i} = -\boldsymbol{E}_{z1i}^* \tag{2.6-5c}$$

$$\boldsymbol{H}_{z2i} = -\boldsymbol{H}_{z1i}^* \tag{2.6-5d}$$

下标 i 代表模式指数$\{m,n\}$。

由式(2.6-5a)～(2.6-5d)可以看出，$\boldsymbol{E}_{ti}$和$\boldsymbol{H}_{ti}$必须是实数，否则左右两边不可能相等。因此$\boldsymbol{E}_{ti}$和$\boldsymbol{H}_{ti}$必然是相位相同；而$\boldsymbol{E}_{zi}$和$\boldsymbol{H}_{zi}$必然是虚数，否则左右两边不能相等。由此可以得到结论：正规模的电场和磁场的横向分量或纵向分量相互同相，而横向分量与纵向分量成90°相位差。故对于正规模，$\boldsymbol{E}_i\times\boldsymbol{H}_i$ 是传输能量。

(3) 对于截止模，不存在变换 z 的符号问题，只有时间对称关系：

$$\boldsymbol{E}_{2i}(r) = \boldsymbol{E}_{1i}^*(r) \tag{2.6-6a}$$

$$\boldsymbol{H}_{2i}(r) = -\boldsymbol{H}_{1i}^*(r) \tag{2.6-6b}$$

可见 $\boldsymbol{E}_i$ 是实数，而 $\boldsymbol{H}_i$ 是虚数，两者相位差 90°。故对于消失模，$\boldsymbol{E}_i\times\boldsymbol{H}_i$ 不是传输能量，而是虚功，是储能。

上述分析结果表明，正规模的对称性是麦克斯韦方程对称性和规则波导本身对称性的必然结果。这种对称性在研究波导的激励、波导中的不连续性等问题时很有用。

2.6.2　正交性

正交性是正规模的一种基本特性，有着重要的应用。在确定组成波导中的电磁场各模式的系数时，便如由不连续性所产生的或由某种激励方法所产生的正规模的系数等，都必须应用正规模的正交特性。

这些本征函数是正弦和余弦函数。圆波导的本征函数是贝塞尔函数与正弦、余弦函数。这些本征函数是正弦和余弦函数。这些本征函数都具有正交特性，由这些本征函数表征的矩形波导和圆波导的正规模也就具有正交特性。一般而言，若以 i 和 j 代表两个特定的模式，则波导正规模的正交性可以表示成如下五种形式（证明从略）：

（1）纵场正交

$$\int_S (\boldsymbol{H}_{0z})_i \cdot (\boldsymbol{H}_{0z})_j \mathrm{d}s = 0, \quad i \neq j, \text{TE 模} \tag{2.6-7a}$$

$$\int_S (\boldsymbol{E}_{0z})_i \cdot (\boldsymbol{E}_{0z})_j \mathrm{d}s = 0, \quad i \neq j, \text{TM 模} \tag{2.6-7b}$$

（2）横场正交

$$\int_S (\boldsymbol{H}_{0t})_i \cdot (\boldsymbol{H}_{0t})_j \mathrm{d}s = 0, \quad i \neq j, \text{TE 或 TM 模} \tag{2.6-8a}$$

$$\int_S (\boldsymbol{E}_{0t})_i \cdot (\boldsymbol{E}_{0t})_j \mathrm{d}s = 0, \quad i \neq j, \text{TE 或 TM 模} \tag{2.6-8b}$$

（3）模式间正交

$$\int_S (\boldsymbol{E}_{0t}^{\mathrm{TE}})_i \cdot (\boldsymbol{E}_{0t}^{\mathrm{TM}})_j \mathrm{d}s = 0, \quad i \neq j \tag{2.6-9a}$$

$$\int_S (\boldsymbol{H}_{0t}^{\mathrm{TE}})_i \cdot (\boldsymbol{H}_{0t}^{\mathrm{TM}})_j \mathrm{d}s = 0, \quad i \neq j \tag{2.6-9b}$$

（4）功率正交

$$\int_S (\boldsymbol{E}_{0t})_i \times (\boldsymbol{H}_{0t})_j \cdot \boldsymbol{a}_z \mathrm{d}s = 0, \quad i \neq j, \text{TE 或 TM 模} \tag{2.6-10}$$

（5）模式函数正交性

$$\int_S \boldsymbol{E}_{0i} \times \boldsymbol{H}_{0j} \cdot \boldsymbol{a}_z \mathrm{d}s = 0, \quad i \neq j \tag{2.6-11}$$

式中，E_i 和 H_i 分别表示第 i 模横向电场的本征函数（或称模式函数）和第 j 模横向磁场的本征函数（或称模式函数）。

2.6.3　完备性

波导中的电磁场至少是分段连续的，或者说是平方可积的。物理中碰到的电磁场是没有无穷大的。如前所述，波导正规模是本征乘积，而本征函数系是完备的，所以正规模必然是完备的。这就是说，波导中的任意电磁场都可以用正规模叠加来代表，即用正规模的展开式来表示。正规模的这种完备性也是正规模的重要特性。由于有这种特性，才有可能对波导的许多实际问题作出近似分析。

如上所述，波导中的任意电磁场的横向场可以表示为（沿正 z 方向传播情况）：

$$\boldsymbol{E}_t = \sum_i A_i (\boldsymbol{E}_{0t})_i \mathrm{e}^{-\mathrm{j}\beta_i z} \tag{2.6-12a}$$

$$\boldsymbol{H}_t = \sum_i B_i (\boldsymbol{H}_{0t})_i \mathrm{e}^{-\mathrm{j}\beta_i z} \tag{2.6-12b}$$

其中，系数 A_i 和 B_i 可用正交关系像确定傅里叶级数的系数那样来确定。$(\boldsymbol{E}_{0t})_i$ 和 $(\boldsymbol{H}_{0t})_i$ 可以属于 TE 模或 TM 模。令

$$A_i e^{-j\beta_i z} = V_i(z),\quad B_i e^{-j\beta_i z} = Z_i I_i(z)$$

$$(\boldsymbol{E}_{0t})_i = \boldsymbol{e}_i,(\boldsymbol{H}_{0t})_i = \boldsymbol{h}_i / Z_i$$

Z_i 是 TE 或 TM 模的波阻抗，则式(2.6-12a)、式(2.6-12b)可以表示成

$$\boldsymbol{E}_i = \sum_i V_i(z)\boldsymbol{e}_i(u,v) \tag{2.6-13a}$$

$$\boldsymbol{H}_i = \sum_i I_i(z)\boldsymbol{h}_i(u,v) \tag{2.6-13b}$$

式中，$V_i(z)$ 和 $I_i(z)$ 称为第 i 模式的模式电压和模式电流。

当波导中传输任意场时，所传输的总功率为

$$\begin{aligned}P_0 &= \frac{1}{2}\mathrm{Re}\int_S \boldsymbol{E}\times\boldsymbol{H}^* \cdot \boldsymbol{a}_z \mathrm{d}s = \frac{1}{2}\mathrm{Re}\int_S \boldsymbol{E}_t\times\boldsymbol{H}_t^* \cdot \boldsymbol{a}_z \mathrm{d}s \\ &= \frac{1}{2}\mathrm{Re}\int_S \Big(\sum_i V_i\boldsymbol{e}_i\Big)\times\Big(\sum_j I_j{}^*\boldsymbol{h}_j\Big)\cdot \boldsymbol{a}_z \mathrm{d}s \\ &= \frac{1}{2}\mathrm{Re}\sum_{ij} V_i I_j{}^* \int_S \boldsymbol{e}_i\times\boldsymbol{h}_j \cdot \boldsymbol{a}_z \mathrm{d}s \\ &= \frac{1}{2}\mathrm{Re}\sum_i V_i I_i{}^* \int_S \boldsymbol{e}_i\times\boldsymbol{h}_i \cdot \boldsymbol{a}_z \mathrm{d}s\end{aligned} \tag{2.6-14}$$

由式(2.6-14)得到模式函数正交性式(2.6-11)，即应有

$$\int_S \boldsymbol{e}_i\times\boldsymbol{h}_j\cdot\boldsymbol{a}_z \mathrm{d}s = \begin{cases}1, & i=j\\ 0, & i\neq j\end{cases} \tag{2.6-15}$$

结果表明，波导中传输任意场时的总功率等于每个正规模所携带功率之总和，而各模式之间没有能量耦合。

正如前面所讨论的色散导波系统，如矩形波导或圆波导，其 TE 和 TM 模的场解为

$$\boldsymbol{E}(u,v,z) = \boldsymbol{a}_u E_u(u,v,z) + \boldsymbol{a}_v E_v(u,v,z) + \boldsymbol{a}_z E_z(u,v,z) \tag{2.6-16}$$

$$\boldsymbol{H}(u,v,z) = \boldsymbol{a}_u H_u(u,v,z) + \boldsymbol{a}_v H_v(u,v,z) + \boldsymbol{a}_z H_z(u,v,z) \tag{2.6-17}$$

而场解各个分量可能存在的完备形式为

$$E_u(u,v,z) = \sum_m \sum_n E_{umn}(u,v,z) \tag{2.6-18a}$$

$$E_v(u,v,z) = \sum_m \sum_n E_{vmn}(u,v,z) \tag{2.6-18b}$$

$$E_z(u,v,z) = \sum_m \sum_n E_{zmn}(u,v,z) \tag{2.6-18c}$$

$$H_u(u,v,z) = \sum_m \sum_n H_{umn}(u,v,z) \tag{2.6-18d}$$

$$H_v(u,v,z) = \sum_m \sum_n H_{vmn}(u,v,z) \tag{2.6-18e}$$

$$H_z(u,v,z) = \sum_m \sum_n H_{zmn}(u,v,z) \tag{2.6-18f}$$

式中，m、n 表示模式的标号，u、v、z 表示广义坐标系的三个方向轴，$E_{umn}(u,v,z)$、$E_{vmn}(u,v,z)$、$E_{zmn}(u,v,z)$、$H_{umn}(u,v,z)$、$H_{vmn}(u,v,z)$ 和 $H_{zmn}(u,v,z)$ 的具体表示式参见 2.2 节的矩形波导场分量或 2.3 节的圆波导的场分量。

2.7　不均匀性引起模式耦合

必须注意，模式之间的正交性只是在均直无耗传输系统中才成立，而不均匀性的出现将引起模式之间的能量耦合。所谓不均匀性，指的是传输系统在其轴线方向上截面情况有了变化，从而破坏了轴向的均匀条件。例如截面边界条件的改变，或者局部引入介质等，都是一种不均匀性。

先通过一个特例来加以说明不均匀性是如何引起模式之间耦合的。以矩形波导为例，将式(2.2－14)、式(2.2－19)给出的 TE_{mn} 和 TM_{mn} 模式的场分量，代入式(2.6－14)中，就可以看出，在交叉功率中都包含着如下的三角函数积分：

$$I=\int_0^a \frac{\sin}{\cos}\left(\frac{m_1\pi}{a}x\right)\frac{\sin}{\cos}\left(\frac{m_2\pi}{a}x\right)\mathrm{d}x\cdot\int_0^b \frac{\sin}{\cos}\left(\frac{n_1\pi}{b}y\right)\frac{\sin}{\cos}\left(\frac{n_2\pi}{b}y\right)\mathrm{d}y \tag{2.7-1}$$

当模式标号 $m_1\neq m_2$ 或 $n_1\neq n_2$ 时，$I=0$，这是因为三角函数的正交性。但是这种正交性只是在积分区间取波导截面的整个区域($0\leqslant x\leqslant a, 0\leqslant y\leqslant b$)时才成立。在均匀波导中，其截面形状尺寸一直保持不变，所以正交性总是成立的。

现在假定在沿波导轴向的某个地方，截面形状发生了变化，在其宽边两侧插入一片金属薄片，在金属片所在处，相当于波导宽边尺寸由 a 变为 a'。这当然是一种不均匀性，它将引起不同模式间的耦合。这是因为交叉功率的积分 I 中对 x 的积分区域由 a 变为 a'，这样，即使模式化标号 $m_1\neq m_2$ 的两个不同模式，I 中对 x 的积分也不一定等于零了，因此 $m_1\neq m_2$，$n_1\neq n_2$ 的不同模式之间就不一定正交。其物理意义是：由于金属片的插入，使得模式标号 m 不同的模式之间可能发生能量的交换。

类似的讨论适用于矩形波导的窄边的改变。更一般地说，任何传输系统中横截面边界条件的改变，都将破坏模式正交性，引起至少是一部分模式之间的能量耦合。从数学观点看，所谓模式，就是波动方程在横截面上的本征函数，对于理想均匀无损耗的边界条件，这些本征函数是彼此正交的，这就是上述模式正交定理的数学基础。不均匀的出现，改变了原来的截面边界条件，原来边界条件下的正交本征函数对于新的边界条件不再正交了，因此就出现了模式之间的耦合。

2.8　奇偶禁戒规则

模式之间的耦合意味着能量的转移，这在微波技术中是一个重要的问题，在不均匀区将激励起并能传播的场模式取决于：①传播条件：$\lambda<\lambda_c$。②激励条件：奇偶禁戒规则。下面给出一个所谓“奇偶禁戒规则”，它对于解决许多耦合问题是很有用的。

类似于式(2.6－14)，传输系统中第 i 和第 j 模式之间的交叉功率为

$$\dot{P}_{ij}=\frac{1}{2}\int_S(\boldsymbol{E}_i\times\boldsymbol{H}_j^*)\cdot\mathrm{d}\boldsymbol{S} \tag{2.8-1}$$

式中，$\mathrm{d}\boldsymbol{S}=\boldsymbol{a}_z\mathrm{d}s$。利用矢量运算规则上式可得

$$\begin{aligned}\dot{P}_{ij}&=\frac{1}{2}\int_S(\boldsymbol{E}_i\times\boldsymbol{H}_j^*)\cdot\boldsymbol{a}_z\mathrm{d}s=\frac{\eta_i}{2}\int_S\boldsymbol{H}_{it}\cdot\boldsymbol{H}_{jt}^*\,\mathrm{d}s\\&=\frac{1}{2\eta_i}\int_S\boldsymbol{E}_{it}\cdot\boldsymbol{E}_{jt}^*\,\mathrm{d}s\end{aligned} \tag{2.8-2}$$

式中，下标 t 表示横向分量，η_i 和 η_j 分别为第 i 和第 j 模式的波阻抗。

根据本节前者给出的模式正交定理，在均匀无损耗传输系统中，$\dot{P}_{ij}$ 具有这样的性质：当 $i=j$ 时，$\dot{P}_{ij}\neq 0$；当 $i\neq j$ 时，$\dot{P}_{ij}=0$。因此式(2.6-8)表示各个不同模式的横向场分量之间是正交的。再进行适当的归一化，引入归一化横向场 $\boldsymbol{f}_i(u,v)$，可以使之满足如下正交归一化条件：

$$\int_S \boldsymbol{f}_i(u,v)\cdot\boldsymbol{f}_j^*(u,v)\mathrm{d}u\mathrm{d}v=\delta_{ij} \tag{2.8-3}$$

其中

$$\delta_{ij}=\begin{cases}1, & i=j\\ 0, & i\neq j\end{cases}$$

式中，f_i 为在横截面 S 内的二维横向分量，它既可以代表 $\boldsymbol{E}_{it}$，也可以代表 $\boldsymbol{H}_{it}$。

有了正交归一化条件，再根据模式的完备性，就可以将传输系统中的任何场 $\boldsymbol{F}$ 在 S 面上展开为正交模式，即

$$\boldsymbol{F}(u,v)=\sum_i a_i\boldsymbol{f}_i(u,v) \tag{2.8-4}$$

将上式两边各乘以 $\boldsymbol{f}_i^*(u,v)$，在 S 内积分，利用公式(2.8-3)，可得

$$\begin{aligned}\int_S \boldsymbol{F}(u,v)\cdot\boldsymbol{f}_j^*(u,v)\mathrm{d}s &= \sum_i a_i\int_S \boldsymbol{f}_i(u,v)\cdot\boldsymbol{f}_i^*(u,v)\mathrm{d}s\\ &=\sum_i a_i\delta_{ij}=a_j\end{aligned} \tag{2.8-5}$$

因此展开式的系数为

$$a_i=\int_S \boldsymbol{F}(u,v)\cdot\boldsymbol{f}_i^*(u,v)\mathrm{d}s \tag{2.8-6}$$

我们所关心的是，在什么条件下 $a_i=0$？根据场的对称性质，对于某一对称面，可以把场按其空间对称性质分为对称(偶)场和反称(奇)场两类，而且数学中已证明：

(1) 奇函数乘偶函数等于奇函数。

(2) 奇函数在对称区间中的积分等于零。

注意到矩形波导和圆波导中 TE 波和 TM 波的通解，因此在讨论 a_i 时仍可能应用上述两个结果。如果式(2.8-5)中的 $\boldsymbol{F}(u,v)$ 与 $\boldsymbol{f}_i^*(u,v)$ 对于某一个对称面具有相反的对称性(一个为奇，另一个为偶)，则必有 $a_i=0$。这个规律很重要，可知：即使对场 $\boldsymbol{F}(u,v)$ 的结构和表示式并不详细了解，单凭其对称性质，就可以肯定在它展开式中，某些模式的场 $\boldsymbol{f}_i$ 是不存在的。

现在来解释其物理意义，并且给出奇偶禁戒规则。设 F 为外来的激励场，目的是在传输系统中建立起某些所需要的模式，这称为传输系统的“激励”。激励场 $\boldsymbol{F}$ 可以展开为各正交模式场的叠加，$\boldsymbol{f}_i$ 的系数 a_i 代表这个模式的相对大小。如果 $a_i=0$，则表示在这种激励条件下，$\boldsymbol{f}_i$ 模式不存在，或者叫做被“禁戒”。因此根据以上的结果，就可得出结论：如果激励场 $\boldsymbol{F}$ 与被激励的模式的场 $\boldsymbol{f}_i^*$ 具有相反的对称性质(一个为奇，另一个为偶)，则此模式被禁戒，这就是奇偶禁戒规则。这个规则不仅适用于传输系统的激励，对于谐振腔或其他一些微波元件，凡是其中的电磁场可以展开为正交归一化模式，并能找出某种对称性质的，都可以适用。

一般的奇偶禁戒规则可以归结为两句话：对称(偶)激励不可能激起反称(奇)模式；反称(奇)激励不可能激起对称(偶)模式。

在具体应用这个规则时，还必须注意以下几点：

(1) 场的对称相对于某一个确定的对称面而言，这个对称面必须是边界条件的几何对称面。

(2) 激励场 $\boldsymbol{F}(u,v)$ 与被激励场 $\boldsymbol{f}_i(u,v)$ 的对称性质，可以都用电场来判断，也可以都用磁场来判断；可以证明，这两种分析的结果都是一样的，因此任选取某一种场进行分析就够了。

(3) 只要找到任何一个对称面，满足奇偶禁戒规则，就可以断定相应的模式是被禁戒的。

习　题

2.1　已知同轴线导波场为

$$\boldsymbol{E}=A\frac{\boldsymbol{\alpha}_r}{r}\mathrm{e}^{[\mathrm{j}(\omega t-\beta z)]},\boldsymbol{H}=Y_{\mathrm{TEM}}A\frac{\boldsymbol{\alpha}_\varphi}{r}\mathrm{e}^{[\mathrm{j}(\omega t-\beta z)]}$$

试分析场沿坐标$(r,\ \varphi,\ z)$的变化特点。

2.2　什么是同轴线的特性阻抗？试分析同轴线的特性阻抗与 TEM 波的波阻抗，有何联系和区别？

2.3　以知国产同轴电缆 SFB-75-4 的特性阻抗为 75Ω，内导体直径 $2a=0.65$mm，外导体直径 $2b=3.83$mm，介质击穿电压 $U_{\mathrm{br}}=1.8\times10^3$ V。试求：

(1) 介质的相对介电常数 $\varepsilon_r=$?

(2) 击穿功率 $P_{\mathrm{br}}=$?

2.4　若采用上题中的同轴电缆，传输 $f=3$GHz 的主模正向波。设输入端功率为 P_0，导体表面电阻 $R_m=2.61\times10^{-7}\sqrt{f}\Omega$(式中 f 的单位用 Hz)，介质的损耗角正切 $\tan\delta=0.00015$，试计算经 15m 长电缆衰减后的功率为输入功率的百分比。

2.5　已知矩形波导正向波纵向磁场为

$$H_z=A_{mn}\cos\frac{m\pi}{a}x\cos\frac{n\pi}{b}y\exp[\mathrm{j}(\omega t-\beta_{mn}z)]$$

试求横向电磁场分量表达式。

2.6　试导出矩形波导正向 TM 波的纵向场分量为

$$E_z=B_{mn}\sin\frac{m\pi}{a}x\sin\frac{n\pi}{b}y\exp[\mathrm{j}(\omega t-\beta_{mn}z)]$$

2.7　以知矩形波导 $a\times b=22.86\mathrm{mm}\times10.16\mathrm{mm}$，$f=15$GHz。试求 TE_{20} 模的 λ_c、λ_g、v_p、v_g、$Z_{\mathrm{TE}_{20}}$ 及各场分量的表达式。

2.8　矩形波导 $a\times b=22.86\mathrm{mm}\times10.16\mathrm{mm}$，试计算工作波长分别为 1.5cm、3cm 和 5cm 时波导中可能出现的模式。

2.9　空气填充矩形波导 $a\times b=22.86\mathrm{mm}\times10.16\mathrm{mm}$，$f=10$GHz。试求 TE_{20} 模的幅度衰减至 1/10 时的距离。

2.10　矩形波导 $a\times b=6\mathrm{cm}\times4\mathrm{cm}$，工作频率 $f=3$GHz。试求(1) TE_{10}、TE_{01}、TE_{11}、TE_{20} 模的截止波长 λ_c；(2)传输模的相位常数 β；(3)四模中截止模的衰减常数 α'。

2.11　从场结构角度看 TE_{mn}、TM_{mn} 模的下标 m、n 分别具有什么意义？试分别绘出矩形波导 TE_{12}、TM_{12} 模在 xy 平面上的场结构图。

2.12　根据矩形波导 TE_{01} 模的磁场分量，求出它的壁电流表达式。

2.13　根据矩形波导 TE_{20} 模、TE_{01} 模的磁场结构，分别绘出它们的壁电流分布图。

2.14　BJ-100 铜制标准波导中填充干燥空气，$R_m=2.61\times10^{-7}\sqrt{f}(\Omega)$，$f$ 的单位为 Hz，工作波长 $\lambda=3$cm。试求主模 λ_g、v_p、v_g、$Z_{\mathrm{TE}_{10}}$、P_{br}、α_c。

2.15　试计算工作频率 $f=6$GHz，干燥空气填充的标准矩形波导 BJ-58 和扁矩形波导 BB-58 的击穿功率 P_{br}。

2.16　若在 BJ-100 标准矩形波导中填充 $\varepsilon_r=2.0$，$\tan\delta=0.001$ 的介质。试求主模在 $f=7$GHz 的 α_d。

2.17　导出圆波导中 TM 波的各场分量表达式。

2.18　圆波导工作在主模，f=5GHz，λ/λ_c= 0.9。试求(1)圆波导管直径 $2a$；(2)相速 v_p；(3)波阻抗 Z_w；(4)第一高次模的 α'。

2.19　圆波导中 TE_{mn}、TM_{mn} 模的下标 m、n 分别具有什么物理意义？ $m=0$ 的模式其场的横向分布有何特点？试绘出 TE_{01}、TM_{01} 模在 $r\varphi$ 平面上的结构，并指出它们的不同之处。

2.20　试导出圆波导中 TM_{mn} 的导体衰减常数为

$$\overset{\circ}{\alpha}_{cTM_{mn}} = \frac{R_m}{a Z_{TEM} \sqrt{1-(\lambda/\lambda_{cmn})^2}}$$

2.21　试证明 $\overset{\circ}{\alpha}_{cTM_{mn}}$ 在 $f=\sqrt{3} f_{cmn}$ 时最小。

2.22　试总结圆波导总三种常用模式 TE_{11}、TE_{01}、TM_{01} 模的主要特点。

2.23　上机计算铜制(R_m=2.61×$10^{-7}\sqrt{f}\Omega$，f 的单位用 Hz)矩形波导 $a\times b$=4cm×2cm 中 TE_{10}、TE_{20}、TE_{01}、TE_{11}、TM_{11} 各模在下列频段内的导体衰减常数 α_c 的值：TE_{10} 模在 f=3.8～150GHz 范围内；TE_{20}、TE_{01}、TE_{11}、TM_{11} 各模在 f=8.6～150GHz 范围内。并在同一图上绘出 α_c-f 的变化曲线。

2.24　脊波导、扇形波导、椭圆形波导各有何特点？

2.25　若同轴线外导体内径一定，试证明 P_{br} 最大时可得 $b/a\approx1.65$；α_c 最小时可得 $b/a\approx3.59$。

2.26　一空气填充同轴线要求特性阻抗 50Ω，最短工作波长为 10cm，只传输主模。试计算内导体外半径 a 和外导体内半径 b 各为多少？

2.27　根据式(2.5-22)计算出标准矩形波导中 BJ-32、BJ-58、BJ-100、BJ-320 的频率范围和波长范围。

第3章　微波集成传输线

前面研究的同轴线和波导是较早就开始使用的微波传输线。随着空间电子技术的发展，一方面要求不断拓宽频谱范围，向毫米波和亚毫米波波段发展；另一方面对微波设备的小型化、可靠性等提出了新的要求。这促使人们研究新的传输线。早在20世纪40年代末就有人提出采用微带传输线（简称微带线）来传输微波能量和信息。但由于受介质材料（介电常数低）和制造工艺的限制，同时未从理论上解决参数的计算方法，因此当时微带线未能获得实际应用。

20世纪50年代初，为适应空间技术的需要，研制成各种带状线电路。1964年前后，随着集成工艺和微波固体器件的发展以及高介电常数、低损耗介质材料的研制成功，使得适合于集成工艺的微带技术得到了相应发展，微波固体器件和微带线相结合，致使1965年出现了第一块微波集成电路（MIC）。随着微波元件和系统的日益小型化、固态化，在那些对体积和重量要求苛刻的场合，无源电路采用分布参数集成传输线，微波半导体器件仍是单独封装之后再焊接到集成传输线中，构成微波集成电路取代波导和同轴电路。微波集成电路的特点是各种不同电路可以集成在一块基片上组成平面电路，其电路重复性好且便于构成各种有源电路。这些特点使集成传输线在微波技术中得到了日益广泛的应用。

微波集成电路工作在微波波段和毫米波波段，由微波无源元件、有源器件、传输线和互连线集成在一个基片上，具有某种功能的电路。可分为混合微波集成电路（HMIC）和单片微波集成电路（MMIC）。

混合微波集成电路是由半导体集成工艺与薄膜或厚膜技术结合而制成的集成电路，是在介质基片上用成膜方法制作厚膜或薄膜元件及其互连线，并在同一基片上将分立的半导体芯片、单片集成电路或微型元件混合组装，再外加封装而成。与分立元件电路相比，混合集成电路具有组装密度大、可靠性高、电性能好等特点。混合集成电路设计灵活，工艺方便，便于多品种小批量生产，并且元件参数范围宽，精度高，稳定性好，可以承受较高电压和较大功率。混合集成电路的应用以模拟集成电路、微波集成电路、光电集成电路为主，也用于电压较高、电流较大的专用电路中。常用的混合微波集成电路有微波混频器、微波低噪声放大器、功率放大器、倍频器、相控阵单元等各种宽带微波电路。在微波领域中的应用尤为突出。

单片微波集成电路是采用平面技术，将元器件、传输线、互连线直接制作在半导体基片上的功能块。砷化镓是最常用的微波基片材料。单片微波集成电路已成为当前发展各种高科技武器的重要支柱，已大量用于各种先进的导弹、电子战、通信系统、陆海空基的各种先进的相控阵雷达（特别是机载和星载雷达），在民用商业的移动电话、无线通信、个人卫星通信网、全球定位系统、直播卫星接收和毫米波自动防撞系统等方面也已获得广泛应用。

无论是混合微波集成电路，还是单片微波集成电路，都要使用微波集成传输线，因此微波集成传输线是构成微波集成电路的基础。其电路基本结构形式为带状线（对称微带）和标准微带线（不对称微带，简称微带），它们属于平面型结构，比起立体结构型的波导、同轴线而言，有着体积小、重量轻、易于批量生产、可靠性好、成本低等优点；缺点是损耗较大，Q值较低，功率容量小，目前仅限于中、小功率应用。

本章就常见的微波集成传输线如带状线、耦合带状线、微带线、耦合微带线、槽线、共面线和鳍线作简要介绍。

3.1 带 状 线

带状线是一种三导体 TEM 波传输线。带状线的结构如图 3.1-1 所示。上下两块导体板是接地板，中间的导体带位于上下板的对称面上，导体带与接地板之间可以是空气介质或填充其他介质，故又称为三板线或夹心线。

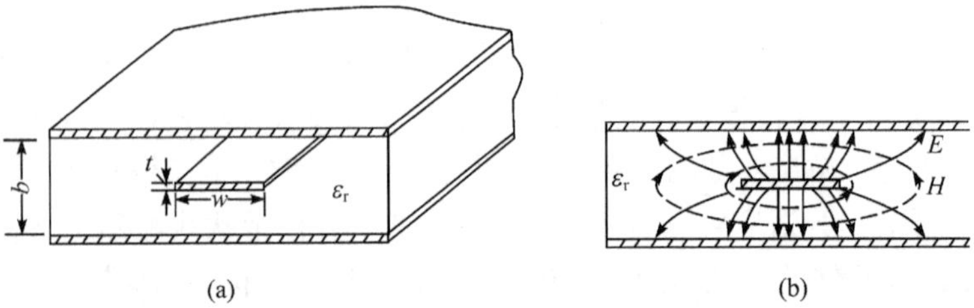

图 3.1-1　带状线的结构及其主模的场结构

带状线可看作是由同轴线演变而成的。图 3.1-2 表示同轴线到带状线演变的过程。

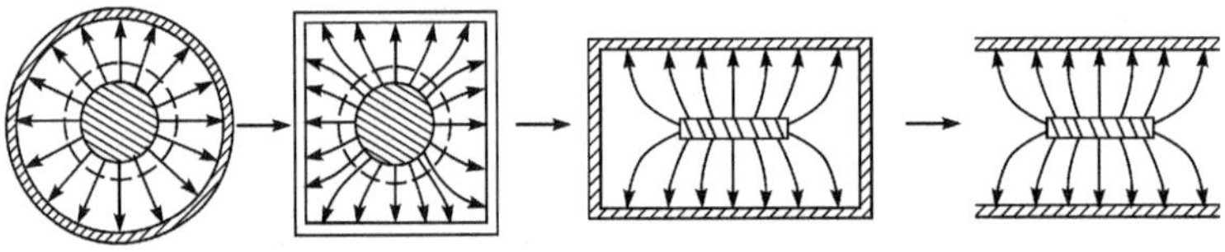

图 3.1-2　同轴线到带状线演变过程

带状线结构使得电磁波在介质中传输，无法辐射（辐射很小，可忽略），故其损耗与同轴线相当。带状线不仅在微波集成电路中充当连接元件和器件的传输线，同时还可用来构成电感、电容、谐振器、滤波器、功分器、耦合器等无源器件。

表征带状线的特性参数主要是特性阻抗、相速度、波导波长、衰减和功率容量等，下面分别讨论这些参数。

3.1.1 主模及单模工作条件

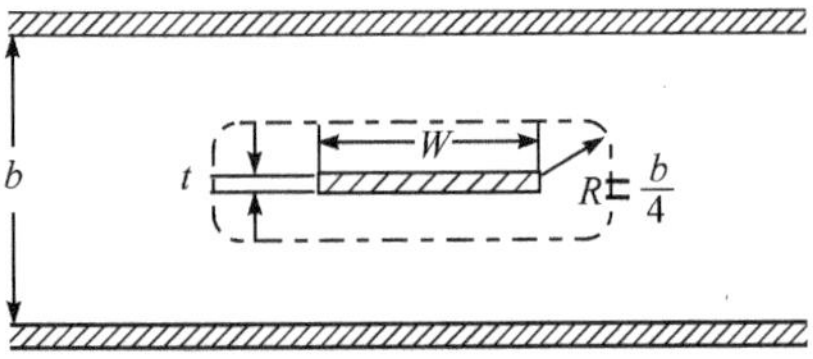

图 3.1-3　带状线示意

带状线的主模为 TEM 模，第一高次模为 TE_{11} 模。截止波长可以仿照同轴线的 TE_{11} 模求出。将中心导带视为同轴线内导体，上下接地板为同轴线的外导体。取平均周长（图 3.1-3），得到

$$\lambda_{cTE_{11}}=2\sqrt{\varepsilon_r}\left(W+\frac{\pi b}{4}\right) \tag{3.1-1}$$

另外，当 b 较大时，带状线中将出现径向线模。其最低轴向磁波为 TM_{10} 波，截止波长为

$$\lambda_{cTM_{10}}=\frac{\sqrt{\varepsilon_r}}{\sqrt{(1/2b)^2+0}}=2\sqrt{\varepsilon_r}b \tag{3.1-2}$$

从而得带状线只传输 TEM 模的条件

$$\lambda_{min}>\begin{cases}2\sqrt{\varepsilon_r}(W+\pi b/4)\\ 2\sqrt{\varepsilon_r}b\end{cases} \tag{3.1-3}$$

为减少带状线在横截面方向的能量泄漏，上下接地板的宽度 D 和接地板间距 b 必须满足

$$D>(3\sim6)W \quad 和 \quad b\ll\lambda/2 \tag{3.1-4}$$

根据上述要求即可选择 W 和 b 的尺寸。由于带状线的辐射损耗比较小，且结构对称，很容易与同轴线相连接，因此适合制作各种高 Q 值、高性能的微波元件，如滤波器、定向耦合器和谐振器等。如果带状线中引入不均匀性时会激起高次模，故带状线不大适合制作有源部件。

一般地，带状线的最高工作频率取

$$f_c(\text{GHz})=\frac{15}{b\sqrt{\varepsilon_r}}\left(\frac{1}{W/b+\pi/4}\right) \tag{3.1-5}$$

式中，W 和 b 的单位取 cm。

3.1.2　带状线的主要特性参量

1. 特性阻抗

由分布参数可得带状线的特性阻抗为

$$Z_0=\frac{1}{v_pC_1}=\frac{\sqrt{\varepsilon_r}}{cC_1} \tag{3.1-6}$$

式中，C_1 为单位长度带状线的静电电容。

精确计算带状线的特性阻抗比同轴线要复杂得多。一种简单的方法是，考虑到边缘场的影响，相当于中心导体带宽度变宽，效果相当于导体带两端加一段圆弧，以 R 表示半径，则导体带宽度为 W_e+2R（W_e 是中心导体带的等效宽度），一般取 $R=0.2205b$。这样，导体带与一边接地板之间的单位长度电容为

$$C_1'=\frac{\varepsilon(W_e+2R)}{b/2}=\frac{2\varepsilon(W_e+0.441b)}{b}$$

则带状线单位长度电容为

$$C_1=2C_1'=\frac{4\varepsilon(W_e+0.441b)}{b}$$

代入式(3.1-6)，得带状线特性阻抗为

$$Z_0=\frac{30\pi}{\sqrt{\varepsilon_r}}\frac{b}{W_e+0.441b} \tag{3.1-7a}$$

而

$$\frac{W_e}{b}=\frac{W}{b}-\begin{cases}0, & W/b>0.35\\(0.35-W/b)^2, & W/b<0.35\end{cases} \tag{3.1-7b}$$

由式(3.1-7)可知，带状线的特性阻抗随导体带宽度 W 的增大而减小。同时，该式是假定零导体带厚度得到的结果，其精度约为1%。

惠勒(Wheeler H. A.)用保角变换法得到了如下有限厚度导体带带状线特性阻抗公式，即

$$Z_0=\frac{30}{\sqrt{\varepsilon_r}}\ln\left\{1+\frac{4}{\pi}\cdot\frac{1}{m}\left[\frac{8}{\pi}\cdot\frac{1}{m}+\sqrt{\left(\frac{8}{\pi}\cdot\frac{1}{m}\right)^2+6.27}\right]\right\} \tag{3.1-8}$$

式中

$$m=\frac{W}{b-t}+\frac{\Delta W}{b-t}$$

$$\frac{\Delta W}{b-t}=\frac{x}{\pi(1-x)}\left\{1-0.5\ln\left[\left(\frac{x}{2-x}\right)^2+\left(\frac{0.0796x}{W/b+1.1x}\right)^n\right]\right\}$$

$$n=\frac{2}{1+\frac{2}{3}\cdot\frac{x}{1-x}},\qquad x=\frac{t}{b}$$

式中,t 为导体带的厚度。当 $W/(b-t)<10$ 时,式(3.1-8)的精度优于0.5%。

2. 相速度和波导波长

导波沿带状线传播的速度为

$$v_p=v=\frac{c}{\sqrt{\varepsilon_r}} \tag{3.1-9}$$

式中,v 为无界媒质中 TEM 波的速度;c 为光速;ε_r 为带状线中填充介质的相对介电常数。

带状线的波导波长为

$$\lambda_g=\lambda=\frac{\lambda_0}{\sqrt{\varepsilon_r}} \tag{3.1-10}$$

式中,λ 为无界媒质中 TEM 波波长;λ_0 为自由空间中 TEM 波波长。

3. 带状线功率容量

带状线传输的功率主要受两个因素制约:一是介质本身的击穿场强(与峰值功率相对应);二是介质自身所能承受的最高温升(与平均功率相对应)。因此,带状线难以传输比较大的功率,尤其是在中心导体带的棱角处最容易发生电击穿。若把棱角改为光滑的圆角,则其功率容量会有所提高。经倒圆角的空气带状线的最大峰值击穿功率可表示为

$$\frac{P_{max}\cdot \mathrm{VSWR}}{b^2P^2}=\frac{602\times10^3}{Z_0}\left[\frac{t}{b}-\frac{1}{2}\left(\frac{t}{b}\right)^2\right] \tag{3.1-11}$$

式中,P_{max} 为最大峰值击穿功率,单位为 kW;P 为大气压力,单位为 atm($1\mathrm{atm}=1.013\ 25\times10^5\mathrm{Pa}$);$b$ 和 t 的单位为 cm。

4. 衰减常数

带状线的衰减 α 一般包括三部分:导体衰减 α_c、介质衰减 α_d 和辐射引起的衰减 α_r,即

$$\alpha=\alpha_c+\alpha_d+\alpha_r$$

式中,α_r 在满足 $b<\lambda_{min}/(2\sqrt{\varepsilon_r})$ 条件下可以忽略不计。

介质的衰减常数为

$$\alpha_d=\frac{k\tan\delta}{2}\quad(\mathrm{Np/m}) \tag{3.1-12}$$

导体衰减常数 α_c 可用惠勒增量电感法则求得,近似结果为(单位:Np/m)

$$\alpha_c=\begin{cases}\dfrac{2.7\times10^{-3}R_s\varepsilon_rZ_0}{30\pi(b-t)}A, & \sqrt{\varepsilon_r}Z_0<120\Omega\\[2ex] \dfrac{0.16R_s}{Z_0 b}B, & \sqrt{\varepsilon_r}Z_0>120\Omega\end{cases} \tag{3.1-13}$$

式中

$$A=1+\frac{2W}{b-t}+\frac{1}{\pi}\frac{b+t}{b-t}\ln\left(\frac{2b-t}{t}\right)$$

$$B=1+\frac{b}{0.5W+0.7t}\left(0.5+\frac{0.414t}{W}+\frac{1}{2\pi}\ln\frac{4\pi W}{t}\right)$$

3.2 微　带　线

微带线目前是混合微波集成电路(HMIC)和单片微波集成电路(MMIC)以及多芯片互连(MCM)使用最多的一种平面型传输线。微带线或由微带线构成的微波元件，大多采用薄膜(如真空镀膜)和光刻等工艺在介质基片上制作出所需要的电路。此外，也可以利用在介质基片两面敷有铜箔的板，在板的一面用光刻腐蚀法制作出所需要的电路，而板另一面的铜箔作为接地板。如图3.2-1所示。

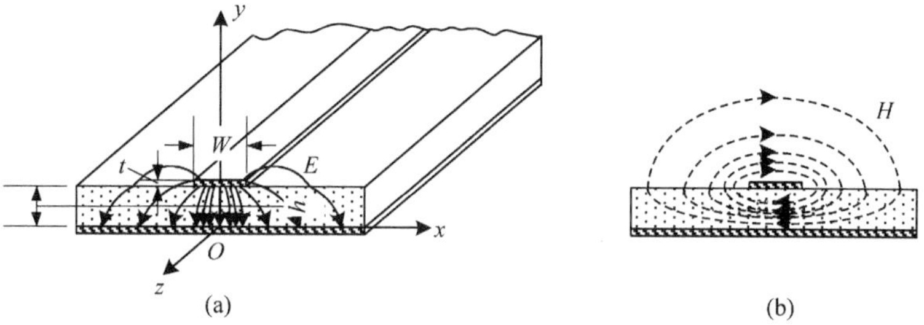

图3.2-1　微带线结构

微带线可以看作由双线传输线演变而来，如图3.2-2所示。在两根导线之间插入极薄的理想导体平板，它并不影响原来的场分布，而后去掉板下的一根导线，将留下一根"压扁"，即构成了微带线。

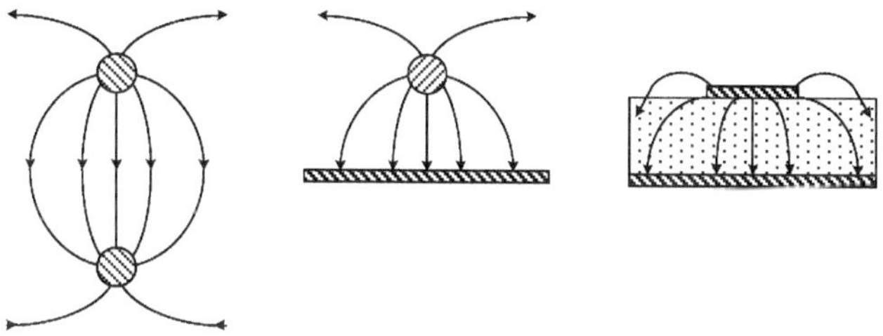

图3.2-2　双导线演变成微带线

3.2.1　微带线的主模及单模工作条件

微带线虽然是双导体传输线，又可视为双线演化而来，但它的主模并不是TEM模，这是由于微带线中填充有两种介质(基片与空气介质。基片材料常采用金红石、氧化铝陶瓷、蓝宝石聚四氟乙烯和玻璃纤维强化聚四氟乙烯等)，属于分区填充介质的导波系统。TEM波不能满足介质基片与空气分界面上的边界条件。要满足微带线的边界条件，场必须有纵向分量，即E_z、H_z不全为零或都不为零。但是由于实际微带线的场主要集中在介质中，空气中的场较弱，因此电磁场的纵向分量很小，此时的场结构近似于TEM模，一般称其为准TEM模。微带线中的主模就是准TEM模。

为简化处理，在实际应用中不会带来很大误差，常把在较低频率范围内的准TEM模当成纯TEM模来处理，并据此来分析微带线的主要特性参量，这种方法称为准静态分析方法。严格地讲，准TEM模具有色散特性，这一点与纯TEM模不同，而且随着工作频率的升高，这两种模之间的差别也越大。

微带线中除了准 TEM 模外，还可能存在其他高次模式。微带线中的高次模式有两种：波导模和表面波模。

波导模是指在金属导带与接地板之间构成有限宽度的平板波导中存在的 TE 模、TM 模。平板波导的最低 TE 模和 TM 模是 TE_{10} 模、TM_{01} 模。

TE_{10} 模在横截面的场分布如图 3.2-3(a)所示，场沿 W 有一个半波变化，沿 h 不变。截止波长为

$$\lambda_{cTE_{10}} \approx 2W\sqrt{\varepsilon_r} \tag{3.2-1}$$

当考虑导体带厚度 $t \neq 0$ 时，由于边缘效应的影响，相当于导体带的有效宽度增加了 $\Delta W = 0.8h$，上式修正为

$$\lambda_c \approx \sqrt{\varepsilon_r}(2W + 0.8h) \tag{3.2-2}$$

TM_{01} 模在横截面的场分布如图 3.2-3(b)所示。场沿 h 有一个半波变化，沿 W 不变，截止波长为

$$\lambda_c \approx 2h\sqrt{\varepsilon_r} \tag{3.2-3}$$

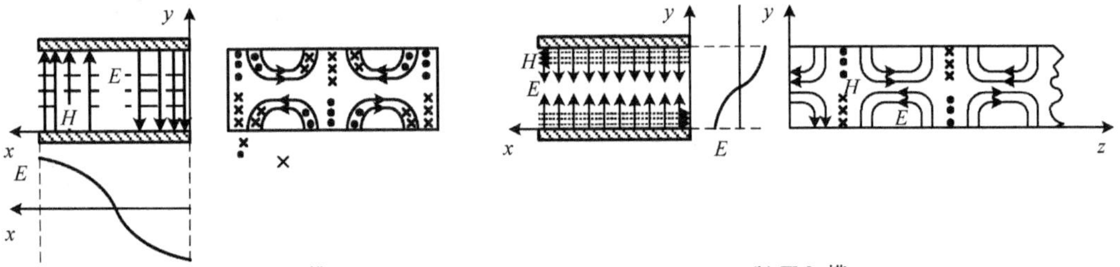

(a) TE_{10}模　　(b) TM_{01}模

图 3.2-3　微带线中的波导模

表面波模是指微带线导带的两侧可视为金属板上涂敷介质的表面波波导，它能传播表面波模。表面波中最低的 TE 模和 TM 模分别是 TE_1 模和 TM_0 模，它们的截止波长分别为

$$\lambda_{cTE_1} = 4h\sqrt{\varepsilon_r - 1} \tag{3.2-4}$$

$$\lambda_{cTM_0} = \infty \tag{3.2-5}$$

由此可见，要保证微带线中单模传输，需要抑制波导模和表面波模。抑制波导模需满足条件

$$\lambda_{min} > 4h\sqrt{\varepsilon_r - 1} \tag{3.2-6}$$

因此，微带线的单模工作条件常取为

$$\lambda_{min} > \begin{cases} \sqrt{\varepsilon_r}(2W + 0.8h) \\ \quad 和 \\ 4\sqrt{\varepsilon_r - 1}\,h \end{cases} \tag{3.2-7}$$

微带线设计中，金属屏蔽盒高度取 $H \geqslant (5 \sim 6)h$，接地板宽度取 $L \geqslant (5 \sim 6)W$。

3.2.2　微带线的主要特性参量

1. *微带线上导波的相速、波导波长及相对有效介电常数*

假定微带线上的导波是 TEM 波，考虑到微带线部分填充介质、部分填充空气的情况，其相速度必然介于全填充介质和全填充空气情况的相速之间，即

$$\frac{c}{\sqrt{\varepsilon_r}} < v_p < c \tag{3.2-8}$$

式中，c 是微带线全填充空气时 TEM 波的相速，$c/\sqrt{\varepsilon_r}$ 是微带线全填充介质时 TEM 波的相速。因此，v_p 的大小决定于填充介质区域的大小和介质的介电常数。

由于微带线是具有混合介质系统的传输线，因此它的相速度可表示为

$$v_p=\frac{c}{\sqrt{\varepsilon_{re}}} \tag{3.2-9}$$

式中，c 为自由空间中电磁波的速度；ε_{re} 为相对有效介电常数。求解微带线的特性参量关键在于求得相对有效介电常数 ε_{re}，而 ε_{re} 的范围为 $1\sim\varepsilon_r$。

微带传输线的波导波长 λ_g 为

$$\lambda_g=\frac{\lambda_0}{\sqrt{\varepsilon_{re}}} \tag{3.2-10}$$

式中，λ_0 为自由空间中的波长。

根据传输线电路理论，导波的相速 v_p 可用传输线的分布参数表示出来，即

$$v_p=\frac{1}{\sqrt{L_1C_1}} \tag{3.2-11}$$

式中，L_1、C_1 分别为传输线上单位长度的分布电感和电容。

对于空气填充的微带线，有

$$c=\frac{1}{\sqrt{L_1^0C_1^0}} \tag{3.2-12}$$

式中，L_1^0、C_1^0 分别为空气填充微带线上单位长度的分布电感和电容。

由式(3.2-9)、式(3.2-11)和式(3.2-12)，知

$$\varepsilon_{re}=\frac{C_1}{C_1^0} \tag{3.2-13}$$

上式考虑了介质为非磁性材料。相对介电常数即为实际微带线的分布电容 C_1 与空气填充微带线的分布电容 C_1^0 之比。C_1^0、C_1 可以通过保角变换法求出，经过一定的推导可得

$$\varepsilon_{re}\approx\frac{\varepsilon_r+1}{2}+\frac{\varepsilon_r-1}{2}\left(1+\frac{10h}{W}\right)^{-\frac{1}{2}} \tag{3.2-14}$$

也可把 ε_{re} 写成

$$\varepsilon_{re}\approx1+q(\varepsilon_r-1) \tag{3.2-15}$$

式中

$$q=\frac{1}{2}\left[1+\left(1+\frac{10h}{W}\right)^{-\frac{1}{2}}\right] \tag{3.2-16}$$

称为填充系数，它表示 $\varepsilon_r>1$ 的介质的填充程度。当 $q=0$ 时 $\varepsilon_{re}=1$，表示微带中填充的全部是空气介质；当 $q=1$ 时 $\varepsilon_{re}=\varepsilon_r$，表示微带线全被相对介电常数为 ε_r 的介质包围着。

2. 微带线的特性阻抗

在求得有效相对介电常数 ε_{re} 后，微带线特性阻抗便可表示为

$$Z_0=\sqrt{\frac{L_1}{C_1}}=\frac{1}{v_pC_1}=\frac{Z_0^0}{\sqrt{\varepsilon_{re}}} \tag{3.2-17}$$

式中，$Z_0^0=\frac{1}{cC_1^0}$为空气填充时微带线的特性阻抗。

导带厚度为零的微带线特性阻抗表达式如下：

$W/h>2$ 的宽微带线

$$Z_0=\frac{60\pi}{\sqrt{\varepsilon_r}}\left[\frac{W}{2h}+0.441+0.082\left(\frac{\varepsilon_r-1}{\varepsilon_r^2}\right)+\left(\frac{\varepsilon_r-1}{2\pi\varepsilon_r}\right)\left(1.45+\ln\frac{W}{2h}+0.94\right)\right]^{-1}(\Omega) \tag{3.2-18}$$

$W/h<2$ 的窄微带线

$$Z_0=60\sqrt{\frac{2}{\varepsilon_r+1}}\left[\ln\frac{8h}{W}+\frac{1}{32}\left(\frac{W}{h}\right)^2-\frac{1}{2}\frac{\varepsilon_r-1}{\varepsilon_r+1}\left(\ln\frac{\pi}{2}+\frac{1}{\varepsilon_r}\ln\frac{4}{\pi}\right)\right](\Omega) \tag{3.2-19}$$

上式的误差约为 1%。当 $t\neq0$ 时，将式中 W 用等效导带宽度 $W_e=W+\Delta W$ 代替即可，其中 ΔW 表示为

$W/h>\frac{1}{2\pi}$时

$$\Delta W=\frac{t}{\pi}\left(1+\ln\frac{2h}{t}\right) \tag{3.2-20}$$

$W/h<\frac{1}{2\pi}$时

$$\Delta W=\frac{t}{\pi}\left(1+\ln\frac{4\pi W}{t}\right) \tag{3.2-21}$$

惠勒还给出了宽、窄微带线通用近似公式

$$Z_0=\frac{42.4}{\sqrt{\varepsilon_r+1}}\ln\left[1+\left(\frac{4h}{W_e}\right)(A+\sqrt{A^2+B\pi^2})\right](\Omega) \tag{3.2-22}$$

式中

$$A=\left(\frac{14+\frac{8}{\varepsilon_r}}{11}\right)\left(\frac{4h}{W_e}\right)$$

$$W_e=W+B\Delta W$$

$$B=\frac{1+\frac{1}{\varepsilon_r}}{2}$$

$$\Delta W=\frac{t}{\pi}\left\{1+\ln\frac{4}{\left(\frac{t}{h}\right)^2+\left[\frac{1}{\pi\left(\frac{W}{t}+1.1\right)}\right]^2}\right\}$$

3. 微带线的衰减

一般情况下，微带线中的损耗包括导体损耗、介质损耗和辐射损耗三部分。若微带线的尺寸选择适当，频率不很高，则辐射损耗很小，一般可忽略不计。因此表征微带线损耗的衰减常数 α 可写为

$$\alpha=\alpha_c+\alpha_d \tag{3.2-23}$$

式中，α_c为导体的衰减常数；α_d为介质的衰减常数。

微带线因是部分填充介质，故介质衰减应比全填充介质的情况下衰减小。

对于 α_c，可用增量电感法求得。由于电流在导体带和接地板的横截面内的分布是不均匀的，所以 α_c的计算较繁琐。略去推导过程，只列出结果。

当$\frac{W}{h}\leqslant\frac{1}{2\pi}$时

$$\frac{\alpha_c Z_0 h}{R_s}=\frac{8.68}{2\pi}\left[1-\left(\frac{W_e}{4h}\right)^2\right]\left[1+\frac{h}{W_e}+\frac{h}{\pi W_e}\left(\ln\frac{4\pi W}{t}+\frac{t}{W}\right)\right]\quad (\text{Np/m})\quad (3.2-24\text{a})$$

当$\frac{1}{2\pi}<\frac{W}{h}<2$ 时

$$\frac{\alpha_c Z_0 h}{R_s}=\frac{8.68}{2\pi}\left[1-\left(\frac{W_e}{4h}\right)^2\right]\left[1+\frac{h}{W_e}+\frac{h}{\pi W_e}\left(\ln\frac{2h}{t}-\frac{t}{h}\right)\right]\quad (\text{Np/m})\quad (3.2-24\text{b})$$

当$\frac{W}{h}\geqslant 2$ 时

$$\frac{\alpha_c Z_0 h}{R_s}=\frac{1}{\left\{\frac{W_e}{h}+\frac{2}{\pi}\ln\left[2\pi\left(\frac{W_e}{2h}+0.94\right)\right]\right\}^2}\times\left[\frac{W_e}{h}+\frac{W_e/(\pi h)}{\frac{W_e}{2h}+0.94}\right]\left[1+\frac{h}{W_e}+\frac{1}{\pi W_e}\left(\ln\frac{2h}{t}-\frac{t}{h}\right)\right]\quad (\text{Np/m})\quad (3.2-24\text{c})$$

以上各式中，W 为导体带厚度 $t\neq 0$ 时的实际宽度，W_e 为 $t\neq 0$ 时导体带的有效宽度。

对于 $W/h\gg 1$ 的微带线，可近似认为导带上的电流沿宽度方向均匀分布，α_c 可由下式计算：

$$\alpha_c=\frac{R_1}{2Z_0}\approx\frac{R_s}{WZ_0}\quad (\text{Np/m})\qquad (3.2-25)$$

微带传输线的介质损耗常数 α_d 可由 $\alpha_{d\text{TEM}}$的一般式求得

$$\alpha_d=\frac{\pi\sqrt{\varepsilon_{re}}}{\lambda_0}\left(\frac{q\varepsilon_r}{\varepsilon_{re}}\right)\tan\delta\quad (\text{Np/m})\qquad (3.2-26)$$

式中，$q\varepsilon_r/\varepsilon_{re}$称为损耗角正切的填充系数。

3.3　耦合带状线和耦合微带线

当两根带状线或者两根微带线的导体带靠得很近时，导带之间必然存在电磁能量的耦合，这样就构成耦合带状线和耦合微带线，称为耦合传输线简称耦合线。

3.3.1　耦合带状线

耦合带状线的结构型式有多种，如图 3.3－1 所示。利用耦合带状线可以构成滤波器、定向耦合器、电桥等微波元件，以及其他用途的耦合电路。和带状线的情况一样，耦合带状线传输的主模也是 TEM 模，因此对于耦合带状线特性的分析，同样可以采用静态场分析方法。对耦合带状线的分析，通常可采用奇模和偶模的分析方法。下面仅对薄带侧耦合和厚带侧耦合两种情况加以讨论。

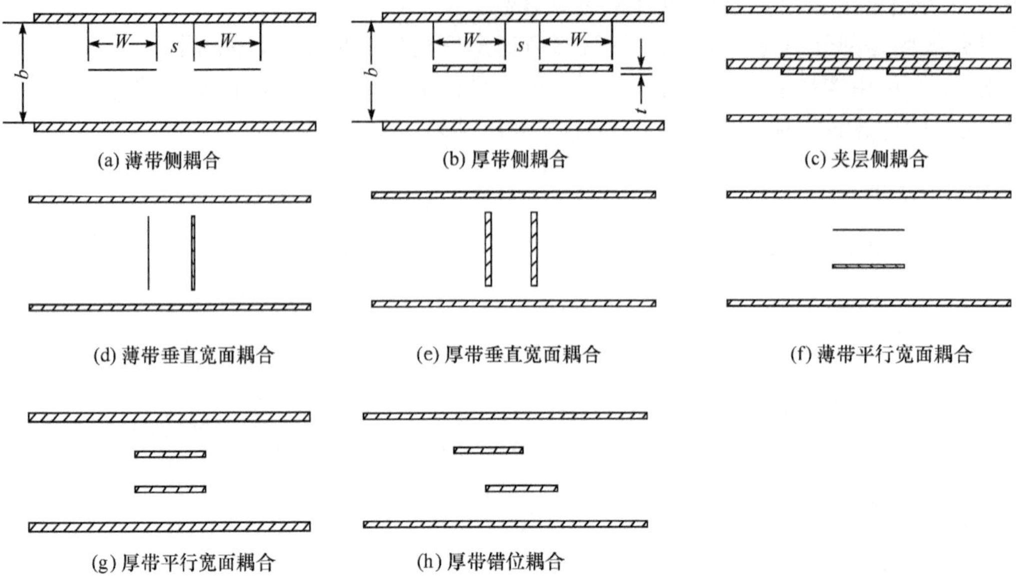

图 3.3-1　耦合带状线的结构型式

1. 薄带侧耦合带状线的主要特性

1）奇、偶模特性阻抗

耦合带状线填充的介质是均匀的，对于主模 TEM，可采用奇模激励和偶模激励两种状态对它进行分析，其他的激励状态可看作是这两种状态的叠加。这两种状态的场结构如图 3.3-2所示，是一个对称薄带侧耦合带状线。所谓奇模激励，就是在耦合线的两个中心导体带上加的电压幅度相等，而相位相反，此时的场结构如图 3.3-2(a)所示。由图可见，耦合线对称面上电场强度的切向分量为零，此时的对称面称为电壁；而偶模激励，则是在两个中心导体带上加的电压幅度相等，相位相同，此时的场结构如图 3.3-2(b)所示。由图可见，耦合线对称面上磁场强度的切向分量为零，此时的对称面称为磁壁。

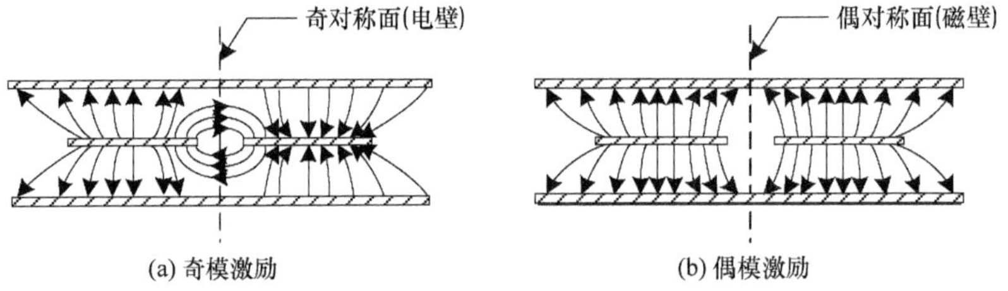

图 3.3-2　对称耦合带状线奇模和偶模的电场结构

由于上述两种激励状态的场结构不同，因而与之对应的分布电容、分布电感以及特性阻抗也不相同。在奇模激励下，单根内导体带对接地板的阻抗，称为奇模特性阻抗 Z_{0o}；在偶模激励下，单根内导体带对接地板的阻抗，称为偶模特性阻抗 Z_{0e}。同理，与这两种激励状态相对应的还有奇模分布电容 C_o 和偶模分布电容 C_e。由此可得如下关系式：

$$Z_{0o}=\frac{1}{v_{po}C_o} \tag{3.3-1}$$

$$Z_{0e}=\frac{1}{v_{pe}C_e} \tag{3.3-2}$$

在耦合带状线为均匀介质填充的情况下，相速度 v_{po} 和 v_{pe} 是相等的，而且都等于电磁波在无界介质中的传播速度 v_p，即

$$v_{po}=v_{pe}=v_p=\frac{c}{\sqrt{\varepsilon_r}} \tag{3.3-3}$$

式中，c 为自由空间中电磁波的传播速度。

由保角变换可以求出 C_o 和 C_e，利用 Z_{0o} 和 Z_{0e} 的表示式，则 Z_{0o} 和 Z_{0e} 也可求。略去推导过程，而只把结果写在下面：

$$Z_{0o}=\frac{30\pi}{\sqrt{\varepsilon_r}}\frac{K(k_o')}{K(k_o)}\ (\Omega) \tag{3.3-4}$$

$$Z_{0e}=\frac{30\pi}{\sqrt{\varepsilon_r}}\frac{K(k_e')}{K(k_e)}\ (\Omega) \tag{3.3-5}$$

式中，$K(\cdot)$ 为第一类完全椭圆积分；k_o、k_e 为模数；k_o'、k_e' 为补模数。模数与耦合线结构尺寸的关系为

$$k_o=\text{th}\left(\frac{\pi W}{2b}\right)\coth\left[\frac{\pi}{2}\left(\frac{W+S}{b}\right)\right] \tag{3.3-6a}$$

$$k_o'=\sqrt{1-k_o^2} \tag{3.3-6b}$$

$$k_e=\text{th}\left(\frac{\pi W}{2b}\right)\coth\left[\frac{\pi}{2}\left(\frac{W+S}{b}\right)\right] \tag{3.3-6c}$$

$$k_e'=\sqrt{1-k_e^2} \tag{3.3-6d}$$

式中，W 为中心导体带的宽度；S 为两个中心导体带的间距；b 为上下接地板间的距离。在实际的应用中，利用上述公式计算奇、偶模特性阻抗，或由奇、偶特性阻抗确定耦合线的尺寸，都比较复杂，目前一般利用计算机进行辅助设计。

需要指出的是，当耦合线中的两根传输线相距甚远（理论上 $S/b\to\infty$），以致它们之间的耦合可忽略不计时，则奇、偶模的特性阻抗相等而且都等于单根传输线的特性阻抗。

2）相速度和波导波长

前面讲过，耦合带状线填充的是均匀介质，在这种情况下，奇、偶模的场分布虽然不同，但它们都是 TEM 波，因此，奇、偶模的相速是相同的，而且就等于（无界）介质中 TEM 波的速度，即

$$v_{po}=v_{pe}=v_p=\frac{c}{\sqrt{\varepsilon_r}} \tag{3.3-7}$$

式中，c 为自由空间中电磁波的速度。

奇、偶模的波导波长也相同，即

$$\lambda_g=\frac{\lambda_0}{\sqrt{\varepsilon_r}} \tag{3.3-8}$$

式中，λ_0 为自由空间中的波长。

2. 厚带侧耦合带状线的主要特性

1）奇、偶模特性阻抗

前面讲的薄带侧耦合带状线的计算公式，是在中心导体带极薄或理论上讲是在 $t\approx 0$ 的情况下求得的。实际情况是 t 不可能为零，这就是厚带侧耦合带状线。它有对称和不对称两种结构型式，如图 3.3-3 所示。为了更一般化，只讨论不对称的厚带侧耦合带状线。和薄带侧耦合的分析方法相似，也是采用奇、偶模的分析方法，先求出它们的奇、偶模电容，而后求得奇、偶模特性阻抗。

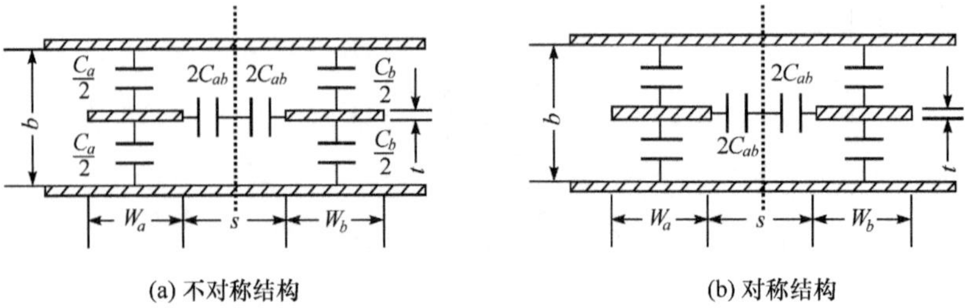

图 3.3-3　厚带侧耦合带状线

在奇、偶模激励下，耦合线的各种电容如图 3.3-4 所示。在奇模激励下。单根内导体带对地的电容分别为

$$\frac{C_o^a}{\varepsilon}=2\left(\frac{C_p^a}{\varepsilon}+\frac{C_f}{\varepsilon}+\frac{C_{fo}}{\varepsilon}\right) \tag{3.3-9a}$$

$$\frac{C_o^b}{\varepsilon}=2\left(\frac{C_p^b}{\varepsilon}+\frac{C_f}{\varepsilon}+\frac{C_{fo}}{\varepsilon}\right) \tag{3.3-9b}$$

在偶模激励下，单根内导体带对地的电容分别为

$$\frac{C_e^a}{\varepsilon}=2\left(\frac{C_p^a}{\varepsilon}+\frac{C_f}{\varepsilon}+\frac{C_{fe}}{\varepsilon}\right) \tag{3.3-10a}$$

$$\frac{C_e^b}{\varepsilon}=2\left(\frac{C_p^b}{\varepsilon}+\frac{C_f}{\varepsilon}+\frac{C_{fe}}{\varepsilon}\right) \tag{3.3-10b}$$

由上面两组公式可得

$$\frac{C_o^a}{\varepsilon}-\frac{C_e^a}{\varepsilon}=2\left(\frac{C_{fo}}{\varepsilon}-\frac{C_{fe}}{\varepsilon}\right)=2\,\frac{\Delta C}{\varepsilon} \tag{3.3-11a}$$

或

$$\frac{\Delta C}{\varepsilon}=\frac{1}{2}\left(\frac{C_o^a}{\varepsilon}-\frac{C_e^a}{\varepsilon}\right)=C_{ab}$$

$$\frac{C_o^b}{\varepsilon}-\frac{C_e^b}{\varepsilon}=2\left(\frac{C_{fo}}{\varepsilon}-\frac{C_{fe}}{\varepsilon}\right)=2\,\frac{\Delta C}{\varepsilon} \tag{3.3-11b}$$

或

$$\frac{\Delta C}{\varepsilon}=\frac{1}{2}\left(\frac{C_o^b}{\varepsilon}-\frac{C_e^b}{\varepsilon}\right)=C_{ab}$$

在以上各式中，C_f 为边缘电容；C_{fo} 为奇模激励状态下导体带内侧的边缘电容；C_{fe} 为偶模激励状态下导体带内侧的边缘电容；ε 为填充介质的介电常数；C_{ab} 为内导体 a 与 b 之间的耦合电容；C_p^a 和 C_p^b 分别为内导体带 a 和 b 对接地板之间的平板电容。

$$C_p^a=\frac{\varepsilon W_a}{\frac{b-t}{2}} \tag{3.3-12a}$$

$$C_p^b=\frac{\varepsilon W_b}{\frac{b-t}{2}} \tag{3.3-12b}$$

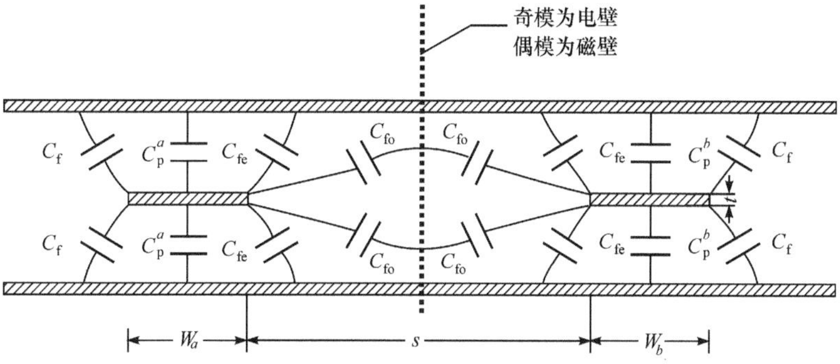

图 3.3-4　不对称厚带侧耦合带状线的各种电容

2）相速度和波导波长

由于在填充介质均匀的情况下，TEM 波的相速度只与介质的 μ 和 ε 有关，因而奇、偶模的相速度是相同的，而且就等于(无界)介质中 TEM 波的速度，即

$$v_{po}=v_{pe}=v_p=\frac{1}{\sqrt{\mu\varepsilon}}$$

由此即可求得奇、偶模的特性阻抗。例如对于两个内导体带的宽度都为 W 的情况而言，奇模特性阻抗为

$$Z_{co}^a=\frac{1}{v_p C_o^a}=\frac{120\pi}{\sqrt{\varepsilon_r}\dfrac{C_o^a}{\varepsilon}} \tag{3.3-13}$$

偶模特性阻抗为

$$Z_{ce}^a=\frac{1}{v_p C_e^a}=\frac{120\pi}{\sqrt{\varepsilon_r}\dfrac{C_e^a}{\varepsilon}} \tag{3.3-14}$$

根据式(3.3-11)、式(3.3-13)和式(3.3-14)可得

$$\frac{\Delta C}{\varepsilon}=\frac{60\pi}{\sqrt{\varepsilon_r}}\left(\frac{1}{Z_{co}^a}-\frac{1}{Z_{ce}^a}\right) \tag{3.3-15}$$

耦合微带线的计算公式比较复杂，以前一般给出一些图表曲线，通过查阅计算结果进行计算是一种比较快速的方法。在工程上，目前广泛采用计算机辅助设计技术及仿真设计技术进行计算、设计。

3.3.2　耦合微带线

耦合微带线在无源和有源微波集成电路中有着广泛的应用，如在定向耦合器、滤波器和阻抗匹配网络中的应用。图 3.3-5 是一个对称耦合微带线的结构简图。所谓对称耦合微带线，即相耦合的两个微带线具有相同的截面尺寸、相同的导体带和接地板材料，以及相同的填充介质。下面讨论耦合微带线的参量。

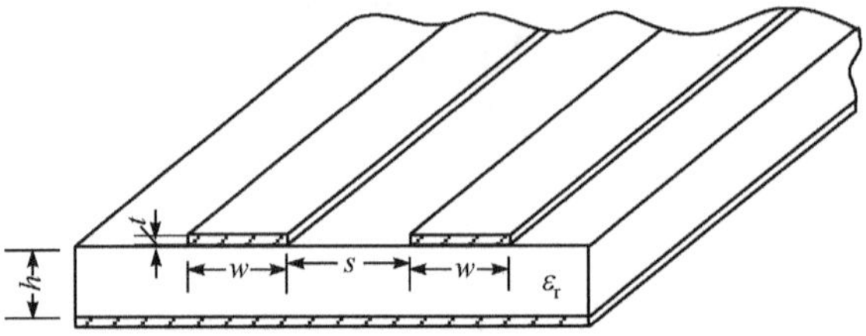

图 3.3-5　耦合微带线的结构

实际使用的耦合微带线由于存在介质基片而属于介质非均匀的传输线。和单微带线类似，也可以引入等效介电常数 ε_e。

1. 奇、偶模特性阻抗

耦合微带线是由部分介质填充的不均匀系统，严格地讲，它传输的是具有色散特性的混合模。因此，对于耦合微带线的分析也是比较复杂的，方法也有多种。最常用的分析方法是准静态分析方法，即把耦合微带线中传输的模看作是 TEM 模(准 TEM 模)。在这种情况下采用奇模和偶模的分析方法，求出奇、偶模电容，以及奇、偶模相速，并进而求出奇、偶模特性阻抗，同时也可求出与奇、偶模分别相对应的波导波长。对称耦合微带线中奇、偶模的横向场分布如图3.3-6 所示。

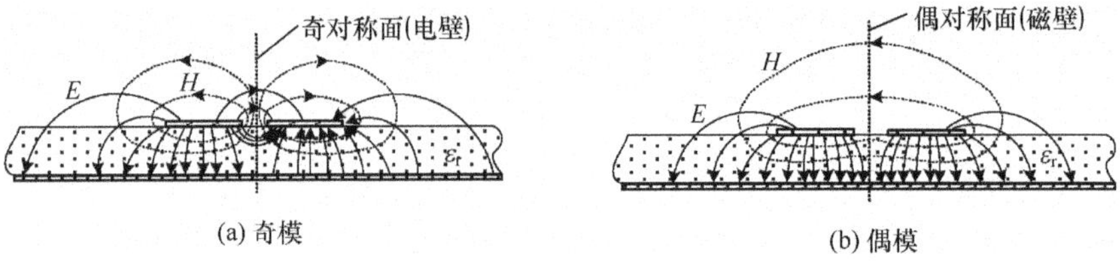

图 3.3-6　耦合微带线中奇、偶模的场结构

在准静态条件下，求耦合微带线参数最常用的方法是保角变换法，下面叙述用这种方法导出的、导体带厚度 $t=0$ 时耦合微带线的特性参数。

若耦合微带线填充的完全是空气介质，单根导体带对接地板的奇模电容为 $C_o(1)$，偶模电容为 $C_e(1)$；$C_o(\varepsilon_r)$和 $C_e(\varepsilon_r)$分别为填充了相对介电常数为 ε_r 的介质后，单根导体带对接地板的奇模电容和偶模电容，则有下列关系式：

$$\varepsilon_{eo}=\frac{C_o(\varepsilon_r)}{C_o(1)}=1+q_o(\varepsilon_r-1) \tag{3.3-16}$$

$$\varepsilon_{ee}=\frac{C_e(\varepsilon_r)}{C_e(1)}=1+q_e(\varepsilon_r-1) \tag{3.3-17}$$

式中，ε_{eo}和 ε_{ee}分别为奇、偶模的等效相对介电常数；q_o和 q_e分别为奇、偶模的填充系数。奇模特性阻抗 Z_{0o}和偶模特性阻抗 Z_{0e}的表示式为

$$Z_{0o}=\frac{1}{v_{po}C_0(\varepsilon_{eo})}=\frac{Z_{0o}(1)}{\sqrt{\varepsilon_{eo}}} \tag{3.3-18}$$

$$Z_{0e}=\frac{1}{v_{pe}C_0(\varepsilon_{ee})}=\frac{Z_{0e}(1)}{\sqrt{\varepsilon_{ee}}} \tag{3.3-19}$$

式中，$Z_{0o}(1)$和$Z_{0e}(1)$分别为完全是空气填充时耦合微带线的奇模和偶模特性阻抗。利用保角变换可求得$Z_{0o}(1)$和$Z_{0e}(1)$的表示式为

$$Z_{0o}(1)=120\pi\frac{K(k_o')}{K(k_o)} \tag{3.3-20}$$

$$Z_{0e}(1)=120\pi\frac{K(k_e')}{K(k_e)} \tag{3.3-21}$$

$$k_o'=\sqrt{1-k_o^2} \tag{3.3-22a}$$

$$k_e'=\sqrt{1-k_e^2} \tag{3.3-22b}$$

式中，$K(\cdot)$为第一类完全椭圆积分；k_o和k_e为其模数；k_o'和k_e'为其补模数。

2. 相速度和波导波长

从奇、偶模的场结构可以看出，由于奇模的电场在空气介质中的分布，要比偶模的电场在空气介质中的分布多些，因此ε_{eo}小于ε_{ee}，因而v_{po}大于v_{pe}。耦合线之间的耦合越紧，这两种速度的差别也越大，这对于由耦合微带线构成的某些微波元件的性能会产生不利的影响，因为在某些情况下，常要求奇模相速度与偶模相速度应十分接近，才能满足元件的性能要求。因此，有时也采用ε_{eo}与ε_{ee}的平均值来计算耦合微带线的特性参数。

奇模相速v_{po}和偶模相速v_{pe}的表示式为

$$v_{po}=\frac{c}{\sqrt{\varepsilon_{eo}}} \tag{3.3-23}$$

$$v_{pe}=\frac{c}{\sqrt{\varepsilon_{ee}}} \tag{3.3-24}$$

式中，c为自由空间中电磁波的速度。

奇模情况下的波导波长λ_{go}与偶模情况下的波导波长λ_{ge}分别为

$$\lambda_{go}=\frac{\lambda_0}{\sqrt{\varepsilon_{eo}}} \tag{3.3-25}$$

$$\lambda_{ge}=\frac{\lambda_0}{\sqrt{\varepsilon_{ee}}} \tag{3.3-26}$$

式中，λ_0为自由空间中的波长。

3.4　悬置微带线和倒置微带线

悬置和倒置微带线的结构分别如图 3.4-1(a)、(b)所示。悬置或倒置微带线传输的主模是准 TEM 模。悬置或倒置微带线中，电磁场的大部分处于空气中，介质影响不大，其有效相对介电常数ε_{re}接近于 1，从而其特性参量接近空气中的参量，线中损耗大大减小，具有比微带线更高的Q值，接近于无色散，因此特别适合应用于滤波器、谐振电路等Q值较高的场合。悬置微带线的缺点是，与标准微带线相比，结构不紧凑。

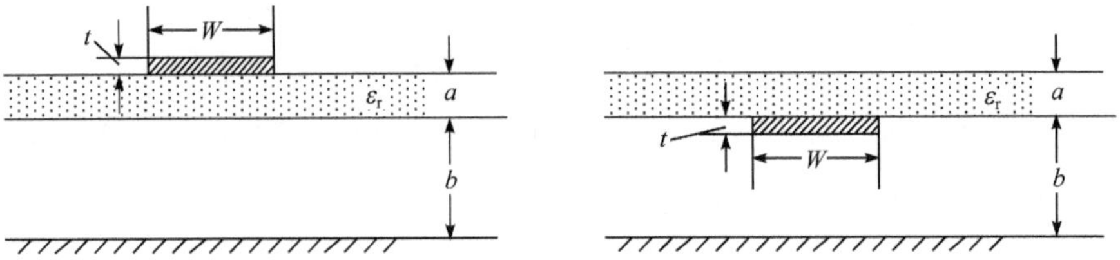

(a) 悬置微带线　　(b) 倒置微带线

图 3.4-1

当 $t/a \ll 1$ 时，特性阻抗可表示为

$$Z_0 = \frac{60}{\sqrt{\varepsilon_{re}}} \ln\left[\frac{f(u)}{u} + \sqrt{1 + \left(\frac{2}{u}\right)^2}\right] \tag{3.4-1}$$

式中

$$f(u) = 6 + (2\pi - 6)\exp\left[-\left(\frac{30.666}{u}\right)^{0.7528}\right]$$

$$u = \begin{cases} W/(a+b), & \text{悬置微带线} \\ W/b, & \text{倒置微带线} \end{cases}$$

悬置微带线的相对有效介电常数可由下式求得：

$$\sqrt{\varepsilon_{re}} = \left[1 + \frac{a}{b}\left(a_1 - b_1 \ln\frac{W}{b}\right)\left(\frac{1}{\sqrt{\varepsilon_r}} - 1\right)\right]^{-1} \tag{3.4-2}$$

式中

$$a_1 = \left(0.8621 - 0.1251\ln\frac{a}{b}\right)^4$$

$$b_1 = \left(0.4986 - 0.1397\ln\frac{a}{b}\right)^4$$

倒置微带线的有效相对介电常数可由下式求得：

$$\sqrt{\varepsilon_{re}} = 1 + \frac{a}{b}\left(a_1 - b_1 \ln\frac{W}{b}\right)(\sqrt{\varepsilon_r} - 1) \tag{3.4-3}$$

式中

$$a_1 = \left(0.5173 - 0.1515\ln\frac{a}{b}\right)^2$$

$$b_1 = \left(0.3092 - 0.1047\ln\frac{a}{b}\right)^2$$

在 $1 < W/b < 8$ 和 $0.2 < a/b < 1$，式(3.4-2)与式(3.4-3)的精度在 $\varepsilon_r \leqslant 6$ 时，精度优于 $\pm 1\%$；在 $\varepsilon_r \approx 10$ 时，精度优于 $\pm 2\%$。

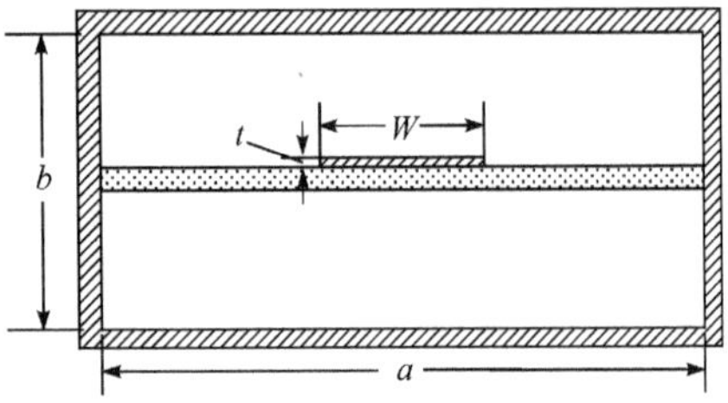

图 3.4-2　带有屏蔽壳的悬置微带线

图 3.4-2 是一个带有屏蔽壳的悬置微带线，它的结构特点是，介质基片及其上面的导体带都远离接地板而悬于空气中。这种结构便于并接安置半导体器件，也便于放置铁氧体及介质谐振器等，从而可以构成各种微波元器件，如隔离器、环行器和滤波器等；此外，也便于把导体带与接地板相接而构成短路。

3.5　槽　　线

3.5.1　槽线的工作模式

槽线的结构如图 3.5－1 所示。它是在基片敷有导体层的一面上开出一个槽(在 1～10GHz 范围内,典型槽宽为 21～30mil①)而构成的一种微带电路,在介质基片的另一面则没有导体层覆盖。为了使电磁场更集中于槽的附近,并减少电磁能量的辐射,则应采用高介电常数的介质基片。这种结构可以构成各种电路图形,而且由于两个有电位差的导体带位于介质基片的同一面,这对于安置固体器件(尤其是需要并接安置时),以及需要对地形成短路时,都比较方便。这种槽线结构特别适用于制作 MIC 的高阻抗线,它难以得到低于 60Ω 的特性阻抗。

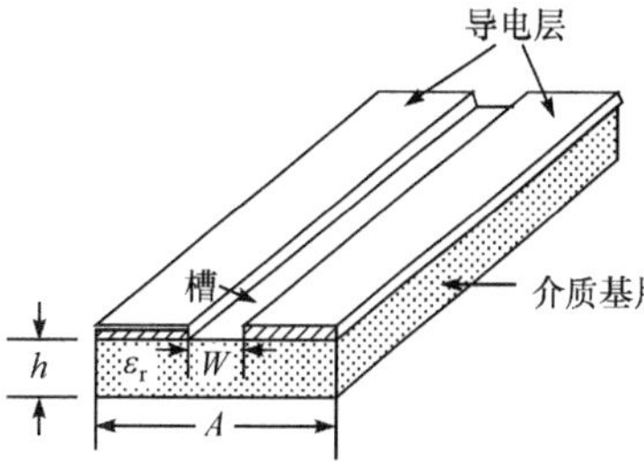

图 3.5－1　槽线结构示意图

槽线属于分区填充介质的导波系统。槽线两导电层上加上电压,电压横跨于槽,在槽中介质表面上由于位移电流不连续,磁场在垂直于槽的纵平面上形成闭合曲线,因此槽线工作于非 TEM 模,属于一种波导模,它的场结构如图 3.5－2 所示。这种模没有截止频率,但是具有色散性质。因此,它的相速和特性阻抗均随频率而变。槽线是一种宽频带结构,这是微带传输线所不具备的。由于槽线是平面结构,特别适合微波集成电路。在实际的应用中,如果在介质基片的一面制作出由槽线构成所需要的电路,在介质基片的另一面制作出微带传输线,那么,利用它们之间的耦合即可构成滤波器和定向耦合器等元件。

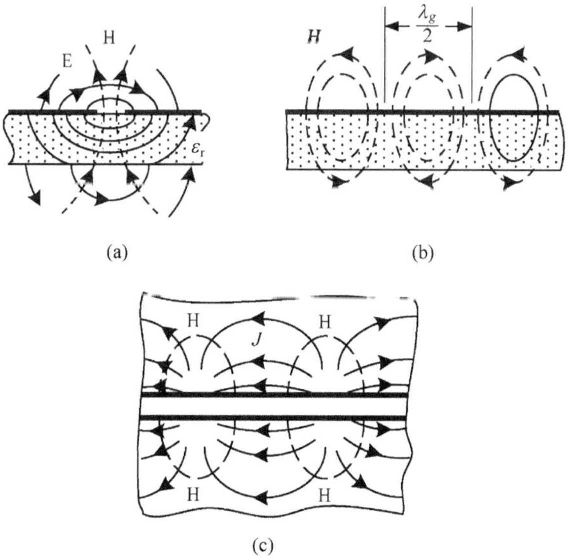

图 3.5－2　槽线的场结构和电流分布

① 1mil＝2.54×10^{-5}m。

3.5.2 槽线的特性参量

由于槽线工作在非 TEM 模，因而准确计算槽线的特性参量非常复杂。

槽线的分析方法有横向谐振法、椭圆波导模型法以及谱域中的伽略金法等，这些方法推导繁冗，计算复杂，工程中常采用近似方法。1969 年科恩采用矩形波导模式来模拟槽波场，求得了槽线的特性参量。但计算过程及表达式相当繁琐。1971 年希尔贝格采用更加简化的方法，将槽波视为 TEM 波，h 视为无穷大，求得槽线的主要特性参量：

槽波波长

$$\lambda_g=\frac{\lambda_0}{\sqrt{\varepsilon_{re}}} \tag{3.5-1}$$

式中，$\varepsilon_{re}=(\varepsilon_r+1)/2$ 为等效介电常数；ε_r 为介质基片的相对介电常数。

槽线特性阻抗

$$Z_0=\frac{Z_0^0}{\sqrt{\varepsilon_{re}}} \tag{3.5-2}$$

式中，Z_0^0 为空气全填充时，槽线的特性阻抗，具体表达为

$$Z_0^0=\begin{cases}120\ln\left[2\left(\dfrac{\sqrt{A/W}+1}{\sqrt{A/W}-1}\right)\right], & Z_0^0\geqslant 188.5\Omega \\ 30\pi^2/\ln(2\sqrt{A/W}), & Z_0^0<188.5\Omega\end{cases} \tag{3.5-3}$$

式中，A 为槽线总宽度；W 为槽宽，如图 3.5－1 所示。

3.6 共面传输线

共面传输线是指所有导电层都集成在介质基片同一平面上的传输线。这些传输线包括槽线、共面波导(CPW)、共面带线(CPS)。与槽线相似，共面波导和共面带线的明显优点是与有源器件和无源元件连接十分方便，不需在介质基片上打孔。共面波导还具有椭圆极化磁场，可制成非互易铁氧体器件。

共面波导的结构如图 3.6－1 所示。即在介质基片的一面上制作出中心导体带，并在紧邻中心导体带的两侧制作出接地板，而介质基片的另一面没有导体层覆盖，这样，就构成了共面波导，或称之为共面微带传输线。为了使电磁场更加集中于中心导体带和接地板所在面的空

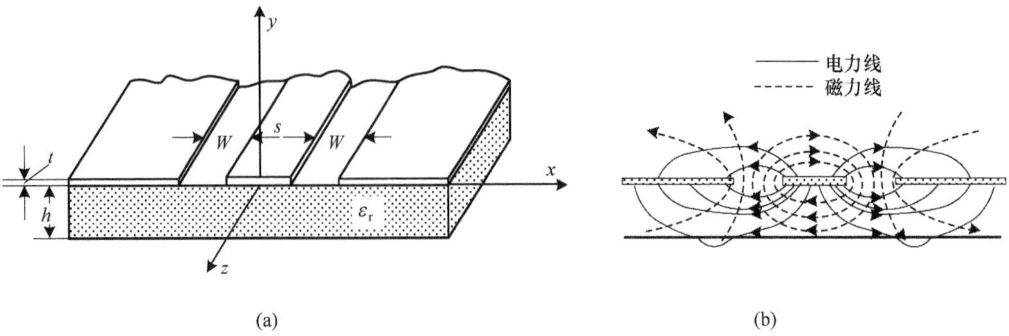

图 3.6－1 共面波导的结构和电磁场的分布

气与介质的交界处，则应采用高介电常数的材料作为介质基片。这种结构，由于中心导体与接地板位于同一平面内，因此，对于需要并联安置的元器件是很方便的。在共面波导中安置铁氧体材料后，就可以构成谐振式隔离器或差分式移相器。共面传输线在安装并联或串联形式的有源或无源集总参数元件都非常方便而用不着在基片上钻孔或开槽，在 HMIC 和 MMIC 中得到了广泛的应用。

共面波导是由介质基片上的中心导体和中心导体两侧的接地板组成，如图 3.6-1(a)所示，其静态电场和磁场分布如图 3.6-1(b)所示。在很高的频率下，共面波导可传输混合模。

共面带线是由在介质基片上同一面的两条相互平行的导带组成，如图 3.6-2(a)所示，其电场和磁场在准静态条件下的分布如图 3.6-2(b)所示。

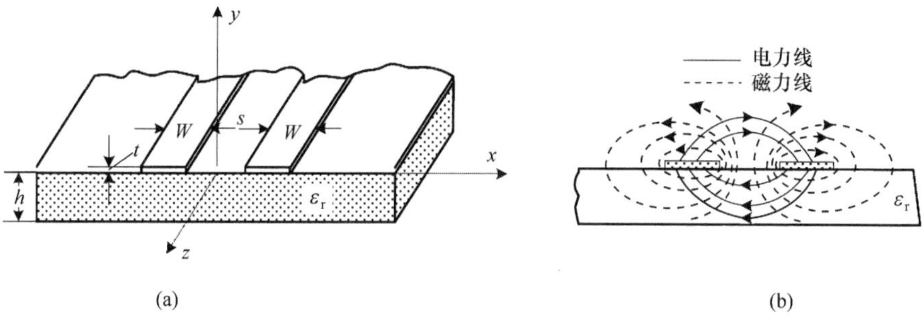

图 3.6-2　共面带线的结构和电磁场的分布

共面波导和共面带线能支持准 TEM 模的传播，其分析方法可采用准静态法分析；但在微波频段的高端，完全为非 TEM 模传播，此时则必须采用全波分析法求解。下面给出 $t\approx 0$ 时特性阻抗计算的准静态法结果。

1）共面波导

$$Z_0=\frac{30\pi}{\sqrt{\varepsilon_{re}}}\frac{K'(k)}{K(k)} \tag{3.6-1}$$

式中，$K'(k)=K(k')$，$k'=\sqrt{1-k^2}$，$k=S/(S+2W)$；$K(k)$表示第一类完全椭圆函数；$K'(k)$表示第一类完全椭圆余函数。且

$$\frac{K(k)}{K'(k)}=\begin{cases}\left[\dfrac{1}{\pi}\ln\left(2\dfrac{1+\sqrt{k'}}{1-\sqrt{k'}}\right)\right]^{-1}, & 0\leqslant k<0.7\\[2ex] \dfrac{1}{\pi}\ln\left(2\dfrac{1+\sqrt{k}}{1-\sqrt{k}}\right), & 0.7\leqslant k\leqslant 1\end{cases} \tag{3.6-2}$$

$$\varepsilon_{re}=\frac{\varepsilon_r+1}{2}\left\{\tan\left[0.775\ln\left(\frac{h}{W}\right)+1.75\right]\right.$$
$$\left.+\frac{kW}{h}\left[0.04-0.7k+0.01(1-0.1\varepsilon_r)(0.25+k)\right]\right\} \tag{3.6-3}$$

式(3.6-3)在 $\varepsilon_r\geqslant 9$，$h/W\geqslant 1$ 和 $0\leqslant k<0.7$ 范围内，精度优于 1.5%。

2）共面带线

$$Z_0=\frac{120\pi}{\sqrt{\varepsilon_{re}}}\frac{K'(k)}{K(k)} \tag{3.6-4}$$

共面带线的有效介电常数 ε_{re} 计算公式还是采用式(3.6-3)，只不过式中的 W 为导体带宽度，而 S 为导体带之间的距离。

3.7　鳍　　线

1973 年 梅厄(Meier)提出了鳍线结构,它是安装在金属矩形波导 E 面上的平面电路,金属鳍印刷在介质基片上,基片夹在波导中。虽然各种结构形式的微带线得到了广泛的应用,但是,当使用的频率更高(波长更短)时,例如毫米波,微带线的损耗将加大;而且由于结构尺寸很小,给制作带来困难。为了解决这些问题,人们对于鳍线的研究和应用越来越重视。

由于具体要求的不同,鳍线的结构形式也多种多样,如图 3.7－1 所示。鳍线的结构可视为带屏蔽波导的槽线。鳍线的介质基片可以穿过波导的宽壁,鳍与屏蔽波导之间也可加介质隔离片以供安装固体器件施加偏压,在这种情况下,壁厚应为 $\lambda_g/4$ 才能保证鳍与屏蔽波导内壁射频短路。鳍线的结构也可看成带介质片的脊波导,它的单模带宽比通常的标准矩形波导宽得多。

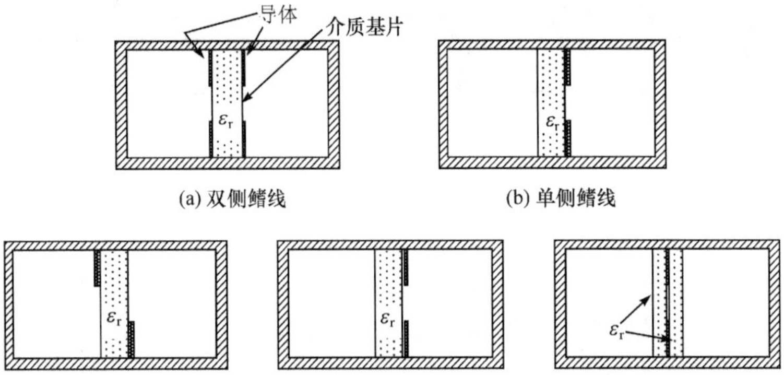

(a) 双侧鳍线　(b) 单侧鳍线

(c) 对极鳍线　(d) 非对称双侧鳍线　(e) 双侧绝缘鳍线

图 3.7－1　鳍线横截面结构示意图

为了对由鳍线构成的微波元件有一个具体的了解,在图 3.7－2 中给出了谐振器、滤波器、阻抗变换器和耦合器等电路图形的简图;在图 3.7－3 中给出了矩形波导中的过渡段。

(a) 滤波器、谐振器　(b) 阻抗变换器、耦合器

图 3.7－2　电路简图

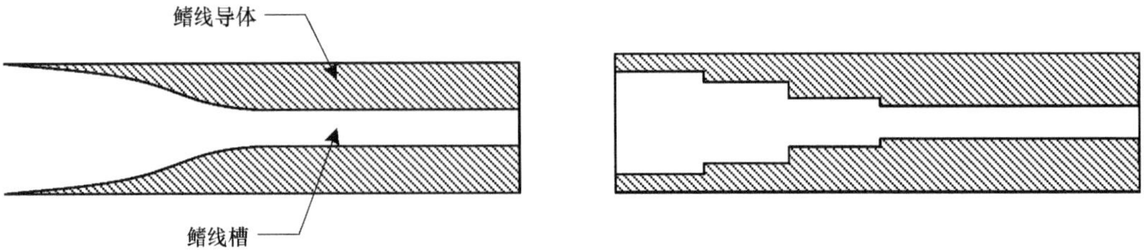

(a) 渐变式　(b) 多阶梯式

图 3.7－3　矩形波导中的过渡段

鳍线是结构较为复杂的毫米波传输线，属于分区填充介质的导波系统，工作于混合模式。精确地分析、计算其色散特性及特性阻抗需要依赖各种数值计算方法。对于单面鳍线，一种简单的近似法是将鳍线视为等效脊波导，波导内均匀填充相对介电常数 ε_{re} 的介质材料，这样可以得出主模的波导波长和等效特性阻抗为

$$\lambda_g=\frac{\lambda_0}{\sqrt{\varepsilon_{re}-(\lambda_0/\lambda_c)^2}} \tag{3.7-1}$$

$$Z_0=\frac{Z_{0\infty}}{\sqrt{\varepsilon_{re}-(\lambda_0/\lambda_c)^2}} \tag{3.7-2}$$

式中，ε_{re} 是等效相对介电常数；λ_c 和 $Z_{0\infty}$ 是脊波导结构的截止波长和高频极限频率时的特性阻抗。

当鳍线基片的相对介电常数 ε_{re} 接近于 1 时，用式(3.7-2)计算是相当满意的。当 $1<\varepsilon_{re}<2.5$ 时，ε_{re} 随频率 f 变化很小，可近似取鳍线截止频率 f_c 时的 ε_{rec} 作为 ε_{re} 的值，即

$$\varepsilon_{re}\approx\varepsilon_{rec} \tag{3.7-3}$$

而

$$\varepsilon_{rec}=(f_c^0/f_c)^2 \tag{3.7-4}$$

式中，f_c 和 f_c^0 分别是鳍线和空气鳍线的截止频率，它们可用横向谐振法求出。当 $\varepsilon_r>2.5$ 时，ε_{re} 与 f 的一般关系可以表示为

$$\varepsilon_{re}=\varepsilon_{rec}\cdot F \tag{3.7-5}$$

式中，F 为修正因子，它是 a、b、d、S、λ 和 ε_r 的函数。鳍线不采用高 ε_r 介质基片材料。

鳍线特性阻抗小于 100Ω 时用单侧结构不易实现，可改用对极鳍线，但对极鳍线不便于安装并联器件。

鳍线结构特别适合作频率为(30～100)GHz 的导波传输系统，其主要的优点是：波导波长比微带线长，公差要求低，便于加工；在整个波导频段都易于用标准矩形波导过渡；损耗较低(约为微带线损耗的 1/3)；单模工作频带宽；弱色散性；便于同固体器件相连接，以构成混频器、振荡器、滤波器，阻抗变换器等微波元、器件。因此，鳍线作为一种低耗的毫米波传输线结构已经得到了广泛的应用。

习　题

3.1　带状线、微带线的主模各是什么模？它们的单模工作条件各是什么？

3.2　已知标准微带线的导带宽度 $W=2$mm，导带厚度 $t\to0$，基片厚度 $h=1$mm。基片相对介电常数 $\varepsilon_r=9$，试求此微带线的填充系数 q 和有效介电常数 ε_{re}。

3.3　已知标准微带线 $W=0.5$mm，$t=0.01$mm，$h=0.6$mm，$\varepsilon_r=9.9$。试用式(3.2-18)和式(3.2-19)求 Z_0。

3.4　已知标准微带线 $t=0.01$mm，$h=1.0$mm，$\varepsilon_r=9.9$，工作频率 $f=10$GHz 时 $Z_0=50\Omega$。试用式(3.2-18)和式(3.2-19)求 $W=$？

3.5　求 $\varepsilon_r=2.1$，$b=5$mm 的聚四氟乙烯敷铜板($t=0.25$mm)上，导带宽度 W 为 2mm 的带状线特性阻抗以及该带状线的最高工作频率。

3.6　设基片厚度 $h=1.58$mm，$\varepsilon_r=2.55$，设计 100 欧姆特性阻抗微带线，并计算此线在 4.0GHz 时的波导波长。

第4章　介质波导和光波导

本章首先讨论圆柱形介质波导中的传输波型及传输特性，然后将有关结论应用到光纤，并对光纤作进一步的讨论，最后讨论平面光波导（薄膜光波导）的特性。

4.1　介质波导

当工作于毫米波波段时，普通的微带线将出现一系列新问题。首先是高次模的出现使微带的设计和使用复杂化，其次，金属波导的单模工作条件限制了其横向尺寸不能超过大约一个波长的范围。这在厘米波段和毫米波低频段不成问题，但到毫米波高频段，单模波导的尺寸就显得太小，不仅制造工艺困难，而且随着工作频率的提高，功率容量越来越小，壁上损耗越来越大，衰减大到不能容忍的地步。因此，对毫米波段的高端及亚毫米波段来说，封闭的金属波导已不再适用。于是，适合于毫米波高频段、亚毫米波的传输线——介质波导等非封闭式的传输线（或称开波导）便应运而生。

介质波导是一种开放式传输线，和金属波导、微带线相比，介质波导具有频带宽、损耗小、成本低、性能可靠等优点，便于与微波元器件、半导体器件等连成一体，以构成具有各种功能的毫米波和亚毫米波的混合集成电路。它不仅是毫米波、太赫兹和光波最有应用前途的传输线，也是毫米波集成电路和光电集成电路的基础。不过应当注意的是，介质波导在实际应用中，若工作波长较长，则介质波导的辐射损耗将会很大，可能无法使用。因此，介质波导通常只适用于毫米波高端、亚毫米波和光波范围。对应用于毫米波高端、亚毫米波范围内的介质波导来说，根据不同的要求，可采用聚苯乙烯、聚四氟乙烯、氧化铝陶瓷、石英或其他损耗较小的介质材料。

介质波导的结构形式很多，有圆柱形、矩形等，如图 4.1-1 所示。

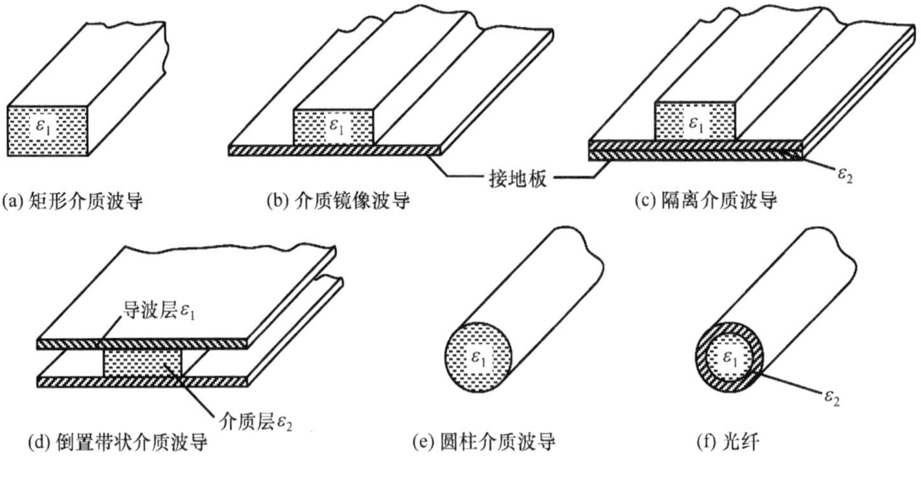

图 4.1-1　常见介质波导横截面图

图 4.1－1 中给出的几种介质波导各有其特点及应用。其中，图(a)和(e)的电磁能量主要集中在介质棒中，传输的是一种表面波。图(b)和(c)可以看作是图(a)的变形结构，在图(b)的结构中，由于引入接地板，不仅有利于散热，而且还便于为外接的固体器件加直流偏置。图(c)的结构相当于在图(b)的介质棒 ε_1 和接地板之间加一层介质 ε_2，并且 $\varepsilon_1<\varepsilon_2$，这种结构可以降低导体损耗。图(d)是另一种形式的传输线，其传输波不是集中在 ε_2 中，而是集中在导波层 ε_1 中。导波层的 ε_1 大于 ε_2，而介质层 ε_2 的存在将使电磁场限制在波导中心区域附近。本节仅对圆柱介质波导进行分析讨论。

4.1.1　圆柱介质波导的场分量

圆柱介质波导就是横截面形状为圆形的介质柱波导，如图 4.1－2 所示。假设介质柱的半径为 a，介质常数为 $\varepsilon_1\mu_1$，介质柱外的介质常数为 $\varepsilon_2\mu_2$，为了将电磁场有效聚集在传输线附近，一般有 $\mu_1=\mu_2=\mu_0$，$\varepsilon_1>\varepsilon_2$。

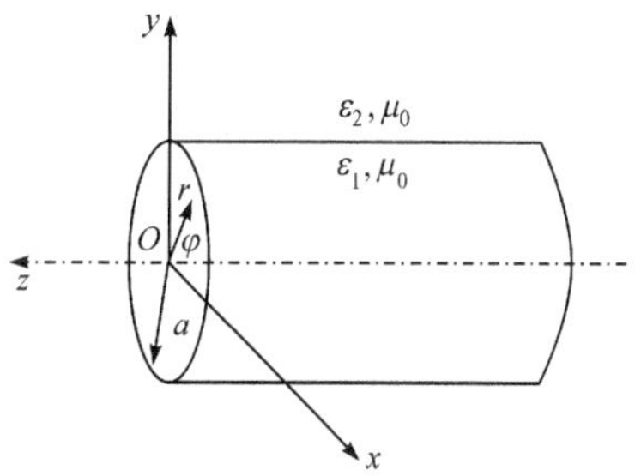

图 4.1－2　圆柱介质波导

与分析金属圆波导类似，分析圆柱介质波导也采用圆柱坐标系和纵向场法。为简单计，只分析利用边值问题获得的传输模式(导模)而不考虑辐射模。

设电磁场对 t 和 z 的变化仍为 $e^{j(\omega t-\beta z)}$，取波动方程为

$$(\nabla_t^2+k_c^2)E_{0z}=0 \tag{4.1-1a}$$

$$(\nabla_t^2+k_c^2)H_{0z}=0 \tag{4.1-1b}$$

式中，$k_c^2=k^2-\beta^2$，在不同介质中 k_c 取不同值，在介质柱内，有

$$k_c^2=k_1^2-\beta^2=k_0^2\varepsilon_{r1}-\beta^2=k_{1r}^2 \tag{4.1-2a}$$

在介质柱外，有

$$k_c^2-k_2^2-\beta^2=k_0^2\varepsilon_{r2}-\beta^2=-k_{2r}^2 \tag{4.1-2b}$$

可将式(4.1－2b)表示为

$$k_{2r}^2=\beta^2-k_0^2\varepsilon_{r2}>0$$

这样选取的目的是为了得到导模(正规模)。因为介质波导的导模是表面波模，其特点是在介质柱内，场沿 r 呈驻波分布，在介质柱外场随 r 增大呈指数衰减，相速小于介质 2 中光的速度、大于介质 1 中光的速度。设圆柱介质波导内外的纵向场分量满足

圆柱介质波导内　　$E_{0z1}=R_1(r)\Phi_1(\varphi)$，　$H_{0z1}=R'_1(r)\Phi'_1(\varphi)$

圆柱介质波导外　　$E_{0z2}=R_2(r)\Phi_2(\varphi)$，　$H_{0z2}=R'_2(r)\Phi'_2(\varphi)$

将其带入式(4.1－1)并经整理可得

$$\frac{r^2}{R_1}\frac{d^2R_1}{\partial r^2}+\frac{r}{R_1}\frac{dR_1}{\partial r}+k_{1r}^2r^2=-\frac{1}{\Phi_1}\frac{d^2\Phi_1}{d\varphi^2} \tag{4.1-3a}$$

$$\frac{r^2}{R_2}\frac{d^2R_2}{\partial r^2}+\frac{r}{R_2}\frac{dR_2}{\partial r}-k_{2r}^2r^2=-\frac{1}{\Phi_2}\frac{d^2\Phi_2}{d\varphi^2} \tag{4.1-3b}$$

上述两方程左边是 r 的函数，右边是 φ 的函数，欲使等号成立，只有两端都等于同一常数。令该常数为 m^2，则有

$$\frac{d^2R_1}{\partial r^2}+\frac{1}{r}\frac{dR_1}{\partial r}+\left(k_{1r}^2r^2-\frac{m^2}{r^2}\right)R_1=0 \tag{4.1-4a}$$

$$\frac{d^2R_2}{\partial r^2}+\frac{1}{r}\frac{dR_2}{\partial r}-\left(k_{2r}^2r^2+\frac{m^2}{r^2}\right)R_2=0 \tag{4.1-4b}$$

$$\frac{\mathrm{d}^2\Phi_1}{\mathrm{d}\varphi^2}+m^2\Phi_1=0 \tag{4.1-4c}$$

$$\frac{\mathrm{d}^2\Phi_2}{\mathrm{d}\varphi^2}+m^2\Phi_2=0 \tag{4.1-4d}$$

式(4.1-4a)为贝塞尔方程，其解为

$$R_1=A_1J_m(k_{1r}r)+B_1N_m(k_{1r}r)$$

其中，$J_m(k_{1r}r)$和$N_m(k_{1r}r)$分别为第一类和第二类贝塞尔函数。

式(4.1-4b)为变态贝塞尔方程，其解为

$$R_2=A_2I_m(k_{2r}r)+B_2K_m(k_{2r}r)$$

其中$I_m(k_{2r}r)$和$K_m(k_{2r}r)$分别为第一类和第二类变态贝塞尔函数。贝塞尔函数的变化曲线如图4.1-3所示。

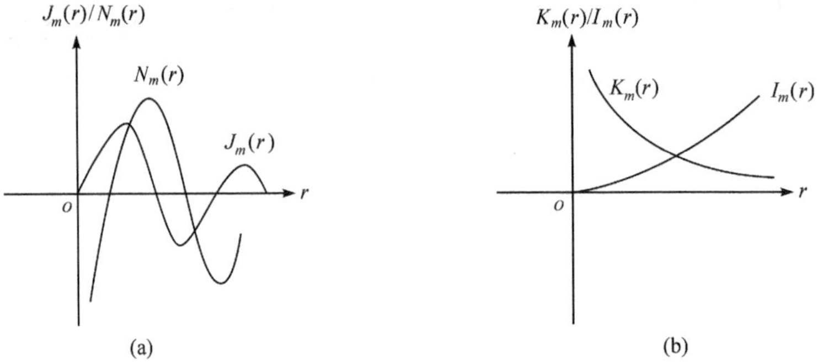

图4.1-3　贝塞尔函数曲线

式(4.1-4c)和式(4.1-4d)有相同形式的解

$$\Phi_1=A_3\mathrm{e}^{\mathrm{j}m\varphi}+B_3\mathrm{e}^{-\mathrm{j}m\varphi} \tag{4.1-5a}$$

$$\Phi_2=A_3\mathrm{e}^{\mathrm{j}m\varphi}+B_3\mathrm{e}^{-\mathrm{j}m\varphi} \tag{4.1-5b}$$

将上述通解应用于讨论的实际情况，则有：

(1) 圆柱介质内部因中心轴处场应为有限值，故$B_1=0$。

(2) 圆柱介质外部因无穷远处场应为0，故$A_2=0$。

(3) 圆柱介质圆周方向上，场应为单值，故m为整数。

圆柱介质内部通常取$B_3=0$的圆极化解(当然也可取$\cos m\varphi$和$\sin m\varphi$的线极化解)。考虑上述情况后，有

圆柱介质内部

$$E_{0z1}=A_1A_3J_m(k_{1r}r)\mathrm{e}^{\mathrm{j}m\varphi}=AJ_m(k_{1r}r)\mathrm{e}^{\mathrm{j}m\varphi} \tag{4.1-6a}$$

$$H_{0z1}=A_1'A_3'J_m(k_{1r}r)\mathrm{e}^{\mathrm{j}m\varphi}=A'J_m(k_{1r}r)\mathrm{e}^{\mathrm{j}m\varphi} \tag{4.1-6b}$$

圆柱介质外部

$$E_{0z2}=B_2A_3K_m(k_{2r}r)\mathrm{e}^{\mathrm{j}m\varphi}=BK_m(k_{2r}r)\mathrm{e}^{\mathrm{j}m\varphi} \tag{4.1-6c}$$

$$H_{0z2}=B_2'A_3'K_m(k_{2r}r)\mathrm{e}^{\mathrm{j}m\varphi}=B'K_m(k_{2r}r)\mathrm{e}^{\mathrm{j}m\varphi} \tag{4.1-6d}$$

由电磁场的纵横向关系可得场的横向分量表达式为

$$E_{0r}=-\frac{\mathrm{j}\beta}{k_c^2}\frac{\partial E_{0z}}{\partial r}-\mathrm{j}\frac{\omega\mu}{k_c^2r}\frac{\partial H_{0z}}{\partial\varphi}$$

$$E_{0\varphi}=-\frac{\mathrm{j}\beta}{k_c^2r}\frac{\partial E_{0z}}{\partial\varphi}+\mathrm{j}\frac{\omega\mu}{k_c^2}\frac{\partial H_{0z}}{\partial r}$$

$$H_{0r}=-\frac{\mathrm{j}\beta}{k_c^2}\frac{\partial H_{0z}}{\partial r}+\mathrm{j}\frac{\omega\varepsilon}{k_c^2 r}\frac{\partial E_{0z}}{\partial\varphi}$$

$$H_{0\varphi}=-\frac{\mathrm{j}\beta}{k_c^2 r}\frac{\partial H_{0z}}{\partial\varphi}-\mathrm{j}\frac{\omega\mu}{k_c^2}\frac{\partial E_{0z}}{\partial r}$$

分别将 E_{0z1}、H_{0z1}、E_{0z2}、H_{0z2} 带入上述各式可得：

圆柱介质内部

$$E_{0r1}=\frac{-\mathrm{j}}{k_{1r}^2}\left[\beta k_{1r}AJ_m'(k_{1r}r)+\frac{\mathrm{j}m\omega\mu_0}{r}A'J_m(k_{1r}r)\right]\mathrm{e}^{\mathrm{j}m\varphi}\tag{4.1-7a}$$

$$E_{0\varphi1}=\frac{-\mathrm{j}}{k_{1r}^2}\left[\frac{\mathrm{j}m\beta}{r}AJ_m(k_{1r}r)-k_{1r}\omega\mu_0A'J_m'(k_{1r}r)\right]\mathrm{e}^{\mathrm{j}m\varphi}\tag{4.1-7b}$$

$$H_{0r1}=\frac{-\mathrm{j}}{k_{1r}^2}\left[\beta k_{1r}A'J_m'(k_{1r}r)-\frac{\mathrm{j}m\omega\varepsilon_1}{r}AJ_m(k_{1r}r)\right]\mathrm{e}^{\mathrm{j}m\varphi}\tag{4.1-7c}$$

$$H_{0\varphi1}=\frac{-\mathrm{j}}{k_{1r}^2}\left[\frac{\mathrm{j}m\beta}{r}A'J_m(k_{1r}r)+k_{1r}\omega\varepsilon_1AJ_m'(k_{1r}r)\right]\mathrm{e}^{\mathrm{j}m\varphi}\tag{4.1-7d}$$

圆柱介质外部

$$E_{0r2}=\frac{\mathrm{j}}{k_{2r}^2}\left[\beta k_{2r}BK_m'(k_{2r}r)+\frac{\mathrm{j}m\omega\mu_0}{r}B'K_m(k_{2r}r)\right]\mathrm{e}^{\mathrm{j}m\varphi}\tag{4.1-8a}$$

$$E_{\varphi2}=\frac{\mathrm{j}}{k_{2r}^2}\left[\frac{jm\beta}{r}BK_m(k_{2r}r)-k_{2r}\omega\mu_0B'K_m'(k_{2r}r)\right]\mathrm{e}^{\mathrm{j}m\varphi}\tag{4.1-8b}$$

$$H_{0r2}=\frac{\mathrm{j}}{k_{2r}^2}\left[\beta k_{2r}B'K_m'(k_{2r}r)-\frac{\mathrm{j}m\omega\varepsilon_2}{r}BK_m(k_{2r}r)\right]\mathrm{e}^{\mathrm{j}m\varphi}\tag{4.1-8c}$$

$$H_{0\varphi2}=\frac{\mathrm{j}}{k_{2r}^2}\left[\frac{\mathrm{j}m\beta}{r}B'K_m(k_{2r}r)+k_{2r}\omega\varepsilon_2BK_m'(k_{2r}r)\right]\mathrm{e}^{\mathrm{j}m\varphi}\tag{4.1-8d}$$

4.1.2　本征值方程

根据圆柱介质波导的边界条件，可以得出确定电磁场横向分布的本征值方程。在 $r=a$ 处，$E_{0z1}=E_{0z2}$，$E_{0\varphi1}=E_{0\varphi2}$，$H_{0z1}=H_{0z2}$，$H_{0\varphi1}=H_{0\varphi2}$，可得关于系数 A、A'、B、B' 的齐次方程组

$$AJ_m(k_{1r}a)-BK_m(k_{2r}a)=0\tag{4.1-9a}$$

$$\frac{\mathrm{j}m\beta}{k_{1r}^2a}AJ_m(k_{1r}a)-\frac{\omega\mu_0}{k_{1r}}A'J_m'(k_{1r}a)+\frac{\mathrm{j}m\beta}{k_{2r}^2a}BK_n(k_{2r}a)-\frac{\omega\mu_0}{k_{2r}}B'K_m'(k_{2r}a)=0\tag{4.1-9b}$$

$$A'J_m(k_{1r}a)-B'K_m(k_{2r}a)=0\tag{4.1-9c}$$

$$\frac{\omega\varepsilon_1}{k_{1r}}AJ_m'(k_{1r}a)+\frac{jn\beta}{k_{1r}^2a}A'J_m(k_{1r}a)+\frac{\omega\varepsilon_2}{k_{2r}}BK_m'(k_{2r}a)+\frac{\mathrm{j}m\beta}{k_{2r}^2a}B'K_m(k_{2r}a)=0\tag{4.1-9d}$$

该方程组有解的条件是方程组的系数行列式为0，由此可得到本征值方程。为此，定义两类贝塞尔函数的宗量分别为

$$q_1 = k_{1r}a = a(k_1^2 - \beta^2)^{\frac{1}{2}} \tag{4.1-10a}$$

$$q_2 = k_{2r}a = a(\beta^2 - k_2^2)^{\frac{1}{2}} \tag{4.1-10b}$$

则整理系数行列式为 0 的方程，可得本征值方程形式为

$$\left(\frac{J_m'}{q_1 J_m} + \frac{\varepsilon_2}{\varepsilon_1}\frac{K_m'}{q_2 K_m}\right)\left(\frac{J_m'}{q_1 J_m} + \frac{K_m'}{q_2 K_m}\right) = \left(\frac{m\beta}{k_1}\right)^2\left(\frac{1}{q_1^2} + \frac{1}{q_2^2}\right)^2 \tag{4.1-11a}$$

式中，令 $S_1 = J_m'/(q_1 J_m)$，$S_2 = K_m'/(q_2 K_m)$，则可变为更简单的形式

$$\left[S_1 + \left(\frac{k_2}{k_1}\right)^2 S_2\right][S_1 + S_2] = \left(\frac{m\beta}{k_1}\right)^2\left(\frac{1}{q_1^2} + \frac{1}{q_2^2}\right)^2 \tag{4.1-11b}$$

此即为圆柱介质波导导模的本征值方程，由该方程可导出各种模式的本征值方程，即确定各模式的横向场分布。

4.1.3　模式分类讨论

1) $m=0$

将 $m=0$ 带入本征值方程(4.1-11a)，则方程右边为 0，左边为两因子之积，故必有一因子为 0 才能使等式成立。

若第一因子为 0，有

$$\frac{J_m'}{q_1 J_m} = -\frac{\varepsilon_2}{\varepsilon_1}\frac{K_m'}{q_2 K_m} \tag{4.1-12}$$

将上式与式(4.1-9)联解，可得

$$A' = \mathrm{j}m\frac{\omega\beta a^2(\varepsilon_1 - \varepsilon_2)AJ_m K_m}{q_1 q_2(q_2 J_m' K_m + q_1 J_m K_m')} \tag{4.1-13}$$

由式(4.1-12)可知上式的分母不为 0，可见当 $m=0$ 时，有 $A'=0$。再由式(4.1-6b)可知，$A'=0$ 时有 $H_{0z1}=0$，此情况对应于 TM 模式。

若第二因子为 0，有

$$\frac{J_m'}{q_1 J_m} = -\frac{K_m'}{q_2 K_m} \tag{4.1-14}$$

仍将上式与式(4.1-19)联解，可得

$$A' = \mathrm{j}\frac{\omega q_1 q_2(\varepsilon_1 q_2 J_m' K_m + \varepsilon_2 q_1 J_m K_m')A}{m\beta a^2(\varepsilon_1 - \varepsilon_2)J_m K_m} \tag{4.1-15}$$

可见当 $m=0$ 时，有 $A'\to\infty$，欲使 A' 为有限值，需 $A=0$，此时根据式(4.1-6a)可知有 $E_{0z1}=0$，此情况对应于 TE 模式。

2) $m\neq 0$

此时本征值方程(4.1-11a)右边不为 0，左边的两个因子都不能为 0，则 E_{0z}、H_{0z} 都存在，称此时圆柱介质波导内传输的模式为混合模。将式(4.1-11b)展开，有

$$S_1^2 + \left(1 + \frac{\varepsilon_2}{\varepsilon_1}\right)S_1 S_2 + \frac{\varepsilon_2}{\varepsilon_1}S_2^2 - \left(\frac{m\beta}{k_1}\right)^2\left(\frac{1}{q_1^2} + \frac{1}{q_2^2}\right)^2 = 0 \tag{4.1-16}$$

上式可视为 S_1 的二次方程，其解为

$$S_1 = -\frac{\varepsilon_1 + \varepsilon_2}{2\varepsilon_1}S_2 \pm \sqrt{\left(\frac{\varepsilon_1 - \varepsilon_2}{2\varepsilon_1}\right)^2 + \left(\frac{m\beta}{k_1}\right)^2\left(\frac{1}{q_1^2} + \frac{1}{q_2^2}\right)^2} \tag{4.1-17}$$

可见，混合模还分为两种形式。通常，在根号前取正号定义为 EH 模式，取负号定义为

HE 模式。

对 $m>0$ 的情况，如果取 $\varepsilon_1 \approx \varepsilon_2$（所谓的弱导光纤条件，详见 4.2 节），则式(4.1-17)变为

$$S_1 = -S_2 \pm \left(\frac{m\beta}{k_1}\right)\left(\frac{1}{q_1^2}+\frac{1}{q_2^2}\right) \quad 或 \quad \frac{J_m'}{q_1 J_m} = -\frac{K_m'}{q_2 K_m} \pm \left(\frac{m\beta}{k_1}\right)\left(\frac{1}{q_1^2}+\frac{1}{q_2^2}\right) \tag{4.1-18}$$

那么，对于 EH_{mn} 模（m、n 分别代表场沿圆周方向和半径方向的极值数），其简化后的本征值方程为

$$\frac{J_m'}{q_1 J_m} \approx -\frac{K_m'}{q_2 K_m} + \frac{m}{q_1^2} + \frac{m}{q_2^2} \tag{4.1-19}$$

利用贝塞尔函数的递推公式

$$J_m' = \frac{m}{q_1} J_m - J_{m+1}$$

$$K_m' = \frac{m}{q_2} K_m - K_{m+1}$$

EH_{mn} 模式的本征值方程(4.1-19)亦可表示为

$$\frac{J_{m+1}}{q_1 J_m} = -\frac{K_{m+1}}{q_2 K_m} \tag{4.1-20}$$

同理，HE_{mn} 模式的本征值方程可表示为

$$\frac{J_m'}{q_1 J_m} \approx -\frac{K_m'}{q_2 K_m} - \frac{m}{q_1^2} - \frac{m}{q_2^2} \tag{4.1-21}$$

仍然利用贝塞尔函数的递推公式

$$J_m' = -\frac{m}{q_1} J_m - J_{m-1}$$

$$K_m' = -\frac{m}{q_2} K_m - K_{m-1}$$

将 HE_{mn} 模式的本征值方程(4.1-21)表示为

$$\frac{J_{m-1}}{q_1 J_m} = \frac{K_{m-1}}{q_2 K_m} \tag{4.1-22}$$

至此，从本征值方程入手，导出了圆柱形介质波导中可能存在的四种导模及其对应的本征值方程，这里把它们集中罗列如下（注意其中应用了贝塞尔函数的递推公式）：

TM_{0n}
$$\frac{J_1}{q_1 J_0} = -\frac{\varepsilon_2}{\varepsilon_1}\frac{K_1}{q_2 K_0} \tag{4.1-23}$$

TE_{0n}
$$\frac{J_1}{q_1 J_0} = -\frac{K_1}{q_2 K_0} \tag{4.1-24}$$

EH_{mn}
$$\frac{J_{m+1}}{q_1 J_m} = -\frac{K_{m+1}}{q_2 K_m} \tag{4.1-25}$$

HE_{mn}
$$\frac{J_{m-1}}{q_1 J_m} = \frac{K_{m-1}}{q_2 K_m} \tag{4.1-26}$$

4.1.4　截止条件和截止频率

1. 截止条件

圆柱介质波导的导模是表面波模，场在介质 2 中随 r 的增加呈指数衰减，衰减的快慢由

k_{2r}决定。若k_{2r}很大，则场衰减很快，即场主要集中在圆柱介质内。若$k_{2r}=0$，则场离开圆柱介质波导，导模不存在，即导模被截止。由此可知导模被截止的总条件是

$$k_{2r}=\sqrt{\beta^2-k_2^2}=0 \tag{4.1-27}$$

或者

$$q_2=k_{2r}a=\sqrt{\beta^2-k_2^2}a=0 \tag{4.1-28}$$

1) TM_{0n}模

由式(4.1-23)有

$$\frac{\varepsilon_2}{\varepsilon_1}\frac{q_1J_0}{J_1}=-\frac{q_2K_0}{K_1} \tag{4.1-29}$$

当q_2很小或接近0时，利用变态贝塞尔函数的近似式和洛必达法则，有

$$\lim_{q_2\to 0}\frac{q_2K_0}{K_1}\to 0$$

从而

$$\frac{\varepsilon_2}{\varepsilon_1}\frac{q_1J_0}{J_1}=0,\quad 即\quad J_0(q_c)=0 \tag{4.1-30}$$

此处q_1因为对应于截止，所以把它写为q_c。

2) TE_{0n}模

由式(4.1-24)有

$$\frac{q_1J_0}{J_1}=-\frac{q_2K_0}{K_1} \tag{4.1-31}$$

同上处理，有

$$J_0(q_c)=0 \tag{4.1-32}$$

3) EH_{mn}模

由式(4.1-25)有

$$\frac{q_1J_m}{J_{m+1}}=-\frac{q_2K_m}{K_{m+1}} \tag{4.1-33}$$

同上处理，有

$$J_m(q_c)=0 \tag{4.1-34}$$

4) HE_{mn}模

由式(4.1-26)有

$$\frac{q_1J_m}{J_{m-1}}=\frac{q_2K_m}{K_{m-1}} \tag{4.1-35}$$

当q_2很小或接近0且$m=1$时，同上有

$$J_1(q_c)=0 \tag{4.1-36}$$

当q_2很小或接近0且$m\geqslant 2$时，有

$$\frac{K_{m-1}}{q_2K_m}=\frac{1}{2(m-1)}$$

所以

$$\frac{J_{m-1}}{q_1J_m}=\frac{1}{2(m-1)},\quad 即\quad J_{m-1}=\frac{q_1J_m}{2(m-1)} \tag{4.1-37}$$

将四种模式的截止条件罗列如下：

TM_{0n}　　　　　　　$J_0(q_c)=0$

TE_{0n}　　　　　　　$J_0(q_c)=0$

EH_{mn}　　$m\geqslant 1$，　$J_m(q_c)=0$

HE_{mn}　　$m=1$，　$J_1(q_c)=0$；　$m\geqslant 2$，　$J_{m-1}=\dfrac{q_c J_m(q_c)}{2(m-1)}$

2. 截止频率

截止频率可以从总的截止条件中求出，当导模截止时，令 $\omega=\omega_c, k_{1r}=k_c$，有

$$k_{2r}^2=\beta^2-k_2^2 \Rightarrow \beta^2=k_2^2=\omega_c^2\mu_0\varepsilon_2$$

$$k_{1r}^2=k_c^2=\omega_c^2\mu_0\varepsilon_1-\beta^2=\omega_c^2\mu_0(\varepsilon_1-\varepsilon_2)=\left(\frac{q_c}{a}\right)^2$$

所以，截止频率为

$$f_c=\frac{\omega_c}{2\pi}=\frac{q_c}{2\pi a\sqrt{\mu_0(\varepsilon_1-\varepsilon_2)}}=\frac{q_c c}{2\pi a\sqrt{\varepsilon_{r1}-\varepsilon_{r2}}} \tag{4.1-38}$$

式中，c 为真空中的光速；q_c 为贝塞尔函数的宗量。根据四种模式的截止条件，将不同模式的 q_c 值代入式(4.1-38)就可以求出该模式的截止频率。圆柱介质波导中不同模式的 q_c 值如表 4.1-1 所示。

表 4.1-1　圆柱介质波导中若干模式的 q_c 值

模式种类	m \ n	1	2	3
TE TM	0	2.405	5.520	8.654
HE	1	0	3.832	7.016
EH	1	3.832	7.016	10.174
EH	2	5.136	8.417	11.620
HE ($\varepsilon_1/\varepsilon_2=1.1$)	2	2.445	5.538	8.665

由表 4.1-1 可知，圆柱介质波导中 HE_{11} 模式的最低截止频率为 0，即任何频率均可传输，实际上无截止频率，它是圆柱介质波导的主模。其余均属高次模。最靠近主模的是 TM_{01} 和 TE_{01} 模，其截止频率为

$$f_c=\frac{2.405c}{2\pi a\sqrt{\varepsilon_{r1}-\varepsilon_{r2}}} \tag{4.1-39}$$

于是可得圆柱介质波导单模工作的频率范围为

$$0<f<\frac{2.405c}{2\pi a\sqrt{\varepsilon_{r1}-\varepsilon_{r2}}} \tag{4.1-40}$$

当工作频率大于截止频率时，导模的传输特性由 β 表征，若实际的工作频率远远大于截止频率，则 β 可以由式(4.1-10a)求出

$$\beta\approx k_1=\omega\sqrt{\mu_0\varepsilon_1} \tag{4.1-41}$$

4.1.5　场结构

根据圆柱介质波导中各模式的场分量表达式，就可以作出相应的场结构图。目前，在微波工程中使用较多的圆柱形介质波导模式为 TE_{01}、HE_{11} 和 TM_{01} 模式，它们的场型分布如图 4.1－4 所示。

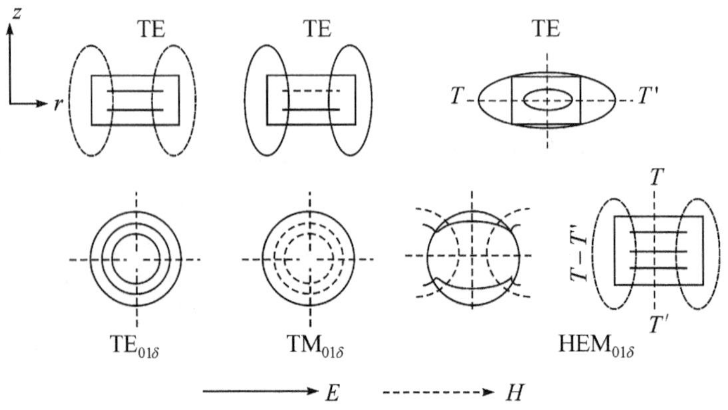

图 4.1－4　圆柱介质波导中常用模式的场结构示意图

进一步的分析表明，大部分模式传输功率包含在介质波导内部，在外部传输的功率较小，特别是在较高频率时。在截止频率附近，介质波导内部包含的传输功率相对较小。在同样工作频率下，TE_{01} 模在介质波导内部传输的功率是最大的，这正是介质谐振器中广泛采用 TE_{01} 模的原因。

4.2　光　波　导

介质波导当工作于光频范围时，通常称其为光波导。光波导一般分为圆柱形介质光波导(光纤)和平面介质光波导(薄膜波导和带状波导)。这些波导通常由石英玻璃、塑料或晶体等材料构成。光波导与一般毫米波范围内使用的介质波导相比，由于工作频率高得多，横截面尺寸也小得多。

光纤是一种常用的光波导，它具有频带宽、损耗小、性能稳定、保密性好、体积小、重量轻、强度高、结构柔软、耐腐蚀、大批量生产时价格低等优点，在光通信中有着广泛的应用。例如，一条光纤线路可同时容纳上亿人通话，或同时传输上千套电视节目。光纤通信与微波通信、卫星通信一起被称为当今世界先进的三大通信手段。

光纤通信的过程，概略地讲，就是在发送端首先将信息(例如电信号)转换为光信号，即用电信号(例如电流)对光源发出的光载波进行调制(调幅、调频、调相或功率调制等)，然后将受到调制的光波经光纤传输到接收端，再经过光检测器的解调使之还原为原来的信号(电信号)。通常用的光源有半导体二极管激光器和半导体发光二极管，与普通光源相比，它们发出的光单色性好、方向性强，可以把能量集中于很细的光纤内。用作光检测器的则有光电二极管和雪崩光电二极管。在通信中，用光纤制成的光缆，可以使通信距离长达几百、几千甚至上万公里，从而节省了传统电缆(如同轴电缆)中大量使用的铜或铝等金属材料。

薄膜光波导可以构成各种光波导器件如耦合器、调制器等光器件，它是集成光学的基础。它同光纤一样，广泛应用在光通信的各个方面。

除光通信外，光波导技术还在激光雷达、计算机网络、激光计算机、激光测量、数据传输、闭路电视系统、可视电话系统和医学等领域得到广泛的应用。

4.2.1　光纤结构及参数

1. 光纤的结构

光纤的结构与介质波导稍有不同，它由芯层、包层（敷层）及保护层构成。如图 4.2－1 所示。

按照光纤的原材料的不同，光纤可以分为以下几种类型：

(1) 石英系光纤。这种光纤的纤芯和包层是由高纯度的 SiO_2 掺有适当的杂质制成的。

(2) 多组分玻璃纤维。如用钠玻璃（$SiO_2 \cdot Na_2O \cdot CaO$）掺有适当杂质制成。

(3) 塑料包层光纤。这种光纤的芯层是由石英制成的，包层是硅树脂。

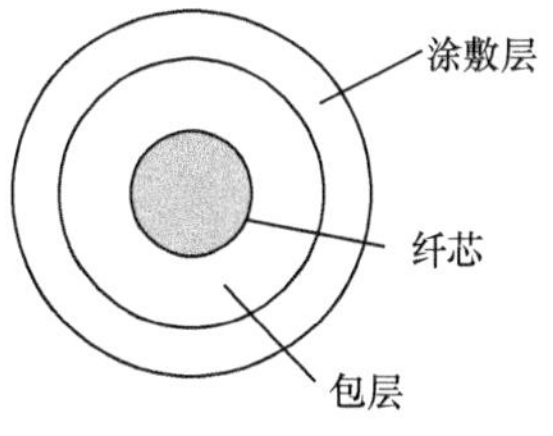

图 4.2－1　光纤的结构

(4) 全塑光纤。这种光纤的芯层和包层都是由塑料制成的。

作为传输线用的光纤绝大多数是用石英（SiO_2）材料制造的。通常，用高纯度的石英作为芯层和包层的基础材料，然后在芯子和包层中分别掺入少量不同的杂质，用以控制或改变其折射率。例如，若掺入的杂质为二氧化锗或五氧化二磷，可使折射率增大；若掺入的杂质为三氧化二硼或氟化物，则可使折射率减小。有时，芯层为纯石英的，包层是掺杂的，或者，包层为纯石英的，芯层是掺杂的。保护层一般均为塑料。对于芯层、包层和保护层的材料均为塑料的光纤，因其损耗较大，一般极少采用。

从原理上讲，芯层外面不加包层和保护层也可以传播光波，因为芯层的折射率 n_1 大于空气的折射率 n_0，这样，光波的大部分能量就被限制在芯层内，并沿着芯子的轴线方向传播。但是，当芯层与外界（例如支撑物等）接触时，就会产生结构上的不均匀或不连续性，从而造成光能量的反射和散射损耗。因此，为了避免这种损耗，以及为了增加芯层的机械强度和抗弯曲的能力（SiO_2 本身质地脆，易断裂），在芯层外面加包层是必要的；另外，从后面将要讨论的问题中可以看到，如果使芯层的折射率 n_1 略微地大于包层的折射率 n_2（即两者相差甚微），就可以构成所谓弱导光纤。在包层之外再加上保护层，不但进一步加强了光纤的机械强度，而且还可以防止环境因素对光纤的影响，起到了保护作用。

光纤典型的工作波长是 0.75～1.6μm，当波长为 1.3μm 和 1.55μm 时，光纤的衰减和色散都较小。目前的光纤技术已能把光纤传输线的损耗降低到 0.15dB/km（甚至更低）。

光纤按光波传输的模式可分为单模光纤和多模光纤。单模光纤只传输主模——HE_{11} 模，其芯层直径一般为 4～10μm，加上包层和保护层后为 125μm。单模光纤的折射率呈阶梯形分布，即芯层和包层的折射率均匀，n_1 略大于 n_2（如 $n_1=1.5$，$n_2=1.499$），在二者交界处呈阶梯突变，常称为阶跃型光纤；多模光纤则可以传输多个模式，其折射率分布可呈阶梯形，此时其芯层直径一般为 50～200μm，加上包层和保护层后为 125～400μm。但折射率呈阶梯形分布的多模光纤传输多模时，模式间色散较大。为减少色散，多模光纤常采用芯层折射率径向渐变（中心处大，往外逐渐减小）的光纤，称为渐变型光纤，此时其芯层直径一般为10～50μm，加上包层后为 125μm。渐变型光纤芯层的折射率分布多为抛物线形（或称平方率形），包层内的折射率是均匀的，常称为渐变型光纤，如图 4.2－2 所示。

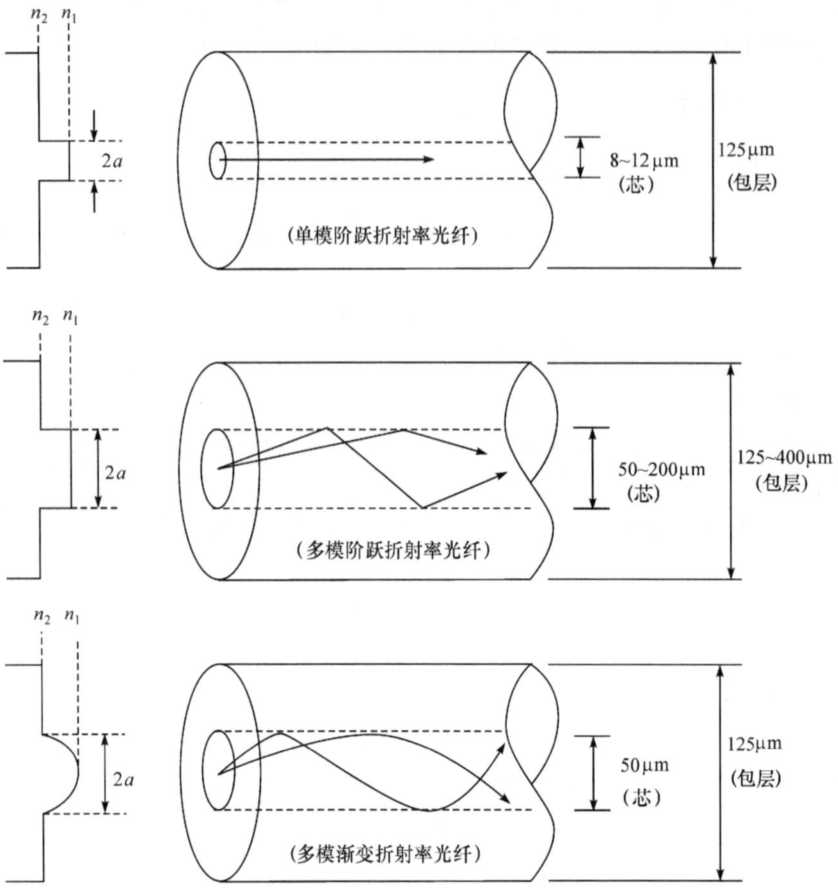

图 4.2-2 光纤的典型结构形式

渐变型光纤与阶跃型光纤相比，其模式色散小(等效于频带宽)的理由可简述如下：对渐变型光纤来说，当光线在芯层传播时，偏离芯层中心轴线越远的光线，其传播路径越长，但传播速度是随着折射率的减小而增加的；当光线越靠近芯层中心轴线时，其传播路径越短，但传播速度却随着折射率的增大而减小。这样，就有可能使以不同角度从光纤始端的端面入射到芯层中的光线，几乎是同时地传播到光纤的终端，从而减小了模式色散，也就是说增加了频带宽度。

2. 光纤的参数

芯层折射率 n_1 的分布规律，一般可采取下面的近似式表示：

$$n_1(r) \approx n_1(0)\left[1-\left(\frac{r}{a}\right)^{\alpha}\right]\Delta \tag{4.2-1}$$

式中，$n_1(0)$是芯子中心处的折射率，a 是芯子的半径，α 是确定折射率分布规律的参数，通常，当选取 $\alpha=2$ 时，就可以得到平方律(抛物线)分布。这种分布可以使光纤中的模式色散为最小。

Δ 值为

$$\Delta \approx \frac{n_1(0)-n_2}{n_1(0)} \tag{4.2-2}$$

光纤的几何结构参数主要指外径、芯径、偏心率、椭圆度等。光纤出厂时必须给出这些几何结构参数(特别是外径和芯径)和数值孔径值作为光纤规格性能的技术指标。这些参数在设计制造光纤连接器、耦合器等器件时是必不可少的。在光纤的控制过程中更需适时准确测量光纤外径，作为监控。国际电报电话咨询委员会(CCITT)建议光纤几何参数的标准误差为：芯径±3μm，包层外径±3μm，偏心率小于6%，包层椭圆度小于2%。

数值孔径是表明光纤对光的接收和传输能力的一个重要参数，在设计、制造各种光纤器件及传输网时都是必不可少的。CCITT 定义光纤最大理论数值孔径 $NA_{t,\max}=\sqrt{n_1^2-n_2^2}$，其中 n_1 为芯层最大折射率，n_2 为最内包层折射率。CCITT 建议光纤最大理论数值孔径为 0.15～0.24范围内任取一值作为标准，实际值与标称值允许偏差 0.02。我国一般采用 $NA_{t,\max}=0.20\pm0.02$ 作为标准。

4.2.2　光纤的模式与特性

讨论光波在光纤中的传输特性时，大多数光纤(单模光纤除外)都可以采用两种方法即射线理论和波动理论来进行分析。所谓射线理论，就是把光波看作射线(光线)，利用光学中反射和折射的原理来解释光波在光纤中传输时的物理现象。例如，光线在芯层与包层的分界面处产生全反射，从而形成了沿光纤轴线传输的波。严格地讲，仅在光的波长趋近于零时，射线理论才是正确的。然而，实际上对于非零波长的光波而言，当光纤芯层的直径比光的波长大得多时(如多模光纤)，那么，对于光线而言，芯层的端面可近似地认为是“无穷大”的面，利用射线理论来分析光纤的传输特性，仍然可以得到足够精确的结果。但是，对于单模光纤，由于芯层的直径比较小，其端面不能认为是“无穷大”的面，射线理论是不适用的。所谓波动理论，是把光纤中的光波作为经典电磁波来处理，因此光波必须服从麦克斯韦方程组以及全部边界条件，利用边界条件获得满足光纤边界条件的解(模式)并据此来分析光波在光纤中的传输特性。利用波动理论可以比较完整地解释光波在光纤中的传输特性。

研究光波(电磁波)在光纤中传播时，根据表面波特性，当包层足够厚时，包层外表面的电磁场很微弱，可以忽略不计。实际上，前述的各种光纤结构中的包层厚度已经考虑到这一因素，包层外面的电磁场可以忽略不计。

考虑到芯层和包层相当于4.1节中介质波导的内、外两个区域，因此，阶梯型光纤的分析方法与圆柱介质波导完全一样；而渐变型光纤则属于非均匀介质波导，用场解法分析起来相当复杂，实用中一般采用近似解法。

这里仅讨论通信用的阶跃型光纤，其简化模型如图 4.2-3 所示，纤芯半径为 a，折射率为 n_1，包层半径为 b，折射率为 n_2，外部空气折射率为 n_0，并满足

$$\frac{n_1-n_2}{n_1}\ll 1 \tag{4.2-3}$$

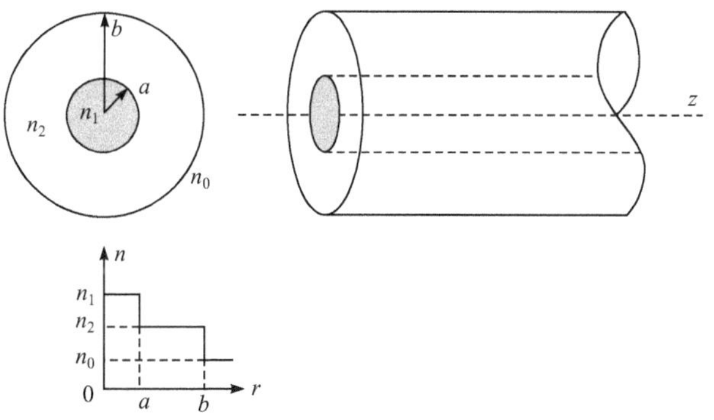

图 4.2-3　阶跃型光纤简化模型

因此,分析阶跃型光纤的传输特性时,可视其为圆柱介质波导,并将 $n_1=\sqrt{\varepsilon_{r1}}$,$n_2=\sqrt{\varepsilon_{r2}}$带入4.1节的相关表达式中,即可直接利用有关结论,参见4.1节的式(4.1-7)和式(4.1-8)。

为讨论方便,对光纤而言,令

$$V^2=q_1^2+q_2^2=k_{1r}^2a^2+k_{2r}^2a^2=(k_0^2n_1^2-\beta^2)a^2+(\beta^2-k_0^2n_2^2)a^2$$
$$=k_0^2a^2n_1^2\left(1-\frac{n_2^2}{n_1^2}\right)=k_0^2a^2n_1^2\frac{n_1^2-n_2^2}{n_1^2} \tag{4.2-4}$$

考虑到弱导光纤条件 $n_1\approx n_2$,于是有

$$\Delta=\frac{n_1^2-n_2^2}{2n_1^2}\approx\frac{n_1-n_2}{n_1} \tag{4.2-5}$$

则 V 可表示为

$$V^2=2k_0^2a^2n_1^2\Delta \tag{4.2-6}$$

由于 V 与真空中的波数 k_0 成正比,而 $k_0=\frac{\omega}{c}$(c 为真空中的光速),因此称 V 为归一化频率(或归一化波导宽度),它与光纤的材料、形状、结构和尺寸有关,由前述波导传输线的知识可知,它是决定光纤中传输模式数目的重要参数。

1. 光纤中的各种导模

和金属波导不同,光纤属于介质波导,类型可分为 TE_{0n}、TM_{0n}、EH_{mn} 和 HE_{mn} 模式。特别对于弱导光纤,还有满足相同近似特征方程的简并模组成 LP 模。

同4.1节类似,可以通过特征方程式来分析各类模式的截止条件,并求出各模的截止频率。

2. TE_{0n}模和 TM_{0n}模

在弱导近似下,TE_{0n}模和 TM_{0n}模有相同的特征方程,为

$$\frac{q_1J_0(q_1)}{J_1(q_1)}+\frac{q_2K_0(q_2)}{K_1(q_2)}=0 \tag{4.2-7}$$

当模式截止时,$q_2\to0$,由第二类变型的贝塞尔函数的递推关系及渐进公式,可得截止状态下的特征方程为 $J_0(q_1)=0$,其根有 2.405,5.520,8.654,…,它们分别对应着 $TE_{01}(TM_{01})$,$TE_{02}(TM_{02})$,$TE_{03}(TM_{03})$,…模的截止频率。就是说,若波导的归一化频率 $V>2.405$,则 $TE_{01}(TM_{01})$ 模就能在光纤中存在;反之,若 $V<2.405$,$TE_{01}(TM_{01})$模就不是导模。其他模式依此类推。

3. HE_{vn} 模

同上,其特征方程简化为

$$\frac{J_{v-1}(q_1)}{q_1J_v(q_1)}=\frac{K_{v-1}(q_2)}{q_2K_v(q_2)} \tag{4.2-8}$$

当模式截止,$q_2\to0$ 时,HE_{1m}模的截止状态下的特征方程为 $J_1(q_1)=0$,其根有 3.832,7.016,10.174,…,它们依次对应着 HE_{11},HE_{12},HE_{13},HE_{14},…模的截止频率。实际上,在所有的导模中,只有 HE_{11}模的截止频率为零,亦即截止波长为无穷大。HE_{11}模是任何光纤中都能存在、永不截止的模式,称为光纤的基模或主模。

4. EH_{vn} 模

利用贝塞尔函数的递推公式，也可以把弱导近似下 EH_{vn} 模的特征方程式化为

$$\frac{q_1 J_v(q_1)}{J_{v+1}(q_1)} = -\frac{q_2 K_v(q_2)}{K_{v+1}(q_2)} \tag{4.2-9}$$

当模式截止，$q_2 \to 0$ 时，EH_{vn} 模的特征方程可变为 $J_v(q_1)=0$，其根对应着 EH_{vn} 模的截止频率。

由以上分析可知，阶跃折射率光纤单模传输条件为

$$0<V<2.405 \quad 或 \quad \frac{2\pi a}{\lambda_0}\sqrt{n_1^2-n_2^2}<2.405 \tag{4.2-10}$$

5. LP 模

由于光纤中的模式多，分析烦琐，在实际应用中常采用一种简单的近似分析方法，即 LP 模(linearly polarized mode)分析方法。LP 模是线偏振模，其基本出发点是：不考虑 TE、TM、EH、HE 模的具体区别，仅仅注意它们的传输常数，并用 LP 模把所有弱导近似下传输常数相等的模式概括起来。

可以利用 LP 模的概念估算阶跃型光纤中导模数量，其计算公式为

$$M=\frac{V^2}{2} \tag{4.2-11}$$

可见，导模数目是由光纤的归一化频率决定的。

【例题 4.2-1】 阶跃折射率光纤的相对折射率差 $\Delta=0.0005$，$n_1=1.45$，当工作波长分别为 $0.85\mu m$、$1.31\mu m$ 和 $1.55\mu m$ 时，要实现单模传输，光纤的纤芯直径 a 应为多少？

解　可根据阶跃光纤的单模传输条件 $0<V<2.405$ 求解。

(1) 由于

$$0<V=\frac{2\pi a n_1}{\lambda_0}\sqrt{2\Delta}<2.405$$

因此

$$a<\frac{2.405\lambda_0}{2\pi n_1\sqrt{2\Delta}}=\frac{2.405\lambda_0}{2\pi\times 1.45\times\sqrt{2\times 0.0005}}=2.64\lambda_0$$

(2) $\lambda_0=0.85\mu m$ 时

$$a<2.64\times 0.85\mu m=2.24\mu m$$

$\lambda_0=1.31\mu m$ 时

$$a<2.64\times 1.31\mu m=3.43\mu m$$

$\lambda_0=1.55\mu m$ 时

$$a<2.64\times 1.55\mu m=4.09\mu m$$

4.2.3　薄膜光波导

薄膜光波导又称为平面光波导。如图 4.2-4 所示，薄膜光波导由三层组成，中间层为光波导薄膜，其折射率为 n_1，厚度 d 为 $1\sim 10\mu m$，下层为衬底，折射率为 n_2，上层为包层或称覆盖层，折射率为 n_3。如果 $n_2=n_3$，则称为对称波导，反之称为非对称波导，此时它们的关系是 $n_1>n_2>n_3$。由于 n_1 是三者中最大者，因而光波被限制在光波导薄膜中，并沿 z 方向传播。若薄膜层

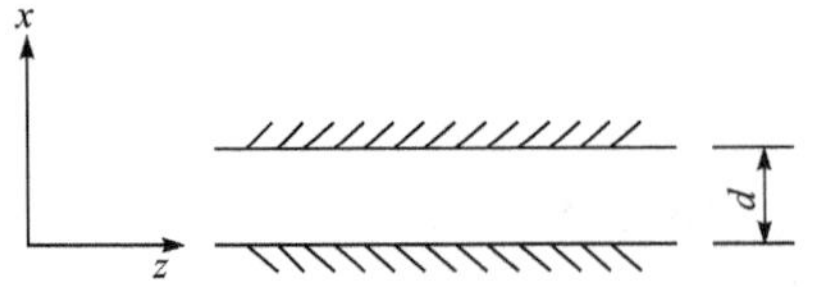

图 4.2-4　薄膜光波导结构示意图

折射率 n_1 是均匀不变的，称为阶跃折射率波导或平板波导，若 n_1 随 x 坐标缓慢变化，则称为渐变折射率薄膜波导。薄膜波导的横向（y 方向）宽度一般为 10～20mm，与波长（1μm）相比可视为无限宽，即光波在 y 方向不受限制。因为薄膜厚度与波长量级相同，所以在 x 方向光波是受限制的。因此在讨论薄膜波导时只需分析 x 方向的变化即可，故常称为一维问题。与分析光纤的方法一样，分析平板波导、渐变折射率薄膜波导时采用波动光学方法，可对较复杂的问题给出全面、正确的解析或数值结果。该方法的基本思想是从麦克斯韦方程出发，利用平板波导的边界条件求出波导中的场分布以及 β 等参数，深刻认识平板波导的特性。

1. 薄膜光波导中的波动方程

考虑薄膜光波导为无源无损耗介质，则薄膜光波导中的麦克斯韦方程可写成

$$\nabla\times\boldsymbol{E}=-\frac{\partial\boldsymbol{B}}{\partial t}\tag{4.2-12a}$$

$$\nabla\times\boldsymbol{H}=\frac{\partial\boldsymbol{D}}{\partial t}\tag{4.2-12b}$$

$$\nabla\cdot\boldsymbol{D}=0\tag{4.2-12c}$$

$$\nabla\cdot\boldsymbol{B}=0\tag{4.2-12d}$$

对各向同性介质，电位移矢量 $\boldsymbol{D}$ 和电场强度 $\boldsymbol{E}$ 之间、磁感应强度 $\boldsymbol{B}$ 和磁场强度 $\boldsymbol{H}$ 之间应满足方程

$$\boldsymbol{D}(\boldsymbol{r})=\varepsilon(\boldsymbol{r})\boldsymbol{E}(\boldsymbol{r})\tag{4.2-13a}$$

$$\boldsymbol{B}(\boldsymbol{r})=\mu(\boldsymbol{r})\boldsymbol{H}(\boldsymbol{r})\tag{4.2-13b}$$

式中，$\boldsymbol{r}$ 代表介质中各点的坐标，因此 $\varepsilon(\boldsymbol{r})$ 代表了各向同性非均匀介质的介电常数。对大多数光波导材料来说，磁导率 μ 等于真空磁导率 μ_0，且与坐标无关。将式(4.2-13)代入式(4.2-12)中，并作适当的旋度运算，可得到 $\boldsymbol{E}$ 和 $\boldsymbol{H}$ 的波动方程为

$$\nabla^2\boldsymbol{E}+\nabla\left(\boldsymbol{E}\cdot\frac{\partial\varepsilon}{\varepsilon}\right)=\mu_0\varepsilon\frac{\partial^2\boldsymbol{E}}{\partial t^2}\tag{4.2-14a}$$

$$\nabla^2\boldsymbol{H}+\frac{1}{\varepsilon}\nabla\varepsilon\times\left(\nabla\times\boldsymbol{H}\right)=\mu_0\varepsilon\frac{\partial^2\boldsymbol{H}}{\partial t^2}\tag{4.2-14b}$$

在平板波导中介质折射率是均匀的，即$\nabla\varepsilon=0$，所以波动方程有最简单的形式，即

$$\nabla^2\boldsymbol{E}=\mu_0\varepsilon\frac{\partial^2\boldsymbol{E}}{\partial t^2}\tag{4.2-15a}$$

$$\nabla^2\boldsymbol{H}=\mu_0\varepsilon\frac{\partial^2\boldsymbol{H}}{\partial t^2}\tag{4.2-15b}$$

设光波具有简谐振荡的形式，即$\partial/\partial t=\mathrm{j}\omega$，$\partial^2/\partial t^2=-\omega^2$，代入式(4.2-14)有矢量亥姆霍兹方程

$$\nabla^2\boldsymbol{E}+k^2\boldsymbol{E}=0\tag{4.2-16a}$$

$$\nabla^2\boldsymbol{H}+k^2\boldsymbol{H}=0\tag{4.2-16b}$$

式中，k 为波数，它与介质折射率 n 及真空中波数 k_0 的关系为

$$k^2=n^2k_0^2=\omega^2\mu_0\varepsilon\tag{4.2-17}$$

$$k_0^2=\omega^2\mu_0\varepsilon_0\tag{4.2-18}$$

$$n^2=\varepsilon_r=\varepsilon/\varepsilon_0 \tag{4.2-19}$$

式中，ε_r 为相对介电常数；ε_0 为真空介电常数。

由于薄膜波导采用直角坐标系讨论问题比较方便，故将麦克斯韦方程(4.2-12a)和式(4.2-12b)写成直角坐标分量形式，并将关系$\partial/\partial t=\mathrm{j}\omega$代入，则有

$$\left.\begin{aligned}
\frac{\partial E_z}{\partial y}-\frac{\partial E_y}{\partial z}&=-\mathrm{j}\omega\mu_0 H_x\\
\frac{\partial E_x}{\partial z}-\frac{\partial E_z}{\partial x}&=-\mathrm{j}\omega\mu_0 H_y\\
\frac{\partial E_y}{\partial x}-\frac{\partial E_z}{\partial y}&=-\mathrm{j}\omega\mu_0 H_z\\
\frac{\partial H_z}{\partial y}-\frac{\partial H_y}{\partial z}&=\mathrm{j}\omega\varepsilon E_x\\
\frac{\partial H_x}{\partial z}-\frac{\partial H_z}{\partial x}&=\mathrm{j}\omega\varepsilon E_y\\
\frac{\partial H_y}{\partial x}-\frac{\partial H_x}{\partial y}&=\mathrm{j}\omega\varepsilon E_z
\end{aligned}\right\} \tag{4.2-20}$$

由于波导中光波沿 z 方向传输，且考虑到均匀介质中不同形式的电磁波可以分解成许多均匀平面波，其波前处无限大，电场强度 $\boldsymbol{E}$ 和磁场强度 $\boldsymbol{H}$ 的振幅和相位都是相等的，并且是时间的简谐函数，在任意点 $\boldsymbol{r}$ 处的电场和磁场可表达为

$$\boldsymbol{E}(\boldsymbol{r})=\boldsymbol{E}_0\exp[\mathrm{j}(\omega t-\boldsymbol{k}\cdot\boldsymbol{r})] \tag{4.2-21a}$$

$$\boldsymbol{H}(\boldsymbol{r})=\boldsymbol{H}_0\exp[\mathrm{j}(\omega t-\boldsymbol{k}\cdot\boldsymbol{r})] \tag{4.2-21b}$$

式中，$\boldsymbol{E}_0$、$\boldsymbol{H}_0$ 是常矢量；$\boldsymbol{k}$ 是波矢，$\boldsymbol{k}=n\boldsymbol{k}_0$，$n$ 为介质折射率。$\boldsymbol{k}$ 可以分解为 k_x、k_y、k_z 三个分量，并有

$$|\boldsymbol{k}|^2=k_x^2+k_y^2+k_z^2 \tag{4.2-22}$$

上式被称为平面波的本征方程或色散方程。

薄膜光波导中电磁场必含有 z 方向的传输因子 $\exp(-\mathrm{j}\beta z)$，因而有$\partial/\partial z=-\mathrm{j}\beta$。再考虑到薄膜波导中$\partial/\partial y=0$，式(4.2-20)可以考虑成两组独立方程

$$\begin{cases}
\beta E_y=-\omega\mu_0 H_x & (4.2-23)\\
\dfrac{\partial E_y}{\partial x}=-\mathrm{j}\omega\mu_0 H_z & (4.2-24)\\
\mathrm{j}\beta H_x+\dfrac{\partial H_z}{\partial x}=-\mathrm{j}\omega\varepsilon E_y & (4.2-25)
\end{cases}$$

$$\begin{cases}
\beta H_y=\omega\varepsilon E_x & (4.2-26)\\
\dfrac{\partial H_y}{\partial x}=\mathrm{j}\omega\varepsilon E_z & (4.2-27)\\
\mathrm{j}\beta E_x+\dfrac{\partial E_z}{\partial x}=\mathrm{j}\omega\mu_0 H_y & (4.2-28)
\end{cases}$$

可见第一组方程中仅含 E_y、H_x、H_z 三个分量，为 TE 波或 H 波；第二组方程中仅含 H_y、E_x、E_z 三个分量，仅有一个磁场分量 H_y，为 TM 或 E 波。对 TE 波，只需求出 E_y 即可求出 H_x 和 H_z 分量；同样，对 TM 波只需求出 H_y 即可求出 E_x、E_z 分量。

直角坐标系下，∇^2算符为

$$\nabla^2=\frac{\partial^2}{\partial x^2}+\frac{\partial^2}{\partial y^2}+\frac{\partial^2}{\partial z^2}$$

根据矢量亥姆霍兹方程(4.2-15)，可得到 TE 波和 TM 波的直角坐标下场分量的标量亥姆霍兹方程。

对 TE 波有

$$\frac{\partial^2 E_y}{\partial x^2}+(n^2k_0^2-\beta^2)E_y=0 \tag{4.2-29}$$

对 TM 波有

$$\frac{\partial^2 H_y}{\partial x^2}+(n^2k_0^2-\beta^2)H_y=0 \tag{4.2-30}$$

显然，要求解上述方程还必须知道介质交界面处的边界条件。对薄膜光波导而言，界面上既无电荷也无电流，所以边界条件应为切向电场强度和切向磁场强度连续，法向电位移和法向磁感应强度也连续，即

$$E_{1i}=E_{2i} \tag{4.2-31a}$$

$$H_{1i}=H_{2i} \tag{4.2-31b}$$

$$D_{1n}=D_{2n} \tag{4.2-31c}$$

$$B_{1n}=B_{2n} \tag{4.2-31d}$$

式(4.2-29)和式(4.2-30)为常系数齐次线性微分方程，其解的形式应由 $n^2k_0^2-\beta^2$ 的值(即本征方程的根)来决定。根据常系数齐次线性微分方程解的特性可知，若 $n^2k_0^2-\beta^2<0$，则 E_y 和 H_y 应有指数函数形式；若 $n^2k_0^2-\beta^2>0$，则 E_y 和 H_y 应有正弦或余弦函数形式。

在薄膜光波导中，由于薄膜、衬底和包层具有不同的折射率，因而在薄膜光波导的不同区域中应有不同形式的解。

当 $n_1k_0<\beta$ 时，有 $n_3k_0<n_2k_0<\beta$，此时在薄膜、衬底和包层三层中的解都具有指数形式，但它们都不能满足无穷远处的边界条件，这种解并无意义，因而 $n_1k_0<\beta$ 为传输禁区。

当 $n_3k_0<n_2k_0<\beta<n_1k_0$ 时，在薄膜层中，E_y 和 H_y 应具有正弦或余弦函数形式的解，这说明它们都是驻波；在衬底及包层中，E_y 和 H_y 有指数形式，但正指数形式不符合边界条件而必须除去，因而呈现为负指数形式，这意味着 E_y 和 H_y 在衬底和包层中作指数衰减。这种情况说明波导中的光波为表面波，这正是希望的导模。

当 $n_3k_0<\beta<n_2k_0<n_1k_0$ 时，在薄膜和衬底两层中 E_y 和 H_y 均为余弦函数形式(驻波)；在包层中 E_y 和 H_y 为负指数形式(衰减波)，即是衬底辐射模。

当 $\beta<n_3k_0<n_2k_0<n_1k_0$ 时，在三层中 E_y 和 H_y 均呈余弦函数形式，此时是包层辐射模。

2. 薄膜波导中的导模

波导中的导模具有许多特性，横截面上的谐振特性是导模的重要特征之一。所谓导模的横向谐振特性，是指波导中入射波与反射波相叠加，其相位满足相长干涉条件，在横截面坐标上形成驻波。

1) TE 波

亥姆霍兹方程(4.2-29)中的 n 在波导的薄膜、衬底和包层中应分别取为 n_1、n_2 和 n_3，令

$$\begin{aligned} h^2 &= k_{1n}^2 = k_0^2n_1^2-\beta^2 \\ p^2 &= -k_{2n}^2 = \beta^2-k_0^2n_2^2 \\ q^2 &= -k_{3n}^2 = \beta^2-k_0^2n_3^2 \end{aligned} \tag{4.2-32}$$

式中，p 和 q 分别称为衬底和包层中的衰减系数。若选取图 4.2-4 所示的坐标，可写出亥姆霍兹方程(4.2-29)的解 E_y 在波导各层中的函数形式为

$$E_y = e^{j(\omega t-\beta z)}\begin{cases} E_3 e^{-q(x-d)}, & x>d \\ E_1\cos(hx-\phi), & 0<x<d \\ E_2 e^{px}, & x<0 \end{cases} \tag{4.2-33}$$

式中，E_1、E_2、E_3、h、p、q 和 ϕ 均为待定常数，其中 E_1、E_2、E_3 三个参数只需确定两个便可知场的分布。p 和 q 分别表示出 E_y 在衬底和包层中的衰减程度，ϕ 则表明薄膜中 E_y 极大值的位置，确定了 h 后便可求出 β 及 p、q。

利用边界条件可确定上述待定常数。在 $x=0$ 和 $x=d$ 的边界上应有切向电场强度 E_y 和切向磁场强度 H_z 连续。由式(4.2-31)有

$$x=0\ 处, E_1\cos\phi = E_2 \tag{4.2-34}$$

$$E_1 h\sin\phi = pE_2 \tag{4.2-35}$$

$$x=d\ 处, E_1\cos(hd-\phi) = E_3 \tag{4.2-36}$$

$$E_1 h\sin(hd-\phi) = qE_3 \tag{4.2-37}$$

由上述式(4.2-34)～式(4.2-37)可得

$$\tan\phi = p/h \tag{4.2-38}$$

$$\tan(hd-\phi) = q/h \tag{4.2-39}$$

由式(4.2-38)和式(4.2-39)，并利用三角函数的性质，可得

$$hd-\phi_{12}^{TE}-\phi_{13}^{TE} = v\pi \tag{4.2-40}$$

式(4.2-40)称为平板波导 TE 导模的特征方程。由它可以求出 h 值，进而可以得到 β、p、q 及 ϕ 值；若知道波导中的传输功率，还可确定 E_1 值。

求出 E_y 分量以后，可直接求出 TE 模的其他分量

$$H_x = -\frac{\beta}{\omega\mu_0}E_y \tag{4.2-41}$$

$$H_z = \frac{j}{\omega\mu_0}\frac{\partial E_y}{\partial x} \tag{4.2-42}$$

计算表明，v 阶导模场 E_{yv} 在薄膜中有 v 个节点(零值点)或者说有 $v+1$ 个极值，如图 4.2-5 所示。

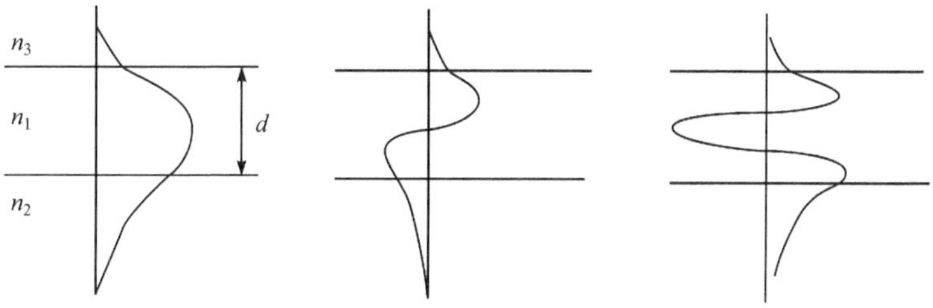

(a) TE_0模式　(b) TE_1模式　(c) TE_2模式

图 4.2-5　薄膜波导中导模的场分布

衬底和包层中的 E_y 按指数形式衰减，因此 p 和 q 分别是导模在衬底和包层中的衰减系数。在衬底中 $x=-1/p$、包层中 $x=d+1/q$ 时，E_y 分别衰减到原来的 $1/e$，所以 $1/p$ 和 $1/q$ 分别代表了导模场在衬底和包层中的透入深度。可定义有效厚度

$$d_{\text{eff}} = d + \frac{1}{p} + \frac{1}{q} \tag{4.2-43}$$

上式表明，导模场被限制在薄膜层中及其附近，所以导模是表面波。由式(4.2-32)可以看出，对同一导模，β(或 h)相同，由于 $n_2 > n_3$，所以 $p < q$，这表明同一导模在衬底中比在包层中衰减慢，且 $\Delta n^2 = n_1^2 - n_i^2 (i=2,3)$越大，导模衰减越快，电磁场在波导中的集中程度就越好。对不同阶的导模，由于高阶模的 β 小(或 h 大)，所以高阶模的 p 和 q 要比低阶模的小，这说明高阶模比低阶模在衬底和包层中衰减得慢。

当出现辐射模时，即可认为导模截止。当 p 变为虚数时，衬底中不再是衰减波的形式，即出现了衬底辐射模，故导模的截止条件可表示为

$$p^2 \leqslant 0 \tag{4.2-44}$$

由 $p=0$ 的条件可以得到截止时的 β、h、ϕ_{12} 和 ϕ_{13} 各值，将它们代入导模特征方程即可得到截止波长 λ_c、传输模式数及单模传输条件等。

2) TM 波

TM 导模的分析方法与 TE 导模完全相同，此处仅给出相应的结论。

因为 TM 模只包含 H_y、E_x、E_z 三个分量，故只要求出 H_y 的表达式便可利用麦克斯韦方程的分量形式直接求得另两个分量：

$$E_x = \frac{\beta}{\omega\varepsilon} H_y \tag{4.2-45}$$

$$E_z = -\frac{\mathrm{j}}{\omega\varepsilon} \frac{\partial H_y}{\partial x} \tag{4.2-46}$$

TM 导模的色散方程与 TE 波的形式完全相同，只是全反射相移应换作 ϕ_{12}^{TM} 和 ϕ_{13}^{TM}。由于 ϕ_{12}^{TM} 和 ϕ_{13}^{TM} 表达式中分别多了一项$(n_1/n_2)^2$ 和$(n_2/n_1)^2$，故 TM 模的 β、h、p 和 q 的值与 TE 模略有不同。

习　题

4.1　什么是表面波？它有哪些主要特征？

4.2　圆柱形介质波导可以存在哪四种导模？各模的截止条件是什么？主模的截止频率为多少？

4.3　光纤中的主模是那个模式？光纤中单模传输的条件是什么？

4.4　光纤中的色散有几种？它们产生色散的原因是什么？

4.5　光纤中的 LP 模同精确模有何区别与联系？

4.6　假如阶跃光纤的芯径为 6.5 μm，芯层的折射率 $n_1 = 1.5$，相对折射率 $\Delta = 0.01$，工作波长 $\lambda_0 = 1.55$ μm，则可以在该光纤中传播的模式有哪些？

4.7　若上题中光纤周围的媒质是空气，光纤由端面投射到光纤内并在同一平面传播(子午射线传播)，试计算该光纤的数值孔径 NA 和光线的入射角范围。

第5章　传输线的电路理论

5.1 引　　言

一般地讲，凡是能够导引电磁波沿一定方向传输的导行波系统都称为传输线。导体、介质或它们的组合结构均可构成传输线。传输线不仅可以用来传输电磁能量，还可以构成各种微波元件。一般对传输线的基本要求是：损耗小，工作频带宽，功率容量大，传输效率高，尺寸小和成本低。微波频段用得较多的传输线形式是同轴线、矩形波导、圆波导、带状线和微带线。在实际工程应用中，从传输性能上考虑，工作在米波和分米波的低频段范围内，可采用双导线或同轴线；在厘米波段可采用空心金属波导管、带状线和微带线等；在毫米波范围内可采用空心金属波导管、介质波导、介质镜像线和微带线；在光波段范围采用光波导（光纤）。但是，必须指出，这个划分不是严格的，同轴线可用于厘米波和毫米波段。

严格来讲，传输线是以 TEM 导模的方式传输电磁波的导行系统。但是，各种传输 TE 模和 TM 模或其混合模式的波导中的电磁场沿纵向传播方向的分布规律与 TEM 模纵向传播方向分布规律相似，均可看成广义传输线，因此可以用等效传输线观点进行分析。

对于电磁波在导行波系统中传输特性的分析，可以采用场解法和微波等效路解法，这些方法构成传输线理论。场解法是根据边界和初始条件求电磁场波动方程的解，得出电磁场随时间和空间的变化规律；微波等效电路法是利用分布参数电路的理论（传输线的电路模型）来分析电压波（对应电场）和电流波（对应磁场）随时间和空间的变化规律。

在第 2 章中用场解法分析了无限长均匀直波导系统中电磁波传输特性，重点讨论了各类波导系统中主模的传输特性，由于假定导波系统是匀直无限长的，因而场解能够顺利进行。然而实际的微波传输系统并非如此简单，导波系统是有限长的，终端必须接某种负载，导波系统中不仅有传向负载正向波（称为入射波），而且一般还有从负载反射回来的反射波（称为反射波）。其次，作为微波信号的传输系统不可能完全匀直。在微波传输系统中可能连接有各种微波元器件（不包括有源器件），如波导拐弯、扭转元件、波导转换和过渡元件等，这些元件在微波传输系统中构成不均匀区，亦称"不均匀性"。实际的微波传输系统是由均匀的导波系统段和不均匀的微波元件组成的复杂边界系统。如果用场解法进行求解，原则上可以把整个系统分为若干"均匀"区域，分别求解各区域内的电磁场，然后利用边界条件把相邻的区域连接起来。但是，用这种方法求解，对于均匀波导系统适用，而对于微波元件，即使是结构简单的元件，分析起来也是相当繁琐，复杂结构的元件就更难以进行。为了寻求分析复杂微波系统传输特性的简单方法，工程上发展了微波等效电路法。

微波等效电路法的基本点是将电磁场的问题，在一定条件下化为电路的问题来求解，即"化场为路"，使问题得以简化。微波等效电路法又称传输线电路理论，亦称分布参数电路理论。就一般问题而言，传输线理论中场的分析方法是普遍方法，基于路的方法是一种等效的简化方法。

传输线电路理论是微波电路设计和微波网络理论的基础。

5.2 分布参数电路概念

分布参数电路是相对于集总参数电路而言的，后者是大家所熟悉的，其电路参数 LCR 是集总的，L 代表电感线圈的电感量，C 代表电容器的电容量，R 代表电阻的大小。电路中导线所具有的电感、电阻、线间电容和电导则不予考虑。因为集总参数电路频率低，波长长，电路尺寸 l 与波长 λ 相比很小，甚至小到可以视为一点，电场与磁场可近似看作只随时间变化，不随导线长度变化。同时，还由于频率低，线的阻抗和导纳的作用可以略去，因为导线上各点的电位相同。这样，整个电路的电能仅集中在电容器里，磁能集中在电感线圈里，损耗集中在电阻上。

分布参数电路则不同，它是微波波段可用的一种电路，因为微波的频率高，波长短，一般电路尺寸 l 与电磁波的波长 λ 可以比拟或更长，电磁场不仅随时间变化，而且同时随空间位置变化，电磁波在电路中传输的滞后效应显著，因为频率高，传输线上的电感、电阻和线间的电容、电导都不能忽略，线上各点的电位不同，处处有储能和损耗，故称为分布参数电路，此时，导体上存在有损耗电阻、电感，导体间存在分布电容和漏电导。

均匀传输线上的分布参数是均匀分布的，若设线上每单位长度的串联损耗电阻为 R_1，并联漏电导为 G_1，串联电感为 L_1，并联电容为 C_1，则均匀传输线上的这些参数处处相等。表 5.2-1 给出双导线和同轴线的分布参数。

表 5.2-1 双导线和同轴线的分布参数

传输线 / 分布参数	双导线	同轴线
	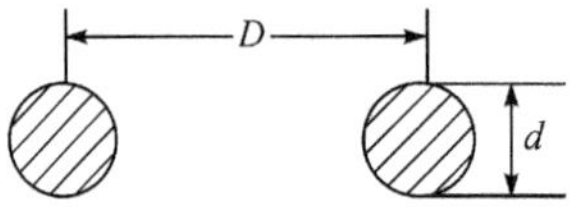	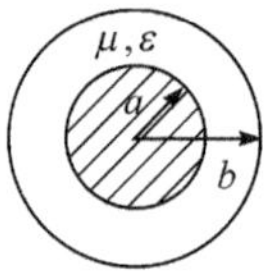
$R_1/(\Omega/\mathrm{m})$	$\frac{2}{\pi d}\sqrt{\frac{\omega\mu_1}{2\sigma_1}}$	$\sqrt{\frac{f\mu_1}{4\pi\sigma_1}}$
$L_1/(\mathrm{H/m})$	$\frac{\mu}{\pi}\ln\frac{D+\sqrt{D^2-d^2}}{d}$	$\frac{\mu}{2\pi}\ln\frac{b}{a}$
$C_1/(\mathrm{F/m})$	$\pi\varepsilon/\ln\frac{D+\sqrt{D^2-d^2}}{d}$	$2\pi\varepsilon/\ln\frac{b}{a}$
$G_1/(\mathrm{S/m})$	$\pi\sigma/\ln\frac{D+\sqrt{D^2-d^2}}{d}$	$2\pi\sigma/\ln\frac{b}{a}$

注：ε、μ 和 σ 分别为介质的介电常数、磁导率和电导率；μ_1 和 σ_1 分别为导体的磁导率和电导率。

在微波电路中，不仅要考虑电路物理长度尺寸，还要考虑工作波长，常用电长度来衡量，即

$$\bar{l}=l/\lambda \tag{5.2-1}$$

式中，$\bar{l}$ 为电长度(无量纲)；l 为电路物理长度；λ 为工作波长。

集总参数电路和分布参数电路的界线可认为 $\bar{l}=l/\lambda\geqslant 0.05$。电路尺寸(物理长度)一定，工作在低频和微波时表现的特性是不同的。

分布参数电路理论就是用上述概念来研究 TEM 波传输线的一种理论，也是分析传输线的一种路的理论，TEM 波传输线之所以可以用路的方法分析，其原因在于 TEM 波场的横向

分布与静场相同，从而对应于电场有一电压波，对应于磁场有一电流波。

5.3　传输线方程及其解

TEM 波传输线，其等效电路模型可用图 5.3－1 表示。在这里讨论终端接有任意负载的均匀传输线，且先不作无耗的假定。为方便讨论，将坐标的起点（$z=0$）选在负载端，除非特别申明，本章后面所有的坐标起点均选择在负载端。设负载端电压、电流分别为 V_L、I_L，传输线长度为 l，传输线左端接波源。

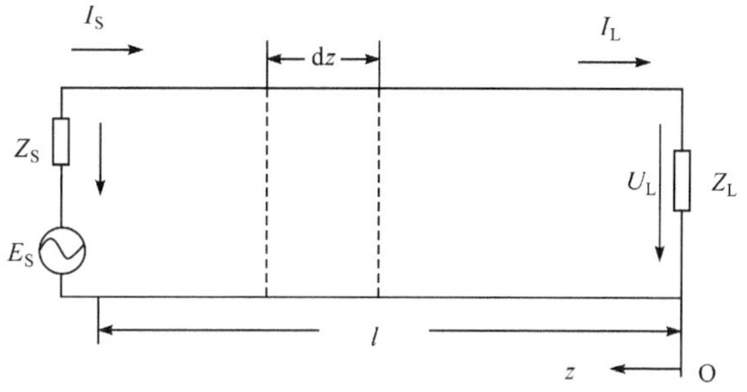

图 5.3－1　TEM 波传输线等效电路模型

因传输线是均匀的，故可在线上任意点 z 处取线元 dz 来研究，dz 可以足够短（d$z \ll \lambda$），这样，dz 上的分布参数效应可用串联阻抗 Z_1dz 和并联导纳 Y_1dz 的集总参数电路来等效，如图 5.3－2所示。

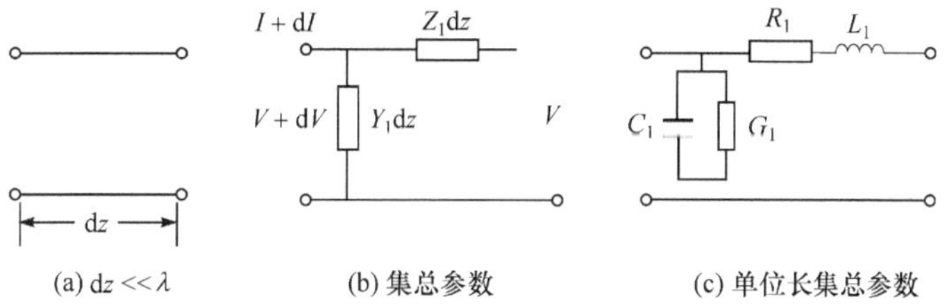

图 5.3－2　传输线分布参数等效电路

考虑时谐均匀传输线，由图 5.3－2(b)可得（省去时间因子 $e^{j\omega t}$）

$$\mathrm{d}V(z)=I(z)Z_1\mathrm{d}z \tag{5.3-1a}$$

$$\mathrm{d}I(z)=V(z)Y_1\mathrm{d}z \tag{5.3-1b}$$

其中

$$Z_1 = R_1 + \mathrm{j}\omega L_1 \tag{5.3-2a}$$

$$Y_1 = G_1 + \mathrm{j}\omega C_1 \tag{5.3-2b}$$

式(5.3－1)称为均匀传输线电压、电流微分方程或电报方程，它表明，电压变化是由 dz 上串联阻抗的压降造成；电流变化是 dz 线间并联导纳的分流所致。式(5.3－1)可变为

$$\frac{\mathrm{d}V(z)}{\mathrm{d}z} = I(z)Z_1$$

$$\frac{\mathrm{d}I(z)}{\mathrm{d}z} = V(z)Y_1$$

分别再对 z 微分一次，并利用式(5.3－1)可得

$$\frac{\mathrm{d}^2 V(z)}{\mathrm{d}z^2} = Z_1 Y_1 V(z) = \gamma^2 V(z) \tag{5.3-3a}$$

$$\frac{\mathrm{d}^2 I(z)}{\mathrm{d}z^2} = Z_1 Y_1 I(z) = \gamma^2 I(z) \tag{5.3-3b}$$

称为传输线电压、电流波动方程。方程(5.3-3)的通解为

$$V(z) = A_1 \mathrm{e}^{\gamma z} + B_1 \mathrm{e}^{-\gamma z} \tag{5.3-4a}$$

$$I(z) = A_2 \mathrm{e}^{\gamma z} + B_2 \mathrm{e}^{-\gamma z} \tag{5.3-4b}$$

式中，A_1、B_1、A_2、B_2 为四个待定常数，可以利用端接条件确定。而

$$\gamma = \sqrt{Z_1 Y_1} = \sqrt{(R_1 + \mathrm{j}\omega L_1)(G_1 + \mathrm{j}\omega C_1)} \tag{5.3-5}$$

为传播因子，是电压、电流波的传播常数，大小取决于传输线的分布参数和工作频率。

利用式(5.3-1)和式(5.3-4a)，$I(z)$可以表示为

$$\begin{aligned} I(z) &= \frac{1}{Z_1}\frac{\mathrm{d}V(z)}{\mathrm{d}z} = \frac{\gamma}{Z_1}(A_1 \mathrm{e}^{\gamma z} - B_1 \mathrm{e}^{-\gamma z}) \\ &= \sqrt{\frac{Y_1}{Z_1}}(A_1 \mathrm{e}^{\gamma z} - B_1 \mathrm{e}^{-\gamma z}) \\ &= \frac{1}{Z_0}(A_1 \mathrm{e}^{\gamma z} - B_1 \mathrm{e}^{-\gamma z}) \\ &= Y_0(A_1 \mathrm{e}^{\gamma z} - B_1 \mathrm{e}^{-\gamma z}) \end{aligned} \tag{5.3-6}$$

从而方程(5.3-4)中四个待定常数只有两个是独立的。上式中

$$Z_0 = \sqrt{\frac{Z_1}{Y_1}} = \sqrt{\frac{R_1 + \mathrm{j}\omega L_1}{G_1 + \mathrm{j}\omega C_1}} = \frac{1}{Y_0} \tag{5.3-7}$$

具有阻抗量纲，称 Z_0 为传输线的特性阻抗，Y_0 为传输线特性导纳。

待定常数 A_1、B_1 决定于传输线的端接条件。通常端接条件有三种：

(1) 已知终端电压 V_L 和电流 I_L。

(2) 已知始端电压 V_S 和电流 I_S。

(3) 已知激励源的电动势 E_S、内阻抗 Z_S 和负载阻抗 Z_L。其中常用情况是第(1)种，即终端端接条件。选此条件时，坐标 z 的起点选择在负载端，即 $z=0$，代入式(5.3-4a)和式(5.3-6)，有

$$V_L = A_1 + B_1$$

$$I_L = (A_1 - B_1)/Z_0$$

由此求得

$$A_1 = (V_L + I_L Z_0)/2$$

$$B_1 = (V_L - I_L Z_0)/2$$

并代回到式(5.3-4a)和式(5.3-6)，可得

$$V(z) = \frac{V_L + I_L Z_0}{2}\mathrm{e}^{\gamma z} + \frac{V_L - I_L Z_0}{2}\mathrm{e}^{-\gamma z} \tag{5.3-8a}$$

$$I(z) = \frac{1}{Z_0}\left(\frac{V_L + I_L Z_C}{2}\mathrm{e}^{\gamma z} - \frac{V_L - I_L Z_0}{2}\mathrm{e}^{-\gamma z}\right) \tag{5.3-8b}$$

此式就是已知传输线终端电压、电流时，线上任意一点的电压、电流解。其解表明，传输线的电压、电流具有波的形式，且由两列波叠加，呈行驻波混合分布。其中一列是向负载方向传输的波，即入射波；另一列是向波源传播的波，即反射波。

若令

$$V^{+}=\frac{V_{\mathrm{L}}+I_{\mathrm{L}}Z_0}{2}\mathrm{e}^{\gamma z}=V_{\mathrm{L}}^{+}\mathrm{e}^{\gamma z} \tag{5.3-9a}$$

$$V^{-}=\frac{V_{\mathrm{L}}-I_{\mathrm{L}}Z_0}{2}\mathrm{e}^{-\gamma z}=V_{\mathrm{L}}^{-}\mathrm{e}^{-\gamma z} \tag{5.3-9b}$$

V^{+}和V^{-}分别代表入射波和反射波，于是式(5.3-8)又可表示为

$$V(z)=V_{\mathrm{L}}^{+}\mathrm{e}^{\gamma z}+V_{\mathrm{L}}^{-}\mathrm{e}^{-\gamma z}=V^{+}+V^{-} \tag{5.3-10a}$$

$$I(z)=\frac{1}{Z_0}(V^{+}-V^{-})=\frac{1}{Z_0}(V_{\mathrm{L}}^{+}\mathrm{e}^{\gamma z}-V_{\mathrm{L}}^{-}\mathrm{e}^{-\gamma z})=I^{+}+I^{-} \tag{5.3-10b}$$

这里，I^{+}和I^{-}分别为

$$I^{+}=\frac{1}{Z_0}V^{+}=\frac{1}{Z_0}V_{\mathrm{L}}^{+}\mathrm{e}^{\gamma z} \tag{5.3-11a}$$

$$I^{-}=-\frac{1}{Z_0}V^{-}=-\frac{1}{Z_0}V_{\mathrm{L}}^{-}\mathrm{e}^{-\gamma z} \tag{5.3-11b}$$

式(5.3-10)用双曲函数还可表示为

$$V(z)=V_{L}\mathrm{ch}\gamma z+I_{\mathrm{L}}Z_0\mathrm{sh}\gamma z \tag{5.3-12a}$$

$$I(z)=I_{\mathrm{L}}\mathrm{ch}\gamma z+\frac{V_{\mathrm{L}}}{Z_0}\mathrm{sh}\gamma z \tag{5.3-12b}$$

写成矩阵形式为

$$\begin{bmatrix}V(z)\\I(z)\end{bmatrix}=\begin{bmatrix}\mathrm{ch}\gamma z & Z_0\mathrm{sh}\gamma z\\ \frac{1}{Z_0}\mathrm{sh}\gamma z & \mathrm{ch}\gamma z\end{bmatrix}\begin{bmatrix}V_{\mathrm{L}}\\I_{\mathrm{L}}\end{bmatrix} \tag{5.3-13}$$

如果考虑传输线无耗，式(5.3-12)和式(5.3-13)两式可变为

$$V(z)=V_{\mathrm{L}}\cos\beta z+\mathrm{j}I_{\mathrm{L}}Z_0\sin\beta z \tag{5.3-14a}$$

$$I(z)=I_{\mathrm{L}}\cos\beta z+\mathrm{j}\frac{V_{\mathrm{L}}}{Z_0}\sin\beta z \tag{5.3-14b}$$

$$\begin{bmatrix}V(z)\\I(z)\end{bmatrix}=\begin{bmatrix}\cos\beta z & \mathrm{j}Z_0\sin\beta z\\ \frac{\mathrm{j}}{Z_0}\sin\beta z & \cos\beta z\end{bmatrix}\begin{bmatrix}V_{\mathrm{L}}\\I_{\mathrm{L}}\end{bmatrix} \tag{5.3-15}$$

同样容易推导出：若坐标z的起点选在波源端，即选择始端端接条件，线上任意一点的电压、电流表达式为

$$V(z)=V^{+}+V^{-}=V_{\mathrm{S}}^{+}\mathrm{e}^{-\gamma z}+V_{\mathrm{S}}^{-}\mathrm{e}^{\gamma z} \tag{5.3-16a}$$

$$I(z)=I^{+}+I^{-}=\frac{1}{Z_0}(V_{\mathrm{S}}^{+}\mathrm{e}^{-\gamma z}-V_{\mathrm{S}}^{-}\mathrm{e}^{\gamma z}) \tag{5.3-16b}$$

5.4 传输线的特性参量

传输线的特性参量是指传输线的结构尺寸，填充媒质及工作频率所决定的量，直接与传输线的分布参数有关，是传输线自身固有的。主要有传输线的特性阻抗、传播常数、导波的相速和波导波长。

5.4.1 传输线的特性阻抗 Z_0

传输线上行波电压与电流之比定义为传输线的特性阻抗，用Z_0表示；其倒数称为传输线

的特性导纳 Y_0。

由式(5.3-7)，有

$$Z_0=\sqrt{\frac{Z_1}{Y_1}}=\sqrt{\frac{R_1+j\omega L_1}{G_1+j\omega C_1}}=\frac{1}{Y_0} \tag{5.4-1}$$

可见 Z_0 在一般情况下是个复数，且与工作频率有关。由式(5.3-9)和式(5.3-11)，有

$$Z_0=\frac{V^+}{I^+}=-\frac{V^-}{I^-} \tag{5.4-2}$$

因此，特性阻抗是传输线上任意处入射波电压与入射波电流之比或反射波电压与反射波电流之比的负值。

对于 $R_1=G_1=0$ 的无耗传输线，利用式(5.4-1)有

$$Z_0=\sqrt{\frac{L_1}{C_1}} \tag{5.4-3}$$

说明传输线的特性阻抗为一实数且与工作频率无关。

实际使用的微波传输线，$R_1\neq 0$，$G_1\neq 0$，但满足 $R_1\ll\omega L_1$，$G_1\ll\omega C_1$，故特性阻抗可近似表为式(5.4-3)，即

$$Z_0\approx\sqrt{\frac{L_1}{C_1}} \tag{5.4-4}$$

当线的结构尺寸与填充介质一定时，Z_0 为一定数。

平行双线的特性阻抗为

$$Z_0=\sqrt{\frac{L_1}{C_1}}=\frac{120}{\sqrt{\varepsilon_r}}\ln\left(\frac{D}{d}+\frac{\sqrt{D^2-d^2}}{d}\right)\approx\frac{120}{\sqrt{\varepsilon_r}}\ln\frac{2D}{d} \tag{5.4-5}$$

式中，d 为单根线直径；D 为两根线之间的距离；ε_r 为填充介质的相对介电常数。平行双线的特性阻抗一般在 250～700Ω。

同轴线的特性阻抗为

$$Z_0=\sqrt{\frac{L_1}{C_1}}=\frac{60}{\sqrt{\varepsilon_r}}\ln\frac{b}{a} \tag{5.4-6}$$

式中，a 为同轴线内导体的外半径；b 为外导体的内半径。常用特性阻抗值 Z_0 为 50Ω、75Ω，个别情况也有用 60Ω 或其他值的。

5.4.2　传播常数 γ

由式(5.3-5)，传播常数的一般表达式为

$$\gamma=\sqrt{Z_1Y_1}=\sqrt{(R_1+j\omega L_1)(G_1+j\omega C_1)}=\alpha+j\beta \tag{5.4-7}$$

与场解法一样，α 称为衰减常数，表示单位长度上行波振幅变化；β 称为相移常数，表示单位长度上行波相位变化。

考虑无耗传输线 $R_1=G_1=0$，有

$$\gamma=j\omega\sqrt{L_1C_1} \tag{5.4-8a}$$

$$\alpha=0 \tag{5.4-8b}$$

$$\beta=\omega\sqrt{L_1C_1} \tag{5.4-8c}$$

对于微波低耗传输线 $R_1 \ll \omega L_1$，$G_1 \ll \omega C_1$，利用式(5.4-7)，有

$$\gamma = \mathrm{j}\omega\sqrt{L_1C_1}\left(1+\frac{R_1}{\mathrm{j}\omega L_1}\right)^{\frac{1}{2}}\left(1+\frac{G_1}{\mathrm{j}\omega C_1}\right)^{\frac{1}{2}}$$

用二项式定理展开并取前两项可得

$$\gamma \approx \mathrm{j}\omega\sqrt{L_1C_1}\left(1+\frac{R_1}{\mathrm{j}2\omega L_1}\right)\left(1+\frac{G_1}{\mathrm{j}2\omega C_1}\right)$$

相乘后略去高次项得

$$\begin{aligned}\gamma &\approx \frac{R_1}{2}\sqrt{\frac{C_1}{L_1}}+\frac{G_1}{2}\sqrt{\frac{L_1}{C_1}}+\mathrm{j}\omega\sqrt{L_1C_1}\\ &=\frac{R_1}{2Z_0}+\frac{G_1}{2}Z_0+\mathrm{j}\omega\sqrt{L_1C_1}\end{aligned} \tag{5.4-9}$$

因此得到

$$\alpha \approx \frac{R_1}{2Z_0}+\frac{G_1}{2}Z_0=\alpha_{\mathrm{c}}+\alpha_{\mathrm{d}} \tag{5.4-10a}$$

$$\beta \approx \omega\sqrt{L_1C_1} \tag{5.4-10b}$$

式中，$\alpha_{\mathrm{c}}=R_1/(2Z_0)$，表示由单位长度分布电阻产生的导体衰减常数；$\alpha_{\mathrm{d}}=G_1Z_0/2$，表示由单位漏电导产生的介质衰减常数。

5.4.3 相速 v_{p} 和波导波长 λ_{g}

传输线上导行波的波长和相速度都与传播常数 β 有关。

相速的定义与场解法中的电磁波的相速定义完全一样，是指行波等相位面移动的速度，这里系指电压、电流行波。

$$v_{\mathrm{p}}=v=\frac{\omega}{\beta}=\frac{1}{\sqrt{L_1C_1}} \tag{5.4-11}$$

将平行双线，同轴线的 L_1C_1 值代入上式得

$$v_{\mathrm{p}}=\frac{1}{\sqrt{\mu\varepsilon}} \tag{5.4-12}$$

若介质为非磁性介质，有 $\mu=\mu_0$，从而

$$v_{\mathrm{p}}=\frac{c}{\sqrt{\varepsilon_{\mathrm{r}}}} \tag{5.4-13}$$

式中，c 为光速。上两式表明，传输线上电压、电流波的相速与场解法求得的 TEM 波的相速完全相同。

无耗传输线的特性阻抗可以用相速度表示为

$$Z_0=\sqrt{\frac{L_1}{C_1}}=\frac{1}{v_{\mathrm{p}}C_1}=v_{\mathrm{p}}L_1 \tag{5.4-14}$$

因此传输线的特性阻抗可以由单位长度分布电容 C_1 或分布电感 L_1 来求得。

波导波长的定义与场解法定义电磁波导的波长一样，是波在一周期内沿线所传播的距离，即

$$\lambda_{\mathrm{g}}=\lambda=\frac{2\pi}{\beta}=\frac{v_{\mathrm{p}}}{f} \tag{5.4-15}$$

对于实用的微波传输线

$$\lambda_g=\frac{c}{f\sqrt{\varepsilon_r}}=\frac{\lambda_0}{\sqrt{\varepsilon_r}}=\lambda \tag{5.4-16}$$

式中，λ_0 是真空或自由空间电磁波的波长。该式表明，传输线上电压、电流波的波长与 TEM 波的波长完全相同。

5.5 传输线的工作参量

传输线上随所接负载不同或位置不同而变化的量，称为传输线的工作参量。其是由工作状态决定的，主要有传输线的输入阻抗(或导纳)、反射系数、传输系数、驻波系数和驻波相位。

5.5.1 输入阻抗 Z_{in}

在传输线上，参考面(z 处)的总电压 $V(z)$ 与总电流 $I(z)$ 之比称为传输线的由位置 z 处向负载端看去的输入阻抗 Z_{in}，其倒数称为输入导纳 Y_{in}，即

$$Z_{in}(z)=\frac{V(z)}{I(z)}=\frac{V_L \text{ch}\gamma z+I_L Z_0 \text{sh}\gamma z}{I_L \text{ch}\gamma z+\dfrac{V_L}{Z_0}\text{sh}\gamma z}$$

$$=Z_0\frac{Z_L+Z_0 \text{th}\gamma z}{Z_0+Z_L \text{th}\gamma z}=\frac{1}{Y_{in}(z)} \tag{5.5-1}$$

传输线分布参数电路理论中的输入阻抗，并不单指传输线输入端的阻抗。因为传输线上各点的电压、电流是不同的，线上任一点的总电压和总电流之比是由负载和该点到负载的距离所决定。因此，输入阻抗相当于从该点向负载看去的阻抗，线上任一点的阻抗通常就称为该点的输入阻抗。

对于无耗传输线，式(5.5-1)变为

$$Z_{in}(z)=Z_0\frac{Z_L+\text{j}Z_0 \tan\beta z}{Z_0+\text{j}Z_L \tan\beta z} \tag{5.5-2}$$

5.5.2 反射系数 Γ

传输线上任一点 z 处的反射波电压 $V^-(z)$(或反射波电流 $I^-(z)$)与入射波电压 $V^+(z)$(或入射波电流 $I^+(z)$)之比称为电压反射系数(或电流反射系数)，常用符号 Γ 来表示。

电压反射系数为

$$\Gamma_V(z)\equiv\frac{V^-(z)}{V^+(z)} \tag{5.5-3}$$

电流反射系数为

$$\Gamma_I(z)\equiv\frac{I^-(z)}{I^+(z)} \tag{5.5-4}$$

容易证明，$\Gamma_V(z)=-\Gamma_I(z)$。通常情况下，采用电压反射系数(简称反射系数)来表征传输线上波的反射情况，用 $\Gamma(z)$ 表示。因此

$$\Gamma(z)=\frac{V_L-I_L Z_0}{V_L+I_L Z_0}\text{e}^{-2\gamma z}=\frac{Z_L-Z_0}{Z_L+Z_0}\text{e}^{-2\gamma z}=\Gamma_L \text{e}^{-2\gamma z} \tag{5.5-5}$$

$$\Gamma_L=\frac{V_L-I_L Z_0}{V_L+I_L Z_0}=\frac{Z_L-Z_0}{Z_L+Z_0}=|\Gamma_L|\text{e}^{\text{j}\varphi_L} \tag{5.5-6}$$

称为传输线终端或负载反射系数。一般情形，反射系数为复数，上式中 φ_L 为负载反射系数的相角。

无耗传输线上任意一点的反射系数，可由式(5.5-5)和式(5.5-6)得出

$$\Gamma(z)=\Gamma_L e^{-j2\beta z}=|\Gamma_L| e^{j(\varphi_L-2\beta z)} \tag{5.5-7}$$

根据反射系数的定义，传输线上任一点 z 处的电压和电流可以表示为

$$V(z)=V^+(z)+V^-(z)=V^+(z)[1+\Gamma(z)] \tag{5.5-8a}$$

$$I(z)=I^+(z)+I^-(z)=I^+(z)[1-\Gamma(z)] \tag{5.5-8b}$$

由输入阻抗定义，得到

$$Z_{in}(z)=\frac{V(z)}{I(z)}=\frac{V^+(z)[1+\Gamma(z)]}{I^+(z)[1-\Gamma(z)]}=Z_0\frac{1+\Gamma(z)}{1-\Gamma(z)} \tag{5.5-9}$$

因此

$$\Gamma(z)=\frac{Z_{in}(z)-Z_0}{Z_{in}(z)+Z_0}=\frac{Y_0-Y_{in}(z)}{Y_0+Y_{in}(z)} \tag{5.5-10}$$

5.5.3　驻波系数 S

一般情况下，传输线上存在入射波和反射波，它们相互叠加形成驻波。入射波、反射波同相叠加必然最大，反相叠加必然最小，传输线上相邻电压振幅最大值和电压振幅最小值之比称为电压驻波系数或电压驻波比(VSWR 或 SWR)，用 S 表示；电流的振幅最大值与电流的振幅最小值之比称为电流驻波比。这两种驻波比在数值上是相等的，一般仅用电压驻波系数，或简称驻波系数。因此，可把驻波系数 S 写为

$$S=\frac{|V|_{max}}{|V|_{min}}=\frac{|V^+|+|V^-|}{|V^+|-|V^-|}=\frac{1+|\Gamma|}{1-|\Gamma|} \tag{5.5-11}$$

均匀无耗传输线上的驻波系数可表示为

$$S=\frac{1+|\Gamma_L|}{1-|\Gamma_L|} \tag{5.5-12}$$

上式表明，均匀无耗传输线上的驻波系数不是位置 z 的函数，它取决于终端连接负载。电压驻波比和反射系数一样，可以用来描述传输线的工作状态。

5.5.4　驻波相位 l_{min}

驻波相位定义为从负载沿波源方向到离负载最近的电压振幅最小值处的距离，用 l_{min} 表示。传输线端接负载的不同，所引起的反射波的相位不同，致使其线上驻波最大点和最小点位置离负载的距离也不相同。

对于均匀无耗传输线，线上任意点 z 处的电压可表示为

$$V(z)=V^+[1+\Gamma(z)]=V^+[1+|\Gamma_L| e^{j(\varphi_L-2\beta z)}]$$

故离负载最近的电压最小值在 $\varphi_L-2\beta z=\pm\pi$ 处，由此求得

$$l_{min}=\frac{\varphi_L}{4\pi}\lambda_g\pm\frac{\lambda_g}{4} \tag{5.5-13}$$

【例 5.5-1】　一低耗同轴线 $Z_0\approx50\Omega$，$l=30\text{m}$。在 $f=100\text{MHz}$ 时测得 $\alpha=0.05\text{dB/m}$，负载的驻波系数 $S_L=3$。试求同轴线输入端的驻波系数 $S(l)$。

解　负载反射系数的模为

$$|\Gamma_L|=\frac{S_L-1}{S_L+1}=\frac{3-1}{3+1}=0.5$$

同轴线输入端反射系数的模为

$$|\Gamma(l)|=|\Gamma_L e^{-2\gamma l}|=|\Gamma_L|e^{-2\alpha l}$$

因为 $\alpha=0.05\text{dB/m}=0.00576\text{Np/m}$,故

$$|\Gamma(l)|=0.5e^{-2\times 0.00576\times 30}=0.345$$

同轴线输入端的驻波系数为

$$S(l)=\frac{1+|\Gamma(l)|}{1-|\Gamma(l)|}=\frac{1+0.354}{1-0.354}=2.049$$

5.5.5　传输系数 *T*

传输系数 T 定义为通过传输线上某处的传输电压波(或电流波)与该处的入射电压波(或电流波)之比,即

$$T=\frac{\text{传输电压或电流波}}{\text{入射电压或电流波}}=\frac{V^t}{V^+}=\frac{I^t}{I^+} \tag{5.5-14}$$

通常采用电压传输系数来表示波的传输。

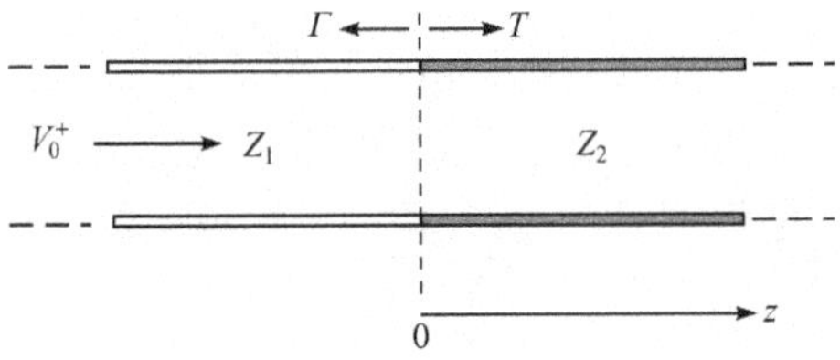

图 5.5-1　两不同特性阻抗传输线连接处波的反射和传输

如图 5.5-1 所示,两段特性阻抗分别为 Z_1 和 Z_2 的均匀传输线相连 ,如果考虑特性阻抗为 Z_2 的传输线是均匀无限长或端接匹配负载,那么,在入射波到达 $z=0$ 处,会产生反射波,其余信号将进入特性阻抗为 Z_2 的传输线继续向前传播。

$z=0$ 处的反射系数为

$$\Gamma=\frac{Z_2-Z_1}{Z_2+Z_1}$$

如果传输线无耗,传输线上的电压波为

$$V(z)=V_0^+(e^{-j\beta z}+\Gamma e^{j\beta z}),\quad z<0$$
$$V(z)=V_0^+Te^{-j\beta z},\quad z>0$$

在 $z=0$ 处,电压相等,则传输系数可表示为

$$T=1+\Gamma=1+\frac{Z_2-Z_1}{Z_2+Z_1}=\frac{2Z_2}{Z_2+Z_1} \tag{5.5-15}$$

可以用传输系数来定义电路中的插入损耗

$$L_I(\text{dB})=-20\lg|T| \tag{5.5-16}$$

5.6　无耗传输线的三种工作状态

传输线终端接不同的负载阻抗时,线上的反射情况不一样,线上电压波和电流波的分布情况不一样,将有三种不同的工作状态,分别为行波状态、纯驻波状态和行驻波状态。为简化讨论,下面可根据实用微波传输线是小损耗线的具体情况假定它无耗,即 $R_1=G_1=0$。

5.6.1　行波状态

当传输线无限长或负载阻抗等于传输线的特性阻抗，即 $Z_L=Z_0$ 时，信号源传向负载的信号被完全吸收，传输线上只有入射波没有反射波，波的这种分布状态称为行波状态或匹配状态。利用式(5.3-8)，得到行波状态下的电压、电流表达式为

$$V(z)=\frac{V_L+I_LZ_0}{2}e^{j\beta z}=V_Le^{j\beta z}=V_L^+e^{j\beta z} \tag{5.6-1a}$$

$$I(z)=\frac{V(z)}{Z_0}=\frac{V_L^+e^{j\beta z}}{Z_0}=I_L^+e^{j\beta z} \tag{5.6-1b}$$

因为 $|V(z)|=|V_L|$，$|I(z)|=|I_L|$，故容易作出电压、电流振幅沿线分布图，如图 5.6-1 所示。

行波状态下的工作参量为：$Z_{in}(z)=Z_0$，$\Gamma(z)=0$，$S=1$。

行波状态的特点是：

(1) 电压、电流的振幅沿线不变。利用此特点可以通过测量来判断行波状态。

(2) 电压、电流沿线各点均同相，电压或电流的相位随 z 减小而滞后，线上为从波源到负载的单向行波。

(3) 沿线各点的输入阻抗均等于传输线的特性阻抗。因为没有反射波，反射功率为 0，入射功率完全被负载吸收，所以行波状态下是传输能量所希望的工作状态。

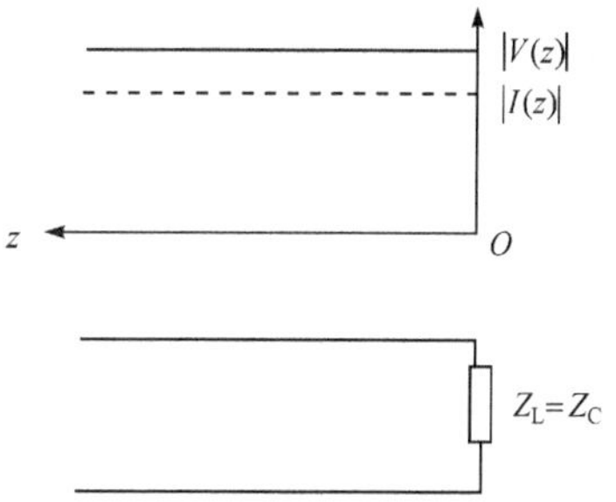

图 5.6-1　行波状态下电压、电流振幅沿线分布图

5.6.2　纯驻波状态

当信号源通过传输线传向负载的入射波在终端处发生全反射($|\Gamma|=1$)，反射波幅度和入射波幅度相等，在线上入射波与反射波叠加，形成纯驻波。形成条件是：终端端接短路、开路和纯电抗负载，即 $Z_L=0,\infty,\pm jX_L$ 时，在线上形成纯驻波。四种不同负载决定了纯驻波分布情况，其区别在于传输线终端处的相位不同。

1. 传输线终端短路($Z_L=0$)

终端处反射系数为

$$\Gamma_L=\frac{Z_L-Z_0}{Z_L+Z_0}=-1=e^{j\pi} \tag{5.6-2}$$

由式(5.5-8a)和式(5.5-8b)得传输线上电压、电流表达式为

$$\begin{aligned}V(z)&=V^+(1+\Gamma_Le^{-j2\beta z})=V^+[1+|\Gamma_L|e^{j(\varphi_L-2\beta z)}]\\&=V^+[1+e^{j(\pi-2\beta z)}]\end{aligned} \tag{5.6-3a}$$

$$\begin{aligned}I(z)&=\frac{V^+}{Z_0}(1-\Gamma_Le^{-j2\beta z})=I^+[1-|\Gamma_L|e^{j(\varphi_L-2\beta z)}]\\&=I^+[1-e^{j(\pi-2\beta z)}]\end{aligned} \tag{5.6-3b}$$

因此，传输线终端短路时，线上电压、电流的振幅值相对于入射波电压、电流振幅的比值为

$$\left|\frac{V(z)}{V^+}\right|=|1+e^{j(\pi-2\beta z)}| \tag{5.6-4a}$$

$$\left|\frac{I(z)}{I^+}\right| = |1-\mathrm{e}^{\mathrm{j}(\pi-2\beta z)}| \tag{5.6-4b}$$

上式还可表示为

$$\left|\frac{V(z)}{V^+}\right| = 2|\sin\beta z| \tag{5.6-5a}$$

$$\left|\frac{I(z)}{I^+}\right| = 2|\cos\beta z| \tag{5.6-5b}$$

利用式(5.6-5)绘出传输线上电压、电流振幅变化情况如图5.6-2所示。

传输线终端短路时，其工作参量为

$$Z_{\mathrm{in}}(z) = \frac{V(z)}{I(z)} = \mathrm{j}Z_0\tan\beta z \tag{5.6-6a}$$

$$\Gamma(z) = \mathrm{e}^{\mathrm{j}(\pi-2\beta z)} \tag{5.6-6b}$$

$$S = \frac{1+|\Gamma|}{1-|\Gamma|} \to \infty \tag{5.6-6c}$$

$$l_{\min} = 0 \tag{5.6-6d}$$

输入阻抗沿线的分布曲线如图5.6-3所示。

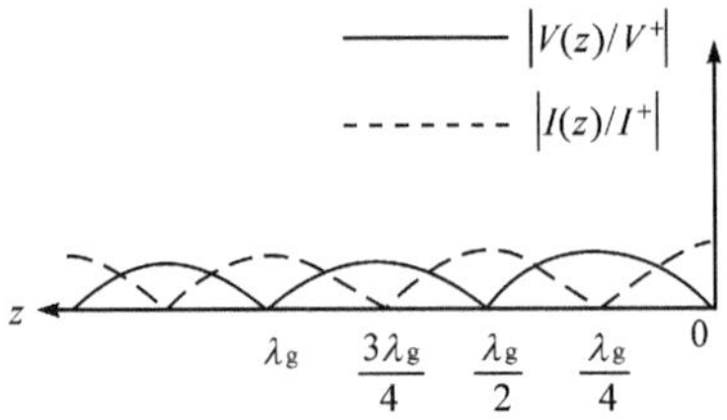

图5.6-2　终端短路时沿线电压电流振幅分布

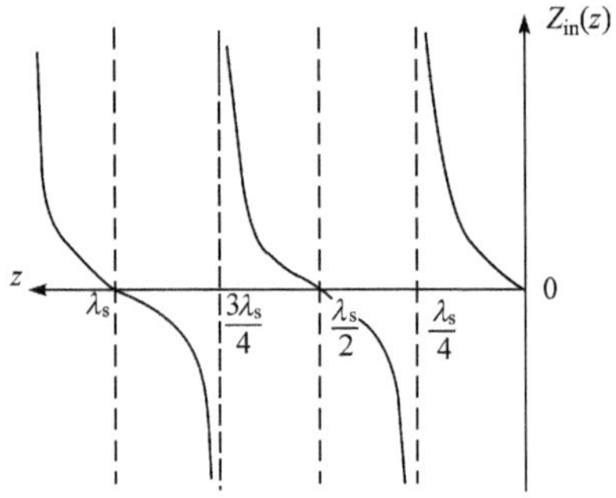

图5.6-3　终端短路时沿线输入阻抗分布曲线

2. 传输线终端开路($Z_{\mathrm{L}}=\infty$)

终端处的反射系数为

$$\Gamma_{\mathrm{L}} = \frac{Z_{\mathrm{L}}-Z_0}{Z_{\mathrm{L}}+Z_0} = 1 = \mathrm{e}^{\mathrm{j}0} \tag{5.6-7}$$

由式(5.5-8)，传输线上电压、电流表达式为

$$V(z) = V^+(1+\mathrm{e}^{-\mathrm{j}2\beta z})$$
$$I(z) = I^+(1-\mathrm{e}^{-\mathrm{j}2\beta z})$$

上式可表示为

$$\left|\frac{V(z)}{V^+}\right| = 2|\cos\beta z| \tag{5.6-8a}$$

$$\left|\frac{I(z)}{I^+}\right| = 2|\sin\beta z| \tag{5.6-8b}$$

电压、电流振幅沿线分布情况如图 5.6-4 所示。

传输线终端开路时,其工作参量为

$$Z_{in}(z)=\frac{V(z)}{I(z)}=-jZ_0\cot\beta z \tag{5.6-9a}$$

$$\Gamma=e^{-j2\beta z} \tag{5.6-9b}$$

$$S=\infty \tag{5.6-9c}$$

$$l_{min}=\frac{\lambda_g}{4} \tag{5.6-9d}$$

输入阻抗沿线的分布曲线如图 5.6-5 所示。

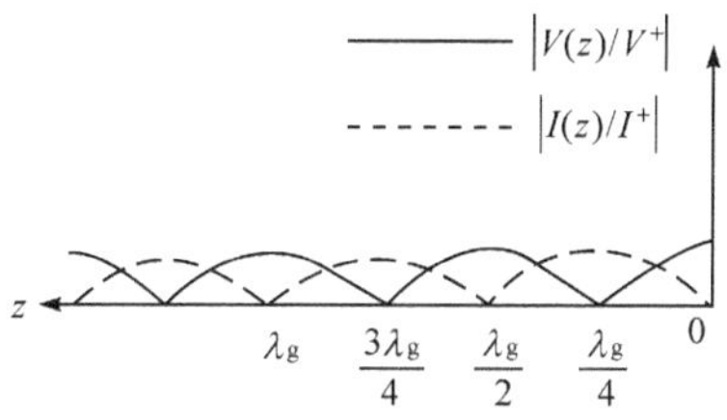

图 5.6-4　终端开路时沿线电压电流振幅分布

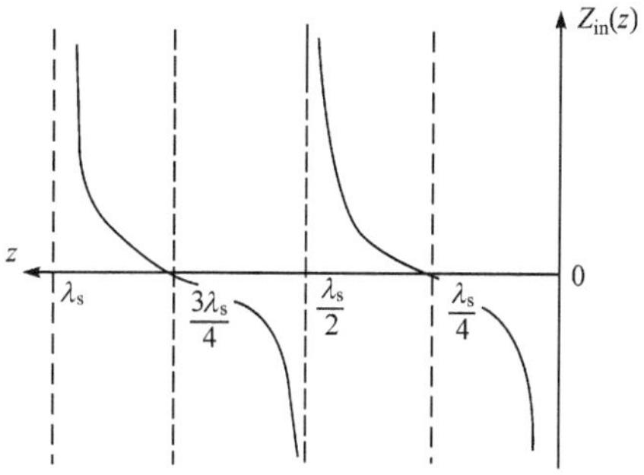

图 5.6-5　终端短路时沿线输入阻抗分布曲线

3. 终端接感性负载($Z_L=jX_L$)

终端处的反射系数为

$$\Gamma_L=\frac{jX_L-Z_0}{jX_L+Z_0} \tag{5.6-10a}$$

$$|\Gamma_L|=\left|\frac{jX_L-Z_0}{jX_L+Z_0}\right|=\frac{\sqrt{X_L^2+Z_0^2}}{\sqrt{X_L^2+Z_0^2}}=1 \tag{5.6-10b}$$

$$\varphi_L=\arctan\frac{2Z_0X_L}{X_L^2-Z_0^2} \tag{5.6-10c}$$

由式(5.6-3),传输线上电压、电流表达式为

$$V(z)=V^+\left[1+e^{j(\varphi_L-2\beta z)}\right] \tag{5.6-11a}$$

$$I(z)=I^+\left[1-e^{j(\varphi_L-2\beta z)}\right] \tag{5.6-11b}$$

电压、电流振幅沿线分布情况如图 5.6-6 所示。端接感性负载时,其工作参量为

$$Z_{in}(z)=jZ_0\frac{X_L+Z_0\tan\beta z}{Z_0-X_L\tan\beta z} \tag{5.6-12a}$$

$$\Gamma=e^{j(\varphi_L-2\beta z)} \tag{5.6-12b}$$

$$S=\infty \tag{5.6-12c}$$

$$l_{min}=\frac{\varphi_L}{4\pi}\lambda_g\pm\frac{\lambda_g}{4} \tag{5.6-12d}$$

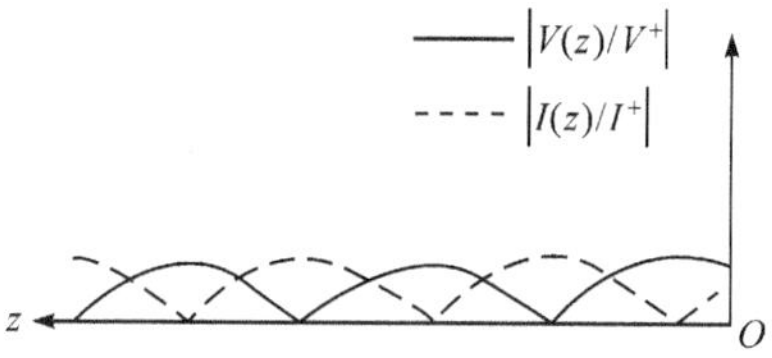

图 5.6-6　终端端接感性负载时沿线电压电流振幅分布

4. 终端接容性负载($Z_L=-jX_L$)

终端处的反射系数为

$$\Gamma_L=\frac{-jX_L-Z_0}{-jX_L+Z_0} \tag{5.6-13a}$$

$$|\Gamma_L|=\left|\frac{-jX_L-Z_0}{-jX_L+Z_0}\right|=1 \tag{5.6-13b}$$

$$\varphi_L=\arctan\frac{-2Z_0X_L}{X_L^2-Z_0^2} \tag{5.6-13c}$$

由式(5.6-3)得出电压、电流表达式为

$$V(z)=V^+\left[1+e^{j(\varphi_L-2\beta z)}\right] \tag{5.6-14a}$$

$$I(z)=I^+\left[1-e^{j(\varphi_L-2\beta z)}\right] \tag{5.6-14b}$$

电压、电流相对振幅沿线分布情况相似于图 5.6-6。

端接容性负载时,其工作参量为

$$Z_{in}(z)=jZ_0\frac{-X_L+Z_0\tan\beta z}{Z_0+X_L\tan\beta z} \tag{5.6-15a}$$

$$\Gamma=e^{j(\varphi_L-2\beta z)} \tag{5.6-15b}$$

$$S=\infty \tag{5.6-15c}$$

$$l_{min}=\frac{\varphi_L}{4\pi}\lambda_g\pm\frac{\lambda_g}{4} \tag{5.6-15d}$$

综上所述,均匀无耗传输线终端无论是短路、开路,还是接纯电抗负载,终端均产生全反射,沿线电压电流呈驻波分布,其特点为:

(1) 电压、电流振幅随传输线的位置变化而变化。振幅最大值称为波腹,最小值称为波节。纯驻波波腹为入射波振幅的 2 倍,波节为零。驻波分布的周期为 $\lambda_g/2$。四种情况的区别在于 φ_L 的值各不相同,因而 l_{min} 也不同。终端短路时,$\varphi_L=\pi$,$l_{min}=0$,终端为电压波节和电流波腹;终端开路时,$\varphi_L=0$,$l_{min}=\lambda_g/4$,终端为电压波腹和电流波节;终端接电感性负载时,$0<\varphi_L<\pi$,$l_{min}>\lambda_g/4$,离开负载第一个出现的是电压波腹点;终端接电容性负载时,$\pi<\varphi_L<2\pi$,$l_{min}<\lambda_g/4$,离开负载第一个出现的是电压波节点。

(2) 电压、电流随传输线的位置变化而变化,但不是均匀变化。相邻节点之间各点的电压(或电流)相位相同,节点两边的点的相位相反。

(3) 传输线上同一位置 z 处电压与电流的相位差 $\pi/2$。电压沿线为正弦变化,电流则为余弦变化,叫空间相差,表现在分布图上为电压波腹点对应于电流波节点,电压达最大时电流为零或相反,所以驻波状态只有能量的存储并无能量的传输。

(4) 传输线的输入阻抗为纯电抗,其值随频率和位置变化而变化;当频率一定时,不同长度的驻波线可分别等效为电感、电容,串联谐振电路或并联谐振电路。

5.6.3 行驻波状态

行驻波状态是一种有部分反射的情况,传输线终端为一般负载,即 $Z_L=R_L\pm jX_L$ 时,反射波幅度小于入射波的幅度。因此,传输线上既有行波又有驻波,称为行驻波。波节不为零,波腹也不等于终端入射波振幅的 2 倍。

行驻波状态下，有

$$\Gamma_L=\frac{R_L\pm jX_L-Z_0}{R_L\pm jX_L+Z_0} \tag{5.6-16a}$$

$$|\Gamma_L|=\frac{\sqrt{(R_L-Z_0)^2+X_L^2}}{\sqrt{(R_L+Z_0)^2+X_L^2}}<1 \tag{5.6-16b}$$

$$\varphi_L=\arctan\frac{\pm 2Z_0X_L}{R_L^2+X_L^2-Z_0^2} \tag{5.6-16c}$$

由式(5.6-3)可得出电压、电流表达式为

$$V(z)=V^+(1+\Gamma_L e^{-j2\beta z}) \tag{5.6-17a}$$

$$I(z)=I^+(1-\Gamma_L e^{j2\beta z}) \tag{5.6-17b}$$

由 $V^+=U_L^+e^{j\beta z}$，$I^+=I_L^+e^{j\beta z}$，有

$$V(z)=U_L^+e^{j\beta z}[1+|\Gamma_L|e^{j(\varphi_L-2\beta z)}] \tag{5.6-18a}$$

$$I(z)=I_L^+e^{j\beta z}[1-|\Gamma_L|e^{j(\varphi_L-2\beta z)}] \tag{5.6-18b}$$

因此，行驻波状态下沿线驻波最大值和最小值为

$$|V|_{max}=|U_L^+|[1+|\Gamma_L|] \tag{5.6-19a}$$

$$|I|_{max}=|I_L^+|[1+|\Gamma_L|] \tag{5.6-19b}$$

以及

$$|V|_{min}=|U_L^+|[1-|\Gamma_L|] \tag{5.6-20a}$$

$$|I|_{min}=|I_L^+|[1-|\Gamma_L|] \tag{5.6-20b}$$

行驻波状态的工作参量为

$$Z_{in}(z)=Z_0\frac{Z_L+jZ_0\tan\beta z}{Z_0+jZ_L\tan\beta z} \tag{5.6-21a}$$

$$\Gamma=|\Gamma_L|e^{j(\varphi_L-2\beta z)},\quad 0<|\Gamma_L|<1 \tag{5.6-21b}$$

$$S=\frac{1+|\Gamma|}{1-|\Gamma|},\quad 1<S<\infty \tag{5.6-21c}$$

$$l_{min}=\frac{\varphi_L\lambda_g}{4\pi}\pm\frac{\lambda_g}{4} \tag{5.6-21d}$$

行驻波状态下沿线各点的输入阻抗一般为复数值，但在波腹和波节处输入阻抗为纯电阻。线上每隔 $\lambda_g/4$，阻抗性质变换一次；每隔 $\lambda_g/2$，阻抗值重复一次。

波腹处，输入阻抗为

$$Z_{max}=\frac{V_{max}}{I_{min}}=\frac{V^+(1+|\Gamma_L|)}{V^+(1-|\Gamma_L|)/Z_0}=Z_0\frac{1+|\Gamma|}{1-|\Gamma|}=Z_0S \tag{5.6-22a}$$

波节处，输入阻抗为

$$Z_{min}=\frac{V_{min}}{I_{max}}=\frac{V^+(1-|\Gamma_L|)}{V^+(1+|\Gamma_L|)/Z_0}=\frac{Z_0}{S} \tag{5.6-22b}$$

由式(5.6-21)和式(5.6-22)可以导出负载阻抗与驻波系数，驻波相位的关系式为

$$Z_L = Z_0 \frac{1 - jS\tan\beta l_{min}}{S - j\tan\beta l_{min}} \tag{5.6-23}$$

行驻波的电压、电流分布规律与纯驻波完全类似，相邻波节和波腹点相距 $\lambda_g/4$。线的终端处波的情况是：行驻波的阻抗负载 $Z_L = R_L \pm jX_L$ 与纯驻波的纯电抗负载 $Z_L = \pm jX_L$ 相对应。其不同点是：$|\Gamma_L| < 1$，行驻波的波腹不为入射波振幅的 2 倍，而为 $1 + |\Gamma_L|$ 倍；行驻波的波节不为零而为行波振幅的 $1 - |\Gamma_L|$ 倍。行驻波相对电压、电流的分布情况如图 5.6-7 所示。

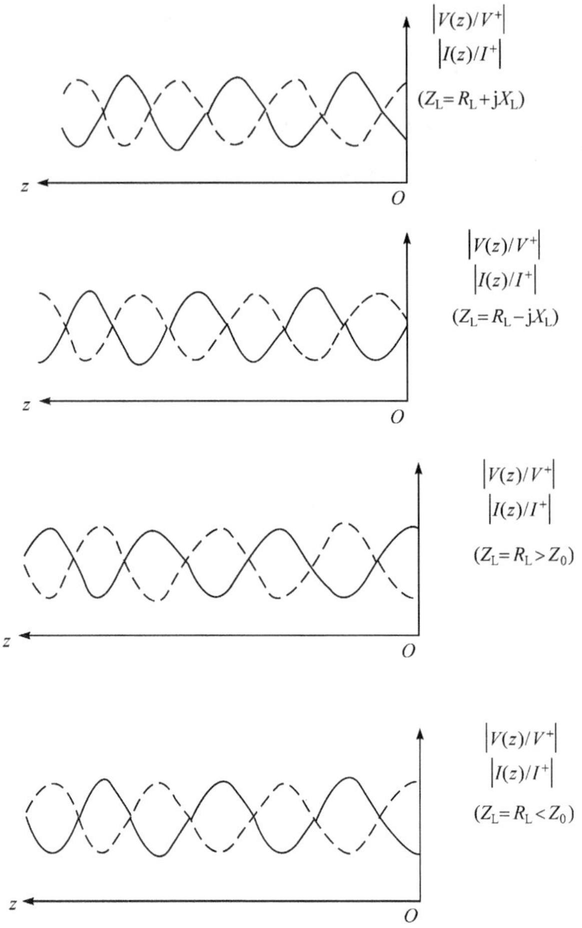

图 5.6-7　行驻波状态下沿线电压电流振幅分布

5.7　均匀有耗传输线的特性与分析

5.6 节分析了均匀无耗传输线的传输特性，这种传输线是在分析实际传输线的某些问题时所采用的一种理想模型，虽然这种理想模型的传输线实际上并不存在，但在许多问题中采用这种经过简化了的分析方法所得出的结果，与实际情况是很接近的。对无耗传输线的一些分析方法和所得出的一些结论，仍具有很大的实用价值。当 $R_1 \ll \omega L_1$ 与 $G_1 \ll \omega C_1$ 的条件不成立时，传输线本身的损耗(包括导体损耗、介质损耗和辐射损耗)不能忽略，必须将其看作有耗线加以讨论。

有耗线和无耗线的基本特性是一致的，线上的电压和电流均是入射波和反射波的叠

加。有耗线上 $\gamma=\alpha+\mathrm{j}\beta(\alpha\neq 0)$，入射波和反射波的幅度均要沿着各自传播方向指数衰减，如图 5.7－1 示。

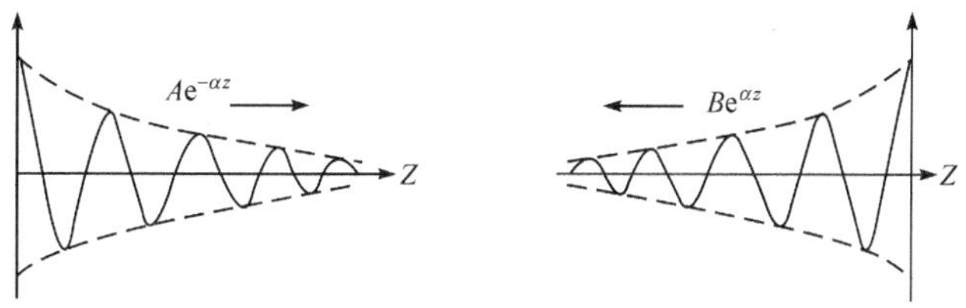

(a) 入射波　　(b) 反射波

图 5.7－1　有耗传输线上的入射波和反射波

有耗线上电压和电流可表示为

$$V(z)=U_{\mathrm{L}}^{+}\mathrm{e}^{\alpha z}\mathrm{e}^{\mathrm{j}\beta z}[1+|\Gamma_{\mathrm{L}}|\mathrm{e}^{-2\alpha z}\mathrm{e}^{\mathrm{j}(\varphi_{\mathrm{L}}-2\beta z)}] \tag{5.7-1a}$$

$$I(z)=I_{\mathrm{L}}^{+}\mathrm{e}^{\alpha z}\mathrm{e}^{\mathrm{j}\beta z}[1-|\Gamma_{\mathrm{L}}|\mathrm{e}^{-2\alpha z}\mathrm{e}^{\mathrm{j}(\varphi_{\mathrm{L}}-2\beta z)}] \tag{5.7-1b}$$

反射系数为

$$\Gamma(z)=|\Gamma_{\mathrm{L}}|\mathrm{e}^{-2\alpha z}\mathrm{e}^{\mathrm{j}(\varphi_{\mathrm{L}}-2\beta z)} \tag{5.7-2}$$

电压驻波比为

$$S=\frac{1+|\Gamma_{\mathrm{L}}|\mathrm{e}^{-2\alpha z}}{1-|\Gamma_{\mathrm{L}}|\mathrm{e}^{-2\alpha z}} \tag{5.7-3}$$

由式(5.5－1)和式(5.5－9)，知传输线上任意一点 z 处的输入阻抗为

$$Z_{\mathrm{in}}(z)=Z_0\frac{Z_{\mathrm{L}}+Z_0\,\mathrm{th}\gamma z}{Z_0+Z_{\mathrm{L}}\,\mathrm{th}\gamma z}=Z_0\frac{1+\Gamma(z)}{1-\Gamma(z)} \tag{5.7-4}$$

利用上式，当终端短路($Z_{\mathrm{L}}=0$)和开路($Z_{\mathrm{L}}=\infty$)时，分别得

$$Z_{\mathrm{in}}^{\mathrm{sc}}(z)=Z_0\,\mathrm{th}\gamma z \tag{5.7-5a}$$

$$Z_{\mathrm{in}}^{\mathrm{oc}}(z)=Z_0\,\mathrm{coth}\gamma z \tag{5.7-5b}$$

因此，对一长度为 l 的有耗传输线，将其终端分别短路和开路，测得始端的输入阻抗 $Z_{\mathrm{in}}^{\mathrm{sc}}(l)$ 和 $Z_{\mathrm{in}}^{\mathrm{oc}}(l)$，便可知道该传输线的特性阻抗为

$$Z_0=\sqrt{Z_{\mathrm{in}}^{\mathrm{sc}}(l)\cdot Z_{\mathrm{in}}^{\mathrm{oc}}(l)} \tag{5.7-6}$$

传播常数为

$$\gamma=\alpha+\mathrm{j}\beta=\frac{1}{l}\mathrm{arcth}\sqrt{\frac{Z_{\mathrm{in}}^{\mathrm{sc}}(l)}{Z_{\mathrm{in}}^{\mathrm{oc}}(l)}} \tag{5.7-7}$$

5.8　传输功率与传输效率

5.8.1　传输功率

有耗传输线端接任意负载时，传输线上任一点 z 通过功率的时间平均值为

$$\begin{aligned}P(z)&=\frac{1}{2}\mathrm{Re}[V(z)I(z)^{*}]\\&=\frac{1}{2}\mathrm{Re}\frac{1}{Z_0}\{[V^{+}(z)+V^{-}(z)][V^{+}(z)-V^{-}(z)]^{*}\}\end{aligned}$$

$$=\frac{1}{2}\mathrm{Re}\left\{\frac{1}{Z_0}|V^+(z)|^2[1+\Gamma(z)][1-\Gamma(z)]^*\right\}$$

$$=\frac{1}{2}\mathrm{Re}\left\{\frac{1}{Z_0}|V^+(z)|^2[1-|\Gamma(z)|^2-\mathrm{j}2|\Gamma(z)|\sin(\varphi_L-2\beta z)]\right\}$$

$$=\frac{1}{2Z_0}|V^+(z)|^2(1-|\Gamma(z)|^2)$$

$$=P_i(z)-P_r(z) \tag{5.8-1}$$

此式表明，传输线上任一点通过的功率等于该点的入射波功率 $P_i(z)$ 减去反射波功率 $P_r(z)$。

式(5.8-1)还可表示为

$$P(z)=\frac{1}{2Z_0}|V^+|^2(1-|\Gamma|^2)$$

$$=\frac{1}{2Z_0}|V^+|^2\frac{(1+|\Gamma|)^2}{S}=\frac{|V|^2_{max}}{2Z_0S} \tag{5.8-2}$$

当传输线无耗时，则线上各点通过的功率相等，也等于负载吸收的功率，即

$$P(z)=\frac{1}{2Z_0}|V^+|^2(1-|\Gamma|^2)$$

$$=\frac{1}{2Z_0}|V_L^+|^2(1-|\Gamma_L|^2)=P_L \tag{5.8-3}$$

当线上最大电压达到击穿电压时，所对应的传输功率称为击穿功率，或称为传输线的功率容量，表示为

$$P_{bt}=\frac{|U_{bt}|^2}{2Z_0S} \tag{5.8-4}$$

式(5.8-2)和式(5.8-4)说明，线上耐压一定时，驻波系数越小传输功率越大，功率容量也越大。

当传输线有耗，但终端接匹配负载时，如输入端传输功率为 P_0，则经过 l 线长的传输后，消耗在有耗线中的功率为

$$P_d=P_0(1-\mathrm{e}^{-2\alpha l}) \tag{5.8-5}$$

5.8.2　传输效率

传输线的传输效率定义为负载吸收的功率 P_L 和传输线输入功率 P_0 之比，即

$$\eta=\frac{P_L}{P_0} \tag{5.8-6}$$

传输线损耗不可忽略时，其效率小于1。如传输线长度为 l，则

$$P_L=\frac{1}{2Z_0}|V_L^+|^2(1-|\Gamma_L|^2)$$

$$P_0=\frac{1}{2Z_0}|V_0^+|^2(1-|\Gamma_0|^2)$$

$$=\frac{1}{2Z_0}|V_L^+|^2(\mathrm{e}^{2\alpha l}-|\Gamma_L|^2\mathrm{e}^{-2\alpha l})$$

因此，传输效率为

$$\eta=\frac{P_L}{P_0}=\frac{1-|\Gamma_L|^2}{e^{2\alpha l}-|\Gamma_L|^2e^{-2\alpha l}} \tag{5.8-7a}$$

或

$$\eta=\frac{1}{\mathrm{ch}(2\alpha l)+\frac{1}{2}\left(S+\frac{1}{S}\right)\mathrm{sh}(2\alpha l)} \tag{5.8-7b}$$

当传输线终端匹配($\Gamma_L=0$)时，有耗传输线的效率最大且为

$$\eta=e^{-2\alpha l} \tag{5.8-8}$$

【例5.8-1】 有一段无耗传输线，当终端开路时，测得输入阻抗 $Z_{in}=-j25\Omega$；当终端接负载 $Z_L=50\Omega$ 时，测得 $Z_{in}=30+jX_{in}\Omega$。试求传输线的特性阻抗 Z_0 及终端接 $Z_L=50\Omega$ 时输入阻抗的电抗 X_{in} 值。

解　设传输线长为 l，当终端开路时可得

$$Z_{in}=-jZ_0\cot\beta l=-j25$$

$$\cot\beta l=\frac{25}{Z_0},\quad \tan\beta l=\frac{Z_0}{25}$$

当终端接负载 $Z_L=50\Omega$ 时

$$Z_{in}=Z_0\frac{50+jZ_0\tan\beta l}{Z_0+j50\tan\beta l}=30+jX_{in}$$

$$\frac{50+jZ_0^2/25}{1+j2}=30+jX_{in}$$

由实部相等，有

$$20=-2X_{in},\quad X_{in}=-10\Omega$$

由虚部相等，有

$$\frac{Z_0^2}{25}=60+X_{in}=50$$

$$Z_0^2=50\times25=1250$$

$$Z_0=35.36\Omega$$

【例5.8-2】 有一低耗双线传输线，长 $l=200$m，特性阻抗 $Z_0=600\Omega$，端接负载 $Z_L=Z_0$，始端电压 $U_S=10$V，当工作频率 $f=100$MHz，$\alpha=0.69\times10^{-3}$Np/m 时，试求(1)负载上的电压 U_L 和电流 I_L。(2)负载得到的功率 P_L。(3)传输线的效率 η。

解　(1) 因为 $Z_L=Z_0$，故传输线上只有入射波，考虑到线上有损耗，由式(5.3-4)得

$$U_L=U(l)=U_S^+e^{-\gamma l}$$

$$I_L=I(l)=U_S^+e^{-\gamma l}/Z_0$$

式中，$\gamma=\alpha+j\beta$，$\beta=2\pi/\lambda=2\pi/3$，得

$$U_L=10e^{-\alpha l}e^{-j\beta l}=8.71e^{-j1.33\pi}(\mathrm{V})$$

$$I_L=0.015e^{-j1.33\pi}(\mathrm{A})$$

(2) 由式(5.8-2)，因 $\Gamma=0$，可得

$$P_L=\frac{|U_L^+|^2}{2Z_0}=\frac{|U_L|^2}{2Z_0}=0.063\mathrm{W}$$

(3) 由式(5.8-7a)，因 $\Gamma_L=0$，可得

$$\eta=e^{-2\alpha l}=76\%$$

5.9 均匀导波系统等效为均匀传输线

均匀传输线电路理论的基本物理量是电压和电流。要使场描述的均匀导波系统等效为电压、电流描述的均匀传输线，也就是要将电场和磁场等效为电压和电流，这个问题对于同轴线、平行双线等传输 TEM 波的导波系统比较容易，因为它们是双导体系统，导体间有确定的电压，导体上有确定的电流。正因为如此，曾用电场积分求得了同轴线的电压波，磁场积分求得了电流波，进而定义了同轴线的特性阻抗。

但是，对一般的情形，例如，对于传输 TE 波、TM 波的柱面波导，则不存在 TEM 波传输线上那样的单值电压波和电流波。因为柱面波导横截面是闭合的导体边界，难以确定该选哪两点之间的电位差作为传播模的电压，若定义边界上某两点之间的横向电场的线积分作为电压，那么，对于 TM 模这样的积分为零，对于 TE 模则积分值取决于积分路径。因此，就一般导波系统而论，其电压和电流只能在一定条件下等效而得，而且只有形式上的意义，它不像低频电路的电压、电流那样，可以用电压表和电流表直接测量出来。

因此，对导波系统等效方法是可以用电压来等效电场，电流等效磁场，从而等效为传输线。等效的基本原则是必须满足功率相等，且满足一定的阻抗关系。

对于均匀柱面波导，有无数个 TE 模和 TM 模可以在其中传播。根据功率正交性，传输 n 个模式的导波系统，可以等效为 n 对均匀传输线，对于每个不同的模式，可以用一根不同的传输线来进行等效，如图 5.9 - 1 所示。

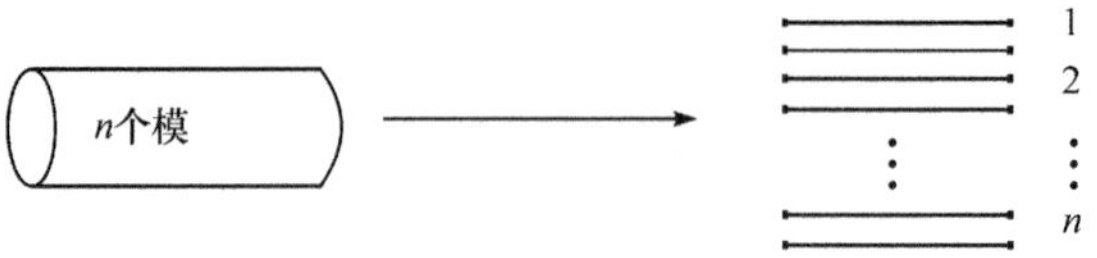

图 5.9 - 1　均匀导波系统等效为传输线

由此，将导波系统中的场量等效为路量之后，导波系统中模式的传输问题便可用等效传输线来分析。等效传输线的特性阻抗可以取对应模式的波阻抗或等效特性阻抗（如对 TE_{10} 模常取等效特性阻抗），传播常数为对应模式的传播常数，波导波长为对应模式的波导波长。分布参数电路理论的基本结论均可应用于等效传输线。

【例 5.9 - 1】 一段传输主模的矩形波导，如图 5.9 - 2 所示。$a \times b = 22.86\text{mm} \times 10.16\text{mm}$，终端接匹配负载，其中长 $d = 5\text{mm}$ 的一段波导内填充聚四氟乙烯（$\varepsilon_r = 2.1$）介质，其余部分填充空气，设导体、介质均无耗。试求：当 $f = 10\text{GHz}$ 时，介质左面波导内的驻波系数 S。

解　该矩形波导段的等效电路如图 5.9 - 2 所示。

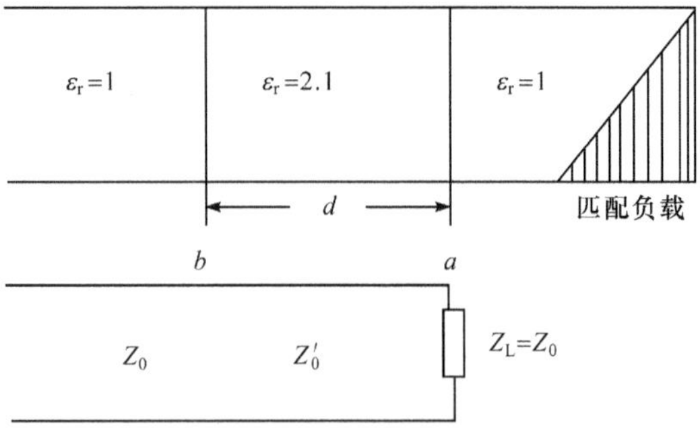

图 5.9 - 2

在空气填充区域

$$\lambda_0=\frac{c}{f}=30\text{mm}$$

$$\lambda_g=\frac{\lambda_0}{\sqrt{1-(\lambda_0/2a)^2}}=39.76\text{mm}$$

$$Z_0=\frac{b}{a}Z_{\text{TE}_{10}}=\frac{b}{a}\frac{377}{\sqrt{1-(\lambda_0/2a)^2}}=222\Omega$$

在介质填充区域

$$\lambda=\lambda_0/\sqrt{\varepsilon_r}=20.7\text{mm}$$

$$\lambda_g'=\frac{\lambda}{\sqrt{1-(\lambda/2a)^2}}=23.2\text{mm}$$

$$Z_0'=\frac{b}{a}\frac{377/\sqrt{\varepsilon_r}}{\sqrt{1-(\lambda/2a)^2}}=129.7\Omega$$

等效电路中 ab 段的负载阻抗为

$$Z_L=Z_0=222\Omega$$

负载的反射系数为

$$\Gamma_L=\frac{Z_L-Z_0'}{Z_L+Z_0'}=0.26$$

由于

$$\beta' l=\frac{2\pi}{\lambda_g'}\cdot l=\frac{2\times 3.14}{23.2}\times 5=1.35$$

因此，在介质填充区域距负载 b 处的反射系数和输入阻抗为

$$\Gamma(b)=\Gamma_L e^{-j2\beta' l}=-0.24-j0.11$$

$$Z_{in}(b)=Z_0'\frac{1+\Gamma(b)}{1-\Gamma(b)}=78.64-j18.74\ \Omega$$

将 $Z_{in}(b)$ 作为 c 段的负载，反射系数为

$$\Gamma_L(b)=\frac{Z_{in}-Z_0}{Z_{in}+Z_0}=-0.47+j0.09$$

从而，得到 c 段的驻波系数为

$$S=\frac{1+|\Gamma_L(b)|}{1-|\Gamma_L(b)|}=2.84$$

5.10　史密斯圆图

在微波工程中，经常会遇到输入阻抗、负载阻抗、反射系数和驻波系数等传输线上各种工作参量以及它们之间的关系问题；此外，在进行微波电路设计和天线设计时还常常遇到阻抗匹配方面的问题。若用前面介绍的公式计算，会遇到大量的复数运算，非常繁琐。工程上常用阻抗圆图来分析和计算，即把公式计算变为查图，从而使计算简化，既方便又直观，而且具有一定精度，可以满足工程设计要求，因而圆图作为处理微波传输线问题的一种图解法，在实际中获得了普遍应用。最常用的一种图解工具是史密斯圆图(简称圆图)。圆图又分为阻抗圆图和导纳圆图。

5.10.1　阻抗圆图

为了说明阻抗圆图构成的依据，来看看如何计算传输线上的阻抗参量。考虑无耗传输线，若给定传输线的特性阻抗 Z_0、工作波长 λ 和负载阻抗 Z_L，求距离负载为 l 处输入阻抗 $Z(l)$，可由输入阻抗公式计算得

$$Z(l)=Z_0\frac{Z_L+jZ_0\tan\beta l}{Z_0+jZ_L\tan\beta l}$$

但上式要计算三角函数。也可以通过反射系数由下面公式算得：

$$\Gamma_L=\frac{Z_L-Z_0}{Z_L+Z_0}$$

$$\Gamma(l)=\Gamma_L e^{-j2\beta l}$$

$$Z(l)=Z_0\frac{1+\Gamma(l)}{1-\Gamma(l)}$$

阻抗圆图就是将上面公式中各量的关系反映在图上而成。下面介绍圆图的构造、原理及其应用。设 $\Gamma=\Gamma(l)$，$Z=Z(l)$，则

$$\Gamma=\frac{Z-Z_0}{Z+Z_0} \qquad (5.10-1)$$

$$Z=Z_0\frac{1+\Gamma}{1-\Gamma} \qquad (5.10-2)$$

$$\Gamma=\Gamma_L e^{-j2\beta l}=|\Gamma_L|e^{j(\varphi_L-2\beta l)} \qquad (5.10-3)$$

为了使阻抗圆图适用于任意特性阻抗传输线的计算，故圆图上的阻抗均采用归一化阻抗。上式中的阻抗 Z 和线长度 l 均采用归一化值。

归一化阻抗 $\overline{Z}$ 定义为

$$\overline{Z}=\frac{Z}{Z_0} \qquad (5.10-4)$$

归一化长度 $\overline{l}$ 定义为

$$\overline{l}=\frac{l}{\lambda_g} \qquad (5.10-5)$$

于是式(5.10-1)～式(5.10-3)变为

$$\Gamma=\frac{\overline{Z}-1}{\overline{Z}+1} \qquad (5.10-6)$$

或

$$\overline{Z}=\frac{1+\Gamma}{1-\Gamma} \qquad (5.10-7)$$

和

$$\Gamma=\Gamma_L e^{-j4\pi\overline{l}}=|\Gamma_L|e^{j(\varphi_L-4\pi\overline{l})} \qquad (5.10-8)$$

1. 阻抗圆

式(5.10-6)或式(5.10-7)表明，反射系数和输入阻抗间存在一一对应关系。若在反射系数复平面($|\Gamma|$，φ)上，画出等输入电阻线和等输入电抗线，则对于给定的反射系数值，就可

以由此曲线直接读出对应的输入阻抗值，反之亦然。由于$|\Gamma|\leqslant 1$，故所有的反射系数值都落在反射系数平面上半径等于 1 的单位圆内。

设u、v为复平面$(|\Gamma|,\varphi)$上的直角坐标，则$\Gamma=u+\mathrm{j}v$，$u=|\Gamma|\cos\varphi$，$v=|\Gamma|\sin\varphi$，将$\Gamma=u+\mathrm{j}v$和$\bar{Z}=\bar{R}+\mathrm{j}\,\bar{X}$代入式(5.10－6)或式(5.10－7)中，均可导出

$$\left(u-\frac{\bar{R}}{\bar{R}+1}\right)^2+v^2=\frac{1}{\left(1+\bar{R}\right)^2} \tag{5.10-9a}$$

$$(u-1)^2+\left(v-\frac{1}{\bar{X}}\right)^2=\frac{1}{\bar{X}^2} \tag{5.10-9b}$$

此两式是分别以$\bar{R}$和$\bar{X}$为参数的圆方程。在式(5.10－9a)中，若令$\bar{R}$为一系列常数时，可画出一组圆，这组圆称为等电阻圆族，等电阻圆族的圆心在$u=\bar{R}/(\bar{R}+1)$，$v=0$处，半径为$1/(\bar{R}+1)$。图 5.10－1(a)示出了$\bar{R}=0, 0.25, 0.5, 1, 2$的圆。同样在式(5.10－9b)中，若令$\bar{X}$为一系列常数时，也可画出一组圆。这组圆称为等电抗圆族，其圆心在$u=1$，$v=1/\bar{X}$处，半径为$v=1/|\bar{X}|$。图 5.10－1(b)示出了$\bar{X}=0, \pm 0.5, \pm 1, \pm 2, \pm 4$的圆在$|\Gamma|=1$的单位圆内的图形，将上述两族圆叠加在一起就是阻抗圆，如图 5.10－1(c)所示。电阻圆族和电抗圆族相互正交。

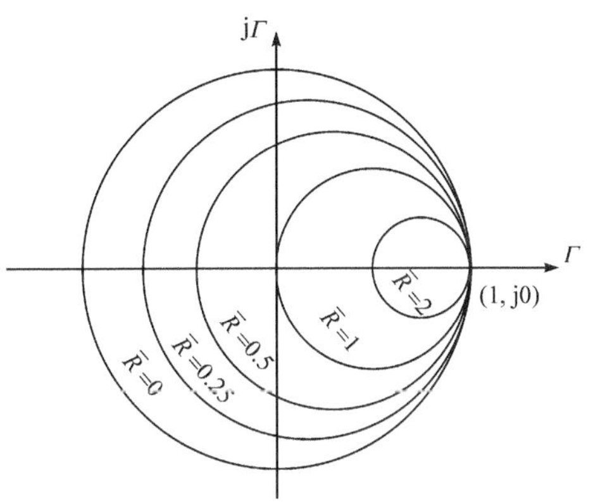

(a) 归一化的电阻圆图

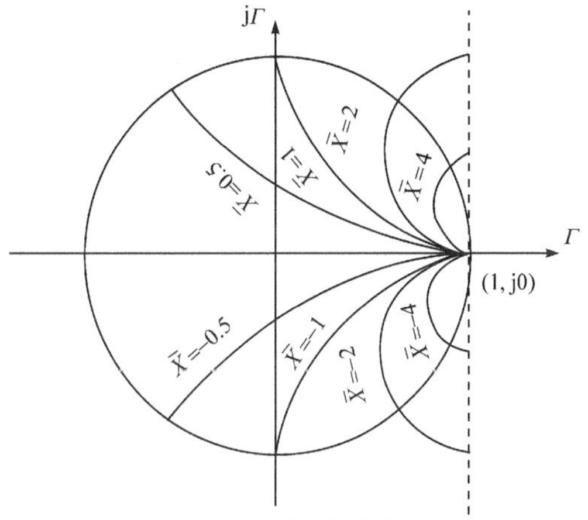

(b) 归一化的电抗圆图

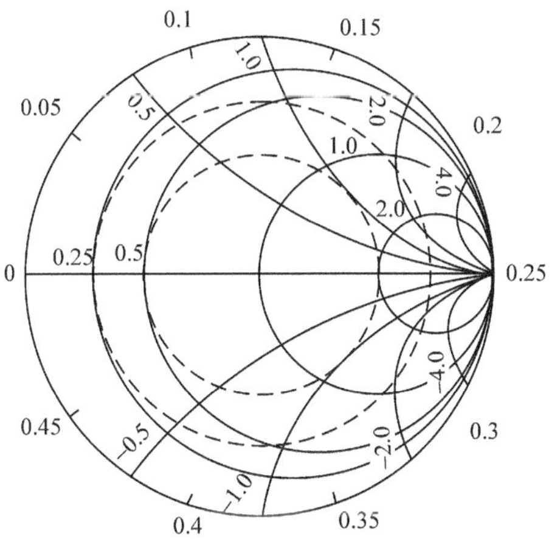

(c) 阻抗圆图

图 5.10－1

2. 反射系数圆和等相位线

取反射系数极坐标形式为

$$\Gamma=|\Gamma|e^{j\varphi} \tag{5.10-10}$$

式中，$|\Gamma|=|\Gamma_L|$；$\varphi=\varphi_L-4\pi\bar{l}$，其极坐标图形是将$|\Gamma|$和$\varphi$的数值按照等值线画出，如图5.10-2所示。其中$|\Gamma|$=常数的线为一组以原点为中心的同心圆，成为等反射系数圆或等$|\Gamma|$圆，也代表等驻波系数圆或等S圆，因为驻波系数与反射系数模有一一对应关系

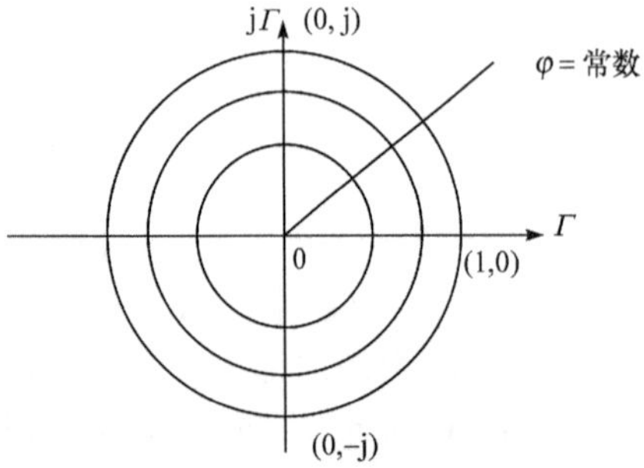

图5.10-2　不同负载时的$\Gamma(z)$

$$S=\frac{1+|\Gamma|}{1-|\Gamma|}$$

因此，图形的形状相同，仅标度值不同。φ=常数的线为一组从原点出发的辐射线，称为等相位线或等φ线。由$\varphi=\varphi_L-4\pi\bar{l}$可以看出，$\bar{l}$增大表示在传输线上向波源方向移动，$\varphi$减小表示在反射系数极坐标图上等相位线沿顺时针方向旋转。反之，$\bar{l}$减小，φ增大，表明在传输线上向负载方向移动对应于等相位线沿反时针方向旋转。因为φ随$\bar{l}$线性变化，为计算方便起见，等相位线除标出角度数外，还用$\bar{l}$标度，根据

$$\varphi_1=\varphi_L-4\pi\bar{l}_1$$

$$\varphi_2=\varphi_L-4\pi\bar{l}_2$$

得

$$|\Delta\varphi|=|\varphi_2-\varphi_1|=4\pi|(\bar{l}_2-\bar{l}_1)|=4\pi|\Delta\bar{l}| \tag{5.10-11}$$

可见当$\Delta\bar{l}=0.5$时，$\Delta\varphi=2\pi$，即是说当传输线上距离改变$\lambda_g/2$时，相应于圆图上等相位线转一周又回到原处。因此，整个圆周的$\bar{l}$标度为0.5。运算是对相对相位感兴趣，故$\bar{l}$标度的起点便无关紧要，常选圆图的左侧(即$\varphi=\pi$)为$\bar{l}=0$处。如图5.10-1(c)所示。

将阻抗圆和反射系数极坐标图形叠在一起，就构成了阻抗圆图。实用中的阻抗圆图，为使其线条简明，往往不画出各等反射系数圆($|\Gamma|=1$的圆例外)和等相位线来，工程上使用的圆图请参见附图。$|\Gamma|$的值可用直尺在圆图上量出该$|\Gamma|$圆的半径与$|\Gamma|=1$的圆的半径相比求出，或通过读S来算出。而S常常是通过$S=\overline{Z_{max}}$读得。φ的值则由单位圆周上的标度标出。圆图上只画了一些等$\bar{R}$圆和等$\bar{X}$的圆弧线。其相应的标度值标在圆和圆弧旁。

3. 特殊点、圆、线、面及物理意义

要掌握并熟练应用阻抗圆图，首先要注意它上面的一些特殊点、圆、线、面(图5.10-3)所表明的物理意义，同时还必须掌握一些基本特点。

1) 三个特殊点

匹配点：阻抗圆图的中心O，对应于$\Gamma=0$，$\bar{Z}=1$，代表传输线的匹配状态，称为匹配点。

开路点：阻抗圆图实轴的右端点a，对应于

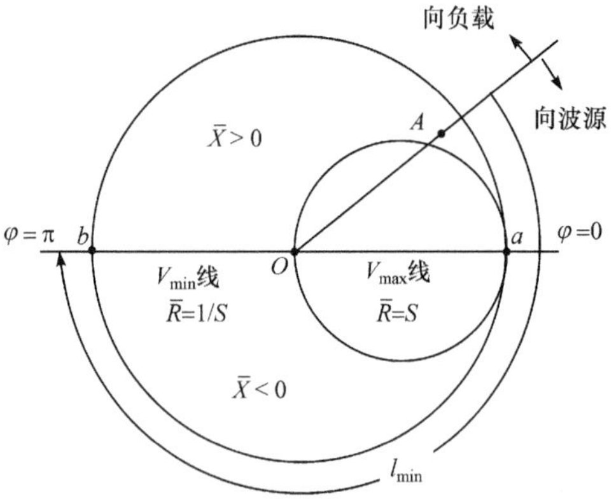

图5.10-3　阻抗圆图上的特殊点、圆、线、面

$\Gamma=1,\bar{Z}=\infty$，代表传输线的开路点。

短路点：阻抗圆图实轴的左端点 b，对应于 $\Gamma=e^{j\pi}$，$\bar{Z}=0$，代表传输线的短路点。

2）特殊圆

纯电抗圆：阻抗圆图的周界线，即单位圆，它对应 $|\Gamma|=1$，$\bar{R}=0$，$\bar{Z}=\pm j\bar{X}$，该圆上各点的阻抗值均为纯电抗值，故称为纯电抗圆。

匹配圆（$1\pm j\bar{X}$）：以 Oa 为直径的圆，该圆上各点的电阻值等于特性阻抗，只需要消除电抗部分就能实现匹配，因而在阻抗匹配中它显得特别重要。

3）三条特殊线

纯电阻线：圆图上的 aOb 线，它对应于 $\bar{X}=0$，$\bar{Z}=\bar{R}+j0$，称为纯电阻线。

电压波腹线：纯电阻线的右半段即 $\overline{Oa}$ 线，它对应于 $\Gamma=|\Gamma|e^{j0}$，$\bar{Z}=\bar{R}>1$，即 $Z=R>Z_0$，线上各点均代表电压波腹，故称为电压波腹线或 $V_{\max}$ 线。在波腹线上有 $\bar{Z}=\bar{R}=S$。可见，$V_{\max}$ 线上的点其归一化电阻值等于驻波系数。故使用圆图时便可利用 Oa 线上的 $\bar{R}$ 标度读得 S 的值。

电压波节线：纯电阻线的左半段即 $\overline{Ob}$ 线，它对应于 $\Gamma=|\Gamma|e^{j\pi}$，$\bar{Z}=\bar{R}<1$ 即 $Z=R<Z_0$，线上各点均代表电压波节，或称电压波节线或 $V_{\min}$ 线，在波节线上，$\bar{Z}=\bar{R}=1/S$。可见，$V_{\min}$ 线上的点其归一化电阻值等于驻波系数的倒数。

因为 $V_{\min}$ 线上各点都对应于电压波节，因此它可作为在圆图上计算驻波相位归一化值 $\bar{l}_{\min}$ 的基准线。根据驻波相位的定义，其归一化值 $\bar{l}_{\min}$ 应是圆图上从负载点（如 A 点）开始，沿等驻波系数圆顺时针旋转到 $V_{\min}$ 线的长度，因 $\bar{l}_{\min}<0.5$，故旋转不得超过一圈。

4）两个特殊面

感性平面：阻抗圆图的上半平面，它对应于 $0<\varphi<\pi$，$\bar{Z}=\bar{R}+j\bar{X}$，$\bar{X}>0$，阻抗的电抗部分为感抗，故称感性平面。

容性平面：阻抗圆图的下半平面，它对应于 $\pi<\varphi<2\pi$，$\bar{Z}=\bar{R}+j\bar{X}$，$\bar{X}<0$，阻抗的电抗部分为容抗，故称为容性平面。

5）两个旋转方向

在传输线上 A 点向负载方向移动时，则在圆图上由 A 点沿等反射系数圆逆时针方向旋转；反之，在传输线上 A 点向波源方向移动时，则在圆图上由 A 点沿等反射系数圆顺时针方向旋转。

5.10.2　导纳圆图

输入导纳为该点的输入阻抗的倒数。因此，归一化导纳定义为

$$\bar{Y}=\frac{Y}{Y_c}=\left(\frac{1}{Z}\right)\Big/\left(\frac{1}{Z_c}\right)=\frac{1}{\bar{Z}} \tag{5.10-12}$$

于是有

$$\bar{Y}=\frac{1-\Gamma}{1+\Gamma}=\frac{1+(-\Gamma)}{1-(-\Gamma)} \tag{5.10-13}$$

因此 $\bar{Y}$ 与 $-\Gamma$ 的关系和 $\bar{Z}$ 与 Γ 的关系完全相同。如果以单位圆的圆心为轴心，将复平面上的阻抗圆图旋转 180°，即可得到导纳圆图。因此，史密斯圆图既可作为阻抗圆图也可作为导纳圆图来使用，只要将阻抗圆图上的 $\bar{R}$ 和 $\bar{X}$ 的标度当作同一数值的 $\bar{G}$ 和 $\bar{B}$ 的标度，阻抗圆图就成了导纳圆图，换言之，导纳圆图即为阻抗圆图。

导纳圆图与阻抗圆图的差别在于复平面上的点与反射系数的关系，阻抗圆图对应于 Γ，导

纳圆图对应于$-\Gamma$,因此,这一差异使传输线上同一点的阻抗$\overline{Z}$和导纳$\overline{Y}$在同一圆图上表示时,两者以中心点互为对称,即$\overline{Z}$和$\overline{Y}$对应的Γ模值相同,幅角相差π。上述差异还使阻抗圆图上的一些特殊点、线、面在作为导纳圆图用时,其物理意义发生了相应的改变:短路点与开路点对换,V_{max}与V_{min}线对换,感性平面与容性平面对换。

使用圆图时,注意分清两种使用情况:一种是由导纳求导纳,将圆图作导纳圆图使用;另一种情况是由阻抗求导纳或由导纳求阻抗,分别作为阻抗圆图或导纳圆图来使用,其阻抗和导纳值的相互转换为在同一圆图上旋转180°的映射关系。

5.10.3　圆图的应用

阻抗圆图是微波工程设计中的重要工具,使用圆图可以方便直观地解决传输线的有关计算问题。圆图反映了传输线的阻抗(或导纳)与反射系数、驻波系数、驻波相位等的关系,并可方便地进行阻抗的匹配和调整,包括确定阻抗匹配的带宽等,在微波电路中进行匹配网络设计,因此圆图在微波工程中有较广泛的应用。下面举例来说明圆图的使用方法。

1. 无耗传输线的阻抗(或导纳)变换

【例 5.10-1】　已知无耗传输线的特性阻抗$Z_0=50\Omega$,工作波长$\lambda=60$cm,终端负载$Z_L=100+j50\Omega$,如图5.10-4(a)。求:(1)负载反射系数的模$|\Gamma_L|$和相角φ_L。(2)驻波系数S和驻波相位l_{min}。(3)$l=74.4$cm处的输入阻抗$Z(l)$。

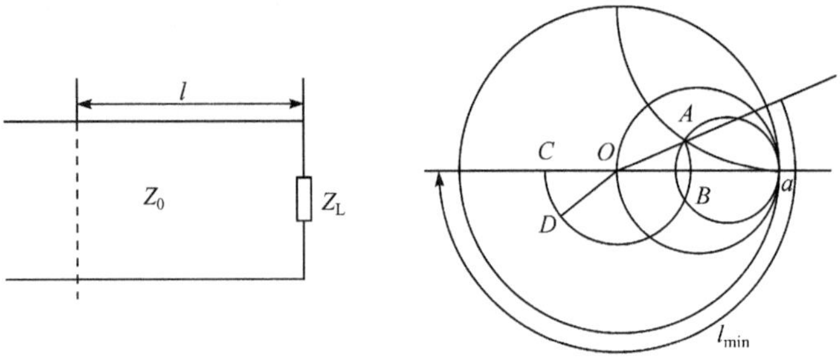

(a)　　(b)

图 5.10-4

解　(1) 负载阻抗的归一化值为

$$\overline{Z}_L=\frac{Z_L}{Z_0}=\frac{100+j50}{50}=2+j1$$

在实用阻抗圆图上找出$\overline{R}=2,\overline{X}=1$的圆的交点$A$,如图5.10-4(b)所示。$A$点的反射系数就是负载的反射系数。这里采用直角在圆图上量得$\overline{OA}=4.4$cm,$\overline{Oa}=10$cm,从而可得

$$|\Gamma_L|=\frac{\overline{OA}}{\overline{Oa}}=0.44$$

延长OA,在单位圆上读出$\varphi=26°$,即得

$$\varphi_L=26°$$

(2) 过A点作等S圆与V_{max}线交于B,与V_{min}线交于C,由B点的$\overline{R}$值可得

$$S=2.6$$

由A、C两点所对应的电长度的值可得

$$\overline{l}_{min}=0.5-0.214=0.286$$

去归一化得

$$l_{\min}=\bar{l}_{\min}\lambda_g=17.16(\text{cm})$$

(3) l 的归一化值为

$$\bar{l}=l/\lambda_g=74.4/60=1.24$$

固定 O 点，OA 线顺时针旋转 1.24 电长度。注意：因圆图上一圈的电长度为 0.5，1.24＝2×0.5＋0.24，电长度为两圈加上 0.24，故实际转 0.24 电长度，即转到 0.214＋0.24＝0.454 处得 D 点。读出 D 点的归一化阻抗为

$$\bar{Z}(l)=0.42-j0.24$$

去归一化得

$$Z(l)=\bar{Z}(l)Z_0=21-j12\Omega$$

2. 无耗传输线上阻抗与导纳倒换，不同特性阻抗传输线的串联、并联

【例 5.10－2】 在图 5.10－5 所示的无耗传输线电路中，已知 $\lambda_g=50\text{cm}$，$l_1=16\text{cm}$，$l_2=14\text{cm}$，$l_3=7.5\text{cm}$，$Z_{01}=50\Omega$，$Z_{02}=70\Omega$，$Z_{03}=75\Omega$，$Z_0=50\Omega$，$Z_1=110+j200\Omega$，$Z_2=42-j56\Omega$，试求 l_1，l_2，l_3 各线段上的驻波系数 S 和驻波相位 $l_{\min}$。

解　对负载阻抗及线长进行归一化

$$\bar{Z}_1=Z_1/Z_{c1}=2.2+j4,\quad \bar{Z}_2=Z_2/Z_{c2}=0.6-j0.8$$

$$\bar{l}_1=l_1/\lambda_g=0.38,\bar{l}_2=l_2/\lambda_g=0.288$$

$$\bar{l}_3=l_3/\lambda_g=0.15$$

下面分三步进行：

(1) 求 S_1，S_2。

在阻抗圆图上分别找出 $\bar{Z}_1$ 和 $\bar{Z}_2$ 所对应的点 A_1 和 A_2，如图 5.10－6 所示。以 O 为圆心，以 OA_1 和 OA_2 为半径分别作圆与 $V_{\max}$线交于 10 和 3。于是就得

$$S_1=10,\quad S_2=3$$

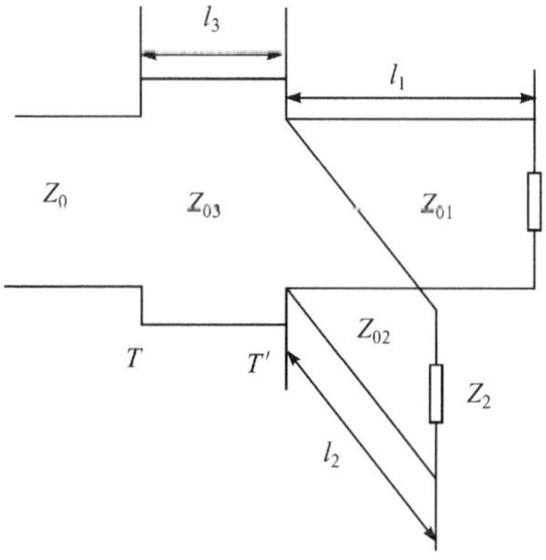

图 5.10－5

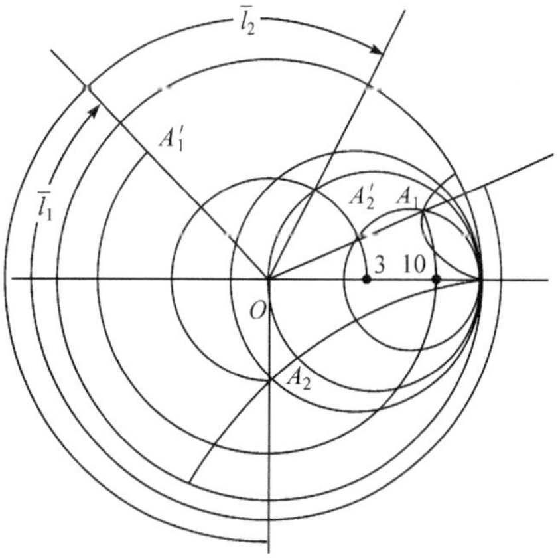

图 5.10－6

(2) 求 S_3。

先将分支线 l_1 和 l_2 在并联处 T'的输入阻抗 Z_1'和 Z_2'求出，为此，在圆图上将 OA_1 和 OA_2 分别顺时针旋转$\bar{l}_1$ 和$\bar{l}_2$ 得 A_1'、A_2'，读得 A_1'、A_2'的归一化阻抗为

$$\bar{Z}_1'=0.15+j0.71$$

$$\overline{Z}_2'=0.95+\mathrm{j}1.15$$

去归一化得

$$Z_1'=\overline{Z}_1'Z_{01}=7.5+\mathrm{j}35.5\Omega$$

$$Z_2'=\overline{Z}_2'Z_{02}=66.5+\mathrm{j}80.5\Omega$$

然后计算 Z_1'和 Z_2'并联后的值。因用导纳计算并联方便，因此需将 Z_1'和 Z_2'分别倒换成导纳。这里用圆图进行倒换，因 Z_1'和 Z_2'都是线段 l_3 的负载，应对 Z_{03}进行归一化，即

$$\overline{Z}_1'=Z_1'/Z_{03}=0.1+\mathrm{j}0.47\quad(\text{对 } Z_{03})$$

$$\overline{Z}_2'=Z_2'/Z_{03}=0.887+\mathrm{j}1.07\quad(\text{对 } Z_{03})$$

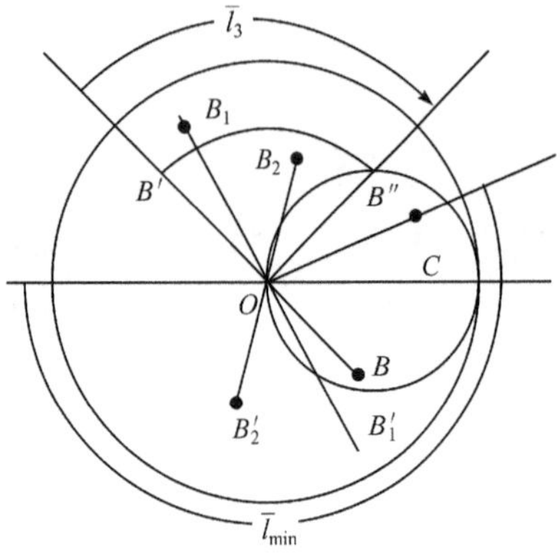

图 5.10-7

在阻抗圆图上找出$\overline{Z}_1'$、$\overline{Z}_2'$的对应点 B_1 和 B_2，如图 5.10-7 所示。根据 $\overline{Z}$ 和 $\overline{Y}$ 以中心点互为对称的性质得 B_1'和 B_2'，读出的 B_1'、B_2'值为归一化导纳

$$\overline{Y}_1'=1/\overline{Z}_1'=0.43-\mathrm{j}2.04$$

$$\overline{Y}_2'=1/\overline{Z}_2'=0.47-\mathrm{j}0.58$$

线段 l_3 的总负载导纳归一化值为两者之和

$$\overline{Y}=\overline{Y}_1'+\overline{Y}_2'=0.9-\mathrm{j}2.62$$

在导纳圆图(将阻抗圆图视为导纳圆图)上找出$\overline{Y}$对应的点 B，再将$\overline{Y}$倒换为$\overline{Z}$ 得 B'，即线段 l_3 的总负载阻抗归一化值为

$$\overline{Z}=0.12+\mathrm{j}0.34$$

最后，在阻抗圆图(实际又将导纳圆图视为阻抗圆图)上找出 $\overline{Z}$ 对应的点 B'，以 OB'为半径作等Γ 圆与 V_{max}线相交。从交点的 $\overline{R}$ 值读出 S_3 为

$$S_3=10$$

(3) 求 S 和 l_{min}。

首先将线段 l_3 在 T 处的输入阻抗求出。为此在图上将 B'沿等Γ 圆顺时针旋转 $\overline{l}_3$ 到 B''得

$$\overline{Z_{B''}}=1.1+\mathrm{j}2.9$$

去归一化得

$$Z_T=\overline{Z_{B''}}Z_{03}=82.5+\mathrm{j}217.5\ \Omega$$

该阻抗也就是主传输线的负载阻抗。然后，将 Z_T 用 Z_0 归一化

$$\overline{Z_T}=Z_T/Z_0=1.65+\mathrm{j}4.35$$

在阻抗圆图上找出$\overline{Z_T}$的对应点 C，以 OC 为半径作等Γ 圆与 V_{max}相交读得

$$S=16$$

C 对应的电长度为 0.218。由 C 沿等Γ 圆顺时针转到 V_{min}线得

$$\overline{l}_{min}=0.5-0.218=0.282$$

去归一化得

$$l_{min}=\overline{l}_{min}\lambda_g=14.1\mathrm{cm}$$

从这个例子可以看出，在使用圆图计算时，必须注意：①正确地对阻抗(或导纳)进行归一化。计算不同特征阻抗传输线段组成的电路时，在哪一段线上计算就对该线段的特性阻抗归一化，在各线段的交接处必须进行换算。②在阻抗圆图上由阻抗倒换成导纳后，若还要进行导纳的运算，可将阻抗圆图视为导纳圆图使用；反之，在导纳圆图上由导纳倒换成阻抗后，若再需

要进行阻抗运算，可将导纳圆图视为阻抗圆图继续使用。

3. 进行小损耗线的计算

圆图虽然是根据无耗线的阻抗，反射系数公式作出，但对小损耗线（考虑 $\alpha \neq 0$），也可获得部分应用。举例如下：

【例 5.10-3】 一小损耗传输线的特性阻抗 $Z_0 \approx 70+\mathrm{j}0\Omega$，每波长的衰减为 0.06Np，负载端的驻波系数 $S_L=3.5$，$l_{\min}=0.05\lambda_g$，设线长 $l=0.8\lambda_g$，试求：(1) 负载阻抗 Z_L。(2) 输入端驻波系数 $S(l)$。(3) 输入端阻抗 $Z(l)$。

解 (1) 在阻抗圆图上作 $S_L=3.5$ 的圆如图 5.10-8 所示，$\overline{Z_L}$ 必然在此圆上。因损耗不大，故电压节点的阻抗仍为一实数，$V_{\min}$ 线仍在阻抗圆图的左半实轴 Ob 上，以 O 为圆心，将 Ob 逆时针旋转 0.05 电长度（即 $\bar{l}_{\min}$）与 S_L 圆相交于 C 点，则 C 点就代表 $\overline{Z_L}$，读出为

$$\overline{Z_L}=0.28-\mathrm{j}0.29$$

去归一化

$$Z_L=\overline{Z_L}Z_0=19.6-\mathrm{j}20.3\Omega$$

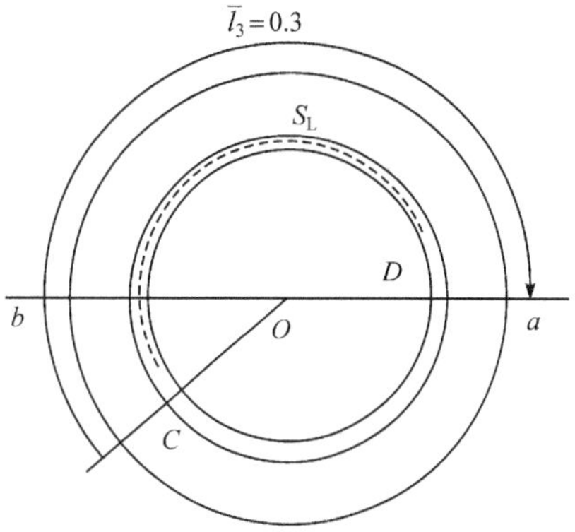

图 5.10-8

(2) 因为 $S(l)=\dfrac{1+|\Gamma(l)|}{1-|\Gamma(l)|}$，当 $\alpha \neq 0$ 时，$|\Gamma(l)|=|\Gamma_L e^{-2\gamma l}|=|\Gamma_L|e^{-2\alpha l}$，此式表明有耗传输线上反射系数的模随着 l 增加而减小，因此在圆图上由负载端的反射系数求输入端反射系数时，反射系数的矢径端点不再是沿等反射系数圆移动而是沿逐渐变小的螺旋线移动，如图中虚线所示。于是

$$|\Gamma(l)|=|\Gamma_L|e^{-2\alpha l}=\frac{S_L-1}{S_L+1}e^{-2\alpha l}$$
$$=0.55e^{-2\times 0.06\times 0.8}=0.5$$

从而

$$S(l)=\frac{1+0.5}{1-0.5}=3$$

(3) 在阻抗圆图上作 $S(l)=3$ 的圆，$\bar{Z}(l)$ 必须在此圆上。以 O 为圆心，将 OC 顺时针转动 0.8 电长度与 $S(l)$ 圆相交于 D 点，D 点就代表 $\bar{Z}(l)$，读得

$$\bar{Z}(l)=3$$

去归一化

$$Z(l)=\bar{Z}(l)Z_0=210\Omega$$

5.11 阻 抗 匹 配

5.11.1 阻抗匹配

为使微波传输系统能将波源的功率有效地传给负载，就必须使其阻抗匹配。阻抗匹配广泛用于微波传输系统、微波测量及元器件的设计，它关系到系统的传输效率、功率容量与工作稳定性，关系到微波元器件的性能以及微波测量的系统误差和测量精度等问题。因此阻抗匹配极其重要。

阻抗匹配可分为无反射匹配和共轭匹配两种。

1) 无反射匹配

无反射匹配包括负载匹配和波源匹配。负载匹配是指负载与传输线之间的匹配，其匹配条件为 $Z_L=Z_0$。负载经匹配后不产生波的反射，传输线上呈行波状态。

波源匹配是指波源与传输线之间的匹配，其匹配条件为 $Z_g=Z_0$。波源经匹配后对传输线不产生波的反射。实际情况是，即使负载不匹配而产生反射波，但波源匹配将不产生二次反射。

实际中传输线的始端或终端很难做到无反射匹配，通常在传输线与信号源之间接入隔离器来吸收反射波，而在传输线与负载之间使用阻抗匹配网络来抵消反射波。

2) 共轭匹配

共轭匹配是负载吸收最大功率的匹配。其匹配条件是传输线上任一参考面 T 向负载看去的输入阻抗与向波源看去的输入阻抗互为共轭，即

$$Z_{T右}=Z_{T左}^* \tag{5.11-1}$$

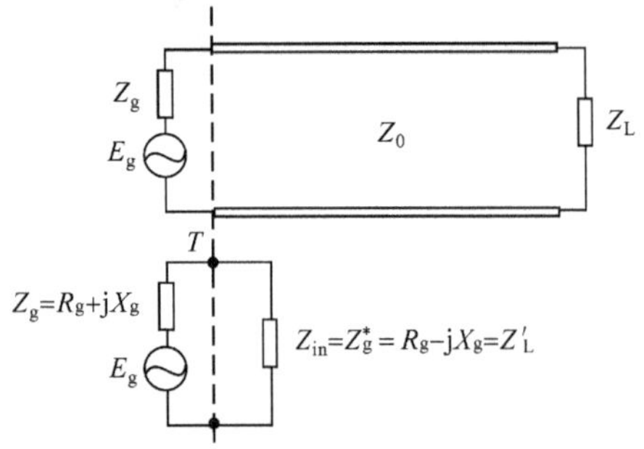

图 5.11-1 共轭匹配

满足此条件，传输线的负载便能获得最大功率。这可从传输线电路图 5.11-1 得到说明。图中波源内阻抗 $Z_g=R_g+jX_g$，负载阻抗 $Z_L=R_L+jX_L$。

为简便起见，取波源端口参考面 T 处来讨论。由 T 向负载看去的输入阻抗

$$Z_{in}=R_{in}+jX_{in}=Z_0\frac{Z_L+jZ_0\tan\beta l}{Z_0+jZ_L\tan\beta l}=Z'_L=R'_L+jX'_L \tag{5.11-2}$$

由 T 向波源看去的输入阻抗

$$Z_g=R_g+jX_g \tag{5.11-3}$$

根据电路理论，图中 Z'_L 吸收最大功率的条件为

$$Z'_L=Z_g^* \tag{5.11-4a}$$

或

$$\begin{cases} R'_L=R_g \\ X'_L=-X_g \end{cases} \tag{5.11-4b}$$

即两者的电阻应相等，电抗的数值相等，而性质相反。

下面说明无反射匹配和共轭匹配条件下负载吸收功率情况。负载吸收功率可表示为

$$P_L=\frac{1}{2}\mathrm{Re}\{V_L I_L^*\}=\frac{1}{2}E_g^2\frac{R'_L}{(R'_L+R_g)^2+(X'_L+X_g)^2} \tag{5.11-5}$$

A：无反射匹配情况下，$Z_g=Z_0=Z_L$，负载吸收的功率为

$$P_{Lm}=\frac{1}{2}\mathrm{Re}\{V_L I_L^*\}=\frac{1}{8}E_g^2\frac{R_g}{R_g^2+X_g^2} \tag{5.11-6}$$

可见负载吸收的功率 P_{Lm} 为源输出功率的一半，而另一半消耗在内阻 R_g 上。

B：共轭匹配情况下，在 T 处，负载吸收的功率 P_{Lcm} 可用式(5.11-5)表示。在共轭匹配条件下有 $X_g=-X'_L$，再令 $\frac{\partial P_L}{\partial R'_L}=0$，知 $R'_L=R_g$(共轭匹配)，得

$$P_{Lcm}=\frac{1}{8R_g}|E_g|^2 \tag{5.11-7}$$

为负载吸收最大功率。由式(5.11-6)和式(5.11-7)可见 $P_{Lcm} \geqslant P_{Lm}$(等号仅在传输线无耗，Z_g 和 Z_L 为实数，即 $X_g = X_L = 0$ 成立)。

由于传输线无耗，Z_L' 吸收的功率也就是负载 Z_L 所吸收的功率，即负载吸收了最大功率。此结果可推广到传输线上任一参考面。

需要说明，无反射匹配时，线上不存在反射波，只有入射波，反射系数为零；而共轭匹配时，线上可能存在反射波，反射系数不为零，但经多次反射后，负载能吸收最大功率。即是说，共轭匹配情况下，虽然负载有反射，但它所得到的功率比无反射匹配负载时还要大。当传输线系统为实数阻抗匹配时，共轭匹配自然转换为无反射匹配。

一般情况下的负载匹配时，$|\Gamma_L| = 0, S = 1$。负载匹配除了负载吸收全部入射到它上面的功率外，还有以下好处：

(1) 传输线的功率容量最大。

(2) 传输线的效率最高。

(3) 微波源工作较稳定。因为若负载失配，传输线的输入端阻抗是 Z_L、f、l 的函数。当 f 稍有变化时，即使 Z_L 变化不大，但因 β 随 f 而变，Z_{in} 随之发生变化，对微波源来说，相当于负载在改变而产生较大反射，导致频率和功率"牵引"，即微波源的频率和输出功率将因此改变，从而导致微波源的工作不稳定。若传输线的负载匹配，输入阻抗等于传输线特性阻抗，f 稍有改变时，输入阻抗不变，则微波源工作较稳定。

实际应用中，无论哪种匹配，常常不是自然达到的，而是人为实现的。对于无反射匹配来说，就是人为地在导波系统中引入新的不均匀性以造成新的反射去抵消(或大大削弱)失配所引起的反射，而达到匹配的。

理想的匹配，是指反射系数为零、驻波系数为1的匹配。实际工程上的匹配是指在某一给定频率范围内，反射系数或驻波系数小于规定值的匹配。

5.11.2　负载阻抗匹配方法

这里以负载匹配为例介绍匹配元件。当信号源和负载与传输线不匹配时，可以在它们之间插入阻抗变换元件或二端口网络，使包括此元件或网络在内的新负载与传输线匹配。这种阻抗变换元件或网络称为匹配元件、匹配器或匹配网络。如在信号源处(传输线始端)和终端负载处分别加入始端和终端匹配网络，以期分别达到共轭匹配和无反射匹配，如图5.11-2所示。

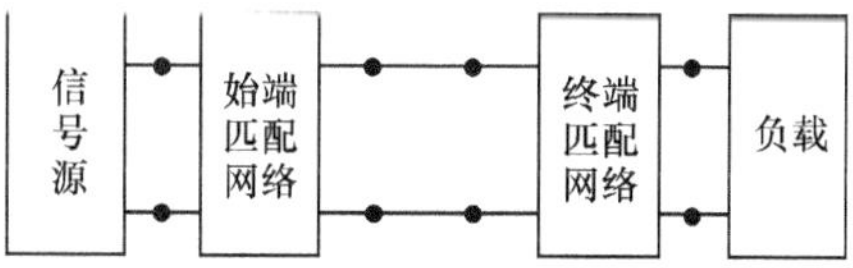

图5.11-2　传输系统匹配示意图

匹配网络的基本要求：①简单、易行、可靠。②附加损耗小。③频带宽。④可调节，以匹配可变的负载阻抗(仅用于测量系统)。

匹配器有多种类型，按工作频带分有窄带匹配器和宽带匹配器；按其形式分，常用的有四分之一波长变换器型、支节型和渐变型；对于波导还有膜片、销钉匹配器等。

1. $\lambda_g/4$ 阻抗变换器

$\lambda_g/4$ 阻抗变换器是一节特性阻抗与主传输线不同的 $\lambda_g/4$ 长的传输线段。它被置于特性阻抗不同的均匀传输线之间或传输系统与负载之间起阻抗匹配作用。

图5.11-3示出了特性阻抗为 Z_0' 的 $\lambda_g/4$ 传输线段接入特性阻抗为 Z_0 的主传输线和负载 Z_L 之间或插入到特性阻抗分别为 Z_{01} 和 Z_{02} 的传输线之间以实现匹配的情况。

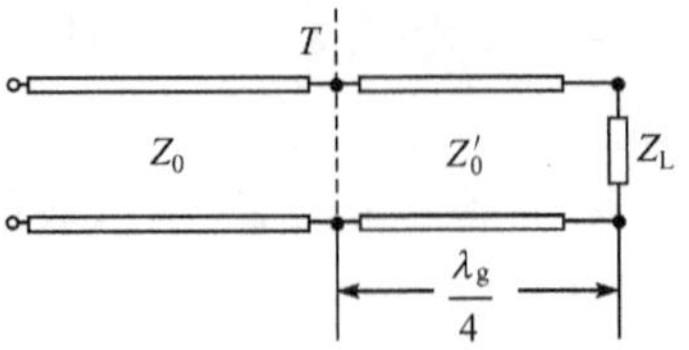

(a) 插入到传输线和负载之间

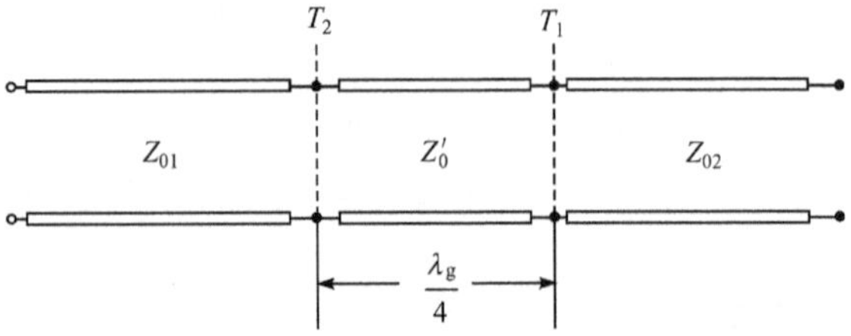

(b) 插入到传输线和传输线之间

图 5.11-3　$\lambda_g/4$ 阻抗变换器

如图 5.11-3(a)的负载经过 $\lambda_g/4$ 线段变换后，在 T 处的输入阻抗为

$$Z_{in}=\frac{Z_0'^2}{Z_L}$$

为使包括线段在内的新的负载与主传输线匹配，则必须

$$Z_{in}=Z_0$$

于是得

$$Z_0'=\sqrt{Z_0Z_L} \tag{5.11-8a}$$

由于无耗传输线的特性阻抗是实数，因此，$\lambda_g/4$ 阻抗变换器原则上只用于匹配纯电阻负载，即 $Z_L=R_L$，所以

$$Z_0'=\sqrt{Z_0R_L} \tag{5.11-8b}$$

同样，实际应用中常将 $\lambda_g/4$ 阻抗变换器插入特性阻抗分别为 Z_{01} 和 Z_{02} 的两传输线之间而实现匹配，图 5.11-3(b)所示。设 Z_{02} 的传输线终端接匹配负载，则 T_1 处的输入阻抗为 Z_{02}，可得

$$Z_0'=\sqrt{Z_{01}Z_{02}} \tag{5.11-8c}$$

因此选择合适的 $\lambda_g/4$ 传输线段的特性阻抗 Z_0' 就可以实现阻抗匹配。

当负载为复数阻抗而仍需要用 $\lambda_g/4$ 阻抗变换器来匹配时，可以在传输线上选择特殊的位置进行匹配。如电压波节或电压波腹处的输入阻抗为纯电阻，则可将 $\lambda_g/4$ 阻抗变换器插在传输线上的这些位置进行匹配。实用中以在电压波节处接入为宜，这样可使变换器的特性阻抗 Z_0' 小于主传输线的特性阻抗 Z_0。

显而易见，$\lambda_g/4$ 阻抗变换器只能在变换器的长度为 $\lambda_g/4$ 或 $\lambda_g/4+n\lambda_g/2$ 的频率上才能获得完全匹配。当频率偏移时，匹配将被破坏。因此 $\lambda_g/4$ 阻抗匹配器属于点频匹配，即使考虑一定的反射容限，相对带宽也较窄。

若负载电阻与传输线特性阻抗比过大(或过小)，或考虑宽带工作时，则可采用多节 $\lambda_g/4$ 阻抗变换器，其特性阻抗 Z_{01}，Z_{02}，Z_{03}，…按照一定的规律取值，可获得更宽的工作频带，性能达到最佳。

下面对两节 $\lambda_g/4$ 阻抗变换器匹配方法进行讨论。两节 $\lambda_g/4$ 阻抗变换器是由两节不同特性阻抗的传输线段级联而成。图 5.11－4 为两节 $\lambda_g/4$ 阻抗变换器。Z_{01}、Z_{02} 分别为两节 $\lambda_g/4$ 线的特性阻抗，R_L 为负载，Z_0 为主传输线的特性阻抗。

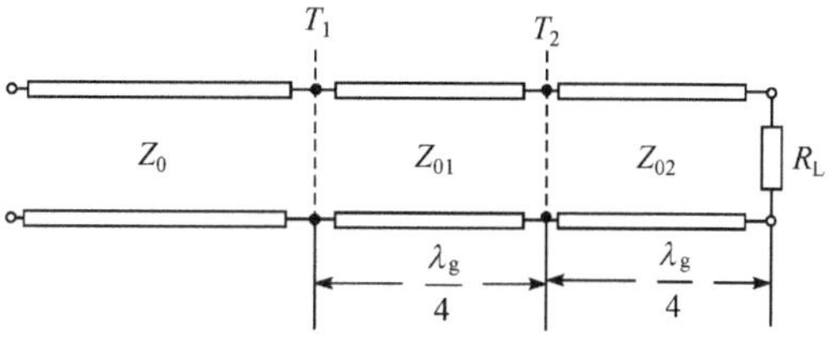

图 5.11－4　两节 $\lambda_g/4$ 阻抗变换器的匹配

根据传输线的阻抗变换关系和传输线的匹配要求，利用式(5.11－8)可得

$$Z_{T_2}=\frac{Z_{02}^2}{R_L} \tag{5.11-9a}$$

$$Z_{T_1}=\frac{Z_{01}^2}{Z_{T_2}}=Z_0 \tag{5.11-9b}$$

式中，Z_{T_2}、Z_{T_1} 分别代表参考面 T_2 和 T_1 处的输入阻抗值。

如需将负载阻抗 R_L 变换为传输线的特性阻抗 Z_0，定义阻抗变换比

$$R=\frac{R_L}{Z_0} \tag{5.11-10}$$

阻抗变换值越大，频带越窄。因此阻抗变换比 R 要取合适的值。为了增宽变换器的频带，应使变换器的阻抗变换值尽可能小。对于一定的变换比 R，用两节变换器来实现匹配其每节变换器的阻抗变换值显然比用单变换器的小。从物理概念上讲，这相当于用分散的不连续性来代替集中的不连续性。当频率变化时，分散的不连续性产生的反射能被抵消掉大部分，从而使频带增宽。因此，两节 $\lambda_g/4$ 阻抗变换器的频带比单节的宽。为了有最佳的频响特性，两节 $\lambda_g/4$ 线的变换比通常取得一样，即

$$\frac{R_L}{Z_{T_2}}=\frac{Z_{T_2}}{Z_0} \tag{5.11-11}$$

利用式(5.11－9)～式(5.11－11)，可得

$$Z_{01}=\sqrt[4]{Z_0^3R_L}=\sqrt[4]{R}Z_0 \tag{5.11-12a}$$

$$Z_{02}=\sqrt[4]{R_L^3Z_0}=\sqrt{1/R}R_L \tag{5.11-12b}$$

2. 支节匹配器

支节匹配器是用一定长度的终端短路或开路的均匀传输线段(简称为支节)接入负载与传输线之间来实现匹配的装置。常用的支节匹配器有单支节、双支节和三支节。其中单支节又分为并联单支节和串联单支节，双支节和三支节常采用并联形式。对于单支节调配器的具体结构形式，因传输线的类型和结构不同而异。例如，对于一般的双导线或同轴线而言，它就是一个终端短路的双导线或终端短路的同轴线，其长度是可以调节的；对于矩形波导管(工作于 TE_{10} 模时)而言，单支节可以是一个金属螺钉，将其安置在波导宽壁中心线位置上的槽缝中，并可沿波导轴线方向在槽缝中移动，而且还可穿过槽缝伸入波导管中，伸入深度是可调节的，这样，就构成了一个单支节调配器。

终端短路或开路的无耗支节，其输入阻抗(或导纳)是纯电抗(或纯电纳)，因此，这类匹配器又称为电抗匹配器。

1) 单支节匹配器

单支节匹配器是在距离负载 d 处并联或串联长度为 l 的终端短路或开路的短截线构成。调节 d 和 l 就可以实现阻抗调配，从而达到阻抗匹配目的。从结构形式来看，单支节匹配器电路可采用串联和并联形式实现，如图 5.11－5 所示。下面分别予以介绍。

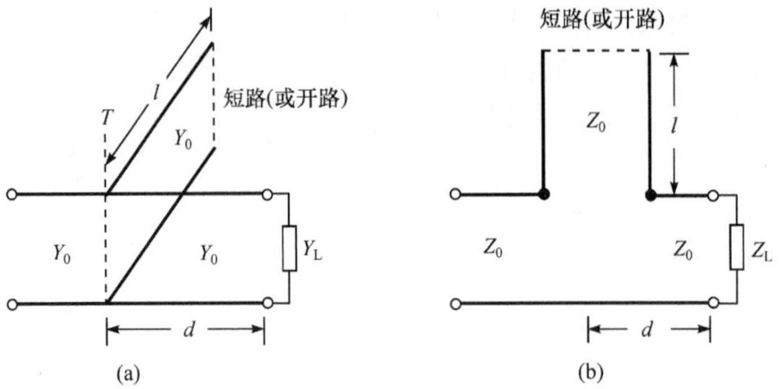

图 5.11-5　单支节调配电路

(a) 并联支节；(b) 串联支节

(1) 并联单支节匹配器。

并联单支节匹配器的工作原理可用图 5.11-5(a)来说明。图中传输线终端接一般负载，负载的归一化导纳为$\overline{Y_L}=\overline{G_L}+\mathrm{j}\,\overline{B_L}$。此时传输线工作于行驻波状态，在波腹和波节点因为$\overline{Y}_{max}=1/S<1$，$\overline{Y}_{min}=S>1$，所以在两相邻的波腹与波节点之间必定可以找到一处(如参考面 T 处)归一化导纳值为 $\overline{Y}'=\overline{G}'+\mathrm{j}\overline{B}'=1+\mathrm{j}\overline{B}'$。在此处若并入归一化输入电纳 $\overline{B}''=-\overline{B}'$ 的支节(选择支节的特性导纳与主线的特性导纳相同)，则可使 T 向负载看的总导纳的归一化值 $\overline{Y}=1+\mathrm{j}\overline{B}'+\mathrm{j}\overline{B}''=1$，即 $Y=Y_0$。根据匹配条件可知，包括支节在内的右边部分作为一新的负载与传输线之间达到了匹配。

由此可知，设计并联单支节匹配器的任务在于确定负载到参考面 T 的距离 d 和支节长度 l，确定的方法有两种：解析法和图解法。

① 解析法。当负载导纳$\overline{Y_L}$为复数时，解析法稍微麻烦，这里分两种情况进行讨论。

第一种情况：$\overline{Y_L}$为纯阻负载，即$\overline{Y_L}=\overline{G_L}$。

支节接入位置 d 可以从下面方程中解得：

$$\overline{Y}'=1+\mathrm{j}\overline{B}'=\frac{\overline{G}_L+\mathrm{j}\tan\beta d}{1+\mathrm{j}\overline{G}_L\tan\beta d} \tag{5.11-13}$$

上式移项后比较等式两边实部、虚部，得

$$1-\overline{B}'\overline{G}_L\tan\beta d=\overline{G}_L \tag{5.11-14a}$$

$$\overline{G}_L\tan\beta d+\overline{B}'=\tan\beta d \tag{5.11-14b}$$

消去 $\overline{B}'$，可得

$$\tan^2\beta d=1/\overline{G_L} \tag{5.11-14c}$$

利用 $\tan^2\beta d=(1-\cos^2\beta d)/\cos^2\beta d$，可得

$$\cos^2\beta d=\overline{G_L}/(\overline{G_L}+1)$$

再利用 $\cos^2\beta d=(1+\cos 2\beta d)/2$ ，于是

$$\cos 2\beta d=(\overline{G_L}-1)/(\overline{G_L}+1)$$

因此

$$d=\frac{\lambda_g}{4\pi}\arccos\frac{\overline{G_L}-1}{\overline{G_L}+1} \tag{5.11-15}$$

若 d_1 是式(5.11-15)的一个解，则 $\lambda_g/2+d_1$ 是另一个解，d 的一般解为 $d_1\pm n\lambda_g/2$。由于周期性，传输线上每一波腹、波节之间都有解，可取尽量靠近负载的解且 d 取正值。

下面求支节长度 l。取短路支节(对于开路支节,计算方法完全一样,仅结果不同),支节输入端的导纳为

$$\overline{Y}''=\mathrm{j}\overline{B}''=-\mathrm{j}\cot\beta l \tag{5.11-16}$$

利用式(5.11-14b),得

$$\overline{B}'=(1-\overline{G_L})\tan\beta d$$

再利用式(5.11-14c),有

$$\overline{B}'=\pm(1-\overline{G_L})/\sqrt{\overline{G_L}}$$

为了在支节匹配点消除电纳 $\overline{B}'$,可使 $\overline{B}''=-\overline{B}'$,考虑式(5.11-16),得

$$\cot\beta l=\pm(1-\overline{G_L})/\sqrt{\overline{G_L}}$$

所以

$$l=\frac{\lambda_g}{2\pi}\arctan\frac{\pm\sqrt{\overline{G_L}}}{1-\overline{G_L}} \tag{5.11-17}$$

上式根号前"±"号的取法由 $\tan\beta d=\pm1/\sqrt{\overline{G_L}}$ 得:若 $0<d<\lambda_g/4$ 取"+";若 $\lambda_g/4<d<\lambda_g/2$ 取"−"。

第二种情况:$\overline{Y_L}=\overline{G_L}+\mathrm{j}\,\overline{B_L}$ 为复数。

为了简化分析,可以引用第一种情况的结论。首先确定离该负载最近的电压波节位置 l_{min},如图 5.11-6所示。电压波节点的归一化输入导纳$\overline{Y}_{min}$等于驻波系数 S,为实数。其次,将该波节点右面的传输线和负载一起作为新的负载来进行计算。新负载的导纳为纯阻性,因此计算方法变为与第一种情况相同,可以直接利用式(5.11-15)和式(5.11-17),且两式中的$\overline{G_L}$用 S 代替。设支节接入位置到电压波节点的距离为 d_0,可得

$$d_0=\frac{\lambda_g}{4\pi}\arccos\frac{S-1}{S+1} \tag{5.11-18a}$$

$$d=l_{min}+d_0=l_{min}+\frac{\lambda_g}{4\pi}\arccos\frac{S-1}{S+1} \tag{5.11-18b}$$

$$l=\frac{\lambda_g}{2\pi}\arctan\frac{\pm\sqrt{S}}{1-S} \tag{5.11-18c}$$

上面计算采用了波节点,其实在波腹点处导纳也是实数,也可取作新的负载来匹配复数导纳。此时,波腹点输入导纳$\overline{Y}_{max}=\overline{G}_L=1/S$,处理方法与上相同。

② 图解法。这种并联支节调配器的工作原理可利用导纳圆图来说明。图 5.11-7 是单支节调配器的调配原理示意。

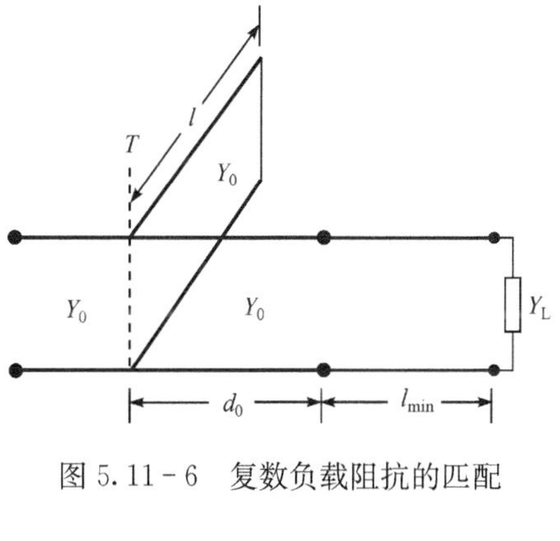

图 5.11-6　复数负载阻抗的匹配

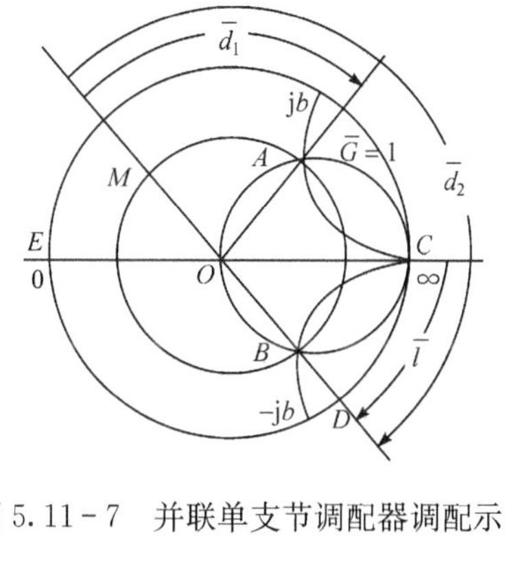

图 5.11-7　并联单支节调配器调配示意

设传输线终端接有任意复数阻抗负载 Z_L，其导纳为 $Y_L(Y_L \neq Y_0)$，首先求出它的归一化导纳 $\overline{Y}_L$，在导纳圆图上找到与它对应的点 M，过 M 点作等反射系数圆与 $\overline{G}=1$ 的匹配圆分别交于 A 点和 B 点，从 M 点沿等反射系数圆顺时针旋转到 A 点和 B 点，旋转长度分别为 $\overline{d}_1$ 和 $\overline{d}_2$，即它们距离终端负载的归一化距离分别为 $\overline{d}_1$ 和 $\overline{d}_2$，圆图上对应的归一化输入导纳值分别为 $1+\mathrm{j}b$ 和 $1-\mathrm{j}b(b>0)$。

当在 $\overline{d}_1$ 处并联一个短路支节，并调节其长度 l 使其归一化的输入电纳为 $-\mathrm{j}b$，则在 $\overline{d}_1$ 处总的等效归一化输入导纳为 $1+\mathrm{j}b-\mathrm{j}b=1$，于是传输线在 $\overline{d}_1$ 处得到了匹配。若并联接入终端短路的支节，因短路处的导纳为∞，对应于导纳圆图上为 C 点，由 C 点在单位圆（纯电纳圆）上沿顺时针方向转到归一化电纳为 $-\mathrm{j}b$ 的 D 点，则 D 点和 C 点对应的电长度之差即为并联短路支节归一化电长度 $\overline{l}$。

同理，也可以在 $\overline{d}_2$ 处并联一个短路支线，并调节其长度 l，使其归一化的输入电纳为 $+\mathrm{j}b$，则在 $\overline{d}_2$ 处总的等效的归一化输入导纳为 1，传输线得到匹配。可见，满足匹配要求的有两组数据，在实际应用中可视具体情况选择。

(2) 串联单支节匹配器。

串联单支节匹配器的工作原理与并联单支节匹配器类似。因 $\overline{Z}_{max}=S>1$，$\overline{Z}_{min}=1/S<1$，故在电压波腹与波节之间必有一处 $\overline{Z}'=1+\mathrm{j}\overline{X}'$，在此处串入电抗 $\overline{X}''=-\overline{X}'$ 的支节便能实现匹配。

用图解法计算：串联单支节与计算并联单支节完全类似，但这时应在阻抗圆图上进行。

用解析法计算：串联单支节的计算步骤也与并联单支节相似，当负载阻抗为复数 $\overline{Z_L}=\overline{R_L}+\mathrm{j}\,\overline{X_L}$ 时，可以将离负载为 l_{min} 处的阻抗 $\overline{Z}_{min}=1/S$ 作为新的负载来进行计算。采用并联支节相似的分析（此时用阻抗而不用导纳），可得串联支节接入位置

$$d=l_{min}+\frac{\lambda_g}{4\pi}\arccos\frac{1-S}{1+S} \tag{5.11-19a}$$

串联支节长度为

$$l=\frac{\lambda_g}{2\pi}\arctan\frac{1-S}{\pm\sqrt{S}} \tag{5.11-19b}$$

"±"号取法同前。

2) 双支节匹配器

支节匹配器虽使支节接入处的左面主线上为行波状态，但其右面和支节线上均为驻波。为减小损耗，总是力求尽量靠近负载。单支节匹配器可匹配任意负载阻抗，但负载不同，d、l 的值也不同。为了便于匹配不同大小的负载，单支节的 d、l 需要做成可调的。在很多情况下，调节 l 在结构上容易实现，调节 d 较为困难。为克服这一缺点，出现了不改变 d 的双支节。

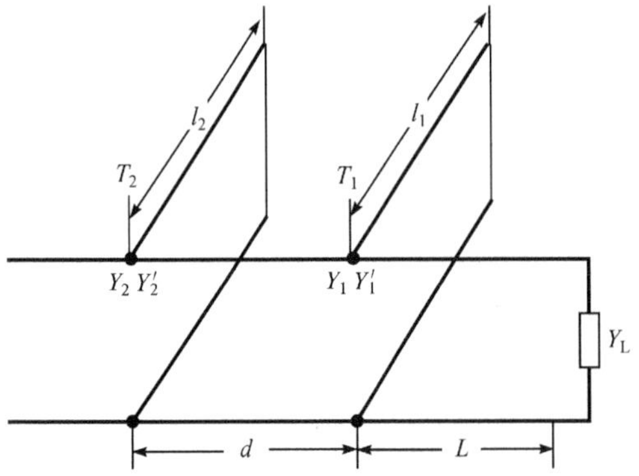

图 5.11-8　双支节调配器

双支节匹配器常采用并联短路支节，其工作原理可用图 5.11-8 来说明。图中负载导纳 $\overline{Y_L}$ 经长为 L 的一段传输线变换到 T_1 面的导纳为 $\overline{Y_1'}$，支节 l_1 的作用是给 $\overline{Y_1'}$ 增加一适当的电

纳 $\overline{B}''_1$，使 T_1 处的总导纳 $\overline{Y}_1=\overline{Y}'_1+\mathrm{j}\overline{B}''_1$ 经长为 d 的传输线变换到 T_2 面时导纳为 $\overline{Y}'_2=1+\mathrm{j}\overline{B}'_2$，支节 l_2 提供电纳 $\overline{B}''_2=-\overline{B}'_2$ 使 T_2 处的总电纳 $\overline{Y}_2=1+\mathrm{j}\overline{B}'_2+\mathrm{j}\overline{B}''_2=1$ 而达到匹配。

用双支节进行调配的物理本质是，让 l_1 可调，改变 l_1 使 $\overline{Y}_1$ 改变，相当于将 $\overline{Y}_1$ 视为新的可变负载，再经过传输线 d 变换到 T_2 面的 $\overline{Y}'_2$。因此，调节 l_1 使 T_2 面的 $\overline{Y}'_2$ 发生改变。这样，改变 l_1 代替了单支节匹配器支节在主线上的移动。支节 l_2 作用与单支节匹配器 l 的作用相同。下面用图解法和解析法予以说明。

① 图解法。将双支节的调配过程反应到圆图上可用图 5.11-9 来加以说明。传输线上 $\overline{Y}_L$ 经 L 变换得 $\overline{Y}'_1$，对应于导纳圆图上 A 点经等 S 圆顺时针转至 B 点；线上 $\overline{Y}'_1$ 加 l_1 的电纳 $\overline{B}''_1$，得参考面 T_1 处总的导纳 $\overline{Y}_1$，对应于圆图上为 B 点沿等电导圆 $\overline{G}'_1$ 移至 C 点（l_1 的确定未在图中画出）；线上由 $\overline{Y}_1$ 经 d 变换到参考面 T_2 处得 $\overline{Y}'_2=1+\mathrm{j}\overline{B}'_2$，对应圆图上从 C 点沿等 S 圆顺时针转至 D，D 应落在 $\overline{G}=1$ 的匹配圆上；线上 $\overline{Y}'_2$ 加上短路支节 l_2 的电纳 $\overline{B}''_2$ 得 T_2 处总的导纳 $\overline{Y}_2=\overline{Y}'_2+\mathrm{j}\overline{B}''_2=1$，相当于 T_2 处总的输入导纳从圆图上的 D 点沿 $\overline{G}=1$ 的圆移动至圆图中心 O 点，即实现了匹配。

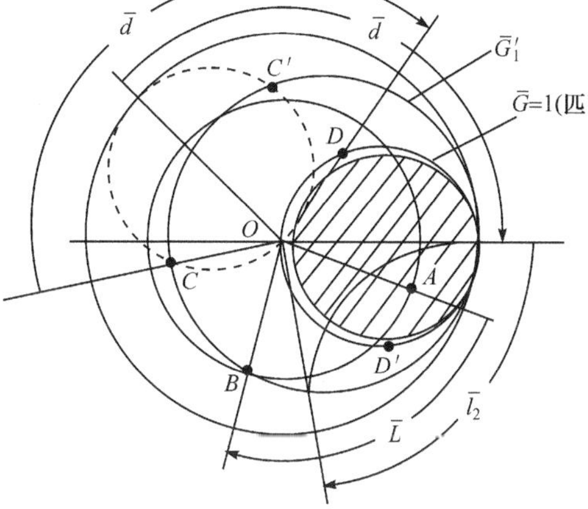

图 5.11-9　双支节匹配器调配示意

以上分析可知，设计双支节匹配器的任务是确定 l_1 和 l_2（L 和 d 的值一般是给定或选定的）。支节的长度取决于支节需提供的电纳，l_1 的值决定于 $\overline{B}''_1$，而 $\mathrm{j}\overline{B}''_1=\overline{Y}_1-\overline{Y}'_1$，即圆图上 C、B 点导纳之差。其中 B 点根据 $A(\overline{Y}_L)$ 和 L 很容易求出。故求 $\overline{B}''_1$ 的关键在于找出 C 点，C 点受到两个条件限制，一是它必须在过 B 点的等电导圆上（因 l_1 不改变 B 点的电导），二是 C 沿等 S 圆顺时针旋转 $\overline{d}$ 后必须落在 $1+\mathrm{j}\,\overline{B}$ 圆上。为了便于确定 C 点的位置，通常将 $1+\mathrm{j}\,\overline{B}$ 圆以圆图中心 O 点为心反时针旋转 $\overline{d}$（相应于上述 C 至 D 的反变换），如图 5.11-9 中的虚圆所示。这个旋转后的圆称为"辅助圆"。它的位置与 d 有关，于是 C 点就是等 $\overline{G}'_1$ 圆与辅助圆的交点。找出 C 点后，读出 C 点和 B 点的电纳差值，即得 $\overline{B}''_1$。在圆图上可以求得终端短路（或开路）的并联支节长度 $\overline{l}_1$。

由图 5.11-9 可以看出，等 $\overline{G}'_1$ 圆与辅助圆可能有两个交点，因此，l_1 可能有两组解。这两组解对应于 l_2 也有两组解。由图还可看出，当 $\overline{Y}'_1$ 的电导 $\overline{G}'_1$ 变大时，等 $\overline{G}'_1$ 圆可能刚好与辅助圆相切。这时因只有一个交点，故 l_1 只有一组解，对应的 l_2 也只有一组解。当 $\overline{Y}'_1$ 的电导 $\overline{G}'_1$ 继续增大时，则 $\overline{G}'_1$ 圆与辅助圆不能相交，此时无解。因此，双支节匹配器不能匹配 $\overline{G}'_1$ 等于任何值的负载导纳，实为它的一个严重缺点。不能匹配的负载值所对应的 $\overline{G}'_1$ 的范围在图上用阴影区表示。该区域称为双支节匹配器的匹配禁区。禁区的外围线是与辅助圆相切的等电导圆，即图中阴影圆的周线确定的等电导圆。两支节间距 d 越小，匹配禁区越小。

② 解析法。由传输线电路理论，如图 5.11-8 所示，参考面 T_1 处的总归一化输入导纳 $\bar{Y}_1$ 可表示为

$$\bar{Y}_1=\bar{G}_1'+\mathrm{j}(\bar{B}_1'+\bar{B}_1'')$$

$\bar{B}_1''$ 由支节 l_1 提供。T_2 面(不含支节 2)的归一化输入导纳可表示为

$$\bar{Y}_2'=\frac{\bar{Y}_1+\mathrm{j}\tan\beta d}{1+\mathrm{j}\,\bar{Y}_1\tan\beta d}=\frac{\bar{G}_1'+\mathrm{j}(\bar{B}_1'+\bar{B}_1'')+\mathrm{j}\tan\beta d}{1+\mathrm{j}[\bar{G}_1'+\mathrm{j}(\bar{B}_1'+\bar{B}_1'')]\tan\beta d} \tag{5.11-20}$$

根据匹配要求，$\bar{Y}_2'=1+\mathrm{j}\bar{B}_2'$。取式(5.11-20)实部等于 1，可得

$$\bar{G}_1'^2-\bar{G}_1'\frac{1+\tan^2\beta d}{\tan^2\beta d}+\frac{(1-\bar{B}_1'\tan_2\beta d-\bar{B}_1''\tan\beta d)^2}{\tan^2\beta d}=0 \tag{5.11-21}$$

此式作为 $\bar{G}_1'$ 的一元二次方程解得

$$\bar{G}_1'=\frac{1+\tan^2\beta d}{2\tan^2\beta d}\left[1\pm\sqrt{1-\frac{4\tan^2\beta d(1-\bar{B}_1'\tan\beta d-\bar{B}_1''\tan\beta d)^2}{(1+\tan^2\beta d)^2}}\right] \tag{5.11-22}$$

当使式(5.11-20)的虚部等于 $\mathrm{j}\bar{B}_2'$ 时，得到

$$\bar{B}_2'=\frac{(1-\bar{B}_1'\tan\beta d-\bar{B}_1''\tan\beta d)(\bar{B}_1'+\bar{B}_1''+\tan\beta d)-\bar{G}_1'^2\tan\beta d}{(1-\bar{B}_1'\tan\beta d-\bar{B}_1''\tan\beta d)^2+\bar{G}_1'\tan^2\beta d} \tag{5.11-23}$$

把式(5.11-21)作为 $\bar{B}_1''$ 一元二次方程，解得

$$\bar{B}_1''=-\bar{B}_1'+\frac{1\pm\sqrt{(1+\tan^2\beta d)\bar{G}_1'-\bar{G}_1'^2\tan^2\beta d}}{\tan\beta d} \tag{5.11-24}$$

将 $\bar{B}_1''$ 代入式(5.11-23)可得

$$\bar{B}_2'=\frac{\mp\sqrt{\bar{G}_1'(1+\tan^2\beta d)-\bar{G}_1'^2\tan^2\beta d}-\bar{G}_1'}{\bar{G}_1'\tan\beta d} \tag{5.11-25}$$

于是

$$\bar{B}_2''=-\bar{B}_2'=\frac{\pm\sqrt{\bar{G}_1'(1+\tan^2\beta d)-\bar{G}_1'^2\tan\beta d}+\bar{G}_1'}{\bar{G}_1'\tan\beta d} \tag{5.11-26}$$

利用式(5.11-24)和式(5.11-25)求得 $\bar{B}''_1$ 和 $\bar{B}''_2$ 后，容易确定出双支节匹配器的支节长度 l_1、l_2。

但是，计算中同样会出现匹配禁区的问题。已知式(5.11-22)中 $\bar{G}_1'$ 必须为实数，因此根号里的值必定在 1 和 0 之间(含 1 和 0)，于是

$$0\leqslant\bar{G}_1'\leqslant\frac{1+\tan^2\beta d}{\tan^2\beta d}=\csc^2\beta d=\bar{G}_0 \tag{5.11-27}$$

上式表明，当 d 选定后，$\bar{G}_0=\csc^2\beta d$ 圆以外的所有导纳 $\bar{Y}'_1$ 均可匹配，而 $\bar{G}_0$ 圆内为匹配禁区，d 越小，匹配禁区越小；当 $d=0$ 或 $\lambda_g/2$ 时，$\csc\beta d\to\infty$，匹配禁区缩小为一点，使能匹配的 $\bar{Y}'_1$ 扩大到任意值。但实际上，因支节电纳的最大值要受到导波系统损耗的限制，d 为上述值时，仍不能匹配任意的 $\bar{Y}_1'$ 值。又因 d 接近于零或 $\lambda_g/2$ 时，βd 稍变化一点，$\csc\beta d$ 则变化很大，匹配器的频率敏感性很高。d 取太小，实际结构上会遇到困难，因此，实用中常取 d 为 $\lambda_g/8$ 或 $3\lambda_g/8$(对应的 $\bar{G}_0=2$)，故双支节匹配器的匹配禁区总是存在的。

为了克服上述双支节匹配器的缺点，消除匹配禁区，可采用三支节或四支节调配器。

3）三支节匹配器

三支节匹配器是在双支节匹配器的主线上距支节 2 为 d(d 常取$\lambda_g/8$ 或 $\lambda_g/4$)的 T_3 处再并联支节 3 构成的，它解决了双支节匹配器出现的匹配禁区问题。如图 5.11－10 所示，图中各 $\bar{Y}$ 的表达同双支节匹配器。其匹配原理可简述为：当$\bar{Y}_1'$落在 1、2 双支节的匹配禁区之外时，让支节 3 不起作用，即调节支节长度 l_3 使支节输入端电纳$\bar{B}_3'=0$，由 1、2 双支节进行匹配；当$\bar{Y}_1'$落在 1、2 双支节的匹配禁区之内时，让支节 1 不起作用，$\bar{Y}_1'$经 d 向波源方向变换后得$\bar{Y}_2'$，且$\bar{Y}_2'$必定落在 2、3 双支节的匹配禁区之外，由 2、3 双支节进行匹配。这样，三支节匹配器便可以达到匹配任意负载的目的。基于上述分析，三支节匹配器中起匹配作用的仍只有两个支节，其尺寸计算与双支节相同，此处不再赘述。

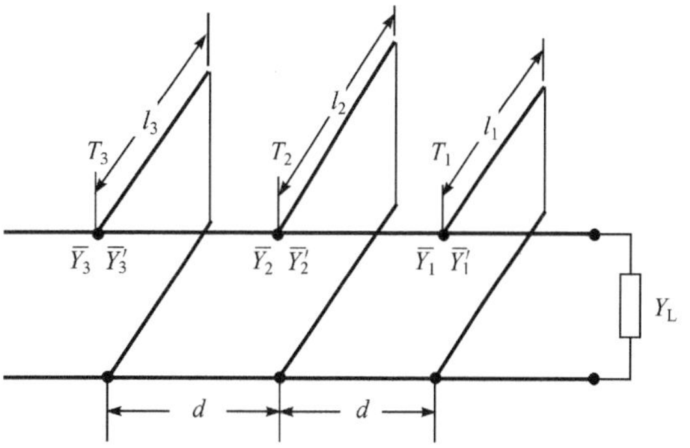

图 5.11－10　三支节匹配器

3. $\lambda_g/4$ 线与 $\lambda_g/4$ 支节联合匹配器

$\lambda_g/4$ 线与 $\lambda_g/4$ 支节联合匹配器如图 5.11－11 所示。其工作原理是：当工作频率为中心频率时，支节不起作用，匹配器等效为 $\lambda_g/4$ 阻抗变换器。当频率偏离中心频率时，$\lambda_g/4$ 阻抗变换器引起的反射由支节产生的反射来抵消，从而使频带增宽。

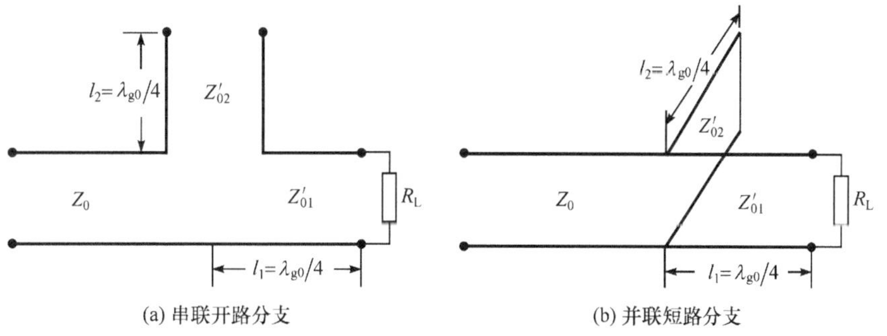

图 5.11－11　$\lambda_g/4$ 线与 $\lambda_g/4$ 支节联合匹配器

当频率偏离中心频率不多时，$\lambda_g/4$ 阻抗变换器的输入阻抗或输入导纳的实部基本上与主传输线的特性阻抗或特性导纳相同，只是出现了一个小的电抗或电纳。因此，如果在 T_1 处串联或并联一支节，使其当频率偏离中心频率时引入与上述大小相等、性质相反的电抗或电纳，就能实现较宽频带内匹配。这样的支节应串联 $\lambda_{g0}/4$ 开路支节，并联 $\lambda_{g0}/4$ 短路支节(λ_{g0} 为中心频率对应的波导波长)。因为，当工作频率为中心频率时，它们都不起作用；当工作频率偏离中心频率时，可引入电抗或电纳。选串联或并联决定于负载，选择原则是：①如果$R_L<Z_0$，则应选串联 $\lambda_{g0}/4$ 开路支节。②如果 $R_L>Z_0$ 即 $G_L<Y_0$，则应选并联 $\lambda_{g0}/4$ 短路支节。

4. 渐变传输线匹配器

前面已经讨论，用 $\lambda/4$ 阻抗匹配器，若阻抗变换比很大或要求频带工作较宽时，可采用多节 $\lambda/4$ 阻抗匹配器。当节数增加时，两节之间阻抗变换就较小；当节数无限多的极限情况下，就变成了连续的渐变传输线。

渐变传输线是横截面尺寸逐渐变化的非均匀传输线，如图 5.11-12(a)所示。渐变传输线匹配器的特征是特性阻抗沿着传输线渐变。将一段渐变传输线接入均匀传输线与电阻性负载之间，或接入两条不同特性阻抗的均匀传输线之间，可实现较宽频带内的匹配。

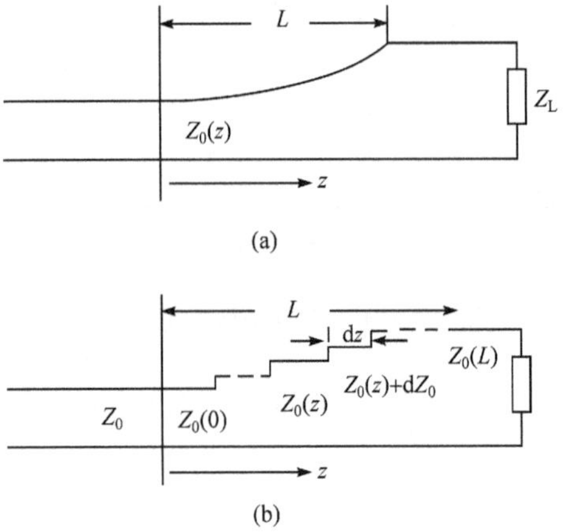

图 5.11-12

(a) 渐变线匹配器；(b) 增量阶梯变化阻抗匹配器

渐变传输线的特性采用非均匀传输线的分布参数电路理论进行分析。这里因仅讨论其阻抗变换特性，故采用下面的近似方法：将一段渐变线视为无限多个微小阶梯(每一阶梯长度为 dz)的阻抗变换器，如图 5.11-12(b)所示。

设渐变线阻抗变换器的总长为 L，始端特性阻抗为 $Z_0(0)=Z_0$，末端特性阻抗为 $Z_0(L)=Z_L=R_L$，每一阶梯的特性阻抗变化为 dZ_0，由于各个阶梯特性阻抗变化不大，各阶跃点的反射系数远小于 1，故可以忽略各阶跃点之间多次反射中的高次反射，仅考虑一次反射。如此，在离始端为 z 处的跃变点上由特性阻抗变化 dZ_0 所引起的反射系数为

$$d\Gamma(z)=\frac{Z_0(z)+dZ_0-Z_0(z)}{Z_0(z)+dZ_0+Z_0(z)}\approx\frac{dZ_0}{2Z_0(z)}=\frac{1}{2}d[\ln Z_0(z)]=\frac{1}{2}\frac{d}{dz}[\ln Z_0(z)]dz \tag{5.11-28}$$

考虑渐变线无耗，此反射系数对渐变线输入端总反射系数 Γ 的贡献为

$$d\Gamma=d\Gamma(z)e^{-j2\beta z}=\frac{1}{2}e^{-j2\beta z}\frac{d}{dz}[\ln Z_0(z)]dz \tag{5.11-29}$$

于是在一级近似下渐变线输入端的总反射系数为

$$\Gamma=\frac{1}{2}\int_0^L e^{-j2\beta z}\frac{d}{dz}[\ln Z_0(z)]dz \tag{5.11-30}$$

可见，若已知渐变线特性阻抗沿 z 的变化规律 $Z_0(z)$，则 Γ 不难由式(5.11-30)求出，即可得反射系数随频率变化的特性。

以一种最重要的渐变线——指数线为例，指数线的特性阻抗沿线按指数规律变化，即

$$Z_0(z)=Z_0(0)e^{bz}=Z_0e^{bz} \tag{5.11-31}$$

取对数得

$$\ln Z_0(z)=\ln Z_0+bz \tag{5.11-32}$$

当 $z=L$ 时，有

$$\ln Z_0(L)=\ln R_L=\ln Z_0+bL$$

从而得

$$b=\frac{1}{L}\ln\frac{R_L}{Z_0}=\frac{1}{L}\ln R \tag{5.11-33}$$

式中，$R=R_L/Z_0$ 为阻抗变换比。

将 $b=\ln(R/L)$ 代入式(5.11-32)得

$$\ln Z_0(z)=\ln Z_0+\frac{\ln R}{L}z \tag{5.11-34}$$

上式代入式(5.11-30)，得

$$\Gamma=\frac{1}{2}\int_0^L \mathrm{e}^{-\mathrm{j}2\beta z}\frac{\mathrm{d}}{\mathrm{d}z}\left(\frac{\ln R}{L}z+\ln Z_0\right)\mathrm{d}z=\frac{1}{2}\mathrm{e}^{-\mathrm{j}\beta L}\ln R\frac{\sin\beta L}{\beta L} \tag{5.11-35}$$

$$|\Gamma|=\frac{1}{2}\ln R\frac{|\sin\beta L|}{\beta L} \tag{5.11-36}$$

式(5.11-35)的积分中已经考虑了传播常数 β 和 z 无关，此假设仅适用于 TEM 传输线。图 5.11-13绘出了$|\Gamma|$ 随βL 变化的曲线。由图可以看出，若频率一定，$|\Gamma|$随L 的增加而波浪式地减小，当 $L=\lambda_g/2$ 的整数倍时，$|\Gamma|=0$，$L>\lambda_g/2$ 之后，$|\Gamma|$就变小了。若 L 一定，则图 5.11-13 表示$|\Gamma|$随频率(或波长)变化的曲线，给定最大容许的反射系数值 Γ_m，便可从曲线上确定频带宽度。

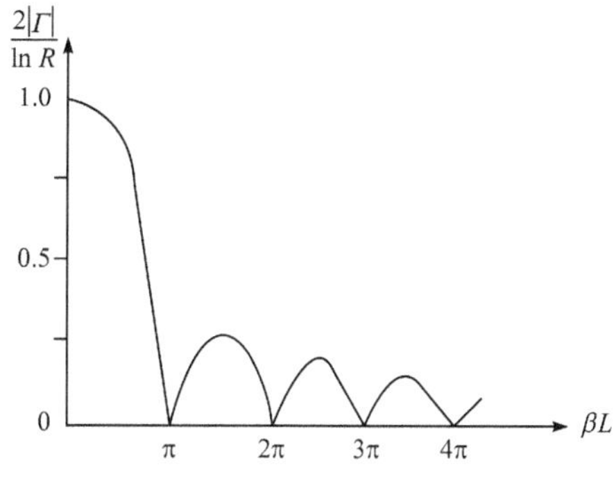

图 5.11-13 反射系数模的响应曲线

设计指数线匹配器的一般步骤是：①先根据式(5.11-36)，通过给定的中心频率和带宽要求选定过渡段长度 L。②由两端的阻抗求变换比 R，从而得指数线特性阻抗变化规律 $Z_0(z)=Z_0\mathrm{e}^{(\ln R/L)z}$。③根据传输线的类型，按特性阻抗公式算出横截面尺寸的变化规律。

当阻抗变换比 R 不大时，指数线可近似为直线过渡。这种直线式渐变线的性质与指数线虽然不相同，但其频率响应基本相似，从而避免了加工指数线的困难。

习　题

5.1 分布参数电路与集总参数电路的区别何在？

5.2 传输线有哪些特性参量和工作参量？它们是如何定义的？

5.3 设一段长为 l 的有耗传输线，当负载开路($I_L=0$)时，测得输入阻抗 Z_{in}。当负载端短路($U_L=0$)时，测得输入端阻抗为 Z_s，试计算该线的特性阻抗 Z_0。

5.4 一段终端短路传输线，线长 $l=2$cm，工作频率 $f_1=3$GHz 和 $f_2=6$GHz。试判断输入阻抗分别呈何特性。若传输线的特性阻抗 $Z_0=50\Omega$，$Z(l)=\mathrm{j}262\Omega$，试求上述两频率下短路线的长度。

5.5 已知无耗传输线的负载阻抗 $Z_L=25+\mathrm{j}25\Omega$，特性阻抗 $Z_0=50\Omega$，求传输线上的反射系数、驻波系数和距终端 $\lambda/4$ 处的输入阻抗。

5.6 已知如题 5.6 图所示的同轴传输线电路，工作频率 $f=80$MHz，空气填充部分(A)的特性阻抗 $Z_c=50\Omega$，试求同轴传输线的输入阻抗 Z_{in}。

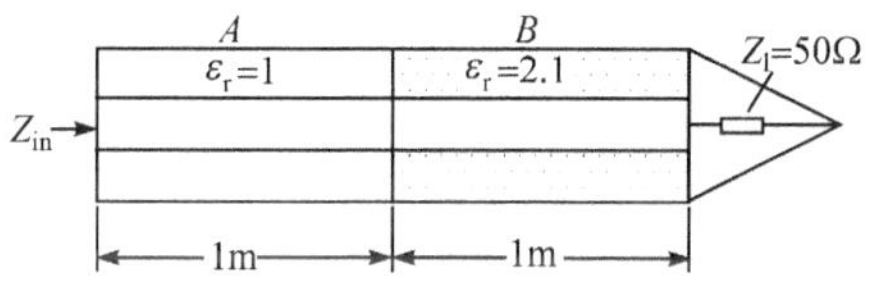

题 5.6 图

5.7 试分别绘出无耗传输线终端开路、短路和匹配时电压、电流相对振幅沿线的分布图，并列出相应的工作参量。

5.8　假定无耗传输线负载端的反射系数 $\Gamma_L=0.5e^{-j\pi/2}$，试绘出线上电压、电流相对振幅分布图。

5.9　试求如题 5.9 图所示的各无耗传输线电路 ab 端的输入阻抗 Z_{ab}。

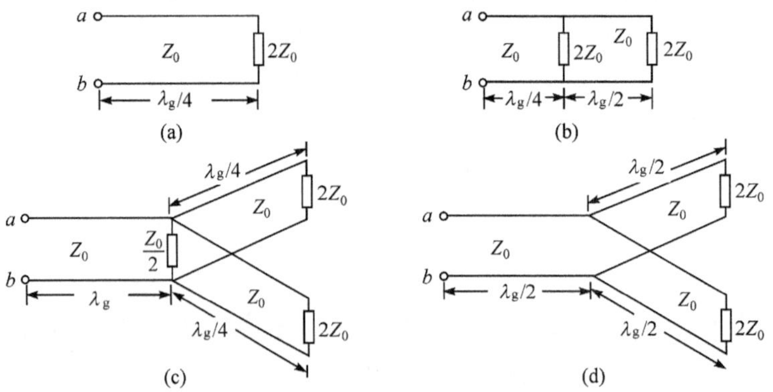

题 5.9 图

5.10　计算如题 5.10 图所示的无耗传输线电路中各线段上的驻波系。

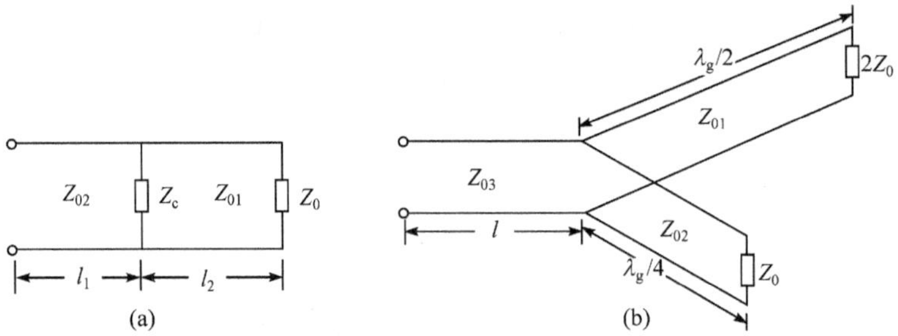

题 5.10 图

5.11　计算如题 5.11 图所示的无耗传输线电路三段线中的驻波系数和负载的功率。

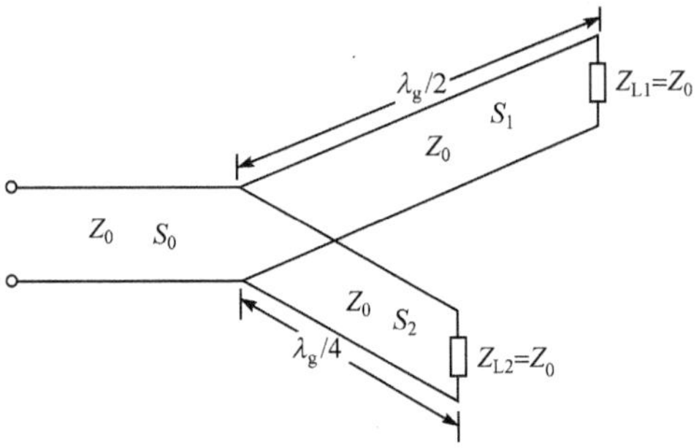

题 5.11 图

5.12　导出式(5.10-9a)和式(5.10-9b)，并在半径为 2.5cm 的圆内描出 $\bar{R}=0.5,1.5,2,\bar{X}=\pm0.5,\pm1.5,\pm2$ 的线族，分别标出 $\bar{R}$ 和 $\bar{X}$ 的数值。

5.13　分别画出阻抗及导纳圆图的示意图，并标明三个特殊点、三个特殊线段、两个特殊半圆面及两个旋转方向。

5.14　已知传输线上某一点归一化阻抗 $\bar{Z}=0.5-j0.8$，试用圆图计算：(1)由该点起向负载方向移动电长度 $l/\lambda=0.209$ 处的阻抗；(2)由该点起向波源方向移动电长度 $l/\lambda=0.079$ 处阻抗。(注意：凡用圆图算题，计算过程要用圆图示意。)

5.15　已知传输线特性阻抗 $Z_0=50\Omega$，工作波长 $\lambda=10$cm，今测得 $S=2,l_{min}=2$cm，求负载阻抗 Z_L。

5.16　有一特性阻抗 $Z_0=50\Omega$，负载 $Z_L=50-j60\Omega$ 的传输线电路，试用圆图求出驻波系数 S、驻波相位 l_{min} 以及负载导纳 Y_L。

5.17　已知特性阻抗 $Z_0=100\Omega$ 的传输线上驻波系数 $S=2.5$，若负载是一小于特性阻抗的纯电阻，试求 Z_L、Y_L、l_{min}、l_{max}、φ_L 以及离负载端 $l/\lambda=0.14$ 处的输入阻抗。

5.18　利用圆图计算题 5.18 图传输线电路的输入阻抗 Z_{in}。图中 $Z_L=40-j30\Omega$。

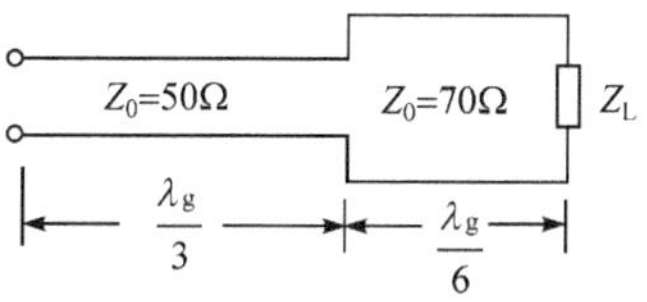

题 5.18 图

5.19 若将空气填充的金属柱面波导中 TM 模的横向场写成 $\boldsymbol{E}=-U\nabla_t \boldsymbol{E}_{0z}$，$\boldsymbol{H}=-I\boldsymbol{a}_z\times\nabla_t\boldsymbol{E}_{0z}$，试由麦克斯韦方程证明 U 和 I 满足方程：$\frac{\mathrm{d}U}{\mathrm{d}z}=-\left(\mathrm{j}\omega\mu_0+\frac{k_c^2}{\mathrm{j}\omega\varepsilon_0}\right)I$，$\frac{\mathrm{d}I}{\mathrm{d}z}=-\mathrm{j}\omega\varepsilon_0 U$。

5.20 如题 5.20 图所示在传输主模的矩形波导 $a\times b=2.286\text{cm}\times1.016\text{cm}$ 中，AA' 右方全填充 $\varepsilon_r=2.6$ 的均匀介质，AA' 左方入射 1W 功率，工作频率 $f=10\text{GHz}$，试求传输到介质的功率。

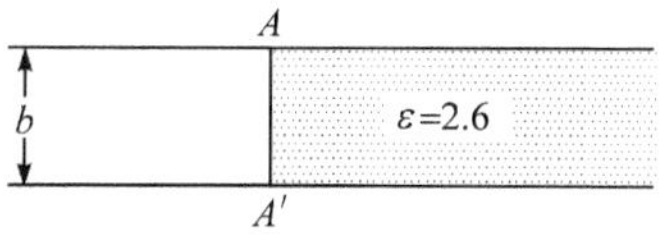

题 5.20 图

5.21 在传输主模的矩形空波导中，填入一长为 l、介电常数为 ε_r 的均匀介质块，如题 5.21 图所示。试求介质块引起的反射系数 Γ 和 $|\Gamma|$ 为零时介质块的长度 l。

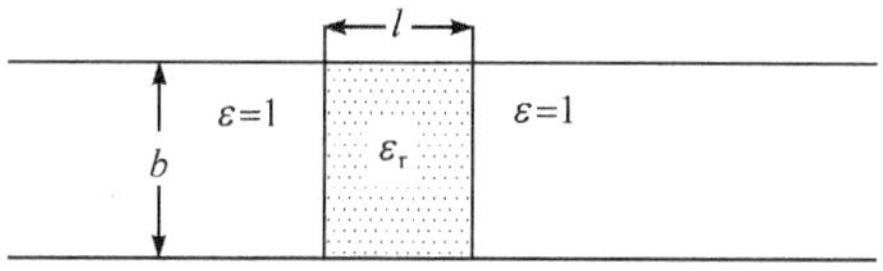

题 5.21 图

5.22 求题 5.22 图电路中 $R_{T_1}=50\Omega$ 时的 $\bar{d}_{\min}$ 值和 $Z_{T_2}=50\Omega$ 时的 jX 值。$Z_L=40\Omega$。

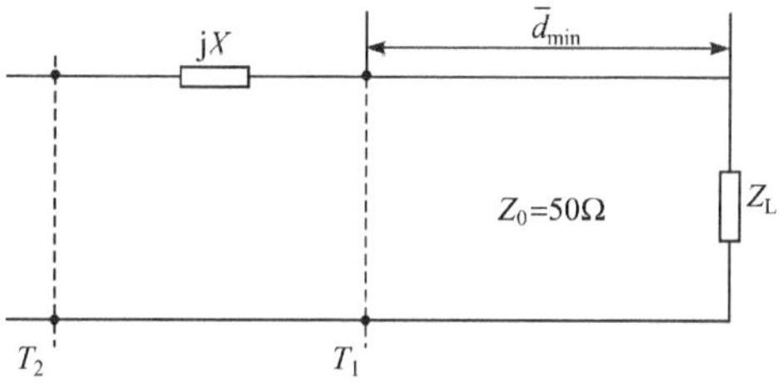

题 5.22 图

5.23 一无耗传输线，特性阻抗 $Z_0=50\Omega$，端接负载阻抗 $Z_L=100\Omega$。试求：(1)用并联单支节进行匹配时的支节接入位置 $\bar{d}$ 和支节电长度 $\bar{l}$；(2)用串联单支节进行匹配时的支节接入位置 $\bar{d}$ 和支节电长度 $\bar{l}$。

5.24 无耗传输线特性阻抗 $Z_0=60\Omega$，负载阻抗 $Z_L=300+\mathrm{j}300\Omega$，采用间隔为 $\lambda_g/8$ 的双支节进行匹配。已知第一支节距负载为 $0.1\lambda_g$，试求出短路支节的电长度 λ_1/λ_g 和 λ_2/λ_g。

5.25 求题 5.25 图所示的双支节匹配电路中的支节长度 $\bar{l}_1$ 和 $\bar{l}_2$。$Z_L=100-\mathrm{j}100\Omega$。

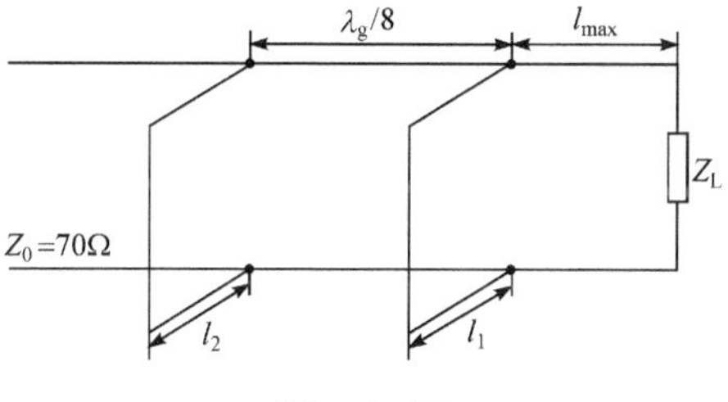

题 5.25 图

5.26　无耗传输线负载的归一化导纳为 $\overline{Y}_L=0.5+j1$，采用间隔为 $\lambda_g/4$ 的双支节进行匹配，求所需的支节电纳和支节电长度。

5.27　试判断能否用间隔 $d=\lambda_g/10$ 的双支节匹配器来匹配归一化导纳为 $\overline{Y}_L=2.5+j$ 的负载。

5.28　试证明 $d=\lambda_g/4$ 的双支节匹配器支节导纳所需的值为

$$\overline{B}''_1=-\overline{B}'_1\pm[\overline{G}'_1(1-\overline{G}'_1)]^{1/2}$$

$$\overline{B}''_2=\pm\left(\frac{1-\overline{G}'_1}{\overline{G}'_1}\right)^{1/2}$$

5.29　用编程上机的方法计算出下面双支节匹配电路中，当 $Z_0=60\Omega$，$Z_L=30+j30\Omega$，$L=0.1\lambda_g$，$d=\lambda_g/8$、$\lambda_g/4$、$3\lambda_g/8$ 时的 $\overline{l}_1$ 和 $\overline{l}_2$ 值。

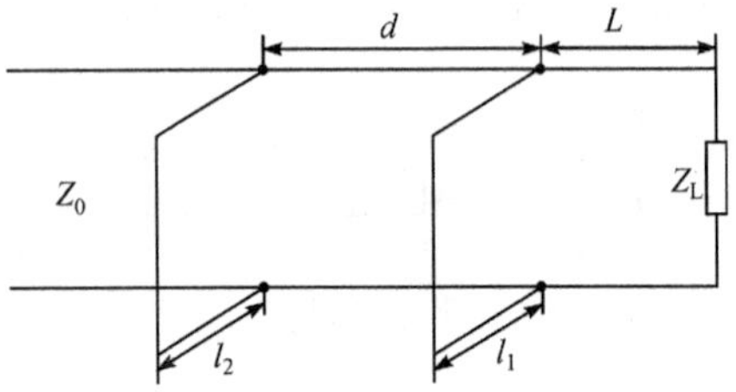

题 5.29 图

5.30　求如题 5.30 图所示的串并联支节匹配电路中，串联支节和并联支节的电长度 $\overline{l}_1$ 和 $\overline{l}_2$。$\overline{Z}_L=0.1+j1.1\Omega$。

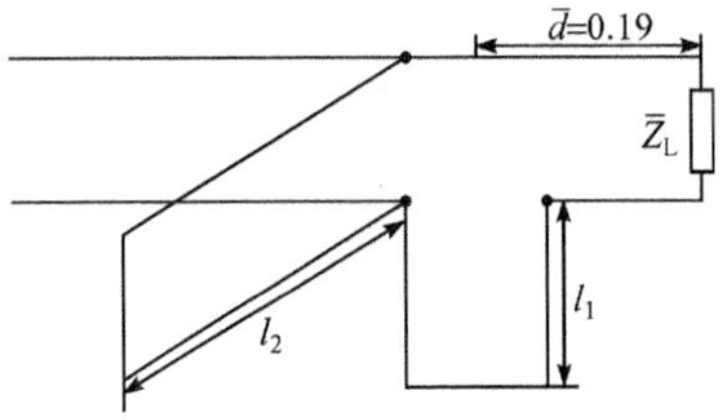

题 5.30 图

5.31　空气填充的无耗同轴线特性阻抗 $Z_0=50\Omega$，负载阻抗 $Z_L=32\Omega$，工作波长 $\lambda=50\text{cm}$。试求：(1)负载的反射系数 $\Gamma_L=$？(2)若用 $\lambda_g/4$ 阻抗变换器进行匹配，则 $Z'_0=$？(3)若用填入介质来实现这一 $\lambda_g/4$ 阻抗变换时，则 $\varepsilon_r=$？

第 6 章　微波谐振器

本章讨论微波波段的谐振器。广义而言，凡能够限定电磁能量在一定体积内振荡的结构均可构成电磁谐振器。微波谐振器一般是由任意形状的电壁或磁壁所限定的体积内产生微波电磁振荡。它是一种具有储能和选频特性的微波谐振元件，在微波电路和系统中广泛用于滤波器、振荡器、频率计、调谐放大器等。在低频段（频率＜300MHz），常采用集总电感和电容（LC）型谐振器（电路）。在微波波段（300MHz 以上），常采用分布参数微波腔体谐振器。

为了便于分析，将微波谐振器分为传输线型与非传输线型两大类。传输线型谐振器由一段两端短路或两端开路或一端短路一端开路的导波系统构成，例如同轴谐振器、波导谐振器、微带谐振器、介质谐振器等。非传输线型谐振器是除传输线型谐振器之外的微波谐振器，这种谐振器通常在坐标的一个或两个方向上都存在不均匀性，如环形谐振器和球形谐振器等。

- 微波谐振器
  - 传输线型谐振器
    - 矩形波导空腔谐振器
    - 圆波导空腔谐振器
    - 同轴线谐振器
    - 微带谐振器
    - 介质谐振器
    - ……
  - 非传输线型谐振器
    - 环形谐振器
    - 球形谐振器
    - ……

对谐振器的理论分析，原则上与导波系统的分析相同，就是求解边值条件下的麦克斯韦方程组。然而，由于本章只研究传输线型谐振器，故分析此类谐振器可以利用导波系统的一些结果而不必重新求解。

6.1　微波谐振器的基本特性与参数

微波谐振器电磁谐振的实质与低频 RLC 回路完全相同，但其基本参数与低频 RLC 回路却不一样。本节在分析微波谐振器电磁振荡实质的同时，论述微波振荡器的基本特性参数。

6.1.1　任意形状微波谐振器自由振荡的基本特性

分析如图 6.1－1 所示的任意形状的微波谐振器。体积为 V，表面为 S。S 面既可以是电壁，也可以是磁壁，也可以是部分电壁部分磁壁。下面以电壁为例讨论，其他情况的分析类似。设微波谐振器体积内填充理想均匀介质，其电导率为零，且谐振器内无场源。于是体积 V 内的电磁场满足如下麦克斯韦方程：

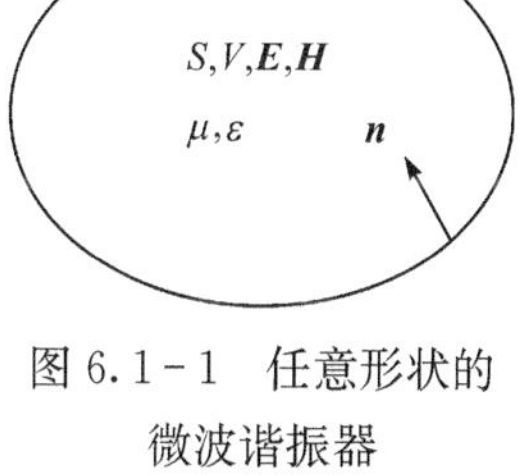

图 6.1－1　任意形状的微波谐振器

$$\begin{cases}\nabla\times\boldsymbol{E}=-\mu\dfrac{\partial\boldsymbol{H}}{\partial t}\\ \nabla\times\boldsymbol{H}=\varepsilon\dfrac{\partial\boldsymbol{E}}{\partial t}\\ \nabla\cdot\boldsymbol{E}=0\\ \nabla\cdot\boldsymbol{H}=0\end{cases}\tag{6.1-1}$$

在 S 面上的边界条件为

$$\begin{cases}\boldsymbol{E}\times\boldsymbol{n}=0\\ \boldsymbol{H}\cdot\boldsymbol{n}=0\end{cases}\tag{6.1-2}$$

由式(6.1-1)可推得电磁场的波动方程为

$$\begin{cases}\nabla^2\boldsymbol{E}-\mu\varepsilon\dfrac{\partial^2\boldsymbol{E}}{\partial t^2}=0\\ \nabla^2\boldsymbol{H}-\mu\varepsilon\dfrac{\partial^2\boldsymbol{H}}{\partial t^2}=0\end{cases}\tag{6.1-3}$$

对式(6.1-3)用分离变量法求解。

以电场方程为例,可设

$$\boldsymbol{E}=\boldsymbol{E}(\boldsymbol{r})T(t)\tag{6.1-4}$$

式中,$T(t)$是时间 t 的函数;$\boldsymbol{E}(\boldsymbol{r})$是空间位置 $\boldsymbol{r}$ 的函数,将式(6.1-4)代入式(6.1-3)中的第一式得到

$$\frac{\nabla^2\boldsymbol{E}(\boldsymbol{r})}{\boldsymbol{E}(\boldsymbol{r})}-\mu\varepsilon\frac{T''(t)}{T(t)}=0\tag{6.1-5}$$

于是

$$T''(t)+\omega_i^2T(t)=0\tag{6.1-6}$$

$$\nabla^2\boldsymbol{E}(\boldsymbol{r})+k_i^2\boldsymbol{E}(\boldsymbol{r})=0\tag{6.1-7}$$

式中,k_i 为波数,$k_i=\omega_i\sqrt{\mu\varepsilon}$,在此为正实数。

式(6.1-6)的解为

$$T(t)=A_i\mathrm{e}^{\mathrm{j}\omega_i t}\tag{6.1-8}$$

式(6.1-7)为本征值方程,k_i 为本征值,仍然利用分离变量法求得特解为 $\boldsymbol{E}_i(\boldsymbol{r})$,于是式(6.1-3)的第一式特解为

$$\boldsymbol{E}=\boldsymbol{E}_i(\boldsymbol{r})A_i\mathrm{e}^{\mathrm{j}\omega_i t}\tag{6.1-9}$$

$\boldsymbol{E}$ 的通解

$$\boldsymbol{E}=\sum_{i=1}^{\infty}\boldsymbol{E}_i(\boldsymbol{r})A_i\mathrm{e}^{\mathrm{j}\omega_i t}\tag{6.1-10}$$

式中,$\boldsymbol{E}_i(\boldsymbol{r})$是满足边界条件的矢量函数,即模式矢量函数;$\omega_i$ 是谐振器自由振荡的模式角频率;$k_i=\omega_i\sqrt{\mu\varepsilon}=\omega_i/v$。

对于式(6.1-3)的第二式,同样求得磁场

$$\boldsymbol{H}=\sum_{i=1}^{\infty}\boldsymbol{H}_i(\boldsymbol{r})B_i\mathrm{e}^{\mathrm{j}\omega_i t}\tag{6.1-11}$$

式中,$\boldsymbol{H}_i(\boldsymbol{r})$也是模式矢量函数;$B_i$ 也是任意常数。由于电场和磁场满足麦克斯韦方程,故当 A_i 决定后,B_i 即可决定。将电场和磁场归一化,可得

$$\begin{cases}\int_V |\boldsymbol{E}_i(\boldsymbol{r})|^2 \mathrm{d}v = 1 \\ \int_V |\boldsymbol{H}_i(\boldsymbol{r})|^2 \mathrm{d}v = 1\end{cases} \tag{6.1-12}$$

将式(6.1-10)和式(6.1-11)代入式(6.1-1)的第一、二方程，即可得到

$$A_i = -\mathrm{j}\eta B_i \tag{6.1-13}$$

式中，$\eta=\sqrt{\mu/\varepsilon}$是介质的波阻抗。于是，对于谐振器某一特定自由振荡模式，

$$\begin{cases}\boldsymbol{E} = A_i \boldsymbol{E}_i(\boldsymbol{r}) \mathrm{e}^{\mathrm{j}\omega_i t} \\ \boldsymbol{H} = \mathrm{j}\dfrac{A_i}{\eta}\boldsymbol{H}_i(\boldsymbol{r}) \mathrm{e}^{\mathrm{j}\omega_i t}\end{cases} \tag{6.1-14}$$

同时由式(6.1-1)可得

$$\begin{cases}\boldsymbol{E}_i(\boldsymbol{r}) = \dfrac{1}{k_i}\nabla\times\boldsymbol{H}_i(\boldsymbol{r}) \\ \boldsymbol{H}_i(\boldsymbol{r}) = \dfrac{1}{k_i}\nabla\times\boldsymbol{E}_i(\boldsymbol{r})\end{cases} \tag{6.1-15}$$

对于谐振器任一自由震荡模式，可以证明其最大电场储能等于其最大磁场储能。事实上，最大电场储能为

$$W_{\mathrm{e\_max}} = \frac{1}{2}\int_V \varepsilon |\boldsymbol{E}|^2 \mathrm{d}V$$

最大磁场储能为

$$W_{\mathrm{m\_max}} = \frac{1}{2}\int_V \mu |\boldsymbol{H}|^2 \mathrm{d}V$$

证明如下，由式(6.1-14)

$$W_{\mathrm{m\_max}} - \int_V \frac{1}{2}\mu \left|\frac{A_i}{\eta}\right|^2 |\boldsymbol{H}_i(\boldsymbol{r})|^2 \mathrm{d}v - \frac{1}{2}\varepsilon\left|\frac{A_i}{k_i}\right|^2 \int_V |\nabla\times\boldsymbol{E}_i(\boldsymbol{r})|^2 \mathrm{d}V \tag{6.1-16}$$

由于

$$\begin{aligned}\nabla\cdot\{\boldsymbol{E}_i^*(\boldsymbol{r})\times[\nabla\times\boldsymbol{E}_i(\boldsymbol{r})]\} &= \nabla\times\boldsymbol{E}_i^*(\boldsymbol{r})\cdot\nabla\times\boldsymbol{E}_i(\boldsymbol{r}) - \boldsymbol{E}_i^*(\boldsymbol{r})\cdot\nabla\times\nabla\times\boldsymbol{E}_i(\boldsymbol{r}) \\ &= |\nabla\times\boldsymbol{E}_i(\boldsymbol{r})|^2 \quad \boldsymbol{E}_i^*(\boldsymbol{r})\cdot\nabla\times\nabla\times\boldsymbol{E}_i(\boldsymbol{r})\end{aligned}$$

故

$$\begin{aligned}\int_V |\nabla\times\boldsymbol{E}_i(\boldsymbol{r})|^2 \mathrm{d}v &= \oint_V \nabla\cdot\{\boldsymbol{E}_i^*(\boldsymbol{r})\times[\nabla\times\boldsymbol{E}_i(\boldsymbol{r})]\}\mathrm{d}V + \int_V \boldsymbol{E}_i^*(\boldsymbol{r})\cdot\nabla\times\nabla\times\boldsymbol{E}_i(\boldsymbol{r})\mathrm{d}V \\ &= \int_V \boldsymbol{E}_i^*(\boldsymbol{r})\cdot\nabla\times\nabla\times\boldsymbol{E}_i(\boldsymbol{r})\mathrm{d}V = \int_V k_i^2 |\boldsymbol{E}_i(\boldsymbol{r})|^2 \mathrm{d}V\end{aligned}$$

在谐振器内壁(电壁)，$\nabla\times\boldsymbol{E}_i(r)=0$，故式中$\oint_V \nabla\cdot\{\boldsymbol{E}_i^*(\boldsymbol{r})\times[\nabla\times\boldsymbol{E}_i(\boldsymbol{r})]\}\mathrm{d}V$。将上式代入式(6.1-16)，得到

$$W_{\mathrm{m\_max}} = \frac{1}{2}\varepsilon\left|\frac{A_i}{k_i}\right|^2 \int_V k_i^2 |\boldsymbol{E}_i(\boldsymbol{r})|^2 \mathrm{d}V = \frac{1}{2}\varepsilon\int_V |\boldsymbol{E}_i(\boldsymbol{r})|^2 \mathrm{d}V = W_{\mathrm{e\_max}} \tag{6.1-17}$$

证毕。

通过以上讨论，可以得到以下结论：

(1) 微波谐振器中可以存在无穷多不同振荡模式的自由振荡，不同的振荡模式具有不同的振荡频率。这表明微波谐振器具有多谐性，与低频 LC 回路不同。

(2) 单模电场和磁场为正弦场，时间相位差 90°，电场最大时，磁场为零；而电场为零时，磁

场最大，且两者最大储能相等。既不耗能也无能量流出，能量只在电场与磁场之间不断交换，形成振荡。与低频 LC 电路相同。

6.1.2 谐振器的基本参数

低频 LC 回路的基本参数是 L、C、R(或 G)，用来描述微波谐振器的基本参数则是谐振波长 λ_0(或谐振频率 f_0)、品质因数 Q_0 和等效电导 G_0。下面分别讨论这三个参数及其一般表达式。

1) 谐振波长 λ_0

谐振波长 λ_0 是微波谐振器最主要的参数。它表征微波谐振器的振荡规律，即表示微波谐振器内振荡存在的条件。

在导行系统求解中，得到关系

$$k^2=k_c^2+\beta^2 \tag{6.1-18}$$

在导行系统情况下，沿 z 向无边界限制，波沿 z 向传播。此种情况下的相位常数 β 值是连续的，即波沿 z 向不具有谐振特性。对于谐振器情况，z 向也有边界限制，对长度为 l 微波谐振器，由两端短路的一节导行系统构成，波沿 z 向也应呈驻波分布，且

$$l=p\frac{\lambda_g}{2},\quad p=1,2,3,\cdots \tag{6.1-19}$$

则

$$\begin{cases}\beta=\dfrac{2\pi}{\lambda_g}=\dfrac{p\pi}{l}\\[2ex] k_c=\dfrac{2\pi}{\lambda_c}\end{cases} \tag{6.1-20}$$

式中，λ_g 是波导波长；λ_c 是导波的截止波长。代入式(6.1-18)，得到封闭式波导谐振器谐振波长的一般表达式为

$$\lambda_0=\frac{1}{\sqrt{\left(\dfrac{1}{\lambda_c}\right)^2+\left(\dfrac{p}{2l}\right)^2}}=\frac{1}{\sqrt{\left(\dfrac{1}{\lambda_c}\right)^2+\left(\dfrac{1}{\lambda_g}\right)^2}} \tag{6.1-21}$$

2) 品质因素 Q_0

品质因素表征微波谐振器的频率选择性，表示储能与损耗之间的关系。其定义为

$$Q_0=2\pi\frac{W}{W_T}=\omega_0\frac{W}{P_1} \tag{6.1-22}$$

式中，W 为谐振器的总储能；W_T 为一个周期内耗能；P_1 为一个周期内的平均损耗功率。

谐振器的总储能

$$W=W_e+W_m=\frac{1}{2}\int_V\mu|\boldsymbol{H}|^2\mathrm{d}v \tag{6.1-23}$$

谐振器的平均损耗功率

$$P_1=\frac{1}{2}\oint_S|J_s|^2R_m\mathrm{d}s=\frac{1}{2}R_m\oint_S|\boldsymbol{H}_{\tan}|^2\mathrm{d}s \tag{6.1-24}$$

式中，R_m 为表面电阻率；$\boldsymbol{H}_{\tan}$ 为切线方向磁场。

将式(6.1-21)和式(6.1-22)代入式(6.1-20)，得到品质因数的一般表达式为

$$Q_0=\frac{\omega_0\mu}{R_m}\frac{\int_V|\boldsymbol{H}|^2\mathrm{d}v}{\oint_S|\boldsymbol{H}_{\tan}|^2\mathrm{d}v}=\frac{2}{\delta}\frac{\int_V|\boldsymbol{H}|^2\mathrm{d}v}{\oint_S|\boldsymbol{H}_{\tan}|^2\mathrm{d}s} \tag{6.1-25}$$

式中，δ 为导体的趋肤深度。

谐振器内壁附近的切线磁场总要大于腔内部的磁场，有 $|\boldsymbol{H}|^2 \approx |\boldsymbol{H}_{\tan}|^2/2$，则近似得到

$$Q_0 \approx \frac{1}{\delta}\frac{V}{S} \tag{6.1-26}$$

根据近似式可以估计谐振器的品质因数。由此可见，在一级近似下，谐振器的 Q_0 值近似与其体积 V 成正比，与其内壁表面 S 成反比，与趋肤深度成反比。V/S 越大，Q_0 值越高，因此，为获得较高的 Q_0 值，应选择其形状使 V/S 大。已知

$$V \propto \lambda^3, \quad S \propto \lambda^2$$

所以有

$$Q_0 \propto \frac{\lambda}{\delta} \tag{6.1-27}$$

3）损耗电导 G_0

损耗电导表征谐振系统的功率损耗特性。为了工程计算方便，常把单模工作的谐振器在一定带宽范围内等效为 LC 谐振回路，用等效电导 G_0 或损耗电阻 R_0 来表示谐振器的功率损耗。损耗电导定义为

$$G_0 = \frac{2P_1}{V_{\mathrm{m}}^2} \tag{6.1-28}$$

式中，V_{m} 为等效电路两端电压幅值。

然而对微波谐振器而言，其内不管哪个方向都不属于似稳场，因而两点间的电压与所选择的积分路径有关，故 G_0 不是单值。严格来说，在一般情况下，微波谐振器的 G_0 值难以确定。一般选电场最大处，谐振器内表面两个固定点 a 和 b 积分，得到

$$V_{\mathrm{m}} = -\int_a^b \boldsymbol{E}_{\mathrm{m}} \cdot \mathrm{d}\boldsymbol{l} \tag{6.1-29}$$

式中，$\boldsymbol{E}_{\mathrm{m}}$ 为电场强度矢量的幅值，则

$$G_0 = R_{\mathrm{m}} \frac{\oint_S |\boldsymbol{H}_{\tan}|^2 \mathrm{d}s}{\left(\int_a^b \boldsymbol{E}_{\mathrm{m}} \cdot \mathrm{d}\boldsymbol{l}\right)^2} \tag{6.1-30}$$

计算时，一个有耗谐振器可以当成无耗谐振器来处理，但其谐振频率 ω_0 需用复数有效谐振频率代替，即

$$\omega_0 \leftarrow \omega_0\left(1 + \frac{\mathrm{j}}{2Q}\right) \tag{6.1-31}$$

6.2　串联和并联谐振电路

微波谐振器单模单频工作时可用串联或并联 RLC 集总元件等效电路来模拟。下面首先讨论这种电路的基本特性。

6.2.1　串联谐振电路

如图 6.2-1(a)所示的 RLC 集总元件谐振电路，其输入阻抗为

$$Z_{\mathrm{in}} = R + \mathrm{j}\omega L - \mathrm{j}\frac{1}{\omega C} \tag{6.2-1}$$

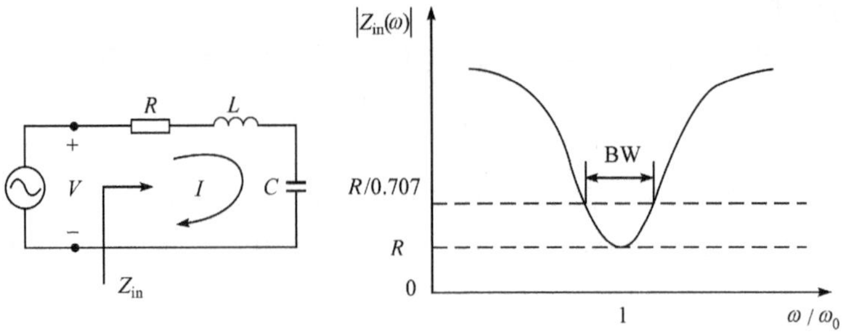

(a) 串联RLC谐振回路　　(b) 谐振曲线

图 6.2-1

传送给谐振器的复功率为

$$P_{in}=\frac{1}{2}VI^*=\frac{1}{2}Z_{in}|I|^2=\frac{1}{2}Z_{in}\left|\frac{V}{Z_{in}}\right|^2=\frac{1}{2}|I|^2\left[R+j\omega L-j\frac{1}{\omega C}\right] \tag{6.2-2}$$

电阻的耗散功率

$$P_l=\frac{1}{2}|I|^2R \tag{6.2-3}$$

电感 L 中的平均磁场储能

$$W_m=\frac{1}{4}|I|^2L \tag{6.2-4}$$

电容 C 中的平均电场储能

$$W_e=\frac{1}{4}|V_C|^2C=\frac{1}{4}|I|^2\frac{1}{\omega^2C} \tag{6.2-5}$$

则式(6.2-2)的复功率可以写成

$$P_{in}=P_l+2j\omega(W_m-W_e) \tag{6.2-6}$$

式(6.2-1)的输入阻抗则可以写成

$$Z_{in}=\frac{2P_{in}}{|I|^2}=\frac{P_l+2j\omega(W_m-W_e)}{|I|^2/2} \tag{6.2-7}$$

当谐振时，$W_m=W_e$。由式(6.2-7)和式(6.2-3)可知，谐振时的输入阻抗为纯实阻抗，即 $Z_{in}=2P_l/|I|^2=R$，而由式(6.2-4)和式(6.2-5)可知，$W_m=W_e$ 意味着谐振频率为

$$\omega_0=\frac{1}{\sqrt{LC}} \tag{6.2-8}$$

品质因数 Q 是谐振电路的重要参数，是谐振器损耗的量度，较低的损耗意味着有较高的 Q 值。如图 6.2-1(a)所示，串联谐振电路的 Q 值可由式(6.2-2)、式(6.2-3)和式(6.2-4)求得

$$Q=\omega_0\frac{W_m+W_e}{P_l}=\omega_0\frac{2W_m}{P_l}=\frac{\omega_0L}{R}=\frac{1}{\omega_0RC} \tag{6.2-9}$$

在谐振频率附近，令 $\omega=\omega_0+\Delta\omega$；$\omega_0\gg\Delta\omega$，由式(6.2-1)，输入阻抗则可以写成

$$Z_{in}=R+j\omega L\left(1-\frac{1}{\omega^2LC}\right)=R+j\omega L\frac{\omega^2-\omega_0^2}{\omega^2}$$

由于 $\omega_0\gg\Delta\omega$，有

$$\omega^2-\omega_0^2=(\omega+\omega_0)(\omega-\omega_0)\approx2\omega\Delta\omega$$

因此

$$Z_{in} \approx R + j2L\Delta\omega \approx R + j2RQ\frac{\Delta\omega}{\omega_0} \tag{6.2-10a}$$

根据6.1节所述，将有耗谐振器看成具有谐振频率 $\omega_0[1+j/(2Q)]$ 的无耗谐振器来处理，令 $R\to 0$，无耗串联谐振器的输入阻抗为

$$Z_{in} = j2L(\omega-\omega_0) \tag{6.2-10b}$$

式中，ω_0 以复频率 $\omega_0(1+j/2Q)$ 代入，则得

$$Z_{in} = j2L\left(\omega-\omega_0-j\frac{\omega_0}{2Q}\right) = \frac{\omega_0 L}{Q} + j2L(\omega-\omega_0) = R + j2L\Delta\omega$$

此式与式(6.2-10a)完全相符。由于大多数实用谐振器的损耗都很小，因此其 Q 值可用微扰法求解，先求无损耗情况的解，然后以式(6.1-31)所示的复谐振频率代替无耗情况下输入阻抗中的 ω_0，以考虑损耗的影响。

最后介绍谐振器的3dB功率带宽。图6.2-1(b)表示输入阻抗值随频率的变化曲线，当频率变化使得 $|Z_{in}(\omega)|^2 = R^2/2$ 时的频带宽度为

$$BW = \frac{1}{Q} = 2\frac{\Delta\omega}{\omega_0} \tag{6.2-11}$$

6.2.2　并联谐振电路

并联谐振电路如图6.2-2(a)所示，是图6.2-1(a)所示串联谐振 RLC 电路的对偶电路，其输入阻抗为

$$Z_{in} = \left(\frac{1}{R} + \frac{1}{j\omega L} + j\omega C\right)^{-1} \tag{6.2-12}$$

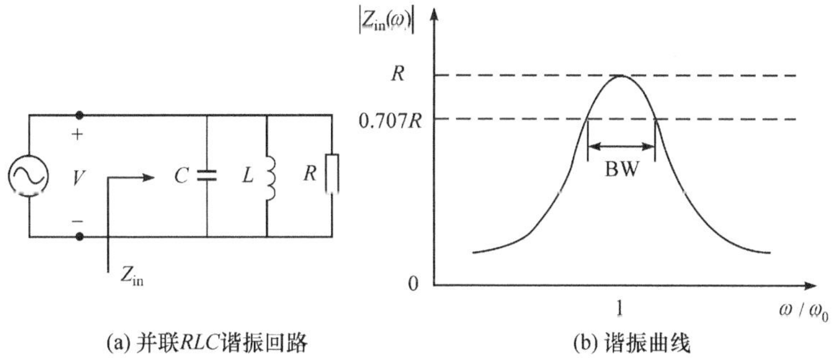

图6.2-2

传给谐振器的复平均功率为

$$P_{in} = \frac{1}{2}VI^* = \frac{1}{2}Z_{in}|I|^2 = \frac{1}{2}|V|^2\frac{1}{Z_{in}^*} = \frac{1}{2}|V|^2\left(\frac{1}{R} + \frac{j}{\omega L} - j\omega C\right) \tag{6.2-13}$$

电阻 R 的耗散功率为

$$P_l = \frac{1}{2}\frac{|V|^2}{R} \tag{6.2-14}$$

电阻 C 的平均电场储能为

$$W_e = \frac{1}{4}|V|^2 C \tag{6.2-15}$$

电感 L 的平均磁场储能为

$$W_m=\frac{1}{4}|I_L|^2L=\frac{1}{4}|V|^2\frac{1}{\omega^2L} \tag{6.2-16}$$

式中，I_L 是通过电感器的电流。于是复功率式(6.2-13)可以写成

$$P_{in}=P_l+j2\omega(W_m-W_e) \tag{6.2-17}$$

此式与式(6.2-6)完全相同。同样，输入阻抗可表示为式(6.2-7)。

与串联谐振情况一样，当谐振时，$W_m=W_e$。由式(6.2-7)和式(6.2-14)，谐振时的输入阻抗为纯实阻抗，即 $Z_{in}=2P_l/|I|^2=R$，而由式(6.2-15)和式(6.2-16)可知，$W_m=W_e$ 意味着谐振频率为

$$\omega_0=\frac{1}{\sqrt{LC}}$$

与串联谐振电路式(6.2-8)完全相同。

并联谐振电路的 Q 值可由式(6.2-14)、式(6.2-15)和式(6.2-16)求得

$$Q=\omega_0\frac{2W_m}{P_l}=\frac{R}{\omega_0L}=\omega_0RC \tag{6.2-18}$$

可见并联谐振电路的 Q 值随 R 增大而增大。

在谐振频率附近，令 $\omega=\omega_0+\Delta\omega$，这里 $\omega_0\gg\Delta\omega$，则由式(6.2-12)可求得输入阻抗近似为

$$Z_{in}\approx\frac{R}{1+2jQ\,\Delta\omega/\omega_0}=\frac{1}{1/R+2j\Delta\omega C} \tag{6.2-19a}$$

若谐振器为无耗($R=\infty$)，式(6.2-19a)简化为

$$Z_{in}=\frac{1}{j2C(\omega-\omega_0)} \tag{6.2-19b}$$

以复频率 $\omega_0[1+j/(2Q)]$ 代替式(6.2-19b)中的 ω_0，可得到有损耗影响下的输入阻抗。

图 6.2-2(b)表示输入阻抗的谐振曲线，其半功率带宽边频($\Delta\omega/\omega_0=\mathrm{BW}/2$)处，$|Z_{in}|^2=R^2/2$，则由式(6.2-19a)可得并联谐振器的 3dB 带宽为

$$\mathrm{BW}=\frac{1}{Q}=2\frac{\Delta\omega}{\omega_0} \tag{6.2-20}$$

6.2.3 有载 Q 值和外部 Q 值

上述 Q 值为谐振电路本身损耗特性，而没有涉及外部电路的负载效应，故称为无载 Q 值。

谐振电路与外部负载有耦合，外部负载要吸收部分功率。这时整个系统的 Q 值称为有载 Q 值，表示为 Q_L。对于外部负载电阻 R_L 相耦合的谐振器：若谐振器为串联 RLC 电路，则负载电阻 R_L 与 R 串联相加，因此式(6.2-9)中的有效电阻为 R_L+R；若谐振器为并联 RLC 电路，则负载电阻 R_L 与 R 并联，因此式(6.2-18)中的有效电阻为$R_LR/(R_L+R)$。不改变(或不计)谐振电路本身的损耗，仅与外部负载相耦合时的 Q 值称为外部 Q 值，用 Q_e 表示，则有

$$Q_e=\begin{cases}\dfrac{\omega_0L}{R_L}, & \text{串联电路}\\[2ex] \dfrac{R_L}{\omega_0C}, & \text{并联电路}\end{cases} \tag{6.2-21}$$

有载 Q_L 值可表示为

$$\frac{1}{Q_L}=\frac{1}{Q_e}+\frac{1}{Q} \tag{6.2-22}$$

6.3　传输线谐振器

传输线谐振器是利用不同长度和端接条件(开路或短路)的 TEM 传输线构成。TEM 波传输线包括同轴线、微带线、带状线等。

传输线谐振器的类型有短路 $\lambda/2$ 线型、短路 $\lambda/4$ 线型和开路 $\lambda/2$ 线型。

6.3.1　短路 λ/2 线型谐振器

考虑到一段终端短路的有耗线,如图 6.3-1(a)所示。传输线的特性阻抗为 Z_0,相移常数为 β,衰减常数为 α。谐振时,$\omega=\omega_0$,线的长度 $l=n\lambda/2(n=1,2,3,\cdots)$。这里 $\lambda=2\pi/\beta$。

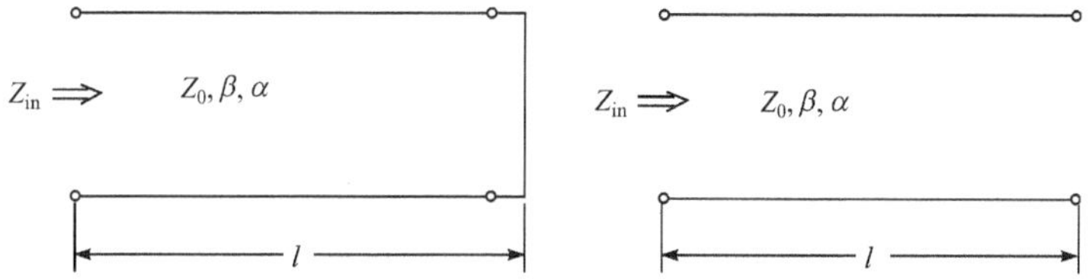

(a) 短路有耗线　　(b) 开路有耗线

图 6.3-1

终端短路 $Z_L=0$,且 $\gamma=\alpha+j\beta$,利用式(5.5-1),其输入阻抗为

$$Z_{in}=Z_0\,\mathrm{th}(\alpha+j\beta)l=Z_0\,\frac{\mathrm{th}\alpha l+j\tan\beta l}{1+j\tan\beta l\,\mathrm{th}\alpha l} \tag{6.3-1}$$

若 $\alpha=0$(无耗线),则 $Z_{in}=jZ_0\tan\beta l$。实用中的大多数传输线的损耗都很小,因此可以假设$\alpha l\ll 1$,于是 $\mathrm{th}\alpha l\approx\alpha l$。现在令 $\omega=\omega_0+\Delta\omega$(在谐振频率附近),这里 $\Delta\omega$ 很小,则对小于 TEM 模线,有

$$\beta l=\frac{\omega l}{v_p}=\frac{\omega_0 l}{v_p}+\frac{\Delta\omega\cdot l}{v_p}$$

式中,v_p 是相速度。由于谐振时,$\omega=\omega_0$,$l=n\lambda/2=n\pi v_p/\omega_0$,因此有

$$\beta l=n\pi+\frac{n\pi\Delta\omega}{\omega_0}$$

而

$$\tan\beta l=\tan\left(n\pi+\frac{n\pi\Delta\omega}{\omega_0}\right)=\tan\frac{n\pi\Delta\omega}{\omega_0}\approx\frac{n\pi\Delta\omega}{\omega_0}$$

代入式(6.3-1),得到

$$Z_{in}\approx Z_0\,\frac{\alpha l+j(n\pi\,\Delta\omega/\omega_0)}{1+j(n\pi\,\Delta\omega/\omega_0)\alpha l}\approx Z_0\left(\alpha l+j\,\frac{n\pi\Delta\omega}{\omega_0}\right) \tag{6.3-2}$$

式(6.3-2)与串联谐振电路的输入阻抗式(6.2-10a)的形式相似,据此可以判定长度为 $\lambda/2$ 的终端短路线构成串联 RLC 谐振器。将式(6.3-2)与式(6.2-10a)比较,得到其等效电路的电阻为

$$R=Z_0\alpha l \tag{6.3-3a}$$

等效电路的电感为

$$L=\frac{n\pi Z_0}{2\omega_0} \tag{6.3-3b}$$

由式(6.2-8)和式(6.3-3b),等效电路的电容为

$$C=\frac{1}{\omega_0^2 L}=\frac{2}{n\pi\omega_0 z_0} \tag{6.3-3c}$$

由式(6.2-9)和式(6.3-3),可得此种谐振器的 Q 值为

$$Q=\frac{\omega_0 L}{R}=\frac{n\pi}{2\alpha l}=\frac{\beta}{2\alpha} \tag{6.3-4}$$

可见,其 Q 值随传输线衰减的增大而减小。

【例 6.3-1】 有一根铜制 $\lambda/2$ 同轴线谐振器,内外导体半径分别为 1mm 和 4mm,谐振频率为 5GHz,试计算空气填充和聚四氟乙烯填充同轴线谐振器的 Q 值。

解 铜的电导率 $\sigma=5.813\times10^7$ S/m,其表面电阻为

$$R_m=\sqrt{\omega\mu_0/2\sigma}=1.84\times10^{-2}\,\Omega$$

空气填充同轴线导体的衰减常数为

$$\alpha_c=\frac{R_m}{2\eta\ln b/a}\left(\frac{1}{a}+\frac{1}{b}\right)$$
$$=\frac{1.84\times10^{-2}}{2\times377\times\ln(0.004/0.001)}\left(\frac{1}{0.001}+\frac{1}{0.004}\right)=0.022(\text{Np/m})$$

聚四氟乙烯的 $\varepsilon_r=2.08$,$\tan\delta=0.0004$,因此聚四氟乙烯填充的同轴线的导体衰减常数为

$$\alpha_c=\frac{1.84\times10^{-2}\sqrt{2.08}}{2\times377\times\ln(0.004/0.001)}\left(\frac{1}{0.001}+\frac{1}{0.004}\right)=0.032(\text{Np/m})$$

空气填充同轴线的介质损耗为零;而聚四氟乙烯填充同轴线的介质衰减常数为

$$\alpha_d=\frac{k_0\sqrt{\varepsilon_r}\tan\delta}{2}=\frac{(104.7)\sqrt{2.08}(0.0004)}{2}=0.030(\text{Np/m})$$

最后,由式(6.3-4)可计算 Q 值为

$$Q_{\text{空气}}=\frac{\beta}{2\alpha}=\frac{104.7}{2\times0.022}=2380$$

$$Q_{\text{聚四氟乙烯}}=\frac{\beta}{2\alpha}=\frac{104.7\times\sqrt{2.08}}{2\times(0.032+0.030)}=1218$$

结果表明,空气填充同轴线谐振器的 Q 值几乎是聚四氟乙烯填充同轴线谐振器 Q 值的两倍。若采用镀银导体,Q 值可进一步提高。

6.3.2 短路 λ/4 线型谐振器

采用长度为 $l=(2n-1)\lambda/4\ (n=1,2,3,\cdots)$ 的短路传输线可以构成并联谐振器。事实

上，长度为 l 的短路线输入阻抗为

$$Z_{in}=Z_0\,\mathrm{th}(\alpha+\mathrm{j}\beta)l=Z_0\,\frac{\mathrm{th}\alpha l+\mathrm{j}\tan\beta l}{1+\mathrm{j}\tan\beta l\,\mathrm{th}\alpha l}$$

以 $-\mathrm{j}\cot\beta l$ 乘分子分母，得到

$$Z_{in}=Z_0\,\frac{1-\mathrm{j}\,\mathrm{th}\alpha l\cot\beta l}{\mathrm{th}\alpha l-\mathrm{j}\cot\beta l}\tag{6.3-5}$$

谐振时 $l=(2n-1)\lambda/4$，又令 $\omega=\omega_0+\Delta\omega$，则对于 TEM 线，

$$\beta l=\frac{\omega_0 l}{v_p}+\frac{\Delta\omega l}{v_p}=\frac{\pi}{2}(2n-1)+\frac{(2n-1)\pi\Delta\omega}{2\omega_0}$$

于是

$$\begin{aligned}\cot\beta l&=\cot\left[\frac{\pi}{2}(2n-1)+\frac{(2n-1)\pi\Delta\omega}{2\omega_0}\right]\\&\approx-\frac{(2n-1)\pi\Delta\omega}{2\omega_0}\end{aligned}$$

若损耗很小，则 $\mathrm{th}\alpha l\approx\alpha l$。将这些结果代入式(6.3-5)，得到

$$Z_{in}=Z_0\,\frac{1+\mathrm{j}\alpha l(2n-1)\pi\Delta\omega/(2\omega_0)}{\alpha l+\mathrm{j}(2n-1)\pi\Delta\omega/(2\omega_0)}\approx\frac{Z_0}{\alpha l+\mathrm{j}(2n-1)\pi\Delta\omega/(2\omega_0)}\tag{6.3-6}$$

此式与并联 RLC 电路的阻抗式(6.2-19a)式相似，这表明短路 $\lambda/4$ 线谐振器为并联 RLC 谐振电路。其等效电路的电阻为

$$R=\frac{Z_0}{\alpha L}\tag{6.3-7a}$$

等效电路的电容为

$$C=\frac{(2n-1)\pi}{4\omega_0 Z_0}\tag{6.3-7b}$$

等效电路的电感为

$$L=\frac{1}{\omega_0^2 C}\tag{6.3-7c}$$

由式(6.2-18)和式(6.3-7)可求得这种谐振器的 Q 值为

$$Q=\omega_0 RC=\frac{(2n-1)\pi}{4\alpha l}=\frac{\beta}{2\alpha}\tag{6.3-8}$$

6.3.3　开路 λ/2 线型谐振器

实用的带状线和微带线谐振器常用开路线段做成。当线长为 $l=n\lambda/2$ 时，这种谐振器的等效电路为并联谐振电路，如图 6.3-1(b)所示。

长度为 l 的开路有耗线的输入阻抗为

$$Z_{in}=Z_0\cot(\alpha+\mathrm{j}\beta)l=Z_0\,\frac{1+\mathrm{j}\tan\beta l\,\mathrm{th}\alpha l}{\mathrm{th}\alpha l+\mathrm{j}\tan\beta l}\tag{6.3-9}$$

谐振时，$\omega=\omega_0$，$l=n\lambda/2$；令 $\omega=\omega_0+\Delta\omega$，则

$$\beta l=n\pi+\frac{n\pi\Delta\omega}{\omega_0}$$

于是

$$\tan\beta l=\tan\frac{n\pi\Delta\omega}{\omega_0}=\frac{n\pi\Delta\omega}{\omega_0}$$

又 $\text{th}\alpha l\approx\alpha l$。将这些结果代入式(6.3-9),得到

$$Z_{in}=\frac{Z_0}{\alpha l+j(n\pi\Delta\omega/\omega_0)} \tag{6.3-10}$$

与式(6.2-19a)所示的并联谐振电路输入阻抗比较,得到其等效 RLC 并联电路的等效电阻,等效电容和等效电感分别为

$$R=\frac{Z_0}{\alpha l} \tag{6.3-11a}$$

$$C=\frac{n\pi}{2\omega_0 Z_0} \tag{6.3-11b}$$

$$L=\frac{1}{\omega_0^2 C} \tag{6.3-11c}$$

由式(6.2-18)和式(6.3-11)可得其 Q 值为

$$Q=\omega_0 RC=\frac{n\pi}{2\alpha l}=\frac{\beta}{2\alpha} \tag{6.3-12}$$

【例 6.3-2】 有一长度为 $\lambda/2$ 的 50Ω 开路微带线谐振器,其基片厚度 $h=0.159$mm,介电常数 $\varepsilon_r=2.2$,$\tan\delta=0.001$,导体材料为铜,忽略线端的边缘场,试计算谐振频率为 5GHz 时的线长与谐振器的 Q 值。

解 基片上 50Ω 微带线的导带宽度和有效介电常数分别为

$$W=0.49\text{cm},\quad \varepsilon_e=1.87$$

于是谐振器的长度为

$$l=\frac{\lambda}{2}=\frac{v_p}{2f}=\frac{c}{2f\times\sqrt{\varepsilon_e}}=\frac{3\times10^8}{2\times5\times10^9\sqrt{1.87}}=2.19(\text{cm})$$

相位常数为

$$\beta=\frac{2\pi f}{v_p}=\frac{2\pi f\sqrt{\varepsilon_e}}{c}=\frac{2\pi(5\times10^9)\sqrt{1.87}}{3\times10^8}=143.2(\text{rad/m})$$

导体的衰减常数近似为

$$\alpha_c=\frac{R_m}{Z_0 W}=\frac{1.84\times10^{-2}}{50\times(0.049)}=0.075(\text{Np/m})$$

导体的介质衰减常数为

$$\alpha_d=\frac{k\varepsilon_r(\varepsilon_e-1)\tan\delta}{2\sqrt{\varepsilon_r}(\varepsilon_e-1)}=\frac{104.7\times2.2\times0.87\times0.001}{2\times\sqrt{1.87}\times1.2}=0.0611(\text{Np/m})$$

由式(6.3-12)可得 Q 值为

$$Q=\frac{\beta}{2\alpha}=\frac{143.2}{2\times(0.075+0.061)}=526$$

6.4 金属波导谐振器

6.4.1 矩形波导谐振器

一段长为 l 的矩形波导,两端用金属板封闭起来就构成了矩形波导谐振器,简称为矩形

腔，如图 6.4-1 所示。

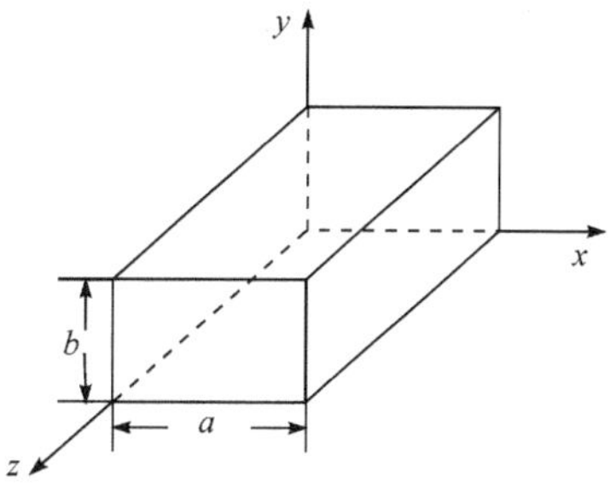

图 6.4-1　矩形波导谐振器

1. 谐振波长

无耗矩形波导谐振器中的电磁场和同轴腔的场一样，是沿波导正、反两方向传输的行波相叠加形成纯驻波。矩形腔和 $\lambda_0/2$ 型同轴腔相对应。串联谐振发生在 $l=p\lambda_{g0}/2$ 处，λ_{g0} 为对应于谐振波长 λ_0 的波导波长。谐振波长是谐振时的工作波长。由 $l=\dfrac{p\lambda_{g0}}{2}=\dfrac{p}{2}\dfrac{\lambda_0}{\sqrt{1-(\lambda_0/\lambda_c)^2}}$，可求得矩形腔的谐振波长为

$$\lambda_0=\frac{2}{\sqrt{(2/\lambda_c)^2+(p/l)^2}}=\frac{2}{\sqrt{\left(\dfrac{m}{a}\right)^2+\left(\dfrac{n}{b}\right)^2+\left(\dfrac{p}{l}\right)^2}} \tag{6.4-1}$$

上式表明矩形腔的谐振波长除决定于腔的尺寸 a、b、l 外，还决定于 m、n、p，即矩形波导的模式和沿 l 分布的半驻波数。谐振器中每一组 m,n,p 值代表一种场分布，称为一种振荡模式。可见矩形腔可能存在无限多个振荡模，用 TE_{mnp} 和 TM_{mnp} 表示。TE 模的下标 p 不能为零，因为 TE 模电场在 xy 面，而 $z=0,l$ 端面处由边界条件要求 $E_t=0$，若 $p=0$，则场沿 l 不变化，即导致整个腔内场为零，因而 TE_{mn0} 不存在。TM 模的下标 p 则可为零，因为 TM 模磁场在 xy 面，而 $z=0,l$ 端面处 $H_t\neq 0$，故 $p=0$ 不会导致场为零。

谐振波长相等的振荡模称为简并模，谐振波长最长（谐振频率最低）的振荡模称为最低振荡模。矩形腔的最低振荡模是 TE_{101} 模或 TM_{110} 模。当尺寸关系为 $l>a>b$ 时，最低振荡模为 TE_{101} 模。

2. 场分量与场结构

矩形腔场分量可由入射场与反射场叠加求得。

$$\begin{cases} H_z=[A^+e^{-j\beta z}+A^-e^{j\beta z}]\cos\dfrac{m\pi}{a}x\cos\dfrac{n\pi}{b}y \\ H_x=\dfrac{j\beta}{k_c^2}\dfrac{m\pi}{a}[A^+e^{-j\beta z}-A^-e^{j\beta z}]\sin\dfrac{m\pi}{a}x\cos\dfrac{n\pi}{b}y \\ H_y=\dfrac{j\beta}{k_c^2}\dfrac{n\pi}{b}[A^+e^{-j\beta z}-A^-e^{j\beta z}]\cos\dfrac{m\pi}{a}x\sin\dfrac{n\pi}{b}y \\ E_x=\dfrac{j\beta}{k_c^2}\dfrac{n\pi}{b}[A^+e^{-j\beta z}+A^-e^{j\beta z}]\cos\dfrac{m\pi}{a}x\sin\dfrac{n\pi}{b}y \\ E_y=\dfrac{-j\beta}{k_c^2}\dfrac{m\pi}{a}[A^+e^{-j\beta z}+A^-e^{j\beta z}]\sin\dfrac{m\pi}{a}x\cos\dfrac{n\pi}{b}y \\ E_z=0 \end{cases} \tag{6.4-2}$$

边界条件为

$$H_z|_{z=0,l}=0$$

将 H_z 代入边界条件 $H_z|_{z=0}=0$，可得 $A^+=-A^-$，再代入 $H_z|_{z=l}=0$，可得 $\sin\beta l=0$，$\beta l=p\pi$，$\beta=\dfrac{p\pi}{l}$，$p=1,2,3,\cdots$。于是腔内 TE_{mnp} 模的场分量为

$$\begin{cases} H_z=-\mathrm{j}2A^+\cos\dfrac{m\pi}{a}x\cos\dfrac{n\pi}{b}y\sin\dfrac{p\pi}{l}z \\ H_x=\mathrm{j}\dfrac{2}{k_c^2}\dfrac{p\pi}{l}\dfrac{m\pi}{a}A^+\sin\dfrac{m\pi}{a}x\cos\dfrac{n\pi}{b}y\cos\dfrac{p\pi}{l}z \\ H_y=\mathrm{j}\dfrac{2}{k_c^2}\dfrac{p\pi}{l}\dfrac{n\pi}{b}A^+\cos\dfrac{m\pi}{a}x\sin\dfrac{n\pi}{b}y\cos\dfrac{p\pi}{l}z \\ E_x=\mathrm{j}\dfrac{2}{k_c^2}\dfrac{p\pi}{l}\dfrac{n\pi}{b}Z_{\mathrm{te}}A^+\cos\dfrac{m\pi}{a}x\sin\dfrac{n\pi}{b}y\sin\dfrac{p\pi}{l}z \\ E_y=-\mathrm{j}\dfrac{2}{k_c^2}\dfrac{p\pi}{l}\dfrac{m\pi}{a}Z_{\mathrm{TE}}A^+\sin\dfrac{m\pi}{a}x\cos\dfrac{n\pi}{b}y\sin\dfrac{p\pi}{l}z \\ E_z=0 \end{cases} \tag{6.4-3}$$

对于 TM 模也可得类似的表达式。

场结构可根据场分量作出。例如，矩形腔的 TE_{101} 模场分量为

$$\begin{cases} H_z=-\mathrm{j}A^+\cos\dfrac{\pi}{a}x\sin\dfrac{\pi}{l}z \\ H_x=\mathrm{j}2\dfrac{a}{l}A^+\sin\dfrac{\pi}{a}x\cos\dfrac{\pi}{l}z \\ E_y=-4\dfrac{aZ_{\mathrm{TEM}}}{\lambda_{0\mathrm{TE}_{101}}}A^+\sin\dfrac{\pi}{a}x\sin\dfrac{\pi}{l}z \\ E_x=E_z=H_y=0 \end{cases} \tag{6.4-4}$$

式中，$\lambda_{0\mathrm{TE}_{101}}$ 是 TE_{101} 模的谐振波长。由式(6.4-1)得

$$\lambda_{0\mathrm{TE}_{101}}=\frac{2al}{\sqrt{a^2+l^2}}$$

与作导波场的场结构一样，由上述场分量作出场结构，如图 6.4-2(a)所示；由磁场结构作出腔壁电流分布，如图 6.4-2(b)所示。

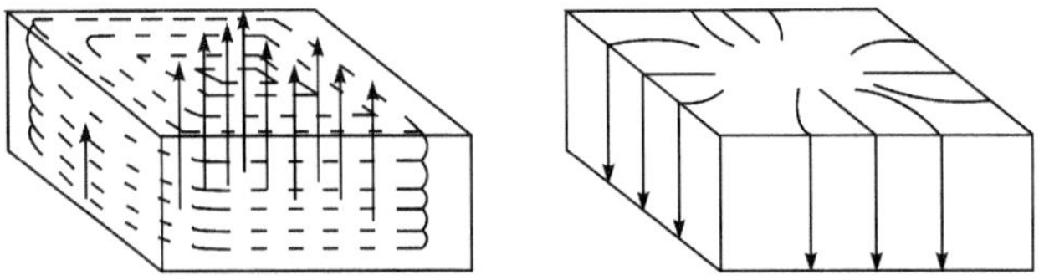

(a) 矩形腔TE_{101}模场结构　　(b) 矩形腔TE_{101}模腔壁场电流

图 6.4-2

3. 无载品质因数

矩形腔 Q_d 的计算与同轴腔的相同。这里只讨论 Q_c 并以 TE_{101} 模为例进行计算。矩形腔谐振时，电能、磁能时均值为

$$W_e=\frac{\varepsilon}{4}\int_V|\boldsymbol{E}|^2\mathrm{d}v=\frac{\mu}{4}\int_V|\boldsymbol{H}|^2\mathrm{d}v=\frac{\mu}{4}|A^+|^2ab\frac{a+b^2}{l} \tag{6.4-5}$$

腔壁损耗功率为

$$P_1=\frac{R_m}{2}\oint_S|\boldsymbol{H}_t|^2\mathrm{d}s$$
$$=\frac{R_m}{2}\left\{2\int_0^a\int_0^b|H_x|_{z=0}|^2\mathrm{d}x\mathrm{d}y+2\int_0^b\int_0^l|H_z|_{x=0}|^2\mathrm{d}y\mathrm{d}z\right.$$
$$\left.+2\int_0^a\int_0^l[|H_z|_{y=0}|^2+|H_z|_{y=0}|^2]\mathrm{d}x\mathrm{d}z\right\}$$
$$=\frac{R_m}{l^2}|A^+|^2[2b(a^3+l^3)+al(a^2+l^2)] \tag{6.4-6}$$

由 Q 值的一般定义可得

$$Q_c=\omega_0\frac{2W_m}{P_1}=\frac{\omega_0\mu}{2R_m}\frac{abl(a^2+l^2)}{2b(a^3+l^3)+al(a^2+l^2)}$$
$$=\frac{\pi Z_{TEM}}{2R_m}\frac{b(a^2+l^2)^{3/2}}{2b(a^3+l^3)+al(a^2+l^2)} \tag{6.4-7}$$

对于 $a=b=l$ 的立方腔,式(6.4-7)可简化为

$$Q_c=\frac{\omega_0\mu a}{6R_m}=\frac{\pi Z_{TEM}}{3\sqrt{2}R_m} \tag{6.4-8}$$

若立方腔用铜制成,腔内填充空气,$a=3\text{cm}$,$R_m=0.022$ 算出 Q_c 值为 12689。

可见,矩形腔的 Q_c 比同轴腔高得多。

6.4.2 圆柱波导谐振器

与矩形波导谐振器的构成方法一样,用金属板把一段长为 l 的圆波导两端封闭起来就构成了圆柱波导谐振器,简称圆柱腔,如图 6.4-3 所示。

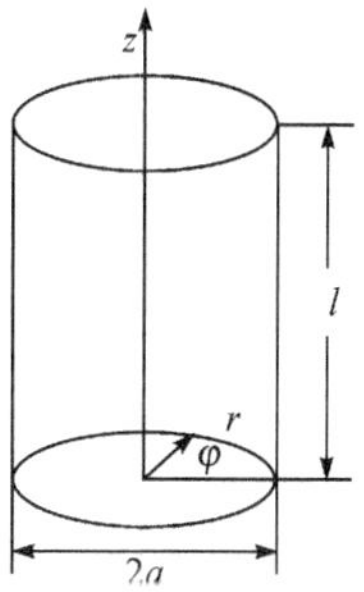

图 6.4-3　圆柱波导谐振器

1. 谐振波长

圆柱腔的谐振波长和矩形腔一样,由 $l=p\lambda_0/2$ 求得

$$\lambda_0=\frac{2}{\sqrt{(2/\lambda_c)^2+(p/l)^2}}=\begin{cases}\dfrac{2a}{\sqrt{\left(\dfrac{u'_{mn}}{\pi}\right)^2+\left(\dfrac{pa}{l}\right)^2}}, & \text{TE}_{mnp}\text{模}\\[2ex]\dfrac{2a}{\sqrt{\left(\dfrac{u_{mn}}{\pi}\right)^2+\left(\dfrac{pa}{l}\right)^2}}, & \text{TM}_{mnp}\text{模}\end{cases} \tag{6.4-9}$$

圆柱腔的谐振波长也决定于腔的尺寸和谐振模式。为方便设计常作出圆柱腔模式图来表明其谐振波长或谐振频率随腔尺寸和振荡模的变化关系。由式(6.4-9)可得谐振频率为

$$f_0=\frac{v}{\lambda_0}=\begin{cases}\dfrac{1}{2a\sqrt{\mu\varepsilon}}\sqrt{\left(\dfrac{u'_{mn}}{\pi}\right)^2+\left(\dfrac{pa}{l}\right)^2}, & \text{TE}_{mnp}\text{模}\\[2ex]\dfrac{1}{2a\sqrt{\mu\varepsilon}}\sqrt{\left(\dfrac{u_{mn}}{\pi}\right)^2+\left(\dfrac{pa}{l}\right)^2}, & \text{TM}_{mnp}\text{模}\end{cases}$$
$$=\frac{1}{2a\sqrt{\mu\varepsilon}}\sqrt{\left(\frac{\chi_{mn}}{\pi}\right)^2+\left(\frac{pa}{l}\right)^2} \tag{6.4-10a}$$

当上式中 $\chi_{mn}=u'_{mn}$ 时,为 TE_{mnp} 模;当 $\chi_{mn}=u_{mn}$ 时,为 TM_{mnp} 模。式(6.4-10a)可改写为

$$(2af_0)^2=\left[\frac{\chi_{mn}}{\pi\sqrt{\mu\varepsilon}}\right]^2+\left[\frac{p}{2\sqrt{\mu\varepsilon}}\right]^2\left(\frac{2a}{l}\right)^2 \tag{6.4-10b}$$

当圆柱腔中填充空气时，则有

$$(2af_0)^2=\left(\frac{\chi_{mn}c}{\pi}\right)^2+\left(\frac{pc}{2}\right)^2\left(\frac{2a}{l}\right)^2 \tag{6.4-10c}$$

由此式作出不同模式的$(2af_0)^2$与$(2a/l)^2$的关系曲线，如图6.4-4所示。

由图6.4-4可见，圆柱腔的最低振荡模式是TE_{111}模和TM_{010}模。当腔尺寸$2a/l<0.981$时，最低振荡模是TE_{111}模；当$2a/l>0.981$时，最低振荡模是TM_{010}模。

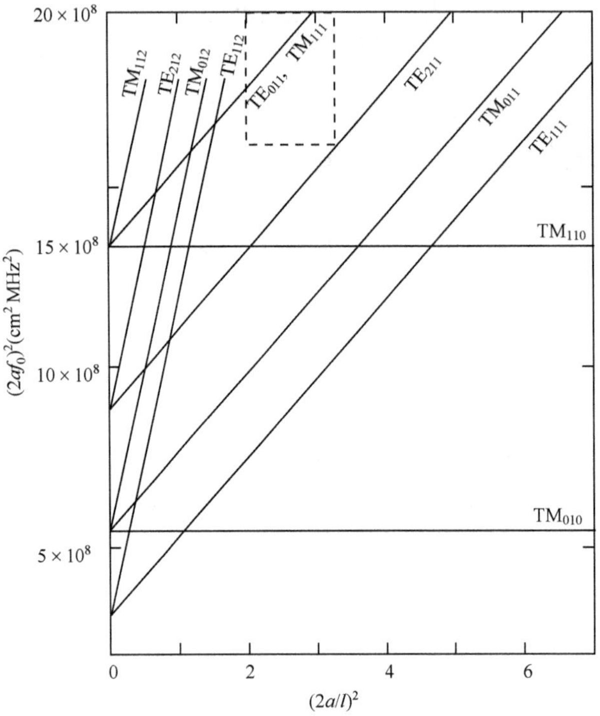

图6.4-4 圆柱腔不同模式的$(2af_0)^2$与$(2a/l)^2$的关系曲线

2. 场分量与场结构

采用对矩形腔用过的方法，同样可求出圆柱腔中的驻波场。TE_{mnp}模分量为

$$\begin{cases}H_z=-j2A^+J_m\left(\frac{u'_{mn}}{a}r\right)\begin{matrix}\cos m\varphi\\ \sin m\varphi\end{matrix}\quad\sin\frac{p\pi}{l}z\\ H_r=-j\frac{2a}{u'_{mn}}\frac{p\pi}{l}A^+J'_m\left(\frac{u'_{mn}}{a}r\right)\begin{matrix}\cos m\varphi\\ \sin m\varphi\end{matrix}\quad\cos\frac{p\pi}{l}z\\ H_\varphi=-j\frac{2ma^2}{r(u'_{mn})^2}\frac{p\pi}{l}A^+J_m\left(\frac{u'_{mn}}{a}r\right)\begin{matrix}-\sin m\varphi\\ \cos m\varphi\end{matrix}\quad\cos\frac{p\pi}{l}z\\ E_r=-\frac{4\pi ma^2Z_{TEM}}{r(u'_{mn})^2\lambda_{0TE_{mnp}}}A^+J'_m\left(\frac{u'_{mn}}{a}r\right)\begin{matrix}-\sin m\varphi\\ \cos m\varphi\end{matrix}\quad\sin\frac{p\pi}{l}z\\ E_\varphi=\frac{4\pi aZ_{TEM}}{u'_{mn}\lambda_{0TE_{mnp}}}A^+J'_m\left(\frac{u'_{mn}}{a}r\right)\begin{matrix}\cos m\varphi\\ \sin m\varphi\end{matrix}\quad\sin\frac{p\pi}{l}z\\ E_z=0\end{cases} \tag{6.4-11}$$

TM_{mnp}模的场分量为

$$\begin{cases} E_z = 2B^+ J_m\left(\dfrac{u_{mn}}{a}r\right)\begin{matrix}\cos m\varphi \\ \sin m\varphi\end{matrix} \quad \cos\dfrac{p\pi}{l}z \\ E_r = -\dfrac{2a}{u_{mn}}\dfrac{p\pi}{l}B^+ J'_m\left(\dfrac{u_{mn}}{a}r\right)\begin{matrix}\cos m\varphi \\ \sin m\varphi\end{matrix} \quad \sin\dfrac{p\pi}{l}z \\ E_\varphi = -\dfrac{2ma^2}{ru_{mn}}\dfrac{p\pi}{l}B^+ J_m\left(\dfrac{u_{mn}}{a}r\right)\begin{matrix}-\sin m\varphi \\ \cos m\varphi\end{matrix} \quad \sin\dfrac{p\pi}{l}z \\ H_r = \mathrm{j}\dfrac{4\pi na^2 Y_{TEM}}{ru_{mn}^2\lambda_{0TE_{mnp}}}B^+ J_m\left(\dfrac{u_{mn}}{a}r\right)\begin{matrix}-\sin m\varphi \\ \cos m\varphi\end{matrix} \quad \cos\dfrac{p\pi}{l}z \\ H_\varphi = -\mathrm{j}\dfrac{4\pi a Y_{TEM}}{u_{mn}\lambda_{0TM_{mnp}}}B^+ J'_m\left(\dfrac{u_{mn}}{a}r\right)\begin{matrix}\cos m\varphi \\ \sin m\varphi\end{matrix} \quad \cos\dfrac{p\pi}{l}z \\ H_z = 0 \end{cases} \tag{6.4-12}$$

下面是圆柱腔中几个常用模式的场分量与场结构：

1）TE_{111}模

$$\begin{cases} H_z = -\mathrm{j}2A^+ J_1\left(\dfrac{u'_{11}}{a}r\right)\begin{matrix}\cos\varphi \\ \sin\varphi\end{matrix} \quad \sin\dfrac{\pi}{l}z \\ H_r = -\mathrm{j}\dfrac{2a}{u'_{11}}\dfrac{\pi}{l}A^+ J'_1\left(\dfrac{u'_{11}}{a}r\right)\begin{matrix}\cos\varphi \\ \sin\varphi\end{matrix} \quad \cos\dfrac{\pi}{l}z \\ H_\varphi = -\mathrm{j}\dfrac{2a^2}{r(u'_{11})^2}\dfrac{\pi}{l}A^+ J_1\left(\dfrac{u'_{11}}{a}r\right)\begin{matrix}-\sin\varphi \\ \cos\varphi\end{matrix} \quad \cos\dfrac{\pi}{l}z \\ E_r = -\dfrac{4\pi a^2 Z_{TEM}}{r(u'_{11})^2\lambda_{0TE_{111}}}A^+ J'_1\left(\dfrac{u'_{11}}{a}r\right)\begin{matrix}-\sin\varphi \\ \cos\varphi\end{matrix} \quad \sin\dfrac{\pi}{l}z \\ E_\varphi = \dfrac{4\pi a Z_{TEM}}{\mu'_{11}\lambda_{0TE_{111}}}A^+ J'_1\left(\dfrac{u'_{11}}{a}r\right)\begin{matrix}\cos\varphi \\ \sin\varphi\end{matrix} \quad \sin\dfrac{\pi}{l}z \\ E_z = 0 \end{cases} \tag{6.4-13}$$

式中，$\lambda_{0TE_{111}}$是 TE_{111}模的谐振波长。由式(6.4-9)得

$$\lambda_{0TE_{111}} = \frac{2}{\sqrt{\left(\dfrac{2}{3.413a}\right)^2 + \left(\dfrac{1}{l}\right)^2}} \tag{6.4-14}$$

TE_{111}模的场结构如图 6.4-5(a)所示。

2）TE_{011}模

$$\begin{cases} H_z = -\mathrm{j}2A^+ J_0\left(\dfrac{u'_{01}}{a}r\right)\sin\dfrac{\pi}{l}z \\ H_r = -\mathrm{j}\dfrac{2a}{u'_{01}}\dfrac{\pi}{l}A^+ J_1\left(\dfrac{u'_{01}}{a}r\right)\cos\dfrac{\pi}{l}z \\ E_\varphi = -\dfrac{4\pi a Z_{TEM}}{u'_{11}\lambda_{0TE_{011}}}A^+ J_1\left(\dfrac{u'_{01}}{a}r\right)\sin\dfrac{\pi}{l}z \\ E_r = E_z = H_\varphi = 0 \end{cases} \tag{6.4-15}$$

式中，$\lambda_{0TE_{011}}$为 TE_{011}模的谐振波长。由式(6.4-9)得

$$\lambda_{0TE_{011}} = \frac{2}{\sqrt{\left(\frac{2}{1.64a}\right)^2 + \left(\frac{1}{l}\right)^2}} \tag{6.4-16}$$

TE_{011} 模的场结构如图 6.4-5(b)所示。

3）TM_{010} 模

$$\begin{cases} E_z = 2B^+ J_0\left(\dfrac{u_{01}}{a}r\right) \\ H_\varphi = -\mathrm{j}\,\dfrac{4\pi Y_{TEM}}{\lambda_{0TM_{010}}} B^+ J_0'\left(\dfrac{u_{01}}{a}r\right) \\ E_r = E_\varphi = H_r = H_z = 0 \end{cases} \tag{6.4-17}$$

式中，$\lambda_{0TM_{010}}$ 为 TM_{010} 模的谐振波长。由式(6.4-9)得

$$\lambda_{0TM_{010}} = 2.613a \tag{6.4-18}$$

TM_{010} 模的场结构如图 6.4-5(c)所示。

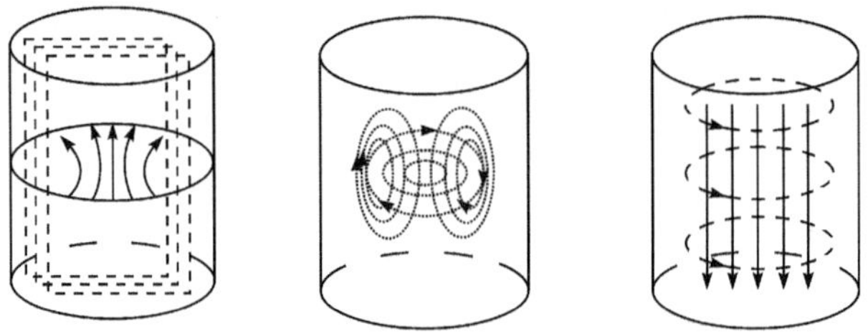

(a) TE_{111} 模　　(b) TE_{011} 模　　(c) TM_{010} 模

图 6.4-5　各种模式的场结构

3. 无载品质因数

和矩形腔一样仅计算 Q_c。由场分量算出储能时均值

$$W = \frac{\varepsilon}{2}\int_V |\boldsymbol{E}|^2 \mathrm{d}v = \frac{\mu}{2}\int_V |\boldsymbol{H}|^2 \mathrm{d}v \tag{6.4-19}$$

和腔壁损耗功率

$$P_L = \frac{R_m}{2}\oint_S |\boldsymbol{H}_\tau|^2 \mathrm{d}s \tag{6.4-20}$$

代入 Q 的一般定义式可得圆柱谐振腔中 TE_{mnp} 模和 TM_{mnp} 模的 Q_c 值表达式为

$$Q_{cTE_{mnp}} = \frac{\lambda_{0TE_{mnp}}}{\delta} \frac{\left[1-\left(\frac{n}{u'_{mn}}\right)^2\right]\left[(u'_{mn})^2 + \left(\frac{p\pi}{l}a\right)^2\right]^{3/2}}{2\pi\left[(u'_{mn})^2 + \frac{2a}{l}\left(\frac{p\pi}{l}a\right)^2 + \left(1-\frac{2a}{l}\right)\left(\frac{map\pi}{u'_{mn}l}\right)^2\right]} \tag{6.4-21}$$

$$Q_{cTM_{mnp}} = \frac{\lambda_{0TM_{mnp}}}{\delta} \frac{\left[\left(u^2_{mn} + \left(\frac{p\pi}{l}a\right)^2\right]^{1/2}}{2\pi(1+2a/l)} \qquad (p \neq 0) \tag{6.4-22}$$

$$Q_{cTM_{mn0}} = \frac{\lambda_{0TM_{mn0}}}{\delta} \frac{u_{mn}}{2\pi(1+a/l)} \tag{6.4-23}$$

三种常用模式的 Q_c 值为

$$Q_{cTE_{111}}=0.207\frac{\lambda_{0TE_{111}}}{\delta}\frac{\left[1+0.728\left(\frac{2a}{l}\right)^2\right]^{3/2}}{1+0.215\left(\frac{2a}{l}\right)^2+0.513\left(\frac{2a}{l}\right)^3}$$

$$Q_{cTE_{011}}=0.610\frac{\lambda_{0TE_{011}}}{\delta}\frac{\left[1+0.168\left(\frac{2a}{l}\right)^2\right]^{3/2}}{1+0.168\left(\frac{2a}{l}\right)^3}$$

$$Q_{cTM_{010}}=0.383\frac{\lambda_{0TM_{010}}}{\delta}\frac{1}{1+a/l}$$

图 6.4-6 绘出了上述模式 $Q_c\frac{\delta}{\lambda_0}$ 与 $2a/l$ 之间的关系曲线。可以看出，TE_{011} 模的 Q_c 值比其余两种模式的 Q_c 值高得多，其最大值发生在 $l\approx2a$ 处。TM_{010} 模则没有极大值。对于铜制圆柱腔，取 $\sigma=5.8\times10^7$ S/m，如果谐振波长为 3cm，可算出 $\delta/\lambda_0=2.20\times10^{-5}$，由图看出，它们的 Q_c 值范围是 10 000～40 000 或更高。

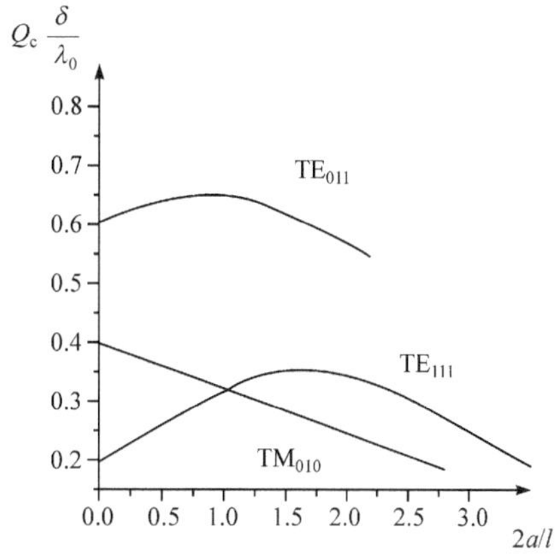

图 6.4-6 $Q_c\frac{\delta}{\lambda_0}$ 与 $2a/l$ 之间的关系曲线

4. 圆柱腔中三种常用模式的主要特点

1）TE_{111} 模

在 $2a/l<0.98$，即 $l>2.04a$ 的条件下为圆柱腔的最低振荡模。该模式存在极化简并，Q_0 值中等大小。

2）TE_{011} 模

属于圆柱腔的高次模。工作在此模，腔体较大，且易出现其他干扰模。为消除干扰，需要用模式图选择无干扰工作区，并通过选择激励方式等来抑制简并模 TM_{111} 模。TE_{011} 模无轴向壁电流，调节腔长的活塞可做成与侧壁不接触式，这样可减小损耗和进一步抑制干扰。TE_{011} 模的 Q_0 值很高，可用作高 Q_0 波长计、稳频腔等。

3）TM_{010} 模

在 $l<2.04a$ 条件下为圆柱腔的最低振荡模。该模场分量只有 E_z、H_φ。E_z 集中在轴线附近。该模谐振波长等于圆波导中 TM_{010} 模的截止波长，与 l 无关，因此无法用改变腔长来改变谐振波长。实用上，常在腔底中央插入可调金属圆柱，柱与腔底构成可变电容，通过改变电容量来改变谐振波长。TM_{010} 模的 Q_0 值也是中等大小。

6.5 圆柱介质谐振器

介质谐振器是由一小段长度为 l 的圆形、矩形或者环形，低损耗，高介电常数，且 Q 值高的，对温度变化稳定的介质波导制成的，实际使用时，常将它置于波导内或者微带线的基片上。不同模式的谐振频率取决于其几何尺寸及其周围的环境。介质谐振器具有体积小、Q 值高、温度稳定性好、成本低、便于集成电路使用等优点，可方便地应用于有源和无源微波电路。

介质谐振器在原理上类似于金属波导谐振器。介质的高介电常数保证了绝大部分场集中在谐振器内部;但与金属腔不同,介质谐振器的边界是开放的,会有一小部分场从介质谐振器的周边和两端漏出,即介质谐振器外面有一定的边缘场。

介质谐振器常用材料的介电常数为 $37\leqslant\varepsilon_r\leqslant 100$,典型的例子是二氧化钛(titanium dioxide)和钛酸钡(barium titanate)。在相同的频率下介质谐振器的尺寸比金属腔体小,约为其 $1/\sqrt{\varepsilon_r}$ 倍。若采用的介质材料 ε_r 高,则电场和磁场被紧紧束缚在谐振器附近,辐射损耗很低,则介质谐振器的无载 Q 值只取决于介质损耗;若所用的介电常数较低,其辐射损耗较大,就要对介质谐振器加以屏蔽。

介质谐振器的主要技术指标是 ε_r、Q 值和频率温度系数 η_f,其主要求解的特征参数是谐振频率。严格求解介质谐振器的谐振频率比较困难,一般采用近似方法。早期的方法是磁壁模型法,即将介质谐振器的边界都视为磁壁来分析。这种方法的误差比较大,达 10%以上。现在比较精确的方法有混合磁壁法、开波导法和变分法等。下面分别讨论孤立和屏蔽圆柱介质谐振器谐振频率的求解方法,介绍介质谐振器与微带线电路的耦合与计算及频率调整方法。

1. 孤立圆柱形介质谐振器

孤立的圆柱介质谐振器如图 6.5-1(a)所示,设介质为均匀,无耗,相对介电常数为 ε_r,半径为 a,长度为 l。实用的圆柱介质谐振器多数以 $TE_{01\delta}$ 模式工作,下面用混合磁壁法来求解 TE 模式的谐振频率。

混合磁壁法是将圆柱介质谐振器看成一段圆柱形介质波导,上下的空气区域看成截止波导,假设 $r=a$ 为圆柱面的磁壁边界条件,如图 6.5-1(b)所示。

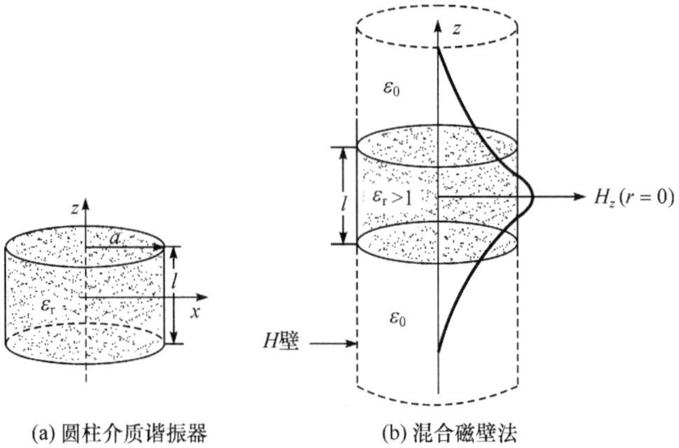

图 6.5-1

TE 模的 $E_z=0$,H_z 满足如下方程:

$$(\nabla^2+k^2)H_z=0 \tag{6.5-1}$$

式中

$$k=\begin{cases}\sqrt{\varepsilon_r}k_0, & |z|<l/2\\ k_0, & |z|>l/2\end{cases} \tag{6.5-2}$$

横向场分量可以由 H_z 求得

$$\begin{cases} E_r = \dfrac{-\mathrm{j}\omega\mu}{k_c^2 r}\dfrac{\partial H_z}{\partial\phi} \\ E_\phi = \dfrac{\mathrm{j}\omega\mu}{k_c^2}\dfrac{\partial H_z}{\partial r} \\ H_r = \dfrac{1}{k_c^2}\dfrac{\partial^2 H_z}{\partial r\partial z} \\ H_\phi = \dfrac{1}{k_c^2 r}\dfrac{\partial^2 H_z}{\partial\phi\partial z} \end{cases} \tag{6.5-3}$$

场在介质内应呈驻波分布，在介质处为衰减状态。用分离变量法可求得式(6.5-1)的解为

$$H_{z1} = A_m J_m(k_c r)\begin{pmatrix}\cos m\varphi \\ \sin m\varphi\end{pmatrix}\cos(\beta z+\theta), \quad |z|<l/2 \tag{6.5-4a}$$

$$H_{z2} = B_m J_m(k_c r)\begin{pmatrix}\cos m\varphi \\ \sin m\varphi\end{pmatrix}\mathrm{e}^{-a(|z|-l/2)}, \quad |z|>l/2 \tag{6.5-4b}$$

式中

$$\begin{cases} \beta^2 = \varepsilon_r k_0^2 - k_c^2 \\ a^2 = k_c^2 - k_0^2 \\ k_0^2 = \omega^2\mu_0\varepsilon_0 \end{cases} \tag{6.5-5}$$

将式(6.5-4)代入式(6.5-3)可求得其他场分量。

已假设 $r=a$ 的圆柱面为磁壁，则该处的 H_z 必须为零，于是有 $J_m(k_c a)=0$。由此得到

$$k_{cmn} = \frac{u_{mn}}{a}, \quad m=0,1,2,\cdots; n=1,2,3,\cdots \tag{6.5-6}$$

式中，u_{mn} 是第一类 m 阶贝赛尔函数的第 n 个零点；k_{cmn} 为相应的截止波数。

在 $|z|=l/2$ 的端面上，切向场必须连续，即应有 $E_{r1}=E_{r2}$，$H_{\phi1}=H_{\phi2}$ 或 $H_{z1}=H_{z2}$，$\partial H_{z1}/\partial_z=\partial H_{z2}/\partial_z$，由此得到

$$A_m\cos(\beta l/2+\theta)=B_m$$
$$A_m\beta\sin(\beta l/2+\theta)=aB_m$$

由此两式消去 A_m 和 B_m，得到

$$\beta\tan(\beta l/2+\theta)=a \tag{6.5-7}$$

式中，θ 为初相角。考虑到结构的对称性，场分量 H_z 关于 $z=0$ 应为偶数，于是应取 $\theta=-p\pi/2(p=0,1,2,3,\cdots)$，因此式(6.5-7)变成

$$\beta\tan(\beta l/2-p\pi/2)=a$$

因此求得

$$\beta l = p\pi + 2\arctan\frac{a}{\beta} = (p+\delta)\pi \tag{6.5-8}$$

此即圆柱形介质谐振器 TE 模式的特征方程。式中 $\delta\pi=2\arctan(a/\beta)<\pi$，故有 $0<\delta<1$，而 p 是场沿 z 方向分布的半驻波数。这样，圆柱介质谐振器 TE 模式可以表示成 $TE_{mn,\delta+p}$，最低次模式为 $TE_{01\delta}$模式。图 6.5-2 表示 $TE_{01\delta}$模式的场结构，其磁力线在子午面上，而电力线是绕 z 轴的同心圆。从远处看，这种模式好像一个磁偶极子，故有时称之为磁偶极子模。当 ε_r 约为 40 时，$TE_{01\delta}$模中储存的 95%以上的电能以及 60%以上的磁能位于介质谐振器里面，其余能量分布在其周围的空气中，且随着离谐振器的距离的增大而迅速衰减。

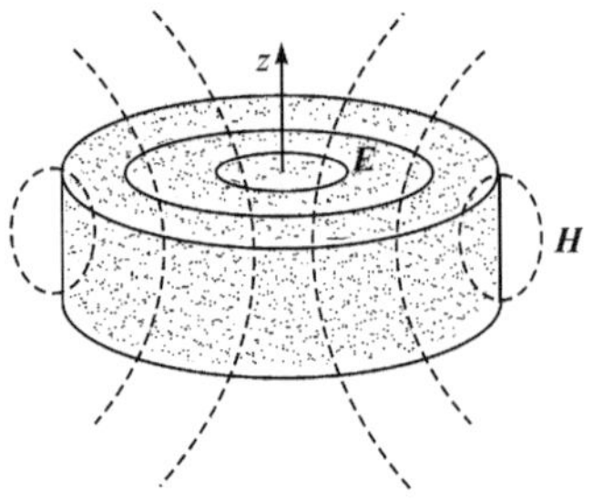

图 6.5-2　孤立圆柱介质谐振器的 $TE_{01\delta}$ 模式的场结构

实用的圆柱形介质谐振器多选用 $TE_{01\delta}$ 模式工作。此模式有如下优点：电场和磁场都是圆对称的，与微带线耦合方便；能量在介质谐振器内的集中程度高，其周围金属引入的损耗小，介质谐振器置于微带线基片上的 Q 值变化小；模式容易辨认，其电性能比较容易精确的测量；Q 值较高。此模式的缺点是频率特性比较陡，$TE_{01\delta}$ 模式介质谐振器的稳定调谐带宽比较窄。

由式(6.5-8)、式(6.5-5)、式(6.5-6)求得 β, k_c 后，谐振频率则可以由下式求得：

$$f_0=\frac{c}{2\pi\sqrt{\varepsilon_r}}\sqrt{k_c^2+\beta^2} \tag{6.5-9}$$

式(6.5-9)的求值需要使用计算机，不便工程使用。卡杰费斯(Kajfez)给出了孤立的 $TE_{01\delta}$ 模式圆柱形介质谐振器谐振频率近似式：

$$f_0=\frac{34}{a\sqrt{\varepsilon_r}}\left(\frac{a}{l}+3.45\right)\text{GHz} \tag{6.5-10a}$$

式中，谐振器的半径 a 和高度 l 的单位为 mm；在下列范围内，式(6.5-10a)的精度为 2%：

$$0.5<a/l<2,\ 30<\varepsilon_r<50 \tag{6.5-10b}$$

孤立谐振器的无载 Q 值，取决于介质材料本身的 Q 值。ε_r 为 100 左右或者更高的介质谐振器，其无载 Q 值可以由下式近似计算：

$$Q_0\approx\frac{1}{\tan\delta} \tag{6.5-11}$$

式中，$\tan\delta$ 为介质材料的损耗角正切。介质谐振器常用材料 $\tan\delta$ 的典型值为 0.0001～0.0002，于是 Q 值为 5000～10000。

2. 屏蔽的圆柱形介质谐振器

实用的介质谐振器都是放在波导中或者微带线基片上，屏蔽条件的引入将使谐振器的谐振频率产生偏移，使其 Q 值降低。

下面先介绍开波导法求解圆柱形介质谐振器 $TE_{0n,\delta+p}$ 模式的谐振频率。图 6.5-3(a)表示置于微带线基片上的圆柱介质谐振器的截面图，图 6.5-3(b)为其分区图。

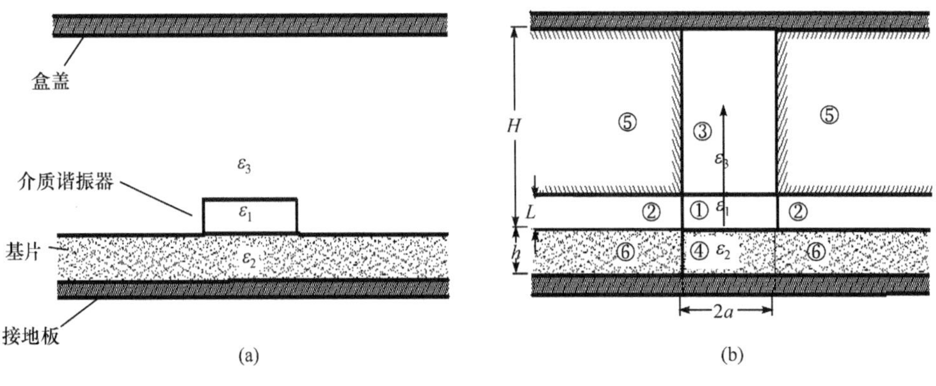

图 6.5-3　屏蔽的圆柱形介质谐振器及其分区

图 6.5－3 中 $\varepsilon_{r1} \gg \varepsilon_{r2}$，$\varepsilon_{r1} \gg \varepsilon_{r3}$，$\varepsilon_{r3}=1$，阴影区⑤、⑥中场忽略不计。式(6.5－1)在各区域中的解为

$$\begin{cases} H_{z1} = A_1 J_0(k_{c1} r)\sin(\beta z+\theta) \\ H_{z2} = A_2 K_0(k_{c2} r)\sin(\beta z+\theta) \\ H_{z3} = A_3 J_0(k_{c1} r)\sin a_3(H-z) \\ H_{z4} = A_4 J_0(k_{c1} r)\sin a_4(z+h) \end{cases} \tag{6.5-12}$$

式中

$$\begin{cases} \beta^2 = \varepsilon_{r1} k_0^2 - k_{c1}^2 = k_0^2 + k_{c2}^2 \\ a_3^2 = k_{c1}^2 - k_0^2 \\ a_4^2 = k_{c1}^2 - k_0^2 \varepsilon_{r2} \\ k_0^2 = \omega^2 \mu_0 \varepsilon_0 \end{cases} \tag{6.5-13}$$

式中，$J_0(k_{c1} r)$和 $K_0(k_{c2} r)$分别为零阶贝赛尔函数和第二类贝赛尔函数；$A_1 \sim A_4$、θ 是待定常数。

横向场分量可由式(6.5－3)求得。$\mathrm{TE}_{0m,\delta+p}$模式只有 H_z、H_r 和 E_φ 三个分量。由 $r=a$ 处 H_z、E_φ 的连续条件，可以得到

$$\frac{J_0'(u)}{uJ_0(u)} + \frac{K_0'(\omega)}{\omega K_0(\omega)} = 0 \tag{6.5-14}$$

式中，$u=k_{c1}a$，$\omega=k_{c2}a$。又由 $z=l$ 处 H_r、E_φ 连续条件，可以得到

$$\beta\cot(\beta l+\theta) = a_3 \coth a_3(H-l)$$

或者

$$\beta l+\theta-\frac{\pi}{2} = p\pi + \operatorname{arccot}\left[\frac{a_3}{\beta}\coth a_3(H-l)\right], \quad p=0,1,2,\cdots \tag{6.5-15}$$

由 $z=0$ 处，H_r、E_φ 连续条件则可得

$$\beta\cot\theta = a_4 \coth a_4 h$$

或者

$$\theta = \frac{\pi}{2} - \arctan\left(\frac{a_4}{\beta}\coth a_4 h\right) \tag{6.5-16}$$

由式(6.5－15)和式(6.5－16)，得到方程

$$\beta l = p\pi + \arctan\left[\frac{a_3}{\beta}\coth a_3(H-l)\right] + \arctan\left(\frac{a_4}{\beta}\coth a_4 h\right) \tag{6.5-17}$$

由式(6.5－13)、式(6.5－14)、式(6.5－17)求得 k_{c1} 和 β 后，谐振频率可以由下式求得：

$$f_0 = \frac{c}{2\pi\sqrt{\varepsilon_{r1}}}\sqrt{k_{c1}^2+\beta^2} \tag{6.5-18}$$

式中，c 为光速。由式(6.5－17)可见，谐振频率与屏蔽盒的高度有关。调节此高度可调整屏蔽介质谐振器的谐振频率。

上述公式在工程使用中不方便。卡杰费斯给出了给定谐振频率时 MIC 中 $\mathrm{TE}_{01\delta}$模式圆柱介质谐振器几何尺寸的计算方法：

(1) 谐振器的直径($d=2a$)选定在如下范围内：

$$\frac{5.4}{k_0\sqrt{\varepsilon_{r2}}} > 2a > \frac{5.4}{k_0\sqrt{\varepsilon_{r1}}} \tag{6.5-19}$$

(2) 计算 k_{c1} 值

$$k_{c1} = \frac{2.405}{a} + \frac{Y_0}{2.405a[1 + (2.43/Y_0) + 0.291Y_0]} \tag{6.5-20}$$

式中

$$Y_0 = \sqrt{(k_0 a)^2(\varepsilon_{r2} - 1) - 2.405^2} \tag{6.5-21}$$

(3) 计算 $TE_{01\delta}$ 模式的传播常数

$$\beta = \sqrt{\varepsilon_{r1} k_0^2 - k_{c1}^2} \tag{6.5-22}$$

(4) 估算衰减常数 a_3 和 a_4

$$\begin{cases} a_3 = \sqrt{k_{c1}^2 - k_0^2} \\ a_4 = \sqrt{k_{c1}^2 - k_0^2 \varepsilon_{r2}} \end{cases} \tag{6.5-23}$$

(5) 求谐振器的高度

$$l = \frac{1}{\beta}\left\{\arctan\left[\frac{a_3}{\beta}\coth a_3(H - l)\right] + \arctan\left(\frac{a_4}{\beta}\coth a_4 h\right)\right\} \tag{6.5-24}$$

谐振器与微带线之间的距离则需要根据期间耦合的外部 Q 值来确定，见下面分析。当已知介质谐振器的几何尺寸时，亦可以用上述各式来确定介质谐振器的谐振频率。

屏蔽条件将使谐振器的 Q 值降低。部件封装盒的金属壁、介质材料及固定介质谐振器用的黏合剂等所引起的损耗及其他因素，一般会使 Q 值降低 10%～20%。介质谐振器总 Q 值应按式(6.5-11)计算。

3. MIC 中介质谐振器与电路的耦合

为了在微波电路设计中有效地使用介质谐振器，有必要较准确的知道介质谐振器与各种传输线的耦合状况。圆柱形介质谐振器的 $TE_{01\delta}$ 模式可以很方便的与微带线、鳍线、磁环、金属波导以及介质波导等耦合。这里讨论最常用的 $TE_{01\delta}$ 模与微带线间的耦合。

图 6.5-4 表示介质谐振器与微带线之间的磁耦合。其耦合大小主要是由其间的侧距 d 确定。$TE_{01\delta}$ 模可以用一磁偶极矩 M 来近似表示。使 M 方向与微带线平面(截面)相垂直，则谐振器的磁力线与微带线的磁力线交链。置于微带线邻近的介质谐振器的工作则便类似于一个反应式谐振腔，在谐振器频率时，它反射微波能量，其等效电路如图 6.5-5 所示，图中 L_r、C_r 和 R_r 是介质谐振器的等效参量，L_1、C_1 和 R_1 是微带线等效参量，L_m 表示两者间的磁耦合参量。

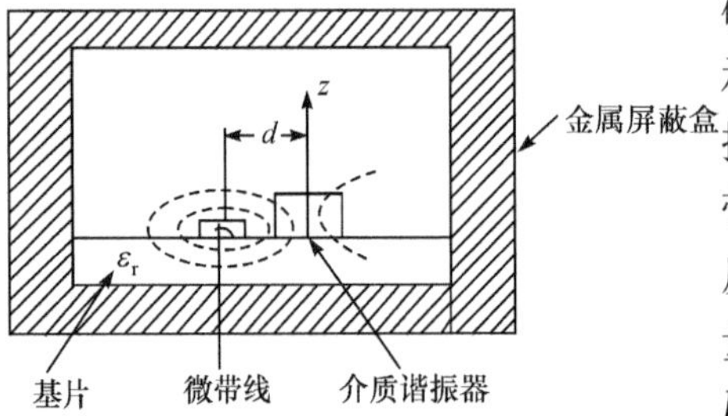

图 6.5-4　介质谐振器与微带线的耦合

由变压器折换过来与传输线串联的谐振阻抗 Z 为

$$Z = j\omega L_1 + \frac{\omega^2 L_m^2}{R_r + j\omega(L_r - 1/\omega^2 C_r)} \tag{6.5-25}$$

在中心频率附近，ωL_1 可以忽略，则 Z 简化为

$$Z = \omega Q_0 \frac{L_m^2}{L_r}\frac{1}{1 + x} \tag{6.5-26}$$

式中，$x = 2Q_0\Delta\omega/\omega$，谐振器的无载 Q 值和谐振频率分别为

$$Q_0 = \frac{\omega_0 L_r}{R_r} \tag{6.5-27a}$$

$$\omega_0 = \frac{1}{\sqrt{L_r C_r}} \tag{6.5-27b}$$

在谐振频率为 ω_0 时 $X=0$，则

$$Z = R = \omega_0 Q_0 \frac{L_m^2}{L_r} \tag{6.5-28}$$

此式表明，图 6.5-5 所示的等效电路可用图 6.5-6 所示的简化并联谐振电路表示，图中的 L、C 和 R 为

$$L = \frac{L_m^2}{L_r},\quad C = \frac{L_r}{\omega_0^2 L_m^2},\quad R = \omega_0 Q_0 \frac{L_m^2}{L_r} \tag{6.5-29}$$

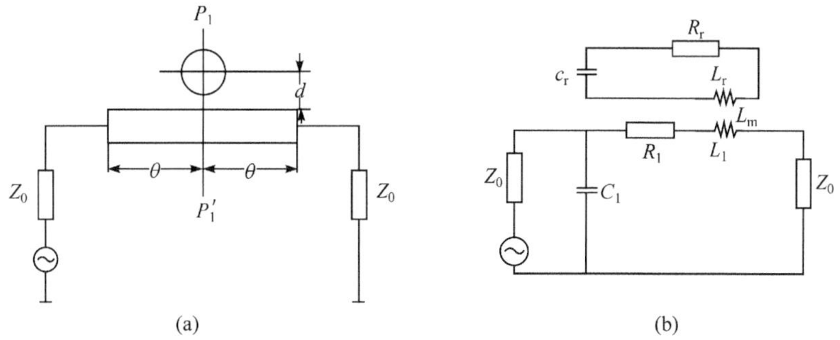

图 6.5-5　与微带线的耦合的介质谐振器的等效电路

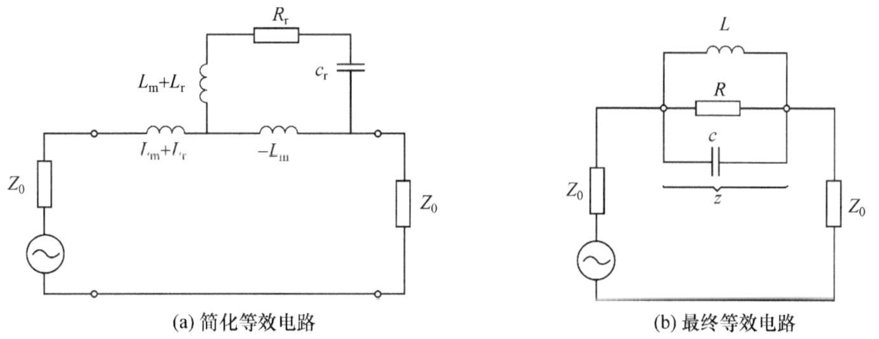

图 6.5-6

定义谐振频率 ω_0 时的耦合系数 β 为

$$\beta = \frac{R}{R_e} = \frac{R}{2Z_0} = \frac{\omega_0 Q_0}{2Z_0}\frac{L_m^2}{L_r} \tag{6.5-30}$$

耦合系数 β 也可用能直接测量的耦合谐振器在谐振频率时的反射系数 S_{110} 和传输系数 S_{210} 表示

$$\beta = \frac{S_{110}}{1-S_{110}} = \frac{1-S_{210}}{S_{210}} = \frac{S_{110}}{S_{210}} \tag{6.5-31}$$

无载、有载和外部品质因数（Q_0、Q_L、Q_e）之间有关系

$$Q_0 = Q_L(1+\beta) = Q_e\beta \tag{6.5-32}$$

而 $Q_e = Q_0/\beta$ 可用来表征耦合度，由 Q_e 便可决定耦合间距 d。

6.6　法布里-珀罗谐振器(开式谐振器)

上述各种谐振器因导体损耗的 Q_c 值随 $1/\sqrt{f}$ 而降低，在毫米波和亚毫米波段，其 Q 值太小而不能应用。此外，在很高频率时，工作在低次模的上述各种谐振器的实际尺寸太小也不能应用，虽然个别高次模的 Q_c 随 $f^{1.5}$ 上升，但用高次模工作在谐振时会有别的高次模靠得比较近，而这些模式的带宽可能很小或者很难加以分开，即难以控制，容易跳模，也就使这种谐振器无法使用。

解决的办法之一是将谐振腔的边壁移开，以减小导体损耗和可能的谐振模数。由此即形成由两个平行金属板构成的开路谐振器，亦称为法布里-珀罗(Fabry-Perot)谐振腔，因为其原理与法布里-珀罗干涉仪相似。这种准光谐振器在毫米波和亚毫米波段很有用，类似于在远红外和可见光的激光应用中的谐振器。这种谐振腔在毫米波段频率介质参数测量中也很有用。

为使这种开式谐振腔装置有效使用，两平板必须平行且足够大，以保证波在两平板之间来回反射时无明显的辐射。为此，实用的法布里-珀罗谐振腔都是采用聚焦的球面镜或者抛物面镜来限制能量，以获得稳定的模式图。

1. 法布里-珀罗谐振腔的工作原理

图 6.6-1(a)表示由两块平行导体构成的法布里-珀罗谐振腔，图 6.6-1(b)为其正视图。假设两平行板无限大，则在期间可以存在如下 TEM 驻波场：由两块平行导体板构成 TEM 波驻波场。

条件：$a\gg\lambda_0, b\gg\lambda_0, d\gg\lambda_0, a>d, b>d$(忽略边缘场)

$$\begin{cases} E_x = E_0 \sin k_0 z \\ H_y = \dfrac{\mathrm{j}E_0}{\eta_0}\cos k_0 z \end{cases} \tag{6.6-1}$$

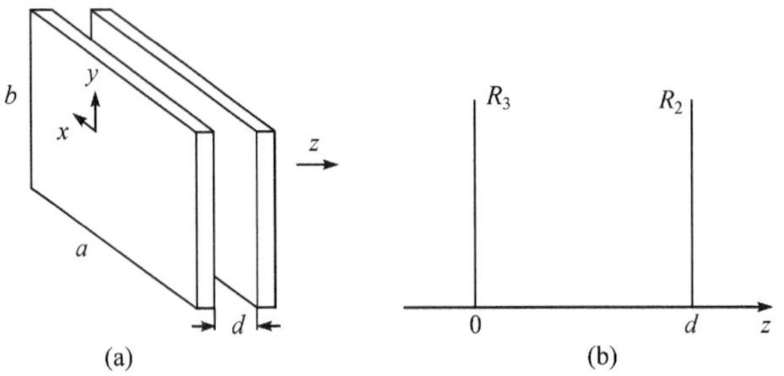

图 6.6-1　理想法布里——珀罗谐振腔

式中，E_0 为任意振幅常数；$\eta_0=377$ 是自由空间固有阻抗。式(6.6-1)的场满足边界条件

$$\begin{aligned} E_x\big|_{z=0} &= 0 \rightarrow E_x = E_0 \sin k_0 z \\ E_x\big|_{z=d} &= 0 \rightarrow k_0 d = p\pi, p = 1,2,3,\cdots \end{aligned} \tag{6.6-2}$$

由此可以得到

$$f_0 = \frac{ck_0}{2\pi} = \frac{cp}{2d}, \quad p = 1,2,3,\cdots \tag{6.6-3}$$

单位面积上的电场储能为

$$W_e = \frac{\varepsilon_0}{4}\int_0^d |E_x|^2 dz = \frac{\varepsilon_0}{8}|E_0|^2 d \tag{6.6-4}$$

单位面积的磁场储能为

$$W_m = \frac{\mu_0}{4}\int_0^d |H_y|^2 dz = \frac{\varepsilon_0}{8}|E_0|^2 d = W_e \tag{6.6-5}$$

由上可见磁场储能等于电场储能。平行板之间的单位面积功率损耗为

$$P_l = 2\left(\frac{R_m}{2}\right)|H_y(z=0)|^2 = \frac{R_m}{\eta^2}|E_0|^2 \tag{6.6-6}$$

导体损耗的 Q 值为

$$Q_c = \frac{\omega(W_e + W_m)}{P_l} = \frac{\omega\varepsilon_0 d\eta_0^2}{4R_m} = \frac{\pi f_0\varepsilon_0 d\eta_0^2}{2R_m} = \frac{c\pi p\varepsilon_0 d\eta_0^2}{4R_m} = \frac{\pi p\eta_0}{4R_m} \tag{6.6-7}$$

结果说明，这种开式谐振腔的 Q 值与模数 p 成正比，即随模数增多而增大。其模数 p 常为几千或者更大。假如在平板之间区域填充损耗正切 $\tan\delta$ 的介质材料，则由于介质损耗的 Q 值为

$$Q_d = \frac{1}{\tan\delta} \tag{6.6-8}$$

不过在这种开式腔中极少用介质，以免降低 Q 值。

2. 开式谐振器的稳定性

稳定性是开式谐振腔的一个实际问题。这里定性地讨论曲面镜开式谐振腔的一些特性。图 6.6-2 表示曲面镜开式腔的一般结构，两个半径分别为 R_1 和 R_2 的球面镜，相距为 d。根据球面镜的聚焦特性，谐振腔中的能量可以被限制在镜面轴线附近的窄小区域内（稳定型）；也有可能扩展出镜面边缘以外（不稳定型）。后者将导致很大的损耗。

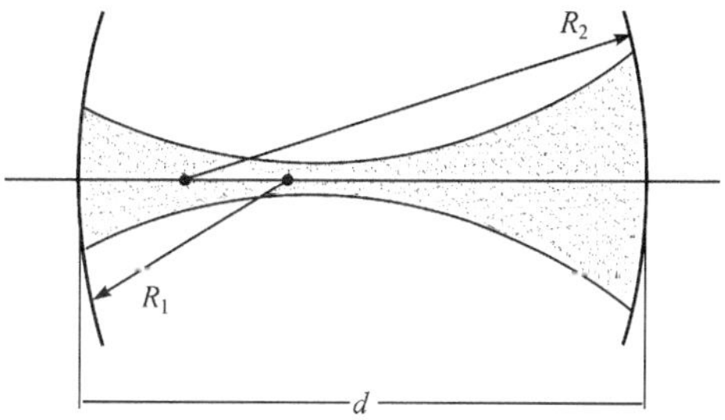

图 6.6-2　用球面镜构成的开式谐振腔

有限大开式谐振腔面临以下情况而产生不稳定（场发散）：

(1) 激励的 TEM 波的传播方向与子轴平行。

(2) 两反射板不完全平行或反射板面不平整。

解决方法：平行板→曲面镜（球面镜）。

实质：将场（能量）限制在镜面轴线附近窄小区域内，防止场发散。

几何光学证明满足以下条件：

$$0 \leqslant \left(1-\frac{d}{R_1}\right)\left(1-\frac{d}{R_2}\right) \leqslant 1 \tag{6.6-9}$$

则图 6.6-2 所示开式谐振腔可形成稳定的模式。

其稳定性判断可用图 6.6-3 所示曲线图来表示。式(6.6-9)左边不等式的边界是 $d/R_1=1$ 和 $d/R_2=1$ 的直线；式(6.6-9)右边不等式的边界则是在 $d/R_1=d/R_2=1$ 的交点处有焦点的双曲线。据此可以解释一些结构的稳定型。

(1) 平行板谐振器。其结构如图 6.6-1，曲率半径 $R_1=R_2=\infty$。对应于图 6.6-3 中的原点 $d/R_1=d/R_2=0$，正好位于稳定和不稳定区的边界上。因此，任何不规则性，例如镜面的不平行度，都将使系统处于不稳定状态。

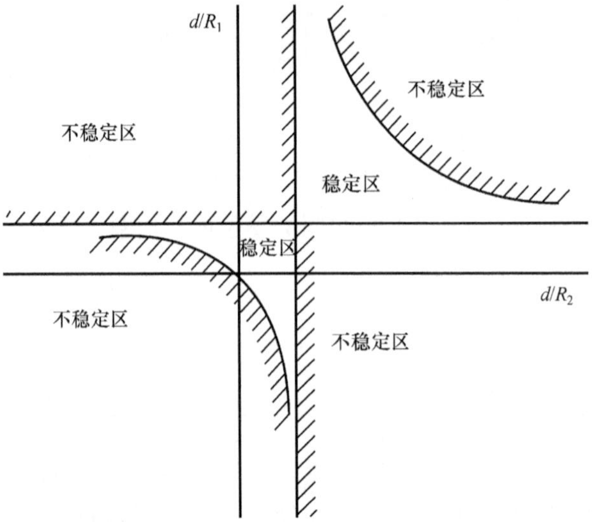

图 6.6-3　开式腔的稳定型图

(2) 共焦谐振器。此种情况下，$R_1=R_2=d$，位于图 6.6-3 的(1,1)点。这种谐振器可以用稳定和不稳定区之间的某个点来表示，因此对不规则性很敏感，也不实用。

(3) 同心谐振器。这种情况下，$R_1=R_2=d/2$，两镜面具有相同的中心，对应于图 6.6-3 的(2,2)点，故称为同心谐振器。这种谐振器也位于稳定和不稳定区之间的边缘处。

(4) 稳定的谐振器。选择 $d/R_1=d/R_2\approx 0.6$ 的对称球形谐振器即可做成稳定的谐振器。这种情况下的谐振器处于共焦和平行板谐振器的设计之间；也可以选择 $d/R_1=d/R_2\approx 1.4$。这种情况下的谐振器处于共焦和同心谐振器的设计之间。

为了确保谐振器稳定工作，取 $R_1=R_2=2d$ 或 $R_1=R_2=\frac{2}{3}d$。它们分别对应于图 6.6-3 中的点(0.5,0.5)和(1.5,1.5)。

6.7　谐振器的激励

前面各节所讨论的是孤立谐振器的特性。但是，一个孤立的谐振器是没有任何实用价值的。实际应用的微波谐振器总是要通过一个或者几个端口与外电路连接，以便进行能量变换。谐振器与外电路相连的部分叫做耦合机构或者激励机构。本节介绍谐振器的激励方式，举例阐明耦合机构的计算原理。

实际使用时，微波谐振器通过一个或几个端口与外电路连接。由于这类连接电路不包含有源器件，耦合(输出)与激励(输入)是互易的。

6.7.1　激励方式

谐振器与外电路的激励方式(或称耦合方式)随导行系统和谐振器的结构而异，常用的方式有直接耦合、探针或环耦合、孔耦合。

(1) 直接耦合，常用于微波滤波器，如图 6.7-1 所示。图 6.7-1(a)是微带线谐振器，图 6.7-1(b)是波导膜片谐振器，图 6.7-1(c)是微带线直接耦合的介质谐振器等。在直接耦合机构中，电磁波经导行机构耦合到谐振器的过程中，不会因耦合结构而改变模式，耦合机构仅起变换作用，可用一个变换器来等效。

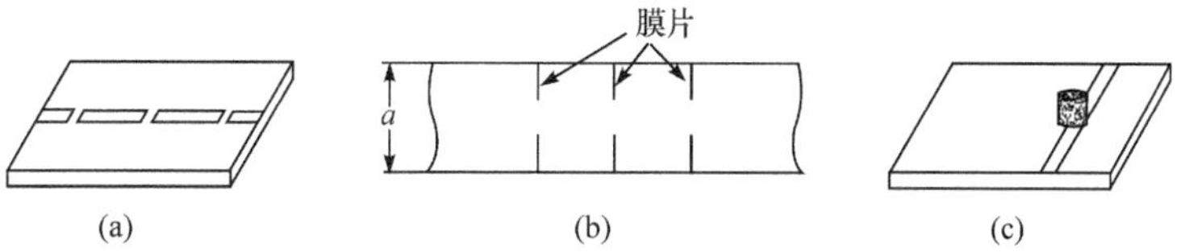

图 6.7－1　谐振器与导行系统的直接耦合

(2) 探针耦合或环耦合，常用于同轴线与谐振腔之间的耦合，如图 6.7－2 所示。由于耦合结构很小，可以认为探针处或环处的电磁场是均匀的，这样，图 6.7－2(a)所示探针在电场作用下就成为一个电偶极子，通过电偶极矩的作用，谐振器与同轴线相耦合，故又称为电耦合；图 6.7－2(b)所示耦合在磁场作用下就成为一个磁偶极子，通过磁矩的作用，使谐振器与同轴线相耦合，故又称为磁耦合。

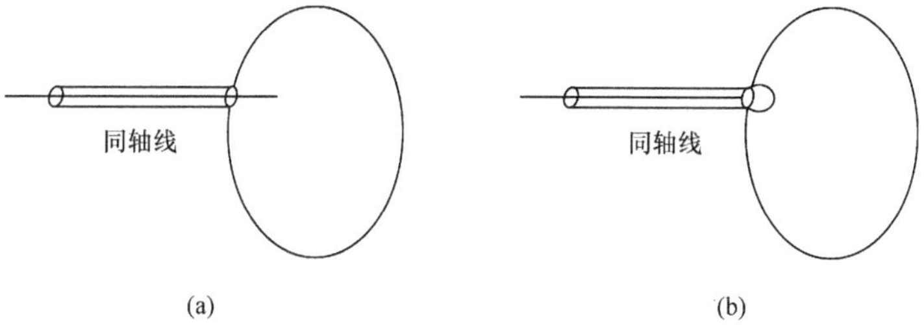

图 6.7－2　谐振器与同轴线的耦合

(3) 孔耦合，常用于波导与谐振腔之间的耦合，如图 6.7－3 所示。图 6.7－3(a)的耦合属于磁耦合；图 6.7－3(b)的耦合孔很小，也主要是磁场耦合；图 6.7－3(c)的耦合也属于磁耦合。可见谐振器与波导之间的耦合主要属于磁耦合，因为在孔处波导壁附近的磁场比较强，而小孔中的模式主要是 TM_{01} 模。孔耦合(又称为窗孔)应设置在谐振器与输入波导之间，以使谐振器中模式的场分量与输入波导的场分量一致。

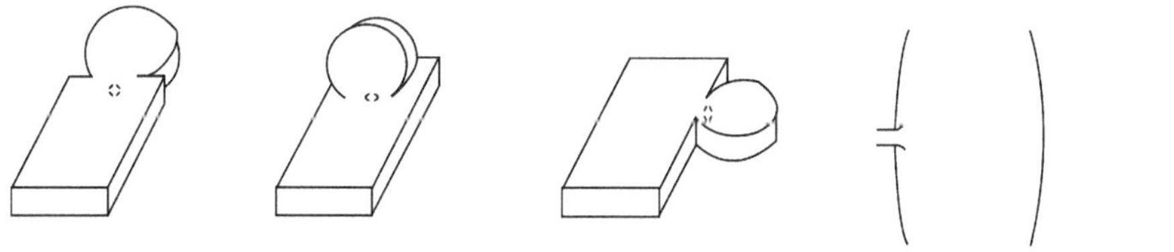

(a) 波导终端的孔耦合　(b) 波导宽边的孔耦合　(c) 波导窄边的孔耦合　(d) 用波导喇叭馈电的开式谐振腔

图 6.7－3　谐振器与波导孔的耦合

6.7.2　耦合的影响

微波谐振器与外电路耦合以后，谐振器的特性将与孤立状态有所不同，外电路会通过耦合机构对谐振器的特性产生影响。其影响有二：一是要在谐振器中引入一个电抗，使谐振器失谐，即使谐振频率改变；二是在谐振器中引入一个电阻，使谐振器的能量损耗增大，从而使其 Q 值降低。

与外电路耦合的谐振器，其功率损耗包括自身损耗功率 P_s 和外电路负载的损耗功率 P_e 两部分，即 $P_L=P_s+P_e$。有负载时谐振器的 Q 值称为有载 Q 值(loaded quality factor)，以 Q_L 表示。

谐振器与外电路之间耦合的量度为外部 Q 值，即用 Q_e 表示外电路对谐振器的影响，Q_e 与耦合机构有关。改变耦合，Q_0 值不变，Q_e 随之改变。定义 Q_0 与 Q_e 之比为耦合系数 β：

$$\beta=\frac{Q_0}{Q_e} \tag{6.7-1}$$

根据 Q 值的定义，谐振器的储能 W，即 (W_e+W_m)，自身损耗功率 P_s，外电路负载的损耗功率 P_e，固有品质因数

$$Q_0=\omega_0\frac{W}{P_s}$$

外部品质因数

$$Q_e=\omega_0\frac{W}{P_e}$$

有载品质因数

$$Q_L=\omega_0\frac{W}{P_s+P_e}$$

得到

$$\frac{1}{Q_L}=\frac{P_s}{W\omega_0}+\frac{P}{W\omega_0}=\frac{1}{Q_0}+\frac{1}{Q_e} \tag{6.7-2}$$

利用式(6.7-1)和式(6.7-2)，则 Q_L 可以表示为

$$Q_L=\frac{Q_0}{1+\beta} \tag{6.7-3a}$$

若谐振器有 N 个匹配的耦合端口，则

$$Q_L=\frac{Q_0}{1+\sum_{i=1}^{N}\beta_i} \tag{6.7-3b}$$

根据耦合系数的大小，有三种耦合状态：

(1) $\beta<1$，称谐振器与馈线为欠耦合或松耦合，$P_e<P_s$。

(2) $\beta=1$，称谐振器与馈线为临界耦合，$P_e=P_s$。

(3) $\beta>1$，称谐振器与馈线为过耦合或紧耦合，$P_e>P_s$。

注意：外电路负载损耗功率 P_e 不仅与外电路负载 R_L 有关，还与 β 密切相关。β 就相当于变压器的匝比。

6.7.3 阻尼因子

谐振电路的重要参数之一是阻尼因子 δ_d，它是当激励源去掉时振荡衰减快慢的量度。对于高 Q 谐振电路，谐振器储能衰减速度与平均储能 W_0 成正比，因此储能 W 随时间的衰减关系为

$$W=W_0e^{-2\delta_d t}=W_0e^{-\omega_0 t/Q} \tag{6.7-4}$$

由此求得

$$\delta_d=\frac{\omega_0}{2Q} \tag{6.7-5}$$

可见阻尼因子与谐振电路的 Q 值成反比。当谐振器与外电路耦合时，式中 Q 应用 Q_L 来代替。这样，当用复谐振频率

$$\omega_c=\omega_0+j\delta_d=\omega_0\left(1+\frac{j}{2Q}\right) \tag{6.7-6}$$

来处理损耗作用时，由式(6.2-19)表示的谐振频率临近谐振电路的输入阻抗 Z_{in} 就可改写成

$$Z_{in}=\frac{\omega_0 R/2Q}{j(\omega-\omega_0)} \tag{6.7-7}$$

式中，参数 R/Q 称为谐振电路的优值，它反映谐振器对增益带宽积的影响程度。用谐振电路的集总元件可表示成

$$\frac{R}{Q}=\sqrt{\frac{L}{C}} \tag{6.7-8}$$

6.7.4　缝隙耦合微带谐振器

考虑图 6.7-1(a)所示缝隙耦合 $\lambda/2$ 开路微带谐振器，其微带线缝隙可以近似等效为一串联电容，整个缝隙耦合微带谐振器的等效电路如图 6.7-4 所示。由馈线向谐振器看去的归一化输入阻抗为

$$Z_{in}=\frac{Z_{in}}{Z_0}=-j\frac{[(1/\omega c)+Z_0\cot\beta l]}{Z_0}=-j\left(\frac{\tan\beta l+b_c}{b_c\tan\beta l}\right) \tag{6.7-9}$$

式中，$b_c=Z_0\omega C$ 是耦合电容 C 的归一化电纳。当 $Z_{in}=0$ 出现谐振，因而得到

$$\tan\beta l+b_c=0 \tag{6.7-10}$$

此超越方程的解如图 6.7-5 所示。实用中 $b_c\ll 1$，因此第一个谐振频率 ω_1 接近但小于 $\beta l=\pi$ 的频率(无载谐振器的第一个谐振频率)。可见耦合的影响使谐振频率降低。

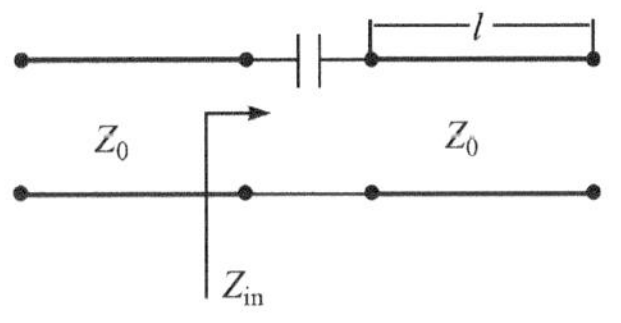

图 6.7-4　图 6.7-1(a)的等效电路

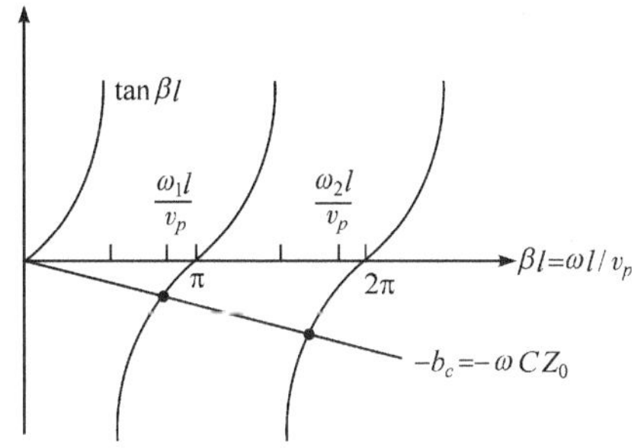

图 6.7-5　式(6.7-11)的图解

将耦合谐振器的归一化输入阻抗用关于 ω_1 的泰勒级数展开，并假定 b_c 很小，则有

$$Z_{in}(\omega)=Z_{in}(\omega_1)+(\omega-\omega_1)\left.\frac{dZ_{in}(\omega)}{d\omega}\right|_{\omega_1}+\cdots \tag{6.7-11}$$

由式(6.7-9)和式(6.7-10)，$Z_{in}(\omega)=0$，于是

$$\left.\frac{dZ_{in}}{d\omega}\right|_{\omega_1}=\frac{-j\sec^2\beta l}{b_c\tan\beta l}\frac{d(\beta l)}{d\omega}=\frac{j(1+b_c^2)}{b_c^2}\frac{l}{v_p}\approx\frac{j}{b_c^2}\frac{l}{v_p}\approx\frac{j\pi}{\omega_1 b_c^2} \tag{6.7-12}$$

这是因为 $b_c\ll 1$，$l\approx\pi v_p/\omega_1$，v_p 是传输线(假定为 TEM 线)的相速度。因此归一化阻抗可以写为

$$Z_{in}(\omega)=\frac{j\pi(\omega-\omega_1)}{\omega_1 b_c^2} \tag{6.7-13}$$

至此未考虑谐振器的损耗。对于高 Q 谐振器，损耗可用复频率 $\omega_1(1+j/2Q)$ 代替 ω_1 来考虑。这样就得到缝隙耦合有耗微带线谐振器的归一化输入阻抗为

$$Z_{in}(\omega)=\frac{\pi}{2Qb_c^2}+\frac{j\pi(\omega-\omega_1)}{\omega_1 b_c^2} \tag{6.7-14}$$

需要注意的是，无耦合的 $\lambda/2$ 开路微带线谐振器在谐振附近等效为一并联 RLC 电路，而现在缝隙耦合 $\lambda/2$ 开路微带线谐振器则等效为串联 RLC 电路，这是因为串联耦合电容相当为一阻抗倒置器。因此谐振时的输入电阻为 $R=Z_0\pi/2Qb_c^2$。对于临界耦合，$R=Z_0$，因此得到

$$b_c=\sqrt{\frac{\pi}{2Q}} \tag{6.7-15}$$

耦合系数为

$$\beta=\frac{R}{Z_0}=\frac{\pi}{2Qb_c^2} \tag{6.7-16}$$

若 $b_c>\sqrt{\pi/(2Q)}$，则 $\beta<1$，谐振器为欠耦合；若 $b_c<\sqrt{\pi/(2Q)}$，则 $\beta>1$，谐振器为过耦合。

6.7.5 孔耦合谐振腔

首先考虑如图 6.7-6(a)所示的孔耦合波导谐振腔。横向膜片上的小孔等效为一并联电感。谐振腔在腔长 $l=\lambda_g/2$ 时为第一个谐振模式。耦合谐振腔得等效电路如图 6.7-6(b)所示。它是图 6.7-4 的对偶电路。

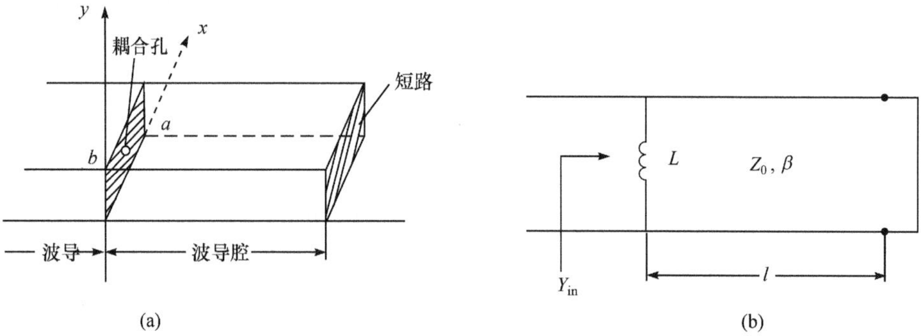

图 6.7-6 横向孔耦合矩形波导谐振腔及其等效电路

由馈线看去的归一化输入导纳为

$$y_{in}=Y_{in}Z_0=-jZ_0\left(\frac{1}{X_L}+\frac{1}{\tan\beta l}\right)=-j\left(\frac{\tan\beta l+x_L}{x_L\tan\beta l}\right) \tag{6.7-17}$$

式中，$x_L=\omega L/Z_0$ 是小孔的归一化电抗。并联谐振时

$$\tan\beta l+x_L=0 \tag{6.7-18}$$

此式与缝隙耦合微带线谐振器的式(6.7-10)类似，其解法与图 6.7-5 相似。式(6.7-17)可用谐振频率 ω_1 的泰勒级数来展开，并假设 $x_L\ll1$，而 $y_{in}(\omega_1)=0$，于是得到

$$y_{in}(\omega)=y_{in}(\omega_1)+(\omega-\omega_1)\left.\frac{dy_{in}(\omega)}{d\omega}\right|_{\omega_1}+\cdots\approx\frac{jl}{x_L^2}(\omega-\omega_1)\left.\frac{d\beta}{d\omega}\right|_{\omega_1} \tag{6.7-19}$$

对于矩形波导

$$\frac{d\beta}{d\omega}=\frac{d}{d\omega}\sqrt{k_0^2-k_c^2}=\frac{k_0}{\beta_c} \tag{6.7-20}$$

式中，c 为光速，则式(6.7-19)简化为

$$y_{in}(\omega)=\frac{j\pi k_0(\omega-\omega_1)}{\beta^2cx_L^2} \tag{6.7-21}$$

考虑损耗的影响，用复频率 $\omega_1(1+j/2Q)$ 代替上式中的 ω_1，得到

$$y_{in}(\omega)=\frac{\pi k_0\omega_1}{2Q\beta^2 cx_L^2}+\mathrm{j}\frac{\pi k_0(\omega-\omega_1)}{\beta^2 cx_L^2} \tag{6.7-22}$$

谐振时的输入电阻为 $R=2Q\beta^2cx_L^2Z_0/(\pi k_0\omega_1)$。临界耦合要求 $R=Z_0$，因此得到所要求的孔的电抗为

$$x_L=Z_0\sqrt{\frac{\pi k_0\omega_1}{2Q\beta^2 c}} \tag{6.7-23}$$

根据 x_L 便可决定耦合孔的尺寸。

其次考虑如图 6.7-7(a)所示窄缝耦合矩形波导谐振腔。横向高度为 t，其归一化电纳为

$$\overline{B}=\frac{2\beta b}{\pi}\ln\left(\csc\frac{\pi t}{2b}\right) \tag{6.7-24}$$

式中

$$\beta=\sqrt{k_0^2-(\pi/a)^2},\quad k_0=\omega/c$$

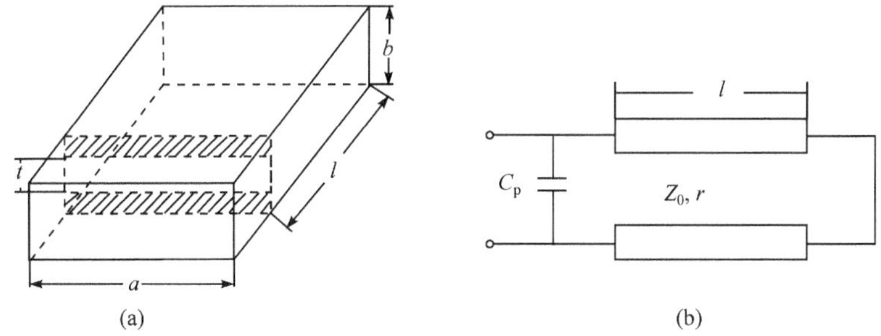

图 6.7-7　窄缝耦合矩形腔及其等效电路

等效电路如图 6.7-7(b)所示，其总的输入导纳为

$$\frac{Y_{in}}{Y_0}=\mathrm{j}\overline{B}+\coth\gamma l \tag{6.7-25}$$

式中，$\gamma=\alpha+\mathrm{j}\beta$；$\beta=2\pi/\lambda g$。波导的衰减很小，$\mathrm{th}\alpha l\approx\alpha l$，于是

$$\frac{Y_{in}}{Y_0}=\mathrm{j}\overline{B}+\frac{\alpha l}{\tan^2\beta l}-\cot\beta l \tag{6.7-26}$$

总的输入电纳和电导为

$$B=Y_0-Y_0\cot\beta l,\quad G=Y_0 \tag{6.7-27}$$

于是

$$\omega\frac{\partial B}{\partial\omega}=\left(\frac{\lambda_g}{\lambda}\right)^2\overline{B}Y_0(1+\pi\overline{B})\approx\pi\left(\frac{\lambda_g\overline{B}}{\lambda}\right)^2Y_0 \tag{6.7-28}$$

外部 Q 值可求得为

$$Q_e=\frac{\omega}{2G}\frac{\partial B}{\partial\omega}\bigg|_{\omega=\omega_0}=\frac{\pi}{2}\left(\frac{\lambda_g\overline{B}}{\lambda}\right)^2 \tag{6.7-29}$$

无载 Q 值为

$$Q_0=\frac{\pi}{2}\left(\frac{\lambda_g}{\lambda}\right)^2\frac{1}{\alpha l} \tag{6.7-30}$$

因此耦合系数为

$$\beta=\frac{Q_0}{Q_e}=\frac{1}{(\alpha l)\overline{B}^2}=\frac{1}{(\alpha l)\{(4b/\lambda g)\ln[\csc(\pi t/2b)]\}^2} \tag{6.7-31}$$

由此可求的耦合缝高度为

$$t = \frac{2b}{\pi}\arcsin\frac{1}{\ln^{-1}[(\lambda_g/4b)\sqrt{1/(al)\beta}]} \tag{6.7-32}$$

这种窄缝耦合机构适合于作紧耦合，而横向膜片适于作松耦合和临界耦合。

6.8 微波谐振腔的微扰理论

在实际应用中，常常需要对谐振器的谐振频率进行微调。对空腔谐振器来说，微调就是根据其谐振频率与腔内振荡模式、腔体形状尺寸、腔内填充介质等的关系，在腔内引入金属调谐螺钉、压缩腔壁或放入介质，使腔内场分布受到微小扰动（称为微扰），从而引起谐振频率相应变化。

计算上述频率改变量的近似方法称为微扰法。微扰法就是通过微扰前的量来近似求得微扰后的改变量。下面分腔壁微扰和介质微扰两种情况进行讨论。

6.8.1 腔壁微扰

腔壁微扰是指腔内介质不变，腔体微小变形引起的微扰，如图 6.8-1 所示。假定腔壁为理想导体，未受微扰的腔体表面积为 S_0，体积为 V_0，谐振频率为 ω_0，腔内电磁场为 $\boldsymbol{E}_0$、$\boldsymbol{H}_0$。若腔体向内微扰（腔壁微小推入）后，腔体表面积为 S，体积为 V，谐振频率为 ω，腔内电磁场为 $\boldsymbol{E}$、$\boldsymbol{H}$。于是有

$$\Delta S = S - S_0$$
$$\Delta V = V - V_0$$

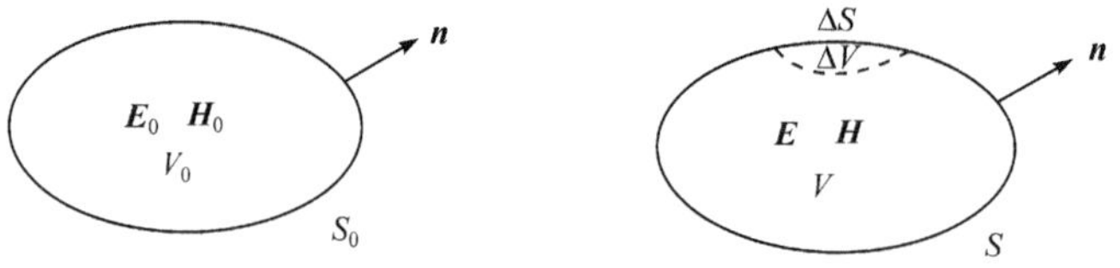

图 6.8-1 腔壁微扰示意图

微扰前后的场量应满足麦克斯韦方程和相应的边界条件，即

$$\nabla\times\boldsymbol{E}_0 = -\mathrm{j}\omega_0\mu\boldsymbol{H}_0 \tag{6.8-1a}$$

$$\nabla\times\boldsymbol{H}_0 = \mathrm{j}\omega_0\varepsilon\boldsymbol{E}_0 \tag{6.8-1b}$$

在 S_0 上

$$\boldsymbol{n}\times\boldsymbol{E}_0 = \boldsymbol{0} \tag{6.8-1c}$$

$$\nabla\times\boldsymbol{E} = -\mathrm{j}\omega\mu\boldsymbol{H} \tag{6.8-2a}$$

$$\nabla\times\boldsymbol{H} = \mathrm{j}\omega\varepsilon\boldsymbol{E} \tag{6.8-2b}$$

在 S 上

$$\boldsymbol{n}\times\boldsymbol{E} = 0 \tag{6.8-2c}$$

将式(6.8-2b)点乘 $\boldsymbol{E}_0^*$，式(6.8-1a)取共轭后点乘 $\boldsymbol{H}$ 得

$$\boldsymbol{E}_0^*\cdot(\nabla\times\boldsymbol{H}) = \mathrm{j}\omega\varepsilon\boldsymbol{E}\cdot\boldsymbol{E}_0^*$$

$$\boldsymbol{H}\cdot(\nabla\times\boldsymbol{E}_0^*) = \mathrm{j}\omega_0\mu\boldsymbol{H}_0^*\cdot\boldsymbol{H}$$

将上面两式相减并应用矢量恒等式

$$\boldsymbol{B}\cdot(\nabla\times\boldsymbol{A}) - \boldsymbol{A}\cdot(\nabla\times\boldsymbol{B}) = \nabla\cdot(\boldsymbol{A}\times\boldsymbol{B})$$

可得

$$\nabla \cdot (\boldsymbol{H} \times \boldsymbol{E}_0^*) = \mathrm{j}\omega\varepsilon \boldsymbol{E} \cdot \boldsymbol{E}_0^* - \mathrm{j}\omega_0\mu \boldsymbol{H}_0^* \cdot \boldsymbol{H} \tag{6.8-3}$$

将式(6.8－1b)和(6.8－2a)作类似运算得

$$\nabla \cdot (\boldsymbol{H}_0^* \times \boldsymbol{E}) = \mathrm{j}\omega\mu \boldsymbol{H} \cdot \boldsymbol{H}_0^* - \mathrm{j}\omega_0\varepsilon \boldsymbol{E}_0^* \cdot \boldsymbol{E} \tag{6.8-4}$$

式(6.8－3)和式(6.8－4)相加后对 V 积分，再应用散度定理得

$$\oint_S \boldsymbol{H} \times \boldsymbol{E}_0^* \cdot \boldsymbol{n}\mathrm{d}S + \oint_S \boldsymbol{H}_0^* \times \boldsymbol{E} \cdot \boldsymbol{n}\mathrm{d}S = \mathrm{j}(\omega - \omega_0)\int_V (\varepsilon \boldsymbol{E} \cdot \boldsymbol{E}_0^* + \mu \boldsymbol{H} \cdot \boldsymbol{H}_0^*)\mathrm{d}V \tag{6.8-5}$$

此式左端第二项

$$\oint_S \boldsymbol{H}_0^* \times \boldsymbol{E} \cdot \boldsymbol{n}\mathrm{d}S = -\oint_S \boldsymbol{n} \times \boldsymbol{E} \cdot \boldsymbol{H}_0 \mathrm{d}S \tag{6.8-6}$$

因在 S 面上 $\boldsymbol{n} \times \boldsymbol{E} = \boldsymbol{0}$，故此项消失，又因在 S_0 面上 $\boldsymbol{n} \times \boldsymbol{E}_0 = \boldsymbol{0}$，故

$$\oint_{S_0} (\boldsymbol{H} \times \boldsymbol{E}_0^*) \cdot \boldsymbol{n}\mathrm{d}S = 0 \tag{6.8-7}$$

于是式(6.8－5)左端剩下的一项可表为

$$\oint_S \boldsymbol{H} \times \boldsymbol{E}_0^* \cdot \boldsymbol{n}\mathrm{d}S = \oint_{S_0 - \Delta S} (\boldsymbol{H} \times \boldsymbol{E}_0^*) \cdot \boldsymbol{n}\mathrm{d}S = -\oint_{\Delta S} (\boldsymbol{H} \times \boldsymbol{E}_0^*) \cdot \boldsymbol{n}\mathrm{d}S \tag{6.8-8}$$

负号是由于 $\boldsymbol{n}$ 取图中所示外法向矢量而出现的。

由式(6.8－5)可得向内微扰引起的频率变化即频偏为

$$\omega - \omega_0 = \frac{\mathrm{j}\oint_{\Delta S} (\boldsymbol{H} \times \boldsymbol{E}_0^*) \cdot \boldsymbol{n}\mathrm{d}S}{\int_V (\varepsilon \boldsymbol{E} \cdot \boldsymbol{E}_0^* + \mu \boldsymbol{H} \cdot \boldsymbol{H}_0^*)\mathrm{d}V} \tag{6.8-9}$$

对于腔壁向外微小拉出，即向外微扰，其频偏的表达式与式(6.8－9)反号。

上面导出的频偏公式是严格的，但计算时必须知道微扰前后的场量。微扰前的场量属已知量，微扰后的场则属未知量。这样便无法应用上式计算。在实际应用中，由于扰动很小，场变化不大，故近似认为微扰前后场分布相同，取 $\boldsymbol{E} = \boldsymbol{E}_0$，$\boldsymbol{H} = \boldsymbol{H}_0$，代入式(6.8－9)，其右端分子为

$$\oint_{\Delta S} (\boldsymbol{H} \times \boldsymbol{E}_0^*) \cdot \boldsymbol{n}\mathrm{d}S \approx \oint_{\Delta S} (\boldsymbol{H}_0 \times \boldsymbol{E}_0^*) \cdot \boldsymbol{n}\mathrm{d}S = \mathrm{j}\omega_0 \int_{\Delta V} (\varepsilon |\boldsymbol{E}_0|^2 - \mu |\boldsymbol{H}_0|^2)\mathrm{d}V \tag{6.8-10}$$

分母中的 V 近似用 V_0 代换，分母为

$$\int_{V_0} (\varepsilon |\boldsymbol{E}_0|^2 + \mu |\boldsymbol{H}_0|^2)\mathrm{d}V$$

于是相对频偏的近似式为

$$\frac{\omega - \omega_0}{\omega_0} \approx \frac{\int_{\Delta V} (\mu |\boldsymbol{H}_0|^2 - \varepsilon |\boldsymbol{E}_0|^2)\mathrm{d}V}{\int_V (\mu |\boldsymbol{H}_0|^2 + \varepsilon |\boldsymbol{E}_0|^2)\mathrm{d}V} \tag{6.8-11a}$$

或

$$\frac{\omega - \omega_0}{\omega_0} \approx \frac{\Delta W_{\mathrm{m}} - \Delta W_{\mathrm{e}}}{W} \tag{6.8-11b}$$

式中，W 表示未受微扰时腔内总储能时均值；ΔW_{m}、ΔW_{e} 分别表示未受微扰时，对应于 ΔV 内的磁能和电能时均值。

由式(6.8-11)看出,受微扰的频率变化与腔体变形的位置有关。假如在腔内磁场较强,电场较弱处,腔体表面向内推入,则谐振频率升高。结论:当腔壁内表面或其一部分朝内推入时 $\Delta V \ll V$,如果微扰部分的磁场较强,则频率升高;如果电场较强,则频率降低。腔壁向外拉出,其效应与上相反。

6.8.2 介质微扰

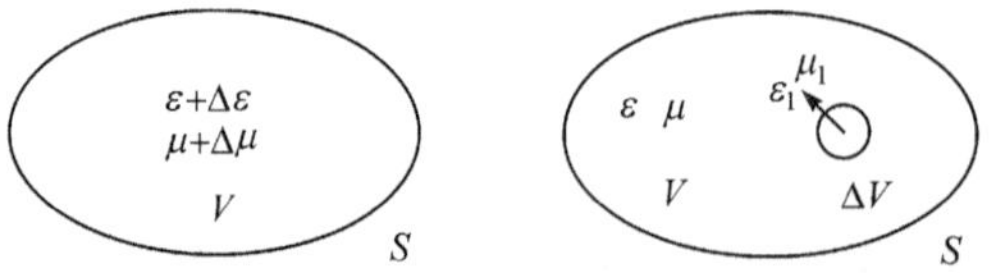

(a) 大体积小介质常数　(b) 小体积大介质常数

图 6.8-2

腔体形状尺寸不变,腔内介质微小变化引起的微扰称为介质微扰。介质微扰有两种情形,一是整个腔中介质常数略有变化,如图 6.8-2(a)所示;二是腔内很小区域 ΔV 内介质常数明显变化而其余区域介质不变,如图 6.8-2(b)所示。这两种情形均使腔内场分布和谐振频率发生变化。设微扰前的量为 $\mu,\varepsilon,\boldsymbol{E}_0,\boldsymbol{H}_0,\omega_0,S_0,V_0$,微扰后的量为 $\mu+\Delta\mu,\varepsilon+\Delta\varepsilon,\boldsymbol{E},\boldsymbol{H},\omega,S+\Delta S,V+\Delta V$。

微扰前后的场量分别满足麦克斯韦方程和边界条件:

$$\nabla\times\boldsymbol{E}_0=-\mathrm{j}\omega\mu\boldsymbol{H}_0 \tag{6.8-12a}$$

$$\nabla\times\boldsymbol{H}_0=\mathrm{j}\omega\varepsilon\boldsymbol{E}_0 \tag{6.8-12b}$$

在 S_0 上

$$\boldsymbol{n}\times\boldsymbol{E}_0=0 \tag{6.8-12c}$$

$$\nabla\times\boldsymbol{E}=-\mathrm{j}\omega(\mu+\Delta\mu)\boldsymbol{H} \tag{6.8-13a}$$

$$\nabla\times\boldsymbol{H}=\mathrm{j}\omega(\varepsilon+\Delta\varepsilon)\boldsymbol{E} \tag{6.8-13b}$$

在 S 上

$$\boldsymbol{n}\times\boldsymbol{E}=0 \tag{6.8-13c}$$

推导与腔壁微扰情况相同,将 $\boldsymbol{E}_0^*$ ·[式(6.8-12b)]-[式(6.8-13a)]* ·$\boldsymbol{H}$,应用矢量恒等式后得

$$\nabla\cdot(\boldsymbol{H}\times\boldsymbol{E}_0^*)=\mathrm{j}\omega(\varepsilon+\Delta\varepsilon)\boldsymbol{E}\cdot\boldsymbol{E}_0^*-\mathrm{j}\omega_0\mu\boldsymbol{H}\cdot\boldsymbol{H}_0^* \tag{6.8-14}$$

将式(6.8-12b)和(6.8-13a)作类似运算,得

$$\nabla\cdot(\boldsymbol{H}_0^*\times\boldsymbol{E})=-\mathrm{j}\omega_0\varepsilon\boldsymbol{E}\cdot\boldsymbol{E}_0^*+\mathrm{j}\omega(\mu+\Delta\mu)\boldsymbol{H}\cdot\boldsymbol{H}_0^* \tag{6.8-15}$$

再将式(6.8-13)与式(6.8-14)相加后对 V 积分,应用散度定理和边界条件可得

$$0=\int_V[\omega(\varepsilon+\Delta\varepsilon)\boldsymbol{E}\cdot\boldsymbol{E}_0-\omega_0\varepsilon\boldsymbol{E}\cdot\boldsymbol{E}_0^*+\omega(\mu+\Delta\mu)\boldsymbol{H}\cdot\boldsymbol{H}_0-\omega_0\mu\boldsymbol{H}\cdot\boldsymbol{H}_0]\mathrm{d}V$$

即

$$\frac{\omega-\omega_0}{\omega}=-\frac{\int_V(\Delta\varepsilon\boldsymbol{E}\cdot\boldsymbol{E}_0^*+\Delta\mu\boldsymbol{H}\cdot\boldsymbol{H}_0^*)\mathrm{d}V}{\int_V(\varepsilon\boldsymbol{E}\cdot\boldsymbol{E}_0^*+\mu\boldsymbol{H}\cdot\boldsymbol{H}_0^*)\mathrm{d}V} \tag{6.8-16}$$

和应用腔壁微扰公式相同的理由,应用式(6.8-16)时,需作适当的近似处理。对于介质微扰的第一种情形,只要 $\Delta\varepsilon$、$\Delta\mu$ 非常小,可取 $\boldsymbol{E}\approx\boldsymbol{E}_0,\boldsymbol{H}\approx\boldsymbol{H}_0$,上式左端分母的 $\omega\approx\omega_0$,可得

$$\frac{\omega-\omega_0}{\omega_0}=-\frac{\int_V(\Delta\varepsilon|\boldsymbol{E}_0|^2+\Delta\mu|\boldsymbol{H}_0|^2)\mathrm{d}V}{\int_V(\varepsilon|\boldsymbol{E}_0|^2+\mu|\boldsymbol{H}_0|^2)\mathrm{d}V} \tag{6.8-17}$$

对于介质微扰的第二种情形，虽然 ΔV 中 $\Delta\varepsilon$、$\Delta\mu$ 值可能较大，但由于 ΔV 很小，故式(6.8-16)的分母中 $\boldsymbol{E}$、$\boldsymbol{H}$ 可近似用 $\boldsymbol{E}_0$、$\boldsymbol{H}_0$ 代替。$\boldsymbol{E}\approx\boldsymbol{E}_0$，$\boldsymbol{H}\approx\boldsymbol{H}_0$。$\Delta V$ 中的 $\boldsymbol{E}$、$\boldsymbol{H}$ 可认为是常数，用准静态场代替。对于一些特殊形状的介质样品，容易求得其静态场。图 6.8-3 示出了四种介质样品及其内外静态场的关系。

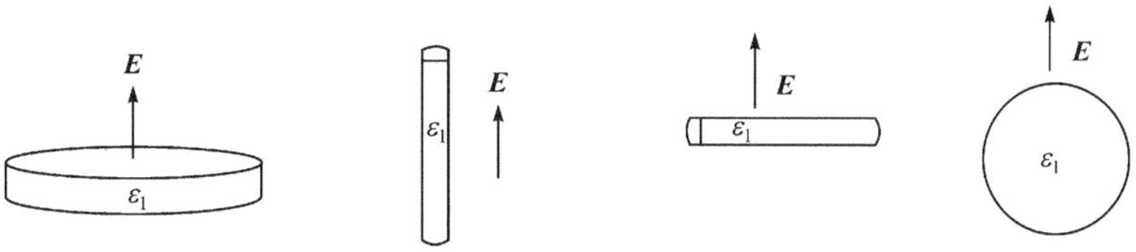

(a) $E_{里}=\dfrac{1}{\varepsilon_1}E_{外}$　(b) $E_{里}=E_{外}$　(c) $E_{里}=\dfrac{2}{1+\varepsilon_1}E_{外}$　(d) $E_{里}=\dfrac{3}{2+\varepsilon_1}E_{外}$

图 6.8-3　四种介质样品及其内外静态场的关系

如此，式(6.8-16)可表示为

$$\frac{\omega-\omega_0}{\omega}\approx-\frac{(\Delta\varepsilon\boldsymbol{E}\cdot\boldsymbol{E}_0^*+\Delta\mu\boldsymbol{H}\cdot\boldsymbol{H}_0^*)\Delta V}{\int_V(\varepsilon|\boldsymbol{E}_0|^2+\mu|\boldsymbol{H}_0|^2)\mathrm{d}V}\tag{6.8-18}$$

由式(6.8-18)不难看出 $\boldsymbol{H}_0\approx\boldsymbol{0}$ 和 $\boldsymbol{E}_0\approx\boldsymbol{0}$ 处放入微扰介质均使受腔的谐振频率降低。顺便指出，对于有耗介质微扰，上述公式仍然成立，但介质常数和谐振频率均要用复数形式代入，即

$$\mu=\mu_0,\quad \Delta\mu=0$$

$$\varepsilon=\varepsilon_0(\varepsilon'-\mathrm{j}\varepsilon'')$$

$$\omega'_0=\omega_0+\mathrm{j}\frac{\omega_0}{2Q_0}$$

$$\omega'=\omega+\mathrm{j}\frac{\omega}{2Q}$$

则

$$\frac{\omega+\mathrm{j}\dfrac{\omega}{2Q}-\omega_0+\mathrm{j}\dfrac{\omega_0}{2Q_0}}{\omega+\mathrm{j}\dfrac{\omega}{2Q}}=\frac{-\varepsilon_0(\varepsilon'-1-\mathrm{j}\varepsilon'')\int_{\Delta V}\boldsymbol{E}\cdot\boldsymbol{E}_0^*\,\mathrm{d}V}{\int_V(\varepsilon|\boldsymbol{E}_0|^2+\mu|\boldsymbol{H}_0|^2)\mathrm{d}V}\tag{6.8-19}$$

上式右边分母为四倍总储能 $4W$。若 Q_0 很高，可略去 $\mathrm{j}\dfrac{\omega}{2Q}$ 项，式(6.8-19)分成两项得

$$\frac{\omega-\omega_0}{\omega}=-\varepsilon_0(\varepsilon'-1)\frac{\int_{\Delta V}\boldsymbol{E}\cdot\boldsymbol{E}_0^*\,\mathrm{d}V}{4W}\tag{6.8-20a}$$

$$\frac{1}{2Q}-\frac{1}{2Q_0}=\varepsilon_0\varepsilon''\frac{\int_{\Delta V}\boldsymbol{E}\cdot\boldsymbol{E}_0^*\,\mathrm{d}V}{4W}\tag{6.8-20b}$$

可见，有耗介质的实部引起谐振频率偏移，虚部引起空腔 Q_0 改变。由此可通过测量 Δf 和 ΔQ 来确定 ε' 和 ε''。

习　题

6.1　试述微波谐振器与集总参数谐振电路谐振特性的异同。

6.2　试证明长为$(2p-1)\lambda_0/4$的低耗开路谐振线，在谐振频率附近有与串联谐振电路相似的特性。

6.3　试用$\lambda_0/4$短路同轴腔，验证谐振时腔内$W_e=W_m$。

6.4　已知短路同轴腔，$a=3.5\text{mm}$，$b=8\text{mm}$，$l=50\text{mm}$，试求最低振荡模的谐振波长和Q_c值(腔壁$\delta=1.2\mu\text{m}$)。

6.5　已知空气填充的$\lambda_0/4$同轴腔，$b=18\text{mm}$，谐振频率$f_0=5\text{GHz}$，试求Q_0最大的腔体尺寸a和l。

6.6　端接电容型同轴腔，若同轴线特性阻抗$Z_c=50\Omega$，端接电容$C=1\text{pF}$，试求谐振波长$\lambda_0=10\text{cm}$时的最短两个谐振长度l_1、l_2(腔内填充空气)。

6.7　试计算空气填充矩形腔$a\times b\times l=4\text{cm}\times 2.5\text{cm}\times 5\text{cm}$的前五个较低振荡模式的谐振频率，画出$\text{TE}_{111}$模和$\text{TM}_{111}$模的场结构。

6.8　空气填充矩形腔$a\times b\times l=3\text{cm}\times 2\text{cm}\times 4\text{cm}$，腔壁由紫铜制成，$P_L=10\text{mW}$，求腔中最低振荡模的最大电场$E_{\max}$。

6.9　设空气填充矩形腔中TE_{101}模的最大电场为E_m，试证明：

$$W_e=\frac{\varepsilon_0}{8}ablE_m^2$$

$$P_L=\frac{\pi}{16}\sqrt{\frac{\varepsilon_0}{\mu_0}}\delta\lambda_0\left(\frac{2ab}{l^2}+\frac{2bl}{a^2}+\frac{a}{l}+\frac{l}{a}\right)E_m^2$$

若矩形腔用紫铜制成，$a\times b\times l=22.86\text{mm}\times 10.16\text{mm}\times 22.5\text{mm}$，$E_m=1000\text{V/m}$，计算该模的$\lambda_0$和$Q_0$值。

6.10　计算空气填充圆柱腔($a=1.905\text{cm}$，$l=2.54\text{cm}$)前五个较低振荡模式的谐振频率。若腔壁用紫铜制成，求TM_{010}模的Q_0值。

6.11　若空气填充圆柱腔的l可以调节，$a=5\text{cm}$，试求$l=10\text{cm}$和15cm两种情况下最低振荡模的谐振波长。

6.12　$a=2\text{cm}$，$l=6\text{cm}$的圆柱腔内填充$e=(2.5-\text{j}0.0001)\varepsilon_0$的有耗介质，腔壁用紫铜，试计算$\text{TE}_{111}$模的$Q_0$值。

6.13　若空气填充圆柱腔，l可以调节，$a=1.5\text{cm}$，$a/l=1.414\sim2.5$，试计算TE_{011}模谐振频率的变化范围。

6.14　空气填充圆柱腔，若$a=3\text{cm}$，$l=6\text{cm}$，计算TE_{011}模及比TE_{011}模谐振波长长的各模的谐振波长。

6.15　已知介质基片上圆柱形介质振荡器，如题6.15图所示，振荡模为TE_{101}模，$a=5.375\text{cm}$，$l_1=5\text{mm}$，$h=1\text{mm}$，$\varepsilon_{r1}=39$，$\varepsilon_r=2.55$，$f_0=5\text{GHz}$，试计算谐振器的长度。

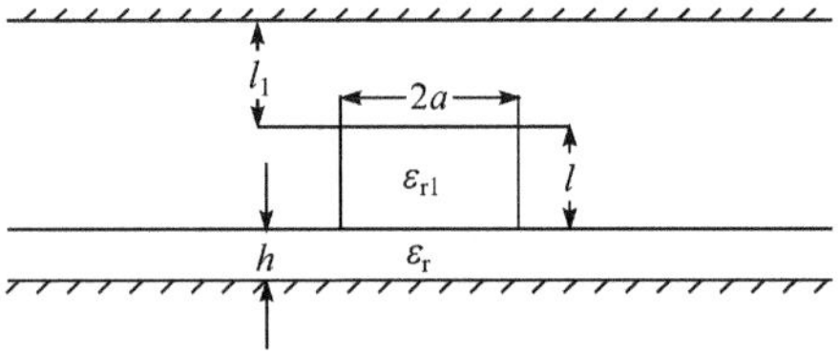

题6.15图

6.16　如题6.16图所示矩形谐振腔，谐振在TE_{101}模，在底部放入厚度为t的很薄的介质板，试求其频率微扰表示式。

6.17　如题6.17图所示矩形谐振腔，谐振在TE_{101}模，在侧面放入厚度为t的很薄的介质板，试求其频率微扰表示式。

6.18　求对2.2GHz、2.5GHz和3GHz三个频率均能谐振的矩形腔的最小尺寸。

6.19　用BJ-100波导做成的TE_{102}模式矩形腔，今在$z=l$端面用理想导体短路活塞调谐，其谐振频率范围为9.3GHz～10.2GHz。求活塞移动范围。

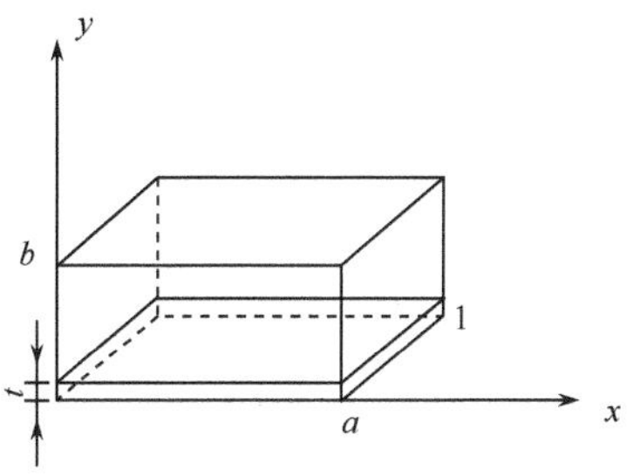

题 6.16 图

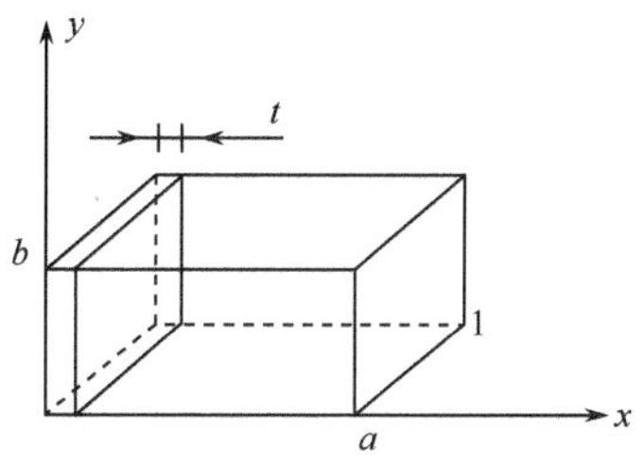

题 6.17 图

6.20　空气填充谐振腔在 10.6GHz 时谐振，Q_0 为 8200，今在腔内填充 $\varepsilon_r=1.63$ 的介质（$\mathrm{tg}\delta=10^{-3}$）。求填充介质后的谐振频率和 Q_0 值。

6.21　如题 6.21 图所示的工作在 TE_{103} 模式的矩形谐振腔，腔长 $L=3\lambda_0/2$，截面尺寸为 $a\times b$，小介质形状为半径 r、长为 b 的圆杆，放入腔体的正中央。放入介质前后的腔体谐振频率和品质因数分别是 f_0、Q_0 和 f、Q。试用介质微扰公式求介质的复介电常数表达式。

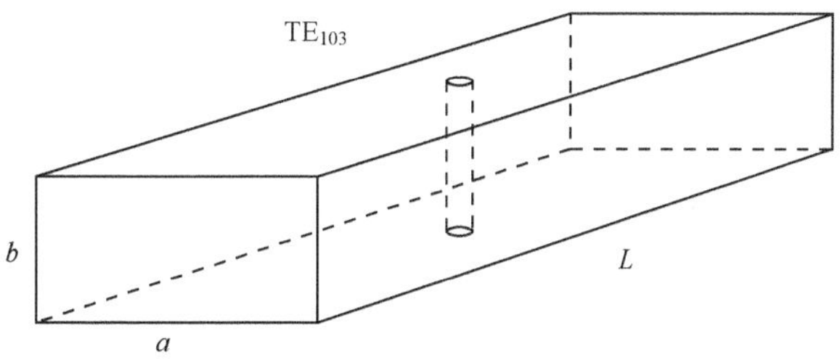

题 6.21 图

第7章　微波网络基础

网络是一种抽象化的物理模型，它由网络元件相互连接而成，在其端对接进行物理量的转换，而网络元件（矩阵元素）则是实际器件的抽象概括。它们服从相应的物理量的有关定律。

根据所转换物理量的类别，网络可分为电气的、非电气的和混合的。本章所讨论的微波网络是指工作于微波波段的电气网络，它们是实际微波结构中最常见的网络模型。应该指出，实际的微波结构并不一定是单纯的电网络，例如，声、光信道化接收机中的声光调制器就是典型的声、光、电混合网络。不过，微波网络总是它们最重要的和最主要的组成部分。

根据网络元件中物理量分布的特点，微波网络又可分为集总参数网络和分布参数网络，前者一般包括有限数目的元件，后者一般由均匀传输线段（包括耦合线）和其他分布参数元件组成，而均匀传输线段又有色散和非色散，等长度和不等长度之分，等等。当前最受重视、发展最快的微波集成电路大多是既包括集总参数元件又包括分布参数元件的混合参数网络。根据网络中物理量转换状态的特点，还可以把网络分为线性和非线性、时变与时不变、有源与无源、互易与非互易等类型。其中，无源、线性、时不变网络是最基本的和用得最多的，本章将主要讨论这类微波网络。

微波网络理论是微波技术中分析问题、解决问题的重要方法之一。一般来说，对于微波结构的电特性有三种描述方法：场描述、等效电路描述和网络参数矩阵描述。场描述原则上适用于分析各种微波结构，能全面描述其内部和外部特性，但实际上对于复杂结构的描述是有困难的；利用等效电路能在一定程度上描述微波网络的内部和外部特性，不过仅在一定频率下是准确的，而且并非所有的微波结构都适用于等效电路来描述；网路参数矩阵描述，具有简练、高度概括的特点，它适用于各种微波结构，特别是复杂的微波结构，可用它只描述外部特性（或端口特性）。由此看到，这三种方法各有各的特点和用处。

微波网络理论就是利用网络参数矩阵描述和研究微波结构的理论，它主要用来解决两方面的问题：①给定简单元件的外部特性（元件对信号的作用），确定由这些元件组成的复杂元部件和系统的外部特性——网络分析。②给定对某一微波系统的电气要求（用时域或频域函数表示的网络特性），确定用什么样的元件来组成它——网络综合。显然为了进行网络分析和综合，首先要从元件对信号的作用出发，对各类元件的特性做抽象概括，用同一的网络参数来表征它们，并研究这些网络参数的基本特点和运用法则，而这正是微波网络理论最基本的方面。

7.1　不均匀性等效为集总参数网络

微波传输系统中的不均匀性主要由各种微波元件造成。这些微波元件在传输系统中也称为微波接头或微波结。图7.1-1中示出了几个典型的微波结构。

微波结的一般模型可用图7.1-2表示，图中1，2，…，n表示波的进出口，即微波结与导波系统的连接口，简称为微波结的端口。如果各端口的导波系统都只传输单模，则微波结的几何端口数等于电气端口数；如果端口的导波系统传输多模，则电气端口数大于几何端口数。实际

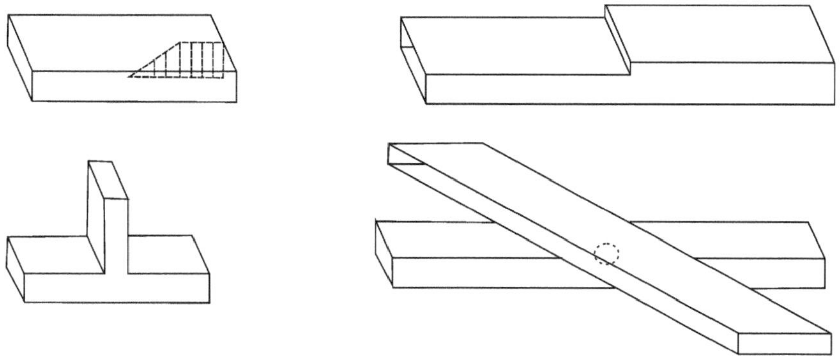

图 7.1-1　几种典型的微波结构

上很多情况属于前者,只不过各端口的导波系统类型可能不同,比如有的端口接同轴线,有的端口接柱面波导等,但是它们都只传输单模。微波结中的媒质参数常常是线性的。

采用微波等效电路方法分析不均匀性,实际上是从不均匀性对传输系统的影响这一角度来考虑问题的。为了说明微波接头对传输系统的影响,首先分析波从波源传输到微波结不均匀区处的现象。设波源发出的波从端口 1 输入,由于微波结到不均匀区的边界条件比均匀波导系统复杂,因此其中的场分布也必然很复杂,这种场又将在各端口靠近不均匀区的导波系统段($V_1,V_2,\cdots,V_n$ 称为近区)内激励起较复杂的场。而 $V_1,V_2,\cdots,V_n$ 已属于均匀波导系统部分,由于均匀导波系统中的任意场,均可用各正规模的线性叠加表示。这些模式包括该导波系统的主模和高次模。而各导波系统的尺寸只保证单模传输,因此均匀导波系统段中只有主模可以传播,高次模则被截止。各端口近区中的这些高次模截止场沿该导波系统轴向按指数规律衰减,而且这种衰减一定会在某个位置上达到可以忽略不计的程度。这个位置被作为近区的边界。边界以外的均匀导波系统为远区。相应于各个端口的参考面用 $T_1,T_2,\cdots,T_n$ 表示。显然,端口 1 的远区内有波源的入射波和由不均匀区反射回来的反射波。应当指出,在一般情况下,各端口的远区内部都同时存在主模的入射波和出射波(或透射波)。这是由于其他端口虽未接波源,但须与另外的导波结构或微波结相连,从其他导波结构或微波结反射回来的传输模就形成了该端口的入射波。因此,从上面的分析可以得出,微波结的不均匀区对微波传输系统的影响是引起输入端口导波系统内的反射波和输出端口导波系统中的出射波。实际上输出导波系统内的反射波就不均匀区来说也为出射波。于是只要知道微波结接入微波传输系统中引起的各端口的出射波大小(通常是知道出射波与反射波的关系),微波结的特性就唯一确定了。因此工程上有可能采用等效电路方法,将微波结不均匀性等效为集总参数网络,称为微波网络。端口的导波系统等效为均匀传输线,并使等效网络在与之相连接的均匀传输线中所确定的出射波和入射波的关系,与实际的微波结不均匀区在与之相连接的单模导波系统中所产生的出射波与入射波的关系相同。于是,场的问题就化为了路的问题。图 7.1-2 为 n 端口微波电路等效网络。

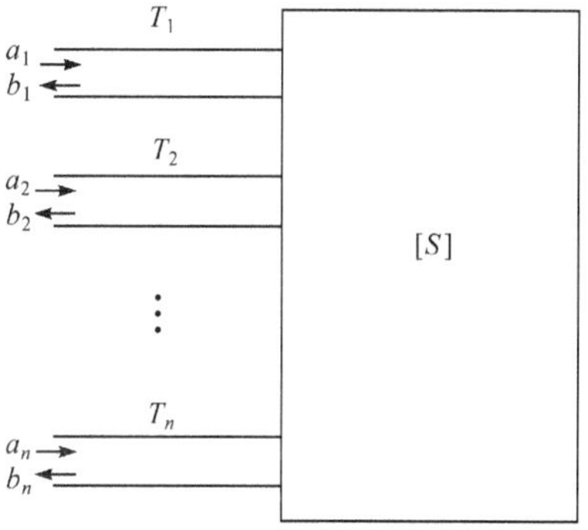

图 7.1-2　n 端口网络示意图

在应用微波等效电路分析场的问题的时候,尚须注意以下几点:

(1) 用微波等效网络代替微波结,只能给出各参考面外的出射波与入射波的关系,即微波结的外特性，不能直接反映不均匀区内部和近区的场分布情况。要想知道微波结内部的场分布，只有解边值问题。

(2) 微波结的外特性是由其内部的场分布决定的，因此要从理论上计算等效网络的参量还得借助于场解。一些简单结构的网络参量已有公式或图表，复杂结构暂不能解决。但是微波结的外特性除了从计算机获得外，还可以从实验测出，这就是等效电路法的方便之处，它完全可撇开繁琐的场分析。

(3) 由于网络端口上连接的导波系统其等效传输线的等效特性阻抗有两种取法：$Z_c=Z_w$ 和 $Z_c=1$。因此对应的网络也有两种，取 $Z_c=Z_w$ 时的网络称为未归一化网络，未归一化网络各端口上的电压、电流为未归一化量。取 $Z_c=1$ 时的网络为归一化网络，归一化网络各端口的电压、电流为归一化量。

7.2　微波网络参量

在前面所说的未归一化 n 端口网络中，各个端口参考面上均存在该端口工作模式的 $U^{\pm}$、$I^{\pm}$ 四个量。由于同一端口上有 $U^{\pm}=\pm Z_c I^{\pm}$ 或 $I^{\pm}=\pm Y_c U^{\pm}$，故 n 个端口的 $4n$ 个量中只有 $2n$ 个独立(归一化网络也如此)。根据线性网络的性质，在上述 $4n$ 个量中可选取 n 个任意线性组合为自变量。另外 n 个线性无关组合为因变量，写出 n 个线性方程的方程组。表示这两组量之间的关系的量，称为 n 端口网络的网络参量。选取自变量和因变量的方式不同，网络参量也不同。常用的网络参量有散射参量、阻抗(或导纳)参量和传输参量。由于它们都是线性方程组自变量的系数，故可表示为矩阵形式。上述参量相应的矩阵称为散射矩阵、阻抗(或导纳)矩阵和传输矩阵。

1. 散射矩阵或称 S 矩阵

在 n 端口网络中，如果选取端口参考面上的归一化入射波电压[a]为自变量，归一化出射波电压[b]为因变量，则可得下面的线性方程组，通常设 $a_i=\bar{U}_i^+$，$b_i=\bar{U}_i^-$，有

$$\begin{aligned} b_1 &= S_{11}a_1+S_{12}a_2+\cdots+S_{1n}a_n \\ b_2 &= S_{21}a_1+S_{22}a_2+\cdots+S_{2n}a_n \\ &\cdots\cdots \\ b_n &= S_{n1}a_1+S_{n2}a_2+\cdots+S_{nn}a_n \end{aligned} \tag{7.2-1a}$$

用矩阵记为

$$\boldsymbol{b}=\boldsymbol{S}\boldsymbol{a} \tag{7.2-1b}$$

式中，[a]为各端口参考面上的归一化入射波电压组成的列矩阵；[b]为各端口参考面上的归一化出射波电压组成的列矩阵；[S]称为散射矩阵，阶数为 $n\times n$。

$$[\boldsymbol{S}]=\begin{bmatrix} S_{11} & S_{12} & \cdots & S_{1n} \\ S_{21} & S_{22} & \cdots & S_{2n} \\ \vdots & \vdots & & \vdots \\ S_{n1} & S_{n2} & \cdots & S_{nn} \end{bmatrix} \tag{7.2-2}$$

散射是指电磁波碰到障碍物而从该物体向空间散射出去的现象。这里指入射波碰到不均匀性而向各端口发生散射。

散射矩阵的矩阵元定义如下：

$$S_{ii}=\left.\frac{b_i}{a_i}\right|_{a_j=0}=\Gamma_{ii}\,|_{a_j=0},\quad j=1,2,\cdots,n,j\neq i \qquad (7.2-3a)$$

即是除了端口 i 接波源外,其余所有端口接匹配负载时,端口 i 的电压反射系数。

$$S_{ij}=\left.\frac{b_i}{a_j}\right|_{a_i=0}=\Gamma_{ij}\,|_{a_i=0},\quad i=1,2,\cdots,n,i\neq j \qquad (7.2-3b)$$

即是端口 j 接波源外,其余所有端口接匹配负载时,从端口 j 到端口 i 的电压传输系数 Γ。

由于反射系数和传输系数是微波波段易于测量的量,因此采用[S]矩阵研究微波网络问题更为方便。下面举例说明矩阵的求法。

【例 7.2-1】 求图 7.2-1 归一化网络矩阵。

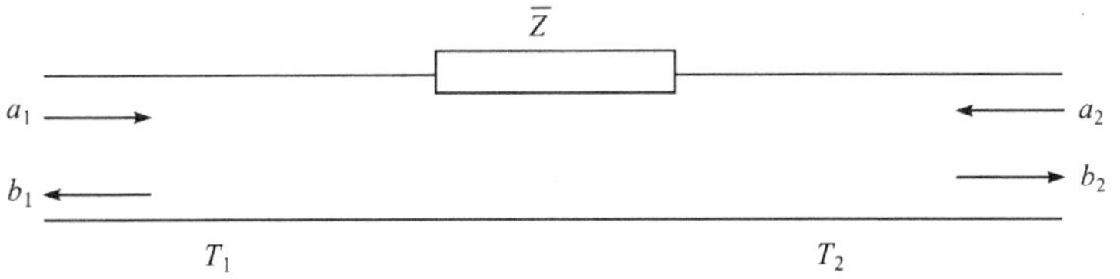

图 7.2-1

解　由式(7.2-3)可得

$$S_{11}=\left.\frac{b_1}{a_1}\right|_{a_2=0},\quad S_{12}=\left.\frac{b_1}{a_2}\right|_{a_1=0}$$

$$S_{21}=\left.\frac{b_2}{a_1}\right|_{a_2=0},\quad S_{22}=\left.\frac{b_2}{a_2}\right|_{a_1=0}$$

当端口 2 接匹配负载时,由 $S_{11}=\Gamma_1$ 得

$$S_{11}=\frac{\bar{Z}+1-1}{\bar{Z}+1+1}=\frac{\bar{Z}}{\bar{Z}+2}$$

再根据串联元件的电流是连续的,有

$$a_1-b_1=-(a_2-b_2)=b_2$$

可得

$$S_{21}=1-S_{11}=\frac{2}{\bar{Z}+2}$$

同理,当端口 1 接匹配负载时,可求得

$$S_{22}=\frac{\bar{Z}}{\bar{Z}+2},S_{12}=\frac{2}{\bar{Z}+2}$$

于是该网络的散射矩阵为

$$[\boldsymbol{S}]=\frac{1}{\bar{Z}+2}\begin{bmatrix}\bar{Z} & 2\\ 2 & \bar{Z}\end{bmatrix}$$

2. 阻抗矩阵和导纳矩阵

如图 7.2-2 所示的 n 端口网络,以参考面 T_i 上的总电流 $I_i=I_i^+ + I_i^-$ 为自变量,总电压 $U_i=U_i^+ + U_i^-$ 为因变量,I_i 以流进网络为正方向。由于网络响应是线性的,每一端口参考面上的电压是所有 n 个端口电流引起相应电压的叠加,因而有

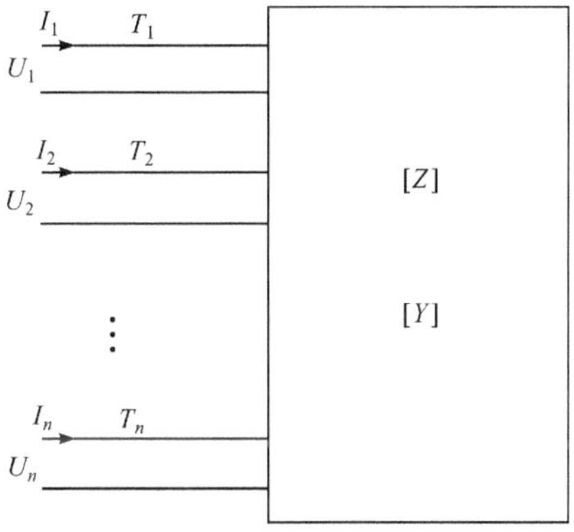

图 7.2-2　n 端口网络

$$
\begin{aligned}
&U_1 = Z_{11}I_1 + Z_{12}I_2 + \cdots + Z_{1n}I_n \\
&U_2 = Z_{21}I_1 + Z_{22}I_2 + \cdots + Z_{2n}I_n \\
&\cdots\cdots \\
&U_n = Z_{n1}I_1 + Z_{n2}I_2 + \cdots + Z_{nn}I_n
\end{aligned}
\tag{7.2-4a}
$$

用矩阵记为

$$[U] = [Z][I] \tag{7.2-4b}$$

式中,$[U]$为各端口参考面上的电压组成的列矩阵,简称电压列矩阵;$[I]$为各端口参考面上的电流组成的列矩阵,简称电流列矩阵。

$$[Z] = \begin{bmatrix} Z_{11} & Z_{12} & \cdots & Z_{1n} \\ Z_{21} & Z_{22} & \cdots & Z_{2n} \\ \vdots & \vdots & & \vdots \\ Z_{n1} & Z_{n2} & \cdots & Z_{nn} \end{bmatrix} \tag{7.2-5}$$

式中,$[Z]$称为 n 端口微波网络的阻抗矩阵,或称为 $\boldsymbol{Z}$ 矩阵。

$\boldsymbol{Z}$ 矩阵的矩阵元定义如下:

$$Z_{ii} = \left.\frac{U_i}{I_i}\right|_{I_j=0}, \quad j = 1,2,\cdots,n; j \neq i \tag{7.2-6a}$$

式中,Z_{ii}是矩阵的对角线元素。其定义表明,它是除端口 i 以外的所有端口开路时,端口 i 的输入阻抗,故称端口 i 的自阻抗。

$$Z_{ij} = \left.\frac{U_i}{I_j}\right|_{I_i=0}, \quad i = 1,2,\cdots,n; i \neq j \tag{7.2-6b}$$

式中,Z_{ij}是矩阵的非对角线元素。其定义表明,它是除端口 j 以外的所有端口开路时,端口 j 与端口 i 之间的转移阻抗,故称端口 i 与端口 j 之间的互阻抗。

若以参考面上的总电压 $U_i = U_i^+$ 为自变量,总电流 $I_i = I_i^+$ 为因变量,可得矩阵

$$[I] = [Y][U] \tag{7.2-7}$$

式中,$[I]$、$[U]$分别为电流列矩阵和电压列矩阵。

$$[Y] = \begin{bmatrix} Y_{11} & Y_{12} & \cdots & Y_{1n} \\ Y_{21} & Y_{22} & \cdots & Y_{2n} \\ \vdots & \vdots & & \vdots \\ Y_{n1} & Y_{n2} & \cdots & Y_{nn} \end{bmatrix} \tag{7.2-8}$$

式中,$[Y]$称为 n 端口微波网络的导纳矩阵,又称 Y 矩阵。其中

$$Y_{ii} = \left.\frac{I_i}{U_i}\right|_{U_j=0}, \quad j = 1,2,\cdots,n; j \neq i \tag{7.2-9a}$$

该式表明,Y_{ii}是除端口 i 以外的所有端口短路时,端口 i 的输入导纳,故称端口 i 的自导纳。

$$Y_{ij} = \left.\frac{I_i}{U_j}\right|_{U_i=0}, \quad i = 1,2,\cdots,n; i \neq j \tag{7.2-9b}$$

该式表明,Y_{ij}是除端口 j 以外的所有端口短路时,端口 j 与端口 i 之间的转移导纳,故称端口 i 与端口 j 之间的互导纳。

对于 n 端口归一化网络,可以求出归一化阻抗矩阵$[\overline{Z}]$和归一化导纳矩阵$[\overline{Y}]$。根据归一化电压与未归一化电压的关系,得

$$[\bar{U}]=\begin{bmatrix}\bar{U}_1\\ \bar{U}_2\\ \vdots\\ \bar{U}_n\end{bmatrix}=\left[\frac{1}{\sqrt{Z_{oi}}}\right]\begin{bmatrix}U_1\\ U_2\\ \vdots\\ U_n\end{bmatrix}=\left[\frac{1}{\sqrt{Z_{oi}}}\right][U]=\left[\frac{1}{\sqrt{Z_{oi}}}\right][Z][I] \tag{7.2-10}$$

式中

$$\left[\frac{1}{\sqrt{Z_{oi}}}\right]=\begin{bmatrix}\frac{1}{\sqrt{Z_{o1}}} & 0 & \cdots & 0\\ 0 & \frac{1}{\sqrt{Z_{o2}}} & \cdots & 0\\ \vdots & \vdots & & \vdots\\ 0 & 0 & \cdots & \frac{1}{\sqrt{Z_{on}}}\end{bmatrix} \tag{7.2-11}$$

根据归一化电流与未归一化电流的关系,得

$$[\bar{I}]=\begin{bmatrix}\bar{I}_1\\ \bar{I}_2\\ \vdots\\ \bar{I}_n\end{bmatrix}=[\sqrt{Z_{oi}}]\begin{bmatrix}I_1\\ I_2\\ \vdots\\ I_n\end{bmatrix}=[\sqrt{Z_{oi}}][I] \tag{7.2-12}$$

式中

$$[\sqrt{Z_{oi}}]=\begin{bmatrix}\sqrt{Z_{o1}} & 0 & \cdots & 0\\ 0 & \sqrt{Z_{o2}} & \cdots & 0\\ \vdots & \vdots & & \vdots\\ 0 & 0 & \cdots & \sqrt{Z_{on}}\end{bmatrix} \tag{7.2-13}$$

$$[I]=[\sqrt{Z_{oi}}]^{-1}[\bar{I}] \tag{7.2-14}$$

代入式(7.2-10),得

$$[\bar{U}]=\left[\frac{1}{\sqrt{Z_{oi}}}\right][Z][\sqrt{Z_{oi}}]^{-1}[\bar{I}]=[\bar{Z}][\bar{I}] \tag{7.2-15}$$

式中

$$[\bar{Z}]=\left[\frac{1}{\sqrt{Z_{oi}}}\right][Z][\sqrt{Z_{oi}}]^{-1}=\left[\frac{1}{\sqrt{Z_{oi}}}\right][Z]\left[\frac{1}{\sqrt{Z_{oi}}}\right]$$

$$=\begin{bmatrix}\frac{Z_{11}}{Z_{o1}} & \frac{Z_{12}}{\sqrt{Z_{o1}Z_{o2}}} & \cdots & \frac{Z_{1n}}{\sqrt{Z_{o1}Z_{on}}}\\ \frac{Z_{21}}{\sqrt{Z_{o2}Z_{o1}}} & \frac{Z_{22}}{Z_{o2}} & \cdots & \frac{Z_{2n}}{\sqrt{Z_{o2}Z_{on}}}\\ \vdots & \vdots & & \vdots\\ \frac{Z_{n1}}{\sqrt{Z_{on}Z_{o1}}} & \frac{Z_{n2}}{\sqrt{Z_{on}Z_{c2}}} & \cdots & \frac{Z_{nn}}{Z_{on}}\end{bmatrix} \tag{7.2-16}$$

称为归一化阻抗矩阵。

同理可得

$$[\bar{Y}]=[\sqrt{Z_{oi}}][Y][\sqrt{Z_{oi}}]=\left[\frac{1}{\sqrt{Y_{oi}}}\right][Y]\left[\frac{1}{\sqrt{Y_{oi}}}\right]$$

$$=\begin{bmatrix}\dfrac{Y_{11}}{Y_{o1}} & \dfrac{Y_{12}}{\sqrt{Y_{o1}Y_{o2}}} & \cdots & \dfrac{Y_{1n}}{\sqrt{Y_{o1}Y_{on}}}\\ \dfrac{Y_{21}}{\sqrt{Y_{o2}Y_{o1}}} & \dfrac{Y_{22}}{Y_{o2}} & \cdots & \dfrac{Y_{2n}}{\sqrt{Y_{o2}Y_{on}}}\\ \vdots & \vdots & & \vdots\\ \dfrac{Y_{n1}}{\sqrt{Y_{on}Y_{o1}}} & \dfrac{Y_{n2}}{\sqrt{Y_{on}Y_{o2}}} & \cdots & \dfrac{Y_{nn}}{Y_{on}}\end{bmatrix} \qquad (7.2-17)$$

称为归一化导纳矩阵。

采用归一化网络的主要好处在于：

(1) 网络端口的特性阻抗为1,可使各端口入射波功率与反射波功率表示式完全一致,并且非常简单。

$$P_i^+=\frac{1}{2}|\bar{U}_i^+|^2 \qquad (7.2-18a)$$

$$P_i^-=\frac{1}{2}|\bar{U}_i^-|^2 \qquad (7.2-18b)$$

(2) 网络各参量互换容易(这一点在学过网络参量之后便会明白)。下面举例说明阻抗矩阵的求法(导纳矩阵的求法与其类似)。

【例 7.2-2】 求图 7.2-3 所示的无耗二端口网络的[Z]矩阵。

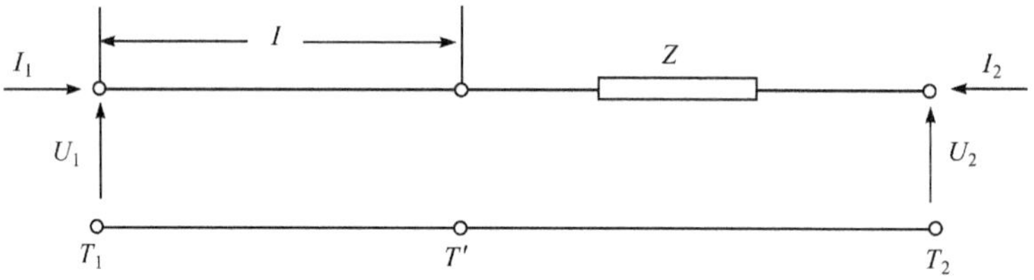

图 7.2-3

解　根据 $\boldsymbol{Z}$ 矩阵元的定义得

$$Z_{11}=\left.\frac{U_1}{I_1}\right|_{I_2=0}$$

即 $I_2=0$ 时,T_1 看进去的阻抗。

因为 T_2 开路时 T' 也开路,于是由传输线终端开路时的输入阻抗公式可得

$$Z_{11}=-\mathrm{j}Z_o\cot\beta$$

$$Z_{22}=\left.\frac{U_2}{I_2}\right|_{I_1=0}$$

即 $I_1=0$ 时,T_2 看进去的阻抗。

因为 T_2 开路时,T' 向左看的阻抗为 $Z_{in}'=-\mathrm{j}Z_o\cot\beta$,由图 7.2-3 可见 Z_{22} 为 Z_{in}' 与 Z 串联,故得

$$Z_{22}=Z-\mathrm{j}Z_o\cot\beta$$

$$Z_{12}=\left.\frac{U_1}{I_2}\right|_{I_1=0}$$

即 $I_1=0$ 时，端口 2 电流在 T_1 上引起的电压与 I_2 之比。

因 T'处的电流 $I'=I_2$，由传输线方程

$$U_1 = U'\cos\beta t - \mathrm{j}Z_o I'\sin\beta t$$

$$I_1 = \mathrm{j}\frac{U'}{Z_o}I'\sin\beta t - I'\cos\beta t$$

考虑 $I_1=0$ 时，得

$$U' = -\mathrm{j}Z_o I'\cot\beta t$$

代入 U_1 方程，得

$$U_1 = -\mathrm{j}Z_o I'\csc\beta t = -\mathrm{j}Z_o I_2\csc\beta t$$

于是

$$Z_{12} = -\mathrm{j}Z_o\csc\beta t$$

$$Z_{21} = \left.\frac{U_2}{I_1}\right|_{I_2=0}$$

即 $I_2=0$ 时，端口 1 电流在 T_2 上引起的电压与 I_1 之比。

因 $I_2=0$ 时，$I'=0$，$U'=U_2$，上面 I_1 的方程变为

$$I_1 = \mathrm{j}\frac{U_2}{Z_o}\sin\beta t$$

所以

$$Z_{21} = -\mathrm{j}Z_o\csc\beta t = Z_{12}$$

3. 二端网络的传输矩阵

当多个微波网络以级联方式连接时，采用输出端口量表示输入端口量的传输矩阵来描述网络特性较为方便，这时整个级联网络的传输矩阵可以用每个微波网络的传输矩阵相乘得到。为简便起见，这里仅研究二端口网络，需要时可将它推广到 n 端口网络。

根据选取量类型的不同，传输矩阵分为电压-电流传输矩阵和入射波-出射波传输矩阵两种。前者常称为 A 矩阵，后者为 T 矩阵。

1) A 矩阵

对于的二端口网络，选取输出端口参考面上的总电压 U_2 和总电流 I_2 为自变量，输入端口参考面上的总电压 U_1 和总电流 I_1 为因变量，可得线性方程组为

$$\begin{aligned} U_1 &= A_{11}U_2 + A_{12}I_2 \\ I_1 &= A_{21}U_2 + A_{22}I_2 \end{aligned} \tag{7.2-19a}$$

用矩阵记为

$$\begin{bmatrix} U_1 \\ I_1 \end{bmatrix} = [A]\begin{bmatrix} U_2 \\ I_2 \end{bmatrix} \tag{7.2-19b}$$

式中

$$[A] = \begin{bmatrix} A_{11} & A_{12} \\ A_{21} & A_{22} \end{bmatrix} \tag{7.2-20}$$

$[A]$元的定义为

$$A_{11} = \left.\frac{U_1}{U_2}\right|_{I_2=0} \tag{7.2-21a}$$

A_{11}表示端口 2 开路时，输入端电压与输出端电压之比。通常将输出端电压、电流与输入端电

压、电流之比称为转移参量。由此可见，A_{11}表示端口 2 开路时的电压转移系数。

$$A_{12}=\left.\frac{U_1}{I_2}\right|_{U_2=0} \tag{7.2-21b}$$

A_{12}表示端口 2 短路时的转移阻抗。

$$A_{21}=\left.\frac{I_1}{U_2}\right|_{I_2=0} \tag{7.2-21c}$$

A_{21}表示端口 2 开路时的转移导纳。

$$A_{22}=\left.\frac{I_1}{I_2}\right|_{U_2=0} \tag{7.2-21d}$$

A_{22}表示端口 2 短路时的电流转移系数。

当电压、电流取归一化值时，可定义归一化 A 矩阵，

$$\begin{bmatrix}\overline{U}_1\\ \overline{I}_1\end{bmatrix}=[\overline{A}_1]\begin{bmatrix}\overline{U}_2\\ \overline{I}_2\end{bmatrix}$$

式中

$$[\overline{A}]=\begin{bmatrix}\overline{A}_{11} & \overline{A}_{12}\\ \overline{A}_{21} & \overline{A}_{22}\end{bmatrix}=\begin{bmatrix}\sqrt{\dfrac{Z_{c2}}{Z_{c1}}}A_{11} & \dfrac{1}{\sqrt{Z_{c1}Z_{c2}}}A_{12}\\ \sqrt{Z_{c1}Z_{c2}}A_{21} & \sqrt{\dfrac{Z_{c2}}{Z_{c1}}}A_{22}\end{bmatrix} \tag{7.2-22}$$

应当注意，定义 **A** 矩阵时，输出端口的电流正方向与定义 **Z** 矩阵和 **Y** 矩阵时相反，现在的 I_2 正方向为流出网络即图中由左向右的方向。这样定义，在网络级联时用起来较为方便，因为前一网络的输出电流直接为下一网络的输入电流。关于网络的级联问题，图 7.2-4 示出了两个二端口级联的情况。

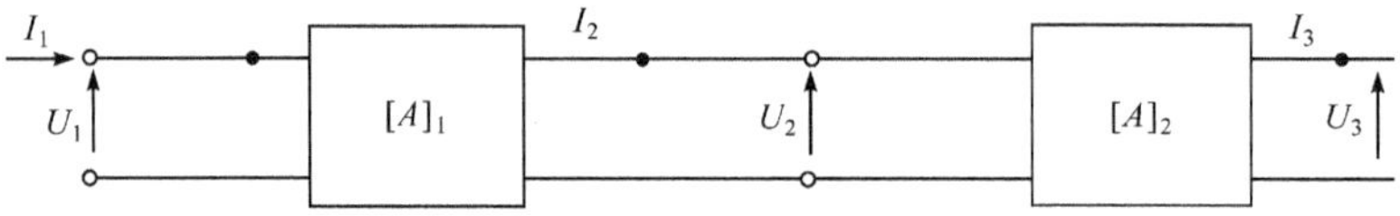

图 7.2-4

由于

$$\begin{bmatrix}U_1\\ I_1\end{bmatrix}=[A]_1\begin{bmatrix}U_2\\ I_2\end{bmatrix}$$

$$\begin{bmatrix}U_2\\ I_2\end{bmatrix}=[A]_2\begin{bmatrix}U_3\\ I_3\end{bmatrix}$$

得

$$\begin{bmatrix}U_1\\ I_1\end{bmatrix}=[A]_1[A]_2\begin{bmatrix}U_3\\ I_3\end{bmatrix}=[A]\begin{bmatrix}U_3\\ I_3\end{bmatrix}$$

可见，若是 n 个二端口网络级联，整个网络的 A 矩阵就等于 n 个二端口网络的 A 矩阵相乘。

2) T 矩阵

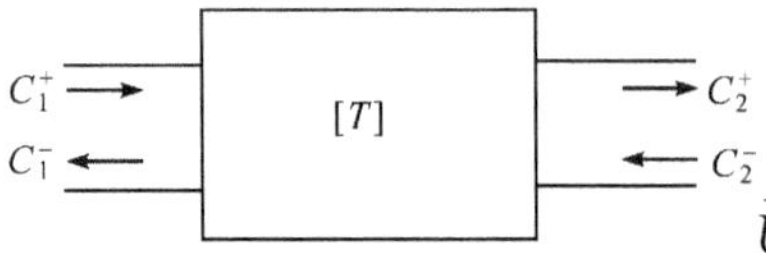

图 7.2-5

选取输出端口的 $\overline{U}_2^+$、$\overline{U}_2^-$ 为自变量，输入端口的 $\overline{U}_1^+$、$\overline{U}_1^-$ 为因变量，常设 $C_1^+=\overline{U}_1^+$，$C_1^-=\overline{U}_1^-$，$C_2^+=\overline{U}_2^-$，$C_2^-=\overline{U}_2^+$，如图 7.2-5 所示。可得线性方程组

$$C_1^+ = T_{11}C_2^+ + T_{12}C_2^-$$
$$C_1^- = T_{21}C_2^+ + T_{22}C_2^- \tag{7.2-23a}$$

矩阵为

$$\begin{bmatrix} C_1^+ \\ C_1^- \end{bmatrix} = [T]\begin{bmatrix} C_2^+ \\ C_2^- \end{bmatrix} \tag{7.2-23b}$$

式中

$$[T] = \begin{bmatrix} T_{11} & T_{12} \\ T_{21} & T_{22} \end{bmatrix} \tag{7.2-24}$$

$[T]$元的定义是

$$T_{11} = \left.\frac{C_1^+}{C_2^+}\right|_{C_2^-=0} \tag{7.2-25a}$$

T_{11}表示输出端口接匹配负载时，输入端口到输出端口的电压传输系数的倒数。

$$T_{12} = \left.\frac{C_1^+}{C_2^-}\right|_{C_2^+=0} \tag{7.2-25b}$$

$$T_{21} = \left.\frac{C_1^-}{C_2^+}\right|_{C_2^-=0} \tag{7.2-25c}$$

$$T_{22} = \left.\frac{C_1^-}{C_2^-}\right|_{C_2^+=0} \tag{7.2-25d}$$

T_{22}表示输出端口匹配时，输出端口到输入端口的电压传输系数。

请注意：输出端口接匹配负载与输出端口匹配的区别。

与 **A** 矩阵类似，用$[T]$讨论二端口网络的级联也很方便，如图 7.2-6 所示。

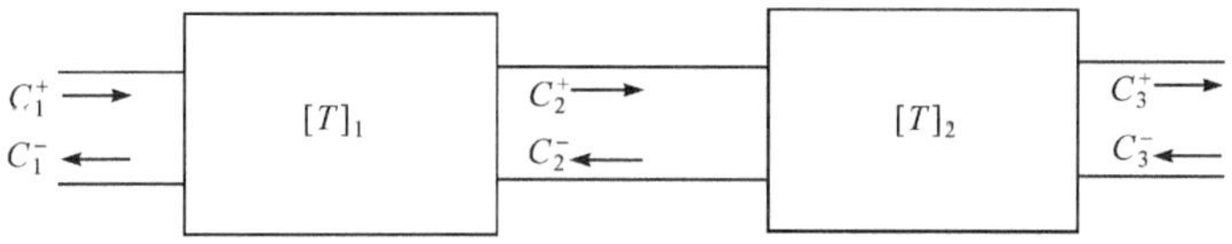

图 7.2-6

由丁

$$\begin{bmatrix} C_1^+ \\ C_1^- \end{bmatrix} = \boldsymbol{T}_1\begin{bmatrix} C_2^+ \\ C_2^- \end{bmatrix}$$

$$\begin{bmatrix} C_2^+ \\ C_2^- \end{bmatrix} = \boldsymbol{T}_2\begin{bmatrix} C_3^+ \\ C_3^- \end{bmatrix}$$

得

$$\begin{bmatrix} C_1^+ \\ C_1^- \end{bmatrix} = \boldsymbol{T}_1\boldsymbol{T}_2\begin{bmatrix} C_3^+ \\ C_3^- \end{bmatrix} = \boldsymbol{T}\begin{bmatrix} C_3^+ \\ C_3^- \end{bmatrix}$$

【例 7.2-3】 如图 7.2-7 所示，求变比 $n_1:n_2=n:1$ 的理想变压器的 **A**。

解 由$[A]$元的定义

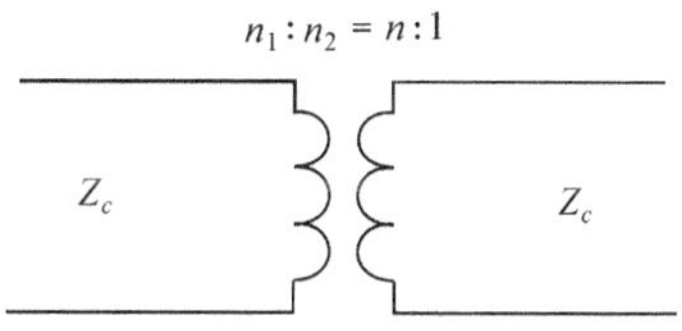

图 7.2-7

$$A_{11} = \left.\frac{U_1}{U_2}\right|_{I_2=0}, \quad A_{12} = \left.\frac{U_1}{I_2}\right|_{U_2=0}$$

$$A_{21} = \left.\frac{I_1}{U_2}\right|_{I_2=0}, \quad A_{22} = \left.\frac{I_1}{I_2}\right|_{U_2=0}$$

并根据理想变压器的性质，当端口 2 开路时，有 $U_1=nU_2$。端口 2 短路时有 $I_1=I_2/n$，于是得

$$A_{11}=n,\quad A_{12}=A_{21}=0,\quad A_{22}=1/n$$

$$[A]=\begin{bmatrix} n & 0 \\ 0 & 1/n \end{bmatrix}$$

不难求得归一化网络的矩阵也为

$$[\bar{A}]=\begin{bmatrix} n & 0 \\ 0 & 1/n \end{bmatrix}$$

7.3　微波网络参量之间的关系

上面讨论了描述微波网络的 S,Z,Y,A,T 五种参量及其矩阵，对于同一网络结构可用五种参量来描述其电磁性能，它们之间必然存在联系。下面导出的便是它们之间的互换关系式。

1. $[Z]$、$[Y]$之间的关系式

取式

$$[U]=[Z][I]$$

两边同乘以$[Z]^{-1}$，得到

$$[I]=[Z]^{-1}[U]$$

取式

$$[I]=[Y][U]$$

两边同乘以$[Y]^{-1}$，得到

$$[U]=[Y]^{-1}[I]$$

从上面四式可得

$$[Y]=[Z]^{-1} \tag{7.3-1a}$$

$$[Z]=[Y]^{-1} \tag{7.3-1b}$$

可见 Z 矩阵和 Y 矩阵互为逆矩阵。

2. $[Z]$、$[Y]$与$[A]$的互换关系(仅考虑二端网络)

取

$$[U]=[Z][I]$$

解出$\begin{bmatrix} U_1 \\ I_1 \end{bmatrix}$与$\begin{bmatrix} U_2 \\ I_2 \end{bmatrix}$的关系后可得

$$[A]=\frac{1}{Z_{21}}\begin{bmatrix} Z_{11} & |[Z]| \\ 1 & Z_{22} \end{bmatrix}$$

式中$|[\ \ ]|$为取矩阵的行列式符号，下同。

取

$$\begin{bmatrix} U_1 \\ I_1 \end{bmatrix}=[A]\begin{bmatrix} U_2 \\ -I_2 \end{bmatrix}$$

(注：这里 I_2 是采用 Z 矩阵的 I_2 的方向)解出$\begin{bmatrix} U_1 \\ I_1 \end{bmatrix}$与$\begin{bmatrix} U_2 \\ I_2 \end{bmatrix}$的关系，可得

$$[Z]=\frac{1}{A_{21}}\begin{bmatrix}A_{11} & |[A]| \\ 1 & A_{22}\end{bmatrix} \tag{7.3-2}$$

仿上推导可得

$$[A]=\frac{-1}{Y_{21}}\begin{bmatrix}Y_{22} & 1 \\ |[Y]| & Y_{11}\end{bmatrix} \tag{7.3-3}$$

$$[Y]=\frac{1}{A_{21}}\begin{bmatrix}A_{22} & -|[A]| \\ -1 & A_{11}\end{bmatrix} \tag{7.3-4}$$

3. $[Z]$、$[Y]$与$[S]$之间的关系式

根据传输线理论，端口 i 参考面上归一化电压。电流与归一化入射波电压、出射波电压的关系式为

$$\bar{U}_i=\bar{U}_1^{+}+\bar{U}_1^{-}=a_i+b_i$$

$$\bar{I}_i=\bar{U}_1^{+}-\bar{U}_1^{-}=a_i-b_i$$

解得

$$a_i=\frac{1}{2}(\bar{U}_i+\bar{I}_i)$$

$$b_i=\frac{1}{2}(\bar{U}_i-\bar{I}_i)$$

对于 n 端口网络可得矩阵关系

$$[a]=\frac{([\bar{U}]+[\bar{I}])}{2}$$

$$[b]=\frac{([\bar{U}]-[\bar{I}])}{2}$$

将上式代入$[b]=[S][a]$，得

$$[\bar{U}]-[\bar{I}]=[S]([\bar{U}]+[\bar{I}])$$

即

$$([\bar{Z}]-[1])[\bar{I}]=[S]([\bar{Z}]+[1])[\bar{I}]$$

式中$[1]$为单位矩阵，由此可得

$$[\bar{Z}]-[1]=[S]([\bar{Z}]+[1])$$

从而得到

$$[S]=([\bar{Z}]-[1])([\bar{Z}]+[1])^{-1} \tag{7.3-5}$$

$$[\bar{Z}]=([1]-[S])^{-1}([1]+[S]) \tag{7.3-6}$$

用上面的类似方法，可以推出

$$[S]=([1]-[\bar{Y}])([1]+[\bar{Y}])^{-1} \tag{7.3-7}$$

$$[Y]=([1]-[S])([1]+[S])^{-1} \tag{7.3-8}$$

4. $[S]$、$[A]$之间的关系（也仅考虑二端口网络）

取

$$\begin{bmatrix} \bar{U}_1 \\ \bar{I}_1 \end{bmatrix} = [\bar{A}] \begin{bmatrix} \bar{U}_2 \\ -\bar{I}_2 \end{bmatrix}$$

将 $\bar{U}_i = a_i + b_i$，$\bar{I}_i = a_i - b_i$ 代入上式并解得

$$\begin{bmatrix} b_1 \\ b_2 \end{bmatrix} = \begin{bmatrix} 1 & -(\bar{A}_{11}+\bar{A}_{12}) \\ -1 & -(\bar{A}_{11}+\bar{A}_{12}) \end{bmatrix} \begin{bmatrix} -1 & (\bar{A}_{11}-\bar{A}_{12}) \\ -1 & -(\bar{A}_{22}-\bar{A}_{21}) \end{bmatrix} \begin{bmatrix} a_1 \\ a_2 \end{bmatrix}$$

$$= \frac{1}{\bar{A}_{11}+\bar{A}_{12}+\bar{A}_{21}+\bar{A}_{22}} \begin{bmatrix} \bar{A}_{11}+\bar{A}_{12}-\bar{A}_{21}-\bar{A}_{22} & 2(\bar{A}_{11}\bar{A}_{22}-\bar{A}_{21}\bar{A}_{12}) \\ 2 & -\bar{A}_{11}+\bar{A}_{12}-\bar{A}_{21}+\bar{A}_{22} \end{bmatrix} \begin{bmatrix} a_1 \\ a_2 \end{bmatrix}$$

于是

$$[S] = \frac{1}{\bar{A}_{11}+\bar{A}_{12}+\bar{A}_{21}+\bar{A}_{22}} \begin{bmatrix} \bar{A}_{11}+\bar{A}_{12}-\bar{A}_{21}-\bar{A}_{22} & 2|[\bar{A}]| \\ 2 & -\bar{A}_{11}+\bar{A}_{12}-\bar{A}_{21}+\bar{A}_{22} \end{bmatrix}$$

取

$$[b] = [S][a]$$

将 $a_i = \frac{1}{2}(\bar{U}_i + \bar{I}_i)$，$b_i = \frac{1}{2}(\bar{U}_i - \bar{I}_i)$ 代入上式解得

$$\begin{bmatrix} \bar{U}_1 \\ \bar{I}_1 \end{bmatrix} = \begin{bmatrix} 1-S_{11} & -(1+S_{21}) \\ -S_{21} & -S_{21} \end{bmatrix}^{-1} \begin{bmatrix} S_{12} & -S_{12} \\ S_{22}-1 & -(S_{22}+1) \end{bmatrix} \begin{bmatrix} \bar{U}_2 \\ -\bar{I}_2 \end{bmatrix}$$

$$= \frac{1}{2} \begin{bmatrix} S_{12} + \dfrac{(1+S_{11})(1-S_{22})}{S_{21}} & -S_{12} + \dfrac{(1+S_{11})(1+S_{22})}{S_{21}} \\ -S_{12} + \dfrac{(1-S_{11})(1-S_{22})}{S_{21}} & S_{12} + \dfrac{(1-S_{11})(1+S_{22})}{S_{21}} \end{bmatrix} \begin{bmatrix} \bar{U}_2 \\ -\bar{I}_2 \end{bmatrix}$$

从而

$$[\bar{A}] = \frac{1}{2} \begin{bmatrix} S_{12} + \dfrac{(1+S_{11})(1-S_{22})}{S_{21}} & -S_{12} + \dfrac{(1+S_{11})(1+S_{22})}{S_{21}} \\ -S_{12} + \dfrac{(1-S_{11})(1-S_{22})}{S_{21}} & -S_{12} + \dfrac{(1-S_{11})(1+S_{22})}{S_{21}} \end{bmatrix} \tag{7.3-9}$$

5. [S]、[T]之间的关系

由

$$\begin{bmatrix} b_1 \\ b_2 \end{bmatrix} = \begin{bmatrix} C_1^- \\ C_2^+ \end{bmatrix} = \begin{bmatrix} S_{11} & S_{12} \\ S_{21} & S_{22} \end{bmatrix} \begin{bmatrix} a_1 \\ a_2 \end{bmatrix} = \begin{bmatrix} S_{11} & S_{12} \\ S_{21} & S_{22} \end{bmatrix} \left[\begin{bmatrix} C_1^- \\ C_2^+ \end{bmatrix} \right]$$

解得

$$\begin{bmatrix} C_1^+ \\ C_1^- \end{bmatrix} = \begin{bmatrix} \dfrac{1}{S_{21}} & -\dfrac{S_{22}}{S_{21}} \\ \dfrac{S_{11}}{S_{21}} & \dfrac{S_{12}S_{21}-S_{11}S_{22}}{S_{21}} \end{bmatrix} \begin{bmatrix} C_2^+ \\ C_2^- \end{bmatrix} = [T] \begin{bmatrix} C_2^+ \\ C_2^- \end{bmatrix}$$

于是

$$[T]=\frac{1}{S_{21}}\begin{bmatrix}1 & -S_{22}\\ S_{11} & -|[S]|\end{bmatrix} \tag{7.3-10}$$

若由

$$\begin{bmatrix}C_1^+\\ C_1^-\end{bmatrix}=\begin{bmatrix}a_1\\ b_1\end{bmatrix}=\begin{bmatrix}T_{11} & T_{12}\\ T_{21} & T_{22}\end{bmatrix}\begin{bmatrix}C_2^+\\ C_2^-\end{bmatrix}=\begin{bmatrix}T_{11} & T_{12}\\ T_{21} & T_{22}\end{bmatrix}\begin{bmatrix}a_2\\ b_2\end{bmatrix}$$

可得

$$[S]=\frac{1}{T_{11}}\begin{bmatrix}T_{21} & |[T]|\\ 1 & -T_{12}\end{bmatrix} \tag{7.3-11}$$

有了网络参量的上述关系，给工程计算带来了很大方便，特别是常用的二端口网络，只要知道它的一种参量，其余参量便容易求出。表 7.3-1 列出了几种简单二端口归一化网络的$[\bar{A}]$、$[S]$、$[T]$。

表 7.3-1　几个简单二端口网络的$[\bar{A}]$、$[S]$、$[T]$

网络	$[\bar{A}]$	$[S]$	$[T]$
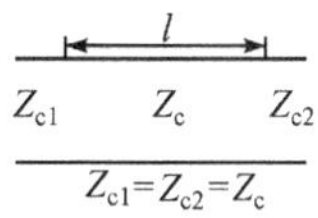 l；Z_{c1}　Z_c　Z_{c2}；$Z_{c1}=Z_{c2}=Z_c$	$\begin{bmatrix}\cos\beta l & j\sin\beta l\\ j\sin\beta l & \cos\beta l\end{bmatrix}$	$\begin{bmatrix}0 & e^{-j\beta l}\\ e^{-j\beta l} & 0\end{bmatrix}$	$\begin{bmatrix}e^{j\beta l} & 0\\ 0 & e^{j\beta l}\end{bmatrix}$
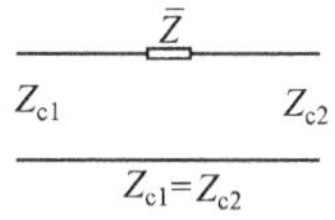 $\bar{Z}$；Z_{c1}　Z_{c2}；$Z_{c1}=Z_{c2}$	$\begin{bmatrix}1 & \bar{Z}\\ 0 & 1\end{bmatrix}$	$\frac{1}{2+\bar{Z}}\begin{bmatrix}\bar{Z} & 2\\ 2 & \bar{Z}\end{bmatrix}$	$\frac{1}{2}\begin{bmatrix}2+\bar{Z} & -\bar{Z}\\ \bar{Z} & 2-\bar{Z}\end{bmatrix}$
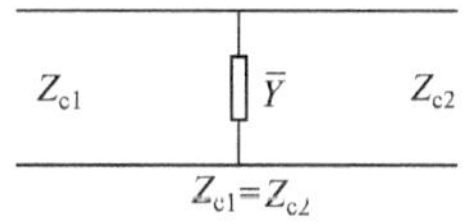 $\bar{Y}$；Z_{c1}　Z_{c2}；$Z_{c1}=Z_{c2}$	$\begin{bmatrix}1 & 0\\ \bar{Y} & 1\end{bmatrix}$	$\frac{1}{2+\bar{Y}}\begin{bmatrix}-\bar{Y} & 2\\ 2 & -\bar{Y}\end{bmatrix}$	$\frac{1}{2}\begin{bmatrix}2+\bar{Y} & \bar{Y}\\ -\bar{Y} & 2-\bar{Y}\end{bmatrix}$
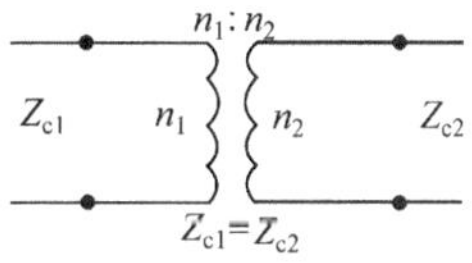 $n_1:n_2$；Z_{c1}　n_1　n_2　Z_{c2}；$Z_{c1}=Z_{c2}$	$\begin{bmatrix}\frac{n_1}{n_2} & 0\\ 0 & \frac{n_2}{n_1}\end{bmatrix}$	$\frac{1}{n_1^2+n_2^2}\times\begin{bmatrix}n_1^2-n_2^2 & 2n_1n_2\\ 2n_1n_2 & n_2^2-n_1^2\end{bmatrix}$	$\frac{1}{2n_1n_2}\times\begin{bmatrix}n_1^2+n_2^2 & n_1^2-n_2^2\\ n_1^2-n_2^2 & n_2^2+n_1^2\end{bmatrix}$

7.4　互易网络、无耗网络及对称网络各矩阵参量的特性

7.4.1　互易网络矩阵参量的特性及证明

1）互易网络的$[Z]$、$[Y]$

微波结不包括任何非互易媒质时，其等效网络是互易的或称可逆的，互易网络的$[Z]$、$[Y]$矩阵具有对称性，即

$$Z_{ij}=Z_{ji} \tag{7.4-1}$$

$$Y_{ij}=Y_{ji} \tag{7.4-2}$$

证明　将洛伦兹互易定理用于 n 端口网络。假定在 i 端口输入一电压波 U_i^+，使除 i 端口参考面 $U_i=U_i^+$ 外，其余端口参考面的电压为零，这时对应的场解为$\boldsymbol{E}_i$、$\boldsymbol{H}_i$且 U_i 在 j 端口参考面引起的电流为$(I_j)_i$。同理，假定第二个场解E_i、H_i对应在 j 端口面输入一电压波 U_j^+ 时，它使 $U_j=U_j^+$ 外，其余端口参考面的电压为零，U_j 在 i 端口面上引起的电流为$(I_i)_j$。对于内部无

场源的 n 口结闭合面 S，洛伦兹互易定理为

$$\oint_S (\boldsymbol{E}_i \times \boldsymbol{H}_i - \boldsymbol{E}_j \times \boldsymbol{H}_j) \cdot \boldsymbol{n} \mathrm{d}S = 0 \tag{7.4-3}$$

闭合面 S 是由 n 口结的导电壁和 n 个端口面组成。鉴定导电壁为理想导体，则上式在导电壁上的积分为零，等式左边便只剩下 n 个端口面的积分，即

$$\sum_{k=1}^{n} \int_{T_k} (\boldsymbol{E}_i \times \boldsymbol{H}_i - \boldsymbol{E}_j \times \boldsymbol{H}_j) \cdot \boldsymbol{n} \mathrm{d}S = 0 \tag{7.4-4}$$

因为各端口参考面中除 T_i 有 U_i 和 T_j 有 U_j 外，其余端口参考面的电压为零，因此 $\boldsymbol{n}\times\boldsymbol{E}_i$ 和 $\boldsymbol{n}\times\boldsymbol{E}_j$ 除 T_i 和 T_j 面外，其余端口面上都分别为零，因此式(7.4-4)变为

$$\int_{T_i} \boldsymbol{E}_i \times \boldsymbol{H}_i \cdot \boldsymbol{n} \mathrm{d}S = \int_{T_j} \boldsymbol{E}_j \times \boldsymbol{H}_j \cdot \boldsymbol{n} \mathrm{d}S \tag{7.4-5}$$

再利用场路等效关系可得

$$U_i (I_i)_j = U_j (I_j)_i \tag{7.4-6}$$

根据网络端口参考面上电流与电压关系，有

$$I_i = Y_{i1} U_1 + Y_{i2} U_2 + \cdots = \sum_{k=1}^{n} Y_{ik} U_k \tag{7.4-7}$$

$$I_j = Y_{j1} U_1 + Y_{j2} U_2 + \cdots = \sum_{k=1}^{n} Y_{jk} U_k \tag{7.4-8}$$

代入条件：$k\neq j, U_k=0$ 得

$$I_i = (I_i)_j = Y_{ij} U_j \tag{7.4-9}$$

代入条件：$k\neq i, U_k=0$ 得

$$I_j = (I_j)_i = Y_{ji} U_i \tag{7.4-10}$$

最终得到

$$U_i U_j Y_{ij} = U_j U_i Y_{ji}$$

从而得到

$$Y_{ij} = Y_{ji} \tag{7.4-11}$$

这就证明了导纳矩阵的对称性。因为对称矩阵的逆矩阵也对称，故阻抗矩阵也对称，即得

$$Z_{ij} = Z_{ji} \tag{7.4-12}$$

2) 互易网络的[A]

网络互易时，A 矩阵的行列式之值为 1，即

$$|[A]| = 1 \tag{7.4-13}$$

证明　由

$$[A] = \begin{bmatrix} A_{11} & A_{12} \\ A_{21} & A_{22} \end{bmatrix} = \frac{1}{Z_{21}} \begin{bmatrix} Z_{11} & |[Z]| \\ 1 & Z_{22} \end{bmatrix}$$

计算

$$|[A]| = A_{11}A_{22} - A_{12}A_{21} = \frac{Z_{11}Z_{22} - Z_{12}Z_{21}}{Z_{21}^{\ 2}} = \frac{Z_{12}}{Z_{21}}$$

由阻抗矩阵的对称性，$Z_{12}=Z_{21}$ 得

$$|[A]| = 1$$

3) 互易网络的[S]、[T]

互易网络的 S 矩阵也具有对称性，即

$$S_{ij}=S_{ji} \tag{7.4-14}$$

证明　由$[S]$和$[Z]$的关系式

$$[S]=([\bar{Z}]-[1])([\bar{Z}]+[1])^{-1}$$

$[S]$的转置矩阵为

$$[S]^{\mathrm{T}}=(([\bar{Z}]+[1])^{\mathrm{T}})^{-1}([\bar{Z}]-[1])^{\mathrm{T}}=([\bar{Z}]^{\mathrm{T}}+[1]^{\mathrm{T}})^{-1}([\bar{Z}]^{\mathrm{T}}-[1]^{\mathrm{T}})$$
$$=([\bar{Z}]+[1])^{-1}([\bar{Z}]-[1])$$

取等式

$$[\bar{Z}]^2-[1]^2=([\bar{Z}]+[1])([\bar{Z}]-[1])=([\bar{Z}]-[1])([\bar{Z}]+[1]) \tag{7.4-15}$$

两边均乘以$([\bar{Z}]+[1])^{-1}$，得

$$([\bar{Z}]+[1])^{-1}([\bar{Z}]+[1])([\bar{Z}]-[1])([\bar{Z}]+[1])^{-1}$$
$$=([\bar{Z}]+[1])^{-1}([\bar{Z}]-[1])([\bar{Z}]+[1])([\bar{Z}]+[1])^{-1}$$

即有

$$([\bar{Z}]-[1])([\bar{Z}]+[1])^{-1}=([\bar{Z}]+[1])^{-1}([\bar{Z}]-[1])$$

由此便证明了

$$[S]=[S]^{\mathrm{T}} \tag{7.4-16}$$

故有

$$S_{ij}=S_{ji} \tag{7.4-17}$$

网络互易时，T 矩阵的行列式之值也为 1，即

$$|[T]|=1$$

证明　由

$$[T]=\begin{bmatrix} T_{11} & T_{12} \\ T_{21} & T_{22} \end{bmatrix}=\frac{1}{S_{21}}\begin{bmatrix} 1 & -S_{22} \\ S_{11} & -|[S]| \end{bmatrix}$$

计算

$$|[T]|=T_{11}T_{22}-T_{12}T_{21}=\frac{-S_{11}S_{22}+S_{12}S_{21}+S_{11}S_{22}}{S_{21}{}^2}=\frac{S_{12}}{S_{21}}$$

由 S 矩阵的对称性，$S_{12}=S_{21}$得

$$|[T]|=1 \tag{7.4-18}$$

7.4.2　无耗网络的矩阵特性

1）无耗网络的$[Z]$、$[Y]$

无耗网络的$[Z]$、$[Y]$具有虚数性，即 Z_{ii}、Z_{ij}、Y_{ii}、Y_{ij} 为纯虚数。

证明　将复功率定理用于 n 口结的端口及导体构成的封闭面，有

$$P=\frac{1}{2}\sum_{n}U_iI_i^*=2\mathrm{j}\omega(W_{\mathrm{m}}-W_{\mathrm{e}})+P_{\mathrm{L}}$$

因为网络无耗，$P_{\mathrm{L}}=0$，故

$$\sum_{n}U_iI_i^*=4\mathrm{j}\omega(W_{\mathrm{m}}-W_{\mathrm{e}}) \tag{7.4-19}$$

由$[U]=[Z][I]$，得

$$U_i = Z_{ij}I_i + \sum_{j\neq i} Z_{ij}I_j \tag{7.4-20}$$

因此可得

$$\sum_n Z_{ij}I_iI_i^* + \sum_n \sum_{j\neq i} Z_{ij}I_jI_i^* = 4\mathrm{j}\omega(W_\mathrm{m} - W_\mathrm{e}) \tag{7.4-21}$$

简单起见,以二端口网络为例,则式(7.4-21)为

$$Z_{11}I_1I_1^* + Z_{22}I_2I_2^* + Z_{12}I_2I_1^* + Z_{21}I_1I_2^* = 4\mathrm{j}\omega(W_\mathrm{m} - W_\mathrm{e}) \tag{7.4-22}$$

假定网络互易,即 $Z_{12}=Z_{21}$,则式(7.4-22)为

$$Z_{11}|I_1|^2 + Z_{22}|I_2|^2 + Z_{12}(I_2I_1^* + I_1I_2^*) = 4\mathrm{j}\omega(W_\mathrm{m} - W_\mathrm{e}) \tag{7.4-23}$$

由此可见,该式右端为虚数,左端因 $|I_1|^2$、$|I_2|^2$、$I_1I_2^*$、$I_2I_1^*$ 均为实数,故 Z_{11}、Z_{22}、Z_{12} 必须为虚数。推知由 n 端口无耗互易网络得:Z_{ii}、Z_{ij} 为纯虚数。

同理可证,或由逆矩阵关系可得:Y_{ii}、Y_{ij} 为纯虚数。

2) 无耗二端口网络的[A]

无耗二端口网络的 A 矩阵元中,A_{11}、A_{22} 为实数,A_{12}、A_{21} 为虚数。

证明　由

$$[A] = \begin{bmatrix} A_{11} & A_{12} \\ A_{21} & A_{22} \end{bmatrix} = \frac{1}{Z_{21}}\begin{bmatrix} Z_{11} & |[Z]| \\ 1 & Z_{22} \end{bmatrix}$$

得

$$A_{11} = \frac{Z_{11}}{Z_{21}},\quad A_{22} = \frac{Z_{22}}{Z_{21}}$$

$$A_{12} = \frac{Z_{11}Z_{22} - Z_{12}Z_{21}}{Z_{21}},\quad A_{21} = \frac{1}{Z_{21}}$$

由无耗网络 Z 矩阵元的虚数性可得 A_{11}、A_{22} 为实数,A_{12}、A_{21} 为虚数。

3) 无耗网络的[S]

无耗网络的[S]矩阵有幺正性,即

$$([S]^\mathrm{T})^*[S] = 1 \tag{7.4-24a}$$

或

$$[S]^{-1} = ([S]^\mathrm{T})^* \tag{7.4-24b}$$

式中,$([S]^\mathrm{T})^*$ 为[S]的共轭转置矩阵。

证明　因为网络无耗,根据功率守恒原理,进出网络的功率应相等,于是得

$$\sum_{i=1}^{n}(a_ia_i^* - b_ib_i^*) = 0 \tag{7.4-25}$$

写成矩阵形式得

$$([a]^\mathrm{T})^*[a] - ([b]^\mathrm{T})^*[b] = 0 \tag{7.4-26}$$

将 $[b]=[S][a]$ 代入式(7.4-26)得

$$\begin{aligned}([a]^\mathrm{T})^*[a] - (([S][a])^\mathrm{T})^*([S][a]) &= ([a]^\mathrm{T})^*[a] - ([a]^\mathrm{T})^*[S]^\mathrm{T}[S][a] \\ &= ([a]^\mathrm{T})^*(1 - [S]^\mathrm{T}[S])[a] = 0\end{aligned}$$

因为 $([a]^\mathrm{T})^* \neq 0$,$[a]\neq 0$,所以只有

$$1 - [S]^\mathrm{T}[S] = 0$$

于是

$$([S]^\mathrm{T})^*[S] = 1 \tag{7.4-27}$$

由上式的矩阵元的关系为

$$\sum_{i=1}^{n} |S_{ij}|^2 = \sum_{i=1}^{n} S_{ij}S_{ij}^* = 1 \tag{7.4-28a}$$

$$\sum_{i=1}^{n} S_{is}S_{ir}^* = 0, \quad s \neq r \tag{7.4-28b}$$

上式表明，无耗 n 口网络散射矩阵的任一列与其自身的共轭复数之积等于 1，而与不同的其他列元素的共轭复数之积等于零。

4) 无耗二端口网络的$[T]$

无耗二端口网络的 T 矩阵元有关系

$$|T_{11}|^2 - |T_{21}|^2 = 1 \tag{7.4-29}$$

证明　由

$$[T] = \begin{bmatrix} T_{11} & T_{12} \\ T_{21} & T_{22} \end{bmatrix} = \frac{1}{S_{21}} \begin{bmatrix} 1 & -S_{22} \\ S_{11} & -|[S]| \end{bmatrix}$$

得

$$T_{11} = \frac{1}{S_{21}}, \quad T_{21} = \frac{S_{11}}{S_{21}}$$

$$|T_{11}|^2 - |T_{21}|^2 = \frac{1 - |S_{11}|^2}{|S_{21}|^2}$$

由 S 矩阵有幺正性，利用

$$\sum_{i=1}^{n} |S_{ij}|^2 = 1$$

可得

$$|S_{11}|^2 + |S_{21}|^2 = 1$$

因此

$$|T_{11}|^2 - |T_{21}|^2 = \frac{1 - |S_{11}|^2}{|S_{21}|^2} = 1$$

7.4.3　对称网络的矩阵特性

一些微波结在几何结构上存在某些对称性（如轴对称，旋转对称等），这些对称性也使网络参量具有一些特性，以图 7.4-1 所示的二结口和三结口（又称 Y 形结）为例。

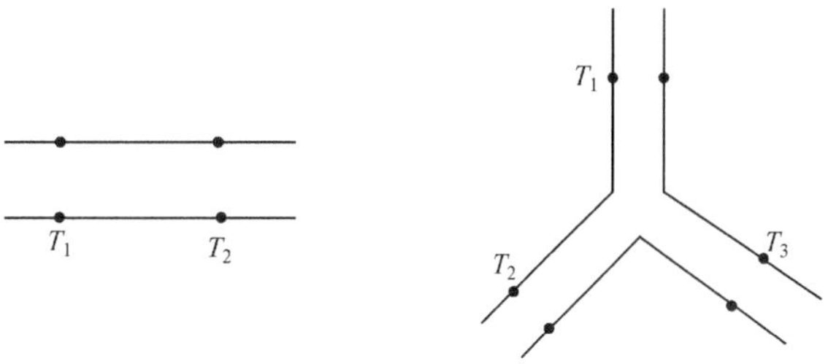

(a) 二结口　　(b) 三结口

图 7.4-1

对于图 7.4-1(a)所示的二结口，从 1 口和 2 口看进去结构完全相同（以对称面翻转 180°特性不变），故网络矩阵元存在下列关系：

$$Z_{11} = Z_{22} \tag{7.4-30}$$

$$Y_{11} = Y_{22} \tag{7.4-31}$$

$$S_{11} = S_{22} \tag{7.4-32}$$

$$A_{11} = A_{22} \tag{7.4-33}$$

$$T_{12} = -T_{21} \tag{7.4-34}$$

对于图7.4-1(b)所示的Y形结，因从1口、2口、3口看进去结构相同（以对称面翻转120°特性不变），故有

$$Z_{11} = Z_{22} = Z_{33} \tag{7.4-35}$$

$$Y_{11} = Y_{22} = Y_{33} \tag{7.4-36}$$

$$S_{11} = S_{22} = S_{33} \tag{7.4-37}$$

$$S_{12} = S_{23} = S_{31} \tag{7.4-38}$$

$$S_{21} = S_{32} = S_{13} \tag{7.4-39}$$

上面分析了互易网络、无耗网络和对称网络各矩阵参量所具有的特性，也就是矩阵元素之间的关系。有了这些关系，可以使网络矩阵的独立参数大大减少。

7.5 参考面移动对网络参量的影响

参考面处于网络端口的传输线中，而传输线上不同位置的电压、电流（或入射波、出射波）是不同的。当参考面沿传输线移动时，参考面上的电压、电流发生变化，从而使表征参考面上电压、电流（或入射波、出射波）之间关系的网络参量也发生变化，即是说，不同参考面对应于不同的网络参量。

普遍地讨论参考面移动对各种网络参量（矩阵）的影响，是一个十分复杂的问题。因为各参考面上的电压、电流是由入射波和反射波叠加而成，参考面位置的移动将引起入射波和反射波相位的提前和滞后，从而引起电压、电流的变化。一般来说，讨论并计算用入射波、反射波电压、电流作为端口S参量和T参量随参考面移动而变化的规律要简单些，用总电压、总电流作为端口参量的Z、Y、A参量随参考面移动变化的规律比较复杂。下面只要讨论S参量随参考面移动变化的情形。

在图7.5-1所示的n端口网络中，设端口i的参考面T_i在该端口的等效传输线上向外移动距离l_i所得新的参考面T_i'，相应的相位为$\theta_i=\beta_i l_i$，β_i是该传输线的相位常数。由于T_i外移，T_i'面的入射波a_i'从端口i到另一端口j比a_i多经历θ_i的相位滞后，故S参量的$S_{ij}(j\neq i)$必须乘以$e^{-j\theta_i}$，第i条等效传输线上的反射波相对于外移后的新参考面T_i'的入射波则多经历$2\theta_i$的相位滞后，因而S参量的S_{ii}的新值应为$S_{ii}e^{-j2\theta_i}$。类似，端口j参考面T_j的入射波传到端口i的新参考面T_i'时也必须多走距离l_i，故S_{ij}的新值为$S_{ij}e^{-j\theta_i}$。在一般情况下，各个参考面分别向外移为相应的距离$l_i(i=1,2,\cdots,n)$时，则新的S矩阵$[S']$与原$[S]$之间的关系为

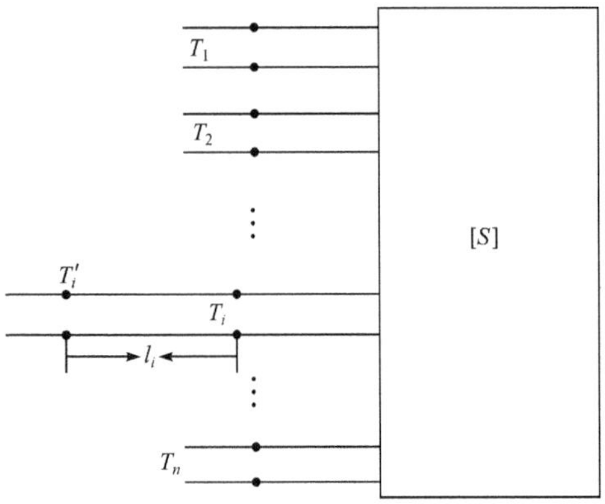

图7.5-1 n端口网络

$$[S'] = [e^{-j\theta}][S][e^{-j\theta}] \tag{7.5-1}$$

式中

$$[e^{-j\theta}]=\begin{bmatrix} e^{-j\theta_1} & 0 & \cdots & 0 \\ 0 & e^{-j\theta_2} & \cdots & 0 \\ \vdots & \vdots & & \vdots \\ 0 & 0 & \cdots & e^{-j\theta_3} \end{bmatrix} \tag{7.5-2}$$

若参考面向内移动，相应的 θ_i 应为负值。

参考面移动对其他网络参量的影响，可以通过网络参量间的互换关系求得，结果是比较复杂的。若是求二端口网络的 A 参量随参考面移动而变化的规律，还可以由网络的级联求得，如图 7.5-2 所示。

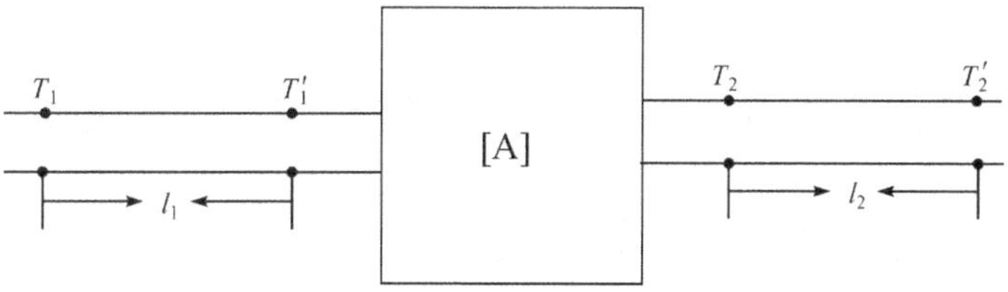

图 7.5-2　二端口网络

在图 7.5-2 所示的二端口网络中，参考面 T_1 和 T_2 在传输线上分别向外移动 l_1 和 l_2 得新参考面 T_1' 和 T_2'，相应的相移为 θ_1 和 θ_2。一段传输线可视为一个二端口网络，因此，新网络可看成三个网络的级联，其 A 矩阵为三个网络的 A 矩阵连乘。即对归一化网络，有

$$[\bar{A}]=[\bar{A}]_1[\bar{A}]_2[\bar{A}]_3=\begin{bmatrix} \cos\theta_1 & j\sin\theta_1 \\ j\sin\theta_1 & \cos\theta_1 \end{bmatrix}\begin{bmatrix} \bar{A}_{11} & \bar{A}_{12} \\ \bar{A}_{21} & \bar{A}_{22} \end{bmatrix}\begin{bmatrix} \cos\theta_2 & j\sin\theta_2 \\ j\sin\theta_2 & \cos\theta_2 \end{bmatrix} \tag{7.5-3}$$

习　题

7.1　如题 7.1 图所示，求长为 l 的一段无耗传输线构成二端口网络的 $[A]$、$[Z]$、$[Y]$。

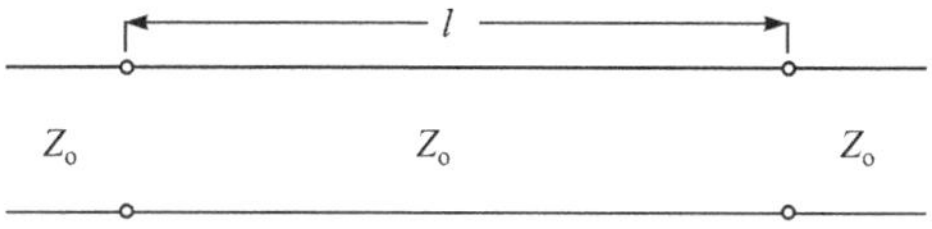

题 7.1 图

7.2　如题 7.2 图所示，求串联阻抗构成的二端口网络其端接传输线特性阻抗不等时的 $[Y]$、$[A]$、$[\bar{A}]$、$[\bar{Y}]$。

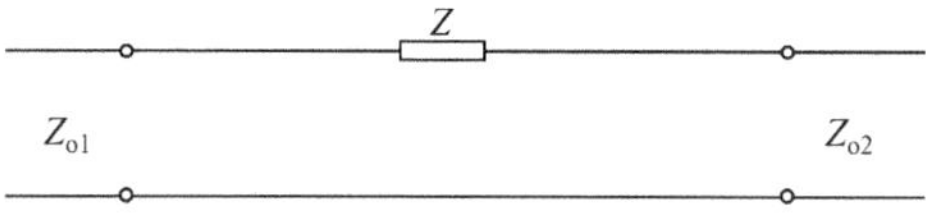

题 7.2 图

7.3　如题 7.3 图所示，求并联导纳构成的二端口网络在端接传输线特性阻抗不等时的 $[Z]$、$[\bar{Z}]$、$[A]$、$[\bar{A}]$。

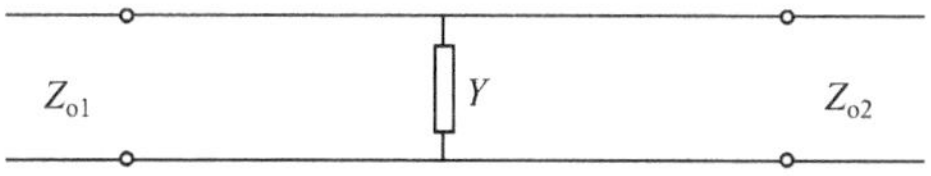

题 7.3 图

7.4　如题 7.4 图所示，求理想变压器二端口网络的[A]、[$\overline{A}$]。

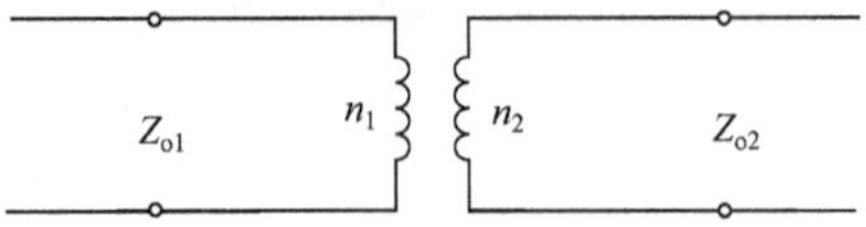

题 7.4 图

7.5　试计算题 7.5 图所示各网络的[A]、[S]、[T]。

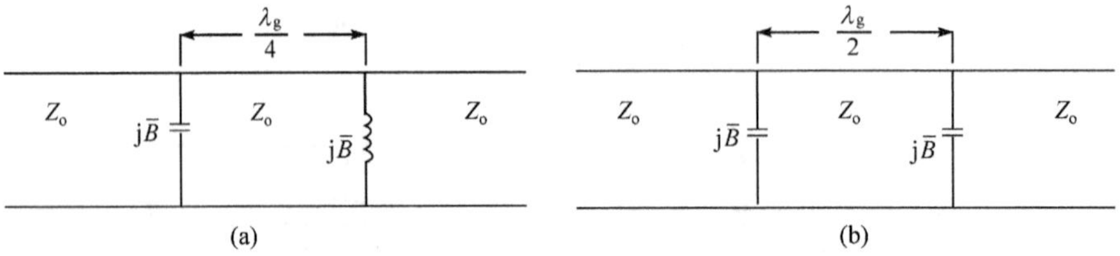

题 7.5 图

7.6　试证明题 7.6 图所示两特性阻抗不同的传输线构成的简单网络的[S]为

$$[S]=\frac{1}{Z_{o1}+Z_{o2}}\begin{bmatrix} Z_{o2}-Z_{o1} & 2\sqrt{Z_{o1}Z_{o2}} \\ 2\sqrt{Z_{o1}Z_{o2}} & Z_{o1}-Z_{o2} \end{bmatrix}$$

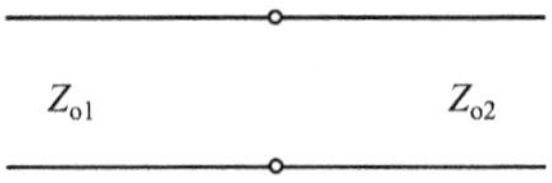

题 7.6 图

7.7　试求题 7.7 图的[T]、[S]。

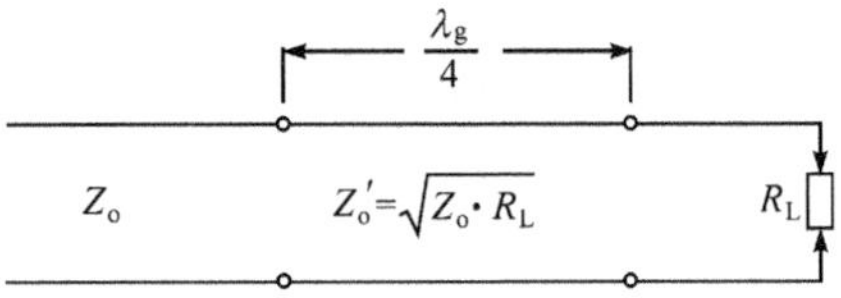

题 7.7 图

7.8　试求题 7.8 图中虚线内二端口网络的[S]以及当上述网络的两个端口参考面同时外移 $\lambda_g/4$ 后所得新网络的[S']。

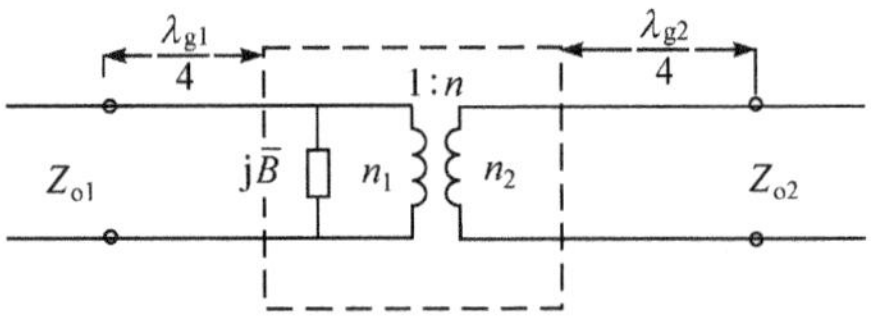

题 7.8 图

第8章 常用微波元件

微波前端子系统由微波无源元件和有源电路组合而成。微波元件是指在微波系统中能独立完成特定功能的基本单元，它们在微波技术领域中有着广泛的应用，是微波系统的重要组成部分之一。微波元件的种类很多，在微波系统中完成微波信号产生、滤波、变换、耦合、分配、移相、匹配、放大、振荡、混频、控制等功能。

微波元件从外形到内部结构与所熟知的低频电路和系统中的元件完全不同，而且从功能角度来说，某些元件，如专用的传输线连接元件等，在低频电路和系统中几乎是不需要的，也没有多少理论和技术可说，而它们在射频和微波频段又是必不可少的，因此微波元件的理论和技术内涵很丰富，有必要单独列出加以介绍与讨论。

微波元件的分类方法很多，从大的方面讲，首先可以分为无源元件和有源元件，决定于有无半导体器件和需不需要偏置电源；从性质上分，可分为线性互易元件、线性非互易元件和非线性元件三大类，其中线性与非线性以是否涉及频率变换来区分，与频率变换无关的称为线性；从电路形式上分，可以分为波导型、同轴线型、带状线和微带线型等，其中波导和同轴线元件大多是单件分离式的，即一个元件完成微波系统中一种预定功能，用在中大功率场合，而带状线和微带线元件一般不是独立的，是和电路的其他功能部分紧凑结合的，用于微波混合集成电路中，适用于中小功率范围；从外在形式和微波网络等效的角度来分，又可以分为一端口元件、二端口元件、三端口元件、四端口元件等。

微波元件种类繁多、性能各异，有些涉及非常深入的理论，而且正处于日新月异的发展中，因此本书作为教材，不可能、也无必要对所有的微波元件都进行深入研究和讨论，本章仅从工程角度出发对一般微波系统中常用的普通无源线性微波元件作一简要介绍。目的在于使读者对这些元件有所了解，为学习微波技术中的其他内容以及进一步开展微波领域的研究和工程工作打下基础。

鉴于上述目的，本章着重讲授这些元件的基本工作原理、基本结构和主要用途，而不过多地涉及这些元件的设计和计算。在内容安排和讲授次序方面，对线性互易元件，出于服务于微波系统设计的角度，主要按照外在形式和微波网络等效的角度来分类，在外在形式相同的情况下，按照基本功能分别介绍；对于线性非互易元件，虽然可能外在形式与功能等与线性互易元件相同，但由于涉及铁氧体等材料的应用，仅作简单介绍。此外，对微波系统中也比较常用的以及应用前景广阔的微波慢波结构、光子带隙结构等也作一简单介绍。在分析方法方面，由于微波元件一般涉及传输系统中的不连续性，多数情况下求其严格的场解是困难甚至是不可能的，工程上通常用等效电路来描述它们的主要特性，并得出其相应等效参量的近似计算公式以备分析和设计之用，这里也主要采用这种方法。

8.1 一端口元件

一端口元件对外只有一个物理端口，其功能一般是对确定频率微波信号产生谐振以及作为微波传输系统末端的负载。由于谐振器这种比较重要的微波无源元件已经有专门的章节介

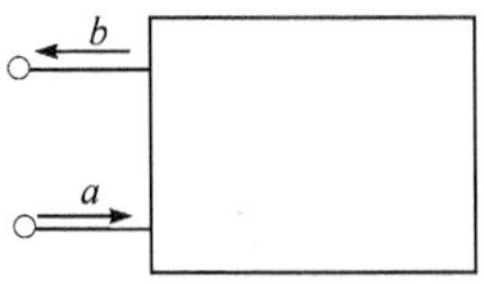

图 8.1-1　单端口元件

绍，这里仅介绍负载这种一端口元件。

负载根据对入射信号处理方式的不同可分为完全吸收入射能量的匹配负载、完全反射入射能量的短路负载和部分反射入射能量的失配负载。

从微波网络等效的角度来说，其散射矩阵也只有一个元素 S_{11}，即是该端口的反射系数 Γ，如图 8.1-1 所示有

$$\Gamma = \frac{b}{a} \tag{8.1-1}$$

对应于上述三种负载类型，其端口的反射系数 Γ 分别表现为：匹配负载 $\Gamma = 0$，短路负载 $\Gamma = e^{j\theta}$（θ 为反射系数相角），失配负载 $|\Gamma| =$ 常数。

1. 短路负载——短路器

短路负载又称短路器，其作用是将电磁波能量全部反射回去。将波导或者同轴线的终端短路（用金属导体全部封闭起来）即构成波导或者同轴线的短路负载。实际中的短路负载都可以做成可调的，称为可调短路活塞。

对短路活塞的主要要求是：①保证接触处的损耗小，其反射系数模应接近 1。②当活塞移动时，接触损耗的变化要小。③大功率运用时，活塞与波导壁（或者同轴线的内外导体壁）间不应发生打火现象。

可调短路器可用作调配器，标准可变电抗，广泛用于微波测量中。

短路器的输入阻抗为

$$Z_{in} = jZ_0 \tan\theta = jZ_0 \tan\beta l \tag{8.1-2}$$

式中，Z_0 为波导或者同轴线的特性阻抗；$\theta = 2\pi l/\lambda_g$，$l$ 是短路面与参考面之间的长度，λ_g 为波导波长。

短路器的输入端反射系数为

$$S_{11} = \frac{Z_{in} - Z_0}{Z_{in} + Z_0} = \frac{jZ_0 \tan\theta - Z_0}{jZ_0 \tan\theta + Z_0} = -\frac{1 - j\tan\theta}{1 + j\tan\theta} = -e^{-j2\theta} \tag{8.1-3}$$

这表明短路器的输入端反射系数的模应等于 1，而相角是可变的。

为保证反射系数接近于 1，在结构上，短路活塞可做成接触式和扼流式两种。

1）接触式活塞

在小功率时，常采用直接接触式短路活塞。它由细弹簧片构成，如图 8.1-2 所示。弹簧片的长度应为 $\lambda_g/4$，使接触处位于高频电流的节点，以减小损耗。

接触式活塞的优点是结构简单，缺点是活塞移动时接触不恒定，弹簧片会逐渐磨损，大功率时容易发生打火现象。目前接触式活塞已经很少采用。

2）扼流式活塞

早期的扼流活塞如图 8.1-3 所示。其有效短路面不在活塞与传输线内壁直接接触处，而是向左移动了二分之一波长。由图 8.1-3(c)所示的等效电路可以得到 ab 面的输入阻抗为

$$(Z_{in})_{ab} = \frac{Z_{01}^2}{(Z_{in})_{cd}} = R_k \left(\frac{Z_{01}}{Z_{02}}\right)^2 \tag{8.1-4}$$

式中，R_k 为接触电阻。由图可知，$Z_{01} \ll Z_{02}$，故 $(Z_{in})_{ab}$ 很小，使活塞与波导（或同轴线）有良好的电接触。

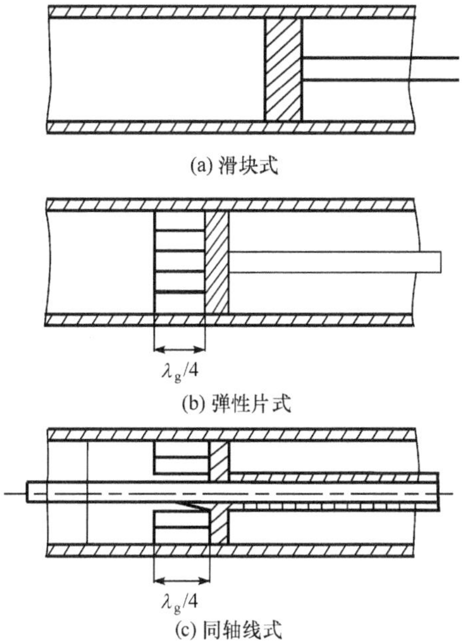

图 8.1-2　接触式短路器

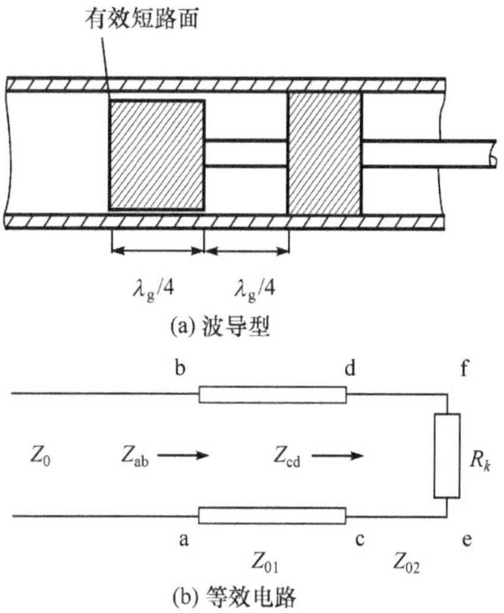

图 8.1-3　扼流活塞的早期结构

由图 8.1-3 所示的扼流活塞的优点是损耗小，且损耗稳定；缺点是活塞太长。为了减小长度，可以采用图 8.1-4 所示山字形和 S 形扼流活塞。在这种活塞中，具有较大特性阻抗的第二段被“卷入”第一段活塞内部。此时接触电阻 R_k 不在高频电流波腹处，而是在波节处，因此可使损耗减至最小。实验表明，这种活塞的驻波比可做到大于 100，且当活塞移动时，接触的稳定度也令人满意。

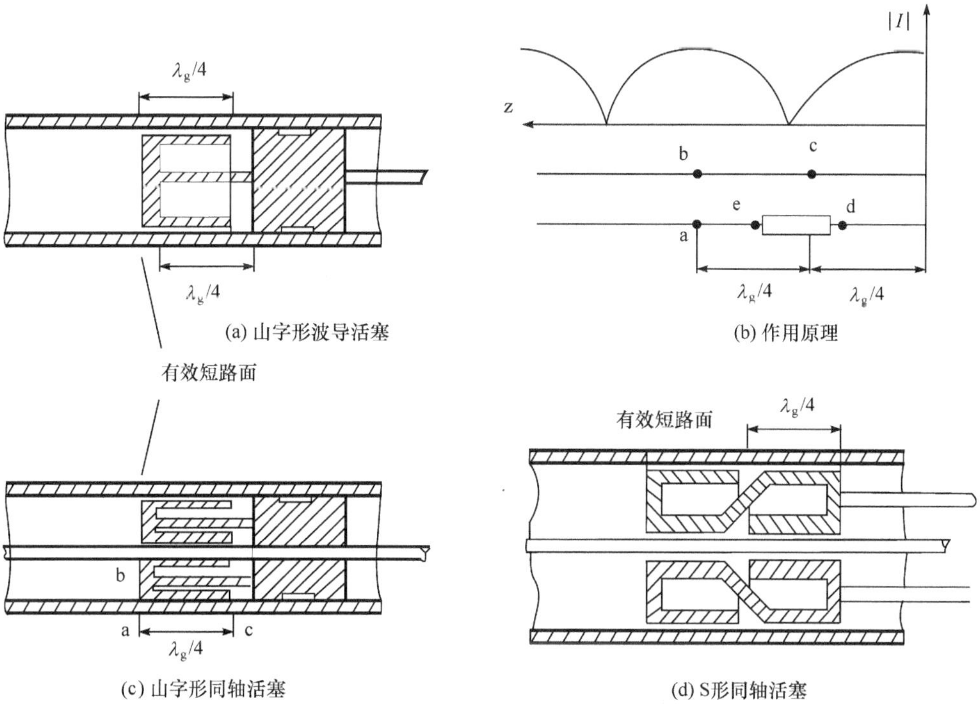

图 8.1-4

在同轴元件中，广泛采用S形(或称Z字形)扼流活塞，如图8.1-4(d)所示。S形活塞的频带宽，其最大特点是活塞与同轴线完全分开，因此同轴线的内外导体是分开的。这种结构特别适用于需要加直流偏置的有源同轴器件。

扼流活塞的缺点是频带窄，一般只能做到10%～15%的带宽。

2. 匹配负载

匹配负载是一种能全部吸收输入功率的一端口元件。它是一段终端短路的波导或者同轴线，其中放有吸收物质。匹配负载在微波测量中常用作匹配标准；在调整仪器(例如调整雷达发射机)时，常用作等效天线。匹配负载的主要技术指标是工作频带，输入驻波比和功率容量。

根据所吸收的功率大小，匹配负载可以分为低功率负载(<1W)和高功率负载(>1W)。

低功率负载一般用于实验室作终端匹配器，对其驻波比要求较高，在精密测量中，要求其驻波比在1.01以下。

低功率波导匹配负载一般为一段终端短路的波导，在其里面沿电场方向放置一块或者数块劈形吸收片或者楔形吸收体，如图8.1-5所示。吸收片是由薄片状介质(如陶瓷片，玻璃，胶木片等)上面涂以金属碎末或炭末制成的。其表面电阻的大小需根据匹配条件用实验精确确定。吸收片劈面的长度应是$\lambda_g/2$的整数倍。楔形吸收体则是用羟基铁和聚苯乙烯混合物做成的。低功率波导匹配负载的驻波比通常在10%～15%频带内可以做到小于1.01。

同轴线匹配负载是在内外导体之间放入圆锥形或者阶梯形吸收体，如图8.1-6所示。

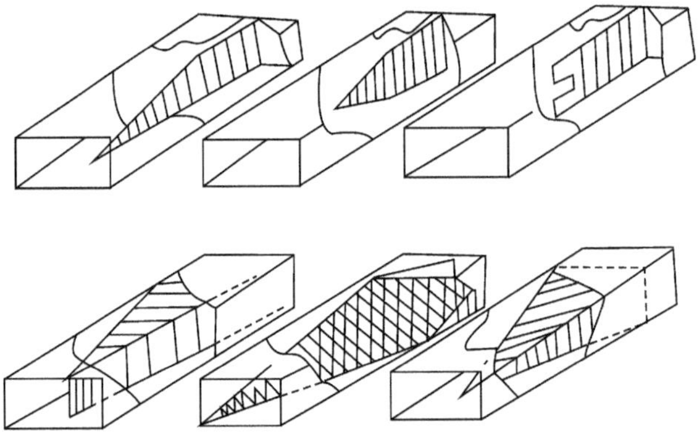

图8.1-5 各种低功率波导匹配负载

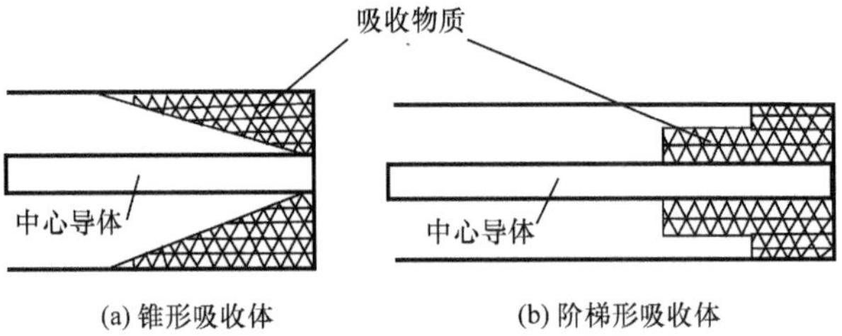

图8.1-6 低功率同轴匹配负载

高功率匹配负载的构造原理和低功率负载一样，但在高功率时需要考虑热量的吸收和发散问题。吸收物体可以是固体（如石墨和水泥混合物）或液体（通常用水）。利用水作吸收物质，由水的流动携出热量的装置，称为水负载，如图 8.1-7 所示。它是在波导终端安装劈形容器，其内通以水，以吸收微波功率。流进的水吸收微波功率后温度升高，根据水的流量和进出水的温差可以测量微波功率值。

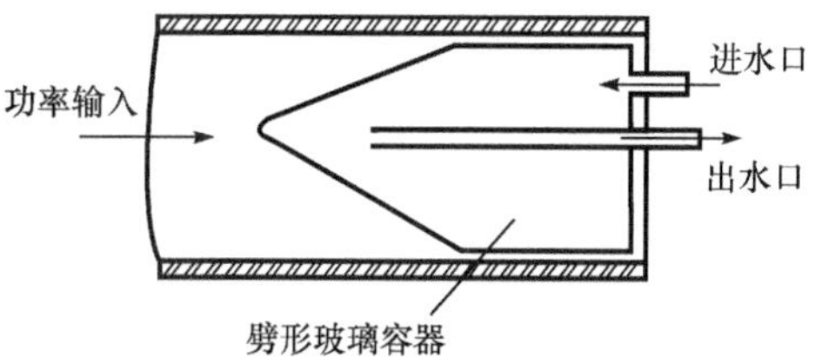

图 8.1-7　高功率波导水负载示意图

3. 失配负载

失配负载是既吸收一部分功率又反射一部分功率的负载，实用中的失配负载都是做成标准失配负载，具有某一固定的驻波比。失配负载常用于微波测量中作标准终端负载。

失配负载的结构与匹配负载一样，只是波导口径的尺寸 b 不同而已。

由传输线理论知，驻波比 S 与反射系数 Γ 的关系为

$$S=\frac{1+|\Gamma|}{1-|\Gamma|} \tag{8.1-5}$$

设 b_0 为标准波导窄边尺寸，b 为失配负载波导的窄边尺寸。由于

$$\Gamma=\frac{Z-Z_0}{Z+Z_0} \tag{8.1-6}$$

式中，Z_0 为标准波导的等效特性阻抗，Z 为失配负载的等效特性阻抗，则

$$S=\frac{Z}{Z_0}=\frac{b}{b_0}\left(\text{或}\frac{b_0}{b}\right) \tag{8.1-7}$$

可见对于不同的 b 可以得到不同的驻波比。例如 3cm 标准波导 BJ-100 的 b_0 为 10.16mm，如果 S 分别要求为 1.1 和 1.2，则 b 分别应为 9.236mm 和 8.407mm，依此可以构成不同的失配负载。

8.2　二端口元件

大多数微波元件是二端口元件。本节在分析无耗二端口网络的基本性质之后，按功能介绍了一些常用的二端口元件。

1. 无耗二端口网络的基本性质

二端口元件可以等效为二端口网络，其散射矩阵为

$$[S]=\begin{bmatrix} S_{11} & S_{12} \\ S_{21} & S_{22} \end{bmatrix} \tag{8.2-1}$$

若网络无耗，可互易，则由幺正性得到

$$\begin{aligned} |S_{11}|^2+|S_{12}|^2&=1 \\ |S_{12}|^2+|S_{22}|^2&=1 \end{aligned} \tag{8.2-2}$$

和

$$\begin{aligned} S_{11}^{*}S_{12}+S_{12}^{*}S_{22}&=0 \\ S_{12}^{*}S_{11}+S_{22}^{*}S_{12}&=0 \end{aligned} \tag{8.2-3}$$

由此可得

$$|S_{11}|=|S_{22}|$$

$$2\angle S_{12}-(\angle S_{11}+\angle S_{22})=\pm\pi$$

若 $S_{11}=0$，则 $|S_{12}|=|S_{21}|=1$，$|S_{22}|=0$；若 $|S_{12}|=1$，则 $S_{11}=S_{22}=0$，或相反。因此得到无耗互易二端口网络的如下基本性质：

(1) 若一个端口匹配，则另一个端口自动匹配。

(2) 若网络是完全匹配的，则必然是完全传输的或相反。

(3) S_{11}，S_{22}，S_{12} 的相角只有两个是独立的，已知其中两个相角，则第三个相角便可确定。

2. 连接元件

连接元件的作用是将不同的微波元件连接成完整的系统。其主要指标要求是接触损耗小、驻波比小、功率容量大、工作频带宽。这里只介绍单纯起连接作用的接头、拐角、弯曲和扭转元件。

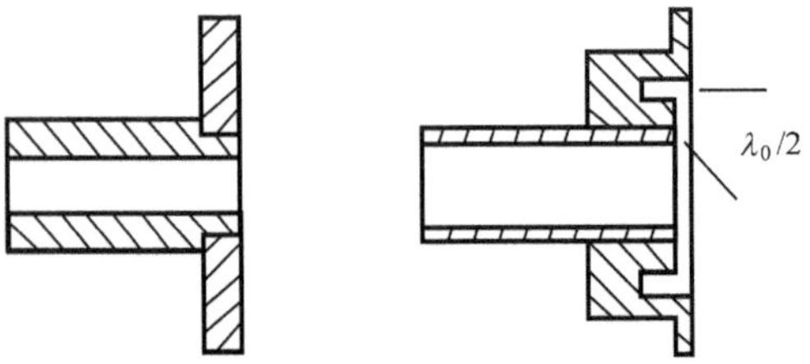

(a) 平接头　　(b) 扼流接头

图 8.2-1　波导接头

1) 波导接头

波导连接方法分接触连接和扼流连接两种。它们是借助于焊在待连接元件波导端口上的法兰盘来实现的。法兰盘结构形式分平法兰盘和扼流法兰盘两种，如图 8.2-1 所示。两个平接头连接时用螺栓和螺帽旋紧，或用弓形夹夹紧。

扼流式接头是由一个刻有扼流槽的法兰盘和一个不带扼流槽的平法兰盘对接而成的。如图 8.2-1(b)所示。扼流槽短路端到波导宽边中心的距离近似为 $\lambda_0/2$，λ_0 为信号波长，因此在波导端口呈电接触。

平接头的优点是加工方便、体积小、频带宽，主要用于宽带波导元件和测试装置中。其驻波比可以做到小于 1.002。扼流接头的优点是加工简单、安装方便、功率容量大，常用于雷达的天线馈电设备中；其主要缺点是频带较窄，其驻波比在中心频率处的典型值为 1.02。

2) 拐角、弯曲和扭转元件

在微波传输系统中，为了改变电磁波的传输方向，需要用到拐角和弯曲元件；当需要改变电磁波的极化方向而不改变其传输方向时，则要用到扭转元件。对这些元件的要求是：引入的反射尽可能小、工作频带宽、功率容量大。

波导拐角、扭转和弯曲元件结构如图 8.2-2 所示。为使反射最小，图 8.2-2(a)和(b)的拐角和扭转长度 l 应为 $(2n+1)\lambda_g/4$。E 面波导弯曲的曲率半径应满足 $R\geqslant1.5b$；H 面波导弯曲的曲率半径应满足 $R\geqslant1.5a$。

同轴 90°弯接头用的很广。容易理解弯曲部分的特性阻抗将随弯曲度加大而变小，一般比直同轴线部分特性阻抗降低约 15%。用缩小内导体直径或加大外导体直径的方法可以补偿这种变化。实验结果表明，若按衰减最小条件设计同轴线尺寸，直同轴线的内外径比为 1∶3.6，弯曲部分的内外径比为 1∶4。补偿特性阻抗的变化，减小弯曲部分对驻波系数的影响的方案有：①全介质填充。②内导体切角。③减小内导体尺寸。④内外导体直径不变，内导体直接弯成 90°，外导体由两个尺寸相同的圆管端头加工成 45°焊成直角。

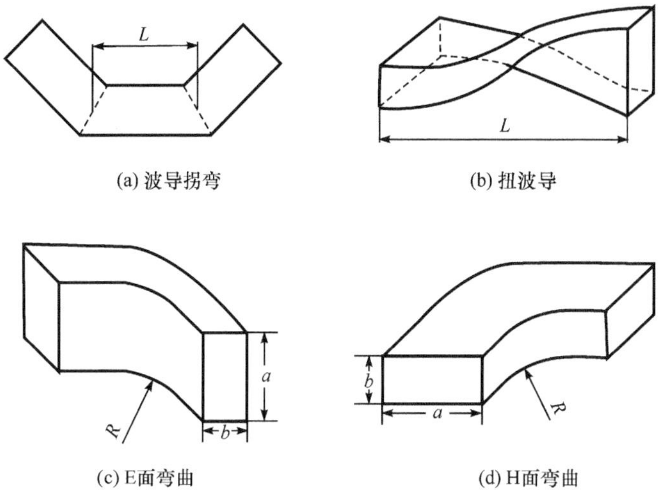

(a) 波导拐弯　　(b) 扭波导

(c) E面弯曲　　(d) H面弯曲

图 8.2-2

3. 匹配元件

匹配元件的种类很多，这里只介绍膜片、销钉和螺钉匹配器。

1）膜片

波导中的膜片是垂直于波导管轴放置的薄金属片，有对称和不对称之分，如图 8.2-3 所示。膜片是波导中常用的匹配元件，一般在调匹配时多用不对称膜片，而当负载要求对称输出时，则需用对称膜片。

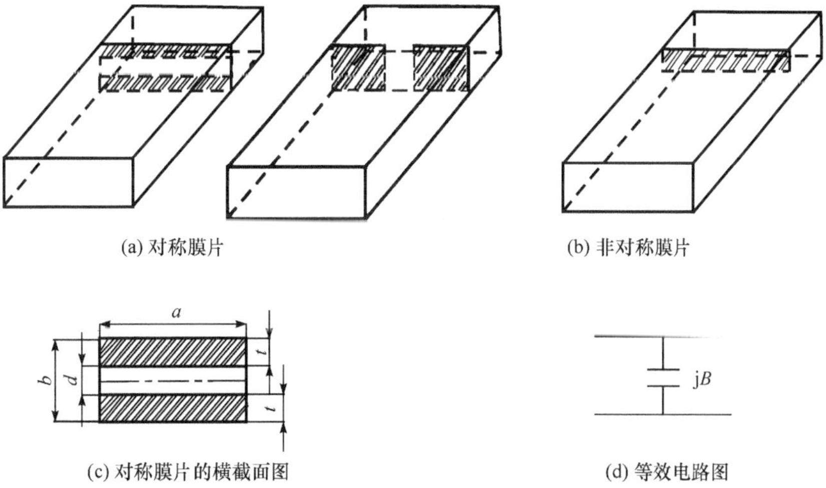

(a) 对称膜片　　(b) 非对称膜片

(c) 对称膜片的横截面图　　(d) 等效电路图

图 8.2-3　对称和非对称的电容性膜片及其等效电路

显然，在波导中放入膜片后必然引起波的反射，反射波的大小和相位随膜片尺寸及放置的位置不同而变化。利用膜片进行匹配的原理便是利用膜片产生的反射来抵消由于负载不匹配所产生的反射波。

膜片的分析方法与其厚度有关。当膜片比较厚，与波导波长相比不能忽略时，应将膜片当作一段波导来分析；通常膜片很薄，如忽略其损耗，则可等效为一并联电纳。

图 8.2-3(a)中右图所示薄膜片，使波导中的 TE_{10} 模的磁场在膜片处集中而得以加强，呈

电感性,称之为电感性膜片。薄对称电感膜片相对电纳的近似式为

$$b=\frac{B}{Y_0}\approx-\frac{\lambda_g}{a}\cot^2\left(\frac{\pi d}{2a}\right) \qquad (8.2-4)$$

图 8.2-3(a)中左图所示薄膜片,使波导中的 TE_{10} 模的电场在膜片处集中而得以加强,呈电容性,称之为电容性膜片。薄对称电容膜片相对电纳的近似式为

$$b=\frac{B}{Y_0}\approx\frac{4b}{\lambda_g}\ln\left(\csc\frac{\pi d}{2b}\right) \qquad (8.2-5)$$

将感性膜片和容性膜片组合在一起便得到如图 8.2-4(a)所示的谐振窗。它对某一特定频率产生谐振,电磁波可以无反射地通过。其等效电路相当于并联谐振回路。这种谐振窗常用于大功率波导系统中作充气用的密封窗,也常用于微波电子器件中作为真空部分和非真空部分的隔窗。窗孔的形状可以做成圆形、椭圆形、哑铃形等,如图 8.2-4(b)、(c)、(d)所示。谐振窗的常用材料是玻璃、聚四氟乙烯、陶瓷等。

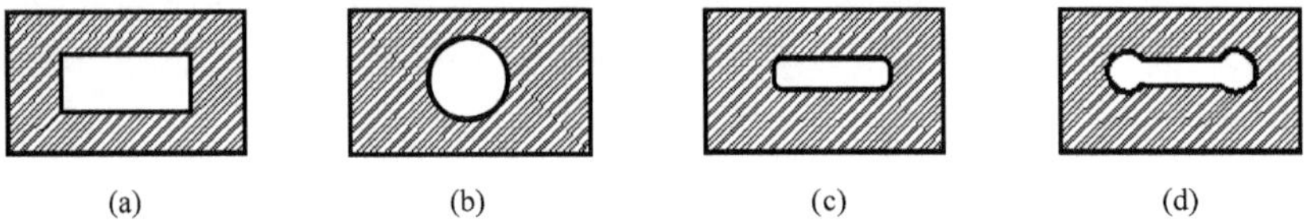

图 8.2-4　波导谐振窗

2) 销钉

销钉是垂直对穿波导宽边的金属圆棒,如图 8.2-5 所示。它在波导中起电感作用,可用作匹配元件和谐振元件,常用于构成波导滤波器。

销钉的相对电纳与棒的粗细有关,棒越细,电感量越大,其相对电纳越小;同样粗细的棒,根数越多,相对电纳越大。置于 $a/2$ 处的单销钉相对电纳的近似式为

$$b=\frac{B}{Y_0}\approx-\frac{2\lambda_g}{a}\left\{\ln\left(\frac{2a}{\pi r}\right)-2\right\}^{-1} \qquad (8.2-6)$$

式中,r 为销钉的半径。

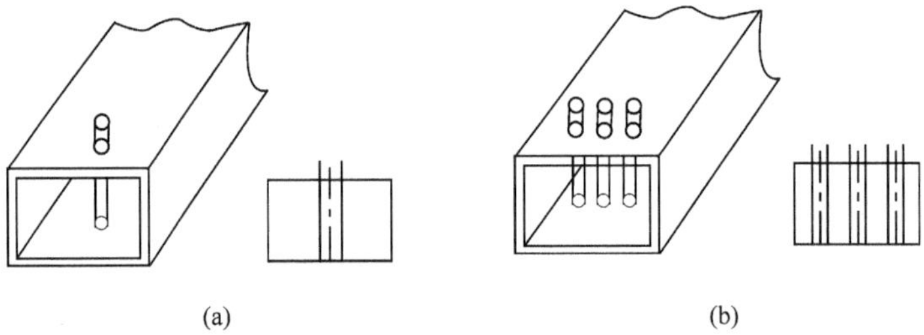

图 8.2-5　矩形波导中的销钉

3) 螺钉调配器

用膜片和销钉匹配时,膜片和销钉在波导中的位置固定后就不容易再调整,因而使用不方便。采用如图 8.2-6 所示的螺钉调配器调整则较为方便。螺钉是低功率微波装置中普遍采用的调谐和匹配元件。实用时,为避免波导短路和击穿,通常设计螺钉成容性,作可变电容用,螺钉旋入波导的深度应小于 $3b/4$,b 为矩形波导窄边的尺寸。

螺钉调配器分单螺钉、双螺钉、三螺钉和四螺钉调配器。其作用原理与支节调配器相似,所不同的是螺钉只能当电容用。

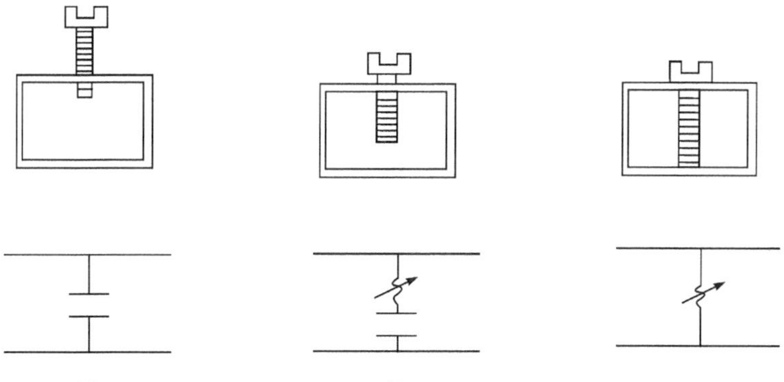

图 8.2-6　波导中的螺钉和其等效电路

4. 衰减与相移元件

衰减和相移元件分别用来改变导行系统中电磁场的幅度和相位，衰减器和相移器联合使用，可以调节导行系统中电磁波的传播常数。衰减器和相移器的结构都可以做成固定式和可变式。在一般情况下，设计衰减器时并不苛求其相位关系，而设计相移器时则要求不引入附加的衰减。

理想衰减器是一个相对相移为零，衰减量可变的二端口网络。衰减量连续可变，相移量固定不变的衰减器可看作理想衰减器，其散射矩阵为

$$[S]=\begin{bmatrix} 0 & e^{-al} \\ e^{-al} & 0 \end{bmatrix} \tag{8.2-7}$$

式中，a 为衰减常数；l 为衰减器的长度。

理想相移器应该是一个具有单位振幅，相移量可变的二端口网络，相位变化过程中，其衰减量固定不变，其散射矩阵为

$$[S]=\begin{bmatrix} 0 & e^{-j\theta} \\ e^{j\theta} & 0 \end{bmatrix}$$

式中，$\theta=\beta l$ 为相移器的相移量。

衰减器的种类很多，使用最多的是吸收式衰减器。它是在一段矩形波导中平行电力线放置衰减片而构成的，衰减片的位置可以调节，如图 8.2-7 所示。衰减片一般是由一段胶布板表面上涂复合石墨或在玻璃上蒸发很薄的电阻膜做成的。为了消除反射，衰减片两端通常做成渐变形。

由 $\theta=\beta l$ 可知，利用改变导行系统的相移常数 β 可以改变相移，而相移常数 β 和$\sqrt{\varepsilon_r}$成正比。因此，将图 8.2-7 所示衰减器的衰减片换成介质片便可构成可调相移器。由 $\theta=\beta l$ 也可知，改变导行系统的等效长度也可以改变相移。为此可以在矩形波导宽边中心加一个或多个螺钉，构成螺钉相移器。

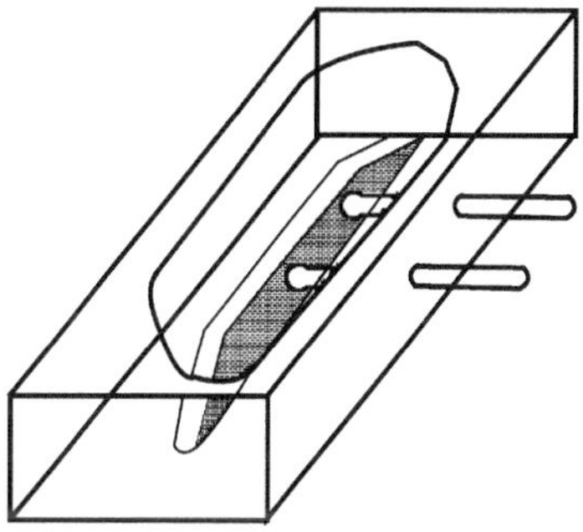

图 8.2-7　吸收式波导衰减器或移相器

5. 波型变换元件

一个微波系统中常需用几种不同的导行系统，并由许多作用不同的元件组成。每种导行系统的主模都不同，每个元件都有一定的工作模式。因此，为了从一种导行系统元件过渡到另一种导行系统元件，或过渡到同种导行系统的另一种元件并要求产生所需要的工作模式，就需要采用波型变换元件。有时也将这种波形变换称为波导激励，将波型变换元件称为波导激励元件。

迄今所研究的是不存在波源情况下导波沿导行系统的传输特性，而未考虑导模是如何产生的。导行系统中的导模是用激励方式产生的。

第 2 章中知道，波导中可以存在无穷多的 TE 模和 TM 模。这些模式能否在波导中存在并传播，一方面取决于传输条件 $\lambda_c>\lambda$，即取决于波导尺寸和工作频率；另一方面还取决于激励方法，正如第 2 章介绍的奇偶禁戒规则来判断，激励的结果是要产生所要求的模式并尽量避免不需要的模式。

波导的激励本质是电磁波的辐射，是微波源在波导内壁所限定的有限空间辐射，其结果要求在波导中获得所需要的模式。显然，即使在最简单的情况下，因为激励源附近的边界条件很复杂，所以要严格对波导激励问题进行数学分析是很困难的，一般只能求近似解。

波型变换元件又称波型变换器。设计波型变换器的主要要求是阻抗匹配、频带宽、功率容量大、不存在杂模，即非工作模式。设计的一般原则是抑制杂模的产生和阻抗匹配。由于波型变换器是两种波型的过渡装置，容易产生杂模，引起反射，所以当波型变换器不同波型部分的等效阻抗相同或者接近时，主要问题是尽量减小杂模的激励，并选择适当的形状使一种波型缓慢的过渡到另一种波型，其尺寸则应逐渐过渡（渐变过渡或阶梯过渡）；若变换器的两部分的等效阻抗不相同，则需加调配元件或选择变换器的形状和尺寸，使各处产生的反射波在一定频带内相互抵消，或采用阻抗匹配方法使其阻抗相等。

1）波导激励的一般方法与装置

波导中某种所需要模式的激励是建立在已知模式的场结构基础之上的，激励的一般方法与装置如下：

（1）探针激励。将同轴线内导体延伸一小段沿电场方向插入波导内而构成。通常置于所要激励模式的电场最强处，以增强激励度。典型的装置是矩形波导主模 TE_{10} 模常用的同轴-波导变换器，如图 8.2-8 所示。

（2）环激励。将同轴线内导体延伸后弯成环形，将其端部焊在外导体上，然后插入波导中所需激励的模式的磁场最强处，并使小环的法线平行于磁力线，以增强激励度。图 8.2-9 示出用小环激励矩形波导 TE_{10} 模的一个例子。

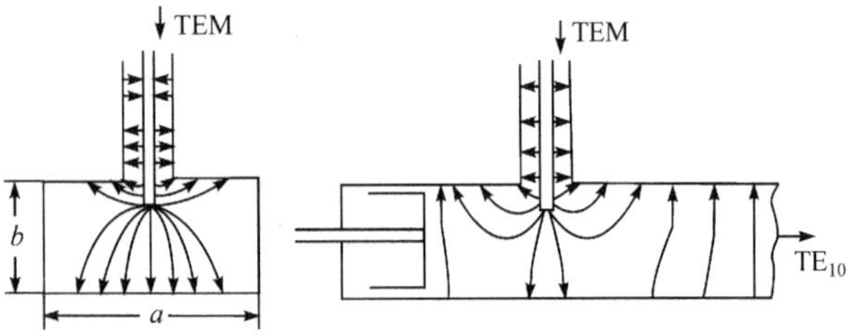

图 8.2-8　矩形波导 TE_{10} 模的探针激励

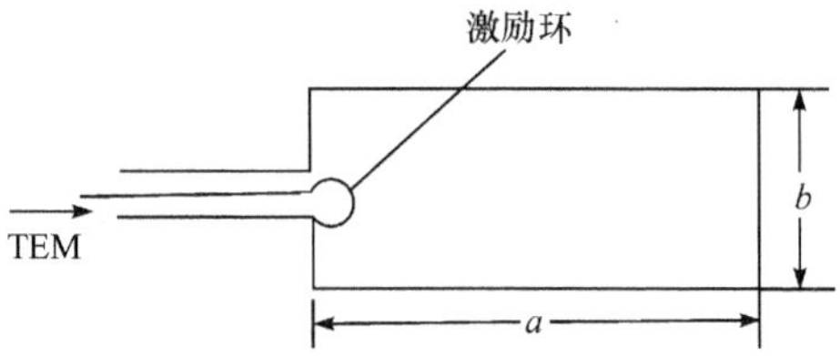

图 8.2-9　矩形波导 TE_{10} 模的环激励

(3) 孔或缝激励。在两个波导的公共壁上开孔或缝，使一部分能量辐射到另一波导中去，并建立起所需要的传输模式。图 8.2-10 表示矩形波导 TE_{10} 模的三种孔激励装置。孔或缝的激励方法还可用于波导与谐振腔之间的耦合、两条微带线之间的耦合(在公共接地板上开孔)、波导与带状线之间的耦合等。

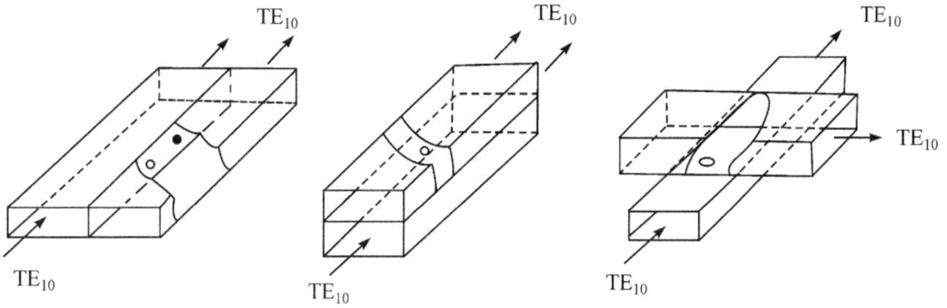

图 8.2-10

(4) 直接过渡。通过波导截面形状的逐渐变形，可将原波导中的模式转换成另一种波导中所需要的模式。图 8.2-11 即为矩形波导 TE_{10} 模转换成圆波导 TE_{11} 模的方-圆过渡。这种直接过渡方式还常用于同轴线与微带线之间的过渡和矩形波导与微带线之间的过渡等。

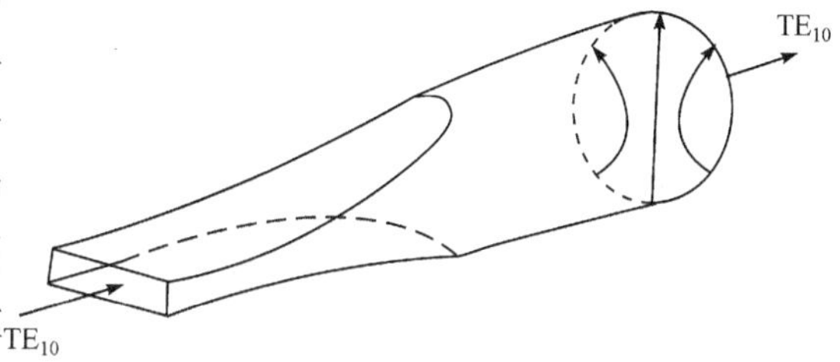

图 8.2-11　矩形波导 TE_{10} 模至圆波导 TE_{11} 模过渡

下面就波导的电流激励和孔激励的计算原理作一深入分析。

2) 电流源与磁流源的激励

(1) 仅激励单一波导正规模的电流片。首先以矩形波导为例来寻求仅激励单一模式的电流形式。考虑如图 2.2-1 所示无限长矩形波导，设在 $z=0$ 面上有表面电流密度为 $\boldsymbol{J}_s$ 的电流片。要求此电流片在波导中仅激励起向 $+z$ 和 $-z$ 两个方向传播的 TE_{10} 模，其横向场分量可由式(2.2-14)推得，即有

$$E_y^{\pm}=-Z_{TE_{10}}\left(\frac{\pi}{a}\right)H_{10}^{\pm}\sin\frac{\pi x}{a}e^{\mp j\beta z} \tag{8.2-8a}$$

$$H_x^{\pm}=\pm\left(\frac{\pi}{a}\right)H_{10}^{\pm}\sin\frac{\pi x}{a}e^{\mp j\beta z} \tag{8.2-8b}$$

式中，符号"±"分别表示具有振幅系数 H_{10}^{+} 和 H_{10}^{-} 的向 $+z$ 和 $-z$ 方向传输的波。

在 $z=0$ 处必须满足如下边界条件：

$$(\boldsymbol{E}^{+}-\boldsymbol{E}^{-})\times\boldsymbol{a}_z=0 \tag{8.2-9a}$$

$$\boldsymbol{a}_z\times(\boldsymbol{H}^{+}-\boldsymbol{H}^{-})=\boldsymbol{J}_s \tag{8.2-9b}$$

以式(8.2-8a)代入式(8.2-9a)，可得 $H_{10}^{+}=H_{10}^{-}$；以式(8.2-8b)代入式(8.2-9b)，则得在此波导中仅激励在两个方向传播 TE_{10} 模所需的表面电流密度应为

$$J_{sTE_{10}}=\boldsymbol{a}_y(H_x^{+}-H_x^{-})-\boldsymbol{a}_x(H_y^{+}-H_y^{-})=\boldsymbol{a}_y\frac{2H_{10}^{+}\pi}{a}\sin\frac{\pi x}{a} \tag{8.2-10}$$

用同样方法可求得在此波导中仅激励向两个方向传播的 TE_{10} 模所需表面磁流 M_s 应为

$$M_{sTE_{10}} = -\boldsymbol{a}_x \frac{2Z_{TE_{10}} H_{10}^{+} \pi}{a} \sin \frac{\pi x}{a} \tag{8.2-11}$$

式(8.2－10)和式(8.2－11)表明，采用所示形式的电流片或磁流片可以有选择地在矩形波导中仅激励 TE_{10} 模而排除所有其他的模。如上所述，通常是采用探针、小环和电流片来激励，如图 8.2－8、图 8.2－9 和图 8.2－12 所示那样。此种情况下将激励出许多模式，其中大多数模式是消失的，只有满足条件 $\lambda_c > \lambda$ 的某模式才能在波导中得到传播。

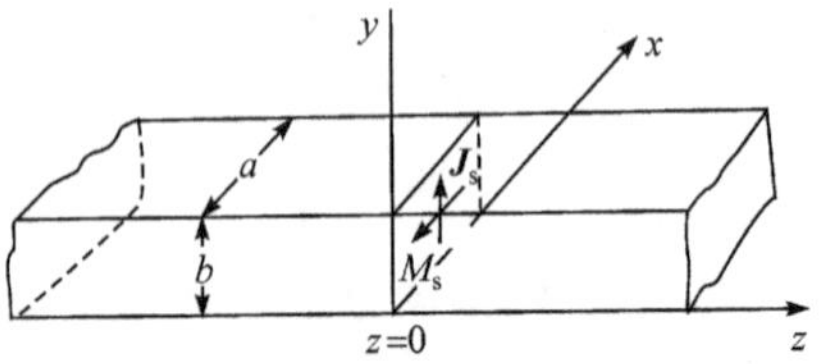

图 8.2－12　激励单 TE_{10} 模的电流片

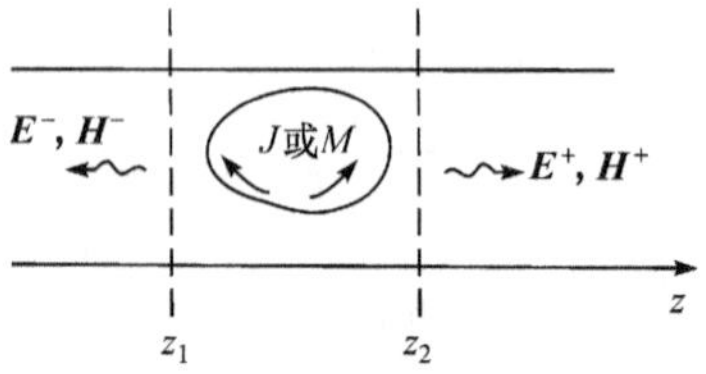

图 8.2－13　任意电流源或磁流源的激励

(2) 任意电流源或磁流源的模式激励。现在考虑由任意电流源或磁流源的激励，如图 8.2－13 所示。由位于 z_1 和 z_2 两截面之间的电流源 J 在波导中将产生向 $+z$ 方向传输的场 $\boldsymbol{E}^+$、$\boldsymbol{H}^+$ 和向 $-z$ 方向传输的场 $\boldsymbol{E}^-$、$\boldsymbol{H}^-$ 。它们可以用波导正规模表示如下：

$$\boldsymbol{E}^+ = \sum_n C_n^+ E_n^+ = \sum_n C_n^+ (\boldsymbol{e}_n + \boldsymbol{a}_z e_{zn}) e^{-j\beta_n z}, \quad z > z_2 \tag{8.2-12a}$$

$$\boldsymbol{H}^+ = \sum_n C_n^+ H_n^+ = \sum_n C_n^+ (\boldsymbol{h}_n + \boldsymbol{a}_z h_{zn}) e^{-j\beta_n z}, \quad z > z_2 \tag{8.2-12b}$$

$$\boldsymbol{E}^- = \sum_n C_n^- E_n^- = \sum_n C_n^- (\boldsymbol{e}_n - \boldsymbol{a}_z e_{zn}) e^{j\beta_n z}, \quad z < z_1 \tag{8.2-12c}$$

$$\boldsymbol{H}^- = \sum_n C_n^- H_n^- = \sum_n C_n^- (-\boldsymbol{h}_n + \boldsymbol{a}_z h_{zn}) e^{j\beta_n z}, \quad z < z_1 \tag{8.2-12d}$$

式中，下标 n 表示第 n 个 TE 模或 TM 模。应用洛伦兹(Lorentz)互易定理(注意到此时磁流源 $\boldsymbol{M}_1 = \boldsymbol{M}_2 = 0$)：

$$\oint_S (\boldsymbol{E}_1 \times \boldsymbol{H}_2 - \boldsymbol{E}_2 \times \boldsymbol{H}_1) \cdot \mathrm{d}s = \int_V (\boldsymbol{E}_2 \cdot \boldsymbol{J}_1 - \boldsymbol{E}_1 \cdot \boldsymbol{J}_2) \mathrm{d}v \tag{8.2-13}$$

式中，S 是包围源体积 V 的封闭表面；$\boldsymbol{E}_i$、$\boldsymbol{H}_i$ 是由电流源 $\boldsymbol{J}_i$($i=1$ 或 2)产生的场。

取体积 V 为 z_1 和 z_2 横截面及波导壁之间的区域，令 $\boldsymbol{E}_1 = \boldsymbol{E}^{\pm}$，$\boldsymbol{H}_1 = \boldsymbol{H}^{\pm}$，$\boldsymbol{E}_2$、$\boldsymbol{H}_2$ 为 $-z$ 方向传输的第 n 个正规模：

$$\boldsymbol{E}_2 = \boldsymbol{E}_n^- = (\boldsymbol{e}_n - \boldsymbol{a}_z e_{zn}) e^{j\beta_n z}$$

$$\boldsymbol{H}_2 = \boldsymbol{H}_n^- = (-\boldsymbol{h}_n + \boldsymbol{a}_z h_{zn}) e^{j\beta_n z}$$

代入互易定理式(3.5－6)，注意到 $\boldsymbol{J}_1 = \boldsymbol{J}$，$\boldsymbol{J}_2 = 0$，则得

$$\oint_S (\boldsymbol{E}^{\pm} \times \boldsymbol{H}_n^- - \boldsymbol{E}_n^- \times \boldsymbol{H}^{\pm}) \cdot \mathrm{d}s = \int_V \boldsymbol{E}_n^- \cdot \boldsymbol{J} \mathrm{d}v \tag{8.2-14}$$

考虑到波导壁上切向电场为零，而在波导截面上波导正规模是正交的，则可由式(8.2－14)求得向 $+z$ 方向传输的第 n 正规模的振幅系数为

$$C_n^+ = \frac{-1}{P_n} \int_V \boldsymbol{E}_n^- \cdot \boldsymbol{J} \mathrm{d}v = \frac{-1}{P_n} \int_V (\boldsymbol{e}_n - \boldsymbol{a}_z e_{zn}) \cdot \boldsymbol{J} e^{j\beta_n z} \mathrm{d}v \tag{8.2-15}$$

式中

$$\boldsymbol{P}_n = 2\int_S \boldsymbol{e}_n \times \boldsymbol{h}_n \cdot \boldsymbol{a}_z \mathrm{d}s \tag{8.2-16}$$

是正比于第 n 正规模功率流的归一化常数。

若以 $\boldsymbol{E}_2=\boldsymbol{E}_n^+$，$\boldsymbol{H}_2=\boldsymbol{H}_n^+$ 重复上述步骤，可得向 $-z$ 方向传输的第 n 个正规模的振幅系数为

$$C_n^- = \frac{-1}{P_n}\int_V \boldsymbol{E}_n^+ \cdot \boldsymbol{J}\mathrm{d}v = \frac{-1}{P_n}\int_V (\boldsymbol{e}_n + \boldsymbol{a}_z e_{zn})\cdot \boldsymbol{J}\mathrm{e}^{-\mathrm{j}\beta_n z}\mathrm{d}v \tag{8.2-17}$$

类似的推导可得到磁流源 $\boldsymbol{M}$ 激励的向 $+z$ 和 $-z$ 方向传输的第 n 规模的振幅系数分别为

$$C_n^+ = \frac{1}{P_n}\int_V \boldsymbol{H}_n^- \cdot \boldsymbol{M}\mathrm{d}v = \frac{1}{P_n}\int_V (-\boldsymbol{h}_n + \boldsymbol{a}_z h_{zn})\cdot \boldsymbol{M}\mathrm{e}^{\mathrm{j}\beta_n z}\mathrm{d}v \tag{8.2-18a}$$

$$C_n^- = \frac{1}{P_n}\int_V \boldsymbol{H}_n^+ \cdot \boldsymbol{M}\mathrm{d}v = \frac{1}{P_n}\int_V (\boldsymbol{h}_n + \boldsymbol{a}_z h_{zn})\cdot \boldsymbol{M}\mathrm{e}^{-\mathrm{j}\beta_n z}\mathrm{d}v \tag{8.2-18b}$$

式中，P_n 如式(8.2-16)所示。

【例 8.2-1】 求图 8.2-14 所示探针激励矩形波导中 $+z$ 和 $-z$ 方向传输的 TE_{10} 模的振幅与探针处的输入电阻。假定此波导中只能传输 TE_{10} 模。

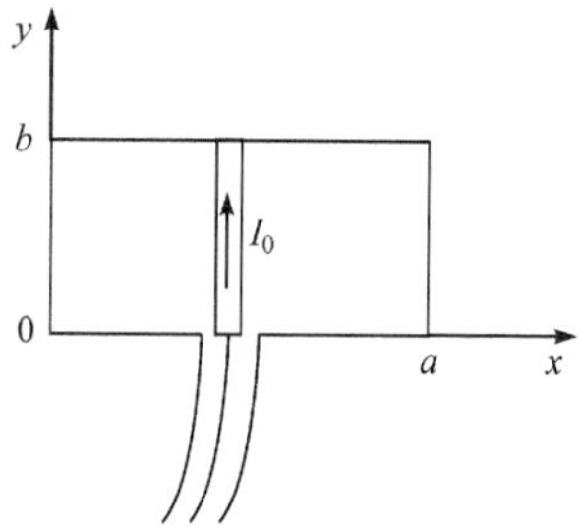

图 8.2-14　矩形波导宽边中心处的均匀电流探针激励

解　假定探针无限细，则其上电流密度可以表示成

$$\boldsymbol{J}(x,y,z) = I_0\delta\left(x-\frac{a}{2}\right)\delta(z)\boldsymbol{a}_y,\quad 0\leqslant y\leqslant b$$

TE_{10} 模的模式函数为

$$\boldsymbol{e}_1 = \boldsymbol{a}_y \sin\frac{\pi x}{a},\boldsymbol{h}_1 = \boldsymbol{a}_x\frac{-1}{Z_1}\sin\frac{\pi x}{a}$$

式中，$Z_1=k_0\eta_0/\beta_1$ 是 TE_{10} 模的波阻抗。由式(8.2-16)，归一化常数为

$$P_1 = \frac{2}{Z_1}\int_{x=0}^{a}\int_{y=0}^{b}\sin^2\frac{\pi x}{a}\mathrm{d}x\mathrm{d}y = \frac{ab}{Z_1}$$

由式(8.2-15)，振幅系数为

$$\begin{aligned} C_1^+ &= \frac{-1}{P_1}\int_V \sin\frac{\pi x}{a}\mathrm{e}^{\mathrm{j}\beta_1 z}I_0\delta\left(x-\frac{a}{2}\right)\delta(z)\mathrm{d}x\mathrm{d}y\mathrm{d}z \\ &= \frac{-I_0 b}{P_1} = \frac{-Z_1 I_0}{a} \end{aligned}$$

由式(8.2-17)，振幅系数 C_1^- 可求得为

$$C_1^- = \frac{-Z_1 I_0}{a}$$

波导中 TE_{10} 模的传输功率为

$$\begin{aligned} P_{10} &= \frac{1}{2}\int_S \boldsymbol{E}^+\times\boldsymbol{H}^{+*}\cdot\mathrm{d}\boldsymbol{s} + \frac{1}{2}\int_S \boldsymbol{E}^-\times\boldsymbol{H}^{-*}\cdot\mathrm{d}\boldsymbol{s} = \int_S \boldsymbol{E}^+\times\boldsymbol{H}^{+*}\cdot\mathrm{d}\boldsymbol{s} \\ &= \int_{x=0}^{a}\int_{y=0}^{b}\frac{|C_1^+|^2}{Z_1}\sin^2\frac{\pi x}{a}\mathrm{d}x\mathrm{d}y = \frac{ab}{2Z_1}|C_1^+|^2 \end{aligned}$$

于是探针的输入电阻为

$$R_{\mathrm{in}} = \frac{2P_{10}}{I_0^2} = \frac{ab|C_1^+|^2}{I_0^2 Z_1} = \frac{bZ_1}{a}$$

【例 8.2-2】 求图 8.2-15(a)所示矩形波导端壁处小半环激励的正向传输 TE_{10} 模的振幅系数。

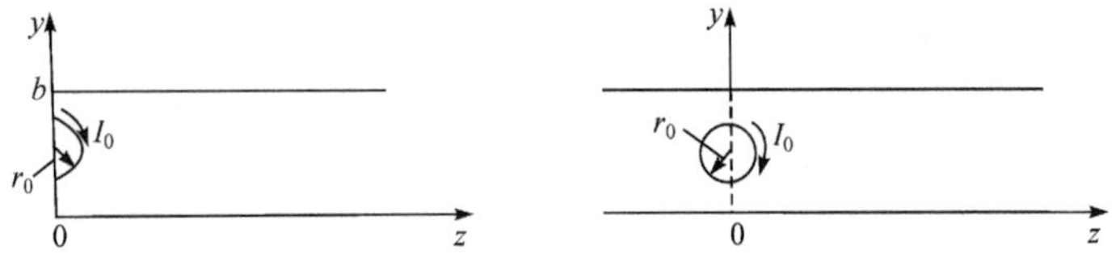

(a) 矩形波导端壁处的半环　　(b) 环的镜像

图 8.2-15

解 根据镜像原理，图 8.2-15(a)所示端壁上的电流以 I_0 的半环，可用去掉端壁的电流 I_0 全环来代替，如图 8.2-15(b)所示。假定电流很小，则可等效为一磁偶极矩

$$\boldsymbol{P}_{\mathrm{m}} = \boldsymbol{a}_x I_0 \pi r_0^2 \delta\left(x-\frac{a}{2}\right)\delta\left(y-\frac{b}{2}\right)\delta(z)$$

$\boldsymbol{P}_{\mathrm{m}}$ 与等效磁流密度 $\boldsymbol{M}$ 的关系是

$$\boldsymbol{M} = \mathrm{j}\omega\mu_0 \boldsymbol{P}_{\mathrm{m}}$$

因此得到此环的等效磁流密度

$$\boldsymbol{M} = \boldsymbol{a}_x \mathrm{j}\omega\mu_0 I_0 \pi r_0^2 \delta\left(x-\frac{a}{2}\right)\delta\left(y-\frac{b}{2}\right)\delta(z) \quad (\mathrm{V/m^2})$$

TE_{10} 模的横向磁场模式函数为

$$\boldsymbol{h}_1 = \frac{-\boldsymbol{a}_x}{Z_1}\sin\frac{\pi x}{a}$$

由式(8.2-18a)，便得到正向 TE_{10} 模的振幅系数为

$$C_1^+ = \frac{1}{P_1}\int_V -\boldsymbol{h}_1 \cdot \boldsymbol{M}\mathrm{d}v = \frac{\mathrm{j}k_0\eta_0 I_0 \pi r_0^2}{ab}$$

3) 波导的孔激励

波导或其他导行系统也常用小孔或缝来激励。用小孔或缝激励可构成定向耦合器和功率分配器等元件。要严格求解小孔激励的场很困难，作为一级近似，小孔可以等效为一无限小的电偶极子和一无限小的磁偶极子。这样就可以用上述结果来求其等效电流产生的场。

图 8.2-16(a)表示小孔的电场耦合情况：法向电场通过小孔的激励可用两个相反方向的无限小电极化电流 P_{e} 来等效。此极化电流的强度与法向电场成正比，即

$$\boldsymbol{P}_{\mathrm{e}} = \varepsilon_0\alpha_{\mathrm{e}}\boldsymbol{n}E_n\,\delta(x-x_0)\delta(y-y_0)\delta(z-z_0) \tag{8.2-19}$$

式中，比例常数 α_{e} 为小孔的电极化率；(x_0, y_0, z_0)是小孔中心的坐标。

图 8.2-16(b)表示小孔的磁场耦合情况：切向磁场通过小孔激励可用两个相反方向的无限小极化磁流 $\boldsymbol{P}_{\mathrm{m}}$ 来等效，而

$$\boldsymbol{P}_{\mathrm{m}} = -\alpha_{\mathrm{m}}\boldsymbol{H}_{\tan}\delta(x-x_0)\delta(y-y_0)\delta(z-z_0) \tag{8.2-20}$$

式中，比例常数 α_{m} 为小孔的磁极化率。α_{e} 和 α_{m} 是取决于小孔形状和尺寸的常数。小圆孔的 $\alpha_{\mathrm{e}}=2r_0^3/3$，$\alpha_{\mathrm{m}}=4r_0^3/3$，$r_0$ 为小孔的半径。

根据麦克斯韦方程可以证明，$\boldsymbol{P}_{\mathrm{e}}$ 和 $\boldsymbol{P}_{\mathrm{m}}$ 分别与电流源 $\boldsymbol{J}$ 和磁流源 $\boldsymbol{M}$ 相当，其等效关系为

$$\boldsymbol{J} = \mathrm{j}\omega\boldsymbol{P}_{\mathrm{e}} \tag{8.2-21}$$

$$\boldsymbol{M} = \mathrm{j}\omega\mu_0\boldsymbol{P}_{\mathrm{m}} \tag{8.2-22}$$

这样就可以利用式(8.2-15)、式(8.2-17)、式(8.2-18a)和式(8.2-18b)来计算小孔激励的

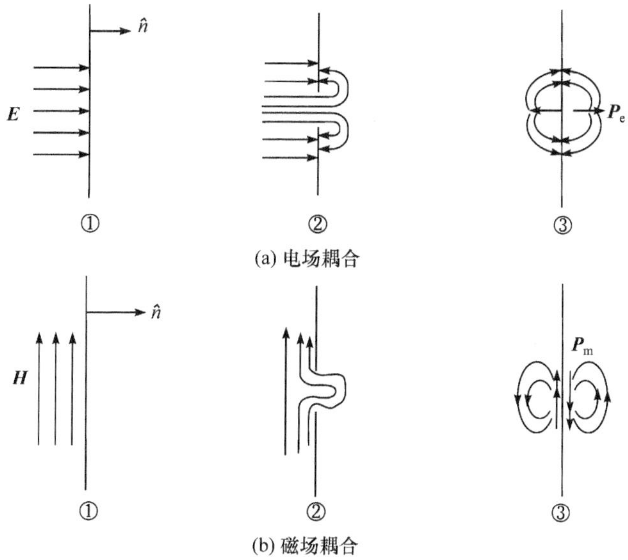

图 8.2-16　小孔耦合及其等效

场。下面以矩形波导横向壁和宽边壁上的小孔为例来说明上述结果的应用。

(1) 波导横向模片上的小孔。

考虑图 8.2-17(a)所示横向膜片中央处的小圆孔，假定波导中仅传输 TE_{10} 模。此模从 $z<0$ 入射到横向膜片引起反射，在 $z<0$ 区域形成驻波场

$$E_y = C(e^{-j\beta z} - e^{j\beta z})\sin\frac{\pi x}{a} \tag{8.2-23a}$$

$$H_x = \frac{-C}{Z_{10}}(e^{-j\beta z} + e^{j\beta z})\sin\frac{\pi x}{a} \tag{8.2-23b}$$

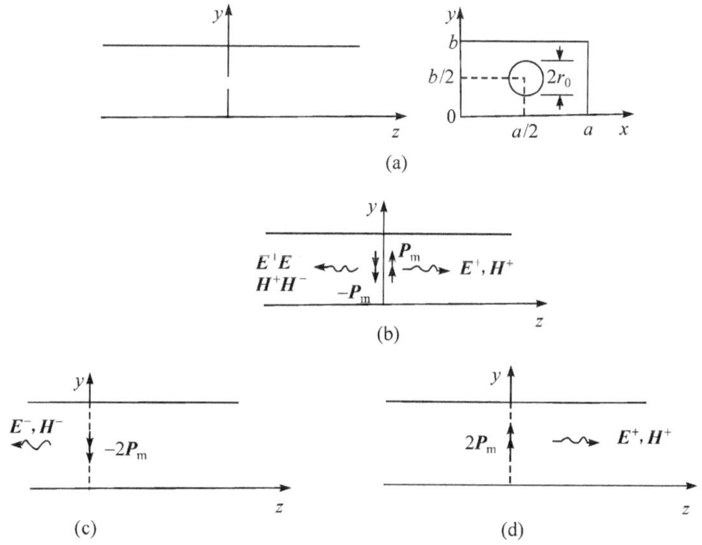

图 8.2-17　波导横向膜片中心的小圆孔

(a) 结构示意图。

(b) 小孔封闭以等效磁偶极子代替后的场。

(c) 小孔等效磁偶极子激励的 $z<0$ 区域中的场。

(d) 小孔等效磁偶极子激励的 $z>0$ 区域中的场。

式中,β 和 Z_{10} 分别是 TE_{10} 模的传播常数和波阻抗。由式(8.2-19)和式(8.2-20)可求得小孔的等效电极化和磁极化电流分别为

$$\boldsymbol{P}_e = \boldsymbol{a}_z \varepsilon_0 \alpha_e E_z \delta\left(x-\frac{a}{2}\right)\delta\left(y-\frac{b}{2}\right)\delta(z) = 0 \tag{8.2-24a}$$

$$\boldsymbol{P}_m = -\boldsymbol{a}_x \alpha_m H_x \delta\left(x-\frac{a}{2}\right)\delta\left(y-\frac{b}{2}\right)\delta(z) = \boldsymbol{a}_x \frac{2C\alpha_m}{Z_{10}}\delta\left(x-\frac{a}{2}\right)\delta\left(y-\frac{b}{2}\right)\delta(z) \tag{8.2-24b}$$

由式(8.2-21)和式(8.2-22)求得等效磁流密度为

$$\boldsymbol{M} = j\omega\mu_0 \boldsymbol{P}_m = \boldsymbol{a}_x \frac{2j\omega\mu_0 C\alpha_m}{Z_{10}}\delta\left(x-\frac{a}{2}\right)\delta\left(y-\frac{b}{2}\right)\delta(z) \tag{8.2-25}$$

波导横向膜片两侧区域中的场,可以看成是小孔封闭由 $-\boldsymbol{P}_m$ 和 $\boldsymbol{P}_m$ 产生的散射场,如图 8.2-17(b)所示。根据镜像原理,波导壁的作用将使偶极子强度加强,于是小孔激励的 $-z$ 和 $+z$ 方向的场等效为 $-2P_m$ 和 $2P_m$ 产生的场,如图 8.2-17(c)、(d)所示。这样,将式(8.2-25)代入式(8.2-18a)和式(8.2-18b)便得向 $+z$ 和 $-z$ 方向传输的 TE_{10} 模的振幅系数为

$$C_{10}^{+} = \frac{1}{P_{10}}\int_V (-\boldsymbol{h}_{10})(2j\omega\mu_0 \boldsymbol{P}_m)dv = \frac{4jC\omega\mu_0\alpha_m}{abZ_{10}} = \frac{4jC\beta\alpha_m}{ab} \tag{8.2-26a}$$

$$C_{10}^{-} = \frac{1}{P_{10}}\int_V \boldsymbol{h}_{10}(-2j\omega\mu_0 \boldsymbol{P}_m)dv = \frac{4jC\omega\mu_0\alpha_m}{abZ_{10}} = \frac{4jC\beta\alpha_m}{ab} \tag{8.2-26b}$$

式中已代入 $\boldsymbol{h}_{10} = -\boldsymbol{a}_x/Z_{10})\sin(\pi x/a)$, $P_{10} = ab/Z_{10}$。最后得到波导中完整的场为

$$E_y = [Ce^{-j\beta z} + (C_{10}^{-} - C)e^{j\beta z})]\sin\frac{\pi x}{a}, \quad z<0 \tag{8.2-27a}$$

$$H_x = \frac{1}{Z_{10}}[-Ce^{-j\beta z} + (C_{10}^{-} - C)e^{j\beta z})]\sin\frac{\pi x}{a}, \quad z<0 \tag{8.2-27b}$$

和

$$E_y = C_{10}^{+}e^{-j\beta z}\sin\frac{\pi x}{a}, \quad z>0 \tag{8.2-28a}$$

$$H_x = -\frac{C_{10}^{+}}{Z_{10}}e^{-j\beta z}\sin\frac{\pi x}{a}, \quad z>0 \tag{8.2-28b}$$

波的反射和传输系数为

$$\Gamma = \frac{C_{10}^{-} - C}{C} = \frac{4j\beta\alpha_m}{ab} - 1 \tag{8.2-29a}$$

$$T = \frac{C_{10}^{+}}{C} = \frac{4j\beta\alpha_m}{ab} \tag{8.2-29b}$$

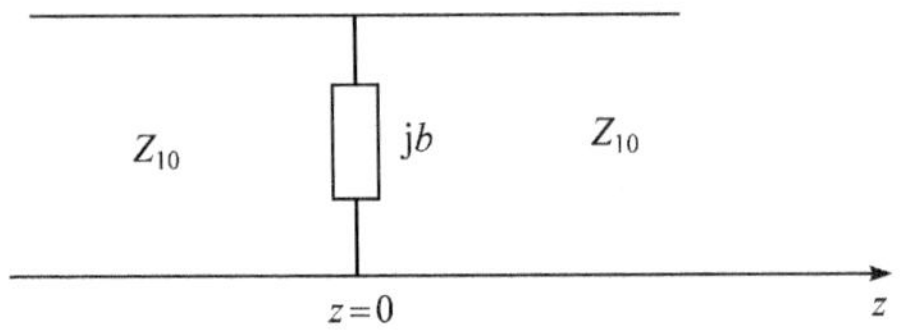

图 8.2-18　横向模片上小孔的等效电路

此波导的横向膜片上的小孔可等效为归一化电纳 jb,如图 8.2-18 所示。由此膜片引起的反射系数为

$$\Gamma = \frac{1-y_{in}}{1+y_{in}} = \frac{1-(1+jb)}{1+(1+jb)} = \frac{-jb}{2+jb} \tag{8.2-30}$$

若此并联电纳很大(低阻抗),则 Γ 可近似表示为

$$\Gamma = \frac{-1}{1+(2/\mathrm{j}b)} \approx -1-\mathrm{j}\,\frac{2}{b} \tag{8.2-31}$$

与式(8.2-29a)相比看出，小孔等效为一归一化感性电纳

$$b = \frac{-ab}{2\beta\alpha_{\mathrm{m}}}$$

(2) 波导宽壁上的小孔。

如图 8.2-19 所示，两平行矩形波导公共宽壁中心有一半径为 r_0 的小圆孔，假设 TE_{10} 模从下面的波导①口入，需要计算上面波导中的耦合场。

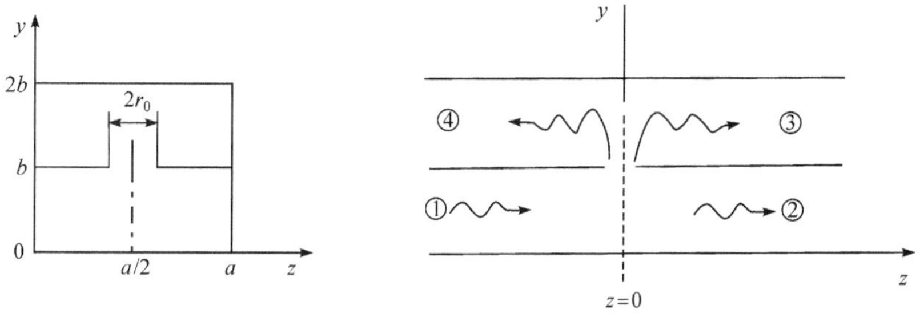

图 8.2-19　波导公共宽壁上的小圆孔耦合

入射场可以写成

$$E_y = C\sin\frac{\pi x}{a}\mathrm{e}^{-\mathrm{j}\beta z} \tag{8.2-32a}$$

$$H_z = \frac{-C}{Z_{10}}\sin\frac{\pi x}{a}\mathrm{e}^{-\mathrm{j}\beta z} \tag{8.2-32b}$$

则在小孔中心处($x=a/2, y=b, z=0$)的激励场为

$$E_y = C \tag{8.2-33a}$$

$$H_z = \frac{-C}{Z_{10}} \tag{8.2-33b}$$

由式(8.2-19)、式(8.2-20)、式(8.2-21)和式(8.2-22)，耦合到上面波导中的等效电流和磁流为

$$\boldsymbol{J}_y = \mathrm{j}\omega\varepsilon_0\alpha_{\mathrm{e}}C\delta\left(x-\frac{a}{2}\right)\delta(y-b)\delta(z) \tag{8.2-34a}$$

$$\boldsymbol{M}_x = \frac{\mathrm{j}\omega\mu_0\alpha_{\mathrm{m}}C}{Z_{10}}\delta\left(x-\frac{a}{2}\right)\delta\left(y-\frac{b}{2}\right)\delta(z) \tag{8.2-34b}$$

假设上面波导中的场为

$$E_y^- = C_{10}^-\sin\frac{\pi x}{a}\mathrm{e}^{\mathrm{j}\beta z},\quad z<0 \tag{8.2-35a}$$

$$H_x^- = \frac{C_{10}^-}{Z_{10}}\sin\frac{\pi x}{a}\mathrm{e}^{\mathrm{j}\beta z},\quad z<0 \tag{8.2-35b}$$

$$E_y^+ = C_{10}^+\sin\frac{\pi x}{a}\mathrm{e}^{-\mathrm{j}\beta z},\quad z>0 \tag{8.2-35c}$$

$$H_x^+ = \frac{-C_{10}^-}{Z_{10}}\sin\frac{\pi x}{a}\mathrm{e}^{-\mathrm{j}\beta z},\quad z>0 \tag{8.2-35d}$$

式中，正向和反向传输波的振幅系数 C_{10}^+ 和 C_{10}^- 可分别由式(8.2-15)、式(8.2-17)和式(8.2-18a)、式(8.2-18b)求得为

$$C_{10}^{+}=\frac{-1}{P_{10}}\int_{V}(E_{y}^{-}J_{y}-H_{x}^{-}M_{x})\mathrm{d}v=\frac{-\mathrm{j}\omega C}{P_{10}}\left(\varepsilon_{0}\alpha_{\mathrm{e}}-\frac{\mu_{0}\alpha_{\mathrm{m}}}{Z_{10}^{2}}\right)\tag{8.2-36a}$$

$$C_{10}^{-}=\frac{-1}{P_{10}}\int_{V}(E_{y}^{+}J_{y}-H_{x}^{+}M_{x})\mathrm{d}v=\frac{-\mathrm{j}\omega C}{P_{10}}\left(\varepsilon_{0}\alpha_{\mathrm{e}}+\frac{\mu_{0}\alpha_{\mathrm{m}}}{Z_{10}^{2}}\right)\tag{8.2-36b}$$

式中，$P_{10}=ab/Z_{10}$。结果表明宽壁中心处的小孔因既有 E_y 分量耦合，又有 H_x 分量耦合，分别等效为一个电偶极子和一个磁偶极子；电偶极子在上面波导的两个方向激励相同的场，而磁偶极子在两个方向激励大小相等极化相反的场。这样，在③口方向的场相互加强，而在④口方向的场将相互抵消，从而在上面的波导获得定向传输，构成所谓波导定向耦合器。

8.3　三端口元件

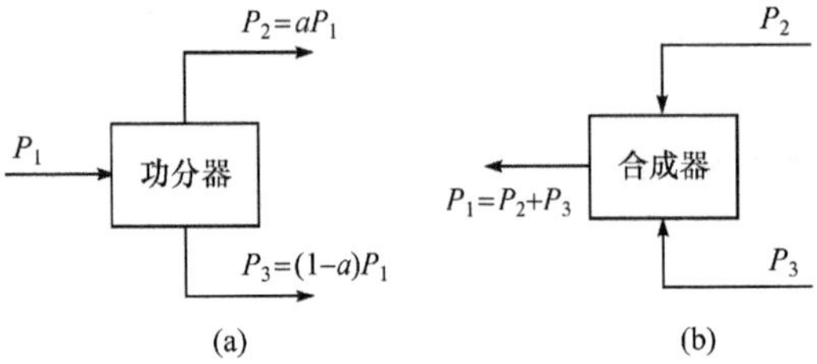

图 8.3-1　三端口元件原理图

三端口元件是具有三个端口波导（或同轴线或微带线）的接头，在微波技术中常用作分路元件或功率分配器/合成器，如图 8.3-1 所示。常用的有 E-T、H-T 和 Y 分支。本节在论述无耗三端口网络的基础上，介绍常用的各种 T 形接头和威尔金森功率分配器的特性与应用。

1. 无耗三端口网络的基本性质

三端口元件可以等效为三端口网络。

任意三端口网络的散射矩阵为

$$[S]=\begin{bmatrix}S_{11}&S_{12}&S_{13}\\S_{21}&S_{22}&S_{23}\\S_{31}&S_{32}&S_{33}\end{bmatrix}\tag{8.3-1}$$

若元件是互易的，S 矩形是对称的，即

$$S_{ij}=S_{ji}\,(i\neq j)$$

则式(8.3-1)变成

$$[S]=\begin{bmatrix}S_{11}&S_{12}&S_{13}\\S_{12}&S_{22}&S_{23}\\S_{13}&S_{23}&S_{33}\end{bmatrix}\tag{8.3-2}$$

性质 1　无耗互易三端口网络不可能完全匹配，即三个端口不可能同时都匹配。

证明　假若所有端口均匹配，则 $S_{ii}=0(i=1,2,3)$，则式(8.3-2)简化为

$$[S]=\begin{bmatrix}0&S_{12}&S_{13}\\S_{12}&0&S_{23}\\S_{13}&S_{23}&0\end{bmatrix}\tag{8.3-3}$$

若网络也是无耗的，由散射矩阵的幺正性可得如下条件：

$$\left.\begin{aligned}|S_{12}|^{2}+|S_{13}|^{2}&=1\\|S_{12}|^{2}+|S_{23}|^{2}&=1\\|S_{13}|^{2}+|S_{23}|^{2}&=1\end{aligned}\right\}\text{振幅关系}\tag{8.3-4a}$$

$$\left.\begin{aligned} S_{13}^* S_{23} &= 0 \\ S_{23}^* S_{12} &= 0 \\ S_{12}^* S_{13} &= 0 \end{aligned}\right\} \text{相位关系} \tag{8.3-4b}$$

式(8.3-4a)和式(8.3-4b)说明，三个参数 S_{12}、S_{23}、S_{13} 中至少有两个必须为零。但此条件与式(8.3-4a)不相容。这说明一个三端口网络不可能做到无耗、互易和完全匹配。证毕。

性质 2　任意完全匹配的无耗三端口网络必定非互易，且为环行器，其正、反旋环行器的散射矩阵为

$$[S_T] = \begin{bmatrix} 0 & 1 & 0 \\ 0 & 0 & 1 \\ 1 & 0 & 0 \end{bmatrix} \quad 和 \quad [S_R] = \begin{bmatrix} 0 & 0 & 1 \\ 1 & 0 & 0 \\ 0 & 1 & 0 \end{bmatrix} \tag{8.3-5}$$

证明　一个匹配的三端口网络的 S 矩阵可表示为

$$[S] = \begin{bmatrix} 0 & S_{12} & S_{13} \\ S_{21} & 0 & S_{23} \\ S_{31} & S_{32} & 0 \end{bmatrix} \tag{8.3-6}$$

若网络无耗，则其 S 矩阵为幺正矩阵，即

$$S_{31}^* S_{32} = 0 \tag{8.3-7a}$$

$$S_{21}^* S_{23} = 0 \tag{8.3-7b}$$

$$S_{12}^* S_{13} = 0 \tag{8.3-7c}$$

$$|S_{12}|^2 + |S_{13}|^2 = 1 \tag{8.3-7d}$$

$$|S_{21}|^2 + |S_{23}|^2 = 1 \tag{8.3-7e}$$

$$|S_{31}|^2 + |S_{32}|^2 = 1 \tag{8.3-7f}$$

在如下两种情况下这些方程式满足：

(1)　$S_{12}=S_{23}=S_{31}=0, \quad |S_{21}|=|S_{32}|=|S_{13}|=1$　(8.3-8a)

(2)　$S_{21}=S_{32}=S_{13}=0, \quad |S_{12}|=|S_{23}|=|S_{31}|=1$　(8.3-8b)

结果表明 $S_{ij} \neq S_{ji} (i \neq j)$。这意味着此器件必定是非互易的。情况(1)下的 S 矩阵为

$$[S] = [S_R] = \begin{bmatrix} 0 & 0 & 1 \\ 1 & 0 & 0 \\ 0 & 1 & 0 \end{bmatrix} \tag{8.3-9}$$

情况(2)下的 S 矩阵为

$$[S] = [S_T] = \begin{bmatrix} 0 & 1 & 0 \\ 0 & 0 & 1 \\ 1 & 0 & 0 \end{bmatrix} \tag{8.3-10}$$

证毕。

性质 3　无耗互易三端口网络的任意两个端口可以实现匹配。

证明　假定端口 1 和 2 为匹配端口，则其 S 矩阵可以写成

$$[S] = \begin{bmatrix} 0 & S_{12} & S_{13} \\ S_{12} & 0 & S_{23} \\ S_{13} & S_{23} & S_{33} \end{bmatrix} \tag{8.3-11}$$

因网络无耗，由幺正性得到

$$S_{13}^{*}S_{23}=0 \tag{8.3-12a}$$

$$S_{12}^{*}S_{13}+S_{23}^{*}S_{33}=0 \tag{8.3-12b}$$

$$S_{23}^{*}S_{12}+S_{33}^{*}S_{13}=0 \tag{8.3-12c}$$

和

$$|S_{12}|^{2}+|S_{13}|^{2}=1 \tag{8.3-12d}$$

$$|S_{12}|^{2}+|S_{23}|^{2}=1 \tag{8.3-12e}$$

$$|S_{13}|^{2}+|S_{23}|^{2}+|S_{33}|^{2}=1 \tag{8.3-12f}$$

上式表明$|S_{13}|=|S_{23}|$，于是由式(8.3-12a)有 $S_{12}=S_{23}=0$，因此$|S_{12}|=|S_{33}|=1$，这样，其 S 矩阵可以写成

$$[S]=\begin{bmatrix}0 & e^{j\theta} & 0\\ e^{j\theta} & 0 & 0\\ 0 & 0 & e^{j\theta}\end{bmatrix} \tag{8.3-13}$$

式(8.3-13)所示矩阵表示两个端口匹配的无耗互易三端口网络。此时，网络实际上由两个无关的元件组成：一个是匹配的二端口(1、2)传输线，另一个是全失配的端口(3)。证毕。

性质 4　若三端口网络允许有耗，则网络可以是互易和完全匹配的，且有耗的三端口网络可做到输出端口之间隔离(如 $S_{23}=S_{32}=0$)。

此种情况的例子是下面要介绍的电阻性功率分配器。

2. 三端口功率分配/合成元件

在微波系统中，有时需要将传输功率或信号分几路传送到不同的负载中去，或将几路功率或信号合成为一路。此时就需要三端口功率分配、合成元件。对这种元件的要求是损耗小，驻波比小，频带宽。

三端口功率分配、合成元件的形式很多，这里介绍常用的 E-T、H-T、对称 Y 分支、电阻性功率分配器和威尔金森功分器。由于这类三端口网络不存在非互易材料，功率分配器和功率合成器的特性也是互易的。

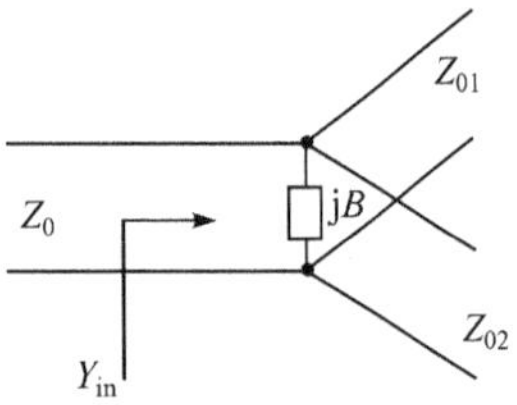

图 8.3-2　无耗 T 形接头的传输线模型

1) T 形接头

对于无耗 T 形接头，可用图 8.3-2 所示的传输线模型来表示。T 形接头处的不连续性将产生高次模，即有储能，可等效为集总电纳 B。接头处将存在与不连续性有关的边缘场和高次模，因而在接头附近有储能，可用集总电纳 B 表示。若要求输入端(Z_0)匹配，则有

$$Y_{in}=jB+\frac{1}{Z_{01}}+\frac{1}{Z_{02}}=\frac{1}{Z_0} \tag{8.3-14}$$

若传输线无耗，则传输线特性阻抗为实数。若又假设 $B=0$，则有

$$\frac{1}{Z_{01}}+\frac{1}{Z_{02}}=\frac{1}{Z_0} \tag{8.3-15}$$

可以选择输出线的特性阻抗 Z_{01} 和 Z_{02} 来获得不同的功率分配比。例如，对于 50Ω 输入线，等分功率分配器的两条输出线性特性阻抗为 100Ω。如果需要，可采用 $\lambda/4$ 变换器来使输出线阻抗变换到所需要的值。若输出线匹配，则输入线将是匹配的，但两输出线之间无隔离，向输出端口看将是失配的。若输入端是匹配的，那么两输出端之间无隔离且向输出端口看是失配的。

(1) 矩形波导 T 形接头。

矩形波导工作在主模 TE_{10}，分 E-T 和 H-T 接头，如图 8.3-3 所示。

波导 T 形接头又称 T 形分支，是波导在某个方向上的分支。分支波导宽面与 TE_{10} 模电场 E 所在平面平行者称为 E 面 T 形接头，简称 E-T 接头；分支波导宽面与 TE_{10} 模磁场 H 所在平面平行者称为 H 面 T 形接头。

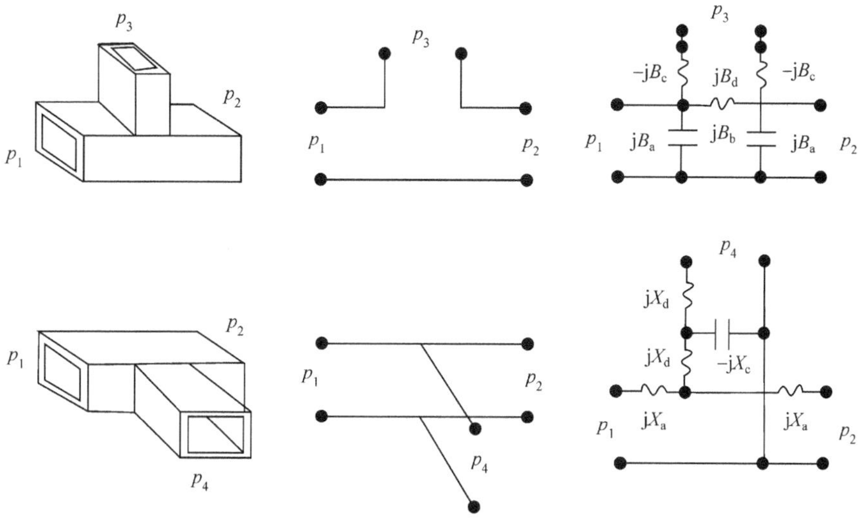

图 8.3-3　T 形接头及其等效电路

E-T 特性分析，如图 8.3-4(a)表示，TE_{10} 模从 E-T 分支 3 臂输入的情况。但信号从 3 臂输入时，主波导 1、2 臂中距 3 臂等距离的 T_1、T_2 处为等幅反向输出。因为分支元件内不存在非互易媒质，故传输特性是可逆的，即当 T_1、T_2 处有等幅反相信号输入时，则二者在 3 臂内同向叠加输出。图 8.3-4(b)示出了信号从 1 臂输入时，2、3 输出的情况。由这两种情况可见，当在 1、2 臂的 T_1、T_2 处输入等幅同相信号时，二者在 3 臂中反向抵消而不能从 3 臂输出，只能在 1、2 臂中形成驻波。

归纳于表 8.3-1 中“⇒”表示输入，“→”表示输出。这些特性表明：E-T 的场对于对称面成奇对称分布。

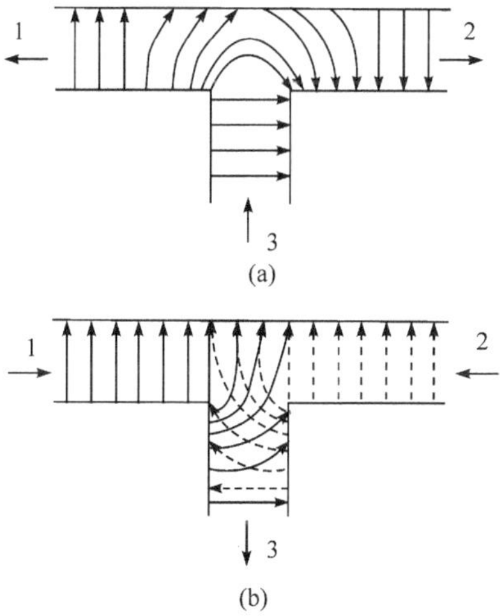

图 8.3-4　矩形波导 E-T 结 TE_{10} 模场结构

表 8.3-1　矩形波导 E-T 结端口特性

主臂 3	支臂 2	支臂 1
⇒	↓	↑
→	↑	⇑
←	⇑	↑
→ ←	⇑	⇑
→ →	⇓	⇑

从 S 矩阵来分析 E-T 接头,其 S 矩阵可以写为

$$[S]=\begin{bmatrix} S_{11} & S_{12} & S_{13} \\ S_{12} & S_{11} & S_{23} \\ S_{13} & S_{23} & 0 \end{bmatrix} \tag{8.3-16}$$

由上述特性有

$$S_{13}=-S_{23} \tag{8.3-17}$$

根据无耗 S 矩阵的幺正性,有

$$|S_{12}|^2+|S_{13}|^2+|S_{11}|^2=1 \tag{8.3-18a}$$

$$|S_{12}|^2+|S_{11}|^2+|S_{23}|^2=1 \tag{8.3-18b}$$

$$|S_{13}|^2+|S_{23}|^2=1 \tag{8.3-18c}$$

$$S_{12}^*S_{11}+S_{11}^*S_{12}+S_{23}^*S_{13}=0 \tag{8.3-18d}$$

$$S_{12}S_{13}^*+S_{11}S_{23}^*=0 \tag{8.3-18e}$$

$$S_{11}S_{13}^*+S_{12}S_{23}^*=0 \tag{8.3-18f}$$

由式(8.3-17)和式(8.3-18c)可得

$$S_{13}=-S_{23}=1/\sqrt{2}=0.707 \tag{8.3-19}$$

因为 $|S_{13}|^2=|S_{23}|^2$,有

$$|S_{11}|^2+|S_{12}|^2=1-|S_{13}|^2=\frac{1}{2} \tag{8.3-20}$$

由式(8.3-18f),有

$$S_{11}=S_{12} \tag{8.3-21}$$

合并式(8.3-20)和式(8.3-21),有

$$S_{11}=S_{12}=\frac{1}{2} \tag{8.3-22}$$

由此得由 3 端口输入时理想 E-T 接头 S 矩阵

$$[S]=\begin{bmatrix} \frac{1}{2} & \frac{1}{2} & \frac{1}{\sqrt{2}} \\ \frac{1}{2} & \frac{1}{2} & -\frac{1}{\sqrt{2}} \\ \frac{1}{\sqrt{2}} & -\frac{1}{\sqrt{2}} & 0 \end{bmatrix} \tag{8.3-23}$$

可见,当 3 端口输入且匹配时,端口 1 和端口 2 并不匹配,有 $\dfrac{1+|S_{11}|}{1-|S_{11}|}=3=\text{VSWR}$

H-T 接头的特性与 E-T 接头相似。

如图 8.3-5 当信号从分支 4 臂输入时,1、2 臂的 T_1、T_2 处输入等幅同相信号时,二者在 4 臂同相叠加输出。图 8.3-5(b)为信号从 1 臂输入的情形(信号从 2 臂输入的情形相似)。当 1、2 臂的 T_1、T_2 处输入等幅反相信号时,二者在 4 臂反相抵消,4 臂无输出。其特性归纳于表 8.3-2。可见其场对对称面成偶对称分布。

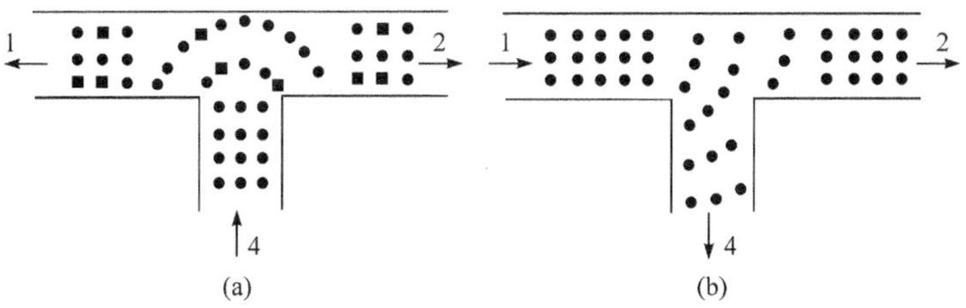

图 8.3 - 5　矩形波导 H-T 结 TE_{10} 模场结构

表 8.3 - 2　矩形波导 H-T 端口特性

主臂 4	支臂 1	支臂 2
⇑	↑	↑
↑	⇑	↑
↑	↑	⇑
↑ ↑	⇑	⇑
↑ ↓	⇑	⇓

从 S 矩阵来分析理想 H-T 臂的散射矩阵

$$[S]=\begin{bmatrix} \dfrac{1}{2} & \dfrac{1}{2} & \dfrac{1}{\sqrt{2}} \\ \dfrac{1}{2} & \dfrac{1}{2} & \dfrac{1}{\sqrt{2}} \\ -\dfrac{1}{\sqrt{2}} & -\dfrac{1}{\sqrt{2}} & 0 \end{bmatrix} \tag{8.3-24}$$

总结：

E-T 特性：主臂 3 输入→支臂 1 臂、2 臂等幅反相输出；

H-T 特性：主臂 4 输入→支臂 1 臂、2 臂等幅同相输出。

(2) 对称 Y 分支(图 8.3 - 6)。

矩形波导对称 Y 分支结构及其等效电路图如图 8.3 - 6 所示，分为 E 面分支和 H 面分支。前者为串联分支，后者为并联分支。

E-Y 分支 $\xrightarrow{\text{等效}}$ 串联

H-Y 分支 $\xrightarrow{\text{等效}}$ 并联

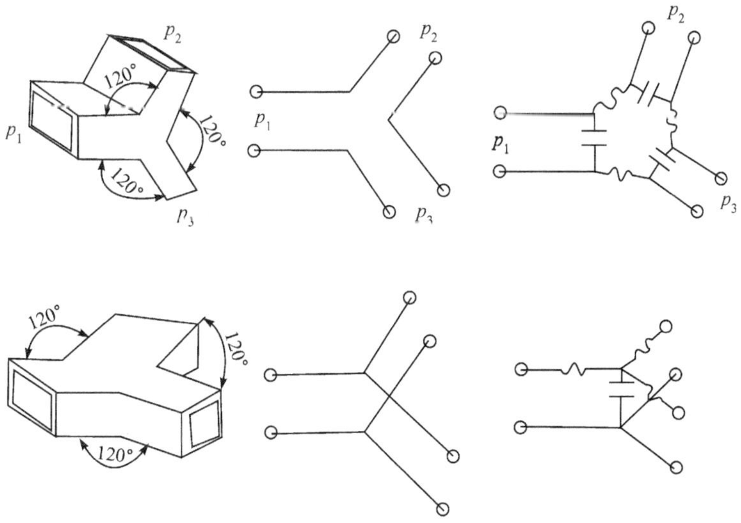

图 8.3 - 6　波导对称 Y 分支结构及其等效电路图

由图 8.3 - 6 可见，这种对称 Y 分支各个端口都具有对称性，即

$$S_{11}=S_{22}=S_{33}$$

$$S_{21}=S_{32}=S_{13}$$

$$S_{31}=S_{12}=S_{23}$$

即

$$[S]=\begin{bmatrix} S_{11} & S_{12} & S_{12} \\ S_{12} & S_{11} & S_{12} \\ S_{12} & S_{12} & S_{11} \end{bmatrix} \tag{8.3-25}$$

由性质 1 可知，对称 Y 分支不可能完全匹配，则有 $0<|S_{11}|$；显然最佳状态为 $|S_{11}|$ 最小而 $|S_{12}|$ 最大，且有

$$|S_{11}|_{\min}=\frac{1}{3},\quad |S_{12}|_{\max}=\frac{2}{3} \tag{8.3-26}$$

对称 Y 分支任一端口的最大反射衰减量可求得为

$$(\alpha_i)_{\max}=10\lg|S_{11}|^{-2}=10\lg 9\approx 9.55(\text{dB})$$

从任一端口到另一端口的最小工作衰减量则可求得为

$$(\alpha_A)_{\min}=10\lg|S_{12}|^{-2}=10\lg(9/4)\approx 3.96(\text{dB})$$

如要求功率二等分，要求 $|S_{11}|=0$，此时

$$\alpha_A=10\lg 2\approx 3(\text{dB})$$

两者之差为 0.96dB，显然是由于输入端口不匹配引起的。

可见，对称 Y 分支不可能完全匹配，任意两端口之间无隔离。

图 8.3-7 表示三种作为功率分配器的波导 Y 分支。图 8.3-7(a)所示的 Y 分支是在 TE_{10} 模矩形波导内与电场垂直的平面内插入一块薄金属片，把高度为 b 的波导分为高度分别为 b_1 和 b_2 的两个分支波导。由于在高度 b 上电场分布是均匀的，有两个分支上的电压比为

$$\frac{V_1}{V_2}=\frac{E_y b_1}{E_y b_2}=\frac{b_1}{b_2} \tag{8.3-27}$$

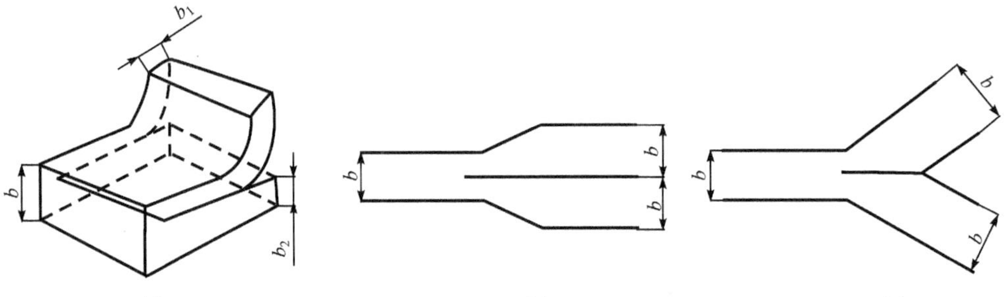

图 8.3-7　三种波导 Y 分支功率分配器

可见，分配给分支波导的功率与其高度成正比。因此，适当地选择高度 b_1 和 b_2 就可以得到任意的功率分配比。图 8.3-7(b)、(c)的分支波导与主波导相同，为此，需采用 $n\lambda_g/2$ 渐变波导进行过渡，使高度由 b_1 或 b_2 渐变至 b。

(3) 电阻性功率分配器。

如上所述，假如三端口分配器含有有耗元件，便可以做到所有端口匹配，而两个输出端口不可能隔离。图 8.3-8 表示使用集总电阻的分配器电路。

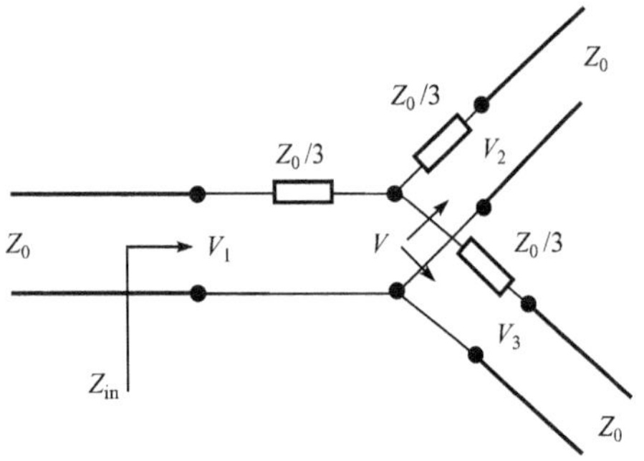

图 8.3-8　等分三端口电阻性功率分配器

此电路是一种等分功率分配器，当然也可以做成不等分的功率分配器。

如图 8.3－8 所示，传输线特性阻抗为 Z_0，即端接阻抗为 Z_0，每臂加入电阻均为 $Z_0/3$（若不等分输出，可加入不同值的电阻）。

接头处看向各端口

$$Z = \frac{Z_0}{3} + Z_0 = \frac{4}{3}Z_0 \tag{8.3-28}$$

分配器某一端口的输入阻抗

$$Z_{in} = \frac{1}{3}Z_0 + \frac{2}{3}Z_0 = Z_0 \tag{8.3-29}$$

这表明输入端口匹配。由于网络是对称的，各端口完全匹配，$S_{11}=S_{22}=S_{33}=0$。

设端口 1 处的电压为 V_1，则在接头处的电压为

$$V = V_1 \frac{2Z_0/3}{Z_0/3 + 2Z_0/3} = \frac{2}{3}V_1 \tag{8.3-30}$$

输出电压为

$$V_2 = V_3 = V\frac{Z_0}{Z_0 + Z_0/3} = \frac{3}{4}V = \frac{1}{2}V_1 \tag{8.3-31}$$

因此，$S_{21}=S_{31}=S_{23}=1/2$，为－6dB 分配器。此网络是互易的，故其 S 矩阵是对称的，可表示为

$$[S] = \frac{1}{2}\begin{bmatrix} 0 & 1 & 1 \\ 1 & 0 & 1 \\ 1 & 1 & 0 \end{bmatrix} \tag{8.3-32}$$

传递给分配器输入端口的功率为

$$P_{in} = \frac{1}{2}\frac{V_1^2}{Z_0} \tag{8.3-33}$$

输出功率为

$$P_2 = P_3 = \frac{1}{2}\frac{(V_1/2)^2}{Z_0} = \frac{1}{8}\frac{V_1^2}{Z_0} = \frac{1}{4}P_{in} \tag{8.3-34}$$

总输出功率 $P_{out}=P_2+P_3=\frac{1}{2}P_{in}$，这表明另一半输入功率消耗到电阻上。

2）威尔金森功率分配器

上述无耗 T 形接头的缺点是：三个端口不能做到完全匹配，输出端口之间无任何隔离；电阻性分配器可以做到完全匹配，但输出端口依然达不到隔离要求。然而，从三端口网络的基本性质得知，有耗三端口网络可以做到完全匹配且具有较好的隔离。威尔金森功率分配（功分器）就是这样一种三端口网络。它可以实现任意的功率分配比，且可以很方便地用微带线或带状线来做，广泛应用于阵列天线馈电网络、固态发射机放大链等装置中。图 8.3－9 示出三种常用结构。

不等分威尔金森功率分配器的结构如图 8.3－10 所示。图中 R 为隔离电阻。威尔金森功率分配器便于微带线等集成电路实现。特点：三个端口完全匹配，且输出端口具有隔离，广泛用于微波电路作功分/合成器。根据功率关系，有

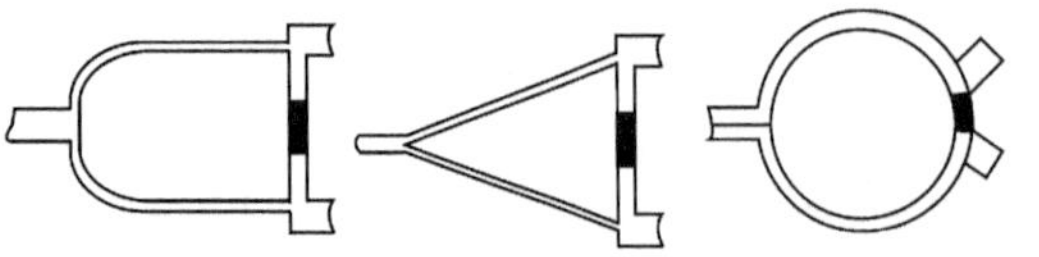

图 8.3-9　威尔金森功率分配器结构

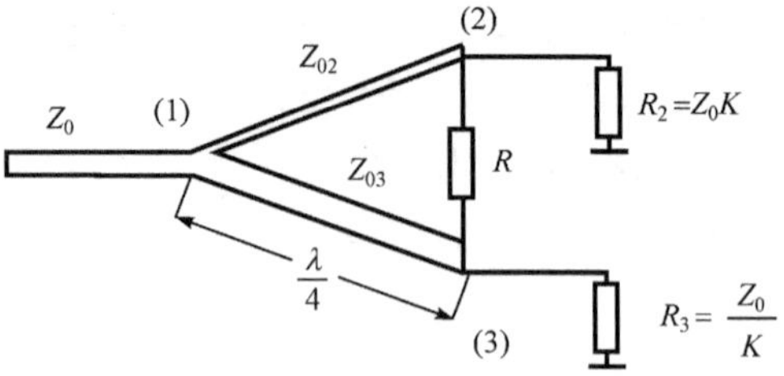

图 8.3-10　不等分威尔金森功分器

$$
\begin{aligned}
Z_{03} &= Z_0\sqrt{\frac{1+K^2}{K^3}} \\
Z_{02} &= K^2 Z_{03} = Z_0\sqrt{K(1+K^2)} \\
R &= Z_0\left(K+\frac{1}{K}\right)
\end{aligned}
\tag{8.3-35}
$$

式中，$K^2=\frac{P_3}{P_2}$为 2、3 端口之间的功分比。注意到输出线阻抗分别为 $R_2=Z_0K$，$R_3=Z_0/K$，若要求对 Z_0 匹配，则另需加 λ/4 变换器。

对等功分情况，$K=1$，则设计公式简化为

$$
\begin{aligned}
Z_{02} &= Z_{03} = \sqrt{2}Z_0 \\
R &= 2Z_0
\end{aligned}
\tag{8.3-36}
$$

缺点：平面集成电路中只能实现两路功分输出，不能实现多路（$N>2$）输出。若要多路输出，可采用多个威尔金森功分器级联方式：

单个威尔金森功分器频带较窄。若要做到宽频率特点，可采用多节威尔金森功分器。

需要指出的是，威尔金森功分器也可以做成 N 路功率分配器/合成器，且可以做到所有端口匹配，输出端口之间有隔离。但此时电路存在缺点，即当 $N\geqslant3$ 时，功分器各输出线之间的隔离电阻需要立体交叉，这就使电路难以做成平面结构。为了增加带宽，威尔金森功分器需要做成多节，但相应的要增加隔离电阻。

8.4　四端口元件

1. 四端口 S 参数性质

$$
[S]=\begin{bmatrix} S_{11} & S_{12} & S_{13} & S_{14} \\ S_{21} & S_{22} & S_{23} & S_{24} \\ S_{31} & S_{32} & S_{33} & S_{34} \\ S_{41} & S_{42} & S_{43} & S_{44} \end{bmatrix} \xrightarrow{\text{无耗互易}} \begin{bmatrix} S_{11} & S_{12} & S_{13} & S_{14} \\ S_{12} & S_{22} & S_{23} & S_{24} \\ S_{13} & S_{23} & S_{33} & S_{34} \\ S_{14} & S_{24} & S_{34} & S_{44} \end{bmatrix}
\tag{8.4-1}
$$

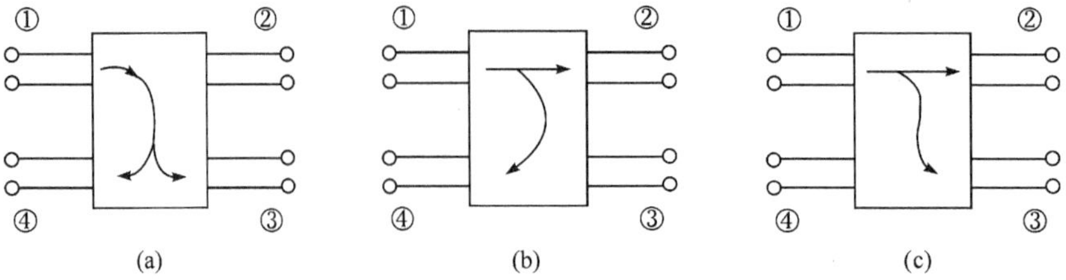

图 8.4-1　无耗四口网络的 S 矩阵

性质 1　无耗互易四端口网络可以完全匹配，而为一理想定向耦合器。

这可由无耗互易四端口网络 S 矩阵（图 8.4-1）的幺正性得到证明。事实上，先假定其中三个端口匹配，即假定 $S_{11}=S_{22}=S_{33}=0$，则由式(8.4-1)的幺正性，得到

$$|S_{12}|^2+|S_{13}|^2+|S_{14}|^2=1 \tag{8.4-2a}$$

$$|S_{12}|^2+|S_{23}|^2+|S_{24}|^2=1 \tag{8.4-2b}$$

$$|S_{13}|^2+|S_{23}|^2+|S_{34}|^2=1 \tag{8.4-2c}$$

$$|S_{14}|^2+|S_{24}|^2+|S_{34}|^2+|S_{44}|^2=1 \tag{8.4-2d}$$

$$S_{13}^*S_{23}+S_{14}^*S_{24}=0 \tag{8.4-2e}$$

由式(8.4-2b)减去式(8.4-2a)，得到

$$(|S_{23}|^2+|S_{24}|^2)-(|S_{13}|^2+|S_{14}|^2)=0 \tag{8.4-3}$$

由式(8.4-2e)，得到

$$|S_{13}\|S_{23}|=|S_{14}\|S_{24}| \tag{8.4-4}$$

于是式(8.4-3)可以写成

$$(|S_{23}|^2+|S_{24}|^2)-\frac{|S_{23}^2\|S_{13}|^2+|S_{14}|^2\ |S_{23}|^2}{|S_{23}|^2}$$

$$=(|S_{23}|^2+|S_{24}|^2)-\frac{|S_{14}^2\|S_{24}|^2+|S_{14}|^2\ |S_{23}|^2}{|S_{23}|^2}$$

$$=(|S_{23}|^2+|S_{24}|^2)\left(1-\frac{|S_{14}|^2}{|S_{23}|^2}\right)=0 \tag{8.4-5}$$

显然，当

$$|S_{14}|=|S_{23}| \tag{8.4-6}$$

时，式(8.4-5)成立，则由式(8.4-4)可得

$$|S_{13}|=|S_{24}| \tag{8.4-7}$$

将式(8.4-6)代入式(8.4-2a)，并与式(8.4-2e)比较，得到

$$|S_{12}|=|S_{34}| \tag{8.4-8}$$

将式(8.4-6)代入式(8.4-2a)，并与式(8.4-2e)比较，得到

$$|S_{44}|^2=1-(|S_{14}|^2+|S_{24}|^2+|S_{34}|^2)-1-(|S_{14}|^2+|S_{13}|^2+|S_{12}|^2)=1-1=0$$

故得

$$S_{11}=S_{22}=S_{33}=S_{44}=0 \tag{8.4-9}$$

代入式(8.4-1)，则无耗互易四端口网络的 S 矩阵为

$$[S_0]=\begin{bmatrix} 0 & S_{12} & S_{13} & S_{14} \\ S_{12} & 0 & S_{23} & S_{24} \\ S_{13} & S_{23} & 0 & S_{34} \\ S_{14} & S_{24} & S_{34} & 0 \end{bmatrix} \tag{8.4-10}$$

利用式(8.4-6)～式(8.4-8)，由式(8.4-10)所示 S_0 矩阵幺正性得到

$$|S_{12}|^{2+}|S_{13}|^2+|S_{14}|^2=1 \tag{8.4-11a}$$

$$S_{13}S_{14}^*+S_{14}S_{13}^*=0 \tag{8.4-11b}$$

$$S_{12}S_{14}^*+S_{14}S_{12}^*=0 \tag{8.4-11c}$$

$$S_{12}S_{13}^*+S_{13}S_{12}^*=0 \tag{8.4-11d}$$

若要上式成立，即若四个端口完全匹配，则 S_{12}、S_{13} 和 S_{14} 中必须有一个为零。这就是说，此四端口网络必定具有定向性，为一定向耦合器。事实上，由式(8.4-11c)$\times S_{13}$一式(8.4-11d)$\times$

S_{14}可得

$$S_{12}(S_{14}^{*}S_{13}-S_{13}^{*}S_{14})=0 \tag{8.4-12}$$

因此得到

$$S_{12}=0 \tag{8.4-13}$$

则式(8.4-10)变成

$$[S_{02}]=\begin{bmatrix}0 & 0 & S_{13} & S_{14}\\ 0 & 0 & S_{23} & S_{24}\\ S_{13} & S_{23} & 0 & 0\\ S_{14} & S_{24} & 0 & 0\end{bmatrix} \tag{8.4-14}$$

式(8.4-14)即表示图 8.4-1(a)完全匹配网络的 S 矩阵。若 $S_{13}=0$,则式(8.4-10)变成

$$[S_{03}]=\begin{bmatrix}0 & S_{12} & 0 & S_{14}\\ S_{12} & 0 & S_{23} & 0\\ 0 & S_{23} & 0 & S_{34}\\ S_{14} & 0 & S_{34} & 0\end{bmatrix} \tag{8.4-15}$$

式(8.4-15)即表示图 8.4-1(b)的 S 矩阵。若 $S_{14}=0$,则得到图 8.4-1(c)的 S 矩阵为

$$[S_{04}]=\begin{bmatrix}0 & S_{12} & S_{13} & 0\\ S_{12} & 0 & 0 & S_{24}\\ S_{13} & 0 & 0 & S_{34}\\ 0 & S_{24} & S_{34} & 0\end{bmatrix} \tag{8.4-16}$$

由上面的分析可知,无耗互易四端口元件可以完全匹配,其 S 矩阵只有$[S_{02}]$、$[S_{03}]$ 和$[S_{04}]$ 三种形式,且均为一理想定向耦合器,分别称为双向定向耦合器,反向定向耦合器和同向定向耦合器。

性质 2 有理想定向性的无耗互易四端口网络不一定四个端口均匹配,即是说四个端口匹配是定向耦合的充分条件,而不是必要条件。

事实上,按照理想定向性要求,若 $S_{12}=S_{43}=0$,则由式(8.4-1)S 矩阵的幺正性,得到

$$|S_{11}|^2+|S_{13}|^2+|S_{14}|^2=1 \tag{8.4-17a}$$

$$S_{13}^{*}S_{23}+S_{14}^{*}S_{24}=0 \tag{8.4-17b}$$

$$S_{13}^{*}S_{14}+S_{23}^{*}S_{24}=0 \tag{8.4-17c}$$

$$S_{11}^{*}S_{13}+S_{13}^{*}S_{33}=0 \tag{8.4-17d}$$

$$S_{11}^{*}S_{14}+S_{14}^{*}S_{44}=0 \tag{8.4-17e}$$

$$S_{22}^{*}S_{23}+S_{23}^{*}S_{33}=0 \tag{8.4-17f}$$

$$S_{22}^{*}S_{24}+S_{24}^{*}S_{44}=0 \tag{8.4-17g}$$

将式(8.4-17b)除以式(8.4-17c),得到

$$|S_{14}|=|S_{23}|=C \tag{8.4-18}$$

式中,C 为一常数。将式(8.4-18)代入式(8.4-17b),得到

$$|S_{13}|=|S_{24}|=T \tag{8.4-19}$$

式中,T 为一常数。由式(8.4-17a)~式(8.4-17d),可得

$$|S_{11}|=|S_{22}|=|S_{33}|=|S_{44}|=\Gamma \tag{8.4-20}$$

式中,Γ 为一常数。由式(8.4-17a),式(8.4-18)~式(8.4-20),可得

$$|\,C\,|=\sqrt{1-|\,T\,|^2-|\,\Gamma\,|}^{\,2} \tag{8.4-21}$$

于是得到散射矩阵

$$[S]=\begin{bmatrix}\Gamma\angle\theta_{11} & 0 & T\angle\theta_{13} & C\angle\theta_{14}\\ 0 & \Gamma\angle\theta_{22} & C\angle\theta_{23} & T\angle\theta_{24}\\ T\angle\theta_{13} & C\angle\theta_{23} & \Gamma\angle_{33} & 0\\ C\angle\theta_{14} & T\angle\theta_{24} & 0 & \Gamma\angle\theta_{44}\end{bmatrix} \tag{8.4-22}$$

选择参考面，使 $\theta_{11}=\theta_{22}=\theta_{33}=\theta_{44}$；由式(8.4-17d)～式(8.4-17g)知，θ_{13}、θ_{14}、θ_{23}、θ_{24} 可为 $\pi/2$ 或 $-\pi/2$，但为了同时满足式(8.4-17b)和式(8.4-17c)，θ_{13}、θ_{14}、θ_{23} 和 θ_{24} 必须有一个与其余三个反号，如令 $\theta_{13}=\theta_{14}=\theta_{24}=\pi/2$，$\theta_{23}=-\pi/2$，则散射矩阵变为

$$[S]=\begin{bmatrix}\Gamma & 0 & \mathrm{j}T & \mathrm{j}C\\ 0 & \Gamma & -\mathrm{j}C & \mathrm{j}T\\ \mathrm{j}T & -\mathrm{j}C & \Gamma & 0\\ \mathrm{j}C & \mathrm{j}T & 0 & \Gamma\end{bmatrix} \tag{8.4-23}$$

这表明具有定向性 $S_{12}=S_{43}=0$，四个端口并不一定匹配。证毕。

性质 3　有两个端口匹配且相互隔离的无耗互易四端口电路必然为一理想定向耦合器，且其余两个端口亦匹配并相互隔离。

设端口①和②是匹配的且相互隔离，则散射矩阵为

$$[S]=\begin{bmatrix}0 & 0 & S_{13} & S_{14}\\ 0 & 0 & S_{23} & S_{24}\\ S_{13} & S_{23} & S_{33} & S_{34}\\ S_{14} & S_{24} & S_{34} & S_{44}\end{bmatrix} \tag{8.4-24}$$

由其幺正性得到

$$|S_{13}|^2+|S_{14}|^2=1 \tag{8.4-25a}$$

$$|S_{23}|^2+|S_{24}|^2=1 \tag{8.4-25b}$$

$$|S_{13}|^2+|S_{23}|^2+|S_{33}|^2+|S_{34}|^2=1 \tag{8.4-25c}$$

$$|S_{14}|^2+|S_{24}|^2+|S_{34}|^2+|S_{44}|^2=1 \tag{8.4-25d}$$

将式(8.4-25c)和式(8.4-25d)相加，并将式(8.4-25a)和式(8.4-25b)代入，得到

$$|S_{33}|^2+|S_{44}|^2+2\,|S_{34}|^2=0 \tag{8.4-26}$$

于是应有 $S_{33}=S_{44}=S_{34}-0$ 。证毕。

2. 定向耦合器的技术参数

以常用形式$[S_{04}]$为例讨论。由其幺正性得到

$$|S_{12}|^2+|S_{13}|^2=1 \tag{8.4-26a}$$

$$|S_{12}|^2+|S_{24}|^2=1 \tag{8.4-26b}$$

$$|S_{13}|^2+|S_{34}|^2=1 \tag{8.4-26c}$$

$$|S_{24}|^2+|S_{34}|^2=1 \tag{8.4-26d}$$

由式(8.4-26a)、式(8.4-26b)，有 $|S_{13}|=|S_{24}|$；由式(8.4-26c)、式(8.4-26d)，有 $|S_{12}|=|S_{34}|$。

为进一步简化，选取四个端口中三个端口上的相位，使 $S_{12}=S_{34}=\alpha$，$S_{13}=\beta\mathrm{e}^{\mathrm{j}\theta}$，$S_{24}=\beta\mathrm{e}^{\mathrm{j}\varphi}$。其中 α,β 为实数，θ,ϕ 为待定相角。由$[S_{04}]$的第二行与第三行相乘，得到

$$S_{12}^{*}\cdot S_{13}+S_{24}^{*}\cdot S_{34}=0 \tag{8.4-27}$$

由此得到待定相角之间关系为

$$\theta+\phi=\pi\pm 2n\pi \tag{8.4-28}$$

若不考虑式(8.4-28)右边第二项，则得实用中的两种特殊选择。

① 对称耦合器：$\theta=\phi=\pi/2$，即 S_{13} 和 S_{24} 的相位选择相同，其 S 矩阵为

$$[S_{04}]^{s}=\begin{bmatrix}0&\alpha&\mathrm{j}\beta&0\\\alpha&0&0&\mathrm{j}\beta\\\mathrm{j}\beta&0&0&\alpha\\0&\mathrm{j}\beta&\alpha&0\end{bmatrix}\tag{8.4-29}$$

② 不对称耦合器：$\theta=0$，$\phi=\pi$，即 S_{13} 和 S_{24} 的相位相差 180°，其 S 矩阵为

$$[S_{04}]^{u}=\begin{bmatrix}0&\alpha&\beta&0\\\alpha&0&0&-\beta\\\beta&0&0&\alpha\\0&-\beta&\alpha&0\end{bmatrix}\tag{8.4-30}$$

注意到这两种耦合器的区别仅在于参考面选取不同，而振幅 α 和 β 不是独立的。事实上，由式(8.4-26a)，有关系

$$\alpha^2+\beta^2=1\tag{8.4-31}$$

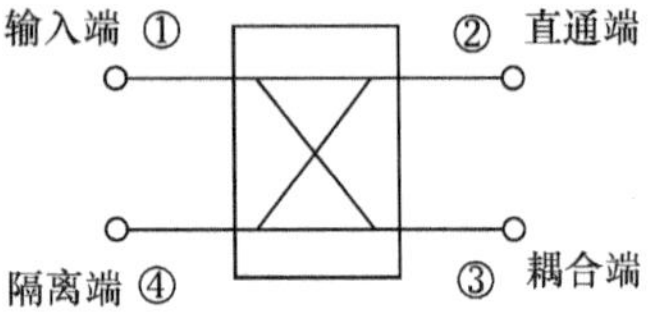

图 8.4-2　耦合器符号

因此除相位参考面外，理想定向耦合器仅有一个自由度。

这种定向耦合器的常用符号如图 8.4-2 所示。耦合端的耦合系数为 $|S_{13}|^2=\beta^2$，直通端口的耦合系数为

$$|S_{12}|^2=\alpha^2=1-\beta^2$$

定向耦合器性能的主要参数是耦合度 C、定向性 D 和隔离度 I，以 $[S_{04}]$ 定义如下：

耦合度

$$C=10\lg\frac{P_1}{P_3}=10\lg\frac{1}{|S_{13}|^2}=-20\lg\beta\tag{8.4-32}$$

定向性

$$D=10\lg\frac{P_3}{P_4}=20\lg\frac{\beta}{|S_{14}|}\ (\mathrm{dB})\tag{8.4-33}$$

隔离度

$$I=10\lg\frac{P_1}{P_4}=-20\lg|S_{14}|\ (\mathrm{dB})\tag{8.4-34}$$

有

$$I=D+C\ (\mathrm{dB})\tag{8.4-35}$$

一个理想定向耦合器应具有无限大的定向性和隔离度($S_{14}=0$)。β 和 α 则可根据给定的耦合度 C 求得。

3. 定向耦合器的分析与设计

定向耦合器的具体结构形式很多，这里介绍常用的波导定向耦合器，耦合线定向耦合器和 Lange 耦合器。

1) 波导定向耦合器

定向耦合器是一种具有定向传输的四端口元件，由以耦合机构相联系的两对传输线构成，常用符号如图 8.4-2 所示。①～②线称为主线，③～④线称为副线。耦合机构的形式各种各样，一般为孔(或槽缝)、分支线、耦合线段等。定向耦合器在微波技术中的应用非常广泛，常用作功率测量或监视装置，组合成反射计等。

(1) Bethe 孔耦合器。

Bethe 孔耦合器是一种单孔耦合器。为获得定向性，该单孔需开在两个矩形波导的公共宽壁上，如图 8.4-3 所示。

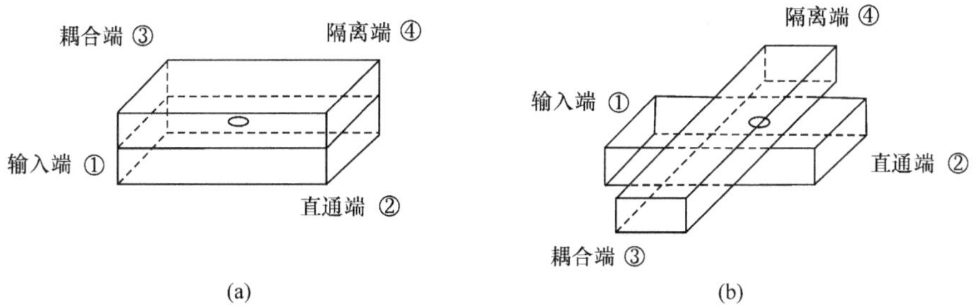

图 8.4-3　波导定向耦合器

由小孔耦合理论知，小孔可用电和磁偶极矩构成的等效源来代替，法向电偶极矩和轴向磁偶极矩在副波导中的辐射具有偶对称性，而横向磁偶极矩的辐射具有奇对称性。因此，利用调节这两个等效源的相对振幅可以消除在隔离端口方向的辐射，增强在耦合端口方向的辐射，从而获得理想的定向性。

首先考虑图 8.4-3(a)所示结构，设 TE_{10} 模由端口 1 入射，其场分量可以写成

$$E_y = E_{10}\sin\frac{\pi x}{a}e^{-j\beta z}$$

$$H_x = -\frac{E_{10}}{Z_{10}}\sin\frac{\pi x}{a}e^{-j\beta z} \tag{8.4-36}$$

$$H_z = \frac{j\pi E_{10}}{\beta a Z_{10}}\cos\frac{\pi x}{a}e^{-j\beta z}$$

式中，$Z_{10}=k_0\eta_0/\beta$ 是 TE_{10} 模的波阻抗。由式(8.2-19)和式(8.2-20)，此入射波在 $x - S$，$y=b$，$z=0$ 的孔处产生的等效极化电流为

$$P_e = \varepsilon_0\alpha_e \boldsymbol{a}_y E_{10}\sin\frac{\pi S}{\alpha}\delta(x-S)\delta(y-b)\delta(z)$$

$$P_m = -\alpha_m E_{10}\left(-\frac{\boldsymbol{a}_x}{Z_{10}}\sin\frac{\pi S}{\alpha} + \boldsymbol{a}_z\frac{j\pi}{\beta\alpha Z_{10}}\cos\frac{\pi S}{\alpha}\right)\delta(x-S)\delta(y-b)\delta(z) \tag{8.4-37}$$

由式(8.2-21)、式(8.2-22)，可据 P_e 和 P_m 求得 J 和 M，然后应用式(8.2-15)、式(8.2-17)、式(8.2-18a)和式(8.2-18b)，求得副波导中正反向波的振幅为

$$C_{10}^{+} = \frac{-j\omega E_{10}}{P_{10}}\left[\varepsilon_0\alpha_e\sin^2\frac{\pi S}{a} - \frac{\mu_0\alpha_m}{Z_{10}^2}\left(\sin^2\frac{\pi S}{a} + \frac{\pi^2}{\beta^2 a^2}\cos^2\frac{\pi S}{a}\right)\right] \tag{8.4-38a}$$

$$C_{10}^{-} = \frac{-j\omega E_{10}}{P_{10}}\left[\varepsilon_0\alpha_e\sin^2\frac{\pi S}{a} + \frac{\mu_0\alpha_m}{Z_{10}^2}\left(\sin^2\frac{\pi S}{a} - \frac{\pi^2}{\beta^2 a^2}\cos^2\frac{\pi S}{a}\right)\right] \tag{8.4-38b}$$

式中，$P_{10}=ab/Z_{10}$ 为功率归一化常数。由式(8.4-38)可见，令 $C_{10}^{+}=0$ 来消除端口④方向的功率。对于小圆孔 $\alpha_e=2r_0^3/3$，$\alpha_m=4r_0^3/3$，这里 r_0 是小圆孔的半径，代入式(8.4-38a)，求得小圆孔位置满足如下公式：

$$\sin\frac{\pi S}{a} = \frac{\lambda_0}{\sqrt{2(\lambda_0^2 - a^2)}} \tag{8.4-39}$$

其耦合度为

$$C = 20\lg\left|\frac{E_{10}}{C_{10}^{-}}\right|(\text{dB}) \tag{8.4-40}$$

其定向性为

$$D = 20\lg\left|\frac{C_{10}^{-}}{C_{10}^{+}}\right|(\text{dB}) \tag{8.4-41}$$

这样，图 8.4－3(a)Bethe 所示孔耦合设计是：先由式(8.4－39)确定孔位置 S，然后用式(8.4－40)由所要求的耦合度确定孔径 r_0。

(2) 波导多孔定向耦合器。

单孔耦合器的缺点是频带窄。宽频带应用时可采用多孔耦合器。

首先考虑位于公共宽臂(或公共窄臂)相距 $\lambda_g/4$ 的双孔耦合器，如图 8.4－4 所示。设波由端口①输入，大部分波向端口②传输，一部分波通过两个孔耦合到副波导中。由于两孔相距 $\lambda_g/4$，结果在端口③方向的波相位同相而增强，在端口④方向则因相位反相而相互抵消。容易理解，在端口④方向波抵消对频率是敏感的，因此其定向性是频率的敏感函数；而耦合度则受频率的影响较小，因此在多孔耦合器的综合设计中总是选择定向性的响应作为综合设计用的频率函数。

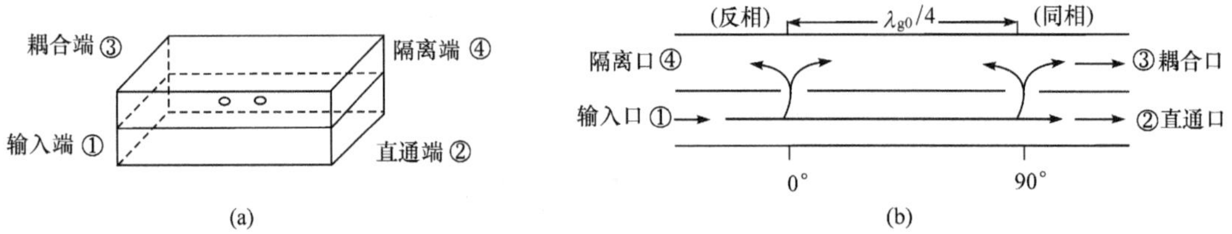

图 8.4－4　双孔耦合器

现在再考虑图 8.4－5 所示 $N+1$ 个孔等间距多孔耦合器。设主波导左边入射波的振幅为 A，对于小孔耦合情况，可以近似认为向端口②传输的波振幅仍为 A，入射场振幅在每个孔处均相同，只是从一个孔到下一个孔的相位发生变化。

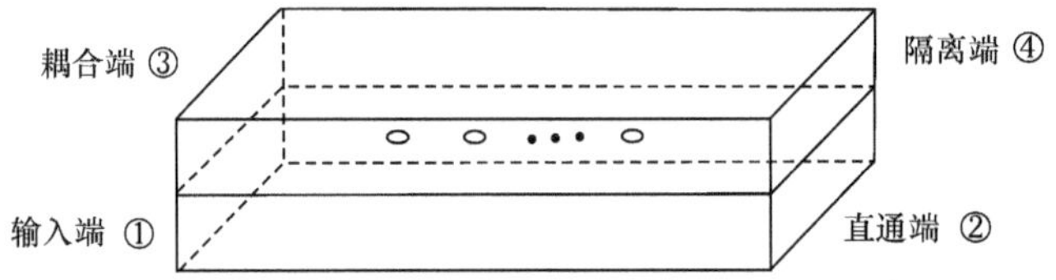

图 8.4－5　$N+1$ 个孔等间距多孔耦合器

由 Bethe 孔耦合器的分析可知，小孔一般以不同的振幅激励正向和反向传输的波，因此令 F_n 表示第 n 孔的正向耦合系数，B_n 表示第 n 孔的反向耦合系数，则正向波的振幅可表示成

$$F = A\mathrm{e}^{-\mathrm{j}\beta Nd}\sum_{i=0}^{N} F_i \tag{8.4-42}$$

反向波的振幅则为

$$B = A\sum_{i=0}^{N} B_i \mathrm{e}^{-2\mathrm{j}\beta_i d} \tag{8.4-43}$$

式中，d 是孔间的间距。式(8.4－42)和式(8.4－43)中的相位参考面取在 $n=0$ 孔处。

根据定义式(8.4－32)和式(8.4－33)，多孔耦合器的耦合度和定向性可求得为

$$C=-20\lg\left|\frac{F}{A}\right|=-20\lg\left|\sum_{i=0}^{N}F_i\right| \tag{8.4-44}$$

$$D=-20\lg\left|\frac{B}{F}\right|=-C-20\lg\left|\sum_{i=0}^{N}B_i e^{-j\beta_i d}\right| \tag{8.4-45}$$

假定耦合孔均为位于距波导窄臂为 S 的圆孔，第 n 孔的半径为 r_n，由第 3 章 3.5 节与上面的分析可知，耦合系数正比于孔的极化率 α_e 和 α_m，因而正比于 r_n^3，故有

$$F_n=K_f r_n^3,\qquad B_n=K_b r_n^3$$

式中，K_f 和 K_b 分别是正向和反向耦合系数与频率有关的常数，且对所有孔都相同。于是式(8.4-44)和式(8.4-45)简化为

$$C=-20\lg|K_f|-20\lg\sum_{i=0}^{N}r_n^3 \tag{8.4-46}$$

$$D=-C-20\lg|K_b|-20\lg S \tag{8.4-47}$$

(3) 耦合线定向耦合器。

图 8.4-6 表示单节耦合线耦合器的结构。其特性是：由端口①输入的信号一部分传至端口②，一部分耦合至副线由端口③输出，端口④无输出。

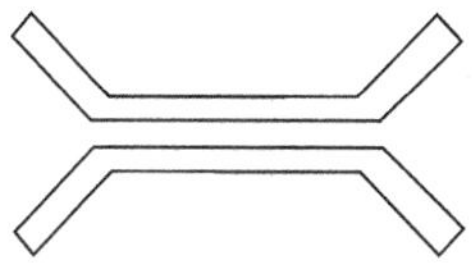

图 8.4-6 耦合线耦合器

设计频率，$\theta=\pi/2$，电压耦合系数 $K<1$，两个输出端口的电压有 90°相位差，因此可用作正交电桥。耦合器输入端口均匹配，且有理想的隔离。

单节耦合线定向耦合器的设计，通常是由所要求的耦合度 C(dB) 确定电压耦合系数，然后计算奇模和偶模特性阻抗，据此计算耦合线的导体带宽度 W 和间距 S。

需要指出的是，以上结论假定了耦合线结构的奇、偶模速度相同，因而奇、偶模时线的长度相同。这对耦合带状线是正确的；但对耦合微带线或其他非 TEM 线，一般不满足，所设计的耦合器的定向性就要变差。为改变性能，需要采取相应的速度补偿措施，如加介质覆盖层，采用各向异性基片，耦合段做成锯齿形等。

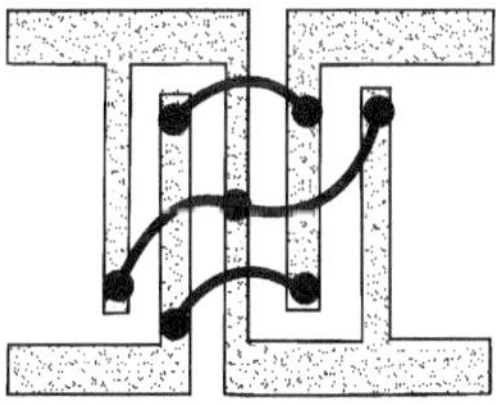

图 8.4-7 Lange 耦合线

(4) Lange 耦合器。

要求紧耦合（耦合度大于 -6dB）时，可采用图 8.4-7 所示的交指结构（交指数通常取 4）。

应用奇、偶模分析法可以求得其电压耦合系数为

$$K=\frac{3(Z_{0e}^2-Z_{0o}^2)}{3(Z_{0e}^2+Z_{0o}^2)+2Z_{0e}Z_{0o}} \tag{8.4-48}$$

两导体对的奇、偶模特性阻抗为

$$Z_{0o}=\frac{4K+3-\sqrt{9-8K^2}}{2K\sqrt{(1+K)/(1-K)}}Z_0 \tag{8.4-49a}$$

$$Z_{0e}=\frac{4K-3+\sqrt{9-8K^2}}{2K\sqrt{(1-K)/(1+K)}}Z_0 \tag{8.4-49b}$$

式中，Z_0 为输入输出线的特性阻抗。根据所求得的 Z_{0e}、Z_{0o} 值便可确定导体带宽度 W 和间隙 S；耦合器的长度则为设计频率的 $\lambda_g/4$。

4. 正交混合电桥

正交混合电桥是一种直通臂和耦合臂输出有 90°相位差的 3dB 定向耦合器。图 8.4-8 所

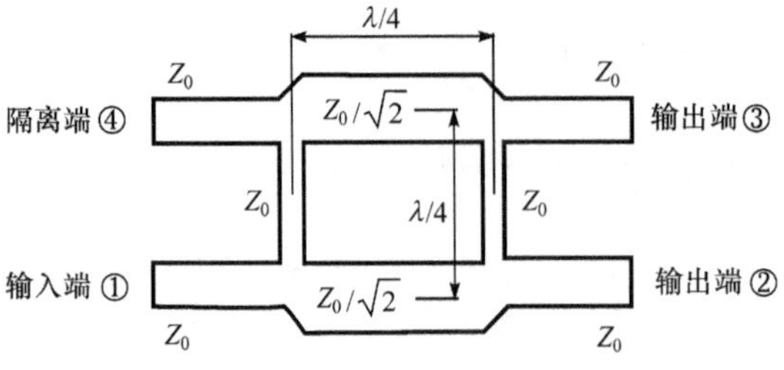

图 8.4-8　分支线耦合器

示带状线或微带线分支线耦合器便是一种正交混合电桥(上述耦合线耦合器和 Lange 耦合器也可用作正交混合电桥)。其特性也可用第 4 章 4.3 节所述奇偶模方法分析。

图 8.4-8 所示分支线耦合器的特性是:当所有端口匹配时,由端口①输入的功率在端口②和③之间平分且有 90°相位差,端口④无输出(隔离端口)。其 S 矩阵为

$$[S]=\frac{-1}{\sqrt{2}}\begin{bmatrix}0 & j & 1 & 0\\ j & 0 & 0 & 1\\ 1 & 0 & 0 & j\\ 0 & 1 & j & 0\end{bmatrix}\tag{8.4-50}$$

分支线耦合器具有结构对称性,其任一端口都可用作输入端口,两输出端口总是在与输入端口相反的一边,隔离端口则与输入端口处于同一边,因此使用很方便,常用作平衡混频器电路。

分支线耦合器的带宽受 $\lambda_g/4$ 线的限制,一般可做到 10%~20%。若要求频带更宽,可采用多节分支线耦合器。考虑到接头处不连续性的影响,分支线耦合器设计时,须将其并联臂加长 10°~20°。

5. 180°混合电桥

180°混合电桥是一种两输出端口有 180°相位差的四端口网络。加于端口④的信号由端口②和③等幅同相输出,端口①无输出(隔离端口);若信号由端口①输入,则由端口②和③等幅反相输出,端口④无输出。当用作功率合成器时,输入信号分别加于端口②和③,则在端口④输出和信号,在端口①输出差信号,故端口④和端口①又分别称为和端口和差端口。理想 3dB 180°混合电桥的 S 矩阵为

$$[S]=\frac{1}{\sqrt{2}}\begin{bmatrix}0 & 1 & -1 & 0\\ 1 & 0 & 0 & 1\\ -1 & 0 & 0 & 1\\ 0 & 1 & 1 & 0\end{bmatrix}\tag{8.4-51}$$

180°混合电桥的结构形式很多,常用的是环形电桥和波导魔 T,如图 8.4-9 所示。

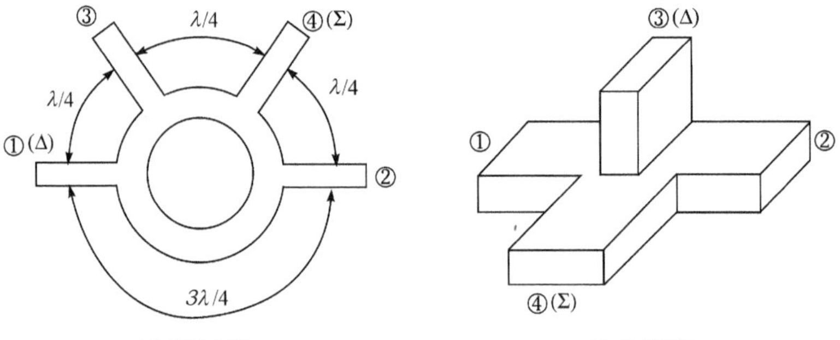

图 8.4-9　180 度混合电桥

(1) 混合环。

形环电桥又称混合环，是一种 3dB 功率分配器。图 8.4－11(a)表示 1.5λTEM 线(带状线或微带线)并联连接的混合环。混合环各支路特性阻抗为 Z_0，根据 λ/4 变换性可知，环形线的特性阻抗为$\sqrt{2}Z_0$。1.5λ 混合环的带宽受环形长度的限制，一般约为 20%～30%。增加带宽的方法是采用对称的 1λ 混合环。

(2) 波导匹配魔 T。

将一个 E-T 接头和一个 H-T 接头(波导尺寸相同)组成在一起形成波导双 T。波导双 T 和波导单 T 一样，其本身不是匹配的。在 H 臂④和 E 臂③加入一些匹配元件(螺钉、膜片或锥体等)，可以使 H 臂④和 E 臂③同时达到匹配，即 $S_{44}=S_{11}=0$。对于无耗互易的四端口网络-魔 T，由 $S_{44}=S_{11}=0$，通过散射矩阵可以证明 $S_{22}=S_{33}=0$，且 $S_{23}=0$，再由散射矩阵的幺正性可证明 $|S_{12}|=|S_{24}|=\frac{1}{\sqrt{2}}$(且为实数)，最后得到

$$[S]=\frac{1}{\sqrt{2}}\begin{bmatrix} 0 & 1 & -1 & 0 \\ 1 & 0 & 0 & 1 \\ -1 & 0 & 0 & 1 \\ 0 & 1 & 1 & 0 \end{bmatrix} \tag{8.4-52}$$

魔 T 的原理在微波电路和系统大量应用→变形为集成传输线型魔 T。

波导魔 T 是匹配的双 T，由双 T 波导接头处加入匹配元件(螺钉、膜片或小锥体)构成，如图 8.4－10 所示。魔 T 具有如下重要特性：

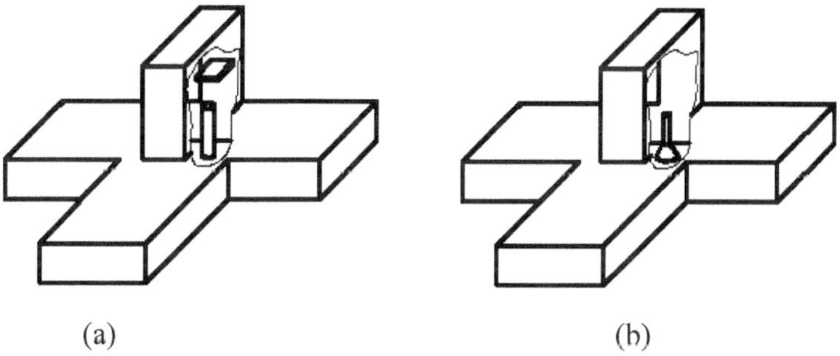

图 8.4－10 匹配魔 T

① 四个端口完全匹配。

② 不仅 E 臂和 H 臂相互隔离，而且两侧臂(即 1、2 臂)也相互隔离。

③ 进入一侧臂的信号，将由 E 臂和 H 臂等分输出，而不进入另一侧臂。

④ 进入 H 臂的信号，将由两侧臂等幅同相输出，而不进入 E 臂。

⑤ 进入 E 臂的信号，将由两侧臂等幅反相输出，而不进入 H 臂。

⑥ 若两侧臂同时加入信号，E 臂输出的信号等于两输入信号相量差的 $1/\sqrt{2}$倍；H 臂输出的信号则等于两输入信号相量和的 $1/\sqrt{2}$倍。

由于有第⑥特性，所以魔 T 的 E 臂常称为差臂，H 臂则常称为和臂。

魔 T 在微波技术中有着广泛的应用，可用来组成微波阻抗电桥、平衡混频器、功率分配器、和差器、相移器、天线双工器、平衡相位检波器、鉴频器、调制器等。

8.5　微波周期结构

8.5.1　微波周期结构的基本性质

1. 平移对称性与周期系统

将系统沿一定方向移动一个距离，若移动后的系统与原系统重合，则称该系统在该方向上具有平移对称性。若移动距离是任意的，平移对称性都能得到满足，则称系统为连续平移对称系统；若移动距离必须是某个值的整数倍，才能满足平移对称性，则称系统为离散平移对称系统，或称为周期性系统，上述必须满足的最小移动距离就是周期系统的空间周期长度 p。

如图 8.5－1 所示，根据周期系统能在多少维度上满足平移对称性，可将其划分为（A）一维周期系统（图 8.5－1(b)在 y 方向上满足平移对称性）；（B）二维周期系统（例如图 8.5－1(c)中的无限圆柱阵）；（C）三维周期系统（例如图 8.5－1(d)的球体空间阵列）。图 8.5－1(a)为微带一维周期系统的一个实例。

为了满足平移对称性，可知理想的周期系统在平移对称方向上应该是无限长的，它以一个空间周期所包含的单元结构为单元，在该方向作无限重复延伸。实际应用中的周期系统是尺寸有限的，即级联的单元数有限。

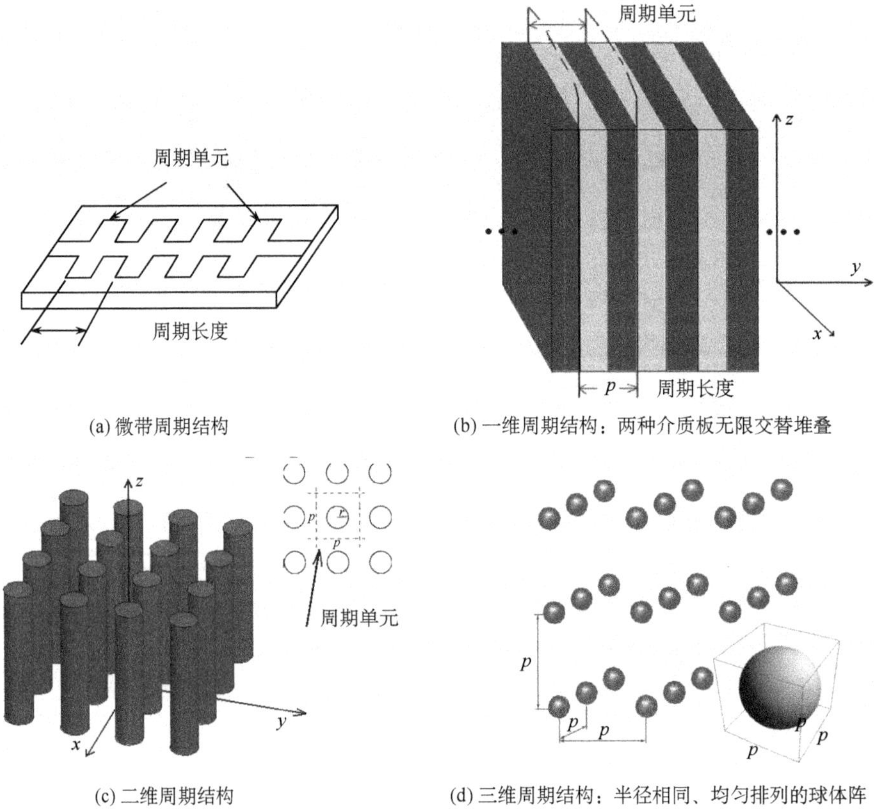

(a) 微带周期结构　　(b) 一维周期结构：两种介质板无限交替堆叠

(c) 二维周期结构　　(d) 三维周期结构：半径相同、均匀排列的球体阵

图 8.5－1　各种周期结构

周期结构对电磁波具有独特的响应。因此，周期结构在微波领域具有较好的利用价值，能广泛应用在微波行波管、滤波器、移相器和天线等装置中。

2. Floquet 定理

前面章节介绍的导行系统都有一个共同特点，就是导行系统沿电磁波传输方向（设为 z 方向）满足连续平移对称性，系统的横截面形状、尺寸和材料沿 z 不变，即边界条件沿 z 方向是均匀的，这种导行系统叫做规则导行系统或均匀导行系统。

在规则导行系统中，在稳态下对于某个特定的导波模式，系统任意两个截面上的场之间仅相差一个与截面距离有关的复数，即在任意两个截面上，场沿横截面的分布函数相同，仅在振幅和相位上有所差别。所以系统中的场可以表示成

$$E(x,y,z,t)=F(x,y)\mathrm{e}^{-\gamma z}\mathrm{e}^{\mathrm{j}\omega t} \tag{8.5-1}$$

式中，$\gamma=\alpha+\mathrm{j}\beta$ 为场沿 z 方向的传播常数；$F(x,y)$ 代表场沿横截面的分布函数，与 z 无关。

上述情况说明，若以时谐信号激励 $\alpha=0,\gamma=\mathrm{j}\beta$ 的规则导行系统，场沿传输方向 z 呈正弦分布，是单一的空间等幅行波。这种情况只有在规则导行系统中才可能存在，因为单一的空间等幅行波能够满足规则导行系统的边界条件。

对于非规则导行系统，上述规律不复存在。所谓非规则导行系统，是指边界条件沿电磁波传输方向不满足连续平移对称的导行结构。其中最常用的是周期性导行系统，如前所述，周期系统的边界条件沿电磁波传输方向满足离散平移对称性。

当周期系统的空间长度 p 远小于导波波长 λ_g 时，可以将其近似为规则导行系统分析。而当 p 不满足条件 $p\ll\lambda_g$ 时，必须考虑系统周期性的影响。

早在 1883 年，Floquet 就对波在一维周期结构中的传播进行了研究，得到并证明了 Floquet 定理，1928 年 Bloch 对定理进行了扩展，将其推广到二维和三维周期结构，所以 Floquet 定理又被称为 Bloch 定理。

研究电磁波在周期系统传播的基本定理是 Floquet 定理：周期系统在给定的稳态频率下，对于系统中某个特定的传输波型，场沿传输方向 z 相距 m（m 为整数）倍空间周期长度的两个横截面上的分布函数相同，只相差一个复数 $\mathrm{e}^{-\gamma_0 mp}$，其数学表示是：

$$E(x,y,z+mp,t)=E(x,y,z,t)\mathrm{e}^{-\gamma_0 mp} \tag{8.5-2}$$

式(8.5-2)又被称作周期边界条件(PBC)。

在非均匀系统中，场沿横截面的分布函数 F 是随 z 变化的，$E(x,y,z,t)$ 不能表述为式(8.5-1)的形式，只能写成

$$E(x,y,z,t)=F(x,y,z)\mathrm{e}^{-\gamma_0 z}\mathrm{e}^{\mathrm{j}\omega t} \tag{8.5-3}$$

其中，$F(x,y,z)\mathrm{e}^{-\gamma_0 z}$ 为场的复数振幅，可以证明在周期系统中，当 $F(x,y,z)$ 是 z 的周期为 p 的周期函数时，式(8.5-2)即 Floquet 定理是成立的。

3. 空间谐波

对于周期系统，场沿横截面的分布函数 $F(x,y,z)$ 沿传输方向 z 呈周期性变化，是 z 的周期函数，故可以用傅里叶分析，将其按周期 p 展开为傅里叶级数：

$$F(x,y,z)=\sum_{n=-\infty}^{+\infty}E_n(x,y)\mathrm{e}^{-\mathrm{j}\frac{2n\pi}{p}z} \tag{8.5-4}$$

展开系数 $E_n(x,y)$ 可由正交性原理：

$$\int_{z-\frac{p}{2}}^{z+\frac{p}{2}}\mathrm{e}^{\mathrm{j}(m-n)\frac{2\pi}{p}z}\mathrm{d}z=\begin{cases}0 & (m\neq n)\\ p & (m=n)\end{cases} \tag{8.5-5}$$

求得，在式(8.5-4)等号两边同时乘以 $e^{j\frac{2m\pi}{p}z}$，并从 $z-p/2$ 到 $z+p/2$ 积分：

$$\int_{z-\frac{p}{2}}^{z+\frac{p}{2}} F(x,y,z)e^{j\frac{2m\pi}{p}z}dz = \sum_{n=-\infty}^{+\infty}\int_{z-\frac{p}{2}}^{z+\frac{p}{2}} E_n(x,y)e^{j(m-n)\frac{2\pi}{p}z}dz$$

由此得

$$E_n(x,y)=\frac{1}{p}\int_{z-\frac{p}{2}}^{z+\frac{p}{2}} F(x,y,z)e^{j\frac{2n\pi}{p}z}dz = \frac{1}{p}\int_{z-\frac{p}{2}}^{z+\frac{p}{2}}[F(x,y,z)e^{-\gamma_0 z}]e^{j\left(\beta_0+\frac{2n\pi}{p}\right)z}e^{\alpha_0 z}dz$$

$$=\frac{1}{p}\int_{z-\frac{p}{2}}^{z+\frac{p}{2}} E(x,y,z)e^{j\beta_n z}e^{\alpha_0 z}dz \tag{8.5-6}$$

所以由式(8.5-3)得周期结构中的场分布表达式

$$E(x,y,z,t)=E(x,y,z)e^{j\omega t}=F(x,y,z)e^{-(\alpha_0+j\beta_0)z}e^{j\omega t}=\sum_{n=-\infty}^{+\infty}E_n(x,y)e^{-j\beta_n z}e^{-\alpha_0 z}e^{j\omega t} \tag{8.5-7}$$

式中，$\beta_n=\beta_0+\dfrac{2n\pi}{p}$，$E_n(x,y)$ 由式(8.5-6)确定。

上述分析结果表明：在周期结构中所传播的电磁波不是一个振幅沿 z 为常数的正弦行波，而是一个振幅沿 z 周期性变化的行波，该行波可以分解为无穷多振幅为 $E_n(x,y)$，相移常数为 β_n 的正弦行波，我们将这些行波称为空间谐波，其中，$n=0$ 者称为基波，其他的称为 n 次空间谐波，它们沿系统横截面的分布函数 $E_n(x,y)$ 与 z 无关。各次谐波相移常数不同，但是衰减常数却是一样的，都等于 α_0。

空间谐波的相速度为

$$v_{pn}=\frac{\omega}{\beta_n}=\frac{\omega}{\beta_0+2\pi n/p} \tag{8.5-8}$$

群速度为

$$v_{gn}=\frac{d\omega}{d\beta_n}=\frac{d\omega}{d(\beta_0+2\pi n/p)}=\frac{d\omega}{d\beta_0}=v_{g0} \tag{8.5-9}$$

可见各次空间谐波的相速度不同，而群速度却是相同的；n 越大，相速度越小，即随着谐波次数升高，空间谐波的相速度越慢。

由于各次谐波的相速度不同，在传播过程中，各空间谐波之间的相位关系将会不断发生变化，由它们叠加而成的总场在传播过程中会发生相位畸变，即波形在不断变化。

4. 色散特性

色散关系是研究周期系统电磁波传播的重要参数。色散图是描述系统中电磁波相移常数与频率的关系曲线，最常用的色散图是 $\omega-\beta$ 图或 $k-\beta$ 图，在 $\omega-\beta$ 图上，曲线上某点与原点连线的斜率就是相速度，曲线在该点的斜率则是群速度。在 $k-\beta$ 图上以上两斜率依次表示相速与光速之比和群速与光速之比。

由前述的分析已知周期系统中空间谐波的相移常数 β_n 与基波相移常数 β_0 的关系为

$$\beta_n=\beta_0+\frac{2n\pi}{p} \tag{8.5-10}$$

只要基波相移常数 β_0 已知，则所有空间谐波的相移常数 β_n 都可以由上式求出。反映到色散图上，就是把基波的 $\omega-\beta$ 曲线沿 β 轴平移 $2n\pi/p$(或 $k_0p-\beta p$ 曲线沿 βp 轴平移 $2n\pi$)就可以得到各次空间谐波的色散图形，因此周期系统的 $\omega-\beta$ 图是一个周期性曲线。

典型周期系统的色散曲线如图 8.5-2(a)所示。它就是由 $n=0$ 的曲线平移重复而成。

可以看出，在一定频率下，曲线上各点与原点连线的斜率不同，因此不同的空间谐波具有不同的相速度 V_{pn}，n 越大 V_{pn} 越低；但曲线上各点在同一频率时的切线斜率相同，因此各次空间谐波具有相同的群速度 V_{gn}，这和式(8.5－8)、式(8.5－9)是一致的。

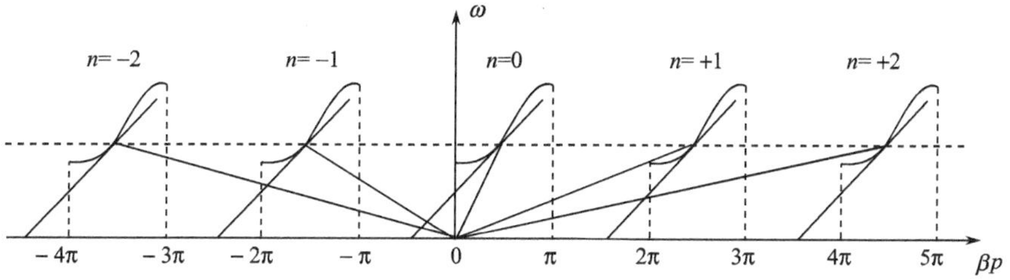

(a) 群速为正

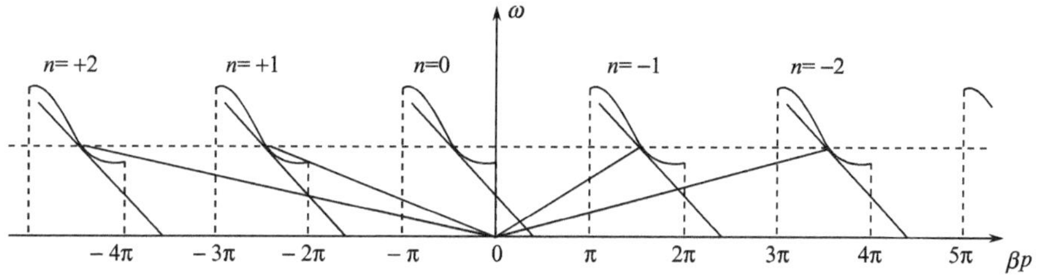

(b) 群速为负

图 8.5－2　周期系统的典型色散曲线(ω—β 图)

图 8.5－2(a)所示周期系统的基波($n=0$)的相速度与群速方向一致，这种波称为前向波，可见 n 为正的空间谐波都是前向波。n 为负的空间谐波的相速与群速方向相反，这种波称为后向波。

图 8.5－2(b)给出的是群速为负时的色散曲线，此时基波为前向波的模式的相移因子成为 $e^{j\beta_0 z}$，β_n 与 β_0 的关系变为

$$\beta_n = \beta_0 - \frac{2n\pi}{p}$$

将群速为正和群速为负的两条曲线画在一张图上，就成为图 8.5－3，这是周期系统的完整的 ω—β图，称为布里渊图。

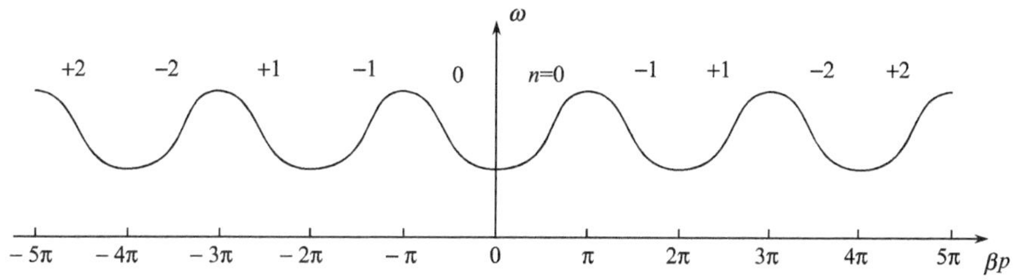

图 8.5－3　周期系统完整的 ω—β 图

实际的周期系统对于电磁波存在许多通带，在这些通带之间是阻带，处于阻带频率的电磁波无法在周期结构中传播。每一个通带对应结构中的一种传播模式，每个模式都是由各个空间谐波叠加而成的沿 z 呈非正弦分布的行波。每个模式可以单独满足周期结构的边界条件，典型的色散曲线如图 8.5－4 所示。

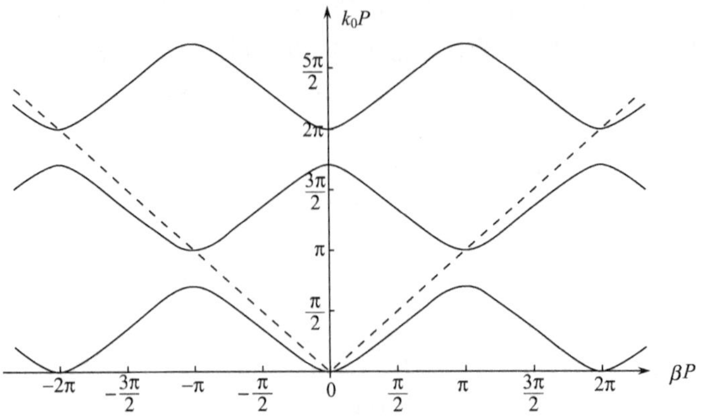

图 8.5-4　典型的周期结构布里渊图

图 8.5-4 为典型的周期结构布里渊图,图中虚线为 $\beta=\pm k_0$,在这两条虚线上,$|V_p|=C$,所以又把它们叫做光线,或称为空气线;光线之间的区域,$|V_p|>C$,为快波区域,光线之外的区域,$|V_p|<C$,为慢波区域。图示最下方的色散曲线所代表的传播模,其所有空间谐波均处于慢波区域。而对于频率满足 $k_0p>\pi$ 的模式,至少有一个空间谐波处于快波区域。由于快波会从开放的周期结构辐射到自由空间,所以可以设计特定的周期结构,利用这些 $V_{pn}>C$ 的谐波产生漏波辐射。图示各模式之间的频带空隙称为阻带。

从上图可以看到:色散图直观地描述了周期结构中的传播模、通带和阻带的关系,包含的信息十分丰富,是研究周期结构必不可少的工具。

下面通过一个例子介绍一种得到周期结构色散关系的方法并引出 Bloch 阻抗的概念。

一维无限长周期性传输线,其单元结构见图 8.5-5(b),长度为 l_1 的传输线,特性阻抗为 η_1,传播常数 $K_1=\omega\sqrt{\mu_1\varepsilon_1}$;长度为 l_2 的传输线,特性阻抗为 η_2,传播常数 $K_2=\omega\sqrt{\mu_2\varepsilon_2}$;任意单元的电压电流关系如图 8.5-5(b)所示。

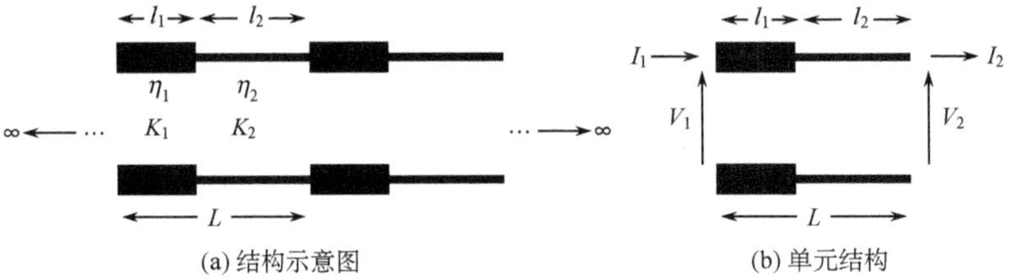

图 8.5-5　一维周期性传输线

应用 ABCD 矩阵,任一单元结构两边的电压电流关系可以表述为

$$\begin{bmatrix} V_1 \\ I_1 \end{bmatrix}=\begin{bmatrix} A & B \\ C & D \end{bmatrix}\begin{bmatrix} V_2 \\ I_2 \end{bmatrix} \tag{8.5-11}$$

ABCD 矩阵可进一步写为

$$\begin{bmatrix} A & B \\ C & D \end{bmatrix}=\begin{bmatrix} A_1 & B_1 \\ C_1 & D_1 \end{bmatrix}\begin{bmatrix} A_2 & B_2 \\ C_2 & D_2 \end{bmatrix} \tag{8.5-12}$$

其中,$A_i=D_i=\cos(l_iK_i)$,$B_i=\mathrm{j}\eta_i\sin(l_iK_i)$,$C_i=\mathrm{j}\sin(l_iK_i)/\eta_i$,$i=1,2$

根据 Floquet 定理,应用周期边界条件:

$$\begin{bmatrix} V_1 \\ I_1 \end{bmatrix}=\mathrm{e}^{\pm \mathrm{j}KL}\begin{bmatrix} V_2 \\ I_2 \end{bmatrix} \tag{8.5-13}$$

令 $e^{\pm jKL}=q$，式(8.5-11)可改写为

$$\begin{bmatrix} A-q & B \\ C & D-q \end{bmatrix}\begin{bmatrix} V_2 \\ I_2 \end{bmatrix}=0 \tag{8.5-14}$$

式(8.5-14)有非零解的条件是其系数矩阵的行列式必须等于零，由此得

$$q^2-(A+D)q+AD-BC=0 \tag{8.5-15}$$

对于互易网络，$AD-BC=1$，又知该方程两根 $q_1=e^{jKL}$，$q_2=e^{-jKL}$，所以得 $q_1+q_2=e^{jKL}+e^{-jKL}=2\cos(KL)=A+D$，即

$$\cos(KL)=\frac{A+D}{2} \tag{8.5-16}$$

根据式(8.5-12)，最终该传输线的色散关系表述为

$$\cos(KL)=\cos(K_1l_1)\cos(K_2l_2)-\frac{1}{2}\left(\frac{\eta_2}{\eta_1}+\frac{\eta_1}{\eta_2}\right)\sin(K_1l_1)\sin(K_2l_2) \tag{8.5-17}$$

使用相应绘图软件可画出式(8.5-17)的 $\omega-K$ 曲线，其特性与图 8.5-4 相似。

定义 Bloch 阻抗为单元结构终端处的特性阻抗，并记为 Z_B，由式(8.5-14)得 $(A-q)V_2+BI_2=0$，故

$$Z_B=\frac{V_2}{I_2}=\frac{-B}{A-q}=\frac{\pm 2B}{A-D+\sqrt{(A+D)^2-4}} \tag{8.5-18}$$

其中，A、B、D 的值由式(8.5-12)确定，$\pm$ 号根据波的传播方向确定。为了避免端接周期结构上的反射，应该使周期结构的负载阻抗 $Z_L=Z_B$。

8.5.2　微波周期结构的应用

1. 电磁带隙结构

电磁带隙结构(EBGs)，是具有电磁波传播频率带隙的人造周期性电磁媒质，处于完全电磁带隙(Gap)频率的电磁波，无论具有什么样的模式，都无法在电磁带隙结构中传播。

电磁带隙的概念首先是在光子物理学中提出，相应的结构称为光子带隙结构 (PBGs)，或者光子晶体。随后光子带隙的概念被广泛应用到微波、毫米波天线与电路中，其结构形式和分析方法均发展迅速，根据应用的不同，又出现了高阻抗表面(HIS)、频率选择表面(FSS)等命名术语，目前这些结构在微波领域被统称为电磁带隙结构。

电磁带隙结构是周期结构，具有周期结构的共性，对电磁波的响应既有通带也有阻带。带隙的频率及带宽和结构单元的几何形状、尺寸、材料参数、排列关系以及电磁波的入射角度、极化方式相关，除了形式简单的 EBGs 可以用等效电路做近似分析外，目前 EBGs 的分析方法仍以数值计算/仿真为主，通过全波分析软件，可以直接得到 EBGs 的 S 参数、色散关系等参量。

当 EBGs 的空间周期(或称为纹理周期)远小于波长时，可用等效媒质理论的表面阻抗概念来描述 EBGs 对表面波的抑制特性，这时 EBGs 被等效为一个并联 LC 谐振回路，在谐振频率，EBGs 具有极高的表面阻抗，从而阻断表面波的传播。这种特性可使 EBGs 作为天线的接地板或反射面，起到缩小天线体积，提高天线增益和效率的作用。天线下方的金属接地板可以反射天线的后向辐射，使天线的辐射能量集中在上半空间，在理想情况下可以使天线增益提高 3dB。由于金属平板会使入射电场相位变化 180°，即理想电导体(PEC)的反射相位等于 180°，所以为了使反射电场和源电场同相叠加，而不是发生对消，天线离接地板的距离应等于四分之一工作波长，故一般的金属接地板无法实现天线系统的小型化；并且由于天线会在金属板上激励起表面波，降低天线的效率，同时表面波会沿金属与介质的界面传播，在接地板边沿发生衍

射，使天线的方向图发生退化，降低天线的前后辐射比。EBGs 的反射相位随频率在 −180°到 180°之间连续变化，为天线设计出特定的 EBGs，可以使天线与 EBGs 表面的距离很小，也能实现反射波与源电场的同相叠加。将 EBGs 的带隙设计在不希望出现表面波的频率，在这些频段，EBGs 表面就不会出现表面波的传播，最终，在实现天线小型化的同时，提高了天线的效率、增益等性能。

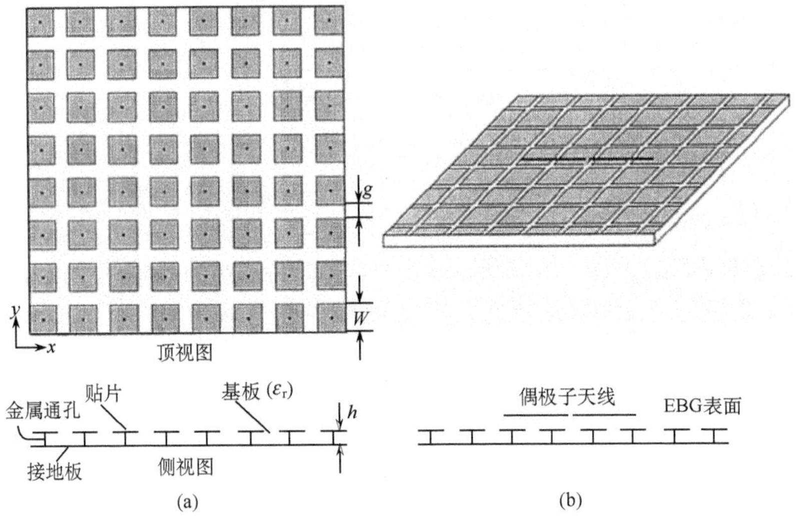

图 8.5－6　电磁带隙结构作为偶极子天线的接地反射板

(a)蘑菇型 EBGs，灰色方片代表金属贴片，每个金属贴片中心有一个短路通孔使周期排列的金属贴片在底端相连；$W=0.12\lambda$，$g=0.02$，$h=0.04\lambda$，$\varepsilon r=2.20$(b)偶极子天线放置在 EBGs 上方 0.02λ 处，此时天线整体高度为 0.06λ，约是传统设计的 1/4，并且增益、效率以及前后-向辐射比均比传统设计高

通过移除/替换等方式改变 EBGs 中特定的单元结构(unit cell)，或改变 EBGs 某一方向的晶格常数(周期长度)，可对 EBGs 引入缺陷。有缺陷的 EBGs 在带隙内，支持某些特定模式的电磁波传播。利用这种特性，可以得到两方面的应用：高指向性的天线和 EBG 波导。前者具有高定向性的原因在于，缺陷 EBGs 限制了可传播的波矢，使得电磁波传播角度有限，电磁波从 EBGs 表面以受限角度出射，造成高度的定向性。具体应用有 EBG 谐振天线和 EBG 腔。第二方面的应用则利用缺陷 EBGs 能高效传输电磁波的特性，具体包括 EBG 波导、功分器、定向耦合器、开关和滤波器。

总之，目前对 EBGs 的研究还在不断深化，EBGs 的应用也在高速地发展，感兴趣的读者可以通过查阅新近发表的文献了解电磁带隙结构的最新动态。

2. 电磁慢波结构

微波周期结构的另一个重要应用是电磁慢波结构。

利用传输系统的电磁场与电子或其他荷电粒子相互作用的装置或器件，例如行波管放大器，粒子加速器，以及在电磁波与较低速度的波(声波、静磁波等)相互作用的器件中，为了使相互作用在较长距离和较长时间内持续进行，需要使传输系统的电磁波相速低于空间光速，这种传输系统就是慢波系统。

前面介绍的介质波导，介质内部的介电常数大，空间相速低，外部的介电常数小，空间相速高，导波相速介于二者之间。所以在介质内看，为快波；在介质外，由于导波相速小于介质外的空间相速，因此，从介质外的空间来看，介质波导就是慢波传输系统。

然而在与电子或其他荷电粒子相互作用的器件中，介质的引入往往会造成静电荷的累积、次级电子倍增等不良的效果；介质的相对介电常数 ε_r 有限，其慢波比不可能很大，此外，介质的引入常会导致附加的损耗和温度不稳定等。所以实用的慢波结构一般使用全金属结构。从前面章节的学习已知，完全光滑的导体壁构成的柱形导波系统中只能传播快波或 TEM 波，所以全金属慢波系统的边界不可能是齐次和均匀的，而常使用折皱表面，或称波纹表面的金属波导、螺旋线、级联耦合腔或者其他周期结构作为慢波系统。

图 8.5-7 是一个典型的行波管示意图，其原理是加热的阴极发射出电子，在偏置电压的作用下，电子向阳极（图中集电极）加速运动，在这个过程中由于电子受到环绕磁体的约束，会积聚成电子束，沿慢波结构：螺旋线的轴心运动，与沿螺旋线传输的微波信号进行换能作用，从而放大微波信号。

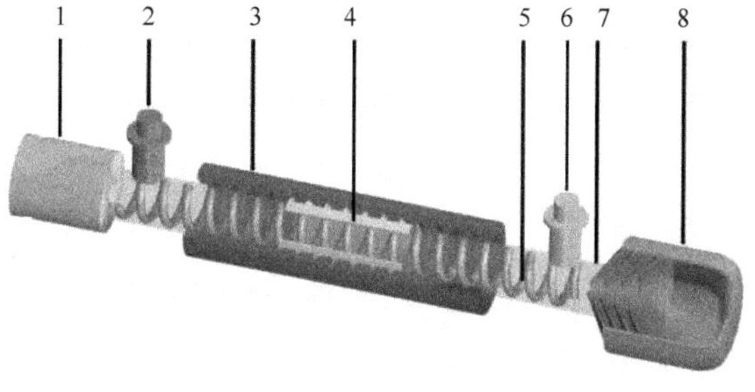

图 8.5-7　典型的行波管示意图

1. 电子枪（阴极）；2. 微波信号输入口；3. 磁体；4. 衰减器；
5. 螺旋线；6. 微波信号输出口；7. 真空管；8. 集电极（阳极）

其中衰减器的作用在于阻止反射波向阴极导行。螺旋线行波管通常用于功率为几千瓦的场合，需要更大功率时，则常用耦合腔行波管，它们都是周期性慢波结构。

由 8.5.1 节的分析已知周期结构中的导行场由无限多的空间谐波叠加组成，当荷电粒子（如行波管中的电子）的速度与某一个空间谐波的相速相等时，称为同步。这时，它们之间会持续地发生相互作用，交换能量，作用的结果是增强（例如行波管放大器）或削弱（例如粒子加速器）系统中的总场，即各次谐波的场，这是因为各次空间谐波是一个整体，它们的特定的组成在整体上满足周期系统的边界条件，因此不可能使某一个或几个空间谐波单独地增强或减弱。

描述慢波系统的主要参数除了前边已经提到的色散特性，还有耦合阻抗（或称互作用阻抗），它是描述电磁场与荷电粒子相互作用的有效程度的参量，n 次空间谐波的耦合阻抗记做 K_n，类似一般的阻抗定义，有

$$K_n = \frac{1}{2}\frac{U_n^2}{P} \tag{8.5-19}$$

式中，P 为沿慢波系统传播的总功率流；U_n 为系统中相距 $\lambda_{gn}/4$ 两点的等效电压幅值，它可以表示为

$$U_n = \int_0^{\frac{\lambda gn}{4}} E_{zn}\,\mathrm{d}z = \int_0^{\frac{\lambda gn}{4}} E_{znm}\sin\left(\frac{2\pi}{\lambda gn}z\right)\mathrm{d}z = \frac{E_{znm}}{\beta_n} \tag{8.5-20}$$

E_{znm} 为 n 次空间谐波的电场纵向分量的振幅，β_n 为 n 次空间谐波的相位常数。因此，耦合阻抗可表示为

$$K_n = \frac{E_{znm}^2}{2\beta_n^2 P} \tag{8.5-21}$$

3. 左手材料

左手材料是最近十几年在物理学,电子学,材料学领域兴起的词汇。其意义是人工合成的特殊材料或媒质,呈现出自然界中的材料不易或不能实现的某些特殊属性。具体来说,它是能够同时呈现出负介电常数和负磁导率的材料,即所谓"双负媒质",又称超材料。这种"双负"特性造成了很多独特的、具有与自然界中的右手材料不同的物理现象。

第一,左手材料中的电场矢量 $\boldsymbol{E}$,磁场矢量 $\boldsymbol{H}$ 和波矢量 $\boldsymbol{S}$ 三者间符合左手螺旋规则,波矢量 $\boldsymbol{K}$ 与坡应廷矢量 $\boldsymbol{S}$ 的方向相反,即左手材料中存在后向波:代表电磁波相位传输方向的相速度 V_{p} 与代表电磁能量传播方向的群速度 V_{g} 方向相反。

第二,左手材料具有负的折射率,从而导致了相反的 Snell 折射定律:当电磁波从右手材料进入左手材料时,电磁波将发生负折射的现象。

另外左手材料还具有截止波放大、逆多普勒效应、逆切连科夫辐射效应和亚波长衍射等奇异特性。

1968 年,Victor Veselago 在理论上预言了左手材料的存在,研究了介电常数和磁导率同时为负值的各向同性左手材料中电磁波的传播特性。1998 年 J. B. Pendry 实验证明了分裂环谐振器(SRR)在其谐振频率附近,具有负的磁导率,这是第一个非铁氧体负磁导率的超材料。1999 年,D. R. Smith 等人根据 Pendry 的理论模型,将细金属线(Rod)和金属谐振环(SRR)有规律地排列在一起,制成了第一个等效介电常数和等效磁导率同时为负值的左手材料,并于 2001 年用"棱镜实验"演示电磁波斜入射到左手材料和常规介质的分界面时,折射波与入射波处于分界面法线的同侧,揭示出材料具有负折射特性,证明了左手材料的存在。

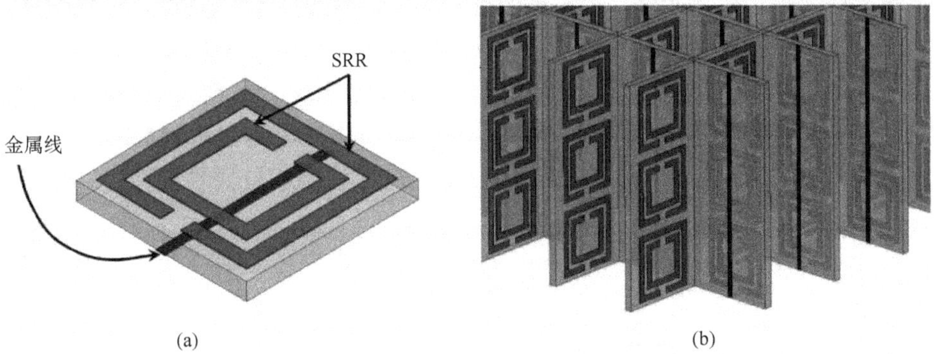

图 8.5-8　谐振型的左手材料

(a)用 PCB 电路板印制技术制造的基于 SRR 的左手材料单元结构;(b)由单元结构排列成的二维左手材料

图 8.5-8 展示的结构是谐振型的左手材料,左手特性仅在 SRR 的谐振频率附近才能表现出来,周期性排列的金属线阵提供负等效介电常数,SRR 阵列提供负等效磁导率。它的左手特性带宽很窄,损耗大,体块状的结构不适合平面电路的应用。

在左手材料的特性得以证实后,人们对左手材料的研究热情倍增,包括平面电路形式在内的各种左手材料相继问世,在电磁波领域的工程应用得到持续深入的研究和应用。

首先,利用左手材料对电磁波的负折射效应制,可制作左手材料平板透镜,实现对天线辐射电磁波波束的会聚,减小天线的半功率波瓣宽度,提高天线的方向性,制作成高定向性、高增益天线。另外，左手材料可用于制造漏波天线，进行向后到前向的波束频率扫描，弥补了传统漏波天线不易实现前-后向波束扫描的缺陷。

目前的电磁隐身技术，主要是使用各种吸波、透波材料，实现对雷达的“隐形”。采用左手材料可以制作电磁“隐身衣”，其思路是利用电磁波的绕射，设计一种超材料使其不影响外部的电磁波传播，同时材料内部的电磁波能拐弯绕过其包裹的物体，最终回到原来轨迹，仿佛被“隐身衣”覆盖的物体不存在一样，以达到隐身的目的。这种“隐身衣”的原型已于 2006 年被 Pendry 等人开发出来，其在军事和民用方面的应用前景广阔，倍受关注，带动了更多更复杂的左手材料电磁“隐身衣”的研究。

物体发出的电磁波由传输波和截止波两部分组成。由于截止波的纵向波数为纯虚数，所以携带波源信息的截止波沿传播方向呈指数衰减，使得它不能到达成像面成像，而只有传输波对成像有贡献，截止波所携带的信息丢失，成像并不完美。因此传统的光学透镜成像性能一直受到衍射极限的限制，分辨率为二分之一光源波长。利用左手材料介电常数和磁导率的“双负”特性，理论上可以制作出具有截止波放大效果的完美透镜，使截止波也能参与成像，从而突破衍射极限，得到完全接近于光源的“完美”像。

利用复合左右手传输线的独有色散特性，可以实现微波耦合器、滤波器的多倍频程工作和小型化，相较于传统微波器件有极大的优势。

最后需要注意的是，最近的研究表明左手材料并不是因为周期性产生左手特性，而是由单元结构宏观的负等效介电常数和负等效磁导率引起。这对于更好地理解左手材料的本质，澄清左手材料和其他一些周期结构如 EBGs 的区别具有重要的意义。

电磁超材料的发展日新月异，理论研究和工程应用正不断深入，感兴趣的读者可以自己查阅相关文献进一步加深对超材料的了解。

8.6　铁氧体元件

前面所讨论的元件和网络都是互易的，即元件的任意两端口 i 和 j 之间的响应与信号传输的方向无关($S_{ij}=S_{ji}$)。若使用各向异性(不同方向有不同特性)的材料，则将得到非互易性能，可制作具有方向特性的器件。利用铁氧体在恒定磁场和正弦交变磁场共同作用下所具有的特殊性质，可以制作多种形式和性能的微波铁氧体元件。

8.6.1　微波在铁氧体中的传播特性

1. 铁氧体的一般性质

铁氧体是由金属氧化物混合烧结而成的磁性材料。其化学表示一般为 $MO\cdot Fe_2O_3$，其中 M 代表二价金属，如锰、镁、锌、镍、镉等或者是它们的混合物。

铁氧体的相对介电常数 ε_r 在 10～20。铁氧体是良好的绝缘体，它的电阻率高达 $10^{12}\Omega\cdot m$，电磁波很容易通过，且损耗极小，$\tan\delta$ 为 $10^{-3}\sim10^{-4}$，故可用于微波波段。

2. 磁化铁氧体的张量磁化率和张量磁导率

1) 电子的进动及进动方程

根据近代磁学理论，磁性材料的磁性主要是由该材料原子自中心 3d 或 4f 未满壳层上存在未被补偿的电子自旋磁矩造成的。电子自旋在其自旋轴的两个方向上产生一个机械矩(或称动量矩)$\boldsymbol{P}$ 和一个磁矩(又称玻尔磁子)$\boldsymbol{\mu}_B$,它们的大小为

$$\boldsymbol{P}=\frac{1}{2}\frac{h}{2\pi} \tag{8.6-1}$$

$$\boldsymbol{\mu}_B=-\gamma\boldsymbol{P} \tag{8.6-2}$$

式中,h 为普朗克常量;γ 为磁机械比或旋磁比。在实用单位制中它们为

$$h=6.625\times10^{-34}\,\mathrm{J\cdot s},\gamma=g\frac{e}{2mc}=g\frac{\mu_0}{2m}$$

式中,g 为光谱分裂因子。对自由电子来说,g 为 2,e 为电子电荷(1.602×10^{-19}C),m 为电子质量(9.108×10^{-31}kg),c 为光速(3×10^8m/s)。

假定上述电子位于一均匀的恒磁场 $\boldsymbol{H}_0$ 中,则 $\boldsymbol{H}_0$ 会对电子磁矩 $\boldsymbol{\mu}_B$ 发生作用而产生一个转矩矢量 $\boldsymbol{\mu}_B\times\boldsymbol{H}_0$,其方向按矢量叉乘规则定出。由于电子有自旋运动,外加转矩的作用使 $\boldsymbol{\mu}_B$ 围绕着 $\boldsymbol{H}_0$ 不断地转动,称为拉摩进动。忽略阻尼作用时,磁矩的进动为自由进动,如图 8.6-1 所示。

自旋电子在外恒磁场中发生进动的现象和日常生活中机械陀螺在引力场中的进动现象十分相似。大家知道,陀螺在旋转时,如果它的转轴偏离了地面的垂直线,则由地心引力的作用,陀螺除了围绕它自身的轴转动外,还要微扰这垂直于地面的轴线而进动,如图 8.6-2 所示。陀螺的进动就相当于自旋磁矩围绕外磁场 $\boldsymbol{H}_0$ 的进动。

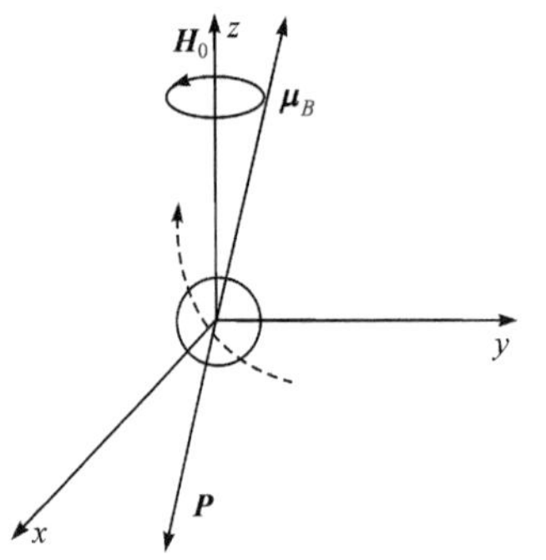

图 8.6-1 拉摩进动

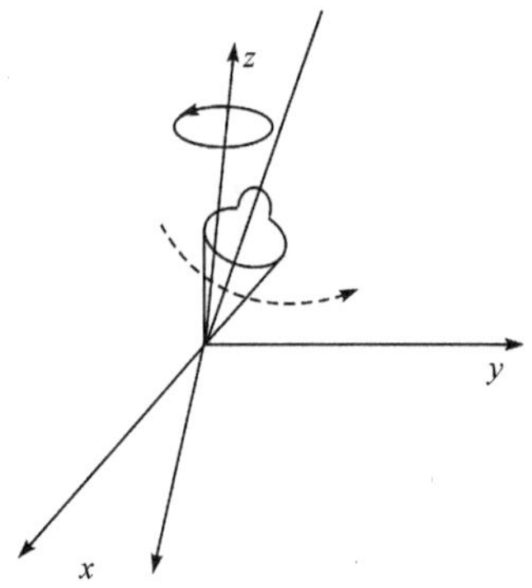

图 8.6-2 自旋磁矩围绕外磁场的进动

根据牛顿定律,动量矩的时间变化率等于外加转矩,即有

$$\frac{\mathrm{d}\boldsymbol{P}}{\mathrm{d}t}=\boldsymbol{\mu}_B\times\boldsymbol{H}_0 \tag{8.6-3}$$

将式(8.6-2)代入上式可得

$$\frac{\mathrm{d}\boldsymbol{\mu}_B}{\mathrm{d}t}=-\gamma\boldsymbol{\mu}_B\times\boldsymbol{H}_0 \tag{8.6-4}$$

上式为单个电子的自旋进动方程,将它在图 8.6-1 的坐标系中展开可得分量方程

$$\frac{\mathrm{d}\mu_{Bx}}{\mathrm{d}t}=-\gamma H_0\mu_{By} \tag{8.6-5}$$

$$\frac{\mathrm{d}\mu_{By}}{\mathrm{d}t}=\gamma H_0\mu_{Bx} \tag{8.6-6}$$

$$\frac{\mathrm{d}\mu_{Bz}}{\mathrm{d}t}=0 \tag{8.6-7}$$

将式(8.6-5)对 t 微分一次，再将式(8.6-6)代入可得

$$\frac{\mathrm{d}^2\mu_{Bx}}{\mathrm{d}t^2}=-(\gamma H_0)^2\mu_{Bx} \tag{8.6-8}$$

解式(8.6-8)可得

$$\mu_{Bx}=\mu_{BT}\cos\omega_0 t \tag{8.6-9}$$

将式(8.6-9)代入式(8.6-5)可得

$$\mu_{By}=-\mu_{BT}\sin\omega_0 t \tag{8.6-10}$$

式中

$$\omega_0=\gamma H_0 \tag{8.6-11}$$

称为自旋磁矩的进动角频率。μ_{BT} 为 $\boldsymbol{\mu}_B$ 在 xy 平面上的分量。将式(8.6-9)和式(8.6-10)平方相加得到

$$\mu_{Bx}^2+\mu_{By}^2=\mu_{BT}^2 \tag{8.6-12}$$

上式为圆方程式，表明 $\boldsymbol{\mu}_{BT}$ 在 xy 平面上做圆周运动。由式(8.6-7)看出 μ_{Bz} 是常数，表明 μ_{Bz} 固定在 z 轴上，大小不变。这样，$\boldsymbol{\mu}_{BT}$ 和 $\boldsymbol{\mu}_{Bz}$ 的合成矢量 $\boldsymbol{\mu}_B$ 在空间围绕 $\boldsymbol{H}_0$ 做圆周进动。

宏观铁氧体材料的磁性显然是由许多未被补偿的自旋磁矩构成。在外恒磁场 $\boldsymbol{H}_0$ 的作用下，这些自旋磁矩都要产生进动。若铁氧体单位体积中有 N 个未被补偿的自旋磁矩，则单位体积的总磁矩(称为磁化强度)$\boldsymbol{M}=N\boldsymbol{\mu}_B$。$\boldsymbol{M}$ 的值随着 $\boldsymbol{H}_0$ 增加而增加。当 $\boldsymbol{H}_0$ 增加到使 $\boldsymbol{M}$ 不再增加即铁氧体被磁化到饱和时，$\boldsymbol{M}=\boldsymbol{M}_s$，$\boldsymbol{M}_s$ 称为饱和磁化强度。

将式(8.6-4)两端同乘以 N 得

$$\frac{\mathrm{d}\boldsymbol{M}}{\mathrm{d}t}=-\gamma\boldsymbol{M}\times\boldsymbol{H}_0 \tag{8.6-13}$$

此为磁化强度微扰外恒磁场 $\boldsymbol{H}_0$ 的进动方程。

应当指出，式(8.6-4)和式(8.6-13)是未计媒质损耗所得的结果。实际上铁氧体材料总是存在损耗的，损耗使自旋磁矩进动受到阻尼，进动角 θ 会逐渐变小，最后 θ 为零，进动便停止。

考虑阻尼作用的方法是在式(8.6-13)中加以修正项(或称阻尼项)，常用的形式是

$$\frac{\mathrm{d}\boldsymbol{M}}{\mathrm{d}t}=-\gamma\boldsymbol{M}\times\boldsymbol{H}+\frac{\alpha_\mu}{|\boldsymbol{M}|}\boldsymbol{M}\times\frac{\mathrm{d}\boldsymbol{M}}{\mathrm{d}t} \tag{8.6-14}$$

式中，$\boldsymbol{H}$ 为铁氧体媒质中的总磁场；$\boldsymbol{M}$ 为 $\boldsymbol{H}$ 引起的磁化强度；α_μ 为阻尼常数。

2) 张量磁化率与张量磁导率

在讨论无限大铁氧体媒质在恒定磁场和正弦交变磁场共同作用下的磁特性时，为简单起见，忽略媒质损耗。设外加总磁场为

$$\boldsymbol{H}=\boldsymbol{a}_z H_0+\boldsymbol{h}\mathrm{e}^{\mathrm{j}\omega t} \tag{8.6-15}$$

对应的磁化强度为

$$\boldsymbol{M}=\boldsymbol{a}_z M_s+\boldsymbol{m}\mathrm{e}^{\mathrm{j}\omega t} \tag{8.6-16}$$

式中，H_0 足够大，铁氧体被它至少磁化到饱和状态。M_s 是 H_0 单独作用时的饱和磁化强度，它的方向与 H_0 一致；$h\ll H_0$ 即小信号场，对应的 $m\ll M_s$，$\boldsymbol{m}$ 为 $\boldsymbol{h}$ 单独作用时的磁化强度

$$\boldsymbol{h}=\boldsymbol{a}_x h_x+\boldsymbol{a}_y h_y+\boldsymbol{a}_z h_z \tag{8.6-17a}$$

$$\boldsymbol{m}=\boldsymbol{a}_x m_x+\boldsymbol{a}_y m_y+\boldsymbol{a}_z m_z \tag{8.6-17b}$$

将式(8.6-15)和式(8.6-16)代入式(8.6-13)，在小信号情况下，忽略二阶小量的项，可得

$$\mathrm{j}\omega\boldsymbol{m}=-\gamma(\boldsymbol{M}_s\times\boldsymbol{h}+\boldsymbol{m}\times\boldsymbol{H}_0) \tag{8.6-18}$$

令 $\omega_{\mathrm{m}}=\gamma M_{\mathrm{s}}$，则式(8.6－18)的分量形式为

$$\mathrm{j}\omega m_x+\omega_0 m_y=\omega_m h_y \tag{8.6－19a}$$

$$\mathrm{j}\omega m_y-\omega_0 m_x=-\omega_m h_x \tag{8.6－19b}$$

$$\mathrm{j}\omega m_z=0 \tag{8.6－19c}$$

解得

$$m_x=\frac{\omega_0\omega_m}{\omega_0^2-\omega^2}h_x+\mathrm{j}\frac{\omega\omega_m}{\omega_0^2-\omega^2}h_y \tag{8.6－20a}$$

$$m_x=-\mathrm{j}\frac{\omega\omega_m}{\omega_0^2-\omega^2}h_x+\frac{\omega_0\omega_m}{\omega_0^2-\omega^2}h_y \tag{8.6－20b}$$

$$m_z=0 \tag{8.6－20c}$$

将式(8.6－20)写成矩阵形式

$$\begin{bmatrix} m_x \\ m_y \\ m_z \end{bmatrix}=\begin{bmatrix} \dfrac{\omega_0\omega_m}{\omega_0^2-\omega^2} & \mathrm{j}\dfrac{\omega\omega_m}{\omega_0^2-\omega^2} \\ -\mathrm{j}\dfrac{\omega\omega_m}{\omega_0^2-\omega^2} & \dfrac{\omega_0\omega_m}{\omega_0^2-\omega^2} \\ 0 & 0 \end{bmatrix}\begin{bmatrix} h_x \\ h_y \\ h_z \end{bmatrix}=\begin{bmatrix} \chi_{xx} & \chi_{xy} & 0 \\ \chi_{yx} & \chi_{yy} & 0 \\ 0 & 0 & 0 \end{bmatrix}\begin{bmatrix} h_x \\ h_y \\ h_z \end{bmatrix} \tag{8.6－21}$$

可见，铁氧体的磁化率是一个三阶张量，用 $\boldsymbol{\chi}$ 表示。

根据磁感应强度的定义，有

$$\boldsymbol{b}=\mu_0(\boldsymbol{h}+\boldsymbol{m})=u_0(\boldsymbol{I}+\boldsymbol{\chi})\boldsymbol{h}=\boldsymbol{\mu}\boldsymbol{h} \tag{8.6－22}$$

式中

$$\boldsymbol{I}=\begin{bmatrix} 1 & 0 & 0 \\ 0 & 1 & 0 \\ 0 & 0 & 1 \end{bmatrix} \tag{8.6－23}$$

$\boldsymbol{\mu}$ 称为张量磁导率。铁氧体的张量磁导率为

$$\boldsymbol{\mu}=\mu_0(\boldsymbol{I}+\boldsymbol{\chi})=\mu_0\begin{bmatrix} 1+\chi_{xx} & \chi_{xy} & 0 \\ \chi_{yx} & 1+\chi_{yy} & 0 \\ 0 & 0 & 1 \end{bmatrix}=\begin{bmatrix} \mu & \mathrm{j}k & 0 \\ -\mathrm{j}k & \mu & 0 \\ 0 & 0 & \mu_0 \end{bmatrix} \tag{8.6－24}$$

式中

$$\mu=\mu_0(1+\chi_{xx})=\mu_0\left(1+\frac{\omega_0\omega_m}{\omega_0^2-\omega^2}\right) \tag{8.6－25a}$$

$$\mathrm{j}k=\mu_0\chi_{xy}=\mathrm{j}\mu_0\frac{\omega\omega_m}{\omega_0^2-\omega^2} \tag{8.6－25b}$$

当考虑铁氧体的损耗时，可按照上述步骤和小信号的条件解方程(8.6－15)得张量磁导率元素为

$$\mu=\mu'-\mathrm{j}\mu''=\mu_0\left\{1+\frac{\omega_0\omega_m(\omega_0^2-\omega^2)+\omega_0\omega_m\omega^2\alpha_\mu^2}{[\omega_0^2-\omega^2(1+\alpha_\mu^2)]^2+4\omega^2\omega_0^2\alpha_\mu^2}\right\}$$

$$-\mathrm{j}\mu_0 \frac{\omega\omega_m \alpha_\mu[\omega_0^2+\omega^2(1+\alpha_\mu^2)]}{[\omega_0^2-\omega^2(1+\alpha_\mu^2)]^2+4\omega^2\omega_0^2\alpha_\mu^2} \tag{8.6-26}$$

$$k=k'-\mathrm{j}k''=\mu_0 \frac{\omega\omega_m[\omega_0^2-\omega^2(1+\alpha_\mu^2)]}{[\omega_0^2-\omega^2(1+\alpha_\mu^2)]^2+4\omega^2\omega_0^2\alpha_\mu^2}$$

$$-\mathrm{j}\mu_0 \frac{2\omega_0\omega_m \alpha_\mu\omega^2}{[\omega_0^2-\omega^2(1+\alpha_\mu^2)]^2+4\omega^2\omega_0^2\alpha_\mu^2} \tag{8.6-27}$$

以上结果说明铁氧体在恒磁场和交变磁场共同作用下，磁化率和磁导率具有张量性(又称旋磁性)。磁导率为张量，使 b_x 不仅与 h_x 有关，而且还与 h_y 有关，亦即 y 方向的磁场把 y 方向的能量耦合到 x 方向上。因此，$\mathrm{j}kh_y$ 可以看成是耦合项。同样，$\mathrm{j}kh_x$ 也是耦合项，它将 x 方向的能量耦合到 y 方向上。

3）平面电磁波在铁氧体中传播特性

研究平面电磁波在铁氧体媒质中的传播和研究电磁波在各向同性媒质中的传播一样，仍然是求解边界条件限制下的麦克斯韦方程。二者的区别：一是张量磁导率 $\boldsymbol{\mu}$；一是标量磁导率 μ。

这里不打算研究一般情形，即电磁波的传播方向和外恒磁场方向成任意角的情形，而只讨论一种特殊情况，即平面电磁波的传播方向与外恒磁场方向一致的情况，可称纵向磁化情况。为此，假定铁氧体媒质均匀充满无限大空间，平面电磁波的传播方向 z 与 $\boldsymbol{H}_0$ 一致。沿 z 传播的平面波的电磁波为

$$\boldsymbol{E}=\boldsymbol{E}_t \mathrm{e}^{-\mathrm{j}\beta z}$$

$$\boldsymbol{H}=\boldsymbol{H}_t \mathrm{e}^{-\mathrm{j}\beta z}$$

由麦克斯韦电场旋度方程得

$$\nabla\times\boldsymbol{E}=\boldsymbol{E}_t\times\mathrm{e}^{-\mathrm{j}\beta z}=\mathrm{j}\beta\boldsymbol{E}_t\times\boldsymbol{a}_z\mathrm{e}^{-\mathrm{j}\beta z}=\mathrm{j}\omega\boldsymbol{\mu}\boldsymbol{H}$$

即有

$$\mathrm{j}\beta\boldsymbol{E}_t\times\boldsymbol{a}_z=\mathrm{j}\omega\boldsymbol{\mu}\boldsymbol{H} \tag{8.6-28a}$$

同样，由麦克斯韦磁场旋度方程得

$$\mathrm{j}\beta\boldsymbol{H}_t\times\boldsymbol{a}_z=\mathrm{j}\omega\varepsilon\boldsymbol{E} \tag{8.6-28b}$$

由该式解出 $\boldsymbol{E}_t$ 代入式(8.6-28a)，再利用矢量公式 $(\boldsymbol{A}\times\boldsymbol{B})\times\boldsymbol{C}=(\boldsymbol{C}\cdot\boldsymbol{A})\boldsymbol{B}-(\boldsymbol{C}\cdot\boldsymbol{B})\boldsymbol{A}$ 可得

$$\beta^2\boldsymbol{H}_t=\omega^2\varepsilon\boldsymbol{\mu}\boldsymbol{H}_t \tag{8.6-29a}$$

式中，$\boldsymbol{H}_t=\boldsymbol{a}_xH_x+\boldsymbol{a}_yH_y$。式(8.6-29a)可以写成矩阵形式为

$$\begin{bmatrix}\beta^2-\omega^2\varepsilon\mu & -\mathrm{j}\omega^2\varepsilon k\\ \mathrm{j}\omega^2\varepsilon k & \beta^2-\omega^2\varepsilon\mu\end{bmatrix}\begin{bmatrix}H_x\\ H_y\end{bmatrix}=0 \tag{8.6-29b}$$

上式有解的条件是系数行列式为零，由此求得 β 满足的方程为

$$(\beta^2-\omega^2\varepsilon\mu)^2-\omega^4\varepsilon^2k^2=0$$

或

$$\beta^2=\omega^2\varepsilon\mu\pm\omega^2\varepsilon k=\omega^2\varepsilon(\mu\pm k) \tag{8.6-30}$$

因假定铁氧体无耗 $\mu''=k''=0$，可得 β^2 的两个解为

$$\beta_+^2=\omega^2\varepsilon(\mu+k)=\omega^2\varepsilon\mu_+ \tag{8.6-31a}$$

$$\beta_-^2=\omega^2\varepsilon(\mu-k)=\omega^2\varepsilon\mu_- \tag{8.6-31b}$$

式中

$$\mu_+ = \mu + k = \mu_0\left(1 + \frac{\omega_m}{\omega_0 - \omega}\right) \tag{8.6-32a}$$

$$\mu_- = \mu - k = \mu_0\left(1 + \frac{\omega_m}{\omega_0 + \omega}\right) \tag{8.6-32b}$$

称为有效标量磁导率。

将 β_+^2 代入式(8.6－29b)解得

$$\frac{H_x}{H_y} = \mathrm{j} \tag{8.6-33}$$

从而有

$$\boldsymbol{H}_t = H_x(\boldsymbol{a}_x - \mathrm{j}\boldsymbol{a}_y) \tag{8.6-34}$$

该式代表一正旋圆极化或右旋圆极化波，即顺着外加恒磁场方向看去，H_t 随时间以固定振幅顺时针转的波，如图 8.6－3(a)所示。

同样，将 β_-^2 代入式(8.6－29b)解得

$$\frac{H_x}{H_y} = -\mathrm{j} \tag{8.6-35}$$

从而有

$$\boldsymbol{H}_t = H_x(\boldsymbol{a}_x + \mathrm{j}\boldsymbol{a}_y) \tag{8.6-36}$$

该式代表为负旋圆极化或左旋圆极化波，即顺着外加恒磁场方向看去，H_t 随时间以固定振幅反时针转的波，如图 8.6－3(b)所示。

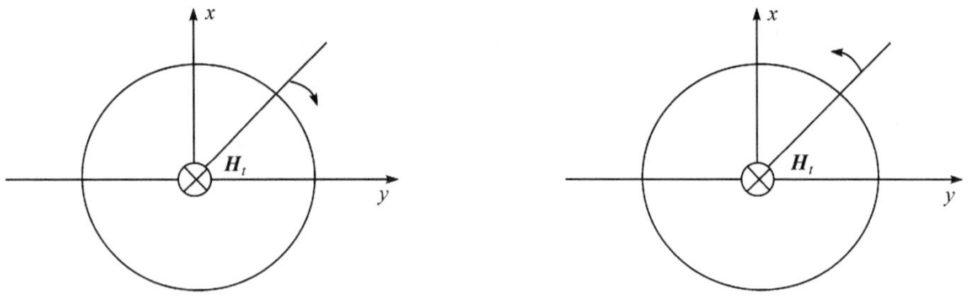

(a) 右旋圆极化波　　　　(b) 左旋圆极化波

图 8.6－3

上述结果表明，在铁氧体中沿恒定磁场方向传播的平面波，是圆极化 TEM 波，对于圆极化波，铁氧体的磁导率不再为张量而为标量，这意味着磁化铁氧体媒质对圆极化波表现为各向同性，但磁导率的大小与圆极化波的旋转方向有关。

8.6.2　旋磁效应、微波铁氧体元件

1. *旋磁效应*

微波铁氧体元件是利用电磁波在磁化铁氧体中传播所出现的特殊性质做成的。这些特殊性质又称为旋磁效应，主要用到的有以下三种。

1) 铁磁谐振效应

从式(8.6－31)和式(8.6－32)可见，当 $\omega = \omega_0$ 时，$\mu_+ \to \infty$，$\beta_+ \to \infty$，正旋圆极化波的相速为零，波不传播，这种现象称为铁磁谐振。实际上由于存在损耗，μ_+ 不可能无限大，$\mu_+ = \mu'_+ - \mathrm{j}\mu'_+$ 铁磁谐振时，μ''_+ 达最大值，使正弦圆极化波产生强烈的谐振吸收，而 μ_- 则为有限值，负旋圆极化波无铁磁谐振。这些现象也可以从图 8.6－4 看出。此图是将式(8.6－26)和式(8.6－27)

代入

$$\mu_+ = \mu + k = \mu' - j\mu'' + k' - jk''$$

$$\mu_- = \mu - k = \mu' - j\mu'' - k' + jk'$$

中,并取 $\alpha_\mu = 0.05$, $\omega = 2\pi \times 10\text{GHz}$, $\omega_m = 2\pi \times 5.6\text{GHz}$ 作出的。

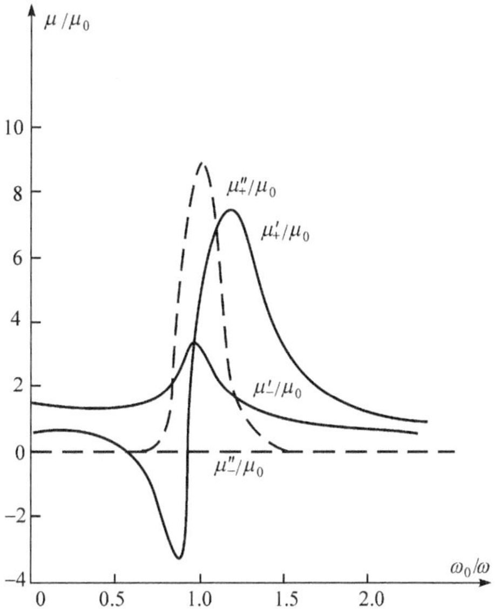

图 8.6-4　铁磁谐振效应

上述现象可从电子进动得到解释,因电子自旋磁矩对 $\boldsymbol{H}_0$ 进动的方向是右旋的。在有损耗情况下,电子磁矩的进动角因克服阻尼逐渐减小,若另加有高频圆极化场作用在磁矩上,当频率接近于进动频率时,则右旋与进动接近同步,电子可从高频场获得能量补充以克服阻尼的损失,使进动得以维持或增强,故使 μ''_+ 增大,左旋波的旋转方向与进动方向相反,在任何频率上都无法同步,故不发生谐振。因此,铁磁谐振仅对右旋波而言,ω_0 称为铁磁谐振频率。

2) 法拉第旋转效应

法拉第旋转效应是线性极化波在纵向磁化铁氧体内传播过程中极化而发生旋转的效应。

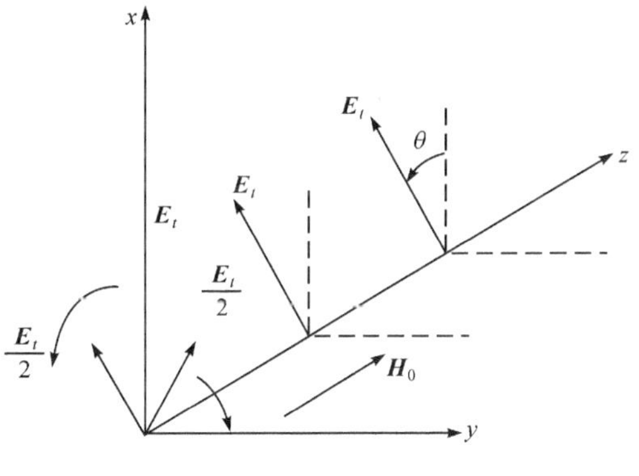

图 8.6-5　法拉第旋转效应

造成极化面旋转的原因是由于一个线性极化波可以分解为两个旋转方向相反的圆极化波,而这两个圆极化波在纵向磁化的铁氧体媒质中传播的相速不同(相位常数不同),因此,传播途中不同距离上两圆极化波合成的线极化波的极化方向不同,即极化面发生了旋转,旋转的角度推导如下。

如图 8.6-5 所示,假定在无限大铁氧体媒质中 $\boldsymbol{H}_0$ 沿 z 方向,在 $z=0$ 处,一线性极化波的电场 $\boldsymbol{E}_t$ 沿 x 方向取向,$\boldsymbol{E}_t$ 可分解为如下两个圆极化场

$$\boldsymbol{E}_t = \boldsymbol{a}_x E_t = \frac{E_t}{2}(\boldsymbol{a}_x + j\boldsymbol{a}_y) + \frac{E_t}{2}(\boldsymbol{a}_x - j\boldsymbol{a}_y) \tag{8.6-37}$$

上式右端第一项为左旋圆极化场,第二项为右旋圆极化场。当波沿传播到处,两圆极化场合成的线极化场为

$$\begin{aligned}\boldsymbol{E}_t &= \frac{E_t}{2}(\boldsymbol{a}_x + j\boldsymbol{a}_y)e^{-j\beta_- t} + \frac{E_t}{2}(\boldsymbol{a}_x - j\boldsymbol{a}_y)e^{-j\beta_+ t} \\ &= \frac{E_t}{2}e^{-j(\beta_- + \beta_+)t/2}\{\boldsymbol{a}_x[e^{-j(\beta_- - \beta_+)t/2} + e^{j(\beta_- - \beta_+)t/2}] + j\boldsymbol{a}_y[e^{-j(\beta_- - \beta_+)t/2} - e^{j(\beta_- - \beta_+)t/2}]\} \\ &= \boldsymbol{E}_t e^{-j(\beta_- + \beta_+)t/2}[\boldsymbol{a}_x \cos(\beta_+ - \beta_-)l/2 - \boldsymbol{a}_y \sin(\beta_+ - \beta_-)l/2]\end{aligned} \tag{8.6-38}$$

此线性极化波的场与 $z=0$ 处的场相比,不仅因为传播距离引起了相位滞后 $(\beta_- + \beta_+)l/2$,而且极化面发生了旋转。该极化面对 x 轴的旋转角为

$$\theta = \tan^{-1}\frac{E_y}{E_x} = \tan^{-1}[-\tan(\beta_+ - \beta_-)l/2] = (\beta_+ - \beta_-)l/2 \tag{8.6-39}$$

若 $\omega<\omega_0$，由式(8.6-31)和式(8.6-32)有 $\beta_+>\beta_-$，则沿传播方向看去，极化面是反时针方向旋转的，旋转的速率为$(\beta_+-\beta_-)/2$。若 $\omega>\omega_0$，则 $\beta_+<\beta_-$，极化面旋转方向是顺时针方向。若要旋转速率大，则与之差要大，从图 8.6-4 可见，这时应选低场区。

应当指出，由于线性极化波是恒定磁场(顺着磁场方向)分为右旋和左旋圆极化波，因此，只要恒定磁场方向不变，无论波沿 $+z$ 方向或沿 $-z$ 方向传播，极化面旋转方向是不变的。这一特性称为法拉第旋转的非互易性。

3) 场移效应

场移效应是对放入导波系统中的铁氧体，外加横向恒磁场($\boldsymbol{H}_0$ 垂直于波的传播方向)时，使导波场的分布产生横向移动的效应。处于空气中的铁氧体在低场区($\mu'_-/\mu_0>\mu'_+/\mu_0$ 和 $\mu'_+/\mu_0<0$ 的区域)具有对右旋圆极化场产生"排斥"，对左旋圆极化场产生"吸引"的作用。例如，工作于主模的矩形波导，xz 面的磁场结构如图图 8.6-6(a)所示。在波导宽边的 x_1，x_2 两处，磁场为圆极化场：H_x、H_z 振幅相等、空间垂直、时间有 90°或 270°的相位差。将磁化铁氧体置于上述两处的任一处，均可实现场移。

图 8.6-6(b)是将铁氧体片放在 x_1 处，外加恒磁场 $-y$ 方向，当电磁波沿 $+z$ 方向传播时，该处的磁场矢量对 $\boldsymbol{H}_0$ 为右旋圆极化波，铁氧体的磁导率 μ'_+/μ_0 为负值，比未填铁氧体处的空气相对磁导率 $\mu_r=1$ 小得多。电磁波能量有集中在磁导率大的媒质内传播的特性，故电磁波主要在空气中传播。当电磁波沿 $-z$ 方向传播时，该处的磁场矢量对 $\boldsymbol{H}_0$ 是左旋圆极化波，铁氧体的磁导率 μ_-/μ_0，比空气的相对磁导率大，电磁波能量主要集中在铁氧体内及其附近。从而使正向波和反向波的场分布发生移动。

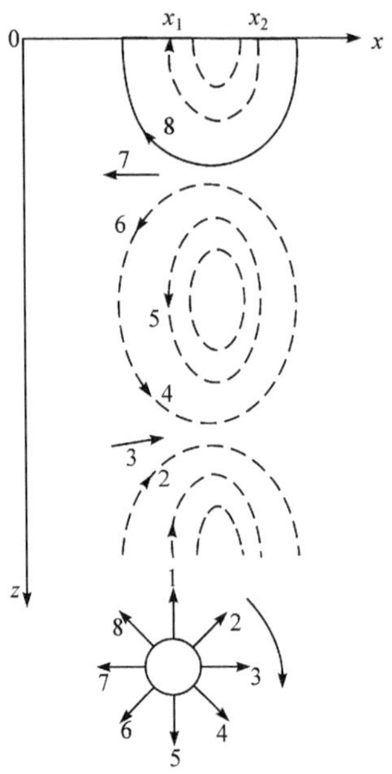

(a) 矩形波导 xz 面的磁场结构

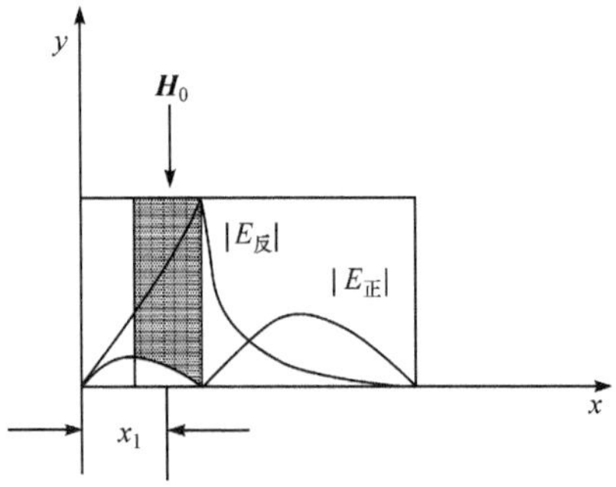

(b) 铁氧体片放在 x_1 处时的场结构

图 8.6-6

上述的 x_1 和 x_2 容易由 TE$_{10}$模磁场分量和圆极化条件求出。TE$_{10}$模的磁场分量为

$$H_z = A\cos\frac{\pi x}{a}e^{j(\omega t-\beta z)} \tag{8.6-40a}$$

$$H_x = \pm \mathrm{j}A\frac{\beta a}{\pi}\sin\frac{\pi x}{a}\mathrm{e}^{\mathrm{j}(\omega t-\beta z)} \tag{8.6-40b}$$

磁场两个分量刚好相互正交，在时间上相位相差，因此只需取它们的振幅相等可得

$$\tan\frac{\pi x_{1,2}}{a} = \frac{\pi}{\beta a} = \frac{\lambda_g}{2a} \tag{8.6-41}$$

若取 $\lambda_g = 2a$ 作近似估计，可得

$$x_1 \approx a/4 \tag{8.6-42a}$$

$$x_2 \approx 3a/4 \tag{8.6-42b}$$

2. 微波铁氧体元件

利用铁氧体的上述效应可以构成各种形式的互易及非互易微波铁氧体元件。下面介绍常用的几种元件。

1）隔离器

隔离器是一种非互易两端口元件，如图 8.6-7 所示。它使电磁波从 1 到 2 端口（正向）无衰减地传输，从 2 到 1 端口（反向）受到极大衰减，不能从 1 端口输出。隔离器常用于微波源与负载之间，使全部功率传至负载而反射功率不到微波源。实际的隔离器正向传输不可能完全不衰减，仅衰减极小；反向传输也不可能全衰减，只是衰减很大，进入 1 端口的功率很小。

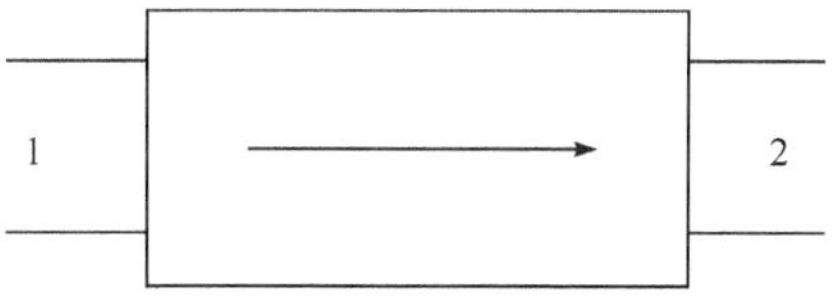

图 8.6-7　隔离器示意图

上述三种效应均可用来构成隔离器，并分别称为场移式隔离器、谐振式隔离器和法拉第旋转式隔离器。

（1）场移式隔离器。利用场移效应可以作成隔离器，例如在图 8.6-6(b)的铁氧体侧面上贴一薄电阻片（或电阻膜层），电阻片可将反向波吸收掉而只传输正向波，从而构成了一个隔离器，如图 8.6-8 所示。

为了匹配，铁氧体片的高度可比波导窄边小并作成劈形。

场移式隔离器结构简单，性能良好，应用较广。缺点是因靠电阻片吸收反射波，故仅适用于低功率。

（2）谐振式隔离器。利用铁氧体对右旋圆极化波产生谐振吸收的特性可作成谐振式隔离器。矩形波导谐振式隔离器如图 8.6-9 所示，结构与场移式隔离器有些类似。它是在 TE_{10} 波圆极化磁场位置 x_1 处的波导上下宽壁内侧各贴一铁氧体片，外恒磁场 H_0 沿 $+y$ 方向，这时沿 $-z$ 方向传播的波为右旋圆极化波，沿 $+z$ 方向传播的波为左旋圆极化波。当调节外磁场强度或改变电磁波的工作频率使 $\omega=\omega_0$ 时，$-z$ 方向因为右旋圆极化波被铁氧体谐振吸收而无输出，$+z$ 方向因为左旋圆极化波铁氧体不产生谐振而畅通无阻，从而构成了单向传输元件。因为谐振式隔离器的铁氧体片紧贴波导宽壁，有利于散发谐振吸收转换的热量，因此，谐振式隔离器可用于高功率系统。

（3）法拉第旋转式隔离器。该隔离器的结构之一如图 8.6-10 所示。它由一段扭转 45° 的矩形波导和一段 45°法拉第旋转圆波导相连，圆波导的另一端为圆到矩形变换器，在输入和输出波导中放有薄电阻片平行于矩形波导宽边，以吸收电场平行宽边的波。

当波从端口 1 输入时，先通过 45°扭波导，极化面反时针方向旋转 45°，再由法拉第旋转段

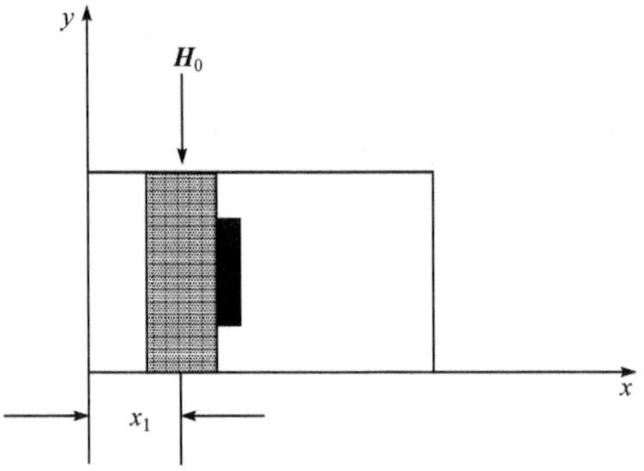

图 8.6-8　场移式隔离器

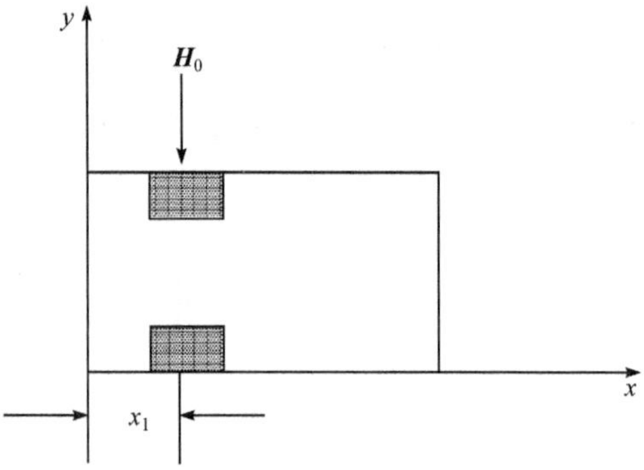

图 8.6-9　谐振式隔离器

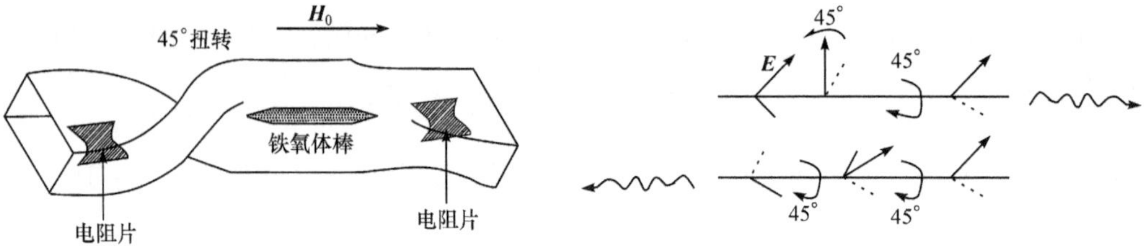

(a)　　(b)

图 8.6-10　法拉第旋转式隔离器

将极化面向顺时针旋转 45°。传输到端口 2 时极化面方向与端口 1 的相同，并由端口 2 输出。

当波从端口 2 输入时，极化面先经由法拉第旋转段顺时针方向旋转 45°，再经扭波导顺时针旋转 45°进入端口 1，共旋转 90°，电场与电阻片平行而被吸收，所以不能从端口 1 输出。

2）铁氧体非互易移相器

铁氧体移相器是利用铁氧体磁导率随外加恒磁场而变化的特性使输入和输出端口之间产生给定相移的两端口元件。铁氧体移相器的特点是可以用磁场（$\boldsymbol{H}_0$）或电流（I_0）控制相移量；移相特性可以是互易的和非互易的。这里仅介绍两种非互易铁氧体移相器的结构原理。

（1）法拉第旋转式移相器。

图 8.6-11 所示为 180°法拉第旋转式移相器，又称倒相器。其结构与法拉第旋转式隔离器有些类似。不同之处在于，隔离器应用的是 45°矩形扭波导和 45°法拉第旋转圆波导段，而倒相器是用的 90°矩形扭波导和 90°法拉第旋转圆波导段，隔离器的输入和输出波导中放有电阻片，而移相器没有。

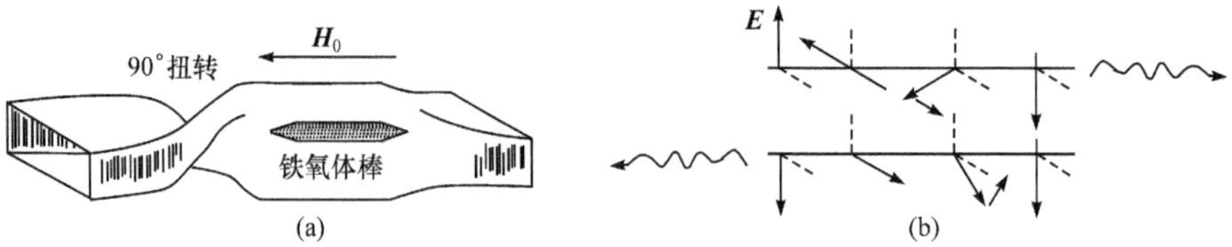

(a)　　(b)

图 8.6-11　法拉第旋转式移相器

当波从端口 1 输入时，极化面先经 90°扭波导反时针旋转 90°，再经法拉第旋转段将极化面继续反时针旋转 90°，传输到端口 2 时，总的旋转角应为 180°，此 180°的旋转使场的极化方向与端口 1 的波极化方向与端口 1 相反，故相当于有 180°相移。

当波从端口 2 输入时，经法拉第旋转仍为反时针方向旋转 90°，而经扭波导则产生顺时针方向转 90°，传输到端口 1 的波极化面没有净的旋转，即与端口 2 的极化方向相同，故相移为非互易的。

(2) 圆极化式移相器。

圆极化式移相器是将矩形波导 TE_{10} 模经极化变换器变换为圆波导中的圆极化波，再利用圆极化波在铁氧体中相位常数随外恒磁场 $\boldsymbol{H}_0$ 的变化而获得给定相移。结构之一如图 8.6-12 所示。在输入和输出过渡器中装有极化变换器。它可将矩形波导中的 TE_{10} 波变换为圆波导中的圆极化波，或者相反。中间为装有铁氧体棒的圆波导段。极化变换器的结构是由三段不同截面的波导组成，输入端的极化变换器先是矩形波导，然后过渡到与之成 45°角的正方波导，最后过渡到圆波导，在方波导内装有 $\varepsilon_r > 1$ 的低耗介质片。这样，来自矩形波导的垂直极化电场在介质面上和平行于介质面的两个分量。两分量的振幅相等，经一段距离后，介质片对平行分量产生 90°附加相移，对垂直分量无相移作用。因此，进入圆波导就形成了圆极化波。输出端的极化变换器结构则与输入端的相反，变换过程也相反。

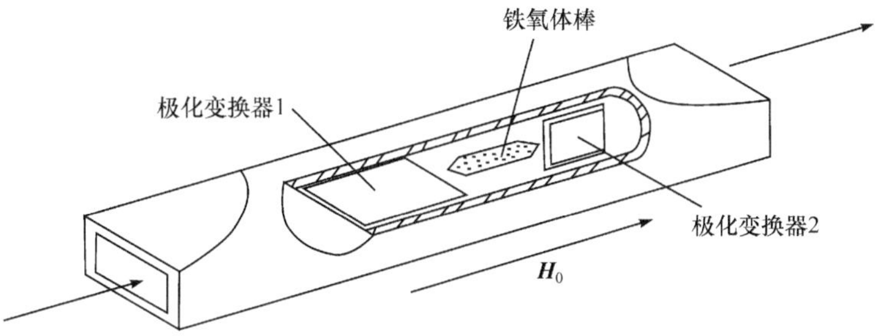

图 8.6-12　圆极化式移相器

当线性极化波从端口 1 输入时，经极化变换器变换为对 $\boldsymbol{H}_0$ 为右旋圆极化波，右旋圆极化波通过铁氧体棒产生相移，再经右端的极化变换器还原为线性极化波从端口 2 输出。

当线性极化波从端口 2 输入时，经极化变换器变换为对 $\boldsymbol{H}_0$ 为左旋圆极化波，该波通过铁氧体棒产生相移，再经左端极化变换器变为线极化波从端口 1 输出。

由于右旋和左旋圆极化波在铁氧体中传播的相位常数不同，故它们所产生的相移量也不同。这种相移器也是非互易的。

3) 环行器

环行器是一多端口元件。它具有的特性是使电磁波按一定顺序从一个端口传向另一个端口。图 8.6-13 所示的环行器，电磁波只能按 1→2，2→3，3→4，…的顺序传输，反方向则不行。即具有单向传输，反向隔离。理想的环行器，只要其中一个端口接匹配负载，其余端口均无反射，即是匹配的。常用的环形器是三端口和四端口环行器如图 8.6-14(a)所示。利用三端口、四端口环行器可以组成一多端口环行器，如图 8.6-14(b)所示。

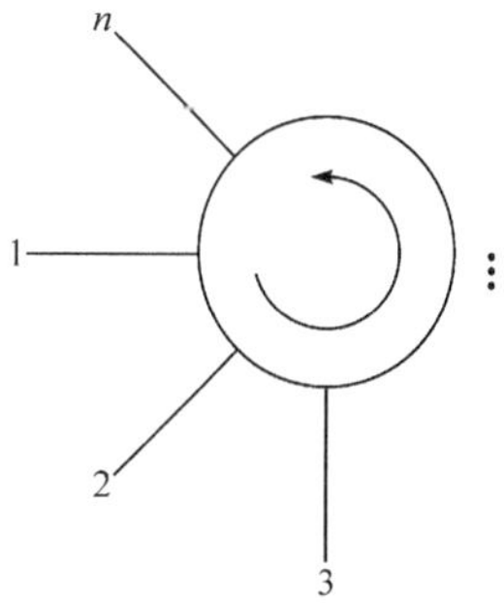

图 8.6-13　环行器

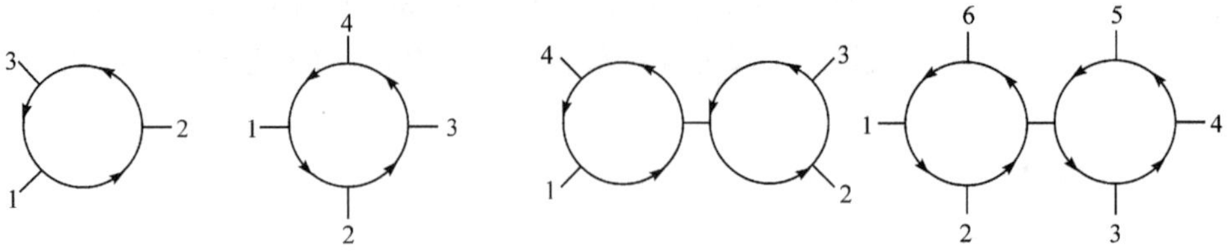

(a) 三端口和四端口环行器　　　　(b) 多端口环行器

图 8.6 - 14

(1) 三端口环行器。

以波导 Y 型环行器为例来说明其构成的原理，如图 8.6 - 15 所示，由互成 120°角的三分支矩形波导构成 Y 型结构，在 H 面 Y 结中心处置有一横向磁化铁氧体柱。外恒磁场 H_0 垂直 H 面。

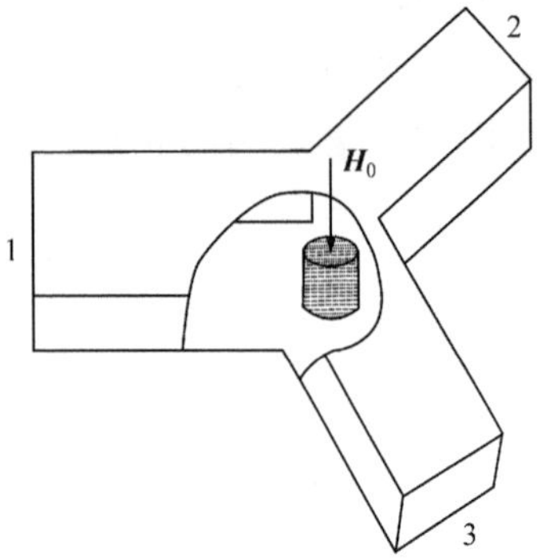

图 8.6 - 15　波导 Y 型环行器

当 TE_{10} 波从端口 1 输入时，波导中的圆极化磁场对 $\boldsymbol{H}_0$ 分别为左旋和右旋圆极化波，传到结区时铁氧体对右旋波因磁导率比空气磁导率小而有“排斥”作用；对左旋波因磁导率比空气磁导率大而有“吸引”作用。两作用加在一起则使波从端口 2 输出。同样的原理，波从端口 2 输入时，从端口 3 输出。以此类推。若 $\boldsymbol{H}_0$ 反向时，则波的传输顺序也反向，即为 1→3，3→2，2→1。

顺便指出，作为环形器的无耗三端口网络的三个端口可以同时实现匹配。这是因为环行器是非互易三端口网络。下面证明，无耗、非互易三端口网络各端口可以同时匹配，即 $S_{11}=S_{22}=S_{33}=0$。

采用反证法，假定三端口网络是无耗非互易匹配的，证明它具有环行器的特性。

非互易三端口网络的散射矩阵为

$$[S]=\begin{pmatrix} S_{11} & S_{12} & S_{13} \\ S_{21} & S_{22} & S_{23} \\ S_{31} & S_{32} & S_{33} \end{pmatrix}$$

式中，$S_{ij}\neq S_{ji}$。因无耗，由幺正性有

$$|S_{11}|^2+|S_{21}|^2+|S_{31}|^2=0 \tag{8.6-43a}$$

$$|S_{12}|^2+|S_{22}|^2+|S_{32}|^2=0 \tag{8.6-43b}$$

$$|S_{13}|^2+|S_{23}|^2+|S_{33}|^2=0 \tag{8.6-43c}$$

$$S_{11}^*S_{12}+S_{21}^*S_{22}+S_{31}^*S_{32}=0 \tag{8.6-43d}$$

$$S_{11}^*S_{13}+S_{21}^*S_{23}+S_{31}^*S_{33}=0 \tag{8.6-43e}$$

$$S_{12}^*S_{13}+S_{22}^*S_{23}+S_{32}^*S_{33}=0 \tag{8.6-43f}$$

若三个端口同时匹配，将 $S_{11}=S_{22}=S_{33}=0$ 代入上式得

$$|S_{21}|^2+|S_{31}|^2=1 \tag{8.6-44a}$$

$$|S_{12}|^2+|S_{32}|^2=1 \tag{8.6-44b}$$

$$|S_{13}|^2+|S_{23}|^2=1 \tag{8.6-44c}$$

$$S_{31}^*S_{32}=0 \tag{8.6-44d}$$

$$S_{21}^*S_{23}=0 \tag{8.6-44e}$$

$$S_{12}^*S_{13}=0 \tag{8.6-44f}$$

为使上列各式成立，只可能有两种情况：

① 若 $S_{21}\neq0$，则 $S_{23}=0$。

将 $S_{23}=0$ 代入式(8.6-44c)，可得 $|S_{13}|=1$；

将 $|S_{13}|=1$ 代入式(8.6-44f)，可得 $S_{12}=0$；

将 $S_{12}=0$ 代入式(8.6-44b)，可得 $|S_{32}|=1$；

将 $|S_{32}|=1$ 代入式(8.6-44d)，可得 $S_{31}=0$；

将 $S_{31}=0$ 代入式(8.6-44a)，可得 $|S_{21}|=1$。

从而得散射矩阵为

$$[S]=\begin{pmatrix}0 & 0 & S_{13}\\ S_{21} & 0 & 0\\ 0 & S_{32} & 0\end{pmatrix}$$

② 若 $S_{12}\neq0$，则 $S_{13}=0$。

仿上由式(8.6-44a)～式(8.6-44f)算得

$$|S_{12}|=|S_{23}|=|S_{31}|=1$$

$$S_{13}=S_{21}=S_{32}=0$$

得散射矩阵为

$$[S]=\begin{pmatrix}0 & S_{12} & 0\\ 0 & 0 & S_{23}\\ S_{31} & 0 & 0\end{pmatrix}$$

上面两种结果表明，非互易、无耗的三端口网络，当三个端口匹配时，出现了波环行传输的特性。情况(1)对应于波沿 1→2，2→3，3→1 的方向传输；情况(2)对应于波沿 1→3，3→2，2→1 的方向传输。故可得出结论：理想的三端口环行器的三个端口是匹配的。

(2) 四端口环行器。

四端口环行器的类型很多。图 8.6-16 是由一个法拉第旋转倒相器和两个魔 T 构成的四端口环行器。图中 $\overline{ab}$，$\overline{cd}$ 的电长度相等。波从 a 向 b 传输时，倒相器产生 180°附加相移。波从 b 向 a 传输时，倒相器则不产生附加相移。

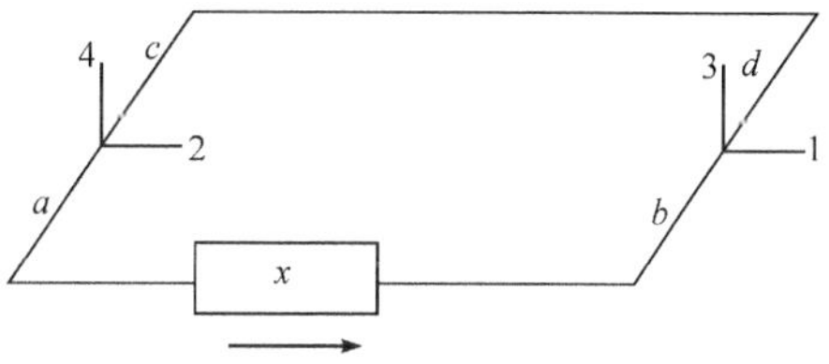

图 8.6-16　四端口环行器

当波从端口 1 输入时，波等幅同相分到 b 和 d 分支，因 $\overline{ba}$、$\overline{dc}$ 的电长度相等，故波等幅同相输入 a 和 c 分支。由魔 T 特性，波从端口 2 输出。

当波从端口 2 输入时，波等幅同相分到 a 和 c 分支，由 c 分支出来的波经 $\overline{cd}$ 电长度后相位为 φ，而由 a 分支出来的波到达 b 点时，其相位为 $\varphi+\pi$，两波等幅反相进入 b、d 分支。由魔 T 特性，波从端口 3 输出。

当波从端口 3 输入时，波等幅反相分到 b、d 分支，波到 a、c 分支时仍等幅反相，波从端口 4 输出。

当波从端口 4 输入时，波等幅反相分到 a、c 分支，由于 a、b 支路上的移相器产生 180°附加相移，故波传到 b、d 分支处时便为等幅同相输入，根据魔 T 特性波从端口 1 输出。

习　题

8.1　如题 8.1 图所示，一个喇叭天线由矩形波导馈电，其中传播 TE_{10} 模，接头处的反射系数 $\Gamma=0.3e^{j\pi/4}$，此喇叭的归一化输入导纳为多少？求出使波导与该喇叭匹配所需的归一化电纳值，以及所用电感性膜片匹配时膜片接入的位置。

8.2　一个同轴波导转换器，其中波导尺寸为 $a\times b=4.8\text{cm}\times2.2\text{cm}$，工作波长 $\lambda=7\text{cm}$，为了展宽匹配带宽，求 $l_{最佳}=?$

8.3　在如题 8.3 图所示的波导电路中，测得工作频率 $f=5\text{GHz}$；A 左面波导内的驻波系数 $S=1.6$，驻波相位 $l_{\min}=5.25\text{mm}$。试求：(1)A 处不均匀性等效的归一化电纳值；(2)负载吸收的功率为入射波功率的百分数。

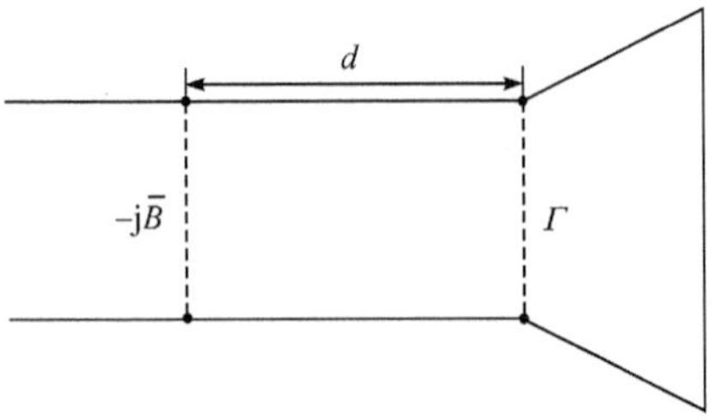

题 8.1 图

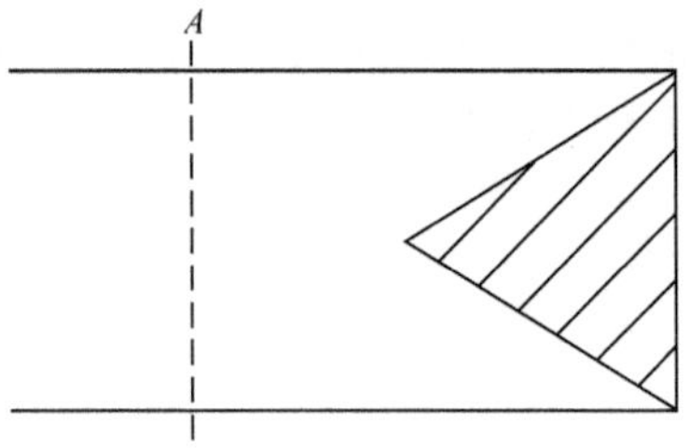

题 8.3 图

8.4　一波导转换器将矩形波导的 TE_{10} 模变换为圆波导的 TE_{11} 模，要求变换前后波的相速相等，若矩形波导尺寸为 $a\times b=2.3\text{cm}\times1.0\text{cm}$，则圆波导的半径 $a=?$

8.5　证明波导单 T(H-T)分支三端口不能同时匹配。

8.6　一魔 T 接头，当 1 臂接波源，归一化入射波为 a_2，2 臂接匹配负载，E 臂和 H 臂分别在 l_E 和 l_H 处短路时，求 b_3。

8.7　求下面由魔 T 构成的电路的[S]。

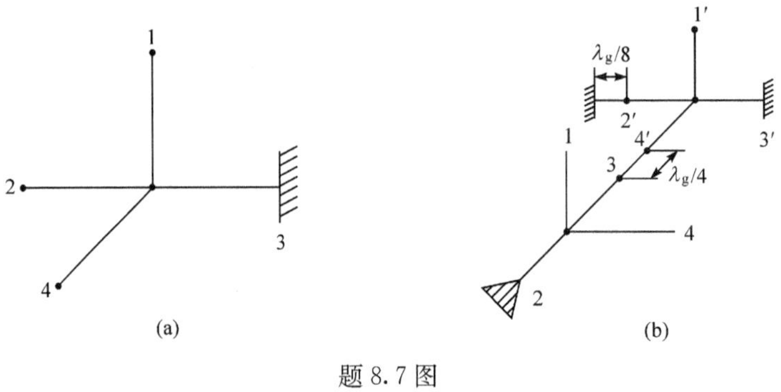

题 8.7 图

8.8　已知平行耦合线定向耦合器，在中心频率上耦合度 $C=-10\text{dB}$，单根线特性阻抗 $Z_c=50\Omega$，试求奇偶模的特性阻抗 Z_{0o}、Z_{0e} 分别等于多少？

8.9　有一微波网络，测得它的散射矩阵为

$$[S]=\begin{bmatrix}0 & 0.995 & 0.1\\0.995 & 0 & 0\\0.1 & 0 & 0\end{bmatrix}$$

试分析该网络具有哪些性质？它是一个什么微波元件？画出它的结构示意图。

8.10　写出一理想隔离器的[S]和[$\bar{A}$]。写出非理想隔离器：其反向波衰减量为 30dB 的[S]。

8.11　试说明由铁氧体法拉第效应构成倒向器的原理。

8.12　试设计一种利用法拉第旋转效应构成的环行器。

习 题 答 案

第 1 章

1.1～1.5　略

1.6　$\alpha_{\mathrm{dTEM}}=6.8\times10^{-3}\,\mathrm{NP/m}$

1.7　略

第 2 章

2.1　E 呈辐射状圆对称，沿 r 方向与 r 呈反比变化，沿 φ 方向不变，沿 z 方向呈余弦变化；H 为围绕内导体的同心圆，沿 r 方向与 r 呈反比变化，沿 φ 方向不变，沿 z 方向呈余弦变化；

2.2　同轴线的特性阻抗是同轴线上存在的电压波 U 与电流波 I 的比值。它与 TEM 波波阻抗之间的区别是波阻抗只和填充的介质有关，而特性阻抗与介质和波导尺寸都有关系。它们之间相差一个因子。这个因子是波导尺寸的函数。

2.3　(1)

$$\varepsilon_{\mathrm{r}}=\left[\frac{60}{Z_{\mathrm{c}}}\ln\left(\frac{b}{a}\right)\right]^2=2.01$$

(2)

$$P_{\mathrm{br}}=Y_{\mathrm{TEM}}\frac{\pi U_{\mathrm{br}}^2}{\ln(b/a)}=\frac{\sqrt{\varepsilon_{\mathrm{r}}}}{120\pi}\frac{\pi U_{\mathrm{br}}^2}{\ln(b/a)}=21.6\mathrm{kW}$$

2.4

$$\alpha_{\mathrm{cTEM}}=\frac{R_{\mathrm{m}}\left(\dfrac{1}{a}+\dfrac{1}{b}\right)}{2Z_{\mathrm{TEM}}\ln\left(\dfrac{b}{a}\right)}=\frac{\sqrt{\varepsilon_{\mathrm{r}}}R_{\mathrm{m}}\left(\dfrac{1}{a}+\dfrac{1}{b}\right)}{2\times120\pi\ln\left(\dfrac{b}{a}\right)}=0.055\mathrm{NP/m}$$

$$\alpha_{\mathrm{d}}=\frac{\pi}{\lambda}\tan\delta=\frac{\pi f\sqrt{\varepsilon_{\mathrm{r}}}}{c}\tan\delta=0.00668\mathrm{NP/m}$$

$$\alpha=\alpha_{\mathrm{cTEM}}+\alpha_{\mathrm{d}}=0.0617\mathrm{NP/m}$$

经过 15m 后的衰减 $\dfrac{P}{P_0}=\exp(-2\alpha l)=\exp(-1.851)=0.114=11.4\%$

2.5

$$\boldsymbol{E}_t=-\frac{\gamma}{k_{\mathrm{c}}^2}Z_{\mathrm{TE}}\boldsymbol{\nabla}_t\boldsymbol{H}_z\times\boldsymbol{a}_z$$

$$\boldsymbol{H}_t=-\frac{\gamma}{k_{\mathrm{c}}^2}\boldsymbol{\nabla}_t\boldsymbol{H}_z$$

2.6　由波动方程得

$$E_z-(A_1\cos k_x x+B_1\sin k_x x)(A_2\cos k_y y+B_2\sin k_y y)$$

由边界条件 $x=0$ 或 a，$y=0$ 或 b 时

$$E_z\,|=0$$

代入得到

$$E_z=B_1B_2\sin\frac{m\pi}{a}\sin\frac{n\pi}{b}$$

由于波沿正向传播，得到

$$E_z=B_1B_2\sin\frac{m\pi}{a}x\sin\frac{n\pi}{b}y\,\mathrm{e}^{\mathrm{j}(\omega t-\beta_{mn}z)}$$

$$E_z=B_{nm}\sin\frac{n\pi}{a}x\sin\frac{m\pi}{b}y\,\mathrm{e}^{\mathrm{j}(\omega t-\beta_{mn}z)}$$

2.7

$$\lambda_{\mathrm{c}}=\frac{2\pi}{k_{\mathrm{c}}}=\frac{2\pi}{\sqrt{\left(\dfrac{2\pi}{a}\right)^2}}=a=22.86\mathrm{mm},\quad \lambda=\frac{c}{f}=\frac{3\times10^8}{15\times10^9}=20\mathrm{mm}$$

$$\lambda_g=\frac{\lambda}{\sqrt{1-\left(\frac{\lambda}{\lambda_c}\right)^2}}=\frac{20}{\sqrt{1-\left(\frac{20}{22.86}\right)^2}}=41.32\text{mm},\quad v_p=f\lambda_g=6.2\times10^8\text{m/s}$$

$$v_g=\frac{c^2}{v_p}=c\sqrt{1-\left(\frac{\lambda}{\lambda_c}\right)^2}=1.452\times10^8\text{m/s},\quad Z_{TE20}=Z_{TEM}\frac{k}{\beta}=\frac{Z_{TEM}}{\sqrt{1-\left(\frac{\lambda}{a}\right)^2}}=778.51\Omega$$

场分量的表达式为

$$h_z=B\cos\frac{2\pi}{a}x\,e^{j(\omega t-\beta z)}$$

$$h_x=B\frac{j\beta}{k_c^2}\frac{2\pi}{a}\sin\frac{2\pi}{a}x\,e^{j(\omega t-\beta z)}$$

$$e_y=-Z_{TE_{20}}B\frac{j\beta}{k_c^2}\frac{2\pi}{a}\sin\frac{2\pi}{a}x\,e^{j(\omega t-\beta z)}$$

2.8

$$\lambda_{cmn}=\frac{2\pi}{\sqrt{\left(\frac{m\pi}{a}\right)^2+\left(\frac{n\pi}{b}\right)^2}}$$

$$\lambda_{cTE_{10}}=2a=45.72\text{mm},\quad \lambda_{cTE_{20}}=a=22.86\text{mm}$$

$$\lambda_{cTE_{01}}=2b=20.3\text{mm},\quad \lambda_{cTE_{02}}=b=10.16\text{mm}$$

$$\lambda_{cTE_{30}}=\frac{2\pi}{\sqrt{\left(\frac{3\pi}{a}\right)^2}}=15.24\text{mm},\quad \lambda_{cTE_{11}}=\lambda_{cTM_{11}}=\frac{2\pi}{\sqrt{\left(\frac{\pi}{a}\right)^2+\left(\frac{\pi}{b}\right)^2}}=18.57\text{mm}$$

$$\lambda_{cTE_{21}}=\frac{2\pi}{\sqrt{\left(\frac{2\pi}{a}\right)^2+\left(\frac{\pi}{b}\right)^2}}=15.19\text{mm},\quad \lambda_{cTM_{21}}=\frac{2\pi}{\sqrt{\left(\frac{\pi}{a}\right)^2+\left(\frac{2\pi}{b}\right)^2}}=15.19\text{mm}$$

$$\lambda_{cTE_{31}}=12\text{mm},\quad \lambda_{cTM_{31}}=12\text{mm}$$

比较得出，当工作波长为 5cm 时，导波处于截止状态；当工作波长为 3cm 时，导波处于主模TE_{10}模状态；当工作波长为 1.5cm 时，导波可能的模式有TE_{10}，TE_{11}，TE_{20}，TE_{01}，TM_{11}，TE_{30}，TE_{21}，TM_{21}

2.9　$l=12.9$mm

2.10　(1) $\lambda_{TE_{10}}=2a=12\text{cm}$，　$\lambda_{TE_{01}}=2b=8\text{cm}$，　$\lambda_{TE_{11}}=\frac{2\pi}{\sqrt{\left(\frac{\pi}{a}\right)^2+\left(\frac{\pi}{b}\right)^2}}=6.656\text{cm}$，

$$\lambda_{TE_{20}}=a=6\text{cm}$$

(2)

$$\beta=\sqrt{k^2-k_c^2}=\sqrt{\left(\frac{2\pi f}{c}\right)^2-\left(\frac{\pi}{a}\right)^2}=34.697$$

(3)

$$\alpha'=\gamma=\sqrt{k_c^2-k^2}$$

$$\alpha'_{TE_{01}}=\sqrt{k_c^2-k^2}=\sqrt{\left(\frac{\pi}{b}\right)^2-\left(\frac{2\pi f}{c}\right)^2}=15\pi=47.1\text{NP/m}$$

$$\alpha'_{TE_{11}}=\sqrt{k_c^2-k^2}=\sqrt{\left(\frac{\pi}{b}\right)^2+\left(\frac{\pi}{a}\right)^2-\left(\frac{2\pi f}{c}\right)^2}=23.08\pi=72.47\text{NP/m}$$

$$\alpha'_{TE_{20}}=\sqrt{k_c^2-k^2}=\sqrt{\left(\frac{2\pi}{a}\right)^2-\left(\frac{2\pi f}{c}\right)^2}=26.66\pi=83.73\text{NP/m}$$

2.11～2.13　略

2.14　波导尺寸为 $a\times b=22.86\text{mm}\times10.16\text{mm}$

对于主模TE_{10}

$$\lambda_g=\frac{\lambda}{\sqrt{1-\left(\frac{\lambda}{2a}\right)^2}}=39.7\text{mm}$$

$$v_p = \lambda_g f = \lambda_g \frac{c}{\lambda} = 3.98 \times 10^8 \text{m/s}$$

$$v_g = \frac{c^2}{v_p} = 2.27 \times 10^8 \text{m/s}$$

$$Z_{TE_{10}} = Z_{TEM} \frac{k}{\beta} = \frac{Z_{TEM}}{\sqrt{1-\left(\frac{\lambda}{\lambda_c}\right)^2}} = 499.07\Omega$$

$$P_{br} = \frac{E_{max}^2 ab}{4Z_{TEM}}\sqrt{1-\left(\frac{k_c}{k}\right)^2} = 1047\text{kW}$$

$$\alpha_c = \frac{R_m}{bZ_{TE_{10}}}\left[1+\frac{k_c^2}{\beta^2}\left(1+\frac{2b}{a}\right)\right] = \frac{R_m\sqrt{1-\left(\frac{\lambda}{\lambda_c}\right)^2}}{bZ_{TEm}}\left[1+\frac{k_c^2}{\beta^2}\left(1+\frac{2b}{a}\right)\right] = 0.0125\text{NP/m}$$

2.15 对于 BJ-58 来说

$$P_{br}=\frac{E_{max}^2 ab}{4Z_{TE}}=\frac{E_{max}^2 ab}{4Z_{TEM}}\sqrt{1-\left(\frac{\lambda}{\lambda_c}\right)^2}=3823\text{kW}$$

对于 BB-58 来说

$$P_{br}=\frac{E_{max}^2 ab}{4Z_{TE}}=\frac{E_{max}^2 ab}{4Z_{TEM}}\sqrt{1-\left(\frac{\lambda}{\lambda_c}\right)^2}=947\text{kW}$$

2.16
$$\lambda=\frac{\lambda_0}{\sqrt{\varepsilon_r}}=\frac{c_0}{\sqrt{\varepsilon_r} f}=30.3349\text{mm}$$

$$\lambda_c=2a=45.72\text{mm}$$

$$\lambda_g=\frac{\lambda}{\sqrt{1-\left(\frac{\lambda}{\lambda_c}\right)^2}}=\frac{30.3349}{\sqrt{1-\left(\frac{30.3349}{45.72}\right)^2}}=40.5448\text{mm}$$

$$\alpha_d=\frac{\pi\lambda_g}{\lambda^2}\text{tg}\delta=0.1384\text{NP/m}$$

2.17 略

2.18 (1) $2a = 3.91\text{cm}$

(2) $v_p=\dfrac{c}{\sqrt{1-\left(\frac{\lambda}{\lambda_c}\right)^2}}=\dfrac{c}{\sqrt{1-0.9^2}}=6.88\times10^8\text{ m/s}$

(3) $z_w=Z_{TEM}\dfrac{k}{\beta}=\dfrac{Z_{TEM}}{\sqrt{1-\left(\frac{\lambda}{\lambda_c}\right)^2}}=864.22\Omega$

(4) 第一高次模是 TM_{01}

$$\alpha'=\sqrt{k_c^2-k^2}=\sqrt{\left(\frac{p_{01}}{a}\right)^2-\left(\frac{2\pi}{\lambda}\right)^2}=64.61\text{NP/m}$$

2.19 n 表示场沿圆周(φ 从 0 到 2π)变化的周期数或场沿半圆周分布的半波数。m 表示沿半径(r 从零到 a)经历的除 0 根之外的零点数(或最大值数)。由于 $m\neq0$,故 TE_{n0} 模和 TM_{n0} 模不存在。

2.20 略

2.21 证明:

$$\alpha_{cTM_{nm}}^0=\frac{R_m}{az_{TEM}\sqrt{1-(\lambda/\lambda_c)^2}}=\frac{R_m}{az_{TEM}\sqrt{1-(f_c/f)^2}}$$

$$R_m\propto\sqrt{f}$$

因此,$\alpha_{cTM_{nm}}^0$ 可以表达为

$$\alpha^0_{\mathrm{cTM}_{nm}}=\frac{A\sqrt{f}}{\sqrt{1-\left(\frac{f_c}{f}\right)^2}}=\frac{A}{\sqrt{\frac{1}{f}-\frac{f_c^2}{f^3}}}\quad (A\text{ 为与频率无关的系数})$$

将 $\alpha^0_{\mathrm{cTM}_{nm}}$ 对频率 f 求一阶导数，并令其为零，有

$$-\frac{1}{f2}+\frac{3f^2_{cnm}}{f^4}=0\qquad 解得\qquad f=\sqrt{3}f_{cnm}$$

2.22　略

2.23　根据公式

$$\alpha_{\mathrm{TE}mn}(n\neq 0,m\neq 0)$$
$$=\frac{2R_m}{bZ_{\mathrm{TEM}}\sqrt{1-(k_{cmn}/k)^2}}\left\{\left[1-\left(\frac{k_{cmn}}{k}\right)^2\right]\left[\frac{b^2m^2+abn^2}{b^2m^2+a^2n^2}\right]+\left(\frac{k_{cmn}}{k}\right)^2\left(1+\frac{b}{a}\right)\right\}$$

$$\alpha_{\mathrm{cTE}_{m0}}=\frac{R_m}{bZ_{\mathrm{TEM}}\sqrt{1-\left(\frac{k_{cm0}}{k}\right)^2}}\left[1+\left(\frac{k_{cm0}}{k}\right)^2\frac{2b}{a}\right]$$

$$\alpha_{\mathrm{cTE}_{0n}}=\frac{R_m}{aZ_{\mathrm{TEM}}\sqrt{1-\left(\frac{k_{c0n}}{k}\right)^2}}\left[1+\left(\frac{k_{c0n}}{k}\right)^2\frac{2b}{a}\right]$$

$$\alpha_{\mathrm{cTM}_{mn}}=\frac{2R_m}{bZ_{\mathrm{TEM}}\sqrt{1-\left(\frac{k_{cmn}}{k}\right)^2}}\frac{m^2b^3+n^2a^3}{m^2b^2+n^2a^2}$$

代入 m,n 即可。编程略。

2.24　略

2.25　证明：同轴线的击穿功率公式为

$$P_{\mathrm{br}}=\frac{\sqrt{\varepsilon_r}}{120}a^2E^2_{\mathrm{br}}\ln\frac{b}{a}$$

外导体内径一定的时候

令 $x=\dfrac{b}{a}$

$$P_{\mathrm{br}}=\frac{\sqrt{\varepsilon_r}}{120}\frac{b^2}{x^2}E^2_{\mathrm{br}}\ln x$$

令 $f(x)=\dfrac{\ln x}{x^2}$

$\dfrac{\partial f(x)}{\partial x}=0$ 时，$P_{\mathrm{br}}=\dfrac{\sqrt{\varepsilon_r}}{120}\dfrac{b^2}{x^2}E^2_{\mathrm{br}}\ln x$ 有最大值

$$\frac{\partial f(x)}{\partial x}=\frac{x-2x\ln x}{x^4}=0$$

$$x=\sqrt{e}=1.65$$

同轴线的导体衰减为

$$\alpha_{\mathrm{cTEM}}=\frac{R_m\left(\frac{1}{a}+\frac{1}{b}\right)}{2Z_{\mathrm{TEM}}\ln\left(\frac{b}{a}\right)}$$

令 $x=\dfrac{b}{a}$

$$\alpha_{c\text{TEM}}=\frac{R_m\left(\frac{1}{a}+\frac{1}{b}\right)}{2z_{\text{TEM}}\ln\left(\frac{b}{a}\right)}=\frac{B^2\pi}{\varepsilon_{0m}}J_n'^2(p_{nm})$$

令

$$f(x)=\frac{\left(\frac{x}{b}+\frac{1}{b}\right)}{\ln x}$$

要使导体衰减最小,那么

$$\frac{\partial f(x)}{\partial x}=\frac{\frac{1}{b}\left(\ln x-1+\frac{1}{x}\right)}{\ln^2 x}=0$$

解得：$x=3.59$

2.26 必须小于 $a=9.65\text{mm}$，$b=2.19\text{mm}$。

2.27 由式(2.5-21)得

BJ-32:$a\times b=72.14\times 34.04\text{mm}^2$,2.6～3.95GHz;

BJ-58:$a\times b=40.4\times 20.2\text{mm}^2$,4.64～7.05GHz;

BJ-100:$a\times b=22.86\times 10.16\text{mm}^2$,8.2～12.5GHz;

BJ-320:$a\times b=7.112\times 3.556\text{mm}^2$,26.4～40GHz

第3章

3.1 带状线。

主模:TEM 模

单模工作的条件：$\lambda_{\min}>\begin{matrix}2\sqrt{\varepsilon_r}(W+\pi b/4)\\ 2\sqrt{\varepsilon_r}b\end{matrix}$

微带线。

主模:准 TEM 模

单模工作的条件:$\lambda_{\min}>\begin{matrix}\sqrt{\varepsilon_r}(2W+0.8h)\\ 4\sqrt{\varepsilon_r-1}h\end{matrix}$

3.2 $q=0.7$， $\varepsilon_{re}\approx 1+q(\varepsilon_r-1)=6.6$

3.3 $Z_c=52.6\Omega$

3.4 $W=1.01\text{mm}$

3.5 特性阻抗 69.45Ω,最高工作频率 20.6GHz

3.6 宽度 1.24mm,波导波长 53.17mm

第4章

4.1～4.5 略

4.6 主模 HE_{11}

4.7 数值孔径 NA=0.174,入射角小于 9.99°。

第5章

5.1～5.2 略

5.3 $Z_0=\sqrt{Z_{in}^o Z_{in}^s}$

5.4 $f=3\text{GHz}$:感性的

$f=6\text{GHz}$:容性的

当 $Z_{in}=\text{j}256\Omega$ 时

对于 $f=3\text{GHz}$,解得 $l=2.2\text{cm}$

对于 $f=6\text{GHz}$，解得 $l=1.1\text{cm}$

5.5 $|\Gamma|=0.447$，$\varphi_L=117°$，$S=2.62$，$Z_{in}=50(1-\text{j})$

5.6 输入阻抗 $Z_{in}=2.89+j2.38\Omega$

5.7 略

5.8 电压电流相对幅度分布图如下

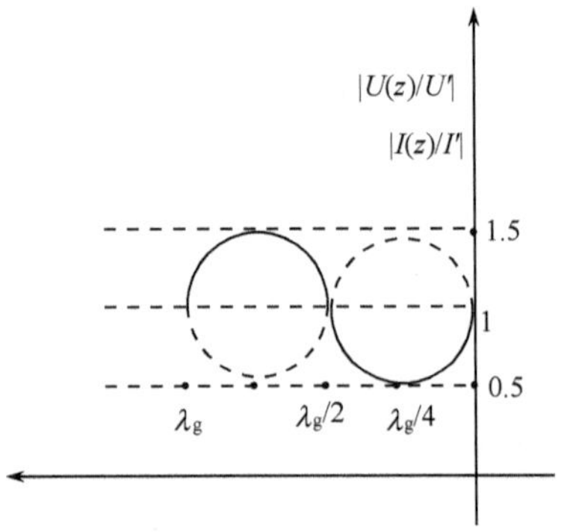

5.9 (a) $Z_{in}=\dfrac{Z_c}{2}$;(b) $Z_{inab}=Z_c$;(c) $Z_{in}=\dfrac{Z_c}{6}$;(d) $Z_{in}=Z_c$。

5.10 (a) $S=\dfrac{1+|\Gamma|}{1-|\Gamma|}=2$; (b) $S=\dfrac{1+|\Gamma_L|}{1-|\Gamma_L|}=1.5$。

5.11 对于第一段,$S_1=\dfrac{1+|\Gamma_{L1}|}{1-|\Gamma_{L1}|}=2$;对于第二段,$S_2=\dfrac{1+|\Gamma_{L2}|}{1-|\Gamma_{L2}|}=1$;对于第零段 $S_0=\dfrac{1+|\Gamma_{L0}|}{1-|\Gamma_{L0}|}=2$。

设传输线输入功率为 P_{in},则主线上的功率为 $P_0=P_{in}(1-\Gamma_0^2)=\dfrac{8}{9}P_{in}$。两负载平分功率,故 $P_1=P_2=\dfrac{1}{2}P_{in}(1-\Gamma_0^2)=\dfrac{4}{9}P_{in}$

5.12～5.13 略

5.14 (1) 求得由该点向负载方向移动电长度 $l/\lambda=0.209$ 处的阻抗为 $\bar{z}=1+j1.3$;(2) 由该点向波源方向移动电长度 $l/\lambda=0.079$ 处的阻抗为 $\bar{z}=0.3-0.24j$

5.15 直接用圆图求解:从波节线出发,沿 $\Gamma=\left|\dfrac{1}{3}\right|$ 逆时针旋转 0.2 电长度,即为所求。也可用公式计算:

$$\frac{1}{4}\left(\frac{\varphi_L}{\pi}\pm 1\right)\lambda_g=l_{min}$$

5.16 $S=3.2, l_{min}=0.168, Y_L=\dfrac{5+j6}{610}$

5.17 $Z_L=40$, $Y_L=0.025$, $\varphi_L=\pi$, $\bar{l}_{min}=0, \bar{l}_{min}=0.25, Z_{in}=80+80j\Omega$

5.18 $Z_{in}=22-j10\Omega$

5.19 略

5.20 $P=0.89W$

5.21 对于矩形波导,其特性阻抗在空气填充的时候

$$Z_c=\frac{b}{a}\frac{Z_{TEM}}{\sqrt{1-\left(\dfrac{\lambda_0}{2a}\right)^2}}$$

当填充介质的时候其特性阻抗为

$$Z_{c1}=\frac{b}{a}\frac{Z_{TEM}}{\sqrt{\varepsilon_r-\left(\dfrac{\lambda_0}{2a}\right)^2}}$$

$$Z_{in}=Z_{c1}\frac{Z_c+jZ_{c1}\tan\beta l}{Z_{c1}+jZ_c\tan\beta l},\quad \Gamma_{in}=\frac{Z_{in}-Z_c}{Z_c+Z_{in}},\quad l=\frac{n\lambda_0}{2\sqrt{\varepsilon_r-\left(\dfrac{\lambda_0}{2a}\right)^2}}$$

5.22 $\bar{d}_{\min}=0.134$，$jx=-11.18j\Omega$

5.23 (1) $\bar{l}=0.152$；(2) $\bar{l}=0.098$

5.24 $\bar{l}_1=0.24$，$\bar{l}_2=0.051$；或 $\bar{l}_1=0.37$ $\bar{l}_2=0.47$

5.25 $\bar{l}_1=0.252$，$\bar{l}_2=0.196$；或 $\bar{l}_1=0.42$ $\bar{l}_2=0.43$

5.26 $\bar{l}_1=0.296$，$\bar{l}_2=0.11$；或 $\bar{l}_1=0.396$，$\bar{l}_2=0.389$

5.27 能确定。

5.28～5.29 略

5.30 $\bar{l}_1=0.187$，$\bar{l}_2=0.426$

5.31 (1) $\Gamma_L=\dfrac{Z_L-Z_c}{Z_L+Z_c}=\dfrac{32-50}{32+50}=0.22$；

(2) $Z'_0=\sqrt{Z_0\cdot Z_L}=\sqrt{50\cdot 32}=40\Omega$

(3) $\varepsilon_r=2.44$

5.32 (1) $Z_L=25+j35\Omega$；

(2) 从接入位置往负载看去的输入阻抗为

$$Z_{in}=Z_0\frac{Z_L+Z_0\tan\frac{2\pi}{\lambda}d}{Z_0+Z_L\tan\frac{2\pi}{\lambda}d}$$

令 $\mathrm{Im}(Z_{in})=0$，即可求得 d/λ_g。然后即可求得

$$Z'_{in}=\sqrt{Z_0\cdot \mathrm{Re}(Z_{in})}$$

5.33 $Z'_c=12.5\Omega$，$x=0.06$。由短路支节阻抗公式求得 $x=Z_c\tan\beta l$，所以 $l/\lambda_g=1/2\pi\mathrm{atan}(0.06/Z_c)$

第6章

6.1 略

6.2 证明：由传输线理论开路传输线的输入阻抗

$$Z_{in}=Z_c\mathrm{cth}\beta l$$

对于 $(2p-1)\lambda_0/4$ 的谐振线

$$l=\frac{2p-1}{4}\lambda$$

取 $p=1$ 证明。

那么

$$\beta l=\frac{\omega\lambda_0}{4v_p}=\frac{\pi}{2}+\frac{\Delta\omega}{2\omega_0}\pi$$

带入并化简得到

$$Z_{in}=Z_0\left(\alpha l+j\frac{\pi\Delta\omega}{2\omega_0}\right)=0.5lR_1+j\Delta\omega L_1 l$$

与串联谐振电路比较可以知道它们是等效的。

6.3 证明：谐振腔内的场量的关系为

$$\boldsymbol{E}_r=\frac{\boldsymbol{a}}{r}(E_0e^{-j\beta z}+E'_0e^{j\beta z})$$

$$\boldsymbol{H}_\varphi=Y_{TEM}\frac{\boldsymbol{a}}{r}(E_0e^{-j\beta z}-E'_0e^{j\beta z})$$

$$\boldsymbol{E}_r\big|_{z=0}=0\Rightarrow E'_0=-E_0$$

由边界条件 $\boldsymbol{H}_\varphi\big|_{z=l}=0\Rightarrow\beta=\dfrac{(2p-1)\pi}{2l}$

$$\Rightarrow\begin{cases}\boldsymbol{E}_r=j2\dfrac{\boldsymbol{a}_r}{r}\boldsymbol{E}_0\sin\dfrac{(2p-1)\pi}{2l}z\\ \boldsymbol{H}_\varphi=2Y_{TEM}\dfrac{\boldsymbol{a}_r}{r}\boldsymbol{E}_0\cos\dfrac{(2p-1)\pi}{2l}z\end{cases}$$

$$W_m=\frac{\mu}{4}\int_v|\boldsymbol{H}_\varphi|^2 dv=\frac{\mu\varepsilon}{4\mu}\int_v|\boldsymbol{H}_\varphi|^2 dv=\frac{\varepsilon}{4}\int_v|\boldsymbol{E}_r|^2 dv=W_e。$$

6.4 $\lambda_0/4$ 型是最低的振荡模式。$\lambda_0=200\text{mm}, Q_c=3356$。

6.5 $a=5.1$，Q_0 与 l 无关，$l=\frac{2p-1}{4}\lambda_0$，取 $p=1$，$l=\lambda_0/4$ 即可。

6.6 $l_1=12\text{mm}$，$l_1=62\text{mm}$。

6.7 由矩形空气腔的谐振波长的公式

$$\lambda_0=\frac{2}{\sqrt{\left(\frac{m}{a}\right)^2+\left(\frac{n}{b}\right)^2+\left(\frac{p}{l}\right)^2}}$$

要得到最低模式的谐振频率，那么求得最长的谐振波长，他们对应的频率就是最低模式的谐振频率。解略。

6.8 $E_{max}=10348\text{V/m}$

6.9 证明略。$\lambda_{0TE101}=4.79\text{mm}$，$Q_c=\omega_0\frac{2W_m}{P_L}$，空气填充的波导中 $Q_0=Q_c$。

6.10 $Q_0=12810$。

6.11 当 $l=10\text{cm}$ 时，$\lambda_{0TM010}=13.05\text{cm}$；当 $l=15\text{cm}$ 时，$\lambda_{0TE111}=12.99\text{cm}$

6.12 $Q_0=9810$。

6.13 $f_0=18.68\text{GHz}\sim27.82\text{GHz}$

6.14 由公式

$$\lambda_0=\begin{cases}\dfrac{2a}{\sqrt{\left(\dfrac{p'_{nm}}{\pi}\right)^2+\left(\dfrac{pa}{l}\right)^2}}, & \text{TE}_{nmp}\text{模}\\[2ex]\dfrac{2a}{\sqrt{\left(\dfrac{p_{nm}}{\pi}\right)^2+\left(\dfrac{pa}{l}\right)^2}}, & \text{TM}_{nmp}\text{模}\end{cases}$$

得到各个模式的波长，带入 a 和 l 的值得到 TE_{011} 谐振波长和比 TE_{011} 模谐振波长长的谐振波长。

6.15 由参考文献 1 公式(5.79)和公式(5.81)得到谐振器长度。

6.16 $\frac{\omega-\omega_0}{\omega_0}=-\frac{1}{2}(\varepsilon_r-1)\frac{t}{b}$

6.17 $\frac{\omega-\omega_0}{\omega_0}=-\frac{\pi^2}{3}(\varepsilon_r-1)\left(\frac{t}{b}\right)^3$

6.18 $a=128\text{mm}$　$b=127.5\text{mm}$　$l=80.3\text{mm}$

6.19 $37.5\text{mm}\leqslant L\leqslant44.8\text{mm}$。

6.20 $f=8.3\text{GHz}$　$Q_0=891.3$

6.21 $\varepsilon_r=\varepsilon'_r-j\varepsilon''_r$

其中，$\varepsilon'_r=1+\frac{f_0-f}{f_0}\frac{3a\lambda_0}{4\pi r^2}$　$\varepsilon''_r=\left(\frac{1}{Q}-\frac{1}{Q_0}\right)\frac{3a\lambda_0}{8\pi r^2}$

第 7 章

7.1 $[A]=\begin{bmatrix}\cos\beta l & j\sin\beta l\\ j\sin\beta l & \cos\beta l\end{bmatrix}$，

$$[Z]=\begin{bmatrix}-jZ_0\cot\beta l & -jZ_0\csc\beta l\\ -jZ_0\csc\beta l & -jZ_0\cot\beta l\end{bmatrix}$$

$$[Y]=\begin{bmatrix}-jY_0\cot\beta l & -jY_0\csc\beta l\\ -jY_0\csc\beta l & -jY_0\cot\beta l\end{bmatrix}$$

7.2 $[A]=\begin{bmatrix}1 & Z\\ 0 & 1\end{bmatrix}$, $[\bar{A}]=\begin{bmatrix}\sqrt{\dfrac{Z_{o2}}{Z_{o1}}} & \dfrac{Z}{\sqrt{Z_{o1}Z_{o2}}}\\ 0 & \sqrt{\dfrac{Z_{o1}}{Z_{o2}}}\end{bmatrix}$

$$[Y]=\begin{bmatrix}\dfrac{1}{Z} & -\dfrac{1}{Z}\\ -\dfrac{1}{Z} & \dfrac{1}{Z}\end{bmatrix},\ [\bar{Y}]=\begin{bmatrix}\dfrac{Z_{o1}}{Z} & \dfrac{\sqrt{Z_{o1}Z_{o2}}}{Z}\\ \dfrac{\sqrt{Z_{o1}Z_{o2}}}{Z} & \dfrac{Z_{o2}}{Z}\end{bmatrix}$$

7.3 $[A]=\begin{bmatrix}1 & 0\\ Y & 1\end{bmatrix}$, $[\bar{A}]=\begin{bmatrix}\sqrt{\dfrac{Z_{o2}}{Z_{o1}}} & Y\sqrt{Z_{o1}Z_{o2}}\\ 0 & \sqrt{\dfrac{Z_{o1}}{Z_{o2}}}\end{bmatrix}$

$$[Z]=\begin{bmatrix}\dfrac{1}{Y} & \dfrac{1}{Y}\\ \dfrac{1}{Y} & \dfrac{1}{Y}\end{bmatrix},\ [\bar{Z}]=\begin{bmatrix}\dfrac{1}{YZ_{o1}} & \dfrac{1}{Y\sqrt{Z_{o1}Z_{o2}}}\\ \dfrac{1}{Y\sqrt{Z_{o1}Z_{o2}}} & \dfrac{1}{YZ_{o2}}\end{bmatrix}$$

7.4 $[A]=\begin{bmatrix}\dfrac{n_1}{n_2} & 0\\ 0 & \dfrac{n_2}{n_1}\end{bmatrix}$, $[\bar{A}]=\begin{bmatrix}\dfrac{n_1}{n_2}\sqrt{\dfrac{Z_{o2}}{Z_{o1}}} & 0\\ 0 & \dfrac{n_2}{n_1}\sqrt{\dfrac{Z_{o1}}{Z_{o2}}}\end{bmatrix}$

7.5 对于第一图：

$$[A]=\begin{bmatrix}\dfrac{-1}{jB} & jZ_c\\ \dfrac{j}{Z_c} & 0\end{bmatrix}$$

$$[S]=\frac{1}{j\left(\dfrac{1}{B}+\dfrac{Z_c}{Z_o}+\dfrac{Z_o}{Z_c}\right)}\begin{bmatrix}j\left(\dfrac{1}{B}+\dfrac{Z_c}{Z_o}+\dfrac{Z_o}{Z_c}\right) & 2\left(\dfrac{j}{B}+1\right)\\ 2 & j\left(\dfrac{Z_c}{Z_o}-\dfrac{1}{B}-\dfrac{Z_o}{Z_c}\right)\end{bmatrix}$$

$$[T]=\frac{1}{8}\begin{bmatrix}2+jB & jB\\ -jB & 2-jB\end{bmatrix}\begin{bmatrix}e^{j\pi/2} & 0\\ 0 & e^{j\pi/2}\end{bmatrix}\begin{bmatrix}2-jB & -jB\\ jB & 2+jB\end{bmatrix}$$

对于第二图：

$$[A]=\begin{bmatrix}-1 & 0\\ -jB & -1\end{bmatrix},\quad [S]=\frac{-1}{2+jBZ_c}\begin{bmatrix}jBZ_c & 2\\ 2 & jBZ_c\end{bmatrix}$$

$$[T]=\frac{1}{8}\begin{bmatrix}2+jB & jB\\ -jB & 2-jB\end{bmatrix}\begin{bmatrix}e^{j\pi} & 0\\ 0 & e^{j\pi}\end{bmatrix}\begin{bmatrix}2+jB & jB\\ -jB & 2-jB\end{bmatrix}$$

7.6～7.7 略

7.8 二端口网络的[S]

$$A=\begin{bmatrix}1 & 0\\ \dfrac{1}{jB} & 1\end{bmatrix}\begin{bmatrix}\dfrac{1}{n} & 0\\ 0 & n\end{bmatrix}$$

$$[S]=\frac{1}{\bar{A}_{11}+\bar{A}_{12}+\bar{A}_{21}+\bar{A}_{22}}\begin{bmatrix}\bar{A}_{11}+\bar{A}_{12}-\bar{A}_{21}-\bar{A}_{22} & 2|[\bar{A}]|\\ 2 & -\bar{A}_{11}+\bar{A}_{12}-\bar{A}_{21}+\bar{A}_{22}\end{bmatrix}$$

上述网络的两个端口参考面同时外移 $\lambda_g/4$ 后所得新网络的$[S']$，即

$$A'=\begin{bmatrix}0 & \mathrm{j}\\ \mathrm{j} & 0\end{bmatrix}\begin{bmatrix}1 & 0\\ \dfrac{1}{\mathrm{j}B} & 1\end{bmatrix}\begin{bmatrix}\dfrac{1}{n} & 0\\ 0 & n\end{bmatrix}\begin{bmatrix}0 & \mathrm{j}\\ \mathrm{j} & 0\end{bmatrix}$$

$$[S']=\frac{1}{\overline{A}_{11}+\overline{A}_{12}+\overline{A}_{21}+\overline{A}_{22}}\begin{bmatrix}\overline{A}_{11}+\overline{A}_{12}-\overline{A}_{21}-\overline{A}_{22} & 2|[\overline{A}]|\\ 2 & -\overline{A}_{11}+\overline{A}_{12}-\overline{A}_{21}+\overline{A}_{22}\end{bmatrix}$$

第 8 章

8.1　归一化输入导纳 $\overline{Y}_{in}=0.6-j0.35$；膜片应接在 $\overline{d}_0=0.212$。

8.2　$l_{最佳}=5\text{cm}$

8.3　(1) 从波节线沿等 Γ 圆逆时针旋转 0.0875 电长度，即可得到归一化电纳值；

(2) $\dfrac{P_L}{P_{in}}=95\%$

8.4　$a_{圆}=1.25\text{cm}$

8.5　略

8.6　$b_3=0$

8.7　略

8.8　$Z_{oo}=36\Omega$，　$Z_{oe}=36\Omega$

8.9　为一定向耦合器，其中 3 端口处于副线，1、2 端口组成主线，并且只有一端口作输入的时候才可以耦合

8.10　$[S]=\begin{bmatrix}0 & 0.03\\ 0.97 & 0\end{bmatrix}$

8.11　180°法拉第旋转式移相器，称为倒相器。它是用 90°矩形扭波导和 90°法拉第旋转圆波导段。当波从端口 1 输入时，极化面先经过 90°扭波导反时针旋转 90°，在经过法拉第旋转段将极化面继续反时针方向旋转 90°，传输到端口 2 时，总的旋转角为 180°，此 180°的旋转使场的极化方向与端口 1 相反，所以相当于有 180°的相移，也就是倒相。

8.12　下图是由一个法拉第旋转倒相器和两个魔 T 构成的四端口环行器。图中 $\overline{ab}$、$\overline{cd}$ 的电长度相等。根据法拉第旋转效应，波从 a 向 b 传输时，倒相器产生 180°附加相移，而波从 b 向 a 传输时，倒相器则不产生附加相移。

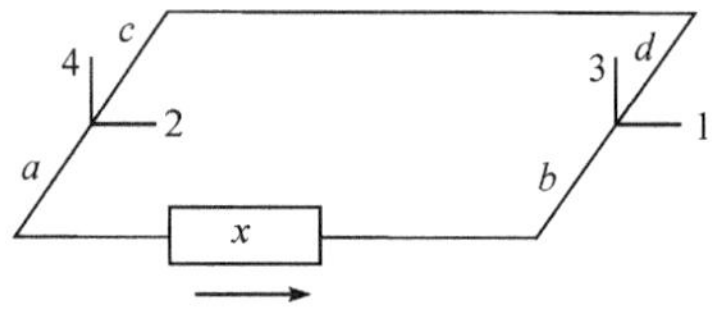

四端口环行器示意图

当波从端口 1 输入时，波等幅同相分到 b 和 d 分支，因 $\overline{ba}$、$\overline{dc}$ 的电长度相等，故波等幅同相输入 a 和 c 分支。由魔 T 特性，波从端口 2 输出。

当波从端口 2 输入时，波等幅同相分到 a 和 c 分支，由 c 分支出来的波经 $\overline{cd}$ 电长度后相位为 φ，而由 a 分支出来的波到达 b 点时，其相位为 $\varphi+\pi$，两波等幅反相进入 b、d 分支。由魔 T 特性，波从端口 3 输出。

当波从端口 3 输入时，波等幅反相分到 b、d 分支，波到 a、c 分支时仍等幅反相，波从端口 4 输出。

当波从端口 4 输入时，波等幅反相分到 a、c 分支，由于 a、b 支路上的移相器产生 180°附加相移，故波传到 b、d_2 分支处时便为等幅同相输入，根据魔 T 特性波从端口 1 输出。

因此，构成了波由 1→2→3→4→1 方向传输的四端口环行器。

参考文献

鲍家善.1985.微波原理.北京:高等教育出版社

甘体国等.2006.毫米波工程.成都:电子科技大学出版社

顾茂章,张克潜.1989.微波技术.北京:清华大学出版社

黄玉兰.2007.电磁场与微波技术.北京:人民邮电出版社

梁昌洪,谢拥军,官伯然.2006.简明微波.北京:高等教育出版社

梁坤淼.1988.数学物理方法.北京:高等教育出版社

廖承恩.1994.微波技术基础.西安:西安电子科技大学出版社

林为干,符果行,邬若林,刘仁厚.1984.电磁场理论.北京:人民邮电出版社

林为干.1978.微波网络.北京:国防工业出版社

林为干.1979.微波理论与技术.北京:科学出版社

柳维君.1989.微波技术基础.成都:电子科技大学出版社

全泽松.1987.电磁场理论.成都:成都电讯工程学院出版社

沈致远.1979.微波技术.北京:国防工业出版社

瓦尔特朗 R A.1977.波导电磁波原理.徐鲤庭译.北京:人民邮电出版社

王竹溪,郭敦仁.2000.特殊函数概论.北京:北京大学出版社

吴群,宋朝晖.2004.微波技术.哈尔滨:哈尔滨工业大学出版社

谢处方,饶克谨.2006.电磁场与电磁波.第四版.北京:高等教育出版社

闫润卿,李英惠.1997.微波技术基础.北京:北京理工大学出版社

Bhartia P,Bahl I J.1984.Millimeter Wave Engineering and Application.John Wiley & Sons

Christopher Bowick,Cheryl Ajluni,John Blyler.2007.RF Circuit Design.Second Edition.Newnes

Collin R E.1960.Field Theory of Guided Waves.McGraw-Hill Book Co.

David M Pozar.2005.Microwave Engineering.Third Edition.John Wiley & Sons

Jin Au Kong.1990.Electromagnetic Wave Theory.Wiley-Interscience

Mike Golio.2001.The RF and Microwave Handbook.CRC Press

Rabindra N Ghose.1963.Microwave Circuit Theory and Analysis.McGraw-Hill Book Co.

Rajeev Bansal.2006.Fundamentals of Engineering Electromagnetics.CRC Press

Smith P H.1995.Electronic Application of the Smith Chart,Second Edition.Noble Co.

附录Ⅰ　矢 量 公 式

如 $\boldsymbol{A}$、$\boldsymbol{B}$、$\boldsymbol{C}$ 为任意矢量函数，Φ 和 Ψ 为标量，可得如下矢量分析公式。

1. 矢量代数公式

$$\boldsymbol{A}\cdot(\boldsymbol{B}\times\boldsymbol{C})=\boldsymbol{B}\cdot(\boldsymbol{C}\times\boldsymbol{A})=\boldsymbol{C}\cdot(\boldsymbol{A}\times\boldsymbol{B}) \tag{Ⅰ-1}$$

$$(\boldsymbol{A}\times\boldsymbol{B})\times\boldsymbol{C}=\boldsymbol{B}(\boldsymbol{A}\cdot\boldsymbol{C})-\boldsymbol{A}(\boldsymbol{B}\cdot\boldsymbol{C}) \tag{Ⅰ-2}$$

$$\boldsymbol{A}\times(\boldsymbol{B}\times\boldsymbol{C})=\boldsymbol{B}(\boldsymbol{A}\cdot\boldsymbol{C})-\boldsymbol{C}(\boldsymbol{A}\cdot\boldsymbol{B}) \tag{Ⅰ-3}$$

2. 常用矢量运算式

1）算符 ∇ 的运算

$$\nabla\times(\nabla\Phi)=0 \tag{Ⅰ-4}$$

$$\nabla\cdot\nabla\Phi=\nabla^2\Phi \tag{Ⅰ-5}$$

$$\nabla(\Phi\Psi)=\Phi\nabla\Psi+\Psi\nabla\Phi \tag{Ⅰ-6}$$

$$\nabla\cdot(\Phi\boldsymbol{A})=\nabla\Phi\cdot\boldsymbol{A}+\Phi\nabla\cdot\boldsymbol{A} \tag{Ⅰ-7}$$

$$\nabla\times(\Phi\boldsymbol{A})=\nabla\Phi\times\boldsymbol{A}+\Phi\nabla\cdot\boldsymbol{A} \tag{Ⅰ-8}$$

$$\nabla\cdot(\nabla\times\boldsymbol{A})=0 \tag{Ⅰ-9}$$

$$\nabla\times(\nabla\times\boldsymbol{A})=\nabla(\nabla\cdot\boldsymbol{A})-\nabla^2\boldsymbol{A} \tag{Ⅰ-10}$$

$$\nabla\cdot(\boldsymbol{A}\times\boldsymbol{B})=(\nabla\times\boldsymbol{A})\cdot\boldsymbol{B}-\boldsymbol{A}\cdot(\nabla\times\boldsymbol{B}) \tag{Ⅰ-11}$$

$$\nabla\times(\boldsymbol{A}\times\boldsymbol{B})=(\boldsymbol{B}\cdot\nabla)\boldsymbol{A}+(\nabla\cdot\boldsymbol{B})\boldsymbol{A}-(\boldsymbol{A}\cdot\nabla)\boldsymbol{B}-(\boldsymbol{B}\cdot\nabla)\boldsymbol{A} \tag{Ⅰ-12}$$

$$\nabla(\boldsymbol{A}\cdot\boldsymbol{B})=\boldsymbol{A}\times(\nabla\times\boldsymbol{B})+\boldsymbol{B}\times(\nabla\times\boldsymbol{A})+(\boldsymbol{A}\cdot\nabla)\boldsymbol{B}+(\boldsymbol{B}\cdot\nabla)\boldsymbol{A} \tag{Ⅰ-13}$$

2）直角坐标下矢量微分算子

$$\nabla=\boldsymbol{a}_x\frac{\partial}{\partial x}+\boldsymbol{a}_y\frac{\partial}{\partial y}+\boldsymbol{a}_z\frac{\partial}{\partial z} \tag{Ⅰ-14}$$

$$\nabla\Phi=\boldsymbol{a}_x\frac{\partial\Phi}{\partial x}+\boldsymbol{a}_y\frac{\partial\Phi}{\partial y}+\boldsymbol{a}_z\frac{\partial\Phi}{\partial z} \tag{Ⅰ-15}$$

$$\nabla\cdot\boldsymbol{A}=\frac{\partial A_x}{\partial x}+\frac{\partial A_y}{\partial y}+\frac{\partial A_z}{\partial z} \tag{Ⅰ-16}$$

$$\begin{aligned}\nabla\times\boldsymbol{A}&=\begin{vmatrix}\boldsymbol{a}_x & \boldsymbol{a}_y & \boldsymbol{a}_z\\ \dfrac{\partial}{\partial x} & \dfrac{\partial}{\partial y} & \dfrac{\partial}{\partial z}\\ A_x & A_y & A_z\end{vmatrix}\\ &=\boldsymbol{a}_x\left(\frac{\partial A_z}{\partial y}-\frac{\partial A_y}{\partial z}\right)+\boldsymbol{a}_y\left(\frac{\partial A_x}{\partial z}-\frac{\partial A_z}{\partial x}\right)+\boldsymbol{a}_z\left(\frac{\partial A_y}{\partial x}-\frac{\partial A_x}{\partial y}\right)\end{aligned} \tag{Ⅰ-17}$$

$$\nabla^2\Phi=\frac{\partial^2\Phi}{\partial x^2}+\frac{\partial^2\Phi}{\partial y^2}+\frac{\partial^2\Phi}{\partial z^2} \tag{Ⅰ-18}$$

$$\nabla^2\boldsymbol{A}=\boldsymbol{a}_x\nabla^2A_x+\boldsymbol{a}_y\nabla^2A_y+\boldsymbol{a}_z\nabla^2A_z \tag{Ⅰ-19}$$

3）圆柱坐标下矢量微分算子

$$\nabla=\boldsymbol{a}_r\frac{\partial}{\partial r}+\boldsymbol{a}_\varphi\frac{1}{r}\frac{\partial}{\partial\varphi}+\boldsymbol{a}_z\frac{\partial}{\partial z} \tag{Ⅰ-20}$$

$$\nabla\Phi=\boldsymbol{a}_r\frac{\partial\Phi}{\partial r}+\boldsymbol{a}_\varphi\frac{1}{r}\frac{\partial\Phi}{\partial\varphi}+\boldsymbol{a}_z\frac{\partial\Phi}{\partial z} \tag{Ⅰ-21}$$

$$\nabla\cdot\boldsymbol{A}=\frac{1}{r}\frac{\partial}{\partial r}(rA_r)+\frac{1}{r}\frac{\partial A_\varphi}{\partial\varphi}+\frac{\partial A_z}{\partial z} \tag{Ⅰ-22}$$

$$\nabla\times\boldsymbol{A}=\begin{vmatrix}\boldsymbol{a}_r & \boldsymbol{a}_\varphi & \boldsymbol{a}_z\\ \dfrac{\partial}{\partial r} & \dfrac{\partial}{r\partial\varphi} & \dfrac{\partial}{\partial z}\\ A_r & A_\varphi & A_z\end{vmatrix}$$

$$=\boldsymbol{a}_r\left(\frac{1}{r}\frac{\partial A_z}{\partial\varphi}-\frac{\partial A_\varphi}{\partial z}\right)+\boldsymbol{a}_\varphi\left(\frac{\partial A_r}{\partial z}-\frac{\partial A_z}{\partial r}\right)+\boldsymbol{a}_z\left(\frac{1}{r}\frac{\partial(rA_\varphi)}{\partial r}-\frac{1}{r}\frac{\partial A_r}{\partial\varphi}\right) \tag{I-23}$$

$$\nabla^2\Phi=\frac{1}{r}\frac{\partial}{\partial r}\left(r\frac{\partial\Phi}{\partial r}\right)+\frac{1}{r^2}\frac{\partial^2\Phi}{\partial^2\varphi}+\frac{\partial^2\Phi}{\partial^2 z} \tag{I-24}$$

3. 积分变换公式

$$\int_V\nabla\Phi\mathrm{d}V=\int_S\Phi\mathrm{d}\boldsymbol{S} \tag{I-25}$$

$$\int_V\boldsymbol{n}\times\nabla\Phi\mathrm{d}S=\oint_l\Phi\mathrm{d}l \tag{I-26}$$

$$\int_S\nabla\cdot\boldsymbol{A}\mathrm{d}S=\oint_l\boldsymbol{n}\cdot\boldsymbol{A}\mathrm{d}l \tag{I-27}$$

$$\int_V\nabla\times\boldsymbol{A}\mathrm{d}V=\int_S\boldsymbol{n}\times\boldsymbol{A}\mathrm{d}S \tag{I-28}$$

$$\int_V\nabla\cdot\boldsymbol{A}\mathrm{d}V=\int_S\boldsymbol{A}\cdot\mathrm{d}\boldsymbol{S}=\int_S\boldsymbol{n}\cdot\boldsymbol{A}\mathrm{d}\boldsymbol{S}\quad\text{(散度定理)} \tag{I-29}$$

$$\int_S\nabla\times\boldsymbol{A}\cdot\mathrm{d}\boldsymbol{S}=\oint_l\boldsymbol{A}\cdot\mathrm{d}l\quad\text{(斯托克斯定理)} \tag{I-30}$$

$$\int_V(\nabla\Psi\cdot\nabla\Phi+\Psi\nabla^2\Phi)\mathrm{d}V=\int_S\Psi\nabla\Phi\cdot\mathrm{d}\boldsymbol{S}\quad\text{(格林第一恒等式)} \tag{I-31}$$

$$\int_S(\nabla_t\Psi\cdot\nabla_t\Phi+\Psi\nabla_t^2\Phi)\mathrm{d}S=\int_l\Psi\nabla_t\Phi\cdot n\mathrm{d}l=\oint_l\Psi\frac{\partial\Phi}{\partial n}\mathrm{d}l \tag{I-32}$$

$$\int_V(\Psi\nabla^2\Phi-\Phi\nabla^2\Psi)\mathrm{d}V=\oint_S(\Psi\nabla\Phi-\Phi\nabla\Psi)\cdot\mathrm{d}\boldsymbol{S}\quad\text{(格林第二恒等式)} \tag{I-33}$$

$$\oint_S(\Psi\nabla_t^2\Phi-\Phi\nabla_t^2\Psi)\mathrm{d}S=\int_l(\Psi\nabla_t\Phi-\Phi\nabla_t\Psi)\cdot\boldsymbol{n}\mathrm{d}l$$

$$=\oint_l\left(\Psi\frac{\partial\Phi}{\partial n}-\Phi\frac{\partial\Psi}{\partial n}\right)\mathrm{d}l \tag{I-34}$$

附录Ⅱ 麦克斯韦方程组、波动方程和边界条件

1）在无源均匀、线性和各向同性媒质中正弦电磁场的麦克斯韦方程组

$$\nabla\times\boldsymbol{E}=-\mathrm{j}\omega\mu\boldsymbol{H} \tag{Ⅱ-1a}$$

$$\nabla\times\boldsymbol{H}=\mathrm{j}\omega\varepsilon\boldsymbol{E} \tag{Ⅱ-1b}$$

$$\nabla\cdot\boldsymbol{E}=0 \tag{Ⅱ-1c}$$

$$\nabla\cdot\boldsymbol{H}=0 \tag{Ⅱ-1d}$$

介质特性方程

$$\boldsymbol{D}=\varepsilon\boldsymbol{E} \tag{Ⅱ-2a}$$

$$\boldsymbol{B}=\mu\boldsymbol{H} \tag{Ⅱ-2b}$$

$$\boldsymbol{J}=\sigma\boldsymbol{E} \tag{Ⅱ-2c}$$

2）矢量波动方程

将式（Ⅱ-1a）取旋度并利用式（Ⅱ-1b），可得

$$\nabla\times\nabla\times\boldsymbol{E}=\omega^2\mu\varepsilon\boldsymbol{E}$$

同样，将式（Ⅱ-1b）取旋度并利用式（Ⅱ-1a），可得

$$\nabla\times\nabla\times\boldsymbol{H}=\omega^2\mu\varepsilon\boldsymbol{H}$$

利用矢量微分公式（Ⅰ-10）

$$\nabla\times\nabla\times\boldsymbol{A}=\nabla\nabla\cdot\boldsymbol{A}-\nabla^2\boldsymbol{A}$$

可得

$$\nabla\nabla\cdot\boldsymbol{E}-\nabla^2\boldsymbol{E}=\omega^2\mu\varepsilon\boldsymbol{E}$$

$$\nabla\nabla\cdot\boldsymbol{H}-\nabla^2\boldsymbol{H}=\omega^2\mu\varepsilon\boldsymbol{H}$$

再利用式（Ⅱ-1c）、式（Ⅱ-1d）的关系，可得

$$\nabla^2\boldsymbol{E}+\omega^2\mu\varepsilon\boldsymbol{E}=0 \tag{Ⅱ-3a}$$

$$\nabla^2\boldsymbol{H}+\omega^2\mu\varepsilon\boldsymbol{H}=0 \tag{Ⅱ-3b}$$

令 $k^2=\omega^2\mu\varepsilon$，则式（Ⅱ-3a）和式（Ⅱ-3b）可变为

$$\nabla^2\boldsymbol{E}+k^2\boldsymbol{E}=0 \tag{Ⅱ-4a}$$

$$\nabla^2\boldsymbol{H}+k^2\boldsymbol{H}=0 \tag{Ⅱ-4b}$$

称为电场和磁场的矢量波动方程或矢量亥姆霍兹方程。

3）边界条件

（1）一般介质的边界条件。

当介质1和介质2分界面上有表面自由电荷 ρ_S 和表面传导电流 $\boldsymbol{J}_S$ 时，设 $\boldsymbol{n}$ 为边界面法线方向（指向介质1）单位矢量，其边界条件表示为

$$\boldsymbol{n}\times(\boldsymbol{E}_1-\boldsymbol{E}_2)=0 \tag{Ⅱ-5a}$$

$$\boldsymbol{n}\times(\boldsymbol{H}_1-\boldsymbol{H}_2)=\boldsymbol{J}_S \tag{Ⅱ-5b}$$

$$\boldsymbol{n}\cdot(\boldsymbol{D}_1-\boldsymbol{D}_2)=\rho_S \tag{Ⅱ-5c}$$

$$\boldsymbol{n}\cdot(\boldsymbol{B}_1-\boldsymbol{B}_2)=0 \tag{Ⅱ-5d}$$

（2）理想介质边界（$\rho_S=0,\boldsymbol{J}_S=0$）的边界条件

$$\boldsymbol{n}\times(\boldsymbol{E}_1-\boldsymbol{E}_2)=0 \tag{Ⅱ-6a}$$

$$\boldsymbol{n}\times(\boldsymbol{H}_1-\boldsymbol{H}_2)=0 \tag{Ⅱ-6b}$$

$$\boldsymbol{n}\cdot(\boldsymbol{D}_1-\boldsymbol{D}_2)=0 \tag{Ⅱ-6c}$$

$$\boldsymbol{n}\cdot(\boldsymbol{B}_1-\boldsymbol{B}_2)=0 \tag{Ⅱ-6d}$$

(3) 理想导体($\sigma \to \infty$)表面的边界条件

$$\boldsymbol{n} \times \boldsymbol{E} = 0 \tag{Ⅱ-7a}$$

$$\boldsymbol{n} \times \boldsymbol{H} = \boldsymbol{J}_S \tag{Ⅱ-7b}$$

$$\boldsymbol{n} \cdot \boldsymbol{D} = \rho_S \tag{Ⅱ-7c}$$

$$\boldsymbol{n} \cdot \boldsymbol{B} = 0 \tag{Ⅱ-7d}$$

这里 $\boldsymbol{n}$ 为导体表面的外法向单位矢量。

(4) 非理想导体(σ 为有限值)的表面阻抗条件。

非理想导体表面对电磁波呈现一个表面阻抗,且为电阻与电抗相等的感性阻抗 Z_m,其值为

$$Z_m = \frac{1+j}{\sigma\delta} \tag{Ⅱ-8}$$

式中 $\delta = [2/(\omega\mu\sigma)]^{1/2}$ 为导体的趋肤深度。当导体存在表面电流时,该电流与表面电场有如下关系:

$$\boldsymbol{E}_t = \boldsymbol{Z}_m \boldsymbol{J}_S \tag{Ⅱ-9}$$

利用 $\boldsymbol{J}_S = \boldsymbol{n} \times \boldsymbol{H}_t$,式(Ⅱ-9)变成

$$\boldsymbol{E}_t = Z_m \boldsymbol{n} \times \boldsymbol{H}_t \tag{Ⅱ-10}$$

附录Ⅲ　拉梅系数

在直角坐标系中,空间任意一点 P 由坐标(x,y,z)唯一确定。矢径 $\boldsymbol{r}$ 可表示成

$$\boldsymbol{r}=\boldsymbol{e}_x x+\boldsymbol{e}_y y+\boldsymbol{e}_z z \tag{Ⅲ-1}$$

式中 $\boldsymbol{e}_x$、$\boldsymbol{e}_y$、$\boldsymbol{e}_z$ 分别为沿 x、y、z 轴的单位矢量。

在正交曲线坐标系中,空间统一点 P 的位置也可由坐标(q_1,q_2,q_3)唯一确定,如图Ⅲ-1所示。

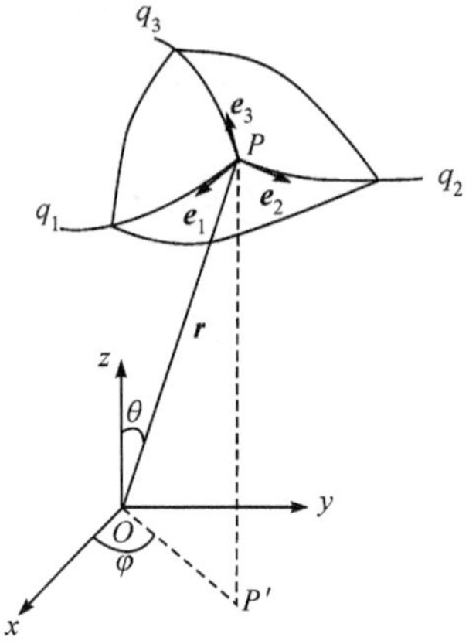

图Ⅲ-1　直角坐标系与正交曲线坐标系

直角坐标系与正交曲线坐标系有如下关系:

$$\begin{cases} q_1=q_1(x,y,z)\\ q_2=q_2(x,y,z)\\ q_3=q_3(x,y,z)\end{cases} \tag{Ⅲ-2}$$

或

$$\begin{cases} x=x(q_1,q_2,q_3)\\ y=y(q_1,q_2,q_3)\\ z=z(q_1,q_2,q_3)\end{cases} \tag{Ⅲ-3}$$

在直角坐标系中,弧元矢量 $\mathrm{d}\boldsymbol{s}$ 为

$$\begin{aligned}\mathrm{d}\boldsymbol{s}=\mathrm{d}\boldsymbol{r}&=\frac{\partial \boldsymbol{r}}{\partial x}\mathrm{d}x+\frac{\partial \boldsymbol{r}}{\partial y}\mathrm{d}y+\frac{\partial \boldsymbol{r}}{\partial z}\mathrm{d}z\\ &=\boldsymbol{e}_x\mathrm{d}x+\boldsymbol{e}_y\mathrm{d}y+\boldsymbol{e}_z\mathrm{d}z\end{aligned} \tag{Ⅲ-4}$$

在任意正交直角坐标系 q_1、q_2、q_3 中,弧元矢量为

$$\mathrm{d}\boldsymbol{s}=\mathrm{d}\boldsymbol{r}=\frac{\partial \boldsymbol{r}}{\partial q_1}\mathrm{d}q_1+\frac{\partial \boldsymbol{r}}{\partial q_2}\mathrm{d}q_2+\frac{\partial \boldsymbol{r}}{\partial q_3}\mathrm{d}q_3 \tag{Ⅲ-5}$$

式中$\frac{\partial \boldsymbol{r}}{\partial q_1}$、$\frac{\partial \boldsymbol{r}}{\partial q_2}$、$\frac{\partial \boldsymbol{r}}{\partial q_3}$为矢量,其方向分别为沿 q_1、q_2、q_3 的方向,可以其单位矢量 $\boldsymbol{e}_x$、$\boldsymbol{e}_y$、$\boldsymbol{e}_z$ 表示,其大小为

$$\begin{cases}\left|\frac{\partial \boldsymbol{r}}{\partial q_1}\right|=\sqrt{\left(\frac{\partial x}{\partial q_1}\right)^2+\left(\frac{\partial y}{\partial q_1}\right)^2+\left(\frac{\partial z}{\partial q_1}\right)^2}=h_1\\ \left|\frac{\partial \boldsymbol{r}}{\partial q_2}\right|=\sqrt{\left(\frac{\partial x}{\partial q_2}\right)^2+\left(\frac{\partial y}{\partial q_2}\right)^2+\left(\frac{\partial z}{\partial q_2}\right)^2}=h_2\\ \left|\frac{\partial \boldsymbol{r}}{\partial q_3}\right|=\sqrt{\left(\frac{\partial x}{\partial q_3}\right)^2+\left(\frac{\partial y}{\partial q_3}\right)^2+\left(\frac{\partial z}{\partial q_3}\right)^2}=h_3\end{cases} \tag{Ⅲ-6}$$

式中，h_1、h_2、h_3 称为拉梅系数。因此，在正交曲线坐标系中，弧元矢量可表达为

$$\mathrm{d}\boldsymbol{s}=\boldsymbol{e}_1 h_1 \mathrm{d}q_1+\boldsymbol{e}_2 h_2 \mathrm{d}q_2+\boldsymbol{e}_3 h_3 \mathrm{d}q_3 \tag{Ⅲ-7}$$

与直角坐标系弧元矢量的表达式比较，拉梅系数是正交曲线坐标系区别于直角坐标系的系数。

利用式(Ⅲ-6)，在直角坐标系下 $q_1=x, q_2=y, q_3=z$，得

$$h_1=h_2=h_3=1 \tag{Ⅲ-8}$$

在柱坐标系下 $q_1=r, q_2=\theta, q_3=z$，且

$$\begin{cases} x=r\cos\theta \\ y=r\sin\theta \\ z=z \end{cases}$$

得

$$\begin{cases} h_1=1 \\ h_2=r \\ h_3=1 \end{cases} \tag{Ⅲ-9}$$

在球坐标系下 $q_1=r, q_2=\theta, q_3=\varphi$，且

$$\begin{cases} x=r\sin\theta\cos\varphi \\ y=r\sin\theta\sin\varphi \\ z=r\cos\theta \end{cases}$$

得

$$\begin{cases} h_1=1 \\ h_2=r \\ h_3=r\sin\theta \end{cases} \tag{Ⅲ-10}$$

附录Ⅳ　贝塞尔函数及常用公式

1. 贝塞尔函数

采用柱坐标系，对拉普拉斯方程或赫姆霍兹方程进行分离变量都得到贝塞尔方程。贝塞尔函数是贝塞尔微分方程的解。贝塞尔微分方程是描述函数沿径向变化关系的微分方程，其形式为

$$\frac{1}{r}\frac{\mathrm{d}}{\mathrm{d}r}\left(\frac{\mathrm{d}f}{\mathrm{d}r}\right)+\left(k^2-\frac{n^2}{r^2}\right)f=0 \tag{Ⅳ-1}$$

式中 k^2 为正实数时，两个独立解 $J(kr)$、$Y(kr)$ 分别被称为第一类和第二类贝塞尔函数。对于阶数 n 为整数的情形，第一类贝塞尔函数的级数形式为

$$J_n(kr)=\sum_{m=0}^{\infty}\frac{(-1)^m\left(\frac{kr}{2}\right)^{n+2m}}{m!(n+m)!} \tag{Ⅳ-2}$$

第二类贝塞尔函数可表示为

$$Y_n(kr)=\frac{\cos n\pi J_n(kr)-J_{-n}(kr)}{\sin n\pi} \tag{Ⅳ-3}$$

第二类贝塞尔函数级数形式为

$$Y_n(kr)=\frac{2}{\pi}\left(0.5772+\ln\frac{kr}{2}\right)J_n(kr)-\frac{1}{\pi}\sum_{m=0}^{n-1}\frac{(n-m-1)!}{m!}\left(\frac{2}{kr}\right)^{n-2m}$$
$$-\frac{1}{\pi}\sum_{m=0}^{\infty}\frac{(-1)^m\left(\frac{kr}{2}\right)^{n+2m}}{m!(n+m)!}\left(1+\frac{1}{2}+\frac{1}{3}+\cdots+\frac{1}{m}+1+\frac{1}{2}+\frac{1}{3}+\cdots+\frac{1}{n+m}\right) \tag{Ⅳ-4}$$

式中 n 为贝塞尔函数的阶，当 n 为整数时有

$$J_{-n}(kr)=(-1)^nJ_n(kr) \tag{Ⅳ-5a}$$

$$Y_{-n}(kr)=(-1)^nY_n(kr) \tag{Ⅳ-5b}$$

将第一类和第二类贝塞尔函数进行线性组合，构成第三类贝塞尔函数也称汉克尔函数。汉克尔函数有第一类和第二类之分。第一类汉克尔函数表示为

$$H_n^{(1)}(kr)=J_n(kr)+\mathrm{j}Y_n(kr) \tag{Ⅳ-6a}$$

第二类汉克尔函数表示为

$$H_n^{(2)}(kr)=J_n(kr)-\mathrm{j}Y_n(kr) \tag{Ⅳ-6b}$$

2. 贝塞尔函数的递推公式

设 $B_n(x)$ 代表 $J_n(x)$、$Y_n(x)$ 和 $H_n(x)$，其常用递推公式为

$$\frac{2n}{x}B_n(x)=B_{n-1}(x)+B_{n+1}(x) \tag{Ⅳ-7}$$

$$2B_n'(x)=B_{n-1}(x)-B_{n+1}(x) \tag{Ⅳ-8}$$

$$\frac{\mathrm{d}}{\mathrm{d}x}[x^nB_n(x)]=x^nB_{n-1}(x) \tag{Ⅳ-9}$$

$$\frac{\mathrm{d}}{\mathrm{d}x}[x^{-n}B_n(x)]=-x^{-n}B_{n+1}(x) \tag{Ⅳ-10}$$

$$B_0'(x)=-B_1(x) \tag{Ⅳ-11}$$

$$B_1'(x)=B_0(x)-\frac{B_1(x)}{x} \tag{Ⅳ-12}$$

3. 积分公式

$$\int_0^x B_n(kx)B_n(lx)x\mathrm{d}x=\frac{x}{k^2-l^2}[kB_n(lx)B_{n+1}(kx)-lB_n(kx)B_{n+1}(lx)] \tag{Ⅳ-13}$$

$$\int_0^x B_n^2(kx)x\mathrm{d}x=\frac{x^2}{2}\left[B_n'(x)+\left(1-\frac{n^2}{k^2x^2}\right)B_n^2(kx)\right] \tag{Ⅳ-14}$$

4. 小宗量和大宗量时贝塞尔函数的近似式

1) $|x|\ll 1$ 时

$$J_n(x)\approx\frac{x^n}{2^n n!}\left[1-\frac{x^2}{4(n+1)}\right] \tag{Ⅳ-15}$$

$$Y_0(x)\approx\frac{2}{\pi}[\ln(x)-(0.5772-\ln 2)] \tag{Ⅳ-16}$$

$$Y_1(x)\approx\frac{2}{\pi}\left[-\frac{1}{x}+\frac{x}{2}\ln(x)\right] \tag{Ⅳ-17}$$

$$Y_n(x)\approx\frac{(n-2)!}{\pi}\left(\frac{2}{x}\right)^{n-2}\left[\frac{4(n-1)}{x^2}+1\right],\quad n\geqslant 2 \tag{Ⅳ-18}$$

$$\mathrm{j}H_0^{(1)}(\mathrm{j}x)=-\mathrm{j}H_0^{(2)}(-\mathrm{j}x)\approx\frac{2}{\pi}(\ln x+0.5772-\ln 2) \tag{Ⅳ-19}$$

$$\mathrm{j}^{n+1}H_0^{(1)}(\mathrm{j}x)=\mathrm{j}^{-n-1}H_0^{(2)}(-\mathrm{j}x)\approx\frac{(n-1)!}{2}\left(\frac{2}{\pi}\right)^n \tag{Ⅳ-20}$$

2) $|x|\gg 1$, $|x|\gg|n|$ 时

$$J_n(x)\approx\sqrt{\frac{2}{\pi x}}\left\{\cos\left[x-(2n+1)\frac{\pi}{4}\right]+\frac{1-4n^2}{8x^2}\sin\left[x-(2n+1)\frac{\pi}{4}\right]\right\} \tag{Ⅳ-21}$$

$$Y_n(x)\approx\sqrt{\frac{2}{\pi x}}\left\{\sin\left[x-(2n+1)\frac{\pi}{4}\right]+\frac{1-4n^2}{8x^2}\cos\left[x-(2n-1)\frac{\pi}{4}\right]\right\} \tag{Ⅳ-22}$$

$$Y_n^{(1)}(x)\approx\mathrm{e}^{\mathrm{j}[x-(2n+1)\pi/4]}\sqrt{\frac{2}{\pi x}}\left[1+\frac{\mathrm{j}(4n^2-1)}{8x^2}\right] \tag{Ⅳ-23}$$

$$H_n^{(2)}(x)\approx\mathrm{e}^{-\mathrm{j}[x-(2n+1)\pi/4]}\sqrt{\frac{2}{\pi x}}\left[1-\frac{\mathrm{j}(4n^2-1)}{8x^2}\right] \tag{Ⅳ-24}$$

3) $|x|\to\infty$ 时

$$J_n(x)\approx\sqrt{\frac{2}{\pi x}}\cos\left(x-\frac{\pi}{4}-\frac{n\pi}{2}\right) \tag{Ⅳ-25}$$

$$Y_n(x)\approx\sqrt{\frac{2}{\pi x}}\sin\left(x-\frac{\pi}{4}-\frac{n\pi}{2}\right) \tag{Ⅳ-26}$$

$$H_n^{(1)}(x)\approx\sqrt{\frac{2}{\pi x}}\mathrm{e}^{\mathrm{j}\left(x-\frac{\pi}{4}-\frac{n\pi}{2}\right)} \tag{Ⅳ-27}$$

$$H_n^{(2)}(x)\approx\sqrt{\frac{2}{\pi x}}\mathrm{e}^{-\mathrm{j}\left(x-\frac{\pi}{4}-\frac{n\pi}{2}\right)} \tag{Ⅳ-28}$$

5. 变形贝塞尔函数

在贝塞尔微分方程(Ⅳ-1)中，当 k^2 为负值即 $k=\mathrm{j}h$ 时，方程变为变形贝塞尔方程。变形贝塞尔方程也有两个独立解，称为第一类变形贝塞尔函数和第二类变形贝塞尔函数。

第一类变形贝塞尔函数为

$$I_n(hr)=\mathrm{j}^{-n}J_n(\mathrm{j}hr)=\mathrm{j}^nJ_n(-\mathrm{j}hr) \tag{Ⅳ-29}$$

第二类变形贝塞尔函数为

$$\begin{aligned}K_n(hr)&=\frac{\pi}{2}\mathrm{j}^{n+1}[J_n(\mathrm{j}hr)+\mathrm{j}Y_n(\mathrm{j}hr)]\\&=\frac{\pi}{2}\mathrm{j}^{n+1}H_n^{(1)}(\mathrm{j}hr)\end{aligned} \tag{Ⅳ-30}$$

6. 变形贝塞尔函数的递推公式

$$I_n(x)=\frac{x}{2n}[I_{(n-1)}(x)+I_{(n+1)}(x)] \tag{Ⅳ-31}$$

$$I'_n(x)=\frac{1}{2}[I_{(n-1)}(x)-I_{(n+1)}(x)] \tag{Ⅳ-32}$$

$$I'_n(x)=I_{(n-1)}(x)-\frac{n}{x}I_n(x)=I_{(n+1)}(x)+\frac{n}{x}I_n(x) \tag{Ⅳ-33}$$

$$I'_0(x)=I_1(x) \tag{Ⅳ-34}$$

$$K_n(x)=\frac{x}{2n}[K_{(n+1)}(x)-K_{(n-1)}(x)] \tag{Ⅳ-35}$$

$$K'_n(x)=\frac{1}{2}[-K_{(n+1)}(x)-K_{(n-1)}(x)] \tag{Ⅳ-36}$$

$$\begin{aligned}K'_n(x)&=-K_{(n-1)}(x)-\frac{n}{x}K_n(x)\\&=-K_{(n+1)}(x)+\frac{n}{x}K_n(x)\end{aligned} \tag{Ⅳ-37}$$

$$K'_0(x)=-K_1(x) \tag{Ⅳ-38}$$

7. 变形贝塞尔函数的近似公式

1）小宗量时

$$I_n(x)\approx\frac{x^n}{2^n n!}\left[1+\frac{x^2}{4(n+1)}\right] \tag{Ⅳ-39}$$

$$K_0(x)\approx-\ln(x)+(0.5772-\ln 2) \tag{Ⅳ-40}$$

$$K_1(x)\approx\frac{1}{x}+\frac{x}{2}\ln(x) \tag{Ⅳ-41}$$

$$K_n(x)\approx\frac{(n-2)!}{\pi}\left(\frac{2}{x}\right)^{n-2}\left[1-\frac{4(n-1)}{x^2}\right],\quad n\geqslant 2 \tag{Ⅳ-42}$$

2）大宗量时

$$I_n(x)\approx\frac{e^{x-(2n+1)\pi/4}}{(2\pi x)^{1/2}}\left(1-\frac{4n^2-1}{8x^2}\right) \tag{Ⅳ-43}$$

$$I'_n(x)\approx\frac{e^{x-(2n+1)\pi/4}}{(2\pi x)^{1/2}}\left(1-\frac{4n^2+3}{8x^2}\right) \tag{Ⅳ-44}$$

$$K_n(x)\approx\frac{e^{x-(2n+1)\pi/4}}{(2\pi x)^{1/2}}\left(1+\frac{4n^2-1}{8x^2}\right) \tag{Ⅳ-45}$$

$$K'_n(x)\approx\frac{-e^{x-(2n+1)\pi/4}}{(2\pi x)^{1/2}}\left(1+\frac{4n^2+3}{8x^2}\right) \tag{Ⅳ-46}$$

附录Ⅴ　几种常用金属材料的特性参数

特性 材料	电导率 σ/(S/m)	磁导率 μ(H/m)	趋肤深度 σ/m	表面电阻 R_m/Ω
银	6.17×10^{7}	$4\pi\times10^{-7}$	$0.0642/\sqrt{f}$	$2.52\times10^{-7}\sqrt{f}$
金	4.10×10^{7}	$4\pi\times10^{-7}$	$0.0786/\sqrt{f}$	$2.52\times10^{-7}\sqrt{f}$
紫铜	5.80×10^{7}	$4\pi\times10^{-7}$	$0.0660/\sqrt{f}$	$2.61\times10^{-7}\sqrt{f}$
铝	3.72×10^{7}	$4\pi\times10^{-7}$	$0.0826/\sqrt{f}$	$3.26\times10^{-7}\sqrt{f}$
黄铜	1.57×10^{7}	$4\pi\times10^{-7}$	$0.127/\sqrt{f}$	$5.01\times10^{-7}\sqrt{f}$
焊锡	0.706×10^{7}	$4\pi\times10^{-7}$	$0.185/\sqrt{f}$	$7.73\times10^{-7}\sqrt{f}$

注：表中 f 的单位为 Hz。

附录Ⅵ 常用介质材料的特性参数

特性 材料	f=3GHz		f=10GHz		击穿场强	热传导率(300K)	热膨胀系数
	ε_r	$\tan\delta\times10^{-4}$	ε_r	$\tan\delta\times10^{-4}$	/(kV/cm)	/[W/(cm·℃)]	/($\times10^{-6}$℃$^{-1}$)
空气	1	0	1	0	30	0.00024	
聚四氟乙烯	2.08	4	2.1	4	300	0.001	
聚乙烯	2.26	4	2.26	5	300	0.001	
聚苯乙烯	2.55	5	2.55	7	300	0.001	
有机玻璃			2.72	15			
石英	3.78	1	3.8	1	10000	0.008	0.55
氧化铍			6.4	2		2.5	6.0
氧化铝(99.5%)			9.5～10	1	4000	0.3	6
氧化铝(96%)			8.9	6	4000	0.28	6.4
氧化铝(85%)			8	15	4000	0.2	6.5
蓝宝石			9.3～11.7	1	4000	0.4	5～6.6
尖晶石			9	1～10		0.01	7
砷化钛			73.3	16			
硅			11.9	40	4000	0.9	4.2
砷化镓			13	60	300	0.3	5.7
石榴石铁氧体			13～16	2	350	0.03	
二氧化钛			85	40	4000	0.002	8.3
金红石			100	4		0.02	
磷化铟	12.4				450	0.68	4.6
碳化硅(4H-SiC)	10				3500	3.3	3.2
氮化镓(Wz)	9.5				3300	1.3	3.1
氮化铝	8.5				8400	2.85	2.9

附录Ⅶ　同轴线、矩形波导和圆波导参数表

1. 同轴线的规格与参数表

表Ⅶ-1　常用硬同轴线参数表

参数 型号	特性阻抗/Ω	外导体内直径/mm	内导体外直径/mm	衰减常数/(dB/m $\sqrt{Hz}$)	理论最大允许功率/kW	最短安全波长/cm
50-7	50	7	3.04	$3.38\times10^{-6}\sqrt{f}$	167	1.73
75-7	75	7	2.00	$3.08\times10^{-6}\sqrt{f}$	94	1.56
50-16	50	16	6.95	$1.48\times10^{-6}\sqrt{f}$	756	3.9
75-16	75	16	4.56	$1.34\times10^{-6}\sqrt{f}$	492	3.6
50-35	50	35	15.2	$0.67\times10^{-6}\sqrt{f}$	3555	8.6
75-35	75	35	10.0	$0.61\times10^{-6}\sqrt{f}$	2340	7.8
53-39	53	39	16	$0.60\times10^{-6}\sqrt{f}$	4270	9.6
50-75	50	75	32.5	$0.31\times10^{-6}\sqrt{f}$	16300	18.5
50-87	50	87	38	$0.27\times10^{-6}\sqrt{f}$	22410	21.6
50-110	50	110	48	$0.22\times10^{-6}\sqrt{f}$	35800	27.3

注:(1) 表中 f 的单位为 Hz。

(2) 型号数字的前部分表示同轴线的特性阻抗值,后部分表示外导体内直径。

(3) 表内数据是在纯铜导体、空气介质的情况下,且最短安全波长由 $\lambda=1.1\pi(a+b)$ 而得。

表Ⅶ-2　常用射频同轴电缆规格参数

型号	线芯结构		电缆外径/mm	特性阻抗/Ω		衰减不大于/(dB/m)			分布电容不大于/(pF/m)	试验电压/kV 50Hz	电晕电压/kV
	根数×线径	绝缘直径/mm		不小于	不大于	0.2GHz	3GHz	10GHz			
SFB-50-1	7×0.11	0.94	2.1	46.5	53.5	0.86	3.44		103	1.2	1.0
SFB-50-3	1×0.93	3.08	5.1	47.5	52.5	0.23	1.04		105	4.2	1.7
SFB-50-12	1×3.70	11.80	13.3	40.0	52.0	0.08	0.36		106	12.0	4.8
SFB-75-4	1×0.65	3.83	5.8	72.0	78.0	0.19	0.81		79	4.4	1.8
SFB-75-7	7×0.45	7.45	9.9	72.0	78.0	0.12	0.54		70	8.0	3.5
SFB-50-2	1×0.68	2.2	4.0	47.5	52.5		2.0	4.3	115	3	1.5
SFB-50-5	1×1.37	4.6	9.6	47.5	52.5		1.4	3.5	110	6	3
SFB-50-11	7×1.13	11.0	14.0	47.5	52.5		0.85	2.5	115	14	5.5
SFB-75-7	7×0.40	7.3	10.3	72	78		1.1	2.7	76	8	3
SFB-75-9	1×1.37	9.0	12.6	72	78		0.8	2.4	70	10	4

注:SFB 系列同轴电缆绝缘材料为聚四氟乙烯,SWY 系列则为聚乙烯。

表Ⅶ-3　常用同轴射频电缆特性参数表

电缆型号	内导体/mm		绝缘外径/mm	电缆外径/mm	特性阻抗/Ω	衰减常数(3GHz)不大于/(dB/m)	电晕电压/kV
	根数/直径	外径					
SYV-50-2-1 SWY-50-2-1	7/0.15	0.45	1.5±0.10	2.9±0.10	50±3.5	2.69	1.0
SYV-50-2-2 SWY-50-2-2	1/0.68	0.68	2.2±0.10	4.0±0.20	50±2.5	1.855	1.5
SYV-50-3 SWY-50-3	1/0.90	0.90	3.0±0.15	5.0±0.25	50±2.5	1.482	2.0
SYV-50-5-1 SWY-50-5-1	1/1.37	1.37	4.6±0.20	7.0±0.30	50±2.5	1.062	3.0
SYV-50-7-1 SWY-50-7-1	7/0.76	2.28	7.3±0.25	10.2±0.30	50±2.5	0.851	4.0
SYV-50-9 SWY-50-9	7/0.95	2.85	9.0±0.30	12.4±0.40	50±2.5	0.724	5.0
SYV-50-12 SWY-50-12	7/1.2	3.60	11.5±0.40	15.0±0.50	50±2.5	0.656	6.5
SYV-50-15 SWY-50-15	7/1.54	4.62	15.0±0.50	19.0±0.50	50±2.5	0.574	9.0
SYV-75-2 SWY-75-2	7/0.08	0.24	1.5±0.10	2.9±0.10	75±5	2.97	0.75
SYV-75-3 SWY-75-3	7/0.17	0.51	3.0±0.15	5.0±0.25	75±3	1.676	1.5
SYV-75-5-1 SWY-75-5-1	1/0.72	0.72	4.6±0.20	7.1±0.30	75±3	1.028	2.5
SYV-75-7 SWY-75-7	7/0.40	1.20	7.3±0.25	10.2±0.30	75±3	0.864	3.0
SYV-75-9 SWY-75-9	1/1.37	1.37	9.0±0.30	12.4±0.40	75±3	0.693	4.5
SYV-75-12 SWY-75-12	7/0.64	1.92	11.5±0.40	15.0±0.50	75±3	0.659	5.5
SYV-75-15 SWY-75-15	7/0.82	2.46	15.0±0.50	19.0±0.50	75±3	0.574	7.0
SYV-100-5	1/0.60	0.60	7.3±0.25	10.2±0.30	100±5	0.729	2.5

注：同轴射频电缆型组成：

第一部分字母：

- 第一个字母——分类代号："S"表示同轴射频电缆。
- 第二个字母——绝缘材料："Y"表示聚乙烯绝缘；"W"表示稳定聚乙烯绝缘。
- 第三个字母——护层材料："V"表示聚氯乙稀；"Y"表示聚乙烯。

第二部分数字：特性阻抗。

第三部分数字：芯线绝缘外径。

第四部分数字：结构序号。

2. 波导规格与参数表

表Ⅶ-4 标准矩形波导规格与主要参数表

波导类型		主模频率范围/GHz	截止频率/GHz	结构尺寸/mm			衰减/(dB/m)		
国际	中国			宽度 a	高度 b	壁厚 t	频率/MHz	理论值	最大值
R3		0.32～0.49	256.58	584.2	292.1		0.386	0.00078	0.0011
R4		0.35～0.53	281.02	533.4	266.7		0.422	0.00090	0.0012
R5		0.41～0.62	327.86	457.2	228.6		0.49	0.00113	0.0015
R6		0.49～0.75	393.43	381.0	190.5		0.59	0.00149	0.002
R8		0.64～0.98	513.17	292.1	146.05	3	0.77	0.00222	0.003
R9		0.76～1.15	605.27	247.65	123.83	3	0.91	0.00284	0.004
R12	BJ 12	0.96～1.46	766.42	195.58	97.79	3	1.15	0.00405	0.005
R14	BJ 14	1.14～1.73	907.91	165.10	82.55	2	1.36	0.00522	0.007
R18	BJ 18	1.45～2.20	1137.1	129.54	64.77	2	1.74	0.00749	0.010
R22	BJ 22	1.72～2.61	1372.4	109.22	54.61	2	2.06	0.00970	0.013
R26	BJ 26	2.17～3.30	1735.7	86.36	43.18	2	2.61	0.0138	0.018
R32	BJ 32	2.60～3.95	2077.9	72.14	34.04	2	3.12	0.0189	0.025
R40	BJ 40	3.22～4.90	2576.9	58.17	29.083	1.5	3.87	0.0249	0.032
R48	BJ 48	3.94～5.99	3152.4	47.55	22.149	1.5	4.73	0.0355	0.046
R58	BJ 58	4.64～7.05	3711.2	40.39	20.193	1.5	5.57	0.0431	0.056
R70	BJ 70	5.38～8.17	4301.2	34.85	15.799	1.5	6.46	0.0576	0.075
R84	BJ 84	6.57～9.99	5259.7	28.499	12.624	1.5	7.89	0.0794	0.103
R100	BJ 100	8.20～12.5	6557.1	22.860	10.160	1	9.84	0.110	0.143
R120	BJ 120	9.84～15.0	7868.6	19.050	9.525	1	11.8	0.133	
R140	BJ 140	11.9～18.0	9487.7	15.799	7.898	1	14.2	0.176	
R180	BJ 180	14.5～22.0	11571	12.945	6.477	1	17.4	0.238	
R220	BJ 220	17.6～26.7	14051	10.668	5.328	1	21.1	0.370	
R260	BJ 260	21.7～33.0	17357	8.636	5.328	1	26.1	0.435	
R320	BJ 320	26.4～40.0	21077	7.112	3.556	1	31.6	0.583	
R400	BJ 400	32.9～50.1	26344	5.690	2.845	1	39.5	0.815	
R500	BJ 500	39.2～59.6	31392	4.775	2.388	1	47.1	1.060	
R620	BJ 620	49.8～75.8	39977	3.759	1.880	1	59.9	1.52	
R740	BJ 740	60.5～91.9	48369	3.099	1.549	1	72.6	2.03	
R900	BJ 900	73.8～112	59014	2.540	1.270	1	88.6	2.74	
R1200	BJ1200	92.2～140	73768	2.032	1.016	1	111	3.82	
R1400		114～173	90791	1.651	0.826		136.3	5.21	
R1800		145～220	115750	1.295	0.648		174.0	7.50	
R2200		172～261	137268	1.092	0.546		206.0	9.70	
R2600		217～330	173491	0.864	0.432		260.5	13.76	

表Ⅶ-5　标准扁矩形波导规格和主要参数表

波导型号（中国）	主模频率范围/GHz	截止频率/MHz	结构尺寸/mm			衰减/(dB/m)		
			宽度 a	高度 b	壁厚 t	频率/MHz	理论值	最大值
BB 22	1.72～2.61	1372.2	109.2	13.10	2	2.06	0.03018	0.039
BB 26	2.17～3.30	1735.4	88.40	10.40	2	2.61	0.04393	0.056
BB 32	2.60～3.95	2077.9	72.14	8.60	2	3.12	0.05676	0.074
BB 39	3.22～4.90	2576.9	58.20	7.00	1.5	3.87	0.07765	0.101
BB 48	3.94～5.99	3152.4	47.55	5.70	1.5	4.73	0.10507	0.137
BB 58	4.64～7.05	3711.2	40.40	5.00	1.5	5.57	0.13066	0.170
BB 70	5.38～8.17	4301.2	34.85	5.00	1.5	6.46	0.1439	0.181
BB 84	6.57～9.99	5259.2	28.50	5.00	1.5	7.89	0.1651	0.215
BB100	8.20～12.5	6557.1	22.86	5.00	1	9.84	0.1931	0.251

表Ⅶ-6　标准圆波导主要参数表

波导型号（国际）	半径 a/mm	截止频率/GHz			TE_{11}模衰减/(dB/m)		
		TE_{11}	TM_{01}	TE_{01}	频率/GHz	理论值	最大值
C3.3	323.9	0.27	0.35	0.56	0.325	0.00067	0.0009
C4	276.7	0.32	0.41	0.66	0.380	0.00085	0.0011
C4.5	236.4	0.37	0.48	0.77	0.446	0.00108	0.0014
C5.3	201.9	0.43	0.57	0.90	0.522	0.00137	0.0018
C6.2	172.5	0.51	0.66	1.06	0.611	0.00174	0.0023
C7	147.39	0.60	0.78	1.24	0.725	0.00219	0.0029
C8	125.92	0.70	0.91	1.45	0.838	0.00278	0.0036
C10	107.57	0.82	1.07	1.70	0.980	0.00352	0.0046
C12	91.88	0.96	1.25	1.99	1.147	0.00447	0.0058
C14	78.50	1.20	1.46	2.33	1.343	0.00564	0.0073
C16	67.05	1.31	1.71	2.73	1.572	0.00715	0.0093
C18	57.29	1.53	2.00	3.19	1.841	0.00906	0.012
C22	48.93	1.79	2.34	3.74	2.154	0.0115	0.015
C25	41.81	2.10	2.74	4.37	2.521	0.0140	0.018
C30	35.71	2.46	3.21	5.12	2.952	0.0184	0.024
C35	30.52	2.88	3.76	5.99	3.455	0.0233	0.030
C40	25.99	3.38	4.41	7.03	4.056	0.0297	0.039
C48	22.22	3.95	5.16	8.23	4.744	0.0375	0.049
C56	19.05	4.61	6.02	9.60	5.534	0.0473	0.062
C65	16.27	5.40	7.05	11.2	6.480	0.0599	0.078
C76	13.894	6.32	8.26	13.2	7.588	0.0759	0.099
C89	11.912	7.37	9.63	15.3	8.850	0.0956	0.124
C104	10.122	8.68	11.3	18.1	10.42	0.1220	0.150
C120	8.737	10.00	13.1	20.9	12.07	0.1524	
C140	7.544	11.6	15.2	24.2	13.98	0.1893	
C165	6.350	13.8	18.1	28.2	16.61	0.2459	
C190	5.563	15.8	20.6	32.9	18.95	0.3003	
C255	4.165	21.1	27.5	43.9	25.31	0.4620	

续表

波导型号（国际）	半径 a/mm	截止频率/GHz			TE_{11}模衰减/(dB/m)		
		TE_{11}	TM_{01}	TE_{01}	频率/GHz	理论值	最大值
C290	3.563	24.6	32.2	51.2	29.54	0.5834	
C330	3.175	27.7	36.1	57.6	33.20	0.6938	
C380	2.781	31.6	41.3	65.7	37.91	0.8488	
C430	2.387	36.8	48.1	76.6	44.16	1.0650	
C495	2.184	40.2	52.5	83.7	48.26	1.2190	
C580	1.790	49.1	64.1	102	58.88	1.643	
C660	1.583	55.3	72.3	115	66.41	1.967	
C765	1.384	63.5	82.9	132	76.15	2.413	
C890	1.194	73.6	96.1	153	88.30	3.011	

附录Ⅷ　史密斯圆图

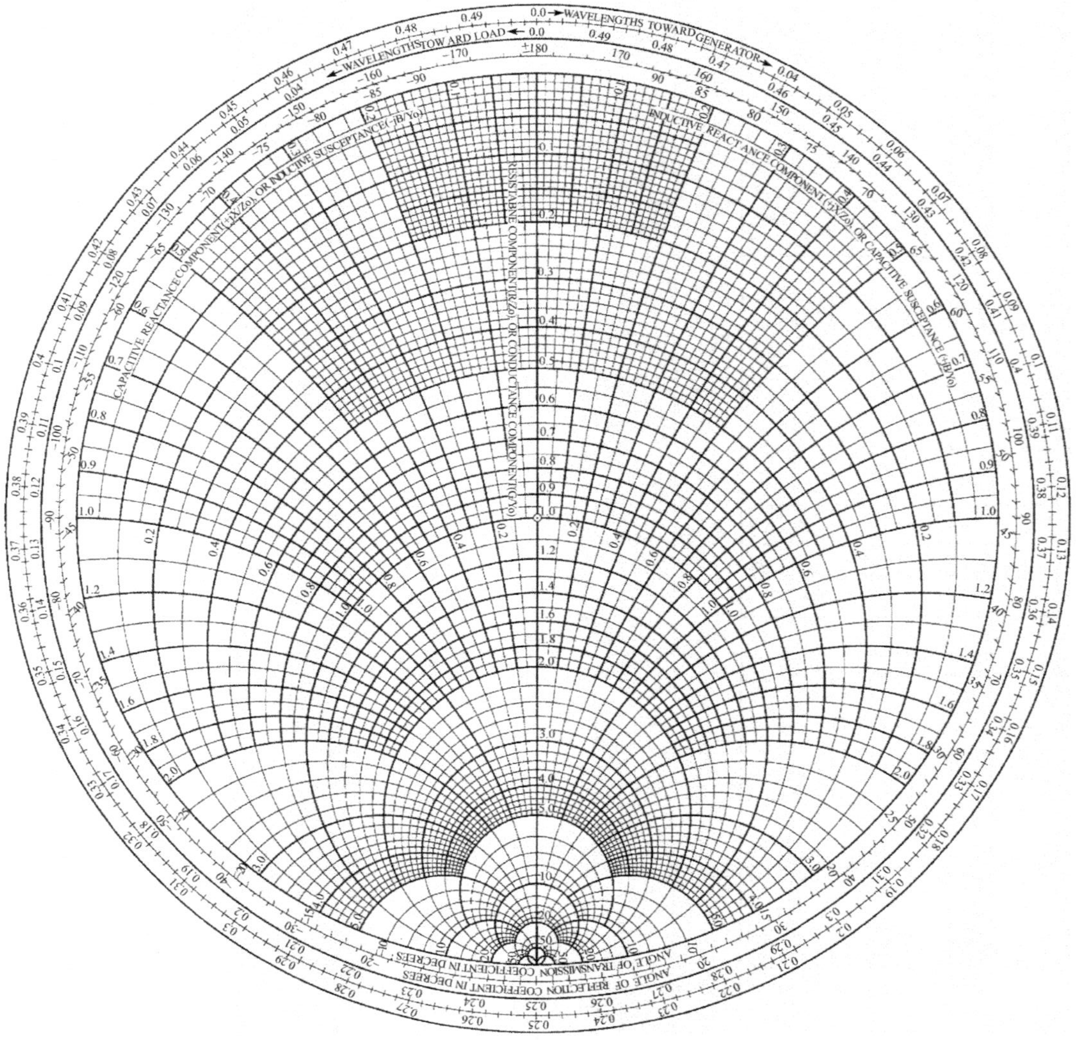

WAVELENGTHS TOWARD GENERATOR
WAVELENGTHS TOWARD LOAD
INDUCTIVE REACTANCE COMPONENT(+jX/Zo), OR CAPACITIVE SUSCEPTANCE(+jB/Yo)
CAPACITIVE REACTANCE COMPONENT(-jX/Zo), OR INDUCTIVE SUSCEPTANCE(-jB/Yo)
RESISTABNE COMPONENT(R/Zo), OR CONDUCTANCE COMPONENT(G/Yo)
ANGLE OF REFLECTION COEFFICIENT IN DEGREES
ANGLE OF TRANSMISSION COEFFICIENT IN DEGREES